AF871844

Entscheidungen

des

Reichsgerichts.

Herausgegeben

von

den Mitgliedern des Gerichtshofes
und der Reichsanwaltschaft.

Entscheidungen in Zivilsachen.

108. Band.

Berlin und Leipzig 1924

Walter de Gruyter & Co.

vormals G. J. Göschen'sche Verlagshandlung - J. Guttentag, Verlagsbuchhandlung - Georg Reimer - Karl J. Trübner - Veit & Comp.

Entscheidungen

des

Reichsgerichts

in

Zivilsachen.

---

108. Band.

Mit Anhang: Entscheidung des Staatsgerichtshofs.

Berlin und Leipzig 1924

Walter de Gruyter & Co.

vormals G. J. Göschen'sche Verlagshandlung - J. Guttentag, Verlagsbuchhandlung - Georg Reimer - Karl J. Trübner - Veit & Comp.

Manuldruck von F. Ullmann G. m. b. H., Zwickau Sa.

Inhalt.

I. Bürgerliches Recht.

a. Reichsrecht.

Nr.		Seite
1.	Motivschutz im Warenzeichenrecht. Hat der wegen Verletzung des Zeichenrechts oder des Ausstattungsschutzes zum Schadensersatz Verpflichtete Auskunft über den durch seine Zuwiderhandlung erzielten Gewinn zu erteilen?	1
2.	Umbildung des eingetragenen Wortzeichens zum freien Warennamen	8
3.	Ehescheidung wegen böslicher Verlassung. Geschlechtsverkehr der Ehegatten während des Jahres nach Rechtskraft des Herstellungsurteils	15
5.	Kartell in Form einer G. m. b. H. Unkündbarkeit der Verpflichtung des Mitgliedes zur Ablieferung seiner Produktion an die G. m. b. H. Einfluß des § 17 KO. beim Konkurs des Mitgliedes. Übergang der Lieferungspflicht auf den Rechtsnachfolger des Mitgliedes. Auskunftspflicht bei Vertragsverletzung	20
6.	Findet Eigentumserwerb des Käufers an der ihm übersandten, unter Vorbehalt der Untersuchung angenommenen, dann aber verspätet zur Verfügung gestellten Ware statt? Hat der Vollzug der Wandlung dingliche Wirkungen?	25
7.	Verhältnis des Gründerbezugsrechts zur Ausgabe sogenannter Gratisaktien. Kann die Generalversammlung eine Neufassung der das Gründerbezugsrecht betreffenden Satzungsbestimmung beschließen?	29
8.	Warenzeichen. Umfang des Zeichenschutzes. Defensivzeichen. Vorratszeichen. Firmenmarke. Berufung auf Ausstattungsschutz gegenüber der Klage aus § 9 Ziff. 2 WZG.	34

Nr. Seite

9. Verjährung von Rentenansprüchen aus dem Reichshaftpflichtgesetz. Unterbrechung der Verjährung durch Klagerhebung auch hinsichtlich der erst im Lauf des Rechtsstreits wegen der Geldentwertung mehrgeforderten Beträge 38

10. Anfechtbarkeit von Kapitalerhöhungsbeschlüssen einer Aktiengesellschaft. Hat der Aktionär nach erfolgreicher Anfechtung gegen die Gesellschaft Anspruch auf Herbeiführung der Löschung der den Beschluß betreffenden Handelsregistereinträge? 41

11. Wem stehen das Eigentum und sonstige Rechte an photographischen Platten zu, auf denen ein Photograph im Auftrage eines Künstlers dessen Bildhauerarbeiten im Lichtbild festgehalten hat? 44

12. Umfang der Vertretungsbefugnis desjenigen, der in einem Laden angestellt ist 48

13. Abnahme und Ablieferung im Sinne der Eisenbahnverkehrsordnung. In Erwartung der Leistung ausgestellte Quittung. Haftung der Eisenbahn bei Annahmeverzug des Empfängers des Frachtguts 50

14. Zweimaliger Verkauf derselben Sache. Schadensersatzpflicht des späteren Käufers bei planmäßigem Zusammenwirken mit dem Verkäufer zur Vereitelung des Rechts des ersten Käufers. 58

15. Sind Vereinbarungen, die eine rechtsgeschäftliche Verfügung über schuldrechtliche Auflassungsansprüche enthalten, der Formvorschrift des § 313 BGB. unterworfen? 60

16. Urheberrecht an einem Schriftwerk. Bloße Gehilfentätigkeit im Gegensatz zu eigenartiger selbständiger Schöpfung. Begriff des Schriftwerks. Vervielfältigungsrecht wesentliches Erfordernis eines Verlagsvertrags 62

17. Reichssiedlungsgesetz. Mitteilung des Vertragsinhalts durch Übersendung einer Vertragsurkunde. Auskunftspflicht 66

18. Fristbestimmung aus § 326 BGB. zur Entgegennahme der Auflassung. Bedarf es dabei der Bezeichnung eines bestimmten Auflassungstermins oder der ausdrücklichen Erklärung der Bereitwilligkeit zur Vereinbarung eines solchen? 68

19. Anwendbarkeit der Vorschriften über Grundstücke auf das Erbbaurecht. Enteignung eines Erbbaurechts auf Grund der Verordnung zur Behebung der dringendsten Wohnungsnot vom 9. Dezember 1919 . . . 70

21. Ist die Nichtbeachtung der Geldentwertung im Berufungsurteil auch von Amts wegen in der Revisionsinstanz zu berücksichtigen? 75

22. Zwischenbenutzungsrecht nach § 7 des Gesetzes betr. eine verlängerte

Nr.		Seite
	Schutzdauer bei Patenten vom 27. April 1920 trotz rechtswidriger Benutzung der Erfindung vor Erlöschen des Schutzrechts	76
23.	Kann trotz nachträglicher Verfälschung des Wechselinhalts die Verpflichtung früherer Wechselschuldner nach Maßgabe des echten Wechselinhalts fortbestehen?	78
24.	Aufwertung des in einem Testament vom Jahre 1919 bestimmten Übernahmepreises, zu dem ein Miterbe ein Grundstück übernehmen darf	83
25.	Schadensersatzpflicht des Eigentümers einer Irrenanstalt gegenüber einem Geisteskranken, der als Pflegling der Anstalt seine Wärterin geschwängert hat und zur Zahlung von Unterhaltsgeldern für das Kind verurteilt ist. Mitwirkendes Verschulden eines Geisteskranken . . .	86
26.	Eintragung einer Vormerkung zur Erhaltung eines Auflassungsanspruchs auch schon vor der nach der Verordnung über den Verkehr mit landwirtschaftlichen Grundstücken gebotenen behördlichen Genehmigung. Grundstückserwerb des gemeinnützigen Siedlungsunternehmens in Ausübung des Vorkaufsrechts. Mitteilung von dem Inhalt des Kaufvertrags an den Vorkaufsberechtigten. Vereinbarung über die Voraussetzungen, unter denen eine Willenserklärung als zugegangen gelten soll	91
27.	Betriebsrätegesetz. Selbständiges Prüfungsrecht der ordentlichen Gerichte hinsichtlich der Zulässigkeit einer fristlosen Kündigung gegenüber einem diese bejahenden Spruch eines Angestelltenrates und einem die sachliche Entscheidung ablehnenden Beschluß eines Schlichtungsausschusses	98
28.	Zum Begriff der Widerrechtlichkeit der Drohung im Sinne des §123 BGB.	102
29.	Vertragsmäßiges Anerkenntnis einer Verpflichtung als Bestandteil eines gegenseitigen Vertrags. Einfluß des Irrtums beider Vertragsteile über das Bestehen der Schuldverbindlichkeit. Kondiktion, Anfechtung, Irrtum über die Grundlage des Vertrags	105
30.	Kann der Versicherer, der einen Diebstahlsverlust entschädigt hat, das Eigentum an der später wieder zur Stelle gebrachten Sache beanspruchen? Steht dem Versicherer wegen Rückgewähr der Versicherungssumme der Geldentwertungseinwand zu?	110
31.	Können die einem gemeinnützigen Siedlungsunternehmen durch Ausübung des Vorkaufsrechts erwachsenen Ansprüche, insbesondere das Recht auf Auflassung, an einen Dritten abgetreten werden?	113
33.	Aufwertung von Bereicherungsansprüchen und Grundsätze für den Umfang der Aufwertung	120

Nr. Seite

34. Kann bei Schenkungen des Mannes an die Frau das Eigentum im Wege des § 930 BGB. übertragen werden? 122
35. Kann der Käufer eines Grundstücks auf die Gültigkeit der Vollmacht auch dann vertrauen, wenn aus der ihm vom Vertreter des Verkäufers vorgelegten privatschriftlichen Vollmachtsurkunde die Unwiderruflichkeit der Vollmacht hervorgeht und daraus die Nichtigkeit der Vollmacht zu folgern ist? 125
36. Unlauterer Wettbewerb. Anpreisung eines Gegenstands als patentiert, obwohl nur ein Teil desselben Patentschutz genießt 129
37. Kann der Pächter die Rückgabe des Pachtgrundstücks bis zur Befriedigung seines Entschädigungsanspruchs wegen vorzeitiger Kündigung verweigern? 137
40. Devisenverordnung. Inlandsgeschäft. Verbot des Forderns von Zahlung in ausländischer Währung 139
42. Gültigkeit einer Hypothek, bei welcher die vereinbarte Kursgarantieklausel nicht wirksam zur Eintragung gelangt ist. Hat die Nichtigkeit einer Darlehnshypothek auch die Nichtigkeit des vollzogenen Darlehnsrealvertrags zur Folge? Goldhypothek im Sinne des deutsch-schweizerischen Abkommens 146
44. Höchstbetragsklausel in einer Seeversicherungspolice neben der Vereinbarung, daß die Abladungen in ausländischer Währung deklariert werden können. Berechnung der Entschädigung wegen Totalverlustes beim Sinken der deutschen Währung 153
45. Kann der Dienstverpflichtete, dem die vereinbarte Vergütung im voraus bezahlt ist, mit Rücksicht auf die bis zur Leistung seiner Dienste eingetretene Geldentwertung Aufwertung verlangen? 156
46. Rücktritt beim Fixgeschäft. Ist bei vereinbarter Zug um Zug-Leistung Annahmeverzug des andern Teils Voraussetzung des Rücktritts? . . 158
47. Kann die Vereinssatzung wirksam bestimmen, daß der Austritt einem Mitglied nicht gestattet ist, gegen das ein ehrengerichtliches Verfahren anhängig ist? 160
48. Geht das Pfandrecht des Werkunternehmers, der ein im Schiffsregister eingetragenes Schiff ausgebessert hat, unter, wenn er das Schiff auf Weisung des Bestellers an einen Dritten herausgibt? 163
51. Zur Auslegung der Allgemeinen Bedingungen bei der Glasversicherung. Aufwertung der Entschädigungssumme 173
52. Kann nach dem 31. Juli 1914 eine Goldmünzklausel bei einer Hypothek eingetragen werden? 176

Nr. Seite

54. Zur Auslegung der §§ 281, 323 Abs. 2, 325 Abs. 1 Satz 3 BGB. Gattungskauf, Individualisierung des Kaufgegenstandes 184
55. Zum Begriff der bürgerlichen Unruhen im Versicherungsrecht . . . 188
56. Auftrag des deutschen Kommittenten an den deutschen Kommissionär zum Verkauf ausländischer Wertpapiere an der Londoner Börse. In welcher Währung entsteht die Kaufpreisforderung des Kommittenten beim Selbsteintritt des Kommissionärs? 191
58. Zur Anwendung des § 94 Versicherungsvertragsgesetzes 201
60. Wann wird durch Überweisung eines Guthabens von einer ausländischen an eine inländische Zweigniederlassung einer deutschen Bank ein Anspruch auf Auszahlung des Guthabens für den Girogläubiger begründet? . 210
61. Vertrag zur Erleichterung der Scheidung 213
63. Lieferant des Verkäufers als Erfüllungsgehilfe. Haftung des Verkäufers wegen Lieferung einer von ihm schuldhafterweise mangelhaft hergestellten Sache. Haftung für den Erfüllungsgehilfen 221
65. Hat das Siedlungsunternehmen ein Wiederkaufsrecht, wenn die Wirksamkeit des Veräußerungsvertrags von seiner Genehmigung abhängig gemacht ist? Ist § 506 BGB. auf das Wiederkaufsrecht des Siedlungsunternehmens sinngemäß anzuwenden? 226
66. Liegt eine Ehesache vor, wenn die Frau aus § 12 BGB. gegen den Mann klagt? Liegt darin, daß der Ehemann eine andere Frauensperson als seine Ehefrau in das Fremdenbuch eines Gasthofs einträgt, ein Namensmißbrauch im Sinne des § 12 BGB.? 230
68. Wann ist das Reichstumultschadengesetz vom 12. Mai 1920 in dem deutsch gebliebenen Abstimmungsgebiete von Oberschlesien in Kraft getreten? 235
70. Vereinbarung eines ausländischen Erfüllungsorts zum Zweck der Umgehung eines im Inlande geltenden Gesetzes 241
73. Amtspflichtverletzung des Staatsanwalts durch Unterlassung der Sicherstellung des dem Dieb abgenommenen gestohlenen Guts 249
77. Ist ein Gasthaus eine dem öffentlichen Verkehr dienende Verkehrsanstalt im Sinne des § 978 BGB.? 259
78. Rechtsbehelfe des Eigentümers eines Gewehrs bei dessen unrechtmäßiger Einziehung in einem gegen einen Dritten gerichteten Strafverfahren 260
80. Erlöschen des Anspruchs eines Gläubigers, dessen Forderung bei Liquidation einer ausländischen Zweigniederlassung der feindliche Liquidator aus deren Vermögen entnommen und liquidiert hat 265

Nr. Seite

81. Zur Auslegung der §§ 956, 957 BGB. Genügt Teilbesitz des Gestattenden? Ist Teilbesitz an Holz auf dem Stamme möglich? . . 269

82. Unlauterer Wettbewerb. Verwechselungsgefahr des § 16 UWG. Kommen Verwechselungsfälle auf der Post und bei andern Behörden dabei in Betracht? 272

83. Beförderungszwang der Eisenbahn. Haftung für Verlust des Frachtguts bei Aufruhr 276

84. Haftung beim Umwechseln gefälschter Dollarnoten. Aufwertung des zurückzuerstattenden Kaufpreises 279

85. Einwilligung der Ehefrau in den Verkauf eines zum Gesamtgut gehörenden Grundstücks durch den Ehemann. Rechtsstreitigkeiten über das Gesamtgut nach Beendigung der Gütergemeinschaft 281

87. Muß der Verkauf eines Nachlaßgrundstücks durch den Testamentsvollstrecker, mangels Einverständnisses der Erben mit einem freihändigen Verkauf, im Wege der Zwangsversteigerung erfolgen? 289

88. Aufwertung einer an Stelle der Naturalleistungen tretenden Geldrente für den Leibzüchter 292

90. Rechte des Reeders an einer Sicherheit für Beiträge zur großen Haverei. Teilweise Rückzahlung einer in ausländischem Gelde gestellten Sicherheit 304

92. Schadenshaftung des Flugzeughalters für Betriebsgefahren, die erst durch Hinzutritt neuer, von anderer Seite verursachter Umstände ververwirklicht zu werden drohen 310

93. Gesetzliche Miete. Ihre Anwendung auf ein beim Verkauf eines Grundstücks in diesem zugunsten des Verkäufers begründetes Mietsverhältnis 312

95. Haftung des Verkäufers verfälschter Banknoten 316

97. Ankündigung des Gegenstandes der Tagesordnung der Generalversammlung einer Aktiengesellschaft bei Kapitalserhöhung unter Ausschluß des Bezugsrechts der Aktionäre und bei beabsichtigter Zuteilung junger Aktien an Vorstand und Aufsichtsrat. Ist die von der Generalversammlung beschlossene Zuteilung junger Aktien an Vorstand und Aufsichtsrat ein mit deren Mitgliedern vorgenommenes Rechtsgeschäft? Verstößt die Zuteilung von Vorzugsaktien mit mehrfachem Stimmrecht an Vorstand und Aufsichtsrat gegen das Gesetz oder die guten Sitten? Wann ist die dem Aufsichtsrat durch Zuteilung junger Aktien gewährte Vergütung übermäßig und unzulässig? 322

98. Kann der Grundstücksverkäufer die auf Grund eines formungültigen Kaufvertrags abgegebene Auflassungserklärung bis zur Eintragung

Nr. Seite

des Eigentumsüberganges kondizieren? Zurückbehaltungsrecht des Käufers gegenüber dem Kondiktionsanspruch wegen des von ihm bezahlten Kaufpreises 329

99. Kann sich der Wechselschuldner auch in Zeiten der Entwertung der deutschen Mark stets durch Hinterlegung des Markbetrags befreien, der am Verfalltage des Wechsels der in ausländischer Währung ausgedrückten Wechselsumme entsprach? 337

100. Art der Ablieferung von Eisenbahnfrachtgut auf einer nicht mit Bahnangestellten besetzten Haltestelle 341

105. Zuständigkeit des Reichsgerichts für weitere Beschwerde in Grundbuchsachen. Bedarf es der Genehmigung des Vormundschaftsgerichts zum Grundstückserwerb seitens des Vaters für das Kind unter Bestellung einer Restkaufgeldhypothek für den Verkäufer? 356

107. Zur Auslegung des § 21 der Telegraphenordnung 368

108. Ist die Überlassung von Bahnhofsräumen zum Betriebe eines Wechselgeschäfts Miete oder ein gemischter Vertrag? 369

109. Ist das Reich auf Grund der Personalabbauverordnung befugt, Angestellte, die Mitglieder einer Betriebsvertretung sind, ohne Zustimmung der letzteren zu entlassen? 371

111. Art der Aufwertung des Kaufpreises im Großhandel 379

113. Kraftfahrzeugversicherung. Ausschluß der Haftung des Versicherers bei Steuerung des Fahrzeuges durch einen für dessen Wagenklasse behördlich nicht zugelassenen Wagenlenker 385

115. Kann das Verlangen nach Übernahme des Geschäfts bei der offenen Handelsgesellschaft gemäß § 142 HGB. auf Verfehlungen eines inzwischen verstorbenen Gesellschafters gestützt werden? 388

116. Kann die Bezeichnung des Remittenten im Wechsel noch während des Rechtsstreits nachgeholt werden? 389

118. Aufwertung von Vorauszahlungen und Vorschüssen auf Unfallrenten 395

119. Erfordernisse eines durch Übergabe einer Schrift errichteten öffentlichen Testaments. Mündlichkeit der Erklärung 397

121. Kann ein Unterbevollmächtigter im Namen des Machtgebers mit dem Bevollmächtigten, von dem er die Untervollmacht erhalten hat, wirksam ein Rechtsgeschäft abschließen? 405

122. Frachtzuschläge nach § 60 Abs. 1 Eisenbahnverkehrsordnung. Haftung des Absenders für Verschulden bei Abschluß des Frachtvertrags . . 408

123. Selbständiges Schuldversprechen. Einreden gegenüber einem solchen. Verzicht auf die Einreden 410

Nr. Seite

126. Vertretbares Unvermögen zur Leistung bei Vorenthaltung der verkauften Sache seitens eines Dritten, gegen den der Verkäufer selber nur einen schuldrechtlichen Anspruch auf Übergabe der Sache hat, ohne daß er seinen Käufer beim Vertragsschluß hierüber aufgeklärt hat. Einfluß des Eintritts vertretbarer Unmöglichkeit der Erfüllung vor Ablauf der Nachfrist 419

127. Können die mehreren Erben eines Miteigentümers den Antrag auf Zwangsversteigerung des ganzen im Miteigentum stehenden Grundstücks zum Zweck der Auseinandersetzung nur gemeinschaftlich stellen oder ist dazu auch ein einzelner Miterbe befugt? 422

b. Landesrecht.

62. Anspruch auf Umbettung einer Leiche nach gemeinem Recht . . . 217

69. Örtliche Zuständigkeit der staatlichen Förster in Preußen auf dem Gebiet der Jagdpolizei. Stellung der als Forstschutzbeamte vereidigten Privatförster in jagdpolizeilicher Hinsicht 239

74. Zur Auslegung des § 18 Nr. 2 des preußischen Fluchtliniengesetzes . 252

105. Rückwirkende Kraft des preußischen Gesetzes über den Verkehr mit Grundstücken vom 10. Februar 1923 356

II. Öffentliches Recht.

4. Verteilung der Patronatslasten nach Zerteilung des Patronatsguts. Bedarf der Abgabenregulierungsplan der Genehmigung der geistlichen Oberen? 16

20. Ist bei gleichzeitiger Veräußerung eines Grundstücks und des darauf betriebenen Geschäfts das für die Übertragung des letzteren gewährte Entgelt bei der Feststellung des Veräußerungspreises nach § 8 des Zuwachssteuergesetzes vom 14. Februar 1911 zu berücksichtigen? . . . 73

41. Zulässigkeit des Rechtsweges für den Anspruch des Lehrers auf Dienstbezüge nach dem preußischen Lehrerbesoldungsgesetz auch bei günstigem Vorbescheid des Oberpräsidenten. Gilt die sechsmonatliche Ausschlußfrist auch in diesem Falle? 144

Nr.		Seite
43.	Bürgerlichrechtlicher Schadensersatzanspruch eines Dienstbeschädigten neben dem öffentlichrechtlichen Versorgungsanspruch aus dem Reichsversorgungsgesetz. Übergang der Schadensersatzverpflichtungen auf das Reich beim Erwerb der Staatseisenbahnen	151
50.	Enthält Art. 129 Abs. 2 der Reichsverfassung eine sofort wirksame Rechtsvorschrift oder nur eine Richtlinie für die künftige Gesetzgebung? Regelung der Voraussetzungen für Versetzung des Beamten in den Ruhestand durch eine gesetzlich zugelassene Ortssatzung	170
57.	Inwieweit ist im Entschädigungsverfahren nach dem Branntweinmonopolgesetz der ordentliche Rechtsweg eröffnet? Zur Auslegung des § 215 Branntweinmonopolgesetzes	194
59.	Zur Auslegung der Tarifstelle 48 I Abs. 1 und 2 des preußischen Landesstempelgesetzes	204
64.	Beamten-Unfallfürsorge, Kosten des Heilverfahrens, Badereise	225
67.	Unterliegt die bei Erhöhung des Stammkapitals einer Gesellschaft m. b. H. erfolgende urkundliche Übernahme neuer Stammeinlagen seit dem 1 September 1921 noch dem Stempel der Tarifstelle 58 I 1 preuß. StempStG.?	233
75.	Ist § 945 ZPO. auf die nach der Reichsabgabenordnung angeordneten und vollzogenen Steuerarreste anwendbar?	253
89.	Haftet das Deutsche Reich für die privatrechtlichen Verbindlichkeiten der vormaligen deutschen Schutzgebiete?	298
94.	Keine Verletzung wohlerworbener Rechte von Beamten durch Aufstufung einer bisher gleichgestellten Gruppe im Gehalt	314
101.	Bindung der ordentlichen Gerichte an die Entscheidung des Disziplinargerichts über die Dienstentlassung eines Kommunalbeamten in einem Rechtsstreit über die Gewährung von Dienstbezügen. Rechtsgültigkeit der Verordnung des Reichspräsidenten über die Vereidigung der Beamten vom 14. August 1919	345
106	Haftung des preußischen Staats für die von einem Schutzmann in Ausübung seines Amtes begangene fahrlässige Körperverletzung eines unbeteiligten Dritten	366
114.	Öffentliche Gewalt im Sinne von § 1 des Reichshaftungsgesetzes vom 22. Mai 1910	387
120.	Kann der bereits erworbene Anspruch auf ein bestimmtes Ruhegehalt durch eine spätere Änderung der Beamtenorganisation beschränkt werden?	404

Nr. Seite

125. Pensionsfähige Dienstzeit der Landmesser in Preußen. Erwerb der Beamteneigenschaft 415

III. Gerichtliches Verfahren.

13. Versailler Vertrag. Gemischter Schiedsgerichtshof; Zuständigkeit der deutschen Gerichte 50

14. Bedarf es einer Plenarentscheidung, wenn der Zivilsenat, von dessen Entscheidung abgewichen werden soll, nicht mehr besteht? 58

32. Ist der Rechtsweg zulässig für Klagen auf Feststellung der Beamteneigenschaft? 117

37. Urteilszustellung durch den streitgenössischen Nebenintervenienten an den Gegner mit der Wirkung, daß dadurch die Rechtsmittelfrist auch für und gegen die unterstützte Partei eröffnet wird 132

38. Ist der Kläger an die Zurücknahme der Klage auch dann noch gebunden, wenn der Beklagte die dazu erforderliche Einwilligung verweigert hat? 135

40. Schiedsspruch. Nachprüfung durch das Staatsgericht, ob die Handlung, zu welcher eine Partei verurteilt ist, verboten ist. Änderung der Gesetzgebung nach Erlaß des Berufungsurteils in der Revisionsinstanz ausnahmsweise zu beachten 139

41. Ist der Rechtsweg für den Anspruch des Lehrers auf Dienstbezüge auch dann zulässig, wenn der nach dem preußischen Lehrerbesoldungsgesetz erforderliche Vorbescheid des Oberpräsidenten den Anspruch als berechtigt anerkannt hat? Läuft auch in solchem Fall die sechsmonatliche Ausschlußfrist? 144

49. Unzulässigkeit des Rechtswegs für die Abwehrklage aus § 1004 BGB., mit der geltend gemacht wird, der Beklagte behaupte zu Unrecht, Betriebsratsmitglied zu sein und den Betrieb der Klägerin zu Betriebsratsgeschäften betreten zu dürfen. Klagänderung bei Eigentumsstörungen 167

53. Unzulässigkeit des Rechtswegs für die Klage des Jagdgenossen gegen die Jagdgenossenschaft auf Feststellung der Nichtigkeit eines Jagdpachtvertrages 183

58. Verhältnis der Feststellungsklage zur Leistungsklage. Darf die Feststellung des Beginns des Verzuges dem Verfahren über den Betrag des Verzugsschadens vorbehalten bleiben? 201

Nr.		Seite
71.	Zulässigkeit des Rechtswegs für die Rückforderung einer Sicherheit, die an Stelle von sichergestelltem Militärgut getreten ist	244
72.	Außerkrafttreten eines Schiedsvertrages, wenn der Dritte, der vertragsmäßig einen Schiedsrichter ernennen soll, vor der Ernennung wegfällt	246
76.	Notwendigkeit der Zurückverweisung der Sache in die Vorinstanz, wenn das Revisionsgericht im Versäumnisverfahren ein Versäumnisurteil des Berufungsgerichts aufhebt, weil ein Beweisantritt zu Unrecht für unerheblich erachtet ist	257
79.	Unzulässigkeit der Revision gegen ein Urteil, durch welches das Berufungsgericht die Einrede der örtlichen Unzuständigkeit für begründet erklärt und die Sache an das zuständige Gericht verweist	268
86.	Zulässigkeit des Rechtswegs in den Fällen des § 705 der Reichsversicherungsordnung	286
91.	Verbindung von Entmündigungsanträgen wegen Geisteskrankheit und wegen Verschwendung innerhalb desselben Verfahrens	307
96.	Bezeichnung der gepfändeten Forderung im Pfändungsbeschluß. Umfang des Pfandrechts an einer im Arrestverfahren gepfändeten Forderung	318
102.	Zulässigkeit der sofortigen Beschwerde gegen einen Beschluß des Oberlandesgerichts, der die Wiedereinsetzung in den vorigen Stand gegen die Versäumung der Frist zur Zahlung der Prozeßgebühr für die Berufungsinstanz ablehnt	347
103.	Eintritt der Rechtskraft der Urteile der Oberlandesgerichte in Ehesachen nach der Verordnung zur Entlastung des Reichsgerichts vom 15 Januar 1924. Bedarf es zur Ausstellung des Rechtskraftzeugnisses für diese Urteile eines Notfristattestes des Gerichtsschreibers des Reichsgerichts?	349
104.	Kann dem Eintritt des Grundstückserwerbers in den vom Vorbesitzer geführten Rechtstreit vom Gegner unter Bezugnahme auf § 266 Abs. 2 ZPO mit Erfolg widersprochen werden?	350
110.	Zuständigkeit des ordentlichen Gerichts nach ergebnislosem Verlauf des schiedsrichterlichen Verfahrens wegen Unzuständigkeitserklärung des Schiedsgerichts	374
112.	Zulässigkeit der sofortigen Beschwerde gegen Beschlüsse des Oberlandesgerichts, durch welche in Ehesachen die Berufung als unzulässig verworfen oder die Wiedereinsetzung in den vorigen Stand gegen die Versäumung der Frist des § 519 Abs. 6 ZPO. zurückgewiesen wurde .	383

Nr. Seite

117. Zulässigkeit des Rechtswegs für Ansprüche einer öffentlichen Körperschaft auf Erstattung von Aufwendungen aus der Besorgung öffentlichrechtlicher Geschäfte gegenüber einer andern Person des öffentlichen Rechts 391

124. Anwendbarkeit des § 323 ZPO. auf den Fall, daß eine zugesprochene Rente, die durch Abänderungsurteil gemäß § 323 ZPO. aberkannt war, wieder verlangt wird 413

IV. Anhang: Entscheidung des Staatsgerichtshofs.

128. Freifahrt der Sächsischen Synodalen auf der Reichsbahn 426

Sachregister 433

Gesetzesregister 448

Zusammenstellung nach der Zeitfolge 458

Zusammenstellung nach Oberlandesgerichtsbezirken 463

Berichtigungen 464

1. 1. Zum Begriff des Motivschutzes im Warenzeichenrecht.

2. Hat im Falle der Verurteilung zum Schadensersatz wegen wissentlicher oder grob fahrlässiger Verletzung des Zeichenrechts oder des Ausstattungsschutzes der Ersatzpflichtige Auskunft über den Gewinn zu erteilen, den er durch seine Zuwiderhandlung gemacht hat?

II. Zivilsenat. Urt. v. 4. Mai 1923 i. S. K. (Kl.) w. H. (Bekl.). II 310/22.

I. Landgericht Dortmund. — II. Oberlandesgericht Hamm.

Für die Klägerin, die eine chemische Fabrik und Ölraffinerie betreibt und ferner einen Vertrieb von Maschinen und Maschinenbedarfsartikeln unterhält, sind u. a. für Maschinenschmiermittel, technische Öle und Fette, chemische Produkte für industrielle Zwecke und Farben 6 Bildzeichen als Warenzeichen unter den Nummern 81515, 82687, 95829, 96792, 100434 und 197242 in die Zeichenrolle des Reichspatentamts während der Zeit von 1905 bis 1914 eingetragen worden. Sämtliche Warenzeichen zeigen das Motiv eines lachenden Gesichts in Gegenüberstellung mit einem weinenden Gesicht; diese Gesichter befinden sich in der Rundung von sogenannten Traglagern (Achsenlagern) und auf Wellenstümpfen. Das lachende Gesicht versinnbildlicht die Freude über das gute Laufen der Maschine infolge ihrer guten Schmierung bei Verwendung der Schmiermittel der Klägerin, während das weinende Gesicht die Empfindungen über die für die Maschine ungünstigen Folgen der Verwendung ungeeigneter Schmiermittel zum Ausdruck bringen soll.

Die Beklagte, die u. a. gleichfalls mit Schmiermitteln handelt, hat sich zur Ankündigung ihrer Waren des von der Klägerin vorgelegten Prospekts bedient. Die Vorderseite dieses Reklamemittels der Beklagten zeigt eine in roter Farbe gehaltene humoristische volle männliche Figur mit Kopf, Rumpf und Beinen, die den Kopf mit lachendem Gesicht durch ein Traglager gesteckt hat und dieses mit dem Nacken und den Armen trägt. Darüber befinden sich in großen roten Buchstaben die Worte „Keystone-Henke“; diese stehen auch als Aufschrift auf der Vorderseite des Zylinderhutes, den die Figur auf dem Kopfe trägt. Unter dem Bilde steht in schwarzen Buchstaben das Wort

„Dauerschmierung". Die Figur versetzt mit dem rechten Fuß einem unten in der Ecke befindlichen Öltopf, der die Züge eines weinenden Gesichts trägt, einen Tritt zum Zeichen dafür, daß man mit seinem Inhalt nichts mehr zu tun haben wolle.

Die Klägerin fühlt sich durch dieses der Beklagten nicht geschützte Reklamebild, dessen sich diese zur Kennzeichnung ihrer Schmiermittel bedient, in ihrem Zeichenrecht verletzt. Ihrer Angabe nach ist sie die einzige Fabrikantin von Schmiermitteln, die zur Kennzeichnung ihrer Waren, denen die der Beklagten gleich und gleichartig seien, das Motiv des lachenden und des weinenden Gesichts verwende. Ihrer weiteren Behauptung nach hat sich dieses Motiv als Kennzeichen ihrer Waren in den beteiligten Kreisen derart eingeprägt, daß bei Verwendung dieses Motivs ohne weiteres angenommen werde, es handle sich um ihre — der Klägerin — Waren. Ferner erblickt die Klägerin in der Benutzung des Motivs auf dem Prospekte der Beklagten eine bewußte Nachahmung ihres Zeichens und daher einen Verstoß gegen § 1 UnlWG. in Verbindung mit § 826 BGB., der die Verpflichtung zum Schadensersatz begründe, da sie die Beklagte durch Schreiben vom 6. August 1920 zur Unterlassung der Nachahmung ihrer Schutzmarken aufgefordert und ihr auf Anfrage die Nummern der Schutzmarken mitgeteilt habe. Endlich hat sich die Klägerin zur Begründung ihres Unterlassungsanspruchs auch auf Verletzung ihres Ausstattungsschutzes berufen.

Die Klägerin begehrt mit der Klage a) Unterlassung der Verwendung des Motivs eines lachenden Gesichts in Gegenüberstellung mit einem weinenden, sowie eines inmitten eines Lagers erscheinenden Gesichts auf Ankündigungen, Preislisten, Geschäftsbriefen, Rechnungen, Empfehlungen sowie auf Verpackungen oder Umhüllungen von Schmiermaterial durch die Beklagte, b) Rechnungslegung der Beklagten über die Verkäufe von Schmiermaterial, die sie vor und nach der Verwendung des zu a) erwähnten Motivs vorgenommen habe, c) Feststellung der Verpflichtung der Beklagten zum Ersatz des durch Verwendung jenes Motivs der Klägerin entstandenen Schadens. Die Beklagte bestreitet eine Verletzung des Zeichenrechts und des Ausstattungsschutzes der Klägerin sowie einen Verstoß gegen § 1 UWG. und § 826 BGB.

Die beiden Vorinstanzen haben die Klage abgewiesen. Die Revision der Klägerin hatte Erfolg.

Gründe:

Maßgebend für alle drei Klaganspruche ist die Entscheidung der Frage, ob nach dem Gesamteindruck der beiderseitigen Abbildungen für den Durchschnittskäufer von Waren der fraglichen Art, die unstreitig gleich und gleichartig sind, eine Verwechselungsgefahr im Sinne des

§ 20 WZG. begründet ist. Für die Beantwortung dieser Frage, die im Gegensatz zu den Vorinstanzen zu bejahen ist, ist es von entscheidender Bedeutung, daß es sich bei den für die Klägerin eingetragenen Zeichen um besonders charakteristische, besonders starke Zeichen handelt, und zwar deshalb, weil ihnen ein höchst eigenartiges Motiv zugrunde liegt. Die Befriedigung über die Güte des von der Klägerin hergestellten und vertriebenen Schmiermittels wird dadurch zum Ausdruck gebracht, daß an der Stelle der Maschine, wo das Schmiermittel wirkt, ein lachendes Gesicht erscheint, zu dem die Nichtbefriedigung über schlechtere, von anderen hergestellte und vertriebene Schmiermittel durch ein weinendes Gesicht in Gegensatz gebracht wird. Güte und Minderwertigkeit von Waren ist hier in ebenso einfacher wie ausdrucksvoller Weise wiedergegeben. Es ist nach dem beiderseitigen Parteivorbringen unstreitig — das Berufungsgericht unterstellt es irrtümlicherweise nur —, daß die Klägerin als einzige Fabrikantin von Schmiermitteln ihre Ware durch diesen Gegensatz des lachenden und weinenden Gesichts bereits seit dem Jahre 1904 kennzeichnet und daß der Verkehr sich an diese Kennzeichnung der Herkunft aus ihrem Gewerbebetriebe gewöhnt hat. Die Klägerin ist auch nach Ausweis der Beschlüsse des Patentamts vom 10. und 21. Oktober 1907 und 26. November 1907 durch rechtzeitig erhobenen Widerspruch gegen die Anmeldung von Bildzeichen, in denen durch Gegenüberstellung von menschlichen Gesichtern mit freudigem und mit schmerzlichem Ausdruck ein gleicher begrifflicher Inhalt in bezug auf andere ihr gleichfalls geschützte Waren zum Ausdruck gebracht war, für die Erhaltung der starken kennzeichnenden Kraft ihrer Bildzeichen mit Erfolg bemüht gewesen.

Dieses besondere Motiv in seiner großen Charakterisierungskraft, diese eigenartige Gegenüberstellung eines lachenden Gesichts an der Stelle einer Maschine, der die Güte des benutzten Schmiermittels der Klägerin zustatten kommt, und eines weinenden Gesichts, durch das auf die geringere Güte anderer Schmiermittel hingewiesen wird, ist nach der bedenkenfreien Feststellung des Berufungsgerichts vom Verkehr als wesentliches Merkmal des Zeichens aufgefaßt und hat sich daher der Erinnerung des Durchschnittskäufers als Gesamteindruck eingeprägt. Ein Warenzeichen, das aus einem Bilde besteht, erhält seine Kennzeichnungskraft sowohl durch die äußere Form des Zeichens und die Ausgestaltung des Bildes, als auch durch den inneren Gehalt, durch Sinn und Bedeutung der bildlichen Darstellung. Erfüllt hiernach schon das Motiv, der im Bilde dargestellte Sinn, die dem ganzen Warenzeichen zukommende Aufgabe, auf einen bestimmten Gewerbebetrieb hinzuweisen, so kann jedes Zeichen, welches dasselbe Motiv bildlich darstellt, zur Verwechselung selbst dann führen, wenn die bildliche Darstellung in der Form unterschieden ist, sofern nur das Motiv rein zur

Darstellung gebracht wird (RG. in Bl. für Patent-Muster- und Zeichenwesen 1915 S. 138). Das ist hier der Fall. Die gegenteilige Auffassung des Berufungsgerichts beruht auf Verkennung der Rechtsgrundsätze über den Begriff des Motivschutzes. Der Abbildung auf dem Prospekt der Beklagten liegt das gleiche Motiv zugrunde. Als Hauptbestandteil in dieser Abbildung erscheint das lachende Gesicht an der Stelle der Maschine, wo das Schmiermittel der Beklagten verwendet wird. Aber auch den Gegensatz der Befriedigung über gute und der Nichtbefriedigung über schlechte Ware hat sich die Beklagte angeeignet. Sie benutzt den gleichen Gedanken wie die Klägerin in ihrem Warenzeichen, um auf den Unterschied zwischen ihrem angeblich besseren und anderen weniger guten Schmiermitteln aufmerksam zu machen. Es ist ihr, wie die Revision zutreffend sagt, ebensowenig darum zu tun, an sich eine humoristische Figur mit einem Karikaturkopf und einen Öltopf, der über einen Fußtritt Schmerz empfindet, darzustellen, wie es der Klägerin darauf ankommt, lediglich die Freude und den Schmerz der Maschine bildlich wiederzugeben.

Es ist zwar zutreffend, daß die Abbildung auf dem Prospekt der Beklagten eine Reihe von figürlichen Abweichungen gegenüber dem Warenzeichen der Klägerin aufweist. Aber diese vom Berufungsgericht im einzelnen aufgezählten Abweichungen stellen doch nur Verschiedenheiten in der Ausgestaltung des wiederkehrenden Grundmotivs dar. Das verkennt das Berufungsgericht; es berücksichtigt nicht, daß es beim Motivschutz nach dem Gesagten nicht darauf ankommt, ob die Nachahmung sich auf alle Einzelheiten der Ausgestaltung erstreckt, es vielmehr genügen muß, wenn das Motiv in der Hauptsache von der Nachahmung ergriffen und gedeckt wird. Mögen danach auch die beiderseitigen bildlichen Darstellungen in der Form verschieden sein, so bleibt doch auch bei der Abbildung der Beklagten das charakteristische Motiv rein erhalten, es ist nicht durch Hinzufügung anderer gleichwertiger begrifflicher Elemente ein anderes Motiv geschaffen worden.

Die Verwechselungsgefahr ist somit hier trotz der Verschiedenheiten in der bildlichen Ausgestaltung, trotz des Zusatzes der auf die Firma der Beklagten hinweisenden Worte „Keystone-Henke" über der Abbildung und auf der Vorderseite des Zylinderhutes und trotz der unterhalb des Bildes angebrachten Worte „Dauerschmierung" gegeben. Der Unterlassungsanspruch der Klägerin ist daher in dem durch § 12 WZG. bestimmten Umfange begründet ohne Rücksicht darauf, daß die Beklagte nach dem im Rechtsstreit vorgelegten Material sich bisher der beanstandeten Abbildung nur auf ihren Prospekten bedient hat; dies um so mehr, als sie noch in der mündlichen Verhandlung bis zum Schluß das Recht für sich in Anspruch genommen hat, sich der fraglichen Abbildung zu bedienen. Durch Beschränkung des Verbots auf Prospekte würde die Gefahr der Störung durch Benutzung der fraglichen Abbildung auf dem übrigen in § 12 WZG. aufgezählten geschäftlichen Material gegeben sein.

Insoweit war unter Aufhebung des angefochtenen Urteils in der Sache selbst zu erkennen.

Weiter beansprucht die Klägerin Verurteilung der Beklagten zur Rechnungslegung darüber, welche Verkäufe von Schmiermaterial diese vor und nach der Verwendung des erwähnten Motivs geschlossen hat, und Ersatz des noch festzustellenden, ihr — der Klägerin — durch diese Verwendung entstandenen Schadens. Sie stützt den Schadensersatzanspruch auf bewußte Nachahmung ihres Zeichens, indem sie auf den vor der Klagerhebung zwischen ihr und der Beklagten gepflogenen Schriftwechsel mit der darin enthaltenen Aufforderung hinweist, die Nachahmung ihrer Warenzeichen, deren Nummern sie der Beklagten angegeben, zu unterlassen. Der Schadensersatzanspruch ergibt sich aus §§ 12, 14, 20 WZG. in Verbindung mit § 826 BGB. und § 1 UnlWG. Dieser Anspruch ist, wie die Revision mit Recht bemerkt, für den Fall, daß die Klägerin mit dem Verlangen nach Rechnungslegung nicht durchdringen sollte, offenbar unabhängig hiervon als Feststellungsanspruch gemeint. Eine Abweisung des Schadensersatzanspruchs wegen Versagung des Anspruchs auf Rechnungslegung, wie im zweiten Rechtszuge geschehen, konnte daher nicht erfolgen, wohl aber war das Umgekehrte möglich. Da das Berufungsgericht die Frage der Schadensersatzpflicht der Beklagten wegen bewußter Nachahmung des Zeichens der Klägerin, also wegen wissentlicher Zeichenverletzung, überhaupt nicht geprüft hat, so war, unter Aufhebung des Urteils auch insoweit, die Sache an das Berufungsgericht zurückzuverweisen.

Das gleiche ist bezüglich des Anspruchs auf Rechnungslegung der Fall. Auch in dieser Richtung hat die Revision um Nachprüfung gebeten, indem sie Verletzung des § 687 BGB. rügt. Das Berufungsgericht sieht in Übereinstimmung mit RGZ. Bd. 47 S. 100 und Bd. 58 S. 323 diese Gesetzesvorschrift deshalb nicht als anwendbar an, weil derjenige, der bewußt rechtswidrig ein fremdes Warenzeichen zur Kennzeichnung seiner Ware benutzt, zwar in unzulässiger Weise in ein fremdes Recht eingreife, aber auch objektiv kein fremdes, sondern ein eigenes Geschäft besorge. Bei Verletzungen des Patent-, Gebrauchsmuster- oder Urheberrechts wird jedoch nach der ständigen Rechtsprechung des Reichsgerichts (RGZ. Bd. 35 S. 63, Bd. 43 S. 56, Bd. 46 S. 14, Bd. 50 S. 111, Bd. 62 S. 320, Bd. 70 S. 249, Bd. 84 S. 146 a. E. und Bd. 90 S. 137) nach den Grundsätzen der Geschäftsführung ohne Auftrag neben dem Anspruch auf Herausgabe des vom Nachahmer erzielten Gewinnes ein Anspruch auf Rechnungslegung über den Gewinn gewährt. Dies beruht auf der Erwägung, daß sich jeder unter Verletzung eines Patent-, Gebrauchsmuster- oder Kunstschutzes hergestellte Gegenstand als eine Verkörperung des geschützten Erfindungsgedankens oder der geschützten Formgebung darstelle und daß daher der gewerbsmäßige Vertrieb solcher Gegenstände durch einen Nichtberechtigten zugleich eine eigennützige Verwertung eines fremden Rechtsgutes enthalte, mithin als Besorgung eines fremden Geschäfts im Sinne des § 687 Abs. 2 BGB. anzusehen sei. In den beiden genannten Entscheidungen des erkennenden Senats in Bd. 47 und Bd. 58, auf die das Berufungsgericht sich stützt, wird die entsprechende Anwendung dieser Grundsätze auf das Zeichen- und Ausstattungsrecht abgelehnt, weil die Benutzung eines Zeichens oder einer Ausstattung durch einen Unberechtigten beim Vertrieb eigener Waren nicht ein Geschäft sei, auf das der Zeicheninhaber ein Recht habe, und weil deshalb der dem Verletzten nach §§ 14 u. 15 WZG. zustehende Anspruch auf Entschädigung zwar auf eine volle, den wirklichen Schaden und den entgangenen Gewinn umfassende Entschädigung gerichtet sei, aber nicht eine unmittelbar auf Herausgabe der widerrechtlich bezogenen Vorteile gehende Verpflichtung begründe. Der erkennende Senat vermag bei nochmaliger Prüfung der Frage seine in jenen Entscheidungen (aus den Jahren 1900 und 1904) zum Ausdruck gekommene Auffassung nicht aufrecht zu erhalten, sondern nimmt, indem er sich im Ergebnis der vom I. Zivilsenat für die Fälle der Verletzung des Patent-, Gebrauchsmuster- und Kunstschutzes vertretenen Ansicht für das Warenzeichenrecht anschließt, nunmehr an, daß auch dem nach §§ 14 u. 15 WZG. Verletzten außer dem Anspruch auf Schadensersatz ein Anspruch auf Auskunfterteilung nach § 260 BGB. zusteht. Allerdings scheidet die Anwendung der Vorschriften des Bürgerlichen Gesetzbuches über die Bereicherung für das Warenzeichenrecht grundsätzlich aus, da das Warenzeichengesetz (§§ 14 u. 15) im Gegensatz zu den Urheberrechtsgesetzen die Schadensersatzpflicht ausschließlich regelt und auf die Fälle wissentlicher und grob fahrlässiger Zeichenverletzung beschränkt (Freund-Magnus S. 190 und die dort angeführten Entscheidungen des RG.). Ebenso ist daran festzuhalten, daß die Entschädigungspflicht aus §§ 14 u. 15 WZG. — im Gegensatz zu derjenigen wegen Patentverletzung nach § 35 Pat.-Ges. (z. B. RGZ. Bd. 43 S. 56, Bd. 70 S. 250 und JW. 1900 S. 316) und zur Entschädigungspflicht wegen Verletzung des Gebrauchsmusterrechts nach § 9 des Gesetzes vom 1. Juni 1891 (RGZ. Bd. 50 S. 111) — nicht auch auf Herausgabe des vom Verletzer durch Benutzung der geschützten Erfindung oder des geschützten Musters erlangten Gewinns gerichtet ist, falls der Verletzte nicht selbst in der Lage war, einen Gewinn in dieser Höhe zu erzielen (Seligsohn WZG. Anm. 12 zu § 14, Seligsohn Pat.-Ges. Anm. 12c zu § 35, Freund-Magnus S. 192, 193 und die dort erwähnten Entscheidungen). Danach entfällt zwar auch die Anwendbarkeit des § 687 Abs. 2 BGB., wonach derjenige, der in Kenntnis des Mangels seiner Berechtigung ein fremdes Geschäft als sein eigenes behandelt, zur Herausgabe eines etwa erzielten Gewinnes verpflichtet ist (§§ 687 Abs. 2, 681 Satz 2, 667 BGB.), auf die Fälle der Verletzung des Zeichen- und des Ausstattungsschutzes. Aber bereits in der Entscheidung des erkennenden Senats vom 24. Juni 1904 (RGZ. Bd. 58 S. 321) wird anerkannt, daß in Fällen der vorliegenden Art für den Kläger die Begründung und für das Gericht die Festsetzung eines bestimmten Schadens, ohne eine Auskunftspflicht des Beklagten in Anspruch nehmen zu können, mit Schwierigkeiten verbunden ist. Die Vorschrift des § 287 ZPO., auf welche diese Entscheidung mit dem Bemerken verweist, daß gerade bei einer schuldhaften Handlung des Verletzers ein besonders weitgehendes Ermessen des Gerichts gerechtfertigt sei, bietet kein ausreichendes Hilfsmittel zur Erlangung der vollen Entschädigung. Der Fall des § 687 Abs. 2 BGB., dessen Voraussetzungen dann geprüft und mit Recht abgelehnt werden, bildet aber nicht die einzige Handhabe für die Anwendung des § 260 BGB. In Fällen, in denen ein Recht auf Auskunft gegenüber dem Verpflichteten die Rechtsverfolgung in hohem Maße erleichtert, oft überhaupt erst möglich macht, ist — auch abgesehen von der Geschäftsführung ohne Auftrag — nach den Grundsätzen von Treu und Glauben dem Berechtigten ein Anspruch auf Auskunft bei Rechtsverhältnissen zu gewähren, deren Wesen es mit sich bringt, daß der Berechtigte entschuldbarerweise über Bestehen und Umfang seines Rechts im ungewissen, der Verpflichtete aber in der Lage ist, unschwer solche Auskunft zu erteilen (Dernburg, B.R. Bd. 2 § 38; Rosenthal in Hans. RZ. 1919 S. 119).

Dieser Fall ist hier gegeben (Rosenthal a. a. O.) Die Verpflichtung zur Auskunft hat bald einen weiteren, bald einen beschränkteren Inhalt. Die am weitesten gehende Pflicht ist, Rechenschaft abzulegen. Sie hat nach § 259 Abs. 1 BGB. mittels Rechnungslegung zu erfolgen, wenn es sich um eine mit Einnahmen und Ausgaben verbundene Verwaltung handelt. Das ist hier nicht der Fall. Die Verpflichtung zur Auskunft kann sich aber auf Vorlegung eines Verzeichnisses einer Mehrheit von Vermögensgegenständen (Sachen, Rechten oder Forderungen), welche die aus dem einheitlichen Rechtsgrunde der wissentlichen oder grob fahrlässigen Zeichenverletzung der Beklagten berechtigte Klägerin nicht einzeln zu bezeichnen vermag, gemäß § 260 BGB. beschränken (RGZ. Bd. 90 S. 139). Dieser Verpflichtung genügt die Beklagte dadurch, daß sie der Klägerin ein Verzeichnis derjenigen Mengen Schmiermittel vorlegt, die sie in ihrem Geschäftsbetriebe seit Verwendung ihres mit der beanstandeten Abbildung versehenen Prospekts abgesetzt hat. Die Klägerin wird dann mit Hilfe dieses Verzeichnisses in der Lage sein, den ihr durch angeblich wissentliche Verletzung ihres Zeichenrechts zugefügten Schaden näher zu substanziieren und gegebenenfalls gemäß § 287 ZPO. eidlich zu schätzen.

---

2. Zur Frage der Umbildung des eingetragenen Wortzeichens („Saccharin") zum freien Warennamen.

II. Zivilsenat. Urt. v. 19. Juni 1923 i. S. B. (Bekl.) w. Saccharinfabrik A.-G. vormals Fahlberg, L. & Co. (Kl.). II 92/23.

I. Landgericht II Berlin, Kammer f. Handelssachen. — II. Kammergericht daselbst.

Für die Klägerin ist seit 1896 das Wort „Saccharin" als Warenzeichen für künstlichen Süßstoff eingetragen. Der Beklagte ist Generalvertreter einer holländischen Süßstoffabrik — der Saccharinfabrik Hollandia — in Rotterdam und hat seinen Wohnsitz in Berlin-Schöneberg. Er hat durch einen an diesem seinen Wohnsitze zur Post gegebenen Brief vom 17. Februar 1922 dem Apotheker W. B. in Zoppot „Saccharin Marke »Hollandia« . . . genau wie Fahlberg Nr. 2 . . . cif. Danzig" zum Kauf angeboten mit dem Zusatz „Seereise ab Rotterdam bis Danzig ca. 5 Tage".

Die Klägerin hat auf Grund des WZG. und des UWG. Klage erhoben einmal auf Unterlassung der Feilhaltung und des Vertriebes anderer mit „Saccharin" bezeichneter Süßstoffabrikate als der von der Klägerin hergestellten, sodann auf Feststellung der Schadensersatzpflicht des Beklagten. Dieser hat jede Verletzung des WZG. und des UWG. in Abrede gestellt, da er nicht im Inlande angeboten, auch das Wort „Saccharin" nur in Verbindung mit dem Zusatz „Marke Hollandia" gebraucht, also für jedermann erkennbar den Anschein der Herkunft der angebotenen Ware aus dem Geschäftsbetriebe der Klägerin ausgeschlossen habe. Das Wortzeichen „Saccharin" begründe außerdem keinen Zeichenschutz mehr, da es im Verkehr die Bedeutung einer Herkunftsbezeichnung aus einem bestimmten Betriebe, nämlich dem der Klägerin, verloren habe und zur Beschaffenheitsangabe für Süßstoff überhaupt geworden sei. Schließlich bestreitet der Beklagte, daß der Klägerin ein Schaden entstanden sei, weil Apotheker B. nichts bestellt habe.

Beide Vorinstanzen haben der Klage stattgegeben. Die Revision des Beklagten hatte keinen Erfolg.

Gründe:

Das Berufungsgericht erblickt in dem brieflichen Angebot von „Saccharin Marke Hollandia" vom 17. Februar 1922 die Benutzung des der Klägerin geschützten Warenzeichens „Saccharin" in einer Ankündigung oder Empfehlung im Sinne des § 12 WZG., wobei es zunächst unterstellt, daß das Warenzeichen noch nicht zum freien Warennamen umgebildet sei. Denn das Wort „Saccharin" sei zur Bezeichnung der Ware verwendet, d. h. so gebraucht, daß der Briefempfänger habe annehmen können, es diene zur Unterscheidung der Ware, weise also auf ihren Ursprung aus einem bestimmten Betrieb und zwar aus dem der Klägerin hin. Der Zusatz „Marke Hollandia" und die weitere Bemerkung, die Lieferung erfolge von Rotterdam aus auf dem Seewege nach Danzig, seien nicht geeignet, diese Auffassung auszuschließen, da der Empfänger sehr wohl habe der Ansicht sein können, daß es sich um Ware der Klägerin, aus einer in Holland befindlichen Fabrik der Firma, handle. Dieser Eindruck werde noch dadurch verstärkt, daß der Warenbezeichnung die Worte „genau wie Fahlberg Nr. 2" hinzugefügt seien.

Das Berufungsgericht nimmt weiter an, daß die Verletzung des Zeichenrechts der Klägerin — immer das Bestehen eines solchen unterstellt — im Inlande, nämlich durch die in Berlin erfolgte Aufgabe des Briefes vom 17. Februar 1922, begangen sei. Es steht aber auch, in Übereinstimmung mit der Rechtsprechung des Reichsgerichts, auf dem Standpunkt, daß das aus dem Rechte der Persönlichkeit fließende Zeichenrecht (im Gegensatze zum Patentrecht) nicht territorial beschränkt und das deutsche Warenzeichen daher auch über die Grenzen des Reichs geschützt sei, sofern nur — wie hier — ein deutscher Gerichtsstand gegeben sei (RGZ. Bd. 45 S. 143, Bd. 54 S. 414; Seligsohn S. 152).

Was die Revision gegen den ersten Teil dieser Ausführungen vorbringt, ist nicht geeignet, ihr zum Erfolge zu verhelfen. Allerdings hätte es, da das Berufungsgericht in den Zusätzen zu der Bezeichnung „Saccharin" kein genügendes Mittel zur Unterscheidung vom Wortzeichen der Klägerin erblickt, bei der hiernach vorliegenden Identität der Bezeichnung mit dem Warenzeichen der Klägerin der Heranziehung des § 20 WZG. zur Feststellung einer Verletzung des § 12 WZG. nicht bedurft. Für die Entscheidung ist dieser Punkt jedoch ohne Bedeutung.

Mit den weiteren Rügen: für den Empfänger des Schreibens sei ohne die Möglichkeit eines Mißverständnisses erkennbar gewesen, daß

a) der Brief von dem Generalvertreter der Saccharinfabrik Hollandia in Rotterdam ausgegangen,

b) ein Fabrikat dieser Firma und nicht der Klägerin angeboten worden sei,

c) die Ware — auch dies ein deutliches Anzeichen für ihre holländische Herkunft — den Seeweg ohne Berührung deutschen Gebiets habe nehmen sollen,

d) die Ware „genau wie Fahlberg Nr. 2", also eben nicht von Fahlberg habe sein sollen,

e) der Brief an einen Apotheker, also einen Fachmann gerichtet gewesen sei,

wendet sich die Revision lediglich gegen tatsächliche Feststellungen des Berufungsgerichts, das alle diese Umstände — und zwar, wie es ausdrücklich betont, vom Standpunkt des Empfängers des Schreibens — berücksichtigt. . . .

Verfehlt ist auch, was die Revision zum Nachweise des Fehlens der Wiederholungsgefahr geltend macht. Es bedarf als Voraussetzung für die Unterlassungs- oder Abwehrklage aus § 12 WZG. und § 1004 BGB. weder einer „Anmaßung" noch einer „Berühmung", das Warenzeichen der Klägerin zu benutzen. Die Voraussetzungen der Unterlassungsklage sind vielmehr wie bei jeder anderen negatorischen Klage: das absolute Recht ausschließlicher Benutzung und die Befürchtung, daß es gestört werde. Der Anlaß zur Befürchtung einer Zeichenverletzung ist in erster Linie durch einen Eingriff gegeben. Dazu genügt die objektiv unbefugte Benutzung des Zeichens, einer Rechtsanmaßung bedarf es nicht. Die begangene Störung ist der Regelfall für die Befürchtung der Zeichenverletzung. Daß keine Befürchtung vorliege, hat der Beklagte zu beweisen. Regelmäßig wird dem Interesse des Zeicheninhabers nur mit einer förmlichen Anerkennung im Prozeß gedient sein (RGZ. Bd. 60 S. 154; Freund-Magnus S. 161).

Auch die Voraussetzungen für die Schadensersatzpflicht und für das Interesse der Klägerin an alsbaldiger Feststellung sind vom Berufungsgericht mit Recht für gegeben erachtet (wird näher ausgeführt).

Mit Unrecht wendet sich sodann die Revision gegen die Zurückweisung des Einwands, das Wort „Saccharin" sei im Laufe der Zeit zu einer bloßen Beschaffenheitsangabe herabgesunken und daher als freier Warenname aufzufassen, dessen Gebrauch dem Beklagten von der Klägerin nicht verwehrt werden könne. Das Berufungsgericht geht zutreffend von der auch in der Entscheidung des erkennenden Senats vom 29. Oktober 1920 (RGZ. Bd. 100 S. 182) vertretenen Ansicht aus, daß ein eingetragenes Wortzeichen zur Beschaffenheitsangabe werden kann, wenn das Wort im Verkehr die Bedeutung der Herkunftsbezeichnung verloren hat. Die Individualbezeichnung hört dann auf, eine solche zu sein, und wird zur Bezeichnung einer bestimmten Gattung, einer bestimmten Eigenschaft oder einer besonderen Eigenart der Ware, ähnlich wie dies bei dem Namen des Herkunftsortes der Fall sein kann. Hat der Verkehr diese Umwandlung bewirkt, dann ist der Gebrauch der Bezeichnung nicht mehr der einer Sonderbezeichnung, sondern der einer Beschaffenheitsangabe, und daher nach § 13 WZG. ebenso erlaubt wie jede andere Beschaffenheitsbezeichnung. Solche Änderungen sind an sich möglich, auch wenn das Wort eingetragen ist; denn der Verkehr ist entscheidend (abweichend Seligsohn WZG. 2. Aufl. S. 83, 174—175), der meint, daß die Eintragung eines Warenzeichens die Entwicklung zum freien Warennamen ebenso hemme wie die Entwicklung zum Freizeichen). Aber eine solche Umbildung zum Warennamen kann bei eingetragenen Worten nur dann angenommen werden, wenn besondere Umstände vorliegen und ein einwandfreier Nachweis für die Umgestaltung der Bedeutung des Zeichens durch den Verkehr erbracht wird. Andernfalls würden viele der wertvollsten Zeichen Gemeingut werden; denn wenn jemand eine bestimmte Ware fortgesetzt mit einem für ihn eingetragenen Zeichen versieht, so wird dieses bei einem Teil des Publikums bald den Charakter einer Beschaffenheitsangabe annehmen und als Gattungsbezeichnung dienen. Der Einwand der Umwandlung eines eingetragenen Wortzeichens zum freien Warennamen ist daher mit größter Vorsicht zu behandeln und keinesfalls zu begünstigen. Auf diesem grundsätzlichen Standpunkt steht auch das Berufungsgericht.

Da Beschaffenheitsangaben nach § 4 Nr. 1 WZG. von der Eintragung ausgeschlossen sind, so stellt das Berufungsgericht seine Untersuchung, ob das Wort „Saccharin" zum Warennamen geworden sei, mit Recht in erster Reihe auf die Zeit vor der Anmeldung und Eintragung des Warenzeichens ab. Es nimmt an, daß die Klägerin das Wort „Saccharin" bereits 10 Jahre lang vor der im Jahre 1894 erfolgten Eintragung für ihre Ware benutzt hatte und daß entsprechend der Ansicht des Patentamts im Beschluß vom 3. Juli 1899 das Wort „Saccharin" nach der Anschauung des Verkehrs zur Zeit der Eintragung unzweifelhaft den Hinweis auf die Herkunft der Ware aus dem Betriebe der Klägerin enthielt. Diese Feststellung läßt keinen Rechtsirrtum erkennen, wird auch von der Revision nicht bemängelt.

Weiter entnimmt das Berufungsgericht dem erwähnten, wenige Jahre nach der Eintragung ergangenen und bei seiner Bedeutung unzweifelhaft den beteiligten Firmen bekannt gewordenen Beschluß des Patentamts, daß bei diesen der Gedanke, die Bezeichnung „Saccharin" sei ein freier Warenname, nicht habe aufkommen können. Ferner folgert das Berufungsgericht daraus, daß der Klägerin durch § 2 der Ausführungsbestimmungen zum Süßstoffgesetz vom 7. Juli 1902 das Monopol für Herstellung des Süßstoffs und für den Vertrieb ihres Produktes in Deutschland vom Reich übertragen ist, in Verbindung mit der unstreitigen Tatsache, daß sie in Ausübung dieses Monopols — das bis zum Jahre 1916 ein ausschließliches war und in diesem Jahre nur insoweit eine Einschränkung erfuhr, als durch die Verordnung des Bundesrats vom 15. April 1916 neben ihr auch der chemischen Fabrik v. d. Heyden in Dresden-Radebeul die Erlaubnis zur Herstellung und zum Vertriebe von Süßstoff in Deutschland vom Reich übertragen wurde — ihre Produkte unter der Bezeichnung „Saccharin“ vertrieben hat, daß die Umbildung dieses Wortzeichens während dieser Zeit in Deutschland ausgeschlossen sei. Aus der Tatsache, daß die genannte chemische Fabrik v. d. Heyden seit ihrer Zulassung zur Herstellung und zum Vertriebe von Süßstoff nicht das Warenzeichen der Klägerin zur Bezeichnung auch ihrer Erzeugnisse benutzt, sondern diese unter dem selbstgewählten Namen „Zuckerin“ vertreibt, schließt sodann das Berufungsgericht, daß die beteiligten Kreise auch jetzt noch das Wort „Saccharin“ nicht als freien Warennamen betrachten, sondern anerkennen, daß das Wort in engster Zusammengehörigkeit mit der Firma der Klägerin steht. Danach sieht das Berufungsgericht als erwiesen an, daß das Wort „Saccharin“ in Deutschland nicht zum freien Warennamen geworden ist. Hieran wird seiner Ansicht nach auch dadurch nichts geändert, daß in verschiedenen Schriftwerken der Süßstoff mit „Saccharin“ bezeichnet ist, zumal da der als „Saccharin“ geschützte Süßstoff in der Zeit von 1902—1916 der einzige war, der in Deutschland vertrieben werden durfte und daher der Gebrauch des Wortes „Saccharin“ für Süßstoff durch diese Monopolstellung der Klägerin zu erklären sei. Das Berufungsgericht erachtet daher den Gebrauch des Warenzeichens für widerrechtlich und — unter Bejahung der Wiederholungsgefahr — den Unterlassungsanspruch sowie den auf Feststellung der Schadensersatzpflicht gerichteten weiteren Klaganspruch für begründet.

Diese Ausführungen lassen einen Rechtsirrtum nicht erkennen. Namentlich ist der Begriff der Verkehrsauffassung nicht verkannt. Es liegt noch keine Umbildung zum Warennamen vor, solange noch ein beteiligter Verkehrskreis, sei es auch nur von Personen, die mit der Herstellung und dem Vertriebe der fraglichen Ware befaßt sind, an der Bedeutung des Wortes als Hinweis auf den Geschäftsbetrieb festhält (RG. im Blatt f. Patent-, Muster- und Zeichenwesen 1908 S. 198 und **Freund-Magnus** WZG. S. 178). Ob die Verbraucherkreise im allgemeinen sich bewußt sind, daß der Klägerin ein Warenzeichen zustehe und daß sie ein Monopol — seit 1916 neben der Firma v. d. Heyden — auf Erzeugung von Süßstoff besitze, ist unerheblich. Die Bedeutung eines Warenzeichens für den Verkehr liegt nicht darin, daß das kaufende Publikum weiß, aus welcher Herkunftsstätte die mit dem Zeichen versehene Ware stammt, sondern darin, daß dieses ihm eine Gewähr für die stets gleiche Herkunft der Ware bietet, das Publikum also weiß, daß es die gleiche Ware vor sich hat, wenn es das gleiche Zeichen auf gleichem Gegenstande erblickt. Gerade das Monopol der Klägerin, das auf Reichsgesetzen beruht, hat es bewirkt, daß die Bezeichnung „Saccharin" bald in weiten Verkehrskreisen nicht als Herkunfts-, sondern als allgemeine Warenbezeichnung gebraucht wurde. Es genügt aber, daß die sachverständigen Kreise sich über die Tatsachen vollkommen klar waren, wie es das Berufungsgericht noch für das Jahr 1916 auf Grund des Verhaltens der Firma v. d. Heyden feststellt. Gerade die wertvollsten Warenzeichen würden der Vernichtung anheimfallen, wenn man die Entscheidung über die Frage, ob eine Umbildung zum Warennamen vollzogen sei, darauf abstellen wollte, ob die nicht sachkundigen Verbraucher noch an eine bestimmte Herkunftsstätte denken. Es ist gerade das Ziel des Fabrikanten, sein Warenzeichen so bekannt und beliebt zu machen, daß es in weiten Kreisen alle Konkurrenzprodukte verdrängt und als allgemeine Warenbezeichnung vom kaufenden Publikum benutzt wird. Nur darauf kommt es an, daß der Zeicheninhaber der mißbräuchlichen Benutzung des geschützten Wortes durch Dritte (Fabrikanten oder Händler) entgegentritt. Hat er durch Bekanntmachungen und erforderlichenfalls durch Anrufung der Gerichte gegen den Mißbrauch gewirkt und auf diese Weise verhindert, daß auch die Konkurrenzerzeugnisse unter derselben Bezeichnung gehandelt werden, „so hat er den ruhigen Gang der Verhältnisse gestört, unter welchem allein sich der Sprachgebrauch des Verkehrs hätte bilden und damit die Umwandlung des Wortzeichens zum Warennamen hätte vollziehen können" (Kohler, Warenzeichenrecht § 24 S. 96). Daß die Klägerin einem solchen Mißbrauch entgegengetreten ist und die Rechte aus dem Warenzeichen andern gegenüber gerichtlich verfolgt, hat das Berufungsgericht als gerichtsbekannt festgestellt. Der Angabe, gegen welche Firma sich dieses Vorgehen der Klägerin richtet, bedurfte es entgegen der Ansicht der Revision nicht. Es kann der Revision auch nicht zugegeben werden, daß ein solches Vorgehen der Klägerin zur Verteidigung ihrer Rechte nicht ausreichen würde, wenn es sich gegen die „Saccharin- und Chemikalien-Vertriebsgesellschaft in Berlin" richtete, selbst wenn diese nur das Fabrikat der Saccharin-Fabrik Hollandia in Rotterdam vertriebe.

Dafür, daß in den vom Berufungsgericht bedenkenfrei festgestellten Verhältnissen eine Änderung seit dem Jahre 1916 eingetreten sei, hat der Beklagte nicht das geringste beigebracht. Entschieden dagegen spricht die Tatsache, daß das Wort „Saccharin" in Holland als Fabrik- und Handelsmarke in die Register des Bureaus für das industrielle Eigentum nach ursprünglicher Verweigerung der Eintragung zufolge der auf Beschwerde der Klägerin ergangenen Entscheidung der Ratskammer des Arrondissementsgerichts im Haag vom 29. Juni 1922 eingetragen ist.

Die Revision irrt daher, wenn sie meint, das Berufungsgericht habe seiner Beurteilung nicht den Zeitpunkt der angeblichen Zeichenverletzung

— Anfang des Jahres 1922 —, sondern eine frühere Zeit zugrunde gelegt.

Unbegründet ist auch die weitere Rüge der Revision, die sich gegen die Ablehnung der beantragten Beweiserhebung über die Behauptung des Beklagten richtet, wonach der Direktor der Klägerin bei Gründung des Internationalen Süßstoff-Syndikats im Jahre 1909 den beteiligten ausländischen Firmen bei Einräumung des Rechts, ihre Ware mit dem Worte „Saccharin" zu bezeichnen, erklärt habe, das Wort sei zum bloßen Warennamen geworden. Denn für die Beurteilung dieser Frage für Deutschland würde die angebliche Äußerung — ihre Wahrheit unterstellt — ohne Bedeutung sein mit Rücksicht auf die dargelegte, seit dem Jahre 1902 für die Klägerin bestehende gesetzliche Monopolstellung, und mit Rücksicht auf das oben erwähnte, jener angeblichen Äußerung widersprechende Verhalten der Firma v. d. Heyden im Jahre 1916. Ausländische Süßstoffirmen durften nach der erwähnten reichsgesetzlichen Regelung ihr Produkt überhaupt nicht in Deutschland absetzen. Diese sachliche Begründung der Ablehnung des Beweisantrags durch das Berufungsgericht ist rechtlich einwandfrei. Es hätte daher des hinzugefügten weiteren Gesichtspunktes des angeblich verspäteten Vorbringens des Beklagten, wogegen sich die Revision weiter wendet, nicht bedurft.

Endlich kann die Revision auch damit keinen Erfolg haben, daß für die Frage, ob eine Zeichenverletzung begangen sei oder der Einwand des Beklagten bezüglich der Umbildung des Zeichens zum freien Warennamen durchgreife, nicht nur die deutsche, sondern auch die in Zoppot herrschende Auffassung entscheidend sei. Selbst wenn man der Revision an sich hierin beitreten wollte (obgleich die Verletzung des Zeichenrechts nach der zutreffenden Ansicht des Berufungsgerichts jedenfalls auch im Inlande, nämlich durch die vom Beklagten in Berlin bewirkte Aufgabe des fraglichen Briefes zur Post begangen ist), würde dadurch am Ergebnis nichts geändert werden. Denn da es sich bei Zoppot um Danziger Gebiet handelt, das bis zum Versailler Vertrag zum Deutschen Reich gehört hat und seit diesem Zeitpunkt politisch selbständig ist, ohne den Gesetzen eines fremden Staates auf dem Gebiete des Privatrechts unterworfen zu sein, so fehlt es an jedem Anhalt für die Annahme, daß für die zur Entscheidung stehende Frage dort jetzt andere Grundsätze maßgebend sein sollten als nach deutschem Warenzeichenrecht. Jedenfalls hat der Beklagte irgendwelche dahingehende Behauptungen nicht aufgestellt. Dagegen ist — abweichend von der Auffassung der Revision — auf den Umstand, daß das Angebot ausländische Ware betraf, die ohne Berührung deutschen Gebiets aus dem Auslande nach dem Auslande geliefert werden sollte, mit Rücksicht auf die bedenkenfreie Feststellung des Berufungsgerichts, daß dieser Inhalt des Angebots des Beklagten für den Empfänger des Schreibens objektiv nicht erkennbar war, kein Gewicht zu legen.

---

3. Verliert ein auf Herstellung der häuslichen Gemeinschaft lautendes Urteil dadurch seine Verwendbarkeit zur Begründung einer auf § 1567 Nr. 1 BGB. gestützten Scheidungsklage, daß der Herstellungskläger mit dem anderen Ehegatten während des Jahres nach der Rechtskraft des Herstellungsurteils ehelich verkehrt?

IV. Zivilsenat. Urt. v. 27. September 1923 i. S. Ehem. St. (Kl.) w. Ehefr. St. (Bekl.). IV 692/22.

I. Landgericht I Berlin. — II. Kammergericht daselbst.

Die obige Frage ist verneint.

Aus den Gründen:

Die Klagabweisung durch das Berufungsgericht beruht darauf, daß der Kläger nach seiner eigenen Behauptung während des Jahres nach der Rechtskraft des Herstellungsurteils mit der Beklagten wiederholt geschlechtlich verkehrt hat. Das Berufungsgericht nimmt an, daß der Kläger durch diesen fortgesetzten geschlechtlichen Verkehr der Beklagten ihr ehewidriges Verhalten verziehen habe und daher gegen sie aus der Nichtbefolgung des Herstellungsurteils während des entscheidenden Jahres kein Scheidungsrecht mehr herleiten könne. Dies ist unter Bezugnahme auf RGZ. Bd. 72 S. 323, wie folgt, begründet: Die Verzeihung bringe nach § 1570 BGB. auch in den Fällen des § 1567 das Recht auf Scheidung vollständig zum Erlöschen. Der Scheidungsgrund des § 1567 Nr. 1 bestehe dabei nicht nur in dem dort näher gekennzeichneten ehewidrigen Verhalten während des einen entscheidenden Jahres, sondern er habe zugleich ein früheres, die Erhebung der Herstellungsklage rechtfertigendes Zuwiderhandeln gegen die durch die Ehe begründeten Pflichten zur Voraussetzung. Diese frühere Verfehlung werde von der Verzeihung mitumfaßt und das erlassene Herstellungsurteil verliere deshalb durch sie seine innere Berechtigung.

Damit ist eine vom erkennenden Senat a. a. O. für einen anders liegenden Fall gemachte Ausführung zu Unrecht auf den vorliegenden Fall übertragen. Das Recht auf Scheidung kann allerdings nach § 1570 BGB. auch dann, wenn es aus § 1567 Nr. 1 gegeben ist, durch Verzeihung erlöschen. Dieser Scheidungsgrund setzt aber voraus, daß der eine Ehegatte, nachdem er zur Herstellung der häuslichen Gemeinschaft rechtskräftig verurteilt worden war, ein Jahr lang gegen den Willen des anderen Ehegatten in böslicher Absicht dem Urteile keine Folge geleistet hat. Ist der Scheidungsgrund mit fruchtlosem Ablauf eines Jahres nach Rechtskraft des Herstellungsurteils entstanden, so kann ihn eine dann erfolgende Verzeihung zum Erlöschen bringen. Diese kann sich auch dadurch äußern, daß der zur Scheidungsklage wegen böslicher Verlassung berechtigte Ehegatte den ehelichen Verkehr mit dem anderen Ehegatten aufnimmt und ihm dadurch die Wiederherstellung seiner ehelichen Gesinnung und den Willen zu erkennen gibt, die eheliche Lebensgemeinschaft mit ihm trotz seines bisherigen ehewidrigen Verhaltens fortzusetzen. Ein derartiger Fall lag der angeführten früheren Entscheidung des Senats zugrunde. Für jenen Fall ist dort dargelegt, daß durch die das ganze bisherige ehewidrige Verhalten des einen Ehegatten umfassende Verzeihung das Herstellungsurteil seine innere Berechtigung verliere. Daraus ist gefolgert, daß der verzeihende Ehegatte sich auf das nur noch formell zu Recht bestehende Urteil hinterher auch dann, wenn seit dem letzten Verzeihungsakte wiederum ein volles Jahr verlaufen ist, nicht mehr zur Begründung eines Scheidungsanspruchs wegen böslicher Verlassung berufen kann, daß er vielmehr, wenn er ein auf § 1567 Nr. 1 gestütztes Scheidungsurteil erlangen will, vorher die Klage auf Herstellung der häuslichen Gemeinschaft von neuem erheben muß.

Im vorliegendem Falle hat der Kläger nach seiner im Berufungsurteil gegen ihn verwerteten Behauptung mit der Beklagten während des Jahres nach Rechtskraft des Herstellungsurteils, nicht nachher geschlechtlich verkehrt. Ein solcher ehelicher Verkehr kommt nicht als rechtsvernichtende Verzeihung in Betracht. Es handelt sich dabei freilich regelmäßig um eine Betätigung des ernstlichen Willens, die eheliche Lebensgemeinschaft mit dem abtrünnigen Ehegatten wiederherzustellen. Dieser Wille mußte aber, wie er zum Erfolge der Herstellungsklage nach § 1353 BGB. erforderlich war, auch während des ganzen Jahres nach Rechtskraft des Herstellungsurteils noch bestehen, wenn der Scheidungsgrund der böslichen Verlassung aus § 1567 Nr. 1 entstehen sollte. Seine Betätigung kann deshalb nicht die Folge der Ausschließung dieses Scheidungsgrundes haben.

---

4. Bedarf ein auf Grund des Gesetzes vom 3. Januar 1845 (GS. S. 25) aufgestellter und von der Regierung genehmigter Abgabenregulierungsplan, durch den nach Zerteilung des Patronatsguts eine anderweite Verteilung der Patronatslasten vorgenommen wird, zu seiner Gültigkeit der Genehmigung der geistlichen Oberen?

IV. Zivilsenat. Urt. v. 11. Oktober 1923 i. S. v. W. u. Gen. (Kl.) w. N. (Bekl.). IV 763/22.

I. Landgericht Cöslin. — II. Oberlandesgericht Stettin.

Mit dem Gute Arnhausen war von jeher das Patronat über die Pfarrkirche daselbst verbunden. Durch gerichtlichen Vertrag vom 13. November 1862 trat der damalige Besitzer Hofrat N. dem Dr. phil. S. den größeren Teil des Gutes ab. Mit dem Reste errichtete er das Gut Passenthin. In dem Vertrage wurde bestimmt, daß das Patronat bei dem Gute Arnhausen bleiben solle. Eine Einschränkung hinsichtlich des Präsentationsrechts wurde auf Vorstellung des Landratsamts-Sekretärs E. durch Vertrag vom 10. Mai 1864 in Wegfall gebracht und nunmehr vereinbart, daß Arnhausen das alleinige unumschränkte Patronat behalten und allein die Patronatslasten tragen solle. Diese Bestimmung ist in den vom Landrat aufgenommenen, von sämtlichen Interessenten genehmigten Abgaben-Regulierungsplan aufgenommen. Der Plan ist von der Königlichen Regierung in Cöslin unter dem 27. Mai 1864 bestätigt. Das damals übrig gebliebene Gut Arnhausen ist später weiter geteilt worden; die Klägerin zu 1 ist Eigentümerin des Restgutes, die übrigen Kläger sind Eigentümer von Grundstücken, die früher zu Arnhausen gehört haben. Als in neuerer Zeit ein Neubau des Pfarrhauses in Arnhausen notwendig wurde, stellten die Kläger sich auf den Standpunkt, daß der Beklagte als Besitzer des Rittergutes Passenthin Mitpatron sei und deshalb zu den Kosten des Neubaues beizutragen habe. Der Baubeschluß der Regierung vom 20. Februar 1914 stellte jedoch die ausschließliche Verpflichtung der Kläger fest. Die Kläger erhoben deshalb Klage mit dem Antrage, festzustellen, daß die Besitzer des Rittergutes Passenthin nach dem sich aus der Größe ihres Grundbesitzes ergebenden Anteil am Patronat zu den Patronatslasten der Kirche in Arnhausen beizutragen und deshalb 30% von den Patronatsbeiträgen zu dem Bau des neuen Pfarrhauses zu entrichten hätten. Die Kläger sind der Ansicht, daß die Vereinbarungen zwischen N. und S. über die Befreiung des Gutes Passenthin von der Patronatslast ungültig seien, weil sie nach §§ 580, 610 II,11 ALR. der Genehmigung der geistlichen Oberen, nämlich des Konsistoriums bedurft hätten, diese aber nicht erteilt sei. Das Landgericht ist der Auffassung der Kläger beigetreten, hat auch die vom Beklagten behauptete befreiende Observanz nicht für dargetan erachtet und deshalb gegen ihn nach den Klaganträgen erkannt. Das Oberlandesgericht wies die Klage ab. Die Revision der Kläger hatte keinen Erfolg.

Gründe:

Das Berufungsgericht geht davon aus, daß die Vereinbarung, wonach bei der Teilung des Grundbesitzes die Patronatslasten sich nicht den gesetzlichen Vorschriften gemäß auf beide Grundstückseigentümer verteilen, sondern dem Eigentümer von Arnhausen allein zufallen sollten, zu ihrer Wirksamkeit und damit zur Geltung gegen jeden Sonderrechtsnachfolger nach §§ 580, 610 II 11 ALR. der ausdrücklichen Einwilligung der geistlichen Oberen bedurft habe. Es führt aber aus, daß unter geistlichen Oberen im Sinne jener Vorschriften nach dem im Jahre 1864 bestehenden Rechtszustande die Regierungen und nicht die Konsistorien zu verstehen seien. Die Regierung habe den Regulierungsplan am 27. Mai 1864 bestätigt und damit seinen Inhalt genehmigt. Allerdings sei nicht ersichtlich, daß gerade die für die Erteilung jener Genehmigung nach der Kabinettsorder vom 31. Dezember 1825 (GS. 1826 S. 5) zuständige Abteilung für Kirchenverwaltung und Schulwesen den Bestätigungsvermerk auf die Urkunde gesetzt habe. Da der Abgaben-Regulierungsplan nicht nur Gegenstände behandele, die zur Zuständigkeit der genannten Abteilung der Regierung gehörten, so sei anzunehmen, daß gemäß § 5 der Regierungs-Instruktion vom 23. Oktober 1817 (GS. S. 248) alle beteiligten Abteilungen bei dem Beschlusse mitgewirkt hätten. Daraus, daß die Ausfertigung der Bestätigung nur die Geschäftsnummer der Abteilung des Innern (1. Abteilung) enthalte, könne nicht gefolgert werden, daß die Instruktion nicht befolgt sei. In zweiter Linie erwägt das Berufungsgericht, daß durch den auf die Urkunde gesetzten Bestätigungsvermerk der Regierung zum Ausdruck gebracht werde, daß die Aufsichtsbehörde den Abgaben-Regulierungsplan genehmigt habe, ohne daß es einer Aufklärung bedürfe, ob die für den inneren Geschäftsbetrieb der Behörde erlassenen Vorschriften in allen Punkten befolgt seien.

Die Entscheidung des Berufungsgerichts ist im Ergebnis zu billigen, weil es nach dem vom Berufungsgericht übersehenen Gesetze betr. die Zerteilung von Grundstücken vom 3. Januar 1845 (GS. S. 25) in der Fassung vom 24. Februar 1850 (GS. S. 68), 24. Mai 1853 (GS. S. 240, vgl. jetzt Ges. vom 25. August 1876, GS. S. 405) der Genehmigung der geistlichen Oberen zu dem Abgaben-Regulierungsplan vom 27. Mai 1864 überhaupt nicht bedurfte. Dieses Gesetz ordnet ein besonderes Verfahren an für die Verteilung der auf dem „dismembrierten“ Grundstück haftenden öffentlichen Lasten einschließlich der aus dem Gemeinde-, Kirchen- und Pfarrverbande entspringenden (§ 7 Nr. 1 Ges. von 1845, § 2 Ges. von 1850), wozu auch die Patronatslast gehört (vgl. § 9 Ges. von 1876). Der Landrat hatte danach einen Plan über die Regulierung vorzubereiten (§§ 8 flg. Ges. von 1845), über diesen Plan sämtliche Beteiligte zu hören und alsdann den Plan der Regierung zur Bestätigung einzureichen (§ 19). Gegen die Entscheidung der Regierung und den von ihr bestätigten Verteilungsplan war binnen 6 Wochen der Rekurs an das Ministerium des Innern zulässig (§ 22). Der von der Regierung bestätigte oder durch Rekursentscheidung festgesetzte Regulierungsplan hatte die Wirkung einer gerichtlich bestätigten und vollstreckbaren Urkunde (§ 23). Mit der Rechtskraft des Planes trat die im Plane festgesetzte anderweite Haftung der Teilstücke für die öffentlichen Lasten ein (§ 24). Zuständig für die Bestätigung war nach D II 1 der Kabinettsorder vom 31. Dezember 1825 (GS. 1826 S. 5) in Verbindung mit § 2 Nr. 4 der Regierungs-Instruktion vom 23. Oktober 1817 (GS. S. 248) die Abteilung des Innern, die frühere Abteilung I. Denn danach hatte diese Abteilung die „Abbaue und Zerschlagung größerer Güter" zu bearbeiten. Daraus erklärt es sich, daß im vorliegenden Falle der Bestätigungsvermerk die Geschäftsnummer dieser Abteilung trägt. Die Einholung einer Genehmigung der geistlichen Oberen, also damals der Regierung, Abteilung für Kirchen- und Schulwesen (§ 3 Nr. 5 der Verordnung betr. die Ressortverhältnisse der Provinzialbehörden für das evangelische Kirchenwesen vom 27. Juni 1845, GS. S. 440), war im Gesetze nicht erfordert, nicht einmal ihre Anhörung war im Gesetze vorgeschrieben (vgl. §§ 9, 19 Abs. 2). Die Wahrnehmung der öffentlichen Interessen war vielmehr lediglich in die Hand der Regulierungsbehörde, also der Abteilung des Innern gelegt. Die Meinung der Revision, die §§ 580, 610 II 11 seien durch das Gesetz von 1845 nicht berührt und müßten deshalb neben diesem Gesetze beachtet werden, ist unrichtig. Die Revision verkennt die rechtliche Bedeutung des Bestätigungsbeschlusses. Die Verteilung der öffentlichen Lasten bei Parzellierungen hängt nicht von etwaigen Vereinbarungen der Beteiligten ab, sondern lediglich von der nach den Vorschriften des Gesetzes von 1845 zu bewirkenden Feststellung der zuständigen Behörde. Allerdings können nach § 18 des Gesetzes Verabredungen der Beteiligten über die Regulierung dem Plane zugrunde gelegt werden. Aber solchen Verabredungen wohnt hinsichtlich der Verteilung der öffentlichen Lasten keine rechtsgestaltende Wirkung bei. Sie erlangen vielmehr insoweit erst Wirksamkeit durch die von der zuständigen Behörde nach geführter Sachuntersuchung erfolgte Bestätigung. Ein auf Grund dieses Gesetzes aufgestellter und bestätigter Regulierungsplan hat also als solcher nicht den Charakter einer vertragsmäßigen, nach den für Verträge maßgebenden Normen zu beurteilenden Abmachung, er bildet vielmehr einen Teil der Gemeindeverfassung und schafft objektives öffentliches Recht, das nur auf dem gesetzlich vorgeschriebenen Wege geändert werden kann. Daraus ergibt sich schließlich, daß selbst wenn man die §§ 580, 610 II 11 ALR. an sich für anwendbar erachten wollte, die Nichtbeachtung angesichts des Bestätigungsbeschlusses unschädlich sein würde.

Die Revision kann sich für ihre Ansicht auch nicht auf den Zirkular-Erlaß des Ministers der landwirtschaftlichen Angelegenheiten vom 21. August 1860 (MinBl. für die innere Verwaltung S. 193) berufen. Denn dieser stellt nur eine Verwaltungsvorschrift dar, deren Nichtbeachtung das Verteilungsverfahren nicht unwirksam machen könnte.

Übrigens ist in diesem Erlaß nicht etwa die Genehmigung der geistlichen Oberen für erforderlich erklärt, sondern nur angeordnet, daß die Regierung sich mit ihnen vor der Bestätigung des Planes in näher bezeichneter Weise ins Benehmen setzen solle.

Die vorstehend entwickelte Auffassung steht im Einklang mit der bisherigen oberstrichterlichen Rechtsprechung (Urt. des RG. vom 11. Juni 1913 IV 449/12, Entsch. des Obertribunals Bd. 59 S. 267, des Oberverwaltungsgerichts Bd. 4 S. 109, Bd. 7 S. 187, Bd. 8 S. 150, RGZ. Bd. 17 S. 181)...

---

5. 1. Kann das Mitglied eines als G. m. b. H. gegründeten Kartells die im Gesellschaftsvertrag übernommene Verpflichtung, seine Produktion zur Verwertung im gemeinsamen Interesse an die G. m. b. H. abzuliefern, kündigen?

2. Findet § 17 KO. Anwendung, wenn das Mitglied in Konkurs gerät?

3. In welchem Umfange wird der Außenseiter, der durch Rechtsnachfolge, insbesondere durch Fusion, an die Stelle eines Gesellschafters tritt, zur kartellmäßigen Lieferung verpflichtet?

4. Ist das Mitglied, das vertragswidrig von ihm gewonnene Erzeugnisse nicht an die Gesellschaft abliefert, dieser zur Auskunft verpflichtet?

II. Zivilsenat. Urt. v. 30. Oktober 1923 i. S. Ges. für Teerverwertung m. b. H. (Kl.) w. Stahlwerke B. A.-G. (Bekl.). II 898/22.

I. Landgericht Duisburg, Kammer f. Handelss. — II. Oberlandesgericht Düsseldorf.

Die klagende Gesellschaft für Teerverwertung m. b. H. bildet ein Syndikat, in dem eine Reihe von teererzeugenden Firmen, insbesondere Bergbaugesellschaften, vereinigt sind. Der Zweck des Syndikats ist die gemeinsame Verwertung der in den Betrieben der Gesellschafter gewonnenen Mengen Teer und teerähnlicher sowie daraus abgeleiteter Erzeugnisse (Teerpech, Teerverdickungen, Naphthalin usw.). Die Gesellschafter sind nach §§ 4 und 5 des Gesellschaftsvertrags vom 19. Januar 1905 verpflichtet, der Gesellschaft allen Teer sowie teerähnliche und daraus abgeleitete Erzeugnisse zu liefern, die sie auf den von ihnen betriebenen Anlagen gewinnen und gewinnen werden. Ausgenommen hiervon sind nur diejenigen Mengen an Teer usw., die von dem betreffenden Gesellschafter in seinen eigenen Betrieben verbraucht werden. Gegenüber der Lieferungspflicht der Gesellschafter hat die Gesellschaft, abgesehen von der Verpflichtung zur Zahlung des von der Gesellschafterversammlung im voraus festgesetzten Preises, die Pflicht ordnungsmäßiger Abnahme. Für die Dauer des Gesellschaftsvertrags haben die Gesellschafter sich jedes Verkaufs der genannten Erzeugnisse an Dritte zu enthalten und jede bei ihnen einlaufende Anfrage an die Gesellschaft unverzüglich abzugeben (§ 5 Abs. 2).

Zu den Gesellschaftern der Klägerin gehörte u. a. die Bochumer Bergwerks-Aktiengesellschaft in Bochum mit einem Geschäftsanteil von 10000 *M*. Diese Gesellschaft geriet am 14. April 1919 in Konkurs, der jedoch im Juni desselben Jahres wieder aufgehoben wurde. Während Schwebens des Konkurses gab der Konkursverwalter der Klägerin gegenüber am 5. Mai 1919 die Erklärung ab, daß er gemäß § 17 KO. auf Erfüllung des Gesellschaftsvertrags nicht mehr bestehe. Nach Aufhebung des Konkursverfahrens übernahm die Beklagte das Gesellschaftsvermögen der Bochumer Bergwerks-A.-G. als Ganzes unter Ausschluß der Liquidation. Sie legte den Kokereibetrieb, der bis dahin auf dem Gelände der Bochumer Bergwerks-A.-G. bestanden hatte, still und stellte deren früheren Geschäftsanteil am 2. September 1919 unter Berufung auf § 8 des Gesellschaftsvertrags der Klägerin zur Verfügung, die jedoch den Erwerb des Anteils ablehnte. Im Mai 1920 teilte sodann die Beklagte der Klägerin mit, sie habe die Kokerei auf dem früheren Gelände der Bochumer Bergwerksgesellschaft nunmehr wieder in Betrieb genommen, die gesamten Nebengewinnungsanlagen indes an die Firma Sch. & Co. in G. verpachtet; sie habe demnach die Herstellung von Teer eingestellt, womit die im Gesellschaftsvertrage vorgesehene Ablieferungspflicht für sie entfalle. Tatsächlich hatte die Beklagte am 2. Januar 1920 mit der Firma Sch. & Co. einen Vertrag geschlossen, wonach sie an diese das gesamte auf den Anlagen der früheren Bochumer Bergwerks-A.-G. gewonnene Kokereigas verkaufte und die ganze Nebengewinnungsanlage verpachtete.

Die Klägerin vertritt den Standpunkt, daß das Gesellschaftsverhältnis durch die erwähnten Vorkommnisse nicht beeinträchtigt worden und daß die Beklagte als Gesamtrechtsnachfolgerin der Bochumer Bergwerksgesellschaft zur Teerablieferung verpflichtet sei, und zwar in bezug auf alle Anlagen, die sie bei ihrem Eintritt als Mitgesellschafterin der Klägerin besessen oder seitdem erworben habe oder in Zukunft erwerben werde. Nunmehr verlangt die Klägerin Feststellung dieser Verpflichtung und Verurteilung der Beklagten zur Rechnungslegung; außerdem soll der Beklagten untersagt werden, den auf ihren Kokereien gewonnenen Teer an andere Personen als an die Klägerin abzuliefern. Die Beklagte hat eingewendet, die Verpflichtung zur Teerablieferung sei schon durch die Erklärung des Konkursverwalters vom 5. Mai 1919 oder doch dadurch erloschen, daß die Klägerin den ihr von der Beklagten zur Verfügung gestellten Geschäftsanteil zurückgewiesen habe; jedenfalls seien aber die Voraussetzungen der Teerablieferungspflicht infolge des von ihr mit der Firma Sch. & Co. geschlossenen Vertrags nicht mehr gegeben.

Das Landgericht wies die Klage ab; das Oberlandesgericht dagegen gab dem Feststellungsantrage dahin statt, daß die Beklagte verpflichtet sei, den gesamten Teer und alle daraus hergestellten Erzeugnisse, die auf den Anlagen der früheren Bochumer Bergwerks-A.-G. gewonnen werden, an die Klägerin zu liefern mit Ausnahme der im Betriebe der ehemaligen Bochumer Bergwerks-A.-G. verbrauchten und zu verbrauchenden Mengen. Außerdem hat das Oberlandesgericht der Beklagten die Lieferung von Teer oder Teererzeugnissen an andere Bezieher als die Klägerin untersagt. Mit ihren weitergehenden Ansprüchen wurde die Klägerin auch vom Oberlandesgericht abgewiesen. Die Revision der Beklagten wurde zurückgewiesen; die der Klägerin hatte teilweise Erfolg.

Gründe:

Zur Revision der Beklagten.

1. Das Berufungsgericht geht davon aus, daß der Konkurs eines Gesellschafters auf den Bestand der Gesellschaft selbst keinen Einfluß habe; ein Auflösungsgrund aus § 60 GmbHGes. sei damit nicht gegeben. Eine Auflösungsklage gemäß § 61 GmbHGes. stehe nicht zur Entscheidung. Es könne auch dahingestellt bleiben, ob der gemeinschuldnerische Gesellschafter vielleicht hätte kündigen können (RGZ. Bd. 82 S. 293); denn eine solche Kündigung sei niemals ausgesprochen, ein zu derartigem Vorgehen berechtigender wichtiger Grund nicht geltend gemacht worden. Übrigens habe das Reichsgericht (RGZ. Bd. 73 S. 432) die Zulässigkeit der Kündigung des gesamten Gesellschaftsverhältnisses verneint, ebenso die Kündbarkeit der Nebenleistungen, weil diese mit dem Hauptvertrag ein unlösbares Ganze bildeten. Daraus ergebe sich, zumal bei Berücksichtigung der Bestimmungen der §§ 4, 5 des Gesellschaftsvertrags, die Nichtanwendbarkeit des § 17 KO. Da die Rückwirkung des Konkurses über das Vermögen eines Gesellschafters einer G. m. b. H. auf diese in den §§ 60, 61 GmbHGes. geregelt sei, bleibe gemäß § 25 KO. neben diesen Bestimmungen für die Anwendung des § 17 KO. kein Raum.

Diese Ausführungen werden von der Revision zu Unrecht bekämpft. Wenn die Gesellschafter, wie hier, im Gesellschaftsvertrage außer der Leistung von Kapitaleinlagen noch die Verpflichtung übernommen haben, ihre Produktion an Teer usw. zu bestimmten Preisen und zum Zwecke der Verwertung im gemeinsamen Interesse an die G. m. b. H. abzuliefern, so stellt sich diese Verpflichtung als Teil der Mitgliederpflichten dar; als solche ist sie bezeichnet und ausgebildet. Sie ist deshalb dem Gesellschaftsrecht unterworfen. Die Annahme eines selbständigen, von dem Bestande der G. m. b. H. losgelösten Rechtsverhältnisses widerspricht dem Gesellschaftszweck. Die Verpflichtung ist nicht trennbar von der Mitgliedschaft (RGZ. Bd. 73 S. 429, Staub-Hachenburg GmbHGes. Exkurs zu § 3 Anm. 9 flg.). Daraus ergibt sich, daß die genannte Kartellpflicht ebenso unkündbar ist, wie das Gesellschaftsverhältnis. Das gesamte Gesellschaftsverhältnis kann nur einheitlich im Wege der Klage aufgelöst werden (§ 61 GmbHGes.). Dann bleibt aber auch gemäß § 25 KO. für die Anwendung des § 17 daselbst kein Raum; die Bestimmungen des § 17 werden eben durch die Vorschriften des GmbHGes. ersetzt (a. M. anscheinend Jäger Anm. 7 zu § 17 KO.). Von einer kraft gesetzlicher Vorschrift eintretenden Trennung zwischen Geschäftsanteil und Sonderleistungspflicht kann nicht die Rede sein.

Die Revision bekämpft die Entscheidung RGZ. Bd. 73 S. 429 mit den im Schrifttum, insbesondere von Kaufmann und Flechtheim dagegen geltend gemachten Gründen. Diesen Gründen kann aber nicht beigetreten werden. Kaufmann (Sächs. Arch. 1912 S. 409 flg.), dem Flechtheim, Die rechtliche Organisation der Kartelle, 2. Aufl. S. 292, sich mit der Maßgabe angeschlossen hat, daß er die Kündigung nur beim Vorliegen eines wichtigen Grundes für zulässig erachtet, betont zwar die Einheit des Gesellschaftsvertrags, erblickt aber in dem Sonderleistungsverhältnis ein selbständiges Rechtsverhältnis innerhalb dieses Vertrags, das gemäß § 723 BGB., also, wenn auf unbestimmte Zeit eingegangen, auch ohne Vorliegen eines wichtigen Grundes selbständig kündbar sei; eine solche Kündigung bringe nur das Sonderleistungsverhältnis des Kündigenden zum Erlöschen, ohne die Sonderpflichten der übrigen Mitglieder oder den Bestand der G. m. b. H. selbst zu berühren; der kündigende Gesellschafter bleibe mit seiner Stammeinlage an der Gesellschaft beteiligt. Diese Annahme widerspricht dem Wesen der gesellschaftlichen Verpflichtung. Der Gesellschafter kann sie nicht aufsagen, insbesondere ist dies bei Bindung auf unbestimmte Zeit nicht ohne weiteres und in jedem Augenblick angängig. Die Mitgliedschaft ohne die Sonderleistungspflicht ist nach dem Vertragsgedanken schlechthin nicht möglich. Die Entscheidung des I. Zivilsenats des Reichsgerichts vom 4. Januar 1905 (RGZ. Bd. 74 S. 33) besagt nichts Abweichendes; in dem damals zur Entscheidung stehenden Falle handelte es sich um eine sog. Doppelgesellschaft, nicht, wie hier, um eine einheitliche G. m. b. H. Ist eine Kündigungsbefugnis vertragsmäßig nicht vorgesehen, so bleibt dem Gesellschafter eben nur die Auflösungsklage, die in gleicher Weise auch dem Konkursverwalter zusteht. Daß dem Konkursverwalter hiernach die Verwertung des zur Masse gehörigen Vermögens des Gemeinschuldners (Gesellschafters) teilweise unmöglich gemacht sei, kann nicht anerkannt werden, weil der Verwalter nicht nur den Geschäftsanteil mit der Sonderleistungspflicht veräußern kann, sondern auch, da eine Produktionspflicht des Gesellschafters nicht besteht (vgl. RGZ. Bd. 89

S. 356), zur Einstellung des Betriebes betreffend die Teerproduktion befugt ist (vgl. Hachenburg Anm. 42, 43 zu § 3 und Anm. 91 zu § 15 GmbHGes.). Die Frage, ob der Konkursverwalter, abgesehen von einer Betriebseinstellung, die ihm während des Konkurses obliegende Lieferpflicht gemäß § 17 KO. ganz oder in beschränktem Umfang beseitigen konnte, bedarf für den vorliegenden Rechtsstreit keiner Entscheidung, weil das Klagbegehren nur die Lieferpflicht seit der Aufhebung des Konkurses und dem Beitritt der Beklagten als Mitgesellschafterin der Klägerin betrifft. Die vom Berufungsgericht betonte Unbilligkeit des von der Beklagten erstrebten Ergebnisses wird, was die Revision anscheinend verkennt, aus der Fortführung des Betriebes durch die Beklagte und der Einflußlosigkeit des Konkurses auf die Sonderleistungspflicht hergeleitet. Da die Entscheidung selbst auf dieser nebenher angestellten Erwägung nicht beruht, so braucht auf sie nicht weiter eingegangen zu werden.

2. Die Auffassung des Berufungsgerichts, daß die Beklagte durch den mit der Firma Sch. & Co. abgeschlossenen Vertrag von ihrer Sonderleistungspflicht nicht frei geworden sei, beruht auf der Auslegung der §§ 4, 5 des Gesellschaftsvertrags, deren Inhalt dahin bestimmt wird, daß die Klägerin in einer der Rechtsvorgängerin der Beklagten erkennbaren Weise ihre Mitglieder haben verpflichten wollen, die auf ihren Anlagen überhaupt gewonnenen Produkte der Klägerin zur Verfügung zu stellen. Sonst würde es — sagt der Vorderrichter — jeder Gesellschafter in der Hand gehabt haben, sich seiner Verpflichtung durch Veräußerung (RGZ. Bd. 70 S. 286) oder Verpachtung der Nebengewinnungsanlagen zu entziehen. Die Klägerin übe zwar keinen Zwang zur Produktion von Teer aus, könne aber, ohne ihren Einfluß auf dem Teermarkte zu schwächen, den nach wie vor geförderten Teer nicht einfach deswegen frei geben, weil die Förderung, statt durch den bisherigen Gesellschafter, durch einen Rechtsnachfolger geschehe (RGZ. Bd. 89 S. 356). Es würde auch nach Ansicht des Berufungsgerichts einer sinngemäßen Auslegung des § 5 Abs. 2 des Gesellschaftsvertrags widersprechen, wenn man der Beklagten gestatten wollte, das Kokereigas als solches zu verkaufen.

Auch diese Ausführungen lassen einen Rechtsirrtum oder prozessualen Verstoß nicht erkennen. Die Bemängelungen der Revision laufen lediglich darauf hinaus, daß sie den Vertrag anders ausgelegt wissen will.

Es ist nicht ganz klar, was der Satz des Berufungsurteils besagen soll: „Wenn die Beklagte im Laufe des Prozesses ihren gesamten Bergwerks- und Grundbesitz auf die Steinkohlenbergwerke Becker A.-G. übertragen haben sollte, so würde das auf den Rechtsstreit ohne Einfluß bleiben (§ 265 Abs. 2 ZPO.).“ Anscheinend denkt das Berufungsgericht hier an eine Gesamtrechtsnachfolge durch Fusion oder an eine Sondernachfolge durch Erwerb der Anlagen und des Geschäftsanteils. Ob der Satz, so verstanden, bedenkenfrei ist, kann auf sich beruhen bleiben. Keiner der beiden Fälle trifft nach dem Vorbringen der Parteien in den Vorinstanzen hier zu. Die bloße Veräußerung der Grundstücke, auf denen die Teerproduktion betrieben wird, ist nach den eigenen Darlegungen des Berufungsgerichts auf die Sonderleistungspflicht ohne Einfluß (vgl. auch Hachenburg Anm. 43 zu § 3 GmbHGes.). . . .

Zur Revision der Klägerin.

1. Das Berufungsgericht beschränkt unter Berufung auf RGZ. Bd. 89 S. 357 die Verpflichtung der Beklagten auf die Lieferung des auf den früheren Anlagen der Bochumer Bergwerksgesellschaft gewonnenen Teers und aller daraus hergestellter Erzeugnisse. Das bekämpft die Revision der Klägerin zu Unrecht. Durch die Fusion wurde die Beklagte Gesamtrechtsnachfolgerin der früheren Gesellschafterin der Klägerin, der Bochumer Bergwerksgesellschaft. Diese ging unter. Ihr Betrieb erlitt durch den Übergang auf die Beklagte keine Vergrößerung, vergrößert wurde allein der Betrieb der Beklagten. Jede in Zukunft eintretende Erweiterung oder Verringerung des Betriebs ist nur eine solche des Betriebes der Beklagten. Mag deshalb auch die Sonderleistungspflicht, die auf die Beklagte im Wege der Gesamtrechtsnachfolge übergegangen ist, an sich keine absolut bestimmte, sondern eine wandelbare sein, so trat durch die Gesamtrechtsnachfolge trotzdem eine Fixierung der Sonderleistungspflicht der früheren Gesellschafterin in der Art ein, wie sie in RGZ. Bd. 89 S. 357 dargelegt ist. Die Beklagte bleibt danach mit den ursprünglich eigenen Anlagen ebenso außerhalb des Kartells wie mit den nach der Fusion erworbenen.

2. Der weitere Revisionsangriff der Klägerin, der sich gegen die Abweisung des auf Auskunftserteilung und Rechenschaftsablage gerichteten Klagbegehrens richtet, ist dagegen begründet. Schon der Umstand, daß nach Maßgabe des zwischen den Parteien bestehenden Rechtsverhältnisses eine dauernde und enge Interessengemeinschaft zwischen ihnen vorliegt, rechtfertigt die Annahme einer Auskunfts- und Rechenschaftspflicht, wenn die Beklagte vertragswidrig den von ihr gewonnenen Teer und die daraus hergestellten Erzeugnisse an die Klägerin nicht abführt (vgl. RGZ. Bd. 92 S. 203, Bd. 70 S. 249). . . .

---

6. 1. Erwirbt der Käufer das Eigentum an der ihm übersandten Ware, wenn er nach ihrem Eintreffen erklärt, daß er sie besichtigen und demnächst Bescheid geben werde, dann aber die Ware unter Verstoß gegen § 377 HGB. verspätet zur Verfügung stellt?

2. Hat der Vollzug der Wandlung dingliche Wirkungen?

II. Zivilsenat. Urt v. 2. November 1923 i. S. C. z. R. (Kl.) w. J. G. Konk. (Bekl.). II 529/22.

I. Landgericht Hamburg. — II. Oberlandesgericht daselbst.

Im Oktober 1920 kaufte der Kaufmann G. vom Kläger einen Posten Directoirehosen. Mit Schreiben vom 1. Dezember zeigte er dem Kläger das Eintreffen der Ware an und erklärte, daß er sie unter dem Vorbehalte fehlerfreier Beschaffenheit annehme; er werde sie durchsehen und dann das Nähere bekanntgeben. Am 30. Dezember rügte er vertragswidrige Beschaffenheit der Hosen und stellte sie zur Verfügung. Der Kläger wies am 3. Januar 1921 die Bemängelung als verspätet und sachlich unbegründet zurück und ersuchte um umgehende Bezahlung des Kaufpreises. G. lehnte jedoch Annahme und Zahlung ab. Als dann der Kläger anfangs April 1921 erfuhr, daß G. in Zahlungsschwierigkeiten geraten sei, ersuchte er am 5. April um Auslieferung der Hosen, die jedoch auf Grund eines angeblichen Veräußerungsverbots abgelehnt wurde. Nachdem am 25. April der Konkurs über das Vermögen des Käufers eröffnet war, machte der Kläger dem Konkursverwalter gegenüber den Aussonderungsanspruch geltend, wiederum ohne Erfolg.

Das Landgericht gab der Klage auf Herausgabe der Hosen statt. Das Oberlandesgericht wies die Klage ab. Auf die Revision des Klägers wurde die erste Entscheidung wiederhergestellt.

Gründe:

Mit Recht geht das Berufungsgericht davon aus, daß G. durch Verzögerung der Mängelanzeige seine Gewährleistungsansprüche verwirkt hat (wird ausgeführt).

... Müßte man mit dem Berufungsgericht annehmen, daß G. infolge verspäteter Mängelanzeige das Eigentum an der ihm übersandten Ware erlangt hat, so wäre dem Berufungsgericht jedenfalls insoweit beizutreten, als es eine Rückübertragung des Eigentums an den Kläger als Folge des nachträglichen Wandlungsvollzugs verneint. Zunächst ist es fraglich, ob im vorliegenden Falle vom Vollzug einer Wandlung im Sinne des § 465 BGB. die Rede sein kann. Das Wandlungsbegehren des G. war infolge Verstoßes gegen § 377 HGB. verwirkt; Gewährleistungsansprüche standen ihm überhaupt nicht zu. Auf der andern Seite ist das Wandlungsbegehren vom Kläger ernstlich zurückgewiesen worden. Nun hat sich dieser allerdings, sobald er seinen Kaufgeldanspruch infolge schlechter Vermögensverhältnisse des G. für gefährdet halten mußte, entschlossen, seinen ablehnenden Standpunkt aufzugeben und um die Rücksendung der gelieferten Ware zu ersuchen. Ob hierin eine nachträgliche Annahme des Wandlungsbegehrens des

G. oder nicht vielmehr ein — von diesem demnächst abgelehntes — neues Angebot der Rückgängigmachung des Kaufvertrags zu erblicken ist, muß zweifelhaft erscheinen. Diese Frage braucht jedoch nicht entschieden zu werden; denn selbst wenn man auf Grund des Briefes des Klägers vom 5. April 1921 die Wandlung als vollzogen ansehen will, handelt es sich lediglich um ein schuldrechtliches Abkommen, welches dingliche Wirkungen nicht erzeugen konnte; vgl. Staudinger § 467 I 2a; Oertmann § 467 1a Abs. 3; Staub-Könige (10. Aufl.) § 377 Anm. 64; Düringer-Hachenburg (2. Aufl.), 2. Bd., Einleitung Anm. 371, S. 258; JW. 1903, Beil. S. 179 Nr. 181; Komm. v. RGR. § 346 Anm. 3. Gemäß §§ 467, 346 BGB. ist das ursprüngliche Vertragsverhältnis beseitigt und an seine Stelle tritt das Schuldverhältnis aus § 346, nämlich die Verpflichtung der Parteien, einander die empfangenen Leistungen zurückzugewähren (vgl. RGZ. Bd. 71 S. 277). Einen Eigentumserwerb nur auf Grund beiderseitigen Einverständnisses kennt aber das Bürgerliche Gesetzbuch nicht. Es bedarf entweder noch der körperlichen Übertragung (BGB. § 929), oder die Übergabe wird, falls der Eigentümer im Besitze der Sache ist, durch die Vereinbarung eines Rechtsverhältnisses ersetzt, vermöge dessen der Erwerber den mittelbaren Besitz erlangt (§ 830 BGB.). Von einer auch nur stillschweigenden Vereinbarung eines solchen Rechtsverhältnisses kann hier schon um deswillen nicht die Rede sein, weil mit der Zurverfügungstellung im Gegenteil der Wille ausgesprochen war, von der Ware befreit zu werden, später aber das Eigentum als längst erworben in Anspruch genommen wurde.

Es kommt aber auf diesen Punkt nicht wesentlich an, weil der vom Berufungsgericht vertretenen Ansicht, daß im Falle des Verstoßes gegen § 377 HGB. nicht nur die Genehmigung der Ware als vertragsmäßig, sondern auch der Eigentumserwerb durch den Käufer als vollzogen zu gelten habe, nicht zugestimmt werden kann. Auch § 377 HGB. stellt lediglich Grundsätze von schuldrechtlicher Art auf; mit dinglichen Wirkungen hat er gar nichts zu schaffen. Nach § 929 BGB. sind zur Übertragung des Eigentums an einer beweglichen Sache Übergabe der letzteren und Einigung des bisherigen Eigentümers und des Erwerbers über den Eigentumserwerb erforderlich. Der auf Übertragung oder Erwerb des Eigentums gerichtete Wille braucht nicht ausdrücklich erklärt zu werden; seine Kundgabe kann auch stillschweigend, durch schlüssige Handlungen erfolgen. Beim Versendungskauf ist im Zweifel der Wille des Verkäufers, das Eigentum der versandten Ware auf den Käufer zu übertragen, anzunehmen. In der Annahme der übersandten Ware durch den Käufer ist jedoch zunächst nur sein Wille zum Ausdruck gebracht, die Ware in Gewahrsam zu nehmen, seiner Abnahmepflicht zu genügen und festzustellen, ob die Ware vertragsmäßig, empfangbar ist. Eigentümer der ihm übersandten Ware wird der Käufer in dem Augenblick, in dem er sie annimmt und zu erkennen gibt, daß er die Ware als sein Eigentum behalten will; RGZ. Bd. 12 S. 78; JW. 1904 S. 62 Nr. 21. Auch diese Willenskundgebung kann durch schlüssiges Verhalten, insbesondere stillschweigend erfolgen. Von einer derart schlüssigen Willenserklärung, das Eigentum zu erwerben, kann aber im vorliegenden Falle nicht die Rede sein. G. hat am 1. Dezember 1920 dem Kläger erklärt, daß er die bei ihm eingetroffene Ware erst besichtigen und ihm später Bescheid zugehen lassen werde. Damit hat er zweifelsfrei zum Ausdruck gebracht, daß er sich die Erklärung, ob er die Ware billige und behalten wolle, vorbehalte. Wenn er dann am 30. Dezember die Ware als vertragswidrig zur Verfügung stellte, so hat er damit die vorbehaltene Erklärung in einem dem Kläger ungünstigen Sinne abgegeben, d. h. er hat — gleichgültig, ob noch zulässig oder verspätet — seinen Willen kundgetan, die Ware nicht zu behalten, das Eigentum an ihr nicht zu erwerben. Wenn Staub-Könige im Anhang zu § 382 HGB. Anm. 59 und 61 es als selbstverständlich zu erachten scheinen, daß der Käufer, der gegen die Vorschrift des § 377 BGB. verstößt, auch als Eigentumserwerber der Ware zu gelten habe, so wird dabei nicht beachtet, daß grundsätzlich die dingliche Wirkung nicht mit der schuldrechtlichen zusammenfällt, und daß die an sich unabänderliche gesetzliche Fiktion des § 377 — vgl. RGZ. Bd. 65 S. 54 — der abweichenden Kundgebung hinsichtlich des Eigentumserwerbs nicht im Wege stehen kann. Aus der von Staub-Könige Anhang zu § 382 Anm. 59 angezogenen Entscheidung des I. Zivilsenats — RGZ. Bd. 92 S. 34 (37) — läßt sich nur entnehmen, daß das Eigentum der Kaufsache beim Verkäufer bleiben soll, wenn der Käufer rechtzeitig und begründet gerügt hat; daß umgekehrt der verspätet oder grundlos rügende Käufer unter allen Umständen Eigentum erwerbe, wird jedenfalls nicht ausdrücklich ausgesprochen. Im übrigen ist der erkennende Senat auch deshalb nicht gehindert, abweichend zu entscheiden, weil jenes Urteil auf den hier besprochenen Ausführungen nicht beruht und außerdem der hier vorliegende Tatbestand ein anderer ist. (Die bei Staub-Könige a. a. O. an zweiter Stelle angezogene Entscheidung — RGZ. Bd. 93 S. 330 — behandelt den Gefahrübergang nach § 447 BGB.)

Der Gemeinschuldner ist daher niemals Eigentümer der ihm vom Kläger zugesandten Ware geworden. Daraus folgt die Berechtigung des Klägers zur Aussonderung und die Wiederherstellung des landgerichtlichen Urteils.

7. 1. Verhältnis des Gründerbezugsrechts zur Ausgabe sogenannter Gratisaktien.

2. Kann die Generalversammlung eine Neufassung der das Gründerbezugsrecht betreffenden Satzungsbestimmung beschließen?

II. Zivilsenat. Urt. v. 4. Dezember 1923 i. S. W. und H. (Kl.) w. die Aktiengesellschaft Hotel B. (Bekl.). II 162/23.

I. Landgericht Dresden, Kammer f. Handelssachen. — II. Oberlandesgericht daselbst.

Die verklagte Hotel-Aktiengesellschaft wurde durch Vertrag vom 16. März 1872 mit einem Kapital von 1125000 *M* gegründet. § 6 des Vertrags bestimmte:

„Bei jeder in Zukunft zu bewirkenden Emission von neuen Aktien sind die vier ursprünglichen Gründer der Gesellschaft, die als solche in dem notariellen Gründungsprotokoll vom 16. März 1872 aufgeführt und von den übrigen Zeichnern anerkannt sind, nach dem dort gedachten Repartitionsmodus die Hälfte der zu emittierenden Aktien al pari zu übernehmen berechtigt"...

Einer dieser vier „ursprünglichen Gründer" war der Bankier Th., der nach dem Repartitionsmodus mit $^{9}/_{15}$ an der vorbehaltenen Hälfte beteiligt sein sollte. Th. ist inzwischen gestorben. Die Kläger sind für seinen Nachlaß, zu dem Aktien der Beklagten gehören, als Testamentsvollstrecker bestellt.

Die ordentliche Generalversammlung der Beklagten vom 28. März 1922 hatte über eine Erhöhung des Grundkapitals um 450000 *M* und eine Neufassung des Gesellschaftsvertrags zu beschließen. Die Verwaltungsanträge wurden sämtlich angenommen. Die Anträge I, III und VI (Punkt 1 und 2 der Tagesordnung) lauteten:

„I. Aus dem Reingewinn des Jahres 1921 werden 450000 *M* einem Einzahlungsfond zugewiesen, an dem den Aktionären für je 10 Aktien zu 300 *M* ein Anspruch von je *M* 1200 eingeräumt wird gegen deren Verpflichtung, den dergestalt erworbenen Anspruch auf das um 450000 *M* erhöhte Grundkapital, eingeteilt in 375 Stück Aktien zu je 1200 *M*, einzulegen."

„III. Den Anspruch auf Zuteilung von neuen Aktien haben die Aktionäre innerhalb einer Ausschlußfrist von 3 Monaten nach dem Tage der heutigen Hauptversammlung geltend zu machen und zugleich die entsprechende Zahl alter Aktien und einen doppelten Zeichnungsschein einzureichen. Diejenigen neuen Aktien, auf die das Bezugsrecht nicht fristgemäß geltend gemacht worden ist, wird die Dresdner Bank in Dresden unter Einzahlung des Nennwertes der Aktien zeichnen. Die Dresdner Bank hat sich zu verpflichten, den bei der Begebung dieser Aktien erzielten Reingewinn an die Gesellschaft abzuführen und die Ausgleichung von Spitzen der alten Aktien auf Wunsch der alten Aktionäre zu vermitteln."

„VI. Aktionäre, die ihr Bezugsrecht nicht fristgemäß ausüben, verlieren ihren Anspruch an den Einzahlungsfond und erhalten gegen Vorlegung und Abstempelung ihrer Aktien von dem bei Begebung der nicht bezogenen Aktien über den Nennwert hinaus erzielten Reinerlös den auf ihren Aktienbesitz entfallenden Teilbetrag bar vergütet."

Nach dem Antrage VIII (Punkt 4 der Tagesordnung) sollte § 6 der neu gefaßten Satzung wie folgt lauten:

„Die Ausgabe neuer Aktien kann für einen höheren als den Nennbetrag erfolgen. Bei Ausgabe von neuen Aktien gegen Barzahlung sind die vier ursprünglichen Gründer der Gesellschaft, die als solche in der notariellen Gründungsniederschrift vom 16. März 1872 aufgeführt und von den übrigen Zeichnern anerkannt sind, nach dem dort festgesetzten Verhältnisse berechtigt, die Hälfte der neuen Aktien zum Nennwerte zu übernehmen"...

Die Kläger, die gegen die Anträge gestimmt hatten, beantragten mit der auf Grund von § 271 HGB. erhobenen Klage:

1. die Beschlüsse der Generalversammlung der Beklagten vom 28. März 1922 insoweit für nichtig zu erklären, als
   a) zu Punkt 1 und 2 der Tagesordnung die Anträge I, III und VI angenommen worden sind und die Versammlung beschlossen hat, die Gewinnverteilung gemäß dem Geschäftsberichte des Vorstands dergestalt vorzunehmen, daß vom Gewinn 450000 ℳ an den zu bildenden Einzahlungsfond zugewiesen werden sollen,
   b) zu Punkt 4 der Tagesordnung beschlossen worden ist, dem ersten Absatze des § 6 des bisherigen Gesellschaftsvertrags der Beklagten eine veränderte Fassung zu geben,
2. festzustellen, daß die Th.'schen Erben berechtigt sind, bei der in der Generalversammlung vom 28. März 1922 beschlossenen Ausgabe neuer Aktien und bei jeder in Zukunft zu bewirkenden Ausgabe neuer Aktien $^{9}/_{15}$ der Hälfte der neu auszugebenden Aktien zum Nennbetrage zu übernehmen, und zwar bei jeder künftigen Neuausgabe auch dann, wenn nach dem Beschlusse der Generalversammlung die Einzahlung auf die neuen Aktien in der Form zu geschehen hat, daß der zur Einzahlung erforderliche Betrag aus dem Reingewinn der Gesellschaft einem Einzahlungsfond zugewiesen wird, an welchem den Aktionären eine Beteiligung eingeräumt wird gegen deren Verpflichtung, den dergestalt erworbenen Anspruch auf das erhöhte Grundkapital einzulegen.

Das Landgericht gab dem Antrage 1b statt, im übrigen wies es die Klage ab. Die Berufung der Kläger hatte keinen Erfolg; auf die Berufung der Beklagten wurde die Klage völlig abgewiesen. Die Revision der Kläger führte zur Aufhebung des Berufungsurteils.

Gründe:

Der Streit der Parteien bewegt sich um die Frage, ob die Generalversammlungsbeschlüsse vom 28. März 1922 mit dem Bezugsrechte vereinbar sind, das im Jahre 1872 bei der Errichtung der beklagten Aktiengesellschaft den vier „ursprünglichen Gründern" für den Fall der Ausgabe neuer Aktien eingeräumt wurde. In Übereinstimmung mit der Rechtsprechung des Reichsgerichts nimmt das Berufungsgericht zutreffend an, daß solche Rechte, wenn sie vor der Novelle vom 18. Juli 1884 entstanden sind, durch die ihre Einräumung verbietende Vorschrift des Art. 215a Abs. 4 des früheren Handelsgesetzbuchs und ebenso durch § 283 Abs. 2 des neuen Handelsgesetzbuchs nicht beseitigt wurden. Auch geht es zutreffend davon aus, daß bei einer Kapitalerhöhung, die, wie hier, durch Ausgabe sog. Gratisaktien erfolgt, nicht Bareinlagen, sondern Sacheinlagen geleistet werden, und daß die Gründer als solche nicht in der Lage sind, diese Einlage zu leisten, weil Gegenstand der Einlage nicht von außen zugeführtes Geld ist, sondern der Anspruch der Aktionäre auf erwirtschafteten Gewinn, der mit dem Preise der neuen Aktien verrechnet wird.

Mit Unrecht will aber das Berufungsgericht den Umstand, daß die Gründer als solche die Einlage nicht leisten können, in Verbindung mit der Erwägung, daß die Ausgabe von Gratisaktien zur Zeit der Errichtung der Beklagten schon bekannt gewesen sei, dahin verwerten, daß die Beteiligten nicht beabsichtigt hätten, den hier vorliegenden Fall in das Bezugsrecht einzuschließen. Die Revision weist zutreffend darauf hin, daß es nicht darauf ankommt, ob die Gründer die von der Beklagten festgesetzte Einlage leisten können, sondern daß entscheidend ist, ob die Ausgabe neuer Aktien unter Bedingungen erfolgen darf, die den Gründern den Erwerb ihres Anteils unmöglich machen. In dieser Beziehung läßt aber die Fassung des § 6 des Gesellschaftsvertrags keinen Zweifel. Wenn es dort ohne jede Einschränkung heißt, daß das Übernahmerecht platz greifen soll „bei jeder in Zukunft zu bewirkenden Emission von neuen Aktien", so ist damit das Recht der Gründer, bei jeder künftigen Erhöhung des Grundkapitals berücksichtigt zu werden, klar und unzweideutig festgestellt, und daraus folgt weiter, daß die Beklagte auch in der Wahl der Bedingungen, unter denen sie neue Aktien ausgibt, dem Rechte der Gründer Rechnung zu tragen hat. Damit ist freilich nicht gesagt, daß überhaupt keine Fälle denkbar seien, in denen die Beklagte neue Aktien ausgeben darf, ohne die Gründer zu beteiligen. So hat das Reichsgericht in dem Urteile RGZ. Bd. 47

S. 24 nach den besonderen Umständen des damaligen Falles trotz ähnlich lautender Bestimmung des Gesellschaftsvertrags die Befreiung der Gesellschaft von der Beteiligungspflicht anerkannt, und auch andere Fälle, wie etwa der der Fusion oder der sonstigen Ausgabe neuer Aktien, die dem Erwerb eines neuen Unternehmens dient, könnten in Frage kommen. Im gegenwärtigen Fall ist aber ein solcher Befreiungsgrund nicht erkennbar. Das Berufungsgericht meint, das Bezugsrecht sei nur für den regelmäßigen Fall vorgesehen, daß der Gesellschaft durch die Kapitalerhöhung neue Barmittel zugeführt werden sollen, dagegen bezwecke die Ausgabe von Gratisaktien nur, den jeweiligen Aktionären die Vorteile aus dem in den letzten Jahren erzielten Reingewinn zuzuwenden, auf die Gründer, soweit sie nicht zugleich Aktionäre seien, brauche keine Rücksicht genommen zu werden, weil es sich bei ihnen um die Erlangung eines unverdienten Gewinns handeln würde. Das ist in seinem ersten Teile, soweit nämlich nur die Zuführung neuer Barmittel in Betracht kommen soll, eine mit der klaren Bestimmung des Vertrags unvereinbare Einschränkung, im übrigen aber eine Erwägung, die zur Rechtfertigung des Vorgehens der Beklagten deshalb nicht geeignet ist, weil die Beklagte die Kapitalunterlage der neuen Aktien in Gestalt des erzielten Gewinns bereits besitzt und diese Mittel auch in anderer Weise, wie durch Zuführung an einen Reservefond, Vornahme von Abschreibungen, Vortrag auf neue Rechnung, für sich verwerten könnte. Dabei ist der Gesichtspunkt, daß es sich um eine Art von Gewinnverteilung handelt, eben wieder um deswillen bedeutungslos, weil das Bezugsrecht ohne Einschränkung für jede künftige Ausgabe neuer Aktien eingeräumt ist.

Danach ist der Klagantrag 1a, der sich gegen die auf die Verwaltungsanträge I, III und VI ergangenen, die Zuteilung der Gratisaktien betreffenden Beschlüsse richtet, begründet. Die Th.'schen Erben sind in ihrer Eigenschaft als Aktionäre berechtigt, die Nichtigkeit dieser Beschlüsse im Wege der von den Testamentsvollstreckern erhobenen Klage aus § 271 HGB. geltend zu machen, weil § 6 des Gesellschaftsvertrags verletzt ist.

Was sodann den Klagantrag 1b anlangt, der sich gegen die beschlossene Neufassung des das Gründerbezugsrecht festsetzenden § 6 Abs. 1 des Gesellschaftsvertrags wendet, so erachtet das Berufungsgericht auch diesen Anspruch für hinfällig, indem es ausführt: Die beschlossene Abänderung enthalte nichts, was mit dem Rechtszustande, der sich bereits aus der alten Fassung ergebe, in Widerspruch stehe, sie habe nur eine schärfere Wiedergabe und Klarstellung des bestehenden Rechtszustandes, also eine bloße Änderung der Form, zu bedeuten und lasse den sachlichen Inhalt unberührt. Auch diese Beurteilung wird mit Recht von der Revision angegriffen.

Soweit die bezugsberechtigten Gründer nur als solche und nicht auch als Aktionäre der Beklagten gegenüberstehen, soweit es sich also nur um ihr von der Aktionäreigenschaft unabhängiges Gläubigerrecht handelt, kann ohne ihre Zustimmung die Generalversammlung eine ihnen gegenüber wirksame Abänderung des Wortlautes der fraglichen Satzungsbestimmung überhaupt nicht beschließen. Das ist so wenig möglich, wie sonst ein Schuldner einseitig das verbriefte Recht des Gläubigers neu fassen kann. Daraus ergibt sich, daß durch die beschlossene Änderung eine Bestimmung in die Satzung (den Gesellschaftsvertrag) gelangen würde, die der wirklichen Rechtslage nicht entspricht, woraus weiter folgt, daß die Th.'schen Erben in ihrer Eigenschaft als Aktionäre den Beschluß auf Grund des § 271 HGB. wegen Gesetzesverletzung anfechten können. Unter Verletzung des Gesetzes ist im Sinne dieser Vorschrift die Verletzung jeder Rechtsnorm zu verstehen. Verletzung einer solchen Norm liegt aber vor, wenn in die Satzung einer Aktiengesellschaft Bestimmungen aufgenommen werden, die mit der wirklichen Rechtslage nicht im Einklang stehen; denn das Vorhandensein der Satzung ist bei Aktiengesellschaften gesetzliches Erfordernis, und zur ordnungsmäßigen Beschaffenheit der Satzung gehört es, daß ihr Inhalt mit dem wirklichen Rechtszustand übereinstimmt. Um zu diesem Ergebnis zu gelangen, bedarf es grundsätzlich nicht der Untersuchung, ob die beschlossene Neufassung nur die Form ergreift oder auch den sachlichen Inhalt berührt, da auch die bloße Form nicht von dem einen Vertragsteil einseitig geändert werden kann. Nur dann wäre ausnahmsweise die Anfechtungsklage zu versagen, wenn es sich um Änderungen handeln würde, die offensichtlich jeder sachlichen Bedeutung und darum jeder Erheblichkeit bei etwaigen Meinungsverschiedenheiten der Beteiligten entbehrten. Dieser Fall liegt hier schon deshalb nicht vor, weil die beschlossene neue Fassung, im Gegensatz zu der ursprünglichen, das Bezugsrecht ausdrücklich auf Aktien beschränkt, die gegen Barzahlung ausgegeben werden.

Die Zurückweisung des Klagantrags 2 (des Feststellungsantrags) ergab sich für das Berufungsgericht ohne weiteres aus der Stellung, die es gegenüber dem Antrage 1a eingenommen hat, und beruht damit ebenfalls auf Rechtsirrtum. Das Revisionsgericht ist jedoch nicht in der Lage, zu diesem Antrag in der Sache selbst eine Entscheidung zu treffen. Denn wenn auch davon ausgegangen werden muß, daß die Th.'schen Erben ihren Anteil an den nach dem Beschlusse der Generalversammlung auszugebenden neuen Aktien beanspruchen können, so wird doch noch zu erörtern sein, welcher Betrag bei der Ausübung des Rechts für die zuzuteilenden Aktien zu zahlen ist. Nach § 6 des Gründungsvertrags sollen die Aktien al pari überlassen werden, und dementsprechend ist in dem Antrage der Kläger von Übernahme zum

Nennbetrage die Rede. Es kann aber den Berechtigten, wie auch ihr Prozeßbevollmächtigter in der Revisionsverhandlung anerkannt hat, nicht die Befugnis zugebilligt werden, ihrer Zahlungspflicht dadurch zu genügen, daß sie den Nennwert in der entwerteten Papiermark erlegen. Damit würden sie, da zur Zeit der Einräumung des streitigen Rechts nur nach vollwertigem Gelde gerechnet wurde, einen Vorteil erlangen, der außerhalb der ihnen zugedachten Vergünstigung liegt. Deshalb wird eine entsprechende Aufwertung des Übernahmepreises einzutreten haben. Außerdem bestehen gegen den Antrag der Kläger, soweit er sich auch auf künftige Kapitalerhöhungen bezieht, insofern Bedenken, als er keine Rücksicht darauf nimmt, daß, wie oben erwähnt, immerhin Fälle von Kapitalerhöhungen denkbar sind, in denen das Gründerbezugsrecht nicht wirksam wird.

---

8. 1. Welchen Umfang hat der Zeichenschutz?
2. Zum Begriff des Defensiv- und des Vorratszeichens.
3. Kann sich der Beklagte gegenüber der begründeten Popularklage aus § 9 Ziff. 2 WZG. auf Ausstattungsschutz berufen?
4. Kennt das deutsche Warenzeichen die Firmenmarke?

II. Zivilsenat. Urt. v. 15. Januar 1924 i. S. Firma H. (Bekl.) w. Firma R. (Kl.). II 269/23.

I. Landgericht Elberfeld, Kammer f. Handelss. — II. Oberlandesgericht Düsseldorf.

Am 14. Februar 1921 hat die Klägerin für ihren Geschäftsbetrieb, Werkstatt für Eisenbau, die in starken eckigen Flächen ausgeführte stilisierte Darstellung eines Hammerträgers als Warenzeichen für Eisenbauwerkteile aller Art zur Zeichenrolle angemeldet. Auf den Widerspruch der Beklagten, für deren als Exportgeschäft bezeichneten Geschäftsbetrieb das bekannte Zwillingszeichen als Warenzeichen für die Waren sämtlicher 42 Klassen des amtlichen Warenverzeichnisses des Patentamts eingetragen ist, wurde durch Beschluß des Patentamts vom 25. August 1921 die Eintragung wegen Übereinstimmung des angemeldeten Zeichens mit dem Zeichen der Beklagten in vollem Umfange versagt. Die Klägerin hat unter Hinweis auf eine briefliche Erklärung der Beklagten, daß sie keine Eisenkonstruktionen herstelle, Klage dahin erhoben, daß eine Reihe von Waren, die der Beklagten nach dem Warenverzeichnis geschützt sind, dort gelöscht werde. Das Landgericht gab der Klage in vollem Umfang statt. Die Berufung der Beklagten hatte teilweise Erfolg; das Oberlandesgericht bestätigte jedoch die

Löschung hinsichtlich einiger eiserner und schmiedeeiserner Gegenstände. Die Revision der Beklagten führte zur völligen Abweisung der Klage.

Gründe:

Das Berufungsgericht geht in Übereinstimmung mit RGZ. Bd. 101 S. 374 davon aus, daß nach § 9 Abs. 2 Ziff. 2 WZG. jeder Dritte die Löschung eines Warenzeichens verlangen könne, wenn der Geschäftsbetrieb, zu dem das Zeichen gehört, von dem eingetragenen Inhaber nicht mehr fortgesetzt werde oder — ein Fall, der jenem gleich stehe — wenn der Betrieb nicht binnen angemessener Frist seit der Eintragung begonnen werde. Weiter nimmt das Gericht mit RGZ. Bd. 104 S. 314 an, daß, soweit die Herstellung eines Teils der von dem Zeicheninhaber angemeldeten Waren in dieser Zeit überhaupt nicht aufgenommen oder nicht fortgesetzt wird, eine entsprechende teilweise Löschung des Warenzeichens begehrt werden könne. Den Einwand der Beklagten, es sei rechtlich unerheblich, daß sie die hier in Betracht kommenden Gegenstände selbst bisher nicht hergestellt oder vertrieben habe, weil die von ihr tatsächlich angefertigten Waren diesen von ihr nicht angefertigten und nicht vertriebenen geschützten Waren „verwandt" (gleichartig) seien und sie daher zum wenigsten hierdurch den Schutz auch für die eingetragenen, aber nicht von ihr hergestellten oder vertriebenen Waren erworben habe, weist das Berufungsgericht aus rechtlichen und tatsächlichen Gründen zurück. Denn aus dem zeichenrechtlichen Grundsatz der Ausdehnung des Zeichenschutzes auf die den eingetragenen gleichartigen Waren folge nicht umgekehrt, daß der Zeicheninhaber, wenn er den Geschäftsbetrieb nur auf die Herstellung oder den Vertrieb von Waren, die den eingetragenen gleichartig seien, beschränken würde, daraus das Recht herleiten könnte, den Schutz auch für die eingetragenen, aber nicht von ihm hergestellten oder vertriebenen Waren zu beanspruchen. Denn bei der Anmeldung des Warenzeichens müßten die Waren, für welche das Zeichen bestimmt sei, bezeichnet werden. Hieraus in Verbindung mit dem weiteren Erfordernis der Bezeichnung des Geschäftsbetriebes ergebe sich, daß sich dieser mit den angemeldeten und im Warenverzeichnis eingetragenen Waren selbst befassen müsse. Weiter verneint das Berufungsgericht die Ausdehnung des Zeichenschutzes — die Zulässigkeit einer solchen auf dem dargelegten Wege unterstellt — aber auch aus dem tatsächlichen Grund der fehlenden Gleichartigkeit, da die Gegenstände des Warenverzeichnisses, welche zum Vergleich mit den von der Beklagten angeblich hergestellten, aber nicht eingetragenen Waren heranzuziehen seien, Eisenerzeugnisse, die von der Beklagten angeblich hergestellten Gegenstände aber Schmiedestücke aus Stahl seien, wie sie selbst behaupte.

Diese Ausführungen verletzen wichtige Grundsätze des Zeichenrechts.

Die Revision, welche Verletzung der §§ 9 Ziff. 2 und 15 WZG., 1 und 16 UWG. und 286 ZPO. rügt, mußte daher Erfolg haben.

Verfehlt ist allerdings der von der Revision in erster Linie vertretene Standpunkt, die Beklagte habe sich ihr Zeichen mit Rücksicht auf die hohe Bedeutung, die es seit mehr als 100 Jahren im in- und ausländischen Geschäftsverkehr besitze, nach Art eines sog. Defensiv- oder Vorratszeichens zu Abwehrzwecken für sämtliche Klassen des amtlichen Warenverzeichnisses eintragen lassen. Die Beklagte kann, wenn sie auch als Verfertigerin hochwertiger Stahlwaren sich und ihrem Warenzeichen Weltruf verschafft hat, keine andere zeichenrechtliche Behandlung genießen, als die Grundsätze des deutschen Warenzeichenrechts gestatten. Dieses hat aber die Firmenmarke abgelehnt und nur ein Zeichen für bestimmte Waren anerkannt. Das ergibt sich nicht nur aus der Vorschrift der §§ 1 und 2 WZG., sondern auch aus dem gesamten übrigen Inhalt dieses Gesetzes. Das Defensivzeichen unterscheidet sich nur dadurch von anderen Warenzeichen, daß eine Eintragung zu dem Zwecke bewirkt wird, ein anderes ähnliches, für die Benutzung bestimmtes Zeichen in seiner Schutzwirkung zu verteidigen, indem dessen Inhaber auf diese Weise nach Möglichkeit alle Nachahmungen des im Gebrauch befindlichen Zeichens verhindert und dieses so vor Mißbrauch schützt. Der Umstand, daß die Verwendung des Abwehrzeichens nicht beabsichtigt ist, entzieht ihm nicht den Zeichenschutz, da dieser schon mit der Eintragung für bestimmte Waren entsteht und es zu seiner Begründung weder eines Gebrauchs des Zeichens noch eines bei der Anmeldung vorhandenen Gebrauchswillens bedarf. Ebenso dient das gleichfalls von der Praxis zugelassene „Vorratszeichen" dem Zwecke des Warenzeichens, nämlich der Kennzeichnung von Waren im Verkehr und ihrer Herkunft aus einem bestimmten Geschäftsbetriebe. Es ist abweichend vom Defensivzeichen nicht von vornherein jedem Gebrauch entzogen, soll vielmehr künftigem Gebrauche dienen, und wird gerade deshalb — nur vorsorglich — jetzt schon eingetragen (RGZ. Bd. 97 S. 91). Seine Eintragung entspricht den Anforderungen der §§ 1 und 2 WZG. und liegt innerhalb des Rahmens der Aufgabe, die sich das WZG. gestellt hat.

Die Revision ist aber aus anderen Erwägungen begründet.

Da es sich bei dem Anspruch aus § 9 Ziff. 2 WZG. um eine Popularklage handelt, bei der das öffentliche Interesse gewahrt werden soll, kommt es zwar nur darauf an, ob die Beklagte die beanstandeten Waren oder ihnen gleichartige erzeugt oder vertreibt, oder ob die beanstandeten Waren gleichartig mit solchen sind, die in dem Verzeichnis der geschützten Waren enthalten sind und bezüglich deren der Warenzeichenschutz bestehen bleibt, weil ihre Löschung nicht im Wege der Klage verlangt ist. Wenn die Klage hiernach objektiv gerechtfertigt sein sollte, würde es auf die etwaigen Absichten der Klägerin nicht ankommen, es sei denn, daß die Klage selbst eine unerlaubte Handlung darstellte, oder gegen Vertragsrecht verstieße, was jedoch in den Instanzen nicht behauptet ist. Auch der Ausstattungsschutz kommt, falls die Klage objektiv gerechtfertigt ist, nicht in Frage, weil er ein der Löschung verfallenes Warenzeichen nicht stützen und sich nur auf tatsächlich geführte und diesen gleichartige Waren erstrecken kann.

Die Beklagte hat nun, wie das Berufungsgericht feststellt, die für die Revisionsinstanz noch als beanstandet in Betracht kommenden Gegenstände selbst bisher weder hergestellt noch vertrieben. Daraus folgert das Berufungsgericht, daß der Anspruch auf Löschung gerechtfertigt sei. Diese Begründung beruht in mehrfacher Hinsicht auf Rechtsirrtum. Der durch die Eintragung des Warenzeichens erlangte Zeichenschutz beschränkt sich nicht auf die eingetragenen, sondern erstreckt sich auf die diesen gleichartigen Waren, gleichgültig, ob sie geführt werden oder nicht. Hieraus ergibt sich, daß der Zeichenschutz, den die von der Beklagten hergestellten und vertriebenen Waren infolge ihrer Gleichartigkeit mit den für die Beklagte als geschützt eingetragenen, aber wegen Nichtführung beanstandeten Waren genießen, sich auch auf die letzteren erstreckt. Weiter folgt daraus, daß die wegen Nichtführung beanstandeten Waren den Zeichenschutz genießen, falls sie gleichartig sind mit anderen im Verzeichnis enthaltenen Waren, bezüglich deren der Schutz bestehen bleibt, weil ihre Löschung nicht im Wege der Klage verlangt wird. Solange ein Zeichen für gewisse Waren nicht gelöscht ist oder die Löschung nicht im Wege der Klage verlangt wird, kann die Löschung auch nicht für gleichartige Waren begehrt werden.

Auch die zweite Voraussetzung für die Ausdehnung des Zeichenschutzes auf die beanstandeten, von der Beklagten nicht geführten Waren, nämlich deren zeichenrechtliche Gleichartigkeit mit Waren, die von der Beklagten erzeugt und vertrieben werden, ist gegeben. Maßgebend für die Frage der Gleichartigkeit ist die Anschauung des Verkehrs. Entscheidend ist, ob die mit dem gleichen oder ähnlichen Zeichen versehenen, aber aus verschiedenen Geschäftsbetrieben stammenden Waren sich nach ihrer wirtschaftlichen Bedeutung und ihrem Verwendungszweck so nahe stehen, daß der Durchschnittskäufer infolge des gleichen oder vermeintlich gleichen Zeichens zu der Meinung gelangen kann, sie stammten aus demselben Geschäftsbetriebe. Auch der Umstand, daß mit dem gleichen Zeichen versehene Waren häufig für den gleichen Kundenkreis in Betracht kommen, fällt für die Auffassung des Verkehrs ins Gewicht. Ob im übrigen die betreffenden Waren ihrer Beschaffenheit oder ihrer Natur nach miteinander verwandt sind, ist belanglos (RGZ. Bd. 95 S. 230, Bd. 98 S. 226, 227, Bd. 102 S. 357). Danach liegt

Gleichartigkeit zwischen den von der Beklagten hergestellten und vertriebenen Gegenständen aus Bessemerstahl und den von der Klägerin beanstandeten, für die Beklagte als geschützt eingetragenen Gegenständen aus Eisen vor. Das Berufungsgericht verkennt die für den Begriff der Gleichartigkeit im zeichenrechtlichen Sinne maßgebenden Grundsätze, wenn es die Gleichartigkeit ablehnt, weil die beanstandeten Gegenstände aus Eisen, die von der Beklagten tatsächlich hergestellten aber aus aus Stahl bestehen. Abgesehen davon, daß die Grenze zwischen Stahl und Eisen fließend ist und die eine oder andere Bezeichnung nur von der Menge des in dem Erzeugnis enthaltenen Kohlenstoffs abhängt, erfolgt die Verwendung der Gegenstände beider Art im allgemeinen zu gleichen Zwecken. Das Publikum ist bei den einzelnen Gegenständen nicht imstande zu erkennen, ob sie aus Stahl oder Eisen sind. Nach allgemeiner Erfahrung besteht aber auch eine Vermutung dafür, daß ein für Stahlwaren verwendetes Warenzeichen im Verkehr leicht auch auf Eisenwaren bezogen wird, und daß somit, wenn letztere mit demselben Zeichen versehen sind, eine Täuschung über ihre Herkunft hervorgerufen werden kann. Dazu kommt, daß Stahl- und Eisenwaren im Zwischenhandel vielfach in den gleichen Geschäften verkauft werden und sich der Handel mit diesen Waren im allgemeinen an die gleiche Kundschaft wendet. Endlich ist darauf hinzuweisen, daß Stahl und Eisen der gleichen Klasse des patentamtlichen Warenverzeichnisses angehören, sich also ihrem Charakter nach nahe stehen.

Nach alledem erstreckt sich wegen der Gleichartigkeit der von der Beklagten unstreitig erzeugten und vertriebenen mit den von der Klägerin beanstandeten Waren der Zeichenschutz auch auf die letzteren. Das gleiche ist aber wegen Gleichartigkeit mit den beanstandeten Waren bezüglich einer Reihe von Eisenwaren der Fall, die im Verzeichnis der für die Beklagte geschützten Waren enthalten sind. Diese ebenfalls geschützten Eisenwaren betrifft die Löschungsklage nicht; ihr Schutz bleibt also bestehen.

---

9. Können Rentenansprüche aus dem Reichshaftpflichtgesetz, die im Laufe des Rechtsstreits wegen der Geldentwertung erhöht werden, mit der Einrede der Verjährung bekämpft werden?

IV. Zivilsenat. Urt. v. 17. Januar 1924 i. S. Cr. (Bekl.) w. H. (Kl.). IV 897/22.

I. Landgericht Crefeld. — II. Oberlandesgericht Düsseldorf.

Die Klägerin hat aus einem am 17. Oktober 1918 erlittenen Straßenbahnunfall auf Grund des Reichshaftpflichtgesetzes Rentenansprüche gegen die Beklagte erhoben und, nachdem das Landgericht den Anspruch dem Grunde nach für gerechtfertigt erklärt hatte, im zweiten Rechtszug am 22. Mai 1922 ihren Antrag infolge der eingetretenen allgemeinen Geldentwertung erweitert. Von der Beklagten ist dem erweiterten Anspruch die Einrede der Verjährung aus § 8 des Reichshaftpflichtgesetzes entgegengesetzt worden. Die Einrede wurde vom Berufungsgericht verworfen und die Verwerfung vom Reichsgericht bestätigt aus folgenden

Gründen:

... Ein weiterer Angriff der Revision richtet sich dagegen, daß das Berufungsgericht den Einwand der Verjährung verworfen hat. Ansprüche auf Schadensersatz nach dem Haftpflichtgesetz verjähren nach § 8 das. in zwei Jahren von dem Unfall an. Diese Frist ist hinsichtlich der mit der Klage geforderten 900 ℳ und der Rente von vierteljährlich 728 ℳ seit 1. November 1919 gewahrt. Die Revision macht aber geltend, der erweiterte Antrag sei erst am 10. Mai 1922 angekündigt und erst im Verhandlungstermin vom 22. Mai 1922 verlesen worden. Damals sei die zweijährige Verjährungsfrist abgelaufen gewesen, auch wenn man sie erst vom Eintritt der veränderten Verhältnisse an rechne. Diese Änderung habe, wie sich aus den eigenen Angaben der Klägerin über die fortgesetzt gesteigerten Wochenlöhne ergebe, vor dem 22. Mai 1920 eingesetzt. Klägerin habe also allen Anlaß gehabt, ihren Leistungsantrag schon vor diesem Zeitpunkt zu erhöhen oder einen entsprechenden Feststellungsanspruch zu erheben.

Die Verjährungseinrede ist vom Berufungsrichter mit Recht verworfen worden. Im Einklang mit der Rechtsprechung des Reichsgerichts, die allerdings nur Anwendungsfälle des § 323 ZPO. im Auge hat (RGZ. Bd. 86 S. 182, Warn. 1913 Nr. 4 a. E., LeipzZ. 1923 Sp. 349), kann davon ausgegangen werden, daß grundsätzlich für den Anspruch auf Rentenerhöhung die zweijährige Verjährungsfrist des § 8 RHPflG. nicht vom Tage des Unfalls, sondern erst vom Eintritt der die Erhöhung bedingenden Änderung der Verhältnisse an zu laufen beginnt. Wäre diese Änderung nach dem 21. Mai 1920 eingetreten, so wäre die von dann ab laufende Verjährung durch die Erhebung des erweiterten Anspruchs in der mündlichen Verhandlung vom 22. Mai 1922 rechtzeitig unterbrochen worden (§ 209 Abs. 1 BGB.), und es könnte nur noch in Frage kommen, ob nicht der Erhöhungsanspruch für die frühere Zeit verjährt wäre. Dies alles gilt aber nur für den Fall, daß der erhöhte Rentenanspruch nicht schon mit Erhebung der Klage (Oktober 1919) rechtshängig geworden ist. Der Berufungsrichter nimmt dies an. Er verkennt nicht, daß die Verjährung durch Erhebung einer Teilklage nur hinsichtlich des eingeklagten Teils unterbrochen wird, ist aber der Ansicht, daß die Klägerin von vornherein ihren ganzen Anspruch habe einklagen wollen und eingeklagt habe. Die Erhöhung der Beträge sei nur durch eine andere Berechnung infolge der veränderten wirtschaftlichen Verhältnisse (Geldentwertung) verursacht. Klägerin fordere mit der Klage auf Grund des § 249 Satz 2 BGB. den zur Herstellung des früheren Zustandes in wirtschaftlicher Beziehung nötigen Geldbetrag. Die ursprünglich verlangte Summe habe sie den damaligen Zeitverhältnissen entnommen.

Diesen Ausführungen kann im wesentlichen beigepflichtet werden. Daß die Klägerin in der Klage ihren ganzen Erwerbsschaden geltend machen wollte, stellt der Berufungsrichter in rechtlich einwandfreier Auslegung der Klageschrift fest. Das würde allerdings den Eintritt der Verjährung hinsichtlich später geforderter Beträge dann noch nicht hindern, wenn die Klägerin in falscher Voraussicht der Schadensfolgen ihren vorhandenen Schaden zunächst unrichtig eingeschätzt hätte. So liegt jedoch hier die Sache nicht. Die mit der Klage verlangte Schadenssumme stellte den damals vorhandenen Schaden in seinem ganzen Umfang dar. Maßgebend für die endgültige Bemessung des Geldschadens nach § 249 flg. BGB. ist nun regelmäßig nicht der Zeitpunkt der Klagerhebung, sondern derjenige der Urteilsfällung. Die Klägerin war infolgedessen gezwungen, wegen der mittlerweile eingetretenen Geldentwertung und der dadurch hervorgerufenen, für die Bemessung ihres Erwerbsschadens wesentlichen Lohnsteigerung die Schadenssumme (Rentensumme) anders und zwar höher zu beziffern, als es in der Klage geschehen war. Es handelt sich bei dieser Erhöhung in Wahrheit um denselben, von Anbeginn vorhandenen und geltend gemachten Schaden, dessen Geldbetrag nur notgedrungen in dem sinkenden Kurswert der Mark seinen veränderten Ausdruck findet. Die geforderte Erhöhung stellt in solchen Fällen nicht den restlichen Teil des Anspruchs dar, sondern bildet nur eine andere Art seiner ziffermäßigen Berechnung (RGZ. Bd. 106 S. 184). Mit Unrecht wendet die Revision ein, daß der dort entschiedene Fall insofern anders liege, als es sich bei ihm um den trotz der Geldentwertung stets gleich bleibenden Wert eines in Verlust geratenen Gegenstandes handle, während hier der erhöhte Rentenanspruch nicht aus der Geldentwertung allein hergeleitet werde, sondern, wie anzunehmen, noch auf anderen Ursachen beruhe. Wie sich aus ihren Schriftsätzen zweiter Instanz ergibt, hat die Klägerin der Berechnung ihrer erhöhten Rentenforderung die fortgesetzt gesteigerten Löhne der Bandaufmacherinnen zugrunde gelegt. Diese hatten sich aber nach der ganzen Entwicklung, welche die Verhältnisse des Arbeitsmarkts genommen hatten, schon damals der fortschreitenden Geldentwertung angepaßt, ihre Steigerung beruhte also im wesentlichen auf dem Sinken des Geldwerts. Mit dieser — auch sachlich zutreffenden — Begründung ist der Rentenanspruch im

Laufe des Verfahrens erhöht worden (§ 268 Nr. 2 ZPO.). Dann muß aber nach dem vorher Gesagten angenommen werden, daß der gesamte Anspruch bereits mit der Klagerhebung rechtshängig geworden ist und daß die dadurch bewirkte Unterbrechung der Verjährung auch den erweiterten Anspruch ergreift (§§ 209, 211 BGB.).

---

10. 1. Zur Frage der Anfechtbarkeit von Kapitalerhöhungsbeschlüssen einer Aktiengesellschaft.

2. Hat der Aktionär, der einen Kapitalerhöhungsbeschluß erfolgreich angefochten hat, gegen die Gesellschaft einen Anspruch auf Herbeiführung der Löschung der den Beschluß betreffenden Handelsregistereinträge?

II. Zivilsenat. Urt. v. 18. Januar 1924 i. S. J. (Kl.) w. die Aktiengesellschaft Kaliwerke Neu-St. Friedrichsh. (Bekl.). II 263/23.

I. Landgericht Hildesheim. — II. Oberlandesgericht Celle.

Am 23. Februar 1922 fand eine Generalversammlung der Beklagten statt mit folgender Tagesordnung: „1. Erhöhung des Grundkapitals und dadurch bedingte Änderung der Satzung. 2. ..." Zu Punkt 1 stellten der Vorstand und der Aufsichtsrat in der Versammlung folgende Anträge:

„Das Grundkapital der Gesellschaft wird von 51000000 ℳ um 49000000 ℳ auf 100000000 ℳ erhöht durch Ausgabe von Stück 49000 auf den Inhaber lautenden neuen Aktien über je 1000 ℳ mit voller Gewinnanteilberechtigung für das am 1. Januar 1922 beginnende Geschäftsjahr. Das gesetzliche Bezugsrecht der Aktionäre wird ausgeschlossen. Der Mindestausgabekurs der jungen Aktien wird auf pari festgesetzt.

Es sollen begeben werden:

1. 1000000 ℳ neue Aktien mit der Verpflichtung für den Übernehmer, diese Aktien nach Weisung der Gesellschaft zum Umtausch in Kuxe der Gewerkschaften Neu-St. und Neu-St. II derart zu verwenden, daß für je einen Kux 20000 ℳ junge Kaliwerke Neu-St. Friedrichsh.-Aktien gewährt werden;

2. 13000000 ℳ neue Aktien mit der Verpflichtung für den Übernehmer, diese Aktien den Besitzern der alten Aktien sowie den Inhabern der vorerwähnten gegen Neu-St.-Kuxe umzutauschenden 1000000 ℳ Aktien derart zum Bezuge anzubieten, daß innerhalb einer Frist von 4 Wochen auf je nom. 4000 ℳ Aktien eine neue Aktie über nom. 1000 ℳ zum Kurse von 300% zuzüglich Schluß-

scheinstempel und einer etwaigen Steuer auf die Einräumung von Bezugsrechten bezogen werden kann;

3. 35000000 ℳ neue Aktien mit der Verpflichtung für den Übernehmer, sie zur Verfügung der Gesellschaft zu halten. Das Recht auf eine Dividende auf diese Aktien soll ruhen, solange sie sich in der Hand des ersten Erwerbers befinden. Das Dividendenrecht lebt wieder auf mit Beginn des Geschäftsjahrs, in dessen Verlauf die Aktien weiter veräußert werden.

Der Vorstand wird ermächtigt, im Einvernehmen mit dem Aufsichtsrate die Einzelheiten für die Durchführung der Kapitalerhöhung, insbesondere den Ausgabekurs der neuen Aktien festzusetzen.

Satz 1 Abs. 2 der Statuten erhält folgende Fassung:

„Das Grundkapital beträgt 100000000 ℳ, zerlegt in 100000 auf den Inhaber lautende Aktien über je 1000."

Die Anträge wurden gegen die Stimmen des Klägers angenommen.

Mit der innerhalb der Monatsfrist des § 271 Abs. 2 HGB. erhobenen Klage beantragte der Kläger

1. den zu Punkt 1 der Tagesordnung gefaßten Beschluß für ungültig zu erklären,

2. eventuell festzustellen, daß dieser Beschluß nichtig ist,

3. . . .

4. die Beklagte zu verurteilen, die inzwischen auf ihren Antrag erfolgte Eintragung des Kapitalerhöhungsbeschlusses und der tatsächlich ausgeführten Kapitalerhöhung im Handelsregister löschen zu lassen.

Das Landgericht gab den Anträgen 1 und 4 statt, das Oberlandesgericht wies die Klage ab. Die Revision des Klägers hatte teilweise Erfolg.

Gründe:

Der Kläger hat geltend gemacht, daß der zu Punkt 1 Nr. 3 der Tagesordnung gefaßte Beschluß, der mit dem zu Nr. 1 und 2 Beschlossenen in untrennbarem Zusammenhange stehe, wegen Verstoßes gegen aktienrechtliche Normen und gegen die guten Sitten das Gesetz verletze; dabei geht er von der unbestrittenen Tatsache aus, daß die Kuxe der Gewerkschaften Neu-St. und Neu-St. II bis auf einen geringen Rest der Beklagten gehören und daß der Vorstand des Aufsichtsrats der Beklagten in der Generalversammlung mitgeteilt hat, die in Nr. 3 erwähnten 35000 Aktien sollten von diesen beiden Gewerkschaften übernommen werden. Die Beklagte ist dieser Auffassung entgegengetreten, indem sie behauptet hat, es handle sich um eine einwandfreie Kapitalerhöhung auf Vorrat, die sie vorgenommen habe, um Mittel für eine künftige Ausdehnung ihres Konzerns bereitzustellen; an die beiden Gewerkschaften hätten die Aktien nicht zum dauernden Besitz begeben werden sollen, deren Stellung sei vielmehr die gleiche wie die einer Bank, die Aktien übernehme, um sie zur Verfügung des Vorstandes zu halten; die Begebung an eine befreundete Gesellschaft statt an eine Bank entspreche einer in neuerer Zeit entstandenen, auf Sparsamkeitsrücksichten beruhenden Übung.

Die Annahme des Berufungsgerichts, daß der von dem Kläger erhobene Vorwurf ungerechtfertigt sei, konnte nicht gebilligt werden. Von grundlegender Bedeutung ist der Umstand, daß die Kuxe der Gewerkschaften Neu-St. und Neu-St. II sich fast vollständig im Besitze der Beklagten befinden. Das hat zunächst zur Folge, daß zwar nicht unmittelbar, aber doch der Sache nach ein mit der Vorschrift des § 226 Abs. 2 Satz 2 HGB. in Widerspruch stehender Erwerb eigener nicht voll bezahlter Aktien vorliegt. Denn wenn auch die beiden Gewerkschaften äußerlich selbständige Rechtspersönlichkeiten sind, so ist ihr Vermögen doch in Wahrheit Vermögen der Beklagten, sodaß Zahlungen auf die — zur Verfügung der Beklagten stehenden — Aktien in Wahrheit aus Mitteln der Beklagten geleistet werden. Weiter ergibt sich aus diesem Verhältnis der Beklagten zu den beiden Gewerkschaften, daß eine Erhöhung des Grundkapitals, wie sie das Gesetz im Auge hat, überhaupt nur dem Namen nach stattgefunden hat. Zur Kapitalerhöhung gehört, daß durch die Ausgabe der Aktien neue Aktiven der Gesellschaft zugeführt werden. Daran fehlt es hier, weil das Vermögen der Übernehmer der Aktien wirtschaftlich mit dem der Beklagten zusammenfällt. Sodann ist ein Verstoß gegen das Gesetz auch darin zu finden, daß das Bezugsrecht des § 282 Abs. 1 HGB. unter Verletzung der Rechte der Minderheit ausgeschlossen wurde. Die Aktien sollten nicht nur zur Verfügung des Vorstandes, d. h. der hinter ihm stehenden Mehrheit, gehalten werden, sondern sie sollten auch, obwohl ihr Kurswert weit höher war, zu pari an die bevorzugte Gruppe abgegeben werden, ohne daß diese Gruppe, da durch die Heranziehung der beiden Gewerkschaften mit Mitteln der Beklagten gezahlt werden sollte, überhaupt irgendwelche eigenen Aufwendungen machte. Das verstößt gegen das Gebot einer billigen und gerechten Behandlung der Aktionäre bei der Ausgabe neuer Aktien. Diese gegen den angefochtenen Beschluß bestehenden Bedenken können auch nicht dadurch beseitigt werden, daß es sich, wie die Beklagte behauptet, bei der beanstandeten Maßnahme nicht um die Schaffung eines Dauerzustandes handelte, sondern daß sie dazu dienen sollte, bereite Mittel für eine künftige Erweiterung ihres Konzerns zu gewinnen. Denn einmal rechtfertigte dieser an sich erlaubte Zweck nicht die Wahl eines gesetzlich unzulässigen

Weges, und außerdem stand vorläufig ganz dahin, wann und wie jene Erweiterungsabsichten verwirklicht werden würden.

Da hiernach der beanstandete Beschluß in mehrfacher Richtung aktienrechtliche Grundsätze verletzt, hat der erste Richter mit Recht der Anfechtungsklage stattgegeben. Es war deshalb insoweit das Berufungsurteil aufzuheben und die landgerichtliche Entscheidung wiederherzustellen.

Dagegen hat es bei der abweisenden Entscheidung des Berufungsgerichts insoweit zu verbleiben, als das Landgericht auf den Klagantrag 4 die Beklagte verurteilt hat, die Eintragung des angefochtenen Beschlusses und der tatsächlich ausgeführten Kapitalerhöhung im Handelsregister löschen zu lassen. Das Verfahren, das nach der erfolgreichen Anfechtung eines Generalversammlungsbeschlusses hinsichtlich der Registerführung einzuhalten ist, ist in § 273 HGB. dahin geregelt, daß der Vorstand das rechtskräftige Urteil unverzüglich zum Handelsregister einzureichen und der Registerrichter, wenn der Beschluß eingetragen war, auch das Urteil einzutragen hat. Dabei findet die allgemeine Vorschrift des § 14 a. a. O. Anwendung, wonach der Registerrichter eine zur Einreichung von Schriftstücken verpflichtete Person hierzu durch Ordnungsstrafen anzuhalten hat. Neben dem so geregelten Offizialverfahren ist für einen privatrechtlichen Löschungsanspruch der Aktionäre kein Raum.

---

11. Wem stehen das Eigentum und sonstige Rechte an photographischen Platten zu, auf denen ein Photograph im Auftrage eines Künstlers dessen Bildhauerarbeiten im Lichtbild festgehalten hat?

I. Zivilsenat. Urt. v. 23. Januar 1924 i. S. H. (Kl.) w. L. (Bekl.). I 180/23.

I. Landgericht III Berlin. — II. Kammergericht daselbst.

Der Kläger ließ während einer Reihe von Jahren die Entwürfe seiner Bildhauerarbeiten von dem Beklagten im Lichtbild festhalten. Die dazu gebrauchten photographischen Platten behielt der Beklagte in seinem Besitz und fertigte davon auf Bestellung des Klägers Abzüge gegen Entgelt an. Im Jahre 1919 entstand unter den Parteien ein Streit darüber, wem von ihnen das Eigentum an den Platten zustände. Der Kläger behauptet, der Beklagte habe eine Anzahl Platten schuldhafterweise vernichtet oder beschädigt und erklärt, daß er das Recht besitze, auch die übrigen Platten zu vernichten. Der Kläger hat deshalb unter Bezugnahme auf sein vermeintliches Eigentumsrecht an den

Platten und auf das zwischen den Parteien bestehende Vertragsverhältnis im Klagewege die Herausgabe der noch vorhandenen Platten sowie Schadensersatz bezüglich der vernichteten Platten gefordert.

In den Vorinstanzen wurde die Klage abgewiesen. Die Revision hatte Erfolg.

Gründe:

Die Revision wendet sich vornehmlich gegen die Annahme des Berufungsgerichts, daß die Klagansprüche durch das Urheberrecht des Klägers an seinen Kunstwerken nicht begründet seien, und rügt Verletzung von § 15 des Kunstschutzgesetzes vom 9. Januar 1907. Dieser Revisionsangriff ist verfehlt.

Nach § 15 KunstUG. besteht regelmäßig neben dem Urheberrecht des bildenden Künstlers an seinem Bildwerk ein durch dieses Urheberrecht beschränktes, im übrigen aber selbständiges Urheberrecht des Photographen an der durch Nachbildung jenes Bildwerks hervorgebrachten Photographie nebst Negativ. Zutreffend führt das Berufungsgericht aus, daß ein solches Urheberrecht des Photographen nicht entsteht, vielmehr das Urheberrecht an der Photographie und dem Negativ auf den Urheber des photographierten Kunstwerks übergeht, wenn dies ausdrücklich oder stillschweigend vereinbart ist, und daß eine solche stillschweigende Vereinbarung aus den besonderen Umständen des Falls im Beihalt von Handelsgebrauch und Verkehrssitte entnommen werden kann. Zutreffend weist das Berufungsgericht aber auch darauf hin, daß durch die Feststellung, wer Inhaber des Urheberrechts an der Photographie ist, noch nichts entschieden ist für die Frage, wer das Eigentum an der photographischen Platte, dem Negativ, hat. Denn, wie aus § 10 Abs. 4 KunstUG. erhellt und auch in den Motiven dazu (RT. Drucksachen 1905/06 Nr. 30 S. 18) zum Ausdruck gebracht ist, sind das Urheberrecht an der Photographie und das Eigentumsrecht an der zu ihrer Herstellung verwandten Platte zwei getrennte und in sich verschiedene Rechte. Im allgemeinen wird der Berufsphotograph, der in der Anfertigung und dem Verkauf von Photographien seinen Verdienst sucht, selbst wenn er das Urheberrecht an den Photographien auf ihren Käufer überträgt, doch das Eigentum an der photographischen Platte behalten, um sich die Möglichkeit neuen Verdienstes durch spätere Abzüge zu sichern. Es müssen daher mangels ausdrücklicher Übertragung des Eigentums an den Platten schon besondere Umstände vorliegen, aus denen zu entnehmen ist, daß der Besteller und Käufer von Photographien, sei es mit dem Urheberrecht an diesen Photographien nebst Negativ, sei es ohne dieses Urheberrecht, das Eigentum an den Platten erworben hat. Das Berufungsgericht hat das Vorliegen solcher besonderen Umstände mit längerer Begründung verneint. Diese Ausführungen beruhen im wesentlichen auf tatsächlichen Erwägungen. Daß dabei die in § 15 KunstUG. niedergelegten Rechtsgrundsätze verletzt seien, ist nicht ersichtlich. Namentlich ist die Bedeutung des stärkeren Urheberrechts des Klägers, dessen Kunstwerke photographiert sind, gegenüber dem schwächeren Urheberrecht des Beklagten, der nur die Photographien hergestellt hat, nicht verkannt. Das Verhältnis dieser selbständigen beiden Urheberrechte zueinander läßt nach obigem an sich die Frage des Eigentums an den photographischen Platten grundsätzlich unberührt. Hieran wird auch nichts geändert durch den Umstand, daß diese Photographien anscheinend mit Wissen des Beklagten zu besonderen Zwecken des Klägers hergestellt waren, der die Photographien an Stelle der photographierten Modelle im Rahmen seiner künstlerischen Berufstätigkeit verwenden wollte. Denn diese Verwendungsmöglichkeit der Photographien war und ist ganz unabhängig von dem Besitz und Eigentum an den Platten. Wollte aber der Kläger neue Abzüge von den Platten haben, so hatte diese nach dem eigenen Vorbringen des Klägers der Beklagte zu machen und zwar, wie weiter den Angaben des Klägers zu entnehmen ist, gegen Entgelt. Dies alles gibt keinerlei Anhaltspunkt dafür, daß die Platten, die auch nach Darstellung des Klägers in der Verwahrung des Beklagten verbleiben und von ihm zur Herstellung neuer Abzüge benutzt werden sollten, Eigentum des Klägers geworden sind. Vielmehr weist alles darauf hin, daß in dieser Beziehung die Sache hier nicht anders liegt als im Regelfalle, wo der Berufsphotograph die Platten der bei ihm bestellten Bilder als sein Eigentum behält und aufbewahrt, um davon bei etwaiger künftiger Bestellung neue Abzüge gegen Entgelt zu liefern.

Die von der Revision aufgestellte Behauptung, daß der erkennende Senat in gleichliegenden Fällen anders entschieden habe, ist nicht zutreffend. Namentlich kann dafür nicht das von der Revision erwähnte Urteil RGZ. Bd. 105 S. 315 angeführt werden. Der dort behandelte Fall liegt wesentlich anders als der gegenwärtige, so daß die dort angestellten Erwägungen nicht ohne weiteres hierauf übertragen werden können. Allerdings hat auch hier der Kläger kraft seines Urheberrechts das Recht zur Verwertung der in den Modellen verkörperten künstlerischen Gedanken. Infolgedessen darf der Beklagte gegen seinen Willen keine Abzüge von den streitigen Platten machen. Anderseits steht das Recht zur Verwertung der Platten selbst dem Beklagten insofern zu, als der Kläger, wenn er Abzüge davon haben will, diese durch den Beklagten gegen Entgelt anfertigen lassen muß. Es kommt hinzu, daß die Platten im Geschäftsbetriebe der Beklagten durch seine Arbeitsleistung, aus seinen Stoffen und auf seine Kosten hergestellt sind. Danach ist hier eine für das streitige Eigentumsrecht wesentliche Abweichung von dem normalen Verhältnis des Berufsphotographen zu den von ihm gewerbsmäßig angefertigten Platten nicht ersichtlich.

Nach dem Tatbestande des Berufungsurteils hat der Kläger seine Klaganspruche unter anderm auch damit begründet, daß er das Verhältnis der Parteien in folgender Weise geschildert hat. Der Beklagte habe auf Bestellung des Klägers in den Jahren 1898 bis 1916 von sämtlichen bildhauerischen Arbeiten des Klägers photographische Aufnahmen gemacht, wodurch etwa 400 photographische Platten entstanden seien. Diese Platten habe der Beklagte aufbewahrt und davon für den Kläger wiederholt gegen Entgelt Abzüge gemacht. Es entspreche der dem Beklagten von vornherein bekannt gewesenen Sachlage, daß die Modelle, nach denen die photographischen Platten hergestellt seien, vernichtet würden, während die Abzüge zu künstlerischen und geschäftlichen Zwecken ge- und verbraucht, außerdem aber auch im Laufe der Zeit durch Verbleichen entwertet würden. Die Modelle seien nur teilweise als Plastiken ausgeführt worden und die ausgeführten Werke seien so angebracht oder aufgestellt und an so verschiedenen Orten zerstreut, daß sie entweder überhaupt nicht oder nur mit großen Opfern an Zeit, Mühe und Kosten im Lichtbild aufs neue aufgenommen werden könnten. Die photographischen Platten seien daher das allein in Betracht kommende Mittel, um die künstlerischen Arbeiten des Klägers wiederzugeben. Anderseits seien derartige photographische Abzüge immer wieder erforderlich, um dem Kläger bei seiner Berufstätigkeit die nötigen Unterlagen zu geben. Der Beklagte habe aber nicht nur einen Teil der in seinem Besitze befindlichen Platten schuldhaft beschädigt oder vernichtet, sondern sich auch des Rechts berühmt, die ganzen Platten beliebig zu vernichten.

Das Berufungsgericht hat zu dem auf dieser Sachdarstellung beruhenden Teil der Klagbegründung keine Stellung genommen. ... Ist aber das Verhältnis der Parteien zueinander derart gewesen, wie es nach obigem der Kläger dargestellt hat, so erfordern die Grundsätze von Treu und Glauben im Verkehr, daß der Beklagte — und zwar trotz seines etwaigen Eigentums an den Platten — den ihm von vornherein bekannten und erkennbaren berechtigten Interessen des Klägers an einer sorgfältigen Aufbewahrung der Platten und der beliebigen Möglichkeit der Herstellung künftiger Abzüge gebührend Rechnung trug. Dieser Vertragspflicht hat der Beklagte nicht genügt, wenn er einen Teil der Platten schuldhaft beschädigt oder vernichtet haben sollte. Insoweit wären gegebenenfalls die Ansprüche des Klägers auf Schadensersatz begründet. Es kann aber auch die Sache so liegen, daß aus dem Gesamtverhalten des Beklagten, zumal wenn er ein Recht zum willkürlichen Vernichten der Platten in Anspruch genommen und mit seiner Durchführung gedroht haben sollte, eine solche Verkennung der ihm dem Kläger gegenüber obliegenden Vertragspflichten zu entnehmen ist, daß diesem das von seinem Klaganspruch auf Herausgabe mitumfaßte Recht zuzubilligen ist, für die Dauer des Vertragsverhältnisses der Parteien dem Beklagten den Besitz der Platten zu entziehen zu anderweitiger sachgemäßer und den geschilderten Vertragszwecken dienlicher Aufbewahrung, sei es bei einem Dritten, sei es unter Umständen auch beim Kläger selbst. Die Entscheidung über die maßgeblichen tatsächlichen Unterlagen muß dem Tatrichter vorbehalten bleiben.

---

12. Umfang der Vertretungsbefugnis desjenigen, der in einem Laden angestellt ist.

I. Zivilsenat. Urt. v. 23. Januar 1924 i. S. Dr. (Bekl.) w. Da. (Kl.). I 207/23.

I. Landgericht Hildesheim. — II. Oberlandesgericht Celle.

Am 19. Juli 1922 verkaufte ein Angestellter der Beklagten namens B. an die Klägerin eine Schreibmaschine zum Preise von 10080 *M*. Die Beklagte bestritt, daß das Kaufgeschäft für sie verbindlich sei. Die Klägerin erhob darauf auf Lieferung der Maschine Klage.

Das Landgericht gab der Klage statt. Die Berufung der Beklagten wurde zurückgewiesen. Ihre Revision hatte Erfolg.

Gründe:

Wie das Berufungsgericht festgestellt hat, ist der Hergang beim Kaufabschluß der folgende gewesen: Der Angestellte B. befand sich im Geschäftsraum der Beklagten hinterm Ladentisch, als der damalige Inhaber der Klägerin den Raum betrat und über den Kauf einer Schreibmaschine mit ihm verhandelte. B. zeigte ihm die Maschine, erklärte ihm, sie sei noch frei, er wisse nur im Augenblick den Preis nicht, werde ihm aber die Maschine im eigenen Geschäftsraum der Klägerin vorführen und ihm dort den Preis mitteilen. Ganz kurze Zeit darauf kam B. mit der Maschine zur Klägerin und brachte das Kaufgeschäft zum Abschluß.

Die Beklagte erklärt sich an das Geschäft für nicht gebunden, weil B., der bei ihr Kontorist, aber nicht Ladenangestellter gewesen sei, keine Verkaufsermächtigung besessen, auch das Geschäft nicht im Laden der Beklagten, sondern außerhalb ihrer Geschäftsstelle abgeschlossen habe. Das Berufungsgericht hat aber, ebenso wie das Landgericht, den Kauf nach § 56 HGB. für wirksam erachtet.

Auf Grund dieser Vorschrift gilt derjenige, der in einem Laden oder in einem offenen Warenlager angestellt ist, als ermächtigt zu Verkäufen und Empfangnahmen, die in einem derartigen Laden oder Warenlager gewöhnlich geschehen. Das Berufungsgericht nimmt nun mit Recht an, daß der in Rede stehende Kaufvertrag einen Handkauf im Sinne des § 56 betrifft, wenngleich im Laden der Beklagten von B. mit dem Käufer nur die das Geschäft einleitenden Besprechungen gepflogen worden sind und der wirkliche Vertragsschluß erst gleich danach im Geschäftsraum der Klägerin erfolgt ist. Beide Abschnitte der Kaufverhandlungen stehen in einem so unmittelbaren sachlichen und zeitlichen Zusammenhange, daß sie als ein einheitlicher Rechtsvorgang aufgefaßt werden müssen. War B. ermächtigt, die Schreibmaschine im Laden der Beklagten an dort erscheinende Kunden zu verkaufen, so entspricht es den Anforderungen von Treu und Glauben im redlichen Geschäftsverkehr, daß er auch noch zum Verkauf als ermächtigt gelten muß, wenn er im Laden nur die das Geschäft einleitenden Besprechungen mit dem Kunden geführt und die Fortsetzung der Verhandlungen an anderer Stelle, jedoch als unmittelbare Folge der ersten Besprechungen, vorgenommen hat. In einem Falle solcher Art ist dadurch, daß das Geschäft von dem Ladenangestellten im Laden selbst eingeleitet worden ist, auch der genügende örtliche Zusammenhang zwischen dem Wirkungsbereich des Angestellten und der Tätigung des Geschäftsschlusses hergestellt. Der § 56 HGB. schreibt (im Wortlaute von dem ihm entsprechenden Art. 50 ADHGB. etwas abweichend) nicht ausdrücklich vor, daß ein unter die Vorschrift fallendes Geschäft im Laden selbst abgeschlossen sein muß, sondern die Ermächtigung des Ladenangestellten gilt ganz allgemein als erstreckt auf Verkäufe, die in einem derartigen Laden gewöhnlich geschehen. Mit der Fassung des § 56 ist es daher sehr wohl vereinbar, auch solche Geschäfte darunter zu begreifen, die den gewöhnlich im Laden selbst fest abgeschlossenen entsprechen, wegen der besonderen Umstände des Falls aber im Laden nur angebahnt und dann auf Grund dieser Anbahnung durch den Ladenangestellten außerhalb des Ladens zum Abschluß gebracht werden. Unbedenklich ist auch die weitere, wesentlich auf tatsächlichen Erwägungen beruhende Annahme des Berufungsgerichts, daß eine Schreibmaschine zu denjenigen Bureaubedarfsgegenständen gehöre, über die im Laden der Beklagten Verkäufe gewöhnlich getätigt würden.

Dagegen erscheinen die Ausführungen, mit denen der Vorderrichter darzulegen sucht, daß B. im Laden der Beklagten angestellt gewesen sei, nicht bedenkenfrei. Unter Anstellung im Sinne des § 56 ist die dem Willen des Geschäftsherrn entsprechende Bestimmung einer Person zur Vermittelung des Geschäftsverkehrs mit den Kunden zu verstehen, auch wenn eine solche Beschäftigung nur vorübergehend zur

Aushilfe erfolgt. Das Berufungsgericht erachtet nun eine „Anstellung" des B. im Laden der Beklagten für vorliegend, weil diese nicht behauptet habe und auch sonst nichts dafür hervorgetreten sei, daß ihr die Tätigkeit B.s, möge er auch Kontorist gewesen sein, im Laden nicht genehm gewesen sei. Diese Begründung ist jedoch unzulänglich. Die Beklagte hatte ausdrücklich bestritten, daß B. ihr Ladenangestellter gewesen sei und eine Vollmacht zum Verkauf von Schreibmaschinen besessen habe. Weiter hatte sie ausgeführt, daß B. als Kontorist nicht eine Person gewesen sei, die mit dem Willen des Geschäftsherrn berufsmäßig in dem Raum mit dem Publikum verkehrt habe. Demgegenüber war es Sache der Klägerin, den Nachweis zu führen, daß die Tätigkeit des B. im Laden der Beklagten tatsächlich mit deren Wissen und Willen geschehen sei, mag an sich hierfür schon von vornherein nach der Lage des Falls eine gewisse Wahrscheinlichkeit sprechen. An einem sicheren Nachweise fehlt es aber bisher. Das Berufungsgericht durfte sich nicht mit der bloßen Erwägung begnügen, daß ein Widerspruch der Beklagten gegen die Ladentätigkeit des B. nicht hervorgetreten sei.

---

13. 1. **Inwieweit beschränkt der Art. 304 b Abs. 2 des Versailler Vertrags die sachliche Zuständigkeit der deutschen Gerichte?**

2. **Zu den Begriffen „Abnahme" und „Ablieferung" im Sinne der §§ 97 Abs. 1 und 76 Abs. 1 der Eisenbahnverkehrsordnung.**

3. **Rechtliche Bedeutung und Entkräftung einer in Erwartung der Leistung ausgestellten Quittung.**

4. **Wie haftet die Eisenbahn, wenn der Empfänger die Annahme des Frachtguts verzögert?**

I. Zivilsenat. Urt. v. 16. April 1924 i. S. B. (Kl.) u. Br. (Nebenintervenientin) w. Reichseisenbahnfiskus (Bekl.). I 216/23.

I. Landgericht Köln. — II. Oberlandesgericht daselbst.

Am 29. Mai 1919 sandte die Klägerin durch die Eisenbahn einen Waggon Gewebe von Saargemünd nach Köln. Empfänger des Guts war R. in Köln. Am 3. Juni traf der Waggon auf dem Güterbahnhof in Köln ein. R. beauftragte mit dem Abrollen des Guts die Nebenintervenientin, deren Angestellter J. am 14. Juni den Frachtbrief einlöste und über den Empfang des Guts auf einer Verrechnungskarte Quittung leistete. Die Entladung des Waggons erfolgte am gleichen Tage. Die Klägerin behauptet nun, daß die Entladung durch eine unbefugte Person erfolgt und an der Verschiebung des Guts Bahnangestellte als Mittäter beteiligt gewesen seien. Sie verlangt deshalb vom Beklagten Ersatz des vollen ihr durch den Verlust des Guts entstandenen Schadens.

Das Landgericht hat den Klaganspruch teilweise dem Grunde nach für gerechtfertigt erklärt. Das Oberlandesgericht hat die Klage abgewiesen. Hiergegen hat die Klägerin Revision eingelegt und unter Hinweis auf Art. 304b Abs. 2 des Versailler Vertrags in erster Reihe beantragt, die Klage wegen sachlicher Unzuständigkeit des Gerichts abzuweisen. Hilfsweise hat sie den Klagantrag aufrechterhalten. Das Reichsgericht hat die Zuständigkeit der deutschen Gerichte bejaht und in der Sache selbst den Rechtsstreit in die Vorinstanz zurückverwiesen.

Gründe:

1. In erster Reihe geht das Verlangen der Revision dahin, die Unzuständigkeit der angerufenen deutschen Gerichte zur Entscheidung des Rechtsstreits auszusprechen. Sie stützt sich dabei auf Art. 304b Abs. 2 des Versailler Vertrags, der folgendes bestimmt:

> Außerdem regelt der Gemischte Schiedsgerichtshof alle Streitfragen bezüglich der vor Inkrafttreten des gegenwärtigen Vertrags zwischen Staatsangehörigen der alliierten und assoziierten Mächte und deutschen Reichsangehörigen geschlossenen Verträge. Eine Ausnahme gilt für die Streitfragen, die nach den Gesetzen der alliierten, assoziierten oder neutralen Mächte zur Zuständigkeit der Landesgerichte dieser Mächte gehören. Derartige Streitfragen werden von den Landesgerichten unter Ausschluß des Gemischten Schiedsgerichtshofs entschieden. Dem beteiligten Staatsangehörigen einer alliierten oder assoziierten Macht steht es jedoch frei, die Sache vor den Gemischten Schiedsgerichtshof zu bringen, sofern sein Landesgesetz dem nicht entgegensteht.

Auf Grund dieser Bestimmung führt die Revision aus, daß eine ausschließliche, die deutschen Gerichte bindende Zuständigkeit des Gemischten Schiedsgerichtshofs für alle Ansprüche aus den bezeichneten vor Inkrafttreten des Versailler Vertrags geschlossenen Verträgen begründet sei, und daß hierzu auch der Klaganspruch gehöre, da er auf einem Frachtvertrage beruhe, der im Mai 1919, also vor Inkrafttreten des Versailler Vertrags, zwischen der in Paris ansässigen und dem französischen Staat angehörigen Klägerin und dem Preußischen Eisenbahnfiskus, einem Angehörigen des Deutschen Reichs, geschlossen worden sei. In den Vorinstanzen sei allerdings — so führt die Revision weiter aus — die Unzuständigkeit des angerufenen Gerichts von keiner Seite geltend gemacht worden. Dennoch müsse das Revisionsgericht die Einrede gemäß § 551 Nr. 4 ZPO. beachten, da auf sie wirksam nicht verzichtet werden könne.

Dieser Angriff erscheint nicht durchgreifend. Bedenken können sich schon nach der Richtung erheben, ob der Preußische Staat, der vor Übergang der preußischen Bahnen auf das Reich der ursprüngliche Vertragsgegner der Klägerin war, als ein deutscher Reichsangehöriger im Sinne des Art. 304b des Versailler Vertrags anzusehen ist und ob diese Vorschrift auf Verträge zwischen den Staatsangehörigen der bezeichneten fremden Mächte und dem Deutschen Reiche selbst oder einem seiner Bundesstaaten Anwendung zu finden hat. Der erkennende Senat hat in seinem Urteil RGZ. Bd. 103 S. 274, das den Schadensersatzanspruch eines deutschen Reeders gegen die Vereinigten Staaten von Amerika betraf, unter eingehender Begründung dargelegt, daß nach allgemeinen völkerrechtlichen Grundsätzen ein ausländischer Staat auch aus rein privatrechtlichen Ansprüchen vor den inländischen Gerichten nicht belangt werden darf. Den allgemeinen Regeln des Völkerrechts würde es daher widersprechen, wenn Ansprüche gegen das Deutsche Reich oder seine ehemaligen Bundesstaaten vor anderen als deutschen Gerichten verfolgbar sein sollten. Daß mit diesen völkerrechtlichen Anschauungen der Versailler Vertrag gegenüber dem Deutschen Reiche oder den Bundesstaaten brechen wollte, geht aus dem Art. 304b nicht ohne weiteres hervor. Doch kann diese Frage hier dahingestellt gelassen werden (vgl. Isay, die privaten Rechte und Interessen im Friedensvertrag § 145 Nr. 1, 3. Aufl. S. 272), da die Zuständigkeit der deutschen Gerichte im vorliegenden Falle auch aus anderen Gründen angenommen werden muß.

Daß der Art. 304b an sich den Zweck verfolgt, die fremden Staatsangehörigen von der Notwendigkeit einer Rechtswahrnehmung vor deutschen Gerichten zu befreien, kann nach seiner Fassung und seinem Inhalt nicht zweifelhaft sein. Grundsätzlich wird der Gemischte Schiedsgerichtshof für zuständig erklärt, alle Streitfragen bezüglich der näher gekennzeichneten Verträge zu entscheiden. Ausnahmen werden nur zugunsten der eigenen Landesgerichte des dem deutschen gegenüberstehenden ausländischen Vertragsgegners gemacht. Hier wird zunächst an der nach den Landesgesetzen des Vertragsgegners begründeten ausschließlichen Zuständigkeit seiner Landesgerichte nicht gerüttelt. Soweit diese für den Streitfall landesgesetzlich ausschließlich zuständig sind, behält es sein Bewenden und kommt trotz des Art. 304b eine Zuständigkeit des Gemischten Schiedsgerichtshofs nicht in Betracht. Von diesem Ausnahmefall abgesehen laufen die Zuständigkeiten des Gemischten Schiedsgerichtshofs und der eigenen Landesgerichte des Vertragsgegners als gleichberechtigt nebeneinander her. Der Vertragsgegner hat die Wahl, die Sache vor den Gemischten Schiedsgerichtshof zu bringen oder sein eigenes Landesgericht, sofern für dieses eine Zuständigkeit begründet ist, anzurufen. Diese ganze Regelung bezweckt offenbar eine Begünstigung des fremden Vertragsgegners, welcher der Notwendigkeit, seine Rechte vor deutschen Gerichten zu verfolgen, überhoben sein soll. Dagegen spricht nichts dafür, daß ihm auch die Befugnis entzogen werden soll, sich an deutsche Gerichte zu wenden, wenn ihm dies förderlich erscheint. Ausdrücklich wird der deutschen Gerichte in Art. 304b überhaupt nicht gedacht. Die Zuständigkeit, auf Anrufen des fremden Vertragsgegners über die Streitfragen aus einem Vertrage gegenüber einem Deutschen zu entscheiden, wird ihnen nicht gänzlich genommen, sondern sie wird nur in dem Sinne eingeschränkt, daß der Vertragsgegner des deutschen Reichsangehörigen wider seinen Willen nicht gehalten ist, vor deutschen Gerichten wegen der Ansprüche aus den Verträgen Recht zu nehmen. Erhebt er trotzdem Klage bei einem deutschen Gericht, so unterwirft er sich dessen sachlicher Zuständigkeit. Der Art. 304b schafft hiernach nur für den Vertragsgegner des Deutschen die Einrede der sachlichen Unzuständigkeit (RGZ. Bd. 107 S. 77), auf die er aber wirksam verzichten kann. Ein Recht, sich von Amts wegen für unzuständig zu erklären, besteht auf Grund des Art. 304b für das deutsche Gericht nicht (Isay § 284 Nr. 9 S. 433, OLG. Hamburg in Hans. Gerichtsz. 22 S. 237 und Recht 22 Nr. 1726). Auf einen abweichenden Standpunkt hat sich der VI. Zivilsenat des Reichsgerichts im Urteil vom 11. Dezember 1922 VI 133/22 (RGZ. Bd. 106 S. 56) gestellt, indem er für die Klage eines Deutschen gegen einen polnischen Staatsangehörigen aus dem „Geist und Willen des Versailler Vertrags" folgert, daß auf Anrufen eines deutschen Klägers ein deutsches Gericht für einen dem Art. 304b entsprechenden Rechtsstreit niemals zuständig sei; er läßt es jedoch unentschieden, ob etwa der Staatsangehörige einer alliierten oder assoziierten Macht im Wege einer negativen Feststellungsklage den Streit vor ein deutsches Gericht ziehen kann. Da im vorliegenden Falle nicht die Klage eines Deutschen gegen einen Staatsangehörigen einer fremden Macht, sondern umgekehrt die Klage eines französischen Staatsangehörigen gegen einen Deutschen in Frage steht, so ist ein Widerspruch in der oben vertretenen Auffassung und dem Urteile des VI. Zivilsenats nicht vorhanden, weshalb es der Einholung einer Entscheidung der vereinigten Zivilsenate nicht bedarf (§ 137 GVG.).

Die vorliegende Klage ist nun zwar bereits zu einer Zeit angestrengt worden, als der Französisch-Deutsche Gemischte Schiedsgerichtshof seine Tätigkeit noch nicht aufgenommen hatte (Bek. vom 17. April 1920, RGBl. S. 525). Die Erhebung der Klage konnte daher einen Verzicht der Klägerin auf ihr Recht, die Unzuständigkeit der deutschen Gerichte geltend zu machen, nicht zur Folge haben. Die Klägerin hat dann aber, nachdem der Gemischte Schiedsgerichtshof in Wirksamkeit getreten war, den Rechtsstreit in erster und zweiter Instanz fortgesetzt, ohne gegen die Zuständigkeit der deutschen Gerichte einen Einwand zu erheben. Dadurch ist sie gemäß §§ 274 Abs. 3, 528 ZPO. des Rechts, die Unzuständigkeit des Gerichts geltend zu machen, verlustig gegangen. Deshalb liegt auch die Voraussetzung des § 551 Nr. 4 ZPO., daß das Gericht seine Zuständigkeit mit Unrecht angenommen hat, nicht vor. Der auf diese Vorschrift gegründete Revisionsangriff erweist sich also als hinfällig. Unerheblich ist ferner der Umstand, daß die Klägerin, wie der Beklagte in der Revisionsinstanz angezeigt hat, nach Erlaß des ihr ungünstigen Berufungsurteils ihren Anspruch bei dem Gemischten Schiedsgerichtshof anhängig gemacht hat. Dadurch konnte an der einmal begründeten sachlichen Zuständigkeit der deutschen Gerichte nichts geändert werden.

Die vorstehend entwickelte Auslegung des Art. 304 b stimmt mit den bei den Akten befindlichen Denkschriften der deutschen Staatsvertreter beim Französisch-Deutschen und beim Rumänisch-Deutschen Gemischten Schiedsgerichtshofe vom 5. November 1923 und 25. Januar 1924 vollständig überein.

II. In der Sache selbst erweist sich das Berufungsurteil als nicht frei von Rechtsirrtum.

Die Abweisung der Klage stützt das Berufungsgericht auf § 97 Abs. 1 EVO., wonach alle Ansprüche gegen die Eisenbahn aus dem Frachtvertrage erloschen sind, wenn die Fracht nebst den sonst auf dem Gut haftenden Forderungen bezahlt und das Gut abgenommen ist. Die Fracht sieht es durch die Aufnahme des Betrags in das Verrechnungsverfahren als bezahlt an. Die Abnahme des Guts erblickt es darin, daß der Angestellte der Nebenintervenientin J. in der Verrechnungskarte über den Empfang des Guts Quittung geleistet hat. Ausstellung und Annahme der Quittung seien — so führt der Vorderrichter aus — als Ausdruck der Einigung darüber aufzufassen, daß das Frachtverhältnis beendigt sei. Bleibe das Gut nach der Quittungsleistung noch im Gewahrsam der Eisenbahn, so bestehe das an das Frachtverhältnis sich anschließende Verwahrungsverhältnis nicht für den Absender, sondern nur für den Empfänger. Hier könne nur der Empfänger R., nicht die Klägerin, Ansprüche aus dem Verwahrungsvertrage herleiten. Dabei sei es gegenüber der Eisenbahn ohne Bedeutung, ob R., wie es in der Klageschrift heiße, ihr Angestellter gewesen sei oder sonst Vertretungsbefugnis für sie gehabt habe.

Gegenüber diesen Ausführungen rügt die Revision mit Recht, daß das Berufungsgericht den Begriff der Abnahme des Guts im Sinne des § 97 Abs. 1 EVO. und die rechtliche Bedeutung der Quittungsleistung verkannt habe. Im § 84 EVO. ist — in Übereinstimmung mit § 456 HGB. — die Haftpflicht der Eisenbahn für Verlust oder Beschädigung des Guts dahin geregelt, daß die Eisenbahn grundsätzlich für den Schaden haftet, der in der Zeit von der Annahme des Guts zur Beförderung bis zur Ablieferung entsteht. Diese allgemeine Haftpflicht ist von einem Verschulden der Bahn nicht abhängig; sie endigt mit dem Zeitpunkt der Ablieferung des Guts. Über den Begriff der Ablieferung verhält sich der § 76 Abs. 1 EVO., wonach die Eisenbahn verpflichtet ist, am Orte der Ablieferung dem Empfänger den Frachtbrief und das Gut gegen Zahlung der durch den Frachtvertrag begründeten Forderungen und gegen Empfangsbescheinigung zu übergeben. Unter Ablieferung hat man demnach, wie im Schrifttum und in der Rechtsprechung feststeht, denjenigen Vorgang zu verstehen, durch den die Bahn den Gewahrsam an dem beförderten Gut im Einverständnis mit dem Empfangsberechtigten wieder aufgibt und diesen in den Stand setzt, über das Gut zu verfügen (Rundnagel, Haftung der Eisenbahn für Verlust usw. §§ 2 und 5, 3/4. Aufl. S. 8 und 21, Eger, Eisenbahnverkehrsordnung § 84 Anm. 446, 3. Aufl. S. 462). Der Ablieferung, die begrifflich eine Tätigkeit der Eisenbahnbediensteten voraussetzt, steht auf seiten des Empfängers die Annahme (§ 438 HGB.) oder, wie die EVO. sich in § 97 Abs. 1 ausdrückt, die Abnahme des Guts gegenüber. Als abgenommen hat ein Gut zu gelten, wenn der Empfänger es in seine Verfügungsgewalt übernommen hat (Rundnagel § 32 S. 161, Eger § 97 Anm. 505 S. 539). Hierzu ist nicht unbedingt erforderlich, daß der Empfänger den Besitz des Guts körperlich ergriffen hat. Es genügt vielmehr, daß er ein Verhältnis hergestellt hat, das ihm rechtlich die beliebige Einwirkung auf das Gut gestattet. Das ist beispielsweise auch dann der Fall, wenn er das Gut, nachdem zwischen ihm und der Bahn Einverständnis über die Beendigung des Frachtgeschäfts erzielt worden ist, weiter im Gewahrsam der Bahn beläßt, mit ihr also einen Verwahrungsvertrag abschließt. An die Abnahme des Guts und die ihr gewöhnlich vorausgehende Bezahlung der Fracht und der sonstigen auf dem Gut haftenden Forderungen knüpft der § 97 Abs. 1 EVO. die Rechtsfolge, daß alle Ansprüche aus dem Frachtvertrage gegenüber der Eisenbahn erloschen sind.

Den Eintritt dieser Rechtsfolge nimmt der Vorderrichter im vorliegenden Falle schon deshalb an, weil zu der unstreitig erfolgten Entrichtung der Fracht noch die Ausstellung und Aushändigung einer Quittung über den Empfang des Guts hinzugekommen ist. Diese Quittungsleistung erachtet er für gleichbedeutend mit der Abnahme des Guts. Darin liegt eine Verkennung der rechtlichen Bedeutung einer Quittung. Diese stellt sich nur als das einseitige Bekenntnis des Empfangsberechtigten dar, daß er die Leistung empfangen habe (§ 368 BGB.). Sie ist also nur ein Beweismittel für den Empfang; dagegen vermag sie nicht eine Rechtshandlung zu ersetzen. Deshalb kann auch im vorliegenden Falle eine Abnahme des Guts nicht schon darin gefunden werden, daß J. als Angestellter der vom Empfänger bevollmächtigten Nebenintervenientin über den Empfang des Guts auf der Verrechnungskarte Quittung geleistet hat. Hierdurch hat er, sofern nicht andere Tatsachen einen weitergehenden Schluß gestatten, lediglich dem Verlangen nach Quittungsleistung entsprochen, das die Bahn gemäß § 76 Abs. 1 EVO. an jeden Empfänger stellt, bevor sie zur eigentlichen Ablieferung durch Übergabe des Guts oder sonstige Übertragung der Verfügungsgewalt an den Empfänger schreitet. Tatsachen, die den Willen des J., das Frachtverhältnis als beendigt anzusehen, erkennen ließen, hat der Vorderrichter nicht festgestellt. Die Quittung kann daher als bloßes Beweismittel durch Gegenbeweis entkräftet werden (Warn. 1911 Nr. 13). Diese Auffassung steht zwar scheinbar im Widerspruch mit der vom Berufungsgericht angezogenen Entscheidung des erkennenden Senats vom 28. Mai 1921 I 411/20 (RGZ. Bd. 102 S. 206), in welcher der Auffassung des damaligen Berufungsgerichts, daß in der Bezahlung der Fracht und der Quittierung über den Empfang des Guts rechtlich eine Ablieferung und Abnahme des Guts erblickt werden könne, mangels eines besonderen Revisionsangriffs nicht entgegen getreten worden ist. Dort ist aber die jetzt zur Entscheidung stehende Frage nur gestreift worden. Sofern der Senat damals tatsächlich die Bezahlung der Fracht und die Quittungsleistung als rechtswirksamen Ersatz für die Abnahme des Guts grundsätzlich hat anerkennen wollen, kann an seiner Auffassung auf Grund der erneuten Prüfung der Rechtsfrage nicht festgehalten werden.

Hilfsweise würdigt das Berufungsgericht den Streitfall auch von dem an sich richtigen Standpunkte aus, daß der Quittung nur die Bedeutung eines Beweismittels für die wirkliche Ablieferung des Guts zukomme und ein Gegenbeweis an sich möglich sei. Hier bürdet es aber der Klägerin die Beweislast dafür auf, daß der Empfänger N. und die von ihm mit der Abfuhr beauftragte Nebenintervenientin auch hinterher das Gut nicht bekommen haben. Das erscheint rechtsirrig. Der Gläubiger, der eine Quittung in Erwartung der Leistung ausstellt, braucht, um der Quittung die Beweiskraft zu entziehen, nur zu beweisen, daß die Quittung im voraus ohne wirklichen Empfang der Leistung ausgestellt ist. Gelingt ihm dieser Beweis, so ist die Unrichtigkeit des Inhalts der Quittung festgestellt und ihr damit die Bedeutung eines Empfangsbekenntnisses für die Leistung entzogen. Der Gläubiger braucht dann nicht, wie das Berufungsgericht es verlangt, den Nachweis zu führen, daß seine Forderung tatsächlich noch fortbesteht (RGRäte BGB. Anm. zu § 368, Leipz Zeitschr. 09 Sp. 311 Nr. 16). Allerdings kann in besonders gearteten Fällen die Tatsache, daß der Gläubiger die in Erwartung der Leistung ausgestellte Quittung längere Zeit hindurch unbeanstandet in den Händen des Schuldners belassen hat, als ein Beweisumstand für die später tatsächlich erfolgte Ausführung der Leistung dienen. Ob eine solche Würdigung Platz zu greifen hat, bleibt aber Sache des tatsächlichen Ermessens im Einzelfalle. Es kommt hiernach wesentlich auf die Feststellung an, ob J. die Quittung in Erwartung der späteren Ablieferung des Guts ausgestellt hat. Gelingt der Klägerin dieser Beweis, so wird es Sache des Beklagten sein, die Umstände darzulegen, aus welchen trotzdem eine Ablieferung des Guts im Sinne des § 76 Abs. 1 EVO. oder eine Abnahme im Sinne des § 97 Abs. 1 EVO. gefolgert werden könnte.

Zu beanstanden ist endlich auch die Ansicht des Berufungsgerichts, daß äußerstenfalls nur eine Haftung der Eisenbahn für Vorsatz oder grobe Fahrlässigkeit in Betracht komme, da der Empfänger R., der durch Postkarte vom 7. Juni vom Eintreffen des Guts benachrichtigt und zu dessen Abholung aufgefordert worden sei, erst am 14. Juni die zur Abnahme des Guts erforderlichen Maßnahmen getroffen habe, also in Annahmeverzug geraten sei (§§ 295, 300 BGB.). Diese Umstände reichen jedoch angesichts der besonderen Regelung, welche die Haftung der Eisenbahn in der Eisenbahnverkehrsordnung gefunden hat, zur Annahme einer herabgeminderten Haftung nicht aus. Nach § 76 Abs. 1 tritt die Rechtsfolge der Ablieferung auch ein, wenn die Hinterlegung des Guts bei einem Spediteur oder in einem öffentlichen Lagerhaus erfolgt. Im § 81 Abs. 1, 3 ist der Eisenbahn bei Ablieferungshindernissen, wozu auch Annahmeverweigerung oder verzögerte Einlösung des Frachtbriefs seitens des Empfängers gehört, zur Pflicht gemacht, unverzüglich den Absender zu benachrichtigen und seine Anweisung einzuholen. Ist die Benachrichtigung des Absenders untunlich oder ist der Absender mit der Erteilung der Anweisung säumig oder ist die Anweisung nicht ausführbar, so hat die Eisenbahn das Gut auf Gefahr und Kosten des Absenders auf Lager zu nehmen, wobei sie für die Sorgfalt eines ordentlichen Kaufmanns einzustehen hat. Sie hat aber auch das Recht, unanbringliche Güter unter Nachnahme der darauf lastenden Kosten und Ausgaben bei einem Spediteur oder in einem öffentlichen Lagerhause für Rechnung und Gefahr des Verfügungsberechtigten zu hinterlegen. Durch diese Vorschriften ist die Haftung der Bahn für den Fall eines Ablieferungshindernisses ohne Rücksicht auf die Frage des etwaigen Annahmeverzugs des Empfängers abschließend geregelt. Die grundsätzliche Haftung der Bahn bis zur Ablieferung bleibt trotz des Annahmeverzugs des Empfängers bestehen. Die Bahn kann aber einen der Ablieferung gleichen Rechtszustand dadurch herbeiführen, daß sie unter den oben angegebenen Voraussetzungen das Gut entweder selbst auf Lager nimmt oder es bei einem

Spediteur oder in einem öffentlichen Lagerhaus hinterlegt. Bis dies geschehen ist, dauert die Haftung der Bahn ungemindert fort, so daß ein etwaiger Annahmeverzug des Empfängers auf sie einen Einfluß nicht zu üben vermag (Rundnagel § 9 S. 30flg., derselbe in Ehrenbergs Handbuch des gesamten Handelsrechts Bd. 5 Abt. 2 S. 422). Erst wenn die Ablieferung erfolgt oder ein ihr gleichstehender Rechtszustand herbeigeführt ist und damit die allgemeine Haftungspflicht der Bahn ihr Ende erreicht hat, greifen die Vorschriften des BGB. über die verminderte Haftpflicht des Schuldners bei Annahmeverzug des Gläubigers Platz (Rundnagel § 2 Anm. 13 S. 10).

---

14. 1. Haftet bei zweimaligem Verkauf derselben Sache der durch Übergabe Besitzer gewordene spätere Käufer, der durch planmäßiges Zusammenwirken mit dem Verkäufer das Recht des ersten Käufers vereitelt und sich daher aus § 826 BGB. schadensersatzpflichtig gemacht hat, dem ersten Käufer nach § 249 BGB. auf Herausgabe der Sache oder nur auf Geldersatz?

2. Zur Auslegung des § 137 GVG.

II. Zivilsenat. Urt. v. 25. Januar 1924 i. S. L. u. Gen. (Bekl.) w. Firma B. & R. (Kl.). II 286/23.

I. Landgericht I Berlin, Kammer für Handelssachen. — II. Kammergericht daselbst.

Ein gewisser L. verkaufte am 17. Februar 1922 fünf zu seinem Geschäftsinventar gehörende Nähmaschinen um 31500 ℳ an die klagende Firma. Als diese vereinbarungsgemäß am 28. Februar 1922 Übergabe der fünf Nähmaschinen Zug um Zug gegen Zahlung des Kaufpreises forderte, ergab sich, daß L. am Tag zuvor sein ganzes Geschäft mit allem Inventar, worunter sich auch die genannten fünf Nähmaschinen befanden, an den Beklagten P. um insgesamt 70000 ℳ verkauft und diesem sofort übergeben hatte. Die Klägerin erhob nun gegen L. und P. Klage aus § 826 BGB. auf gesamtschuldnerische Herausgabe der fünf Nähmaschinen Zug um Zug gegen Zahlung des Kaufpreises. Das Landgericht sprach die Klage gegen L. zu; diese Verurteilung wurde rechtskräftig. Die Verurteilung des P. dagegen machte der erste Richter von einem diesem Beklagten auferlegten Eid abhängig. Auf die Berufung der Klägerin wurde auch der Beklagte P. unbedingt, und zwar unter Gesamthaftung mit L., zur Herausgabe der fünf Nähmaschinen Zug um Zug gegen Zahlung von 31500 ℳ verurteilt. Die Revision des P. wurde zurückgewiesen.

Aus den Gründen:

... Die Revision rügt sodann noch Verletzung des § 249 BGB., indem sie unter Bezugnahme auf das in RGZ. Bd. 103 S. 419 abgedruckte Urteil des vormaligen VI. Zivilsenats vom 23. Januar 1922 ausführt: Der Vorderrichter hätte den Beklagten nicht zur Herausgabe der Maschinen, sondern nur zu einer den Unterschied zwischen dem Besitz der Sachen und ihrem Nichtbesitz ausgleichenden Geldleistung verurteilen dürfen. Richtig ist, daß der VI. Zivilsenat in der erwähnten Entscheidung bei ganz ähnlicher Sachlage dem damaligen Kläger den Anspruch auf Herausgabe der Gegenstände, die auch dort der Beklagte vom Vertragsgegner des Klägers gekauft und übergeben erhalten hatte, mit dem Hinweise darauf versagt, daß der erste Käufer die Herausgabe an ihn, die ihm lediglich persönlich von seinem Verkäufer geschuldet werde, vom zweiten Käufer, zu dem er gar keine Rechtsbeziehungen habe, nicht verlangen könne. Der jetzt erkennende Senat vermag einer so engen Fassung des Begriffs der Naturalherstellung, die nach § 249 BGB. in erster Linie einzutreten hat, nicht beizupflichten. Allerdings würde durch Herausgabe der Sachen an den Kläger — und ebenso war es in dem früher entschiedenen Falle — insofern nicht genau der vor dem schadenstiftenden Hergang vorhanden gewesene Zustand hergestellt, als die Klägerin den Kaufgegenstand von ihrem Verkäufer noch nicht ausgefolgt erhalten hatte. Das Gesetz will aber den Grundsatz der Naturalherstellung nicht auf solche Fälle beschränken. Die Vorschrift des § 249, daß der Zustand herzustellen sei, der bestehen würde, wenn der zum Ersatz verpflichtende Umstand nicht eingetreten wäre, stellt nicht schlechthin auf die frühere Sachlage, sondern auf die Entwicklung der Dinge ab, die ohne das schadenbringende Ereignis nach Erfahrungsgrundsätzen aller Wahrscheinlichkeit nach stattgefunden hätte. Im vorliegenden Falle hätte die Klägerin ohne das sittenwidrige Zusammenwirken des L. und des P. den Herausgabeanspruch auf Grund ihres Vertrags mit L. diesem gegenüber unmittelbar durchsetzen können und — wie beim Fehlen entgegenstehender Momente angenommen werden darf — auch verwirklicht. Demzufolge haftet der Klägerin auch der Beklagte P. nach Schadensersatzgrundsätzen auf Herausgabe der Maschinen, wozu er als deren Erwerber nach seinem eigenen Vorbringen jederzeit in der Lage ist. Die vom Berufungsgericht der Klägerin auferlegte Verpflichtung, dem Beklagten Zug um Zug gegen Herausgabe der Maschinen die zwischen ihr und L. vereinbarte Kaufpreissumme von 31500 *M* auszuzahlen, entspricht dem Klagebegehren, wie es von vornherein gestellt war.

Fraglich ist nur, ob der erkennende Senat von der Entscheidung RGZ. Bd. 103 S. 419 ohne Anrufung der vereinigten Zivilsenate

(GVG. § 137) abweichen kann. Diese Frage ist zu bejahen. Dem Inhalt jener Entscheidung nach wäre der Konfliktsfall gegeben. Die Anwendung des § 137 Abs. 1 GVG. scheidet aber hier deshalb aus, weil der VI. Zivilsenat des Reichsgerichts, von dem das Urteil vom 23. Januar 1922 erlassen ist, seit dem 1. Dezember 1923 zu bestehen aufgehört hat (vgl. Beschluß des Präsidiums des Reichsgerichts vom 28. November 1923) und infolgedessen von da an nicht mehr als „anderer Zivilsenat" im Sinne der genannten Vorschrift in Betracht kommen kann. Seit dem 1. Dezember 1923 ist der vormalige VI. Zivilsenat von den anderen Zivilsenaten des Reichsgerichts aufgesogen; die Folge hiervon ist, daß jeder dieser Senate, ebenso wie von eigenen früheren Entscheidungen, auch von solchen des nicht mehr existierenden VI. Zivilsenats ohne weiteres abweichen kann. Andernfalls müßte Entscheidungen des VI. Senats gegenüber auch da, wo dieser Senat bei fernerem Fortbestehen seine Ansicht mutmaßlich nicht aufrecht erhalten hätte, auf alle Zeit hinaus die Anrufung der vereinigten Zivilsenate erfolgen. Außerdem würde die gegenteilige Meinung zufolge der Undurchführbarkeit der ständigen Übung, die Entscheidung der vereinigten Zivilsenate nur dann einzuholen, wenn der angegriffene Senat die Aufgabe seines Standpunkts ablehnt, unter Umständen zu einer unverhältnismäßigen Mehrung der Anwendungsfälle des § 137 Abs. 1 führen.

---

15. Sind Vereinbarungen, die eine rechtsgeschäftliche Verfügung über schuldrechtliche Auflassungsansprüche enthalten, der Formvorschrift des § 313 BGB. unterworfen?

II. Zivilsenat. Urt. v. 29. Januar 1924 i. S. M. (Kl.) w. Wwe. St. u. Gen. (Bekl.). II 19/23.

I. Landgericht München I. — II. Oberlandesgericht daselbst.

Der Kläger und ein Kommissionär St., der am 18. Oktober 1919 verstorben und von den Beklagten beerbt worden ist, haben im Jahre 1914 einen Gesellschaftsvertrag dahin miteinander abgeschlossen, daß bezüglich zweier in München-Schwabing belegener Grundstücke „alle Nutzen und Lasten gleichheitlich je zur Hälfte gehen" und die Grundstücke zum Zwecke der Bebauung veräußert werden sollten. Das nähere ist in einem privatschriftlichen und vom 27. August 1914 datierten Vertrage niedergelegt. Die beiden Grundstücke waren auf den Namen eines Rentners Gr. im Grundbuch eingetragen. Gr. hat aber — ebenfalls privatschriftlich — anerkannt, daß er die Grundstücke nur als Treuhänder des Klägers und des St. erworben habe und selbständig keinerlei Verfügung über sie treffen dürfe; als Entgelt waren ihm 3000 ℳ zugesichert worden.

Noch im Jahre 1914 will der Kläger, nachdem die Grundstücke parzelliert waren, mit St. formlos die Auseinandersetzung der Gesellschaft auf der Grundlage vereinbart haben, daß gewisse Parzellen an die Stadtgemeinde München als Straßengrund abgegeben werden, die übrigen dagegen teils vom Kläger, teils von St. übernommen werden sollten. Da sich die Erben des inzwischen verstorbenen Rentners Gr. weigerten, dem Kläger und der Stadtgemeinde München die angeblich auf sie entfallenden Parzellen ohne Zustimmung der Beklagten zu übertragen, und da diese ihre Zustimmung versagten, erhob der Kläger gegen die Beklagten Klage auf Erteilung ihrer Einwilligung in die Übertragung der näher bezeichneten einzelnen Parzellen an ihn und die Stadtgemeinde München. Die Beklagten bestritten die behauptete Vereinbarung auf Auseinandersetzung der Gesellschaft und machten die Nichtigkeit einer etwaigen derartigen Vereinbarung wegen Nichtbeobachtung der in § 313 BGB. vorgeschriebenen Form geltend.

Landgericht und Oberlandesgericht wiesen die Klage ab. Die Revision des Klägers hatte Erfolg.

Gründe:

Die Revision muß Erfolg haben, wenn sie auch in der mündlichen Verhandlung unrichtig begründet worden ist. Verfehlt ist zunächst der Hinweis auf die Vorschrift des § 738 BGB. und das daraus zu entnehmende Anwachsungsrecht. Von einer solchen Anwachsung kann im vorliegenden Falle keine Rede sein. Weder ist ein Gesellschafter aus der trotzdem weiter bestehenden Gesellschaft ausgeschieden, noch hat ein Gesellschafter gegen Abfindung des anderen das Gesellschaftsvermögen in seiner Gesamtheit übernommen. Noch weniger haltbar ist aber der Gesichtspunkt der Revision, daß die Gesellschafter hier gleich Eigentümern der Parzellen zur gesamten Hand anzusehen seien, und daß aus diesem Grund die Verteilung der Parzellen unter sie beide der Form des § 313 BGB. nicht bedürfe. Hätten tatsächlich die Grundstücke im gemeinschaftlichen Eigentum der Gesellschafter gestanden, so würde im Gegenteil die Auseinandersetzungsabrede die Verpflichtung eines jeden von ihnen zur Übertragung von Einzeleigentum an den anderen oder an die Stadtgemeinde zum Inhalte gehabt haben und deshalb formbedürftig gewesen sein; vgl. Staub-Koenige HGB. § 350 Anm. 25 S. 185; Düringer-Hachenburg-Geiler Bd. 4 Anm. 283 S. 242 flg.; RGZ. Bd. 65 S. 233.

Gerade weil die Parzellen nicht im Eigentum der Gesellschafter standen, sondern im Grundbuch auf den Namen ihres Treuhänders Gr. eingetragen waren, bedurfte die angebliche Auseinandersetzungsabrede der Gesellschafter nicht der in § 313 BGB. vorgeschriebenen Form.

Denn da zu unterstellen ist, daß ein rechtsgültiger Treuhändervertrag — möglicherweise ein Dienstvertrag — mit Gr. abgeschlossen war, so stand beiden Gesellschaftern ein schuldrechtlicher Anspruch gegen Gr. auf Behandlung der Parzellen gemäß ihrer gemeinschaftlichen Anweisung zu. Als Inhalt jener Vereinbarung wäre danach lediglich anzunehmen, daß ein jeder der Gesellschafter auf seinen Anteil an dem gemeinschaftlichen Anspruche gegen Gr. insoweit verzichten sollte, als die dem anderen Teil oder der Stadtgemeinde zugedachten Parzellen in Frage kamen. Ein weiteres war auch nicht notwendig. Bestand erst die Bindung Gr.'s nach beiden Richtungen nur noch gegenüber einem der Gesellschafter, so war jeder von ihnen ohne weiteres in der Lage, Gr. anzuweisen, ihm die auf ihn (oder die Stadtgemeinde) entfallenden Parzellen aufzulassen und eintragen zu lassen. Dabei spielt es keine Rolle, ob man als Inhalt der Vereinbarung einen beiderseitigen Verzicht auf einen Teil des gemeinschaftlichen Anspruchs gegen Gr. annimmt oder ob man an eine entsprechende beiderseitige Anteilsabtretung denkt. Wesentlich ist, daß in der angeblichen Abrede nur über einen schuldrechtlichen Anspruch auf Auflassung Verfügung getroffen wäre, und derartige Verfügungen müssen grundsätzlich als formfrei angesehen werden, vgl. RGZ. Bd. 53 S. 268, Bd. 65 S. 240 flg. zu 3. Mag auch in allen solchen Fällen das Ziel der Vereinbarung die Übertragung von Grundeigentum sein, ihr Inhalt ist es nicht, und darauf allein kommt es bei § 313 BGB. an.

---

16. 1. Eigenartige selbständige Schöpfung als Voraussetzung für die Entstehung des Urheberrechts an einem Schriftwerke, im Gegensatz zur bloßen Gehilfentätigkeit.

2. Zum Begriff „Schriftwerk".

3. Ist das Vervielfältigungsrecht eine wesentliche Voraussetzung für die Entstehung eines Verlagsrechts?

I. Zivilsenat. Urt. v. 30. Januar 1924 i. S. H. (Kl.) w. H. & S. (Bekl.). I 239/23.

I. Landgericht Halle. — II. Oberlandesgericht Naumburg.

Die Klägerin hat mit dem Ph.-Verlag in B. den aus ihrem Bestellschreiben vom 5. Dezember 1911 ersichtlichen Vertrag über den Alleinvertrieb der vom Ph.-Verlag herzustellenden „Wanderkarte der Umgebung von Halle a. S." geschlossen. Ferner hat sie durch Vertrag vom 3. April 1907 das Recht zum Alleinvertriebe des vom Ph.-Verlag herausgegebenen „Pharusplans Halle a. S." erworben. Diesem Plan sind 16 Seiten „wissenswerte Angaben für Einheimische und Fremde" vorgeheftet worden, welche Angaben über das Verkehrswesen, die Post- und Telegraphenämter, Polizeibureaus, Hotels, Restaurants, Cafés und Konditoreien, Theater, Konzerte und Vergnügungen, Museen und Sammlungen, Sehenswürdigkeiten, öffentliche Gebäude, Anstalten, Behörden und Denkmäler, Kirchen und Kapellen, Schulen und Unterrichtsanstalten sowie ein Verzeichnis der Straßen, Plätze und Brücken enthalten. Sowohl an der Wanderkarte als auch an den „wissenswerten Angaben" zum Stadtplan nimmt die Klägerin ein gegen Dritte wirkendes Verlagsrecht wie ein Urheberrecht für sich in Anspruch. Das Verlagsrecht stützt sie auf die Verträge vom 5. Dezember 1911 und 3. April 1907. Zur Begründung ihres Urheberrechts führt sie aus, daß ihr Mitgesellschafter W., der ihr seine urheberrechtlichen Ansprüche abgetreten habe, in die vom Ph.-Verlag zunächst angefertigten Schwarzabzüge der Wanderkarte, die Wanderwege mit roter Farbe eingetragen und für den Stadtplan die „wissenswerten Angaben" selbständig bearbeitet und fertiggestellt habe. Ihre vermeintlichen Urheber- und Verlagsrechte glaubt sie durch die Beklagte verletzt, die auf Grund eines Vertrags mit dem Ph.-Verlag die zweiten Auflagen sowohl der Wanderkarte, die wiederum die rot eingezeichneten Wanderwege enthält, wie des Stadtplans, dem die „wissenswerten Angaben" mit geringfügigen Abänderungen beigefügt sind, selbständig vertreibt. Sie hat deshalb beantragt, der Beklagten unter Strafandrohung die weitere Vervielfältigung und Verbreitung der Wanderkarte und der dem Stadtplan vorgehefteten 16 Druckseiten „wissenswerte Angaben" zu verbieten. Die Beklagte hat die Abweisung der Klage beantragt und bestritten, daß die Klägerin oder ihr Mitgesellschafter W. irgendein Urheber- oder Verlagsrecht an der Wanderkarte oder den „wissenswerten Angaben" erworben habe.

Das Landgericht wies die Klage ab. Die Berufung der Klägerin wurde vom Oberlandesgericht zurückgewiesen. Auch die Revision hatte keinen Erfolg.

Gründe:

Das Berufungsgericht hat das Urheberrecht an der Wanderkarte allein dem Ph.-Verlag zugesprochen und in der Mitwirkung W.'s eine selbständige schöpferische Tätigkeit nicht erblickt. Die Einzeichnung der Wanderwege in die im übrigen vom Ph.-Verlag fertiggestellte Karte sei — so führt der Vorderrichter weiter aus — auf eine Anregung des Ph.-Verlags zurückzuführen und keinesfalls von einer solchen selbständigen geistigen Bedeutung, daß daraus ein Urheberrecht oder Miturheberrecht des W. an der Karte hätte erwachsen können. Auch wenn W. nicht, wie die Beklagte behaupte, die für die Kennzeichnung der Wanderwege erforderlichen Unterlagen von einem Dritten erhalten habe, so sei er, da er nur dem Gedanken des Ph.-Verlags durch Angabe ihm bekannter Dinge zur Ausführung verholfen habe, lediglich als Gehilfe tätig geworden.

Diese Ausführungen sind rechtlich nicht zu beanstanden. Als Gehilfe des Urhebers ist derjenige anzusehen, der sich auf die Ausführung fremder Gedanken beschränkt, die Geistesarbeit eines anderen unterstützt und eine eigene schöpferische Tätigkeit nicht entwickelt (Allfeld Ges. betr. das Urheberrecht an Schriftwerken § 6 Anm. 2 S. 77). Ein solcher Gehilfe erwirbt weder ein eigenes Urheberrecht noch ein Miturheberrecht, da seiner Leistung das für schutzfähige Schriftwerke erforderliche Merkmal einer eigenartigen, selbständigen Schöpfung fehlt. Wie das Berufungsgericht festgestellt hat, hat sich W.'s Mitwirkung an der Karte darauf beschränkt, daß er in dem vom Ph.-Verlag nach dessen selbständigen Gedanken hergestellten Kartenblatt die Wanderwege durch Anlegung in roter Farbe ersichtlich gemacht hat. Es handelt sich hierbei um eine Tätigkeit von so untergeordneter Bedeutung, daß es nicht als rechtsirrtümlich bezeichnet werden kann, wenn sie vom Berufungsgericht nicht als selbständige schöpferische Leistung, sondern nur als unselbständige Gehilfentätigkeit bewertet wird. Deshalb ist für W., von dessen Rechtserwerb die Klägerin allein ihre Ansprüche herleitet, weder ein besonderes Urheberrecht nach § 1 Nr. 3 LitUG., noch ein Miturheberrecht im Sinne des § 6 LitUG. noch, wie die Revision ferner zur Erwägung gestellt hat, eine Rechtsgemeinschaft mit den übrigen Beteiligten im Sinne der §§ 741 flg. BGB. entstanden....

An den „wissenswerten Angaben" für den Stadtplan von Halle hat der Berufungsrichter der Klägerin und ihrem Mitgesellschafter W. ein Urheberrecht abgesprochen, weil jene Angaben, die nur in Verbindung mit dem im geistigen Eigentum des Ph.-Verlags stehenden Stadtplan erschienen seien, nicht den Erfordernissen einer selbständigen geistigen Schöpfung genügten und daher den Begriff eines Schriftwerks im Sinne von § 1 Nr. 1 LitUG. nicht erfüllten. Das Schema der Anordnung sei, wie ein Blick in die Pläne von Dresden und Magdeburg zeige, geistiges Eigentum des Ph.-Verlags gewesen. W. habe dazu nur eine Zusammenstellung bekannter Tatsachen geliefert, ohne dabei eine geistige Tätigkeit von einiger Bedeutung zu entwickeln. Demgegenüber macht die Revision geltend, daß der Vorderrichter den Begriff „Schriftwerk" verkannt habe. Im Schrifttum und in der Rechtsprechung sei ein Urheberrecht an Tabellen, Katalogen, Inhaltsverzeichnissen, Reisebüchern usw. anerkannt worden, und es könne auf sich beruhen, welches Maß von geistiger Tätigkeit W. entwickelt und welche Quellen er für seine Arbeit benutzt habe; jedenfalls habe er seine besondere Sachkunde für einen bestimmten Zweck unter selbständiger, dem Zweck angepaßter Formgebung aufgewendet.

Der Angriff der Revision kann jedoch nicht für begründet erachtet werden. Wie das Reichsgericht in zahlreichen Entscheidungen ausgesprochen hat, ist als „Schriftwerk“ im Sinne des § 1 Nr. 1 LitUG. ein Erzeugnis geistiger Tätigkeit des Urhebers zu verstehen, wobei an das Maß der geistigen Tätigkeit keine besonders hohen Anforderungen zu stellen sind. Die schaffende Tätigkeit kann sich auch in einer bloßen Formgebung, in der Sammlung, Einteilung, Anordnung des vorhandenen Stoffs äußern. Auszuscheiden ist aber alles rein Schablonenmäßige, jede rein mechanisch angefertigte Niederschrift, die eine individuelle geistige Tätigkeit des Verfassers nicht erkennen läßt. Dazu sind beispielsweise für gewöhnlich Preisverzeichnisse, Theaterzettel und Kataloge zu rechnen (RGZ. Bd. 81 S. 122; RGSt. Bd. 39 S. 100, 282, Bd. 41 S. 402). Mit diesen Grundsätzen steht es im Einklang, wenn das Berufungsgericht im vorliegenden Falle die „wissenswerten Angaben“ nicht zu den Schriftwerken rechnet. Da dem Verfasser, wie das Berufungsgericht feststellt, für die äußere Form der Anordnung und die stoffliche Zusammenstellung bereits die zu den Pharusplänen von Dresden und Magdeburg angefertigten gleichartigen Übersichten als Muster vorlagen, so beschränkte sich W.'s geistige Tätigkeit im wesentlichen darauf, daß er die vorgesehenen Einzelabschnitte durch Eintragung der auf die Stadt Halle zutreffenden Angaben ausfüllte. Hierbei handelt es sich um tatsächliche Angaben, wie sie aus amtlichen Kundgebungen, Adreßbüchern und anderem allgemein zugänglichen Quellenmaterial unschwer übernommen werden konnten. Eine individuelle geistige Tätigkeit, durch die seine Arbeit ein äußerlich hervortretendes besonderes Gepräge gegenüber anderen derartigen Aufstellungen erhielt, trat dabei nicht zutage. Das gilt auch, wie beide Vorderrichter zutreffend ausführen, für die geringfügigen zusätzlichen Bemerkungen im Abschnitt „Sehenswürdigkeiten“. Was aber in wesentlich gleicher Art von jedem anderen Bearbeiter des gleichen Stoffs zusammengestellt worden wäre und sich gewissermaßen aus dem Stoffe selbst ergibt, kann nicht als individuelle Geistesarbeit eines einzelnen geschützt werden. Dem Wesen des Urheberrechts, das nur eigenartigen selbständigen Schriftwerken Schutz gewähren will (RGZ. Bd. 85 S. 251), widerspricht es, schriftliche Aufzeichnungen, die eine eigentümliche Schaffensarbeit des Verfassers nicht erkennen lassen, zum Gegenstande schutzfähigen geistigen Eigentums zu machen. Deshalb erscheint es nicht rechtsirrtümlich, wenn das Berufungsgericht den „wissenswerten Angaben“ wegen Mangels selbständiger geistiger Tätigkeit des Verfassers die Schutzfähigkeit versagt.

Rechtlich einwandfrei ist auch die Ansicht des Vorderrichters, daß die Klägerin weder an der Wanderkarte noch an den „wissenswerten Angaben“ ein Verlagsrecht erworben habe. Nach den Feststellungen des Berufungsgerichts fehlt es an jedem Anhalt dafür, daß der Ph.-Verlag der Klägerin das Recht zur Vervielfältigung der Wanderkarte übertragen hat. Das Vervielfältigungsrecht gehört aber zu den wesentlichen Erfordernissen eines Verlagsvertrags (VerlG. § 1). Das gleiche gilt von den „wissenswerten Angaben" zum Stadtplan, wenn man annehmen wollte, daß der Ph.-Verlag, der das Schema für die Angaben aufgestellt hat, ein Urheberrecht daran erworben hat. Durch W. aber konnte der Klägerin ein Verlagsrecht an den „wissenswerten Angaben" nicht eingeräumt werden, da ihm an diesen, wie oben ausgeführt worden ist, ein Urheberrecht nicht zusteht....

---

17. Genügt im Falle des § 510 BGB., § 7 des Reichssiedlungsgesetzes zur Mitteilung des Inhalts des mit dem Dritten geschlossenen Kaufvertrags die Zusendung einer vollständigen Ausfertigung des letzteren? Wer ist, falls diese Unklarheiten enthält, zur Erteilung weiterer Auskunft verpflichtet?

V. Zivilsenat. Urt. v. 2. Februar 1924 i. S. N. (Bekl.) w. Siedlungsamt O. (Kl.). V 175/23.

I. Landgericht Oldenburg. — II. Oberlandesgericht daselbst.

Der Beklagte hat durch notariellen Vertrag ein Grundstück an H. verkauft. H. sandte am 19. September 1921 dem vorkaufsberechtigten Kläger eine Ausfertigung der Vertragsurkunde ein. Durch ein Schreiben vom 21. Dezember 1921 erklärte der Kläger die Ausübung seines Vorkaufsrechts. Er behauptet, durch Schreiben vom 20. September 1921 den H. zu näheren Angaben über die im Vertrag ungenügend angeführten, vom Erwerber zu übernehmenden Abgaben usw. aufgefordert, erst auf erneutes Ersuchen am 10. Dezember 1921 diese Angaben erhalten zu haben, und verlangt klagend die Auflassung gegen Zahlung des Kaufpreises. Der Beklagte hält die Ausübung des Vorkaufsrechts für verspätet. Das Landgericht wies die Klage ab, das Oberlandesgericht verurteilte den Beklagten zur Auflassung. Die Revision führte zur Wiederherstellung des ersten Urteils.

Gründe:

Die Frist zur Ausübung des Vorkaufsrechts beträgt bei Grundstücken der hier in Betracht kommenden Größe nach § 7 Abs. 1 des RSiedlGes. drei Wochen von dem Tage ab, an dem der Vorkaufsberechtigte die

Mitteilung des Eigentümers oder des Dritten von dem Inhalt des zwischen ihnen geschlossenen Vertrags empfangen hat (eine Mitteilung durch das Grundbuchamt — Abs. 2 das. — steht hier nicht in Frage). Als Mitteilung des „Inhalts" des Vertrags muß es rechtsgrundsätzlich angesehen werden, wenn dem Vorkaufsberechtigten eine vollständige Ausfertigung des von den Kaufparteien geschlossenen Grundstückskaufvertrags zugesandt wird. Denn diese Vertragsurkunde enthält den „Inhalt" des abgeschlossenen Geschäfts, und der Vorkaufsberechtigte muß den Vertrag so hinnehmen, wie ihn die Vertragsparteien als ihren Zwecken entsprechend haben beurkunden lassen. Eine solche Ausfertigung ist hier dem vorkaufsberechtigten Kläger übersandt; es bedarf daher keiner Erörterung, inwieweit auch kürzere, nicht wörtliche Mitteilungen des Vertragsinhalts ausreichen können. In jedem Falle erfordert das Gesetz nur die Mitteilung des Vertragsinhalts, um die Frist zur Ausübung des Vorkaufsrechts in Lauf zu setzen (RGZ. Bd. 106 S. 320, 323). Das ergibt sich für das RSiedlGes. überzeugend auch daraus, daß die Mitteilung des Eigentümers oder des Dritten nach § 7 Abs. 2 a. a. O. durch die Mitteilung des Grundbuchamts ersetzt wird; denn letzteres hat in der Regel nur die Vertragsurkunde als Unterlage solcher Mitteilung. Inwieweit etwa, wenn in dem Kaufvertrag auf eine andere Urkunde, z. B. einen anderen Kaufvertrag Bezug genommen ist, eine Mitteilung auch dieser anderen Urkunde erforderlich sein kann, kann hier, da dieser Fall nicht vorliegt, ungeprüft bleiben.

Wenn in der mitgeteilten Vertragsurkunde sich Unklarheiten, Undeutlichkeiten usw. finden oder aus sonstigen Gründen die Mitteilung weiterer Tatsachen sich erforderlich macht, um den Vorkaufsberechtigten — dem Zwecke der Mitteilung entsprechend — in den Stand zu setzen, die Tragweite der Rechte und Verbindlichkeiten, in welche er durch die Ausübung seines Vorkaufsrechts eintreten würde, zu erkennen, so muß ihm allerdings (neben seiner Befugnis, nach § 7 Abs. 3 a. a. O. innerhalb der Frist das verkaufte Grundstück zu besichtigen und dabei den Sachverhalt durch Rücksprache aufzuklären), das Recht zugestanden werden, eine für seine Entschließung, ob er sein Recht ausübe oder nicht, wesentliche weitere Auskunft zu verlangen. Immerhin muß er dieses Verlangen so rechtzeitig stellen, daß er auf Eingang der Antwort — unter Gewährung einer für etwaige Erkundigungen angemessenen Zeit — vor dem Ablaufe der dreiwöchigen Frist rechnen kann. Denn das Gesetz hat mit Absicht, um alsbald klare Rechtsverhältnisse für die Beteiligten zu schaffen, ihm lediglich die kurze Frist für die Ausübung seines Rechtes gesetzt. Nur, falls die Erteilung der Auskunft verzögert und es dadurch veranlaßt wird, daß der Vorkaufsberechtigte sich über die Ausübung seines Rechts nicht mehr innerhalb der Frist erklären kann, werden die Grundsätze von Treu und Glauben es mit sich bringen, daß der Vorkaufsberechtigte dies dem Auskunftsverpflichteten entgegenhalten, letzterer ihm gegenüber den Ablauf der Frist nicht geltend machen kann.

Zur Auskunft verpflichtet ist aber lediglich der Vorkaufsverpflichtete, also der Verkäufer. Denn nur ihm gegenüber ist das Vorkaufsrecht auszuüben (§ 505 BGB. in Verbindung mit § 8 Abs. 1 RSiedlGes.), und nur er ist zur Mitteilung des Inhalts des Kaufvertrags an den Vorkaufsberechtigten verpflichtet (§ 510 Abs. 1 BGB. in Verbindung mit dem angeführten § 8). Nur ihm liegt daher die Verpflichtung zur Ergänzung der unvollständigen Mitteilung ob (vgl. auch § 444 BGB.). Wenngleich seine Mitteilung durch diejenige des Dritten (Käufers) oder des Grundbuchamts ersetzt wird, so ist er doch allein der zur Mitteilung und zu deren etwaiger Vervollständigung Verpflichtete. Der Dritte ist zu solcher Mitteilung nicht verpflichtet, sondern nur berechtigt; falls er gemäß dieser Berechtigung die Mitteilung erstattet, so übernimmt er damit noch nicht die ihm durch das Gesetz nicht auferlegte Verpflichtung zu weiterer, möglicherweise mit Kosten usw. verbundenen Ermittelung und Auskunft.

Im vorliegenden Falle hat der Kläger nach seiner eigenen Darstellung eine Auskunft ausschließlich von dem zu dieser nicht verpflichteten Käufer H., nicht aber von dem Verkäufer, dem Beklagten, erfordert. Nach dem maßgebenden RSiedlGes. (anderes als z. B. nach § 8 Abs. 4 des Sächsischen Gesetzes über den Verkehr mit Grundstücken vom 20. November 1920, Sächs. GesBl. S. 464) ist daher die Frist zur Ausübung des Vorkaufsrechts trotz der angeblichen Lückenhaftigkeit der ihm gewordenen Mitteilung des Vertragsinhalts und trotz der angeblichen Anfrage an H. drei Wochen nach dem Zugang der Vertragsausfertigung abgelaufen. Sein Vorkaufsrecht hat er unstreitig erst später geltend gemacht. Daraus ergibt sich, daß seine Klage abgewiesen werden muß. Ob er dem Hinweise des Beklagten auf den Fristablauf die Einrede der (allgemeinen) Arglist entgegensetzen könnte, falls dieser im einverständlichen Zusammenwirken mit H. den letzteren zur Nichtbeantwortung der angeblichen Anfrage des Klägers binnen der dreiwöchigen Frist veranlaßt hätte, kann hier dahingestellt bleiben, da eine dahingehende Behauptung nicht aufgestellt war. . . .

---

18. Muß der Verkäufer, wenn er dem säumigen Käufer zur Entgegennahme der Auflassung eine Nachfrist setzt, ohne einen bestimmten Auflassungstermin zu bezeichnen, den Käufer ausdrücklich auffordern, einen Auflassungstermin zu vereinbaren?

V. Zivilsenat. Urt. v. 2. Februar 1924 i. S. Eheleute P. (Bekl.) w. Sp. (Kl.). V 150/23.

I. Landgericht Köslin. — II. Oberlandesgericht Stettin.

Der Kläger kaufte von den Beklagten durch notariellen Vertrag vom 5. Oktober 1921 2 Grundstücke in B. für 85000 ℳ. Hierauf zahlte der Käufer 45000 ℳ an, während die restlichen 40000 ℳ am 1. Januar 1922 Zug um Zug gegen die Auflassung gezahlt werden sollten. Am 2. Januar 1922 forderte der beklagte Ehemann persönlich den Kläger zur Auflassung und Zahlung auf. Letzterer erklärte, er könne nicht zahlen und nehme die Auflassung nicht, diese solle gleich derjenige erhalten, an den er das Grundstück weiter verkaufen werde. Darauf schickte der Beklagte durch einen Rechtsanwalt den eingeschriebenen Brief vom 4. Januar 1922 an den Kläger, worin dieser aufgefordert wurde, bis zum 13. Januar die Auflassung gegen Zahlung der 40000 ℳ entgegenzunehmen, widrigenfalls der Beklagte Schadensersatz wegen Nichterfüllung fordern und die Erfüllung ablehnen werde. Der Kläger rührte sich innerhalb der Frist nicht, fordert aber mit der vom 21. Januar 1922 datierten Klage Verurteilung der Beklagten zur Auflassung der Grundstücke Zug um Zug gegen Zahlung von 40000 ℳ. Auf die Berufung des Klägers hat das Oberlandesgericht das klagabweisende Urteil des Landgerichts aufgehoben und der Klage stattgegeben. Die Revision der Beklagten hatte Erfolg.

Gründe:

Der Angriff der Revision, es habe keiner Fristsetzung bedurft, geht fehl. Von der im § 326 vorgeschriebenen Fristbestimmung kann nur in besonderen Ausnahmefällen, nämlich nur dann abgesehen werden, wenn durch eine nicht nur ernstliche, sondern auch endgültige Erfüllungsverweigerung des anderen Teils die Zwecklosigkeit der Nachfrist außer Zweifel gestellt ist (RGZ. Bd. 70 S. 380). Der Schuldner hat nach dem vom Berufungsgericht unterstellten Tatbestande zwar erklärt, daß er die Auflassung nicht nehme und zur Zahlung der 40000 ℳ nicht in der Lage sei; er hat aber hinzugefügt, daß die Auflassung gleich an seinen Abkäufer erfolgen könne. Wenn das Oberlandesgericht hierin eine endgültige und völlig bestimmte Weigerung nicht gesehen hat und in dieser Auffassung dadurch bestärkt ist, daß die Beklagten unter dem unmittelbaren Eindrucke des vom Kläger an den Tag gelegten Verhaltens selbst den Weg der Fristsetzung beschritten haben, so ist darin ein Rechtsirrtum nicht zu finden.

Dagegen wendet sich die Revision mit Recht gegen die Begründung, mit welcher das Berufungsgericht dem Schreiben vom 4. Januar 1922 die Bedeutung einer dem § 326 BGB. genügenden Nachfristsetzung abspricht. Da zur Auflassung die gleichzeitige Anwesenheit beider Teile erforderlich ist, so muß der Verkäufer, wenn er dem säumigen Käufer eine Nachfrist zur Entgegennahme der Auflassung setzt, zu erkennen geben, daß er seinerseits bereit ist, innerhalb der Frist alles zu tun, um die ihm obliegende Leistung zu bewirken. Die Bestimmung des Ortes und des Zeitpunkts der Auflassung kann von dem fristsetzenden Gläubiger oder von dem Schuldner ausgehen. Unterläßt der nichtsäumige Vertragsteil die Terminsbestimmung, so braucht seine Erklärung, daß er bereit sei, an einem vom Vertragsgegner auszuwählenden Termine zur Vornahme der Auflassung zu erscheinen, nicht notwendig ausdrücklich zu geschehen; es genügt, wenn sein Verhalten einen sicheren Schluß auf jene Bereitwilligkeit zuläßt, diese also stillschweigend erklärt wird. Ob dies der Fall ist, wird nach den Umständen des einzelnen Falles zu beurteilen und insbesondere dann anzunehmen sein, wenn die Parteien schon vor der Fristsetzung über die Vornahme der Auflassung verhandelt haben (RG. in JW. 1913 S. 487 Nr. 7; Planck BGB. II 1 S. 265; unentschieden RGZ. Bd. 91 S. 164 und Warn. 1910 Nr. 424). Durch die erstgenannte Entscheidung des erkennenden Senats sind dessen frühere vom Oberlandesgericht angeführten Urteile RGZ. Bd. 53 S. 75, Bd. 66 S. 431, Bd. 69 S. 103, soweit sie auf einem engeren Standpunkte stehen, überholt. Wenn die Darstellung der Beklagten über die Unterredung der Parteien vom 2. Januar 1922 richtig ist, was das Oberlandesgericht dahingestellt läßt, so hat der beklagte Ehemann den Kläger gefragt, wann er die Auflassung entgegennehmen und das Restkaufgeld zahlen wolle. Darin lag das Angebot und die Aufforderung zu einer Vereinbarung über die Vornahme der Auflassung. Wenn der Kläger hierauf nicht einging, so war es nicht Sache der Beklagten, bei der Fristsetzung nochmals ihre Bereitwilligkeit zu der entsprechenden Verabredung ausdrücklich zu erklären, sie konnten vielmehr erwarten, daß nunmehr der Kläger sich darüber äußerte, wann er in der Lage sei, die 40000 *M* zu zahlen und die Auflassung entgegenzunehmen.

---

19. In welchem Umfange sind die sich auf Grundstücke beziehenden Vorschriften auf das Erbbaurecht anzuwenden? Kann insbesondere ein Erbbaurecht auf Grund des § 3 der Verordnung zur Behebung der dringendsten Wohnungsnot vom 9. Dezember 1919 (RGBl. S. 1968) enteignet werden?

V. Zivilsenat. Urt. v. 6. Februar 1924 i. S. K. (Bekl.) w. W. (Kl.). V 185/23.

I. Landgericht Oldenburg. — II. Oberlandesgericht daselbst.

Für den Beklagten ist im Grundbuch auf Grund einer zwischen ihm und der Ehefrau K. als Grundstückseigentümerin getroffenen Vereinbarung im Oktober 1921 ein Erbbaurecht eingetragen worden. Dieses Erbbaurecht hat der Bezirkswohnungskommissar zu O. durch Bescheid vom 9. November 1921 auf Grund des § 3 der in der Überschrift bezeichneten VO. in Verbindung mit § 11 der VO. über das Erbbaurecht vom 15. Januar 1919 (RGBl. S. 72) zugunsten des Klägers enteignet. Der Beklagte vertritt den Standpunkt, daß diese Enteignung unzulässig gewesen und daher unwirksam sei. Der Kläger hat deshalb gegen ihn Klage erhoben mit dem Antrage festzustellen, daß dem Beklagten das von ihm beanspruchte Erbbaurecht nicht zustehe. Das Landgericht wies die Klage ab, das Oberlandesgericht gab ihr statt. Die Revision des Beklagten hatte keinen Erfolg.

Aus den Gründen:

...In der Sache selbst macht die Revision geltend, der Berufungsrichter habe zu Unrecht angenommen, daß die in § 3 der erwähnten VO. vorgesehene Enteignung von Grundstücken nach § 11 VO. vom 15. Januar 1919 auch auf Erbbaurechte anzuwenden sei. Auch dieser Angriff ist nicht begründet. Allerdings bestand schon unter der Herrschaft des vor dem Inkrafttreten der Erbbaurechtsverordnung in Geltung gewesenen § 1017 BGB., dessen Absatz 1 bestimmte:

„Für das Erbbaurecht gelten die sich auf Grundstücke beziehenden Vorschriften."

Streit darüber, ob unter diesen Vorschriften nur Vorschriften des Bürgerlichen Gesetzbuchs oder auch andere Vorschriften zu verstehen seien. Auch ist dieser Streit nicht beseitigt, nachdem nunmehr § 1017 BGB. zufolge § 35 der Erbbaurechtsverordnung außer Kraft getreten und durch die an seine Stelle getretene Vorschrift des § 11 der Erbbaurechtsverordnung in Abs. 1 Satz 1 bestimmt ist:

„Auf das Erbbaurecht finden die sich auf Grundstücke beziehenden Vorschriften mit Ausnahme der §§ 925, 927, 928 des Bürgerlichen Gesetzbuchs sowie die Vorschriften über Ansprüche aus dem Eigentum entsprechende Anwendung, soweit sich nicht aus dieser Verordnung ein anderes ergibt."

Wie die Streitfrage hinsichtlich des § 1017 BGB. zu entscheiden ist, bedarf hier nicht der Erörterung. Denn jedenfalls läßt sich der § 11 ErbbaurechtsVO. nur in dem vom Berufungsrichter angenommenen Sinne, d. i. dahin verstehen, daß auf das Erbbaurecht nicht nur die Vorschriften des Bürgerlichen Gesetzbuchs, sondern alle Vorschriften, die sich auf Grundstücke beziehen, entsprechend anzuwenden sind, soweit sich nicht aus den Vorschriften über das Erbbaurecht oder aus dem Inhalte, Sinn oder Zweck der entsprechend anzuwendenden Vorschriften ein anderes ergibt. Für diese Auslegung spricht schon der Wortlaut der Verordnung. Denn wenn die vom Revisionskläger vertretene gegenteilige Auslegung richtig wäre, so hätte § 11 Abs. 1 Satz 1 ErbbaurechtsVO. dahin lauten müssen, daß auf das Erbbaurecht „die sich auf Grundstücke beziehenden Vorschriften des Bürgerlichen Gesetzbuchs mit Ausnahme der §§ 925, 927, 928" entsprechend anzuwenden seien. Dies wäre um so mehr erforderlich gewesen, als die in Betracht kommende Vorschrift jetzt nicht mehr im Bürgerlichen Gesetzbuch selbst enthalten ist, sondern einen Teil einer selbständigen Verordnung bildet. Daß ein bloßes Fassungsversehen vorliegt, ist nicht anzunehmen, und zwar um so weniger, als, wie aus der Begründung der ErbbaurechtsVO. hervorgeht, bei ihrer Abfassung die Absicht bestand, nach Möglichkeit die bereits hervorgetretenen Streit- und Zweifelsfragen zu klären. Für die hier vertretene Auslegung spricht auch § 26 des Heimstättengesetzes vom 10. Mai 1920 (RGBl. S. 962). Denn indem diese Vorschrift über die Eintragung der Heimstätteneigenschaft bei Erbbaurechten Bestimmung trifft, setzt sie die Anwendbarkeit der für Grundstücke getroffenen Bestimmungen des Heimstättengesetzes auf Erbbaurechte als selbstverständlich voraus. Diese Annahme ist aber nur dann zutreffend, wenn § 11 ErbbaurechtsVO. so auszulegen ist, wie es hier geschieht. Diese Rechtsauffassung ist auch im Schrifttum als die überwiegende zu bezeichnen (vgl. Planck BGB. 4. Aufl. Bd. 3 S. 558 und 1355, sowie die dort und bei Kober, Die Verordnung über das Erbbaurecht, S. 55 angeführten Schriftsteller; ferner JW. 1921 S. 216; 1923 S. 272).

Im vorliegenden Falle sprechen auch innere Gründe für die entsprechende Anwendung des § 3 VO. vom 9. Dezember 1919 auf das Erbbaurecht. Denn der Zweck dieser VO. könnte, wie gerade der vorliegende Fall zeigt, sehr leicht vereitelt werden, wenn die Befugnis zur Enteignung sich nur auf Grundstücke, nicht aber auf daran bestellte Erbbaurechte erstreckte. Daraus, daß in § 5 VO. nur von der Belastung eines Grundstücks mit einem Erbbaurecht, nicht aber von der Enteignung eines solchen die Rede ist, ist eine der Revision günstige Schlußfolgerung nicht zu ziehen. Denn diese Vorschrift war auch von dem hier vertretenen Standpunkt aus erforderlich, da es sich bei ihr nicht, wie in § 3, um die Entziehung, sondern um die Belastung eines Rechts handelt, und auch in ihr als besondere Voraussetzung für diese Belastung ein Antrag des Eigentümers vorgeschrieben ist. Hiernach erweist sich die Rüge der Revision als unbegründet und es kann dahingestellt bleiben, ob für den Fall, daß eine andere Beurteilung am Platze wäre, die Rechtmäßigkeit der vom Bezirkswohnungskommissar ausgesprochenen Enteignung im gegenwärtigen Verfahren überhaupt einer Nachprüfung unterliegt. . . .

20. Ist bei gleichzeitiger Veräußerung eines Grundstücks und des darauf betriebenen Geschäfts das für die Übertragung des letzteren gewährte Entgelt bei der Feststellung des Veräußerungspreises nach § 8 des Zuwachssteuergesetzes vom 14. Februar 1911 zu berücksichtigen?

VI. Zivilsenat. Urt. v. 8. Februar 1924 i. S. Freistaat Waldeck (Bekl.) w. G. (Kl.). VII 334/23.

I. Landgericht Kassel. — II. Oberlandesgericht daselbst.

Der Kläger veräußerte durch Vertrag vom 2. Juli 1912 Grundstücke in R. bei Bad W., die er im Jahre 1894 erworben hatte, an die damals neu gegründete Gesellschaft Bad R. G. m. b. H. Er wurde daraufhin zur Zuwachssteuer nach dem Reichsgesetz vom 14. Februar 1911 veranlagt; deren Betrag wurde, nachdem der Kläger gegen eine höhere Veranlagung Beschwerde geführt hatte, durch Entscheidung des Preußischen Finanzministers vom 18. Oktober 1917 auf 89679,09 *M* festgesetzt.

Hiergegen erhob er rechtzeitig Klage auf Feststellung, daß er nicht verpflichtet sei, für die Übertragung des Eigentums an den Grundstücken Zuwachssteuer zu bezahlen. Die Vorinstanzen gaben der Klage statt. Die Revision des Beklagten blieb ohne Erfolg.

Gründe:

In dem Vertrage vom 2. Juli 1912 waren für die Werte, die der Kläger der Gesellschaft Bad R. übereignete, Einzelpreise festgesetzt, nämlich: 1. für den Grundbesitz 150000 *M*, 2. für das Inventar 70000 *M*, 3. für die Heilquellen 50000 *M*, 4. für „das Wasserversandgeschäft und die Vorteile, die sich daraus ergeben, daß die Reinhardsquelle gut eingeführt ist und einen großen Kundenkreis hat" 620000 *M*, 5. für den Badebetrieb 30000 *M*, zusammen 920000 *M*.

Das Oberlandesgericht hat bei der Feststellung des Veräußerungspreises nach § 8 ZuwStGes. nur die Posten unter Nr. 1 und 3 berücksichtigt. Die Revision wendet sich dagegen, daß die Posten unter Nr. 4 und 5 für steuerfrei erklärt wurden. In dieser Hinsicht geht der Berufungsrichter von folgenden Erwägungen aus: die auf dem Grundbesitz befindlichen Heilquellen gewährten diesem eine besondere Eignung zu ertragreicher Benutzung; deshalb seien die dafür angesetzten 50000 *M* dem Grundstückswerte hinzuzurechnen. Dagegen hätten das Wasserversandgeschäft und der Badebetrieb nicht als werterhöhende Eigenschaften des Grundstücks zu gelten, obwohl für ihre Einrichtung und Entwicklung die Heilquellen und somit auch die sie enthaltenden Grundstücke notwendige Voraussetzung seien. Jenen Werten, die durch die mit großen Geldaufwendungen und bedeutender geistiger Arbeit verbundene geschäftliche Tätigkeit des Klägers entstanden seien, komme eine derartig selbständige Bedeutung zu, daß es nicht angehe, sie dem Grundstückswerte zuzuschlagen.

Die Auffassung des Berufungsgerichts ist zu billigen. Mit Recht zieht es in seinen weiteren Darlegungen den im § 1 Abs. 1 ZuwStGes. niedergelegten allgemeinen Grundsatz heran, daß die Abgabe nur von dem Wertzuwachs erhoben werden soll, der ohne Zutun des Eigentümers entstanden ist. Bei der Beratung des Gesetzes ist allerdings mehrfach sowohl in der Reichstagskommission (1. Bericht vom 15. Mai 1910, Drucks. des Reichstags, 1909/10, Nr. 515, S. 4 und 9) wie auch in der zweiten Beratung des Reichstagsplenums am 17. Januar 1911 vom Berichterstatter Abgeordneten Grafen von Westarp (Stenogr. Berichte der 109. Sitzung, S. 3955) erklärt worden, daß nach übereinstimmender Ansicht die vom Reichstag in das Gesetz eingefügten Worte „der ohne Zutun des Eigentümers entstanden ist" für die praktische Anwendung des Gesetzes keine selbständige Bedeutung neben den einzelnen Bestimmungen der folgenden Paragraphen haben sollen, daß vielmehr das durch den Zusatz zum Ausdruck gebrachte Prinzip nur zur Auslegung der Einzelbestimmungen in Zweifelsfällen benutzt werden dürfe. Trotzdem läßt sich der Grundsatz hier sehr wohl verwerten, da der Auffassung des verklagten Fiskus keine Einzelbestimmung des Gesetzes zur Seite steht, und somit der Tatbestand mindestens als ein zweifelhafter Fall im Sinne jener Erklärung angesehen werden darf.

Auch sonst spricht die Entstehungsgeschichte des Gesetzes für die vom Berufungsrichter vertretene Auffassung. In der zweiten Lesung der Reichstagskommission, als über § 5 des Entwurfs (§ 8 des Gesetzes) beraten wurde, gelangte die Frage zur Erörterung, wie es bei gleichzeitiger Veräußerung eines Grundstücks und des darauf betriebenen Geschäfts zu halten sei. Ein Vertreter des Reichsschatzamts sprach sich dahin aus, „daß bei der Berechnung des Preises für das Grundstück der Preis oder Wert eines auf dem Grundstück betriebenen Geschäfts nicht zu berücksichtigen sei", und diese Ansicht wurde von der Kommission einhellig als richtig anerkannt (1. Komm.-Ber. a. a. O. S. 26).

Übrigens geht auch der dem Kläger erteilte, seiner Klage zugrunde liegende Bescheid des Finanzministers von der gleichen Grundanschauung aus. Dort wird ausgeführt, die gedeihliche Entwicklung des Wasserversandgeschäfts sei der geschäftlichen Mühewaltung und Tüchtigkeit des Klägers und seiner ganzen Familie mitzuverdanken; diese rein persönliche Tätigkeit stehe offenbar mit dem Grundstück und dessen wesentlichen Bestandteilen, wenngleich sie deren Verwertung bezwecke, nicht in einem derartigen Zusammenhange, daß sie als eine werterhöhende Eigenschaft des Grundstücks angesehen werden könne.

Der von der Revision zur Rechtfertigung ihrer gegenteiligen

Meinung gezogene Vergleich mit einem Grundstück, das durch die Nachfrage zu Bauzwecken bei einer Besiedelung Bauplatzwert bekommt, kann nicht als zutreffend gelten, denn dieser Wert hat unmittelbar auf den Grund und Boden selbst Bezug und wächst dem Eigentümer ohne eigene Tätigkeit zu, während es sich bei dem Wasserversandgeschäft und Badebetrieb um Werte handelt, die nur mittelbar mit dem Grundstück in Beziehung stehen und nur durch die Tätigkeit des Klägers geschaffen werden konnten.

Die hier zu entscheidende Frage berührt sich mit derjenigen, ob bei gleichzeitiger Veräußerung von Grundstück und Geschäft der Grundstücksveräußerungsstempel, jetzt die Grunderwerbsteuer, auch vom Werte des Geschäfts zu entrichten ist. Eine Verwertung der hierzu ergangenen Rechtsprechung (vgl. RGZ. Bd. 97 S. 186 und das vom Berufungsgericht erwähnte Urteil des Oberlandesgerichts zu Hamm vom 9. Dezember 1913) kann jedoch nicht in Betracht kommen, weil hier ganz andere Gesichtspunkte maßgebend sind. Bei der Erörterung der Stempel- oder Grunderwerbsteuerpflicht kommt es nur auf die Feststellung der im Zeitpunkt der Eigentumsübertragung vorhandenen Werte an, während für die Zuwachssteuerpflicht die Frage nach der Herkunft des Wertzuwachses entscheidende Bedeutung hat. Die Verschiedenheit der bei Anwendung der einschlagenden Gesetze in Betracht kommenden Gesichtspunkte ist auch bei der Beratung des Zuwachssteuergesetzes in der Reichstagskommission von der Reichsregierung ausdrücklich hervorgehoben worden (1. Komm.-Ber. a. a. O. S. 5).

---

21. Ist die Nichtbeachtung der Geldentwertung im Berufungsurteil auch von Amts wegen in der Revisionsinstanz zu berücksichtigen?

VI. Zivilsenat. Urt. v. 15. Februar 1924 i. S. K. (Bekl.) w. G. (Kl.).
VII 778/23.

I. Landgericht Meiningen. — II. Oberlandesgericht Jena.

Die Frage wurde bejaht aus folgenden

Gründen:

... Trotzdem muß das Berufungsurteil der Aufhebung verfallen, weil das Gericht zu prüfen unterlassen hat, ob es mit dem Grundsatze von Treu und Glauben (§ 242 BGB.) zu vereinbaren ist, daß die Klägerin im Hinblick auf die seit dem Vertragsschluß eingetretene ganz erhebliche Entwertung der Papiermark die Lieferung der Rollen noch zum Preise von 1680 Papiermark für den Raummeter verlangt. Diese Prüfung war geboten, obgleich der Beklagte einen dahingehenden

Einwand nicht geltend gemacht hatte (RGZ. Bd. 107 S. 149; Urteil des RG. v. 1. Febr. 1924 VII 736/23). Zwar hat die Revision in dieser Richtung keinen Angriff erhoben. Da aber, wie in RGZ. Bd. 107 S. 149 dargelegt ist, die Unterlassung jener Prüfung durch das Berufungsgericht einen materiellrechtlichen Verstoß darstellt, so bedurfte es einer ausdrücklichen Rüge der Revision nicht, der Verstoß war in der Revisionsinstanz vielmehr auch von Amts wegen zu berücksichtigen.

---

22. Unter welchen Voraussetzungen kann derjenige, welcher eine Erfindung vor dem Erlöschen des Schutzrechts rechtswidrig benutzt hat, ein Zwischenbenutzungsrecht nach § 7 des Gesetzes, betr. eine verlängerte Schutzdauer bei Patenten, vom 27. April 1920 erwerben? Inhalt und Umfang dieses Rechts.

I. Zivilsenat. Urt. v. 16. Februar 1924 i. S. R.-H. Söhne (Bekl.) w. C. P. & Co. (Kl.). I 226/23.

I. Landgericht Weimar. — II. Oberlandesgericht Jena.

Die Beklagte war Inhaberin des Patents Nr. 160702, betreffend eine Vorrichtung zum mechanischen Spielen von Tasteninstrumenten. Sie erhob Ende des Jahres 1916 gegen die Klägerin wegen Verletzung dieses Patents Klage auf Rechnungslegung und Schadensersatz. Am 13. Februar 1920 erging ein Urteil auf Rechnungslegung, in dem festgestellt wurde, daß die Klägerin das Patent zwar wissentlich verletzt, die Verletzung aber bereits im Mai 1916 eingestellt hatte. Die Beklagte erwirkte demnächst auf Grund des PatVerlG. eine Verlängerung der Schutzdauer ihres Patents. Die Klägerin nimmt an der Erfindung ein Zwischenbenutzungsrecht aus § 7 Abs. 1 PatVerlG. für sich in Anspruch. Sie stellt die geschützte Vorrichtung her und verwertet sie, angeblich seit dem September 1919, auch nach der Schutzdauerverlängerung. Die Beklagte will ihr das nur gegen Erwerb einer Lizenz gestatten und hat gedroht, andernfalls mit allen Mitteln gegen sie vorzugehen. Die Klägerin hat darauf die vorliegende Klage erhoben mit dem Antrag auf Feststellung, daß ihr das Recht zustehe, Vorrichtungen zum mechanischen Spielen von Tasteninstrumenten gemäß dem Patent Nr. 160702 ohne Entrichtung einer Lizenzabgabe gewerblich herzustellen, feilzuhalten und zu vertreiben. Das Landgericht wies die Klage ab. Das Oberlandesgericht gab ihr statt. Die Revision der Beklagten hatte keinen Erfolg.

Gründe:

Die Klägerin hat vor mehreren Jahren das Patent der Beklagten verletzt. Das Oberlandesgericht sieht aber als erwiesen an, daß sie die Verletzung demnächst eingestellt habe. Darüber, wann dies geschehen sein soll, hat es sich nicht näher ausgesprochen. Es stützt sich aber auf die Aussagen der vernommenen Zeugen, von denen der eine diesen Zeitpunkt auf das Jahr 1915, ein anderer auf den Mai 1916 verlegt. Es muß also das Jahr 1915 oder 1916 seiner Entscheidung zugrunde gelegt haben. Die Angriffe der Revision hiergegen bewegen sich auf dem Gebiet der Tatsachenwürdigung, in welcher das Berufungsgericht frei war. Daß der Sachverhalt ungenügend gewürdigt worden sei, ist nicht ersichtlich. Es ist ferner festgestellt worden, daß die Klägerin das Patent der Beklagten nach dessen Erlöschen wieder in Benutzung genommen hat, und zwar im September 1919. Danach ist die Entstehung eines Zwischenbenutzungsrechts gemäß § 7 Abs. 1 PatVerlG. für die Klägerin nicht ausgeschlossen. Nach den in RGZ. Bd. 106 S. 375 entwickelten Grundsätzen setzt sie allerdings regelmäßig voraus, daß die Erfindung vor dem Erlöschen des Schutzrechts noch nicht benutzt worden ist. Anderseits aber steht ihr nicht jede vorher erfolgte rechtswidrige Benutzung hindernd entgegen. Es fragt sich, ob aus sachlichen Gründen die Inbenutzungnahme nach dem Erlöschen des Schutzrechts als eine neue oder als eine Fortsetzung der früheren rechtswidrigen Benutzung anzusehen ist. Im ersteren Falle ist den Erfordernissen des § 7 Abs. 1 PatVerlG. genügt, im letzteren nicht. Die Klägerin ist im vollen Umfange darlegungs- und beweispflichtig. Es liegt nichts dafür vor, daß das Oberlandesgericht von einer anderen Rechtsansicht ausgegangen wäre. Die Frage, ob die Klägerin, als sie im September 1919 die Erfindung der Beklagten in Benutzung nahm, damit ihre frühere rechtswidrige Benutzung fortgesetzt hat, ist auf Grund der darüber erhobenen Beweise geprüft und ohne ersichtlichen Rechtsirrtum verneint werden. Die Annahme der Fortsetzung des früheren rechtswidrigen Betriebs nach Ablauf der Schutzdauer wird allerdings in ähnlichen Fällen vielfach nahe liegen. Es wäre auch nicht gerechtfertigt, diesen Begriff allzu eng zu nehmen. Hat der Benutzer einer fremden Erfindung aus seiner früheren rechtswidrigen Benutzung nicht ganz unbedeutende Vorteile, hat er z. B. davon Rohstoffe behalten, deren er zur Herstellung der geschützten Vorrichtung bedurfte und die er nun nach dem Erlöschen des Schutzrechts wieder dazu verwendet, hat er wertvolle Werkstattzeichnungen oder dgl., so widerspräche es dem gesunden Rechtsempfinden, ihm das Recht eines Zwischenbenutzers zuzubilligen. Dann handelt es sich im Sinne des Gesetzes nicht um ein neues Inbenutzungnehmen, sondern um eine Fortsetzung der früheren rechtswidrigen Benutzung. Solche Umstände sind hier aber weder behauptet noch zutage getreten. Nichts hinderte das Oberlandesgericht anzunehmen, daß sie nicht vorgelegen haben. Was die Revision über den Gang des Vorprozesses vorträgt, steht dem nicht entgegen. Der Tatbestand des § 7 Abs. 2 PatVerlG. ist nicht behauptet. Danach ist es nicht zu beanstanden, wenn der Klägerin trotz ihres früheren rechtswidrigen Verhaltens ein kostenfreies Zwischenbenutzungsrecht zuerkannt worden ist.

Dieses Recht umfaßt, wie das Oberlandesgericht ferner zutreffend angenommen hat, die Befugnis, den Gegenstand der Erfindung gewerbsmäßig herzustellen, in Verkehr zu bringen, feilzuhalten und zu gebrauchen. Das entspricht richtiger Auslegung des § 5 Abs. 1 PatG., an dessen Fassung sich § 7 Abs. 1 PatVerlG. offensichtlich anlehnt. Dies kann allerdings zu einer erheblichen Beeinträchtigung der Rechte des Patentinhabers führen; aber bei einer Regelung widerstreitender Interessen, wie sie § 7 PatVerlG. gibt, war das unvermeidlich. Eine Unterscheidung wäre bei dem allgemeinen Wortlaut auch nicht gerechtfertigt, würde überdies zu Zweifeln und Unklarheiten Anlaß geben und die Rechtssicherheit gefährden. Daß die Klägerin die Erfindung nur für die Bedürfnisse ihres eigenen Betriebs weiter benutzen darf, ist zwar nicht in der Urteilsformel zum Ausdruck gekommen, ergibt sich aber aus den Gründen. Ob dem Oberlandesgericht darin beizutreten wäre, daß die Klägerin die geschützte Vorrichtung nicht andern zum Einbauen in Tasteninstrumente liefern, sondern sie nur als einen Bestandteil ihrer eigenen Instrumente herstellen, feilhalten und vertreiben darf, braucht nicht geprüft zu werden, da die Klägerin keine Revision eingelegt hat.

---

23. Kann trotz nachträglicher Verfälschung des Wechselinhalts die Verpflichtung früherer Wechselschuldner nach Maßgabe des echten Wechselinhalts fortbestehen?

V. Zivilsenat. Urt. v. 16. Februar 1924 i. S. A. (Bekl.) w. Kartoffelflockenfabrik R., G. m. b. H. (Kl.). V 316/23.

I. Landgericht Schweidnitz. — II. Oberlandesgericht Breslau.

Die obige Frage wurde im Anschluß an die Entscheidung RGZ. Bd. 54 S. 386 bejaht.

Gründe:

Die Klägerin ist Inhaberin eines bei Sicht zahlbaren Wechsels, den der Kaufmann A. S. in W. und sein Bruder E. S. am 3. März 1922 an eigene Order gezogen haben und der Beklagte akzeptiert hat. Unstreitig lautete der Wechsel zur Zeit der Akzeptierung auf eine

Million Mark und ist von den Ausstellern, bevor er durch Blankoindossament auf die Klägerin übertragen wurde, ohne Wissen und ohne Zustimmung des Beklagten dadurch abgeändert worden, daß die Zahl 1000000 und die Worte „Eine Million" mit roter Tinte je zweimal durchstrichen und über die Zahl die Worte „nur noch gültig auf 972000", hinter die Worte „Eine Million" die Worte „Neunhundertzweiundsiebzigtausend" geschrieben wurden. Die Klägerin hat den Wechsel zum Einzug an die Order der Kommunalständischen Bank, Zweigstelle W., indossiert. Am 19. August 1922 hat diese gegen die Stadtbank W., wo der Wechsel zahlbar war, mangels Zahlung Protest erheben lassen. Die Klägerin hat den Wechsel von der Kommun. Bank gegen Zahlung der Protestkosten und $^1/_3$ vom Hundert Provision samt der Protesturkunde ausgehändigt erhalten und darauf mit der vorliegenden Klage den Beklagten auf Grund seines Akzeptes auf Zahlung der Wechselsumme samt Zins, Kosten und Provision unter Vorlegung des Wechsels, der Protesturkunde und der Rückrechnung der Kommun. Bank in Anspruch genommen. Der Beklagte hat eingewendet, durch die von den Ausstellern ohne seine Zustimmung vorgenommene Veränderung des Wechselinhalts sei die Gültigkeit der Wechselurkunde zerstört. Mindestens sei er, der Beklagte, aus dem Wechsel nicht mehr verpflichtet: denn der Wechsel, den er unterschrieben habe, bestehe nicht mehr, und eine Wechselverpflichtung, wie sie der Wechsel in der neuen Gestalt verbriefe, sei er nicht eingegangen. In jedem Falle habe der Wechsel durch die Veränderung der Wechselsumme seine Beweiskraft verloren. Die Frage, ob noch eine wechselrechtliche Verpflichtung des Beklagten aus dem Akzept trotz der Veränderung des Wechselinhalts erhalten geblieben sei, hat der erste Richter verneint, das Berufungsgericht hat sie bejaht — beide unter Berufung auf die Ausführungen der Entscheidung RGZ. Bd. 54 S. 386. Die Revision hat geltend gemacht, der dieser Entscheidung zugrunde liegende Sachverhalt sei von dem hier gegebenen wesentlich verschieden, und will insbesondere auf die Durchstreichungen abstellen, wodurch der ursprüngliche Inhalt des Wechsels verschwunden d. h. immer als ungültig erkennbar bleibe, wobei es darauf, ob der Text trotz der Durchstreichung noch lesbar bleibe, nicht ankommen könne: entscheidend ist nach der Ansicht der Revision, daß der unversehrte Text nicht wieder hergestellt werden könne.

Die Revision war zurückzuweisen.

Kein Zweifel könnte an der Ungültigkeit des Wechsels bestehen, wenn die Wechselsumme durch Zerreißen, Radieren und ähnliches völlig beseitigt wäre, der Wechsel also der Angabe einer Wechselsumme überhaupt entbehren würde (WO. Art. 4 Nr. 2). Ob dahin eine Durchstreichung nur dann zu zählen wäre, wenn sie den Betrag völlig unleserlich machen würde, kann dahinstehen; es fehlt an der Angabe der

Wechselsumme in dem vorausgesetzten Sinne jedenfalls dann nicht, wenn ein neuer Betrag beigesetzt ist. Mit Recht hat daher das Berufungsgericht ausgesprochen, daß die an dem Wechsel vorgenommene Veränderung nicht schon dessen Gültigkeit schlechthin zerstört habe. Ein völliges Fehlen der Wechselsumme steht hier nicht in Frage. Vielmehr handelt es sich um eine ohne die Genehmigung des Akzeptanten vorgenommene Veränderung und in diesem Sinne sogenannte Verfälschung des Wechsels (vgl. z. B. RGZ. Bd. 53 S. 262 unten, Bd. 70 S. 212 oben), die einen wesentlichen Bestandteil des echten Wechsels, nämlich die Wechselsumme, durch eine falsche Angabe ersetzt, also dem Wechsel nach seiner Begebung einen von dem Verpflichteten, hier dem Akzeptanten, nicht genehmigten anderen Inhalt gegeben hat. Die Frage ist, welche Bedeutung dieser unbefugten Veränderung des Wechselinhalts für die zur Zeit ihrer Vornahme bestehenden Wechselverbindlichkeiten beizumessen ist, ob sie mit dem ursprünglichen Inhalt, von der Verfälschung unberührt, bestehen bleiben, oder ob dieser eine weitergehende Wirkung zukommt.

Die insbesondere in der Rechtslehre[1] überwiegende strengere Meinung geht dahin, daß der ursprünglich verpflichtende Inhalt des Wechsels nicht mehr vorhanden, der vorhandene nicht verpflichtend und dadurch jedem, der den Wechsel vor der Verfälschung gezeichnet hat, die gegenüber jedem Wechselinhaber durchgreifende Einrede der Fälschung gegeben sei. Dies wird namentlich auch für die Wechselsumme gelehrt, dafür im besonderen auch der Gedanke abgelehnt, daß die kleinere Summe in der größeren enthalten sei, also gegebenenfalls für jene die Verpflichtung bestehen bleibe; von diesem Standpunkt könnte also auch nichts darauf ankommen, daß in dem hier gegebenen Falle die Wechselsumme herabgesetzt worden ist.

In der Rechtsprechung ist dieser strengere Standpunkt vor allem vom Reichsoberhandelsgericht[2] vertreten worden: ROHG. Bd. 13 S. 155, Bd. 19 S. 270, Bd. 23 S. 340. Insbesondere in dem erstangeführten Falle, wo die Verfallzeit durch den Wechselinhaber abgeändert worden

---

[1] Für diese strengere Ansicht seien angef. Wächter, Wechselrecht § 109 in u. zu Anm. 14, 19, 24; Grünhut, Wechselrecht I § 63 S. 430 bes. in u. zu Anm. 1, 2 (Lehrb. § 29 S. 107); Staub-Stranz, WO.[9] Art. 75, 76 Anm. 9 flg. bes. 16; Stranz, WO.[12] Art. 76 Anm. 8 flg.; Rehbein-Mansfeld, WO. Art. 75, 76 Erl. 5; Art. 87 Erl. 3; Bernstein, WO. zu Art. 75, 76. Vgl. Thöl, Wechselrecht[4] einers. § 173 I S. 695, anders. § 183 I S. 745. Für Erhaltung der ursprünglichen Verpflichtung: Renaud, Wechselrecht § 17 a. E.; Lehmann § 108 S. 412 verbd. mit § 145 Nr. 8; Dernburg, Bürgerl. Recht[4] II 2 § 276 Anm. 12 § 288 Nr. 1 (S. 390, 400). D. E.

[2] Von sonstiger Rechtspr. s. z. B. einers. OLG. Bd. 28 S. 406 (Hamburg) für die strengere, anders. Recht 1910 Nr. 578 (Stettin) für die andere Ansicht. D. E.

war, wurde ausgesprochen, daß keine Haftung mehr aus dem Akzept bestehe: der veränderte Wechsel sei nicht akzeptiert, der akzeptierte existiere nicht mehr; gleichgültig sei, ob die Änderung nachteilig sei oder einer Vereinbarung entspreche.

Demgegenüber wird bei der Frage, ob trotz Verfälschung des Wechselinhalts die Verpflichtung aus dem ursprünglichen Inhalt und nach dessen Maßgabe fortdauern könne, in der Entscheidung RGZ. Bd. 54 S. 386 (vgl. aber auch schon Bd. 8 S. 43 oben und Bd. 32 S. 38) grundsätzlich davon ausgegangen, daß in dem Begriff der Verfälschung an sich nichts liege, was diese Fortdauer hindere. Vielmehr wird das Entscheidende nur in der Art gefunden, in der die Verfälschung ausgeführt ist und danach auf die Integrität des echten Wechselinhalts eingewirkt hat. Es wird der Rechtsgrundsatz ausgesprochen, daß die Wechselverpflichtung nach dem ursprünglichen Wechselinhalt erhalten bleibt, wenn die fälschende Veränderung den ursprünglichen Text nicht affiziert, sondern dergestalt unberührt läßt, daß er neben der Veränderung in voller Integrität bestehen bleibt und nach Entfernung des fälschenden Zusatzes, sei es in Gedanken, sei es tatsächlich, auch in dieser seiner Integrität wieder erkennbar wird. Hieran ist festzuhalten. Weder allgemeine Rechtsgrundsätze noch die besondere Natur des formellen Wechselrechts stehen dieser Auffassung entgegen. Sie steht auch mit den Vorschriften der Wechselordnung im Einklang: enthält diese auch keine Bestimmungen über die Folgen einer Verfälschung des Wechselinhalts, so lassen doch die Vorschriften der Artikel 75 und 76 über falsche und gefälschte Wechselunterschriften die Tendenz erkennen, die rechtlichen Wirkungen der Fälschungen und Verfälschungen nach Möglichkeit auszuschließen. Die hier vertretene Auffassung entspricht endlich auch der überwiegenden Entwicklung des ausländischen Wechselrechts und Wechselverkehrs, als deren Niederschlag das auf der Zweiten Haager Wechselrechts-Konferenz unterzeichnete Abkommen zur Vereinheitlichung des Wechselrechts vom 23. Juli 1912 nebst der zugehörigen Einheitlichen Wechselordnung angesehen werden darf, wie es unter dem 23. Mai 1913 dem Reichstag zur verfassungsmäßigen Genehmigung vorgelegt, aber noch nicht verabschiedet worden ist (RT. 13. Leg.-Periode, I. Sess. 1912/13, Drucks. Nr. 1002): in Art. 69 der Einheitlichen Wechselordnung[1] wird ausdrücklich bestimmt, daß, wenn der Text eines Wechsels geändert wird, diejenigen, die den

[1] Über dessen Entstehungsgeschichte u. den Stand des ausländischen Wechselrechts zur Frage s. Haager Konferenz zur Vereinheitlichung des Wechselrechts 1910, documents S. 5 (Nr. 28), 37, 91, 133, 224, 275, 324; actes (Protokolle) S. 205, 229, 262, 331, 384: 1912 documents S. 187, actes Bd. I S. 89, Bd. II S. 97. Vgl. auch Felix Meyer, Weltwechselrecht I S. 49, 65, 66, II S. 34, 65. D. E.

Wechsel nach der Änderung unterschrieben haben, entsprechend dem geänderten Texte, wer früher unterschrieben hat, nach dem ursprünglichen Texte haftet. Der in diesem Zusammenhang gelegentlich in der Rechtsprechung (Karlsruhe, DJZ. 1907 Sp. 664) berührte Gesichtspunkt, ob der Wechsel mit dem ursprünglichen Inhalt präsentiert und protestiert sei, kann hier unbeachtet bleiben, weil aus dem Akzept geklagt ist (WO. Art. 44).

Daß im vorliegenden Falle die dem Wechselinhalt eingefügten Zusätze (nur noch gültig auf 972000 ℳ) im dargelegten Sinne weggedacht werden können, bedarf keiner Ausführung. Die Frage ist aber, ob auch die — durchstrichene — ursprüngliche Wechselsumme zur vollen Integrität dadurch wiederhergestellt werden kann, daß die Durchstreichung gleichfalls weggedacht wird. In dem in RGZ. Bd. 54 S. 386 entschiedenen Falle lag eine Durchstreichung nicht vor; vielmehr war nur der Wortbezeichnung der Wechselsumme das Wort dreitausend vorangesetzt. Indessen ist gegen die Anwendung des dort herausgestellten und hier vertretenen Grundsatzes auf die Durchstreichung weder ein tatsächlicher noch ein rechtlicher Grund abzusehen. In der ersten Hinsicht genügt es, darauf hinzuweisen, daß unstreitig der Betrag der ursprünglichen Wechselsumme nach Zahlen und Buchstaben ohne weiteres lesbar geblieben war. Ein Bedenken rechtlicher Art würde sich dann erheben, wenn der Durchstreichung als solcher eine in formalem Sinne so sehr zerstörende Bedeutung beizumessen wäre, daß Durchstrichenes überhaupt nicht mehr als vorhanden, vielmehr als vernichteter Teil des Wechselinhalts anzusehen wäre. Eine Rechtsansicht, wie sie in der Entscheidung ROHG. Bd. 19 S. 270, wo es sich um die Durchstreichung eines Indossaments handelte, dahin Ausdruck gefunden hat, daß auch der Nachweis, die Durchstreichung sei aus Versehen oder von einem Unbefugten geschehen, „die zerstörte Form nicht wiederherstellen und, dem Geiste des Wechselrechts nach, dieselbe nicht ersetzen" könne.[1]

Eine so weitgehende Auffassung indessen von der Bedeutsamkeit der Durchstreichung — dergestalt daß Durchstrichenes aus der Wechselurkunde endgültig beseitigt, nicht mehr vorhanden und nicht mehr, wenn auch nur in Gedanken, wiederherstellbar wäre — findet weder in den Vorschriften des Wechselordnung eine Grundlage noch kann sie nach Lage des hier gegebenen Falles befriedigen. Die Wechselordnung enthält keine allgemeine Vorschrift über die Bedeutung von Durchstreichungen, überhaupt keinen allgemeinen Grundsatz über die endgültige Zerstörung der Wechselschuld durch Formalakte. Während im Rahmen des Art. 21 Abs. 4 die Durchstreichung — eines Akzeptes — sogar

[1] Vgl. auch Wächter § 48 S. 177; Lehmann § 145 in [3]; Grünhut § 61 auf S. 434. D. E.

wirkungslos ist, werden Durchstreichungen im allgemeinen nur mit Bezug auf Indossamente in Art. 36 Satz 4 und in Art. 55 erwähnt, wonach ausgestrichene Indossamente bei Prüfung der Legitimation des Wechselinhabers als nicht geschrieben angesehen werden und jeder Indossant, der einen seiner Nachmänner befriedigt hat, sein eigenes und seiner Nachmänner Indossament ausstreichen kann. Zur Frage, ob durch die Durchstreichung des Giros das Wechselrecht endgültig untergehe, hat die Rechtsprechung des Reichsgerichts bisher keine Stellung genommen (vgl. JW. 1912 S. 254 Nr. 26, 1915 S. 1123 Nr. 7). Allerdings ist die Durchstreichung von Geschriebenem verkehrsgeläufig ein Tilgungsakt: sie bedeutet regelmäßig einen Widerruf der geschriebenen Willenserklärung. Aber dies ist nicht das hier Entscheidende: die Frage ist vielmehr die, ob die durchstrichene Wechselsumme derart beseitigt ist, daß die Durchstreichung nicht im Sinne des oben Dargelegten weggedacht werden kann.

Im übrigen kann nach dem Inhalt des vorliegenden Wechsels in seiner konkreten Beschaffenheit über den Betrag der früheren Wechselsumme kein Zweifel sein. Beide Beträge, der ursprüngliche wie der mit dem Zusatz „nur noch gültig auf" beigefügte neue Betrag, sind in Zahlen und in Worten geschrieben. Würden die Striche fehlen, so würde — von der Verfälschung abgesehen — die Vorschrift des Art. 5 Abs. 2 WO. eingreifen und danach die geringere Summe gelten. Es hieße die im Wechselrechte wenngleich in gewissem Umfang gebotene formale Betrachtungsweise überspannen, wollte man um der — ohne Notwendigkeit, nur zur Verdeutlichung — angebrachten Durchstreichung willen die — gedankliche — Wiederherstellbarkeit der ursprünglichen Wechselsumme verneinen und so den Wechsel schlechthin zu Fall bringen. Vielmehr hat das Berufungsgericht ohne Rechtsverstoß die Wechselverpflichtung des Beklagten als fortdauernd und auch die Beweiskraft der Wechselurkunde als nicht aufgehoben angesehen.

---

24. Kann Aufwertung verlangt werden, wenn in einem Testament von 1919 einem der Miterben das Recht vermacht ist, Grundstücke zum Preise von 50000 ℳ zu übernehmen?

IV. Zivilsenat. Urt. v. 21. Februar 1924 i. S. K. u. Gen. (Bekl.) w. K. (Kl.). IV 274/23.

I. Landgericht Leipzig. — II. Oberlandesgericht Dresden.

Der am 22. November 1919 in B. verstorbene Getreidehändler R. K. hat durch Testament vom 20. Oktober 1919 seine Frau, die

Beklagte zu 1, zu $^1/_4$ und seine Kinder, nämlich den Kläger und die Beklagten zu 2—4, zu je $^3/_{16}$ zu Erben eingesetzt. Über seinen Grundbesitz, der aus einem Hausgrundstück, einer Scheune und einem Feldgrundstück bestand, hat er bestimmt: unter Nr. 9 des Testaments: „Meinem Sohn Walter ist von meiner Frau und den übrigen Kindern auf Verlangen an meinem Grundbesitz ein Vorkaufsrecht zu bestellen", und unter Nr. 11: „Das Vorkaufsrecht auf die Scheune und das Hausgrundstück darf Walter ausüben jederzeit, wenn er mindestens 50000 *M* dafür zusammen bietet." Auf die Klage des Walter R. verurteilte das Landgericht die Beklagten, ihm das Hausgrundstück und die Scheune Zug um Zug gegen Zahlung von 50000 *M* in den Nachlaß aufzulassen. Das Oberlandesgericht wies die Berufung der Beklagten zurück. Ihre Revision hatte Erfolg.

Gründe:

In Übereinstimmung mit dem Landgericht nimmt das Berufungsgericht an, daß der Erblasser seinem Sohn Walter in Nr. 9 des Testaments das Recht auf Bestellung eines dinglichen Vorkaufsrechts an seinem gesamten Grundbesitz im Sinne der §§ 1098, 505 Abs. 2 BGB., unter Nr. 11 dagegen das Recht eingeräumt hat, sein Hausgrundstück und seine Scheune für den festbestimmten Preis von 50000 *M* jederzeit, also auch dann zu übernehmen, wenn vorher ein Kaufvertrag mit einem Dritten nicht abgeschlossen sei....

Die Revision meint, es könne nicht gleichzeitig ein Vorkaufsrecht und der Gegenstand des Vorkaufsrechts selbst, nämlich das Grundstück, vermacht sein. Allein so liegt die Sache hier nicht. Soweit das Recht auf ein Vorkaufsrecht unter Nr. 9 hinsichtlich aller Grundstücke vermacht ist, handelt es sich um ein Vermächtnis im Sinne des § 1939 BGB., und zwar, da der Kläger Miterbe ist, um ein Vorausvermächtnis (§ 2150). Die Bestimmung unter Nr. 11 stellt dagegen zunächst lediglich eine Teilungsanordnung nach § 2048 dar (vgl. § 2049), kraft deren der Kläger das Recht hat, bei der Auseinandersetzung Haus und Scheune gegen Zahlung von 50000 *M* zu übernehmen. Wenn der Kläger von diesem Recht keinen Gebrauch macht, bleibt das Vorkaufsrecht auch insoweit bestehen. Macht er Gebrauch davon, so erledigt sich das Vorkaufsrecht hinsichtlich des Haus- und Scheunengrundstücks, hinsichtlich des Feldgrundstücks bleibt es aufrechterhalten. Ob der Erblasser den Übernahmepreis etwa geringer bemessen hat, als dem wahren Werte des Grundstücks damals entsprach, und ob deshalb in der Teilungsanordnung zugleich auch insoweit ein Vorausvermächtnis für den Kläger enthalten ist (vgl. Mot. Bd. 5 S. 688 zu § 2152 Entw. I, Urt. d. RG. v. 27. Februar 1908, IV 537/07, abgedr. Seuff. Arch. Bd. 63 Nr. 227 u. Warn. 1908 Nr. 326; 29. Juni 1922 IV 766/21), kann hier dahingestellt bleiben. Wenn das auch zu bejahen wäre, könnten beide Vorausvermächtnisse nebeneinander bestehen.

Dagegen ist die Entscheidung des Berufungsgerichts, daß der Kläger den Beklagten nur 50000 ℳ als Entgelt für die Überlassung von Haus und Scheune zu zahlen habe, rechtlich nicht haltbar. (Es werden zunächst Angriffe, welche die Revision gegen die Ablehnung des Antrags der Beklagten auf Vernehmung von Zeugen über die Bedeutung des Wortes „mindestens" unter Nr. 11 des Testaments erhoben hatte, für begründet erklärt. Dann heißt es weiter:)

Aber auch wenn man sich auf den Standpunkt des Berufungsgerichts stellt, daß dem Worte „mindestens" keine Bedeutung beizumessen sei, daß vielmehr der Erblasser den vom Kläger für die Übernahme der Grundstücke zu zahlenden Preis auf den festen Betrag von 50000 ℳ bestimmen wollte, so unterliegt auch von diesem Standpunkt aus das Urteil rechtlichen Bedenken. Indem der Erblasser den Übernahmepreis auf 50000 ℳ festsetzte, brachte er zum Ausdruck, daß er diesen Betrag nach den damaligen wirtschaftlichen Verhältnissen als eine angemessene Abfindung der übrigen Erben von dem Werte der Grundstücke betrachtete. Es entsprach deshalb sicher nicht seinem Willen, daß bei einer so grundstürzenden Geldentwertung, wie sie nach seinem Tode eingetreten ist, die Beklagten sich mit einem Betrage, der zu dem Werte des Grundstücks in gar keinem Verhältnis steht, je nach dem Zeitpunkt, der für die Berechnung maßgebend ist, vielleicht einem Nichts gleichkommt, begnügen sollten. Es ist auch nach den Umständen des vorliegenden Falls unbedenklich, einen genügenden Ausdruck dieses Willens in der Festsetzung des Abfindungsbetrags zu erblicken. Jedenfalls müßte man auf Grund einer ergänzenden Auslegung, wie sie in neueren Entscheidungen des Reichsgerichts für zulässig erklärt ist, zu diesem Ergebnis kommen (Gruchot Bd. 62 S. 248, RGZ. Bd. 99 S. 82, Urt. v. 4. Januar 1923 IV 100/22). Von diesem Standpunkt aus würde also zu ermitteln sein, in welchem Verhältnis der Betrag von 50000 ℳ zur Zeit der Testamentserrichtung zu dem wirklichen Werte der Grundstücke stand. Das ist aber nur einer der Faktoren, die für die Ermittlung des jetzt angemessenen Abfindungsbetrags von Bedeutung sind. Hinsichtlich der weiter maßgebenden Umstände sind auch von diesem Standpunkt aus die oben erörterten Beweisanträge erheblich. Unter Berücksichtigung aller der auf Grund der erneuten Verhandlung festzustellenden Tatsachen, wobei auch die jetzige Vermögens- und Geschäftslage des Klägers nicht außer Betracht bleiben darf, muß dann ein Betrag gefunden werden, der im Sinne des Erblassers nach den heutigen Verhältnissen als eine angemessene Abfindung der Beklagten von dem Werte der Grundstücke angesehen werden kann.

Zu dem gleichen Ergebnis führt die Anwendung des § 242 BGB.

Er gilt zwar nur für Schuldverhältnisse. Ein solches liegt aber auch vor. Denn wenn der Kläger von dem Rechte, die Grundstücke zu übernehmen, Gebrauch macht, erwächst daraus den Beklagten die Verpflichtung zur Auflassung der Grundstücke und dem Kläger die Verpflichtung zur Zahlung des Preises, ganz abgesehen davon, daß, soweit nach dem oben Erörterten ein Vorausvermächtnis vorliegt, schon daraus eine Schuldverbindlichkeit entstanden ist (§ 2174 BGB.). Vom Standpunkte des § 242 BGB. würde es aber in hohem Maße gegen Treu und Glauben verstoßen, wenn der Kläger die Beklagten von dem wertvollen Grundstücke mit fast oder völlig wertlosen Papiergeldmarkbeträgen abfinden wollte (vgl. die hier freilich nicht unmittelbar eingreifenden Urteile des RGZ. Bd. 106 S. 7, 11, Bd. 107 S. 87).

Dem Kläger wird es allerdings auch hier (vgl. RGZ. Bd. 106 S. 7, 11) freigestellt werden müssen, sich angesichts der veränderten Sachlage zu erklären, ob er die Übertragung zu dem aufgewerteten Preise noch verlangen will. Zur Abgabe dieser Erklärung und einer entsprechenden Änderung des Klagantrags, in der keine Klagänderung, sondern nur eine Ermäßigung seines Anspruchs zu finden wäre, würde er im gegenwärtigen Prozesse befugt sein.

Was die Frage anlangt, welcher Zeitpunkt für die Aufwertung maßgebend ist, so ist grundsätzlich davon auszugehen, daß der Zeitpunkt der Auseinandersetzung, im vorliegenden Falle also der der Auflassung des Grundstücks, maßgebend sein muß (vgl. Urt. d. RG. vom 12. Juli 1923 IV 598/22). Insoweit allerdings eine Hinausschiebung dieses Zeitpunktes auf vertretbare Handlungen der einen oder anderen Partei zurückzuführen ist, wird ein anderer Zeitpunkt in Betracht kommen können. In dieser Beziehung ist zu berücksichtigen, daß der Kläger selbst bis jetzt die Übertragung des Grundbesitzes für 50000 ℳ verlangt, während nach den vom Kläger überreichten Briefen zweier Beklagten diese sich schon vor längerer Zeit mit Übertragung des Grundbesitzes gegen Aufwertung des Betrages von 50000 ℳ einverstanden erklärt haben. Der Kläger hat zudem bis jetzt lastenfreie Übertragung des Grundbesitzes gefordert, die er nach dem von ihm nicht angefochtenen Berufungsurteil nicht verlangen kann. Es muß dem Berufungsgericht überlassen bleiben, auch zu diesem Punkt nach Ergänzung der Feststellungen Entscheidung zu treffen.

---

25. 1. **Kann ein Geisteskranker, der als Pflegling einer Irrenanstalt mit seiner Wärterin Geschlechtsverkehr gepflogen hat und als Erzeuger ihres außerehelichen Kindes zur Zahlung von Unterhaltsgeldern verurteilt ist, von dem Eigentümer der Anstalt Schadensersatz verlangen?**

2. Mitwirkendes Verschulden eines Geisteskranken nach § 254 BGB.

III. Zivilsenat. Urt. v. 22. Februar 1924 i. S. Provinz H. (Bekl.) w. Sch. (Kl.). III 259/23.

I. Landgericht Hannover. — II. Oberlandesgericht Celle.

Der im Jahre 1893 für geisteskrank erklärte und entmündigte Kläger wurde im Jahre 1905 gegen Entgelt in die Heil- und Pflegeanstalt der beklagten Provinz zu L. aufgenommen. Dort verkehrte er mit seiner Pflegerin M. C. wiederholt geschlechtlich und wurde als Erzeuger des von ihr im August 1918 außerehelich geborenen Kindes rechtskräftig zur Zahlung von Unterhaltsgeldern verurteilt. Er verlangt von der Beklagten wegen schuldhafter Verletzung ihrer Obhuts- und Fürsorgepflicht Ersatz allen Schadens, der ihm infolge der Erzeugung des Kindes entstanden sei und noch entstehen werde. Seiner Klage wurde in den beiden ersten Rechtszügen stattgegeben. Auf die Revision der Beklagten wurde das Berufungsurteil aufgehoben und die Sache an das Berufungsgericht zurückverwiesen.

Gründe:

Der Auffassung des Berufungsrichters, daß die Beklagte im Rahmen des mit dem Kläger geschlossenen Vertrags für ein Verschulden der C. als ihrer Erfüllungsgehilfin wie für eigenes aufzukommen habe und deshalb wegen der dem Kläger in der bezeichneten Weise erwachsenen Vermögensnachteile in Anspruch genommen werden könne, ist beizutreten. Mit Unrecht rügt die Revision daß das Berufungsgericht die Vertragspflichten der Beklagten, insbesondere ihre Sorgfalts- und Bewachungspflicht, überspanne.

Mit der entgeltlichen Aufnahme des Klägers in ihre Anstalt wurde für die Beklagte die vertragliche Pflicht begründet, dem Kläger neben der Gewährung von Wohnung, Kost und ärztlicher Behandlung diejenige Obhut und Fürsorge angedeihen zu lassen, die für einen Geisteskranken von der Art des Klägers objektiv und subjektiv erforderlich sind, ihm eine angemessene und geordnete Lebensführung zu ermöglichen, ihn vor falschen, zur Schädigung seiner Person oder seines Vermögens geeigneten Schritten zu bewahren und seinem kranken Sinne gefährliche Einflüsse und Eindrücke von ihm fernzuhalten. Aus dem Entmündigungsbeschluß wußte die Beklagte, daß die medizinischen Sachverständigen den Kläger „für unfähig erklärt hatten, an der Gestaltung seines Lebens mitzuwirken und ein Vermögen zweckmäßig zu verwalten". Daß hierin eine Änderung eingetreten sei, behauptet die Beklagte selbst nicht. Es leuchtet nun aber ohne weiteres ein, daß bei einem solchen Kranken, der nach den im Entmündigungsbeschluß erwähnten ärztlichen Gutachten an angeborenem Schwachsinn, an hochgradiger Geistes- und Willensschwäche leidet und der leicht fremden Einflüssen unterliegt, mit einem Mangel an moralischer Kraft und an den zur Zügelung des Geschlechtstriebs erforderlichen seelischen Hemmungen zu rechnen ist. Die Beklagte hatte daher auch durch sachgemäße Überwachungs- und sonstige Maßregeln zu verhüten, daß der Kläger außerehelichen Geschlechtsverkehr pflog und sich so nicht nur der Möglichkeit gesundheitlicher Schädigung, sondern auch der Gefahr aussetzte, seine Person mit moralischen und sein Vermögen mit unberechenbaren geldlichen Verpflichtungen zu belasten. Zur Erfüllung ihrer vertraglichen Obhuts- und Fürsorgepflicht bediente und bedient sie sich auch der Wärter und Wärterinnen, die mit den Kranken naturgemäß in viel häufigere und nähere Berührung kommen als die Anstaltsärzte, und häufig, sei es nach Weisung sei es nach eigenem, pflichtmäßigem Ermessen, auf das Tun und Lassen der Irren unmittelbar einzuwirken haben. Sie haben jederzeit, sobald sie sehen, daß ein Kranker etwas tut oder zu tun im Begriffe ist, was mit den Anstaltsregeln in Widerspruch steht oder ihn zu schädigen geeignet ist, einzuschreiten und, soweit ihre Kraft reicht, jedem Unfug entgegenzutreten oder, falls sie es nicht vermögen, sofort die Weisung des Arztes einzuholen. Wärter und Wärterinnen, welche im Gegensatze dazu außerehelichen Geschlechtsverkehr eines Irren innerhalb der Anstalt dulden oder gar fördern, verletzen daher gröblich ihre Dienstobliegenheiten und damit zugleich dem Kranken gegenüber die Obhuts- und Fürsorgepflicht, deren Wahrnehmung die Beklagte ihnen anvertraut hat. Wenn die C. sich selbst dem Kläger geschlechtlich hingab, tat sie gerade etwas, zu dessen Verhütung sie im Rahmen der von der Beklagten dem Kläger gegenüber eingegangenen Verpflichtungen von der Anstalt angestellt und berufen war. Ihre geschlechtlichen Beziehungen zum Kläger lassen sich daher von ihren auch das Vertragsverhältnis der Parteien berührenden Dienstpflichten nicht trennen, sie stehen mit diesen vielmehr in engstem, innerem Zusammenhange. Mag der Beklagten die Anstellung von Wärterinnen für männliche Kranke während des Kriegs auch nicht zum Vorwurfe gereichen, die Gefahr einer solchen Anstellung hatte sie zu tragen. Von ihrer Verbindlichkeit, dem Kläger keine Gelegenheit zu außerehelichem Geschlechtsverkehr mit seinen weittragenden Folgen zu geben, wurde sie dadurch nicht befreit. Überließ sie die Erfüllung dieser Verbindlichkeit einer weiblichen Person, so hat sie deren Verschulden dabei nach Maßgabe des § 278 BGB. zu vertreten.

Dagegen ist die Begründung, mit welcher der Berufungsrichter die Annahme eines Mitverschuldens des Klägers ablehnt, nicht einwandfrei. Rechtsirrig ist es zunächst, daß er mit Rücksicht auf die vertragliche Verpflichtung der Beklagten, den Kläger durch angemessene

Schutzaufsicht an Selbstbeschädigung zu hindern, ihr das Recht versagt, sich einer solchen gegenüber überhaupt auf ein mitursächliches schuldhaftes Verhalten des Klägers und demgemäß auf § 254 BGB. zu berufen. Wäre das richtig, so dürfte auch der im Rahmen eines Dienstvertrags nach § 618 BGB. schutzpflichtige Dienstherr bei eigenem Verschulden von seiner Schadensersatzpflicht sich auch nicht einmal teilweise durch den Nachweis befreien, daß der Schaden mit auf grobe Fahrlässigkeit des Verletzten zurückzuführen sei. Beides würde aber einen Freibrief für die Unvorsichtigkeit solcher Personen bedeuten, die sich der Fürsorge und dem Schutze Dritter anvertrauen und gegen Sinn und Zweck des § 254 BGB. verstoßen. Dieser stellt dem Richter bei jeder Schadensentstehung die Aufgabe, den Schaden nach den Umständen des Falles d. h. nach den Grundsätzen der Billigkeit, zu verteilen, ohne die vom Berufungsrichter gewollte Ausnahme zu machen oder zu gestatten.

Mit Recht wendet sich die Revision aber auch dagegen, daß der Berufungsrichter die Unverantwortlichkeit des Klägers aus § 827 BGB. herleitet. Dem angefochtenen Urteil ist wenigstens nicht mit Sicherheit zu entnehmen, daß der Berufungsrichter der Tragweite dieser Vorschrift völlig gerecht geworden ist. Er geht nämlich davon aus und betont wiederholt, daß der Kläger dann nicht mithaftbar zu machen sei, wenn er sich bei Anbahnung und während des Geschlechtsverkehrs in einem Zustande krankhafter Störung der Geistestätigkeit befunden habe. Damit allein läßt sich aber die Anwendung des § 827 zugunsten des Klägers nicht rechtfertigen. Ein Geisteskranker ist vielmehr für den von ihm angerichteten Schaden nur dann nicht verantwortlich, wenn er in einem willensunfreien, in einem die freie Willensbestimmung ausschließenden Zustande gehandelt hat. Dieses Tatbestandsmerkmal des § 827 hat der Berufungsrichter nicht nur nicht festgestellt, sondern in seinen eingehenden Ausführungen auch nicht einmal erwähnt. Es erscheint daher nicht ausgeschlossen, daß er dem § 827 eine andere Bedeutung beigemessen hat, als ihm nach seinem Wortlaut und der Absicht des Gesetzgebers zukommt.

Daß die Verantwortlichkeit des Klägers nur nach § 827 BGB. zu beurteilen ist, unterliegt keinem Bedenken. Das Reichsgericht hat wiederholt ausgesprochen, daß § 828 BGB. nicht nur bei Begehung einer unerlaubten Handlung, sondern, wie seine Erwähnung in § 276 zeigt, auch auf dem Gebiete des Vertragsrechts und auch in Fällen Platz greift, in denen der Minderjährige nicht einen Dritten geschädigt, sondern bei einer Schädigung seiner eigenen Person oder seines eigenen Vermögens mitgewirkt hat (vgl. RGZ. Bd. 51 S. 275, Bd. 59 S. 221). Dasselbe muß auch hinsichtlich des § 827 BGB. bei Selbstbeschädigung Geisteskranker gelten (vgl. JW. 1902 Beil. S. 212). Der Berufungsrichter durfte die Verantwortlichkeit des Klägers also nur dann verneinen, wenn feststand, daß seine Willensfreiheit in der kritischen Zeit völlig aufgehoben war. Minderung der Geistes- und Willenskraft, krankhafte Gleichgültigkeit gegen die Folgen des eigenen Handelns, Unfähigkeit zu ruhiger und vernünftiger Überlegung erfüllen, wie der erkennende Senat bereits im Urteil vom 11. Dezember 1906 III 170/06 ausgesprochen hat, für sich allein nicht den Tatbestand des § 827 BGB. (vgl. auch RGZ. Bd. 74 S. 110; JW. 1908 S. 210 Nr. 32).

Die Rechtslage gestaltet sich daher folgendermaßen. Die Beklagte hat an sich die Voraussetzungen für die Anwendbarkeit des § 254 BGB. zu behaupten und zu beweisen. Sie genügt jedoch ihrer Beweispflicht durch Darlegung eines Tatbestandes, der nach dem gewöhnlichen Laufe der Dinge und nach den Erfahrungen des Lebens darauf schließen läßt, daß die Entstehung eines Schadens mit auf ein schuldhaftes Verhalten des Geschädigten zurückzuführen ist. Ein solcher Tatbestand ist im vorliegenden Falle gegeben. Ihm gegenüber beruft sich der Kläger auf den Ausschluß seiner Willensfreiheit. Diesen, d. h. seine Unzurechnungsfähigkeit, muß er beweisen. Dazu reicht aber der Hinweis auf seine Entmündigung nicht aus, da auch ein wegen Geisteskrankheit Entmündigter nicht unfähig ist, eine unerlaubte Handlung im Rechtssinne zu begehen und für ihre Folgen in Anspruch genommen zu werden. Eine dem § 104 Nr. 3 BGB. entsprechende Bestimmung ist bei Regelung der zivilrechtlichen Verantwortlichkeit Geisteskranker für unerlaubte Handlungen in den § 827 BGB. nicht aufgenommen. Glaubte aber der Berufungsrichter nach den besonderen Umständen des Falles aus der Tatsache der Entmündigung und aus den ihr zugrunde liegenden Gutachten genügende Anhaltspunkte für die Annahme der Willensunfreiheit des Klägers schöpfen zu können, so durfte er den von der Beklagten angetretenen Gegenbeweis, daß der Kläger zur Zeit des Geschlechtsverkehrs mit der C. nur an einem die freie Willensbestimmung nicht ausschließenden Schwachsinn gelitten habe, nicht unberücksichtigt lassen. Die Sache mußte deshalb unter Aufhebung des angefochtenen Urteils zur nochmaligen Erörterung der Verantwortlichkeit oder Unverantwortlichkeit des Klägers an das Berufungsgericht zurückverwiesen werden. Nur wenn es die Willensunfreiheit verneint, ist für die Anwendung des § 254 BGB. Raum. Dann wird im Rahmen dieser Bestimmung bei Abwägung des Verschuldens der C. und des Klägers nach der kausalen und nach der subjektiven Seite hin der Schwachsinn oder die sonstige geistige Störung des Klägers zu berücksichtigen und zu prüfen sein, ob je nach der überwiegenden Bedeutung des einen oder des anderen Verschuldens und nach den sonstigen Umständen des Falles die Beklagte für den eingetretenen Schaden voll oder nur teilweise aufzukommen hat.

26. 1. Kann eine Vormerkung zugunsten des Anspruchs auf Auflassung eines Grundstücks auch dann schon eingetragen werden, wenn die nach der VO. vom 15. März 1918 über den Verkehr mit landwirtschaftlichen Grundstücken gebotene behördliche Genehmigung noch nicht erteilt ist?

2. Was bedeuten in § 9 Abs. 1 des Reichssiedlungsgesetzes vom 11. August 1919 die Worte „in Ausübung des Vorkaufsrechts"?

3. Was ist unter „Mitteilung des Inhalts" des zwischen dem Vorkaufsverpflichteten und dem Dritten geschlossenen Vertrags nach § 7 des Reichssiedlungsgesetzes, § 510 Abs. 1 BGB. zu verstehen?

4. Wirksamkeit einer Vereinbarung darüber, unter welchen Voraussetzungen das Erfordernis des Zugehens einer Willenserklärung (§ 130 BGB.) als erfüllt gelten soll.

V. Zivilsenat. Urt. v. 23. Februar 1924 i. S. Landbank, A.-G. in B. (Kl.) w. Z. (Bekl.). V 400/23.

I. Landgericht Neuruppin. — II. Kammergericht Berlin.

Inhaltlich notariellen Vertrags vom 27. September 1921 verkaufte L. von seinem Rittergut R. einen Teil im Umfang von etwa 1200 Morgen an den Beklagten zum Preise von insgesamt drei Millionen Mark. Mitverkauft waren Inventar und Vorräte, worauf von dem Kaufpreis 800000 *M* entfallen sollten. Zu der verkauften Fläche gehörten etwa 200 Morgen Wald, wovon etwa 150 Morgen als mit schlagfähigem Holze bestanden im Vertrag bezeichnet werden; hierauf sollten vom Kaufpreis 1200000 *M* entfallen. Im übrigen war die verkaufte Fläche dahin bezeichnet, es sei derjenige Teil, der „auf der Karte des Guts R., bezeichnet Kyritz im August 1921 Vermessungsbureau P. und E. und unterzeichnet von „A. E., vereideter Landmesser", dem Notar und den Vertragsparteien, mit Rotstift umrandet sei". Im Vertrag (§ 1 Satz 3) war beigefügt, „der Vertrag" verbleibe in den Händen des Notars und solle von ihm dem Katasteramt eingereicht werden; hier soll ein Schreibfehler unterlaufen sein, der Satz habe von der Karte (nicht „Vertrag") gelten sollen.

Dem Vertrag vom 27. September 1921 folgten noch zwei Nachtragsverträge vom 24. Oktober 1921 und vom 20. Januar 1922. Der Vertragsschluß wurde behördlich genehmigt durch Verfügung des Landrats zu K. vom 14. März 1922. Der verkaufte Grundbesitz wurde bereits im ersten Vertrag dem Beklagten aufgelassen, auch erhielt er ihn übergeben. Dagegen erfolgte keine Eintragung über einen eingetretenen Eigentumserwerb zum Grundbuch; vielmehr wurde nur am 23. Oktober (und 29. Dezember) 1921 für den Beklagten eine Vormerkung „zur Erhaltung des Rechts auf Auflassung" in Abt. II

Nr. 2 und 3 eingetragen. In der Folge wurde nicht der Beklagte, sondern — am 27. Juli 1922 — die Klägerin als Eigentümerin der verkauften Fläche eingetragen und sie verlangt auf Grund dieses zum Grundbuch eingetragenen Erwerbs Herausgabe des verkauften Grundbesitzes (Räumung und Übergabe) sowie des gesamten auf dem Gute vorhandenen Inventars und Zubehörs, auch die Einwilligung des Beklagten in die Löschung der für ihn eingetragenen Vormerkungen. Die Klage wurde in der ersten und zweiten Instanz abgewiesen. Die Revision der Klägerin führte zur Aufhebung des Urteils.

Aus den Gründen:

Der veräußerte Grundbesitz unterstand dem Vorkaufsrecht des Landlieferungsverbands Brandenburg und Grenzmark nach Maßgabe der §§ 4—10, 14 des Reichssiedlungsges. vom 11. August 1919 (RGBl. S. 1429), § 14 preuß. AusfGes. dazu vom 15. Dezember 1919 (GS. 1920 S. 31). Dessen Geschäftsstelle ging als die nach § 8 Reichssiedlungsges., § 510 Abs. 1 BGB. dem Vorkaufsverpflichteten obliegende Mitteilung am 22. April 1922 ein Schreiben des Rechtsanwalts S. in K. zu — wie anscheinend unstreitig ist, im Namen des Beklagten und des Verkäufers L. —, das versehentlich an die Landgesellschaft Eigene Scholle in Frankfurt a. O. gerichtet und von dieser an die zuständige Geschäftsstelle des vorgenannten Verbands abgegeben worden war. Dem Schreiben lagen in Abschrift der Vertrag vom 27. September 1921 und vom 20. Januar 1922, nicht aber der vom 24. Oktober 1921 und nicht die Karte bei, aus der die verkaufte Fläche zu entnehmen war. Mit Schreiben vom 22. April 1922 an Rechtsanwalt S. erbat der Verband möglichst umgehende Übersendung der im Vertrag bezeichneten Karte oder des Katastermaterials und fügte bei, daß die Frist zur Ausübung des Vorkaufsrechts sechs Wochen betrage und erst in Lauf gesetzt werde, nachdem die bezeichneten Unterlagen dem Verband zugegangen seien. Mit Schreiben vom 25. April 1922 erwiderte Rechtsanwalt S., die Karte befinde sich als Anlage des Vertrags vom 27. September 1921 bei den Akten des Geschäftsfertigers Notars R. in B., Bülowstraße 23; die Geschäftsstelle des Verbands wurde ersucht, die Karte bei dem Genannten unmittelbar anzufordern und dem Rechtsanwalt S. mitzuteilen, wann die Karte jener vorgelegt worden sei; auch möge man diesem die Entschließung über die Ausübung des Vorkaufsrechts möglichst bald zugehen lassen. Dieses Schreiben vom 25. April ging bei dem Verband am 26. April ein und dieser richtete unter dem 27. gl. M. das Ersuchen um Übersendung der Karte an den Notar R. Unstreitig hat dieser dem Verband die Karte am 28. April zur Einsichtnahme vorgelegt. Hiervon hat der Verband dem Rechtsanwalt S. mit Schreiben vom 29. April Mitteilung gemacht und beigefügt, somit sei die sechswöchige Frist zur Ausübung des Vorkaufsrechts (§ 7 Abs. 1 Satz 2 Reichssiedlungsges.) am 28. April in Lauf gesetzt worden. In einem an Rechtsanwalt G. in B., vor dem der Vertrag vom 20. Januar 1922 geschlossen worden war, gerichteten Schreiben vom 4. Mai 1922 hat Rechtsanwalt S. — in Beantwortung eines Schreibens jenes vom 1. gl. M. — u. a. ausgesprochen, für den Landlieferungsverband habe die Frist zur Erklärung über das Vorkaufsrecht erst am 28. April 1922 zu laufen begonnen; inhaltlich des Tatbestands des angefochtenen Urteils soll Rechtsanwalt S. mit Schreiben vom 4. Mai 1922 dem Landlieferungsverband bestätigt haben, die Frist sei am 28. April in Lauf gesetzt worden.

Am 2. Juni 1922 übersandte Rechtsanwalt S. dem Landlieferungsverband abschriftlich noch den Vertrag vom 24. Oktober 1921, der dem Verband am 4. oder 5. Juni zuging.

Mit Schreiben vom 7. Juni 1922, an den Verkäufer L. gerichtet, erklärte der Landlieferungsverband, daß er das Vorkaufsrecht bezüglich des verkauften Grundbesitzes ausübe und die hieraus sich für ihn ergebenden Rechte und Pflichten der Landbank, Gemeinnützigen Siedlungsgesellschaft in Berlin, d. i. der jetzigen Klägerin, übertrage. Die an L. gerichtete Fertigung dieser Erklärung ging unter der Adresse Rittergut R. Post Lo. in der Mark, mit Postzustellungsurkunde versehen, dahin; da L. nach dort erlangter Auskunft sich in Bad P. aufhielt, ging das Schreiben an die für diesen Ort angegebene Adresse weiter und wurde ihm daselbst am 9. Juni 1922 zugestellt. Nach der Auffassung des Landlieferungsverbands und der Klagseite, die den Beginn der sechswöchigen Frist nach dem 28. April, wo die Karte des Vertrags vom 27. September 1921 seitens des Verbands eingesehen worden ist, berechnen, ist die Erklärung des Verbands dem Vorkaufsverpflichteten (Veräußerer) am letzten Tage der Frist, aber noch rechtzeitig zugegangen; nach Auffassung der beklagten Seite fällt das für den Anfang der Frist maßgebende Ereignis in den 26. April, wo bei dem Verband die Mitteilung über den Ort der Aufbewahrung der Karte einging, und die Frist wäre danach bereits mit dem 7. Juni 1922 abgelaufen. Die Vorinstanzen haben beide den 26. April als den maßgebenden Tag angenommen, erachten danach die Erklärung des Landlieferungsverbands für verspätet und demgemäß das Klagbegehren, da in Wahrheit kein Eigentumserwerb in der Person des Rechtsvorgängers der Klägerin eingetreten sei, für unbegründet.

Die Revision bestreitet die Rechtsbeständigkeit der Vormerkungen, auf die der Beklagte seine Rechtsverteidigung stützt, und beruft sich auf § 9 des Reichssiedlungsges., wonach, wenn das gemeinnützige Siedlungsunternehmen in Ausübung des Vorkaufsrechts ein Grundstück oder den Teil eines Grundstücks erwirbt, die eingetragenen Vormerkungen, die ein Recht auf Auflassung erhalten sollen (§ 883 BGB.), erlöschen.

Die Revision macht geltend, mit der Eintragung des Eigentumserwerbs der Klägerin zum Grundbuch — 27. Juli 1922 — seien die für den Beklagten eingetragenen Vormerkungen schlechthin erloschen, wobei auch zur Nachprüfung gestellt wird, ob sie nicht schon deshalb für unwirksam zu erachten seien, weil zur Zeit ihrer Eintragung (23. Oktober, 29. Dezember 1921) die landrätliche Genehmigung zur Veräußerung des Grundbesitzes (erteilt am 14. März 1922) noch nicht vorlag.

In beiden Richtungen konnte die Revision keinen Erfolg haben. Zutreffend ist das Berufungsgericht davon ausgegangen, daß auch dann, wenn das Vorkaufsrecht eines Siedlungsunternehmens gemäß § 4 Reichssiedlungsges. begründet ist und ausgeübt wird, der Kaufvertrag zwischen dem Vorkaufsverpflichteten und dem Dritten noch der Genehmigung der zuständigen Behörde in Gemäßheit der Bek. über den Verkehr mit landwirtschaftlichen Grundstücken vom 15. März 1918 bedarf; es genügt, in dieser Hinsicht auf die Darlegungen RGZ. Bd. 106 S. 320 flg. zu verweisen. Bis zur Erteilung dieser Genehmigung bestand ein Schwebezustand: die Bindung der Vertragsparteien wird solchenfalls allerdings aufgehoben erst durch die Versagung der Genehmigung, das im übrigen unwirksame Geschäft erzeugt aber Ansprüche erst von der Erteilung der Genehmigung an (RGZ. Bd. 98 S. 48 und S. 244, Bd. 102 S. 3, Bd. 103 S. 106 und S. 107, Bd. 106 S. 324), und zwar dann mit rückwirkender Kraft. Auch ein in diesem Sinne künftiger oder bedingter Vertragsanspruch kann gemäß § 883 BGB. durch Vormerkung gesichert werden (vgl. Komm. v. RGR. Erl. 10 dazu auf S. 94). Zur Zeit der Ausübung des Vorkaufsrechts lag die Genehmigung vor (RGZ. Bd. 106 S. 320); ein Einwand in der Richtung, die Tatsache der Genehmigung sei dem Vorkaufsberechtigten nicht mitgeteilt worden (das. S. 326), war in den Vorinstanzen nicht aufgestellt und kann in der Revisionsinstanz nicht nachgeholt werden.

Auch die weiter von der Revision angerufene Vorschrift des § 9 Reichssiedlungsges. ergibt kein Bedenken gegen die Rechtsbeständigkeit der in Rede stehenden Vormerkungen. Daß das Siedlungsunternehmen „in Ausübung des Vorkaufsrechts" ein Grundstück erwirbt, setzt voraus, es habe zur Zeit des Erwerbs in der Tat ein Vorkaufsrecht bestanden. Es kann nicht genügen, daß der Erwerb bloß subjektiv „in Ausübung" d. h. in der Meinung erfolgt ist, ein Vorkaufsrecht auszuüben. Das Vorkaufsrecht muß vielmehr objektiv berechtigterweise ausgeübt worden sein. Im besonderen kann der das Bestehen oder die Rechtzeitigkeit der Ausübung des Vorkaufsrechts Bestreitende seiner Rechte und Interessen nicht schon dadurch verlustig gehen, daß der Vorkaufsberechtigte, und wäre es auch ein gemeinnütziges Siedlungsunternehmen, sich über den Bestand und die Wirksamkeit seines Rechts in einem wie immer gearteten, entschuldbaren oder nicht entschuldbaren, rechtlichen oder tatsächlichen Irrtum befindet. Die aus den Rechten des Landlieferungsverbands erfolgte Eintragung der Klägerin als Eigentümerin zum Grundbuch genügte daher für sich allein noch nicht, um die Vormerkungen des Beklagten zum Erlöschen zu bringen, wenn jener Eintragung in der Tat kein rechtsbeständiger Erwerb des Vorkaufsberechtigten zugrunde liegt.

Die Revision bestreitet weiter, daß die Ausübung des Vorkaufsrechts verspätet erfolgt sei, und bekämpft als rechtsirrig insbesondere die Ausführungen des Berufungsgerichts über den Fristbeginn, für den dieses den 26. April zugrunde legt. Soweit die Revision insoweit auf das Unterbleiben einer Mitteilung des Nachtragsvertrags vom 24. Oktober 1921 und demnächst auf die Vorschriften der §§ 176, 182 FGG. abgestellt hat, kann ihr nicht gefolgt werden. Es braucht aber hierauf nicht näher eingegangen zu werden, weil das Revisionsgericht ohnehin auf Grund des vom Berufungsgericht festgestellten Sachverhalts zu dem Ergebnis gelangt ist, daß das für den Beginn der Frist des § 7 Siedlungsges. maßgebende Ereignis in den 28. April fällt, die Frist demzufolge gemäß § 187 Abs. 1 BGB. mit dem 29. April zu laufen begonnen und gemäß § 188 Abs. 2 BGB. mit dem 9. Juni geendet hat. Hierbei wurde erwogen:

Nach § 7 Siedlungsges. betrug die Frist zur Ausübung des Vorkaufsrechts im vorliegenden Falle sechs Wochen von dem Tage ab, an dem der Vorkaufsberechtigte die Mitteilung des Eigentümers — nur eine solche steht hier in Frage — „von dem Inhalt des zwischen dem Eigentümer und dem Dritten geschlossenen Vertrags empfangen hat". Wie unbedenklich anzunehmen ist und durch die in § 8 Ges. ausgesprochene Heranziehung von Vorschriften des Bürgerlichen Gesetzbuchs bestätigt wird, muß die Mitteilung vor Ablauf der Frist dem Vorkaufsberechtigten im Sinne des § 130 BGB. zugegangen sein und berechnet sich die Frist nach §§ 188, 189 BGB. Als Mitteilung des „Inhalts" des Vertrags muß es rechtsgrundsätzlich, wie der erkennende Senat bereits in dem Urteil vom 2. Februar 1924 RGZ. Bd. 108 S. 66 ausgesprochen hat, angesehen werden, wenn dem Vorkaufsberechtigten eine vollständige Ausfertigung des unter den Kaufparteien geschlossenen Grundstückskaufvertrags zugesandt wird. Denn diese Vertragsurkunde enthält den „Inhalt" des abgeschlossenen Geschäfts und der Vorkaufsberechtigte muß den Vertrag so hinnehmen, wie ihn die Vertragsparteien als ihren Zwecken entsprechend haben beurkunden lassen.

Im vorliegenden Falle war nun offenbar der Inhalt des geschlossenen Vertrags nicht vollständig mitgeteilt, solange nicht dem Vorkaufsberechtigten auch die Karte mitgeteilt war, die in § 1 des Vertrags vom 27. September 1921 bezeichnet war und erst den Kaufgegenstand, das verkaufte Grundstück ergab. Ist auch in § 7 Ges. nicht die Mitteilung einer vollständigen Vertragsfertigung, sondern nur die des Vertragsinhalts vorgeschrieben, so muß doch von diesem jedenfalls so viel mitgeteilt werden, daß der Vorkaufsberechtigte, wenn er sich über die für seine Entschließung wesentlichen Voraussetzungen unterrichten will, — was zu tun, seine Sache ist, ihm aber durch den mitgeteilten Vertragsinhalt ermöglicht sein muß, — an Ort und Stelle feststellen kann, was und für welchen Preis verkauft ist. Dies konnte hier nicht ohne die Karte geschehen: nach dem festgestellten Sachverhalt umfaßt das Gut N. etwa 2200 Morgen, darunter 1200 Morgen Wald; verkauft waren etwa 1200 Morgen, darunter etwa 200 Morgen Wald. Wo der verkaufte Besitz lag, zu welchem Betriebsganzen er sich zusammenschloß, wie die Ackergrundstücke zu bewerten seien u. a. m., war ohne die Karte nicht zu erkennen. Sie ersetzte durch die mit Rotstift eingezeichnete Umrandung die Bezeichnung der verkauften Flächen und Parzellen, ohne die eine Mitteilung an den Vorkaufsberechtigten inhaltslos war.

An und für sich ist daher der Revision dahin beizutreten, daß der Mitteilung des Vertragsinhalts eine Kopie der Karte beizufügen gewesen wäre. Das Berufungsgericht hat ausgeführt, nach Sachlage müsse es als den Anforderungen des § 7 Ges. genügend angesehen werden, daß nur der Vertrag übersandt und dem Vorkaufsberechtigten überlassen worden sei, sich selbst Einsicht in die bei dem Notar N. verbliebene Karte zu verschaffen, weil mit der andernfalls erforderlichen Anfertigung eines Duplikats der Karte ein Zeitaufwand verbunden gewesen wäre, der den Interessen der Beteiligten keinesfalls entsprochen hätte. Gegen diese Auffassung bestehen Bedenken in tatsächlicher wie in rechtlicher Hinsicht. Es braucht aber darauf nicht näher eingegangen zu werden. Denn es steht fest, daß sich der Vorkaufsberechtigte hier durch das Schreiben des Rechtsanwalts S. vom 25. April 1922 auf den vereinfachten Weg, von der Karte am dritten Orte Einsicht zu nehmen, hat verweisen lassen: jener war damit einverstanden, daß durch diese Verweisung — an den Notar N. — der Mitteilungspflicht nach § 7 Ges., § 510 Abs. 1 BGB. genügt sein solle und daß es nicht der Übersendung einer besonders dazu angefertigten Kopie der Karte bedürfe. Nachdem sich die Einsichtnahme von der Karte in der dementsprechenden Weise in der Folge vollzogen hatte, hat auch dieser Teil des Vertragsinhalts als gemäß § 7 Ges., §§ 510 Abs. 1, 130 BGB. mitgeteilt zu gelten, wie wenn die Karte oder eine Kopie davon übersandt worden wäre. Denn auch die Vorschrift des § 130 BGB. ist grundsätzlich einer Vereinbarung insbesondere darüber zugänglich, unter welchen Voraussetzungen das Erfordernis des Zugehens als erfüllt gelten soll; ob es zu einem solchen Abkommen zwischen dem Vorkaufsberechtigten und dem Vorkaufsverpflichteten gegebenenfalls der Zustimmung des Dritten wenigstens dann bedürfen würde, wenn dadurch dessen Rechtslage gegenüber dem Vorkaufsberechtigten erschwert würde, kann hier unerörtert bleiben, da diese Voraussetzung nach der hier gegebenen Sachlage offenbar nicht zutrifft.

Die Frage aber ist, wann die Mitteilung des der Karte zu entnehmenden Vertragsinhalts als erfolgt zu gelten hat: vor diesem Zeitpunkt war der Vertragsinhalt nicht vollständig mitgeteilt und somit dem § 7 Ges., § 510 Abs. 1 BGB. keinesfalls genügt — wobei von einer näheren Erörterung darüber, warum dem Unterbleiben der Mitteilung des Nachtragsvertrags vom 24. Oktober 1921 keine besondere Bedeutung beizumessen ist, hier abgesehen werden mag. Das Berufungsgericht verkennt nun, daß auch hinsichtlich des vorbezeichneten Zeitpunkts die Erklärungen der Beteiligten, insbesondere des Vorkaufsberechtigten, der die in Rede stehende Erleichterung für die Mitteilung der Karte bewilligte, darüber, in welchem Sinn und Abmaß auf die Zusendung der Karte verzichtet werde, hätten Beachtung finden müssen. Schon in dem Schreiben vom 22. April 1922 hat der Vorkaufsberechtigte den Rechtsanwalt S. — rechtlich zutreffend — darauf hingewiesen, daß die Frist zur Ausübung des Vorkaufsrechts erst in Lauf gesetzt werde, nachdem die mit dem Schreiben nachgeforderte Karte jenem zugegangen sein werde. Im Antwortschreiben vom 25. April erbittet Rechtsanwalt S. selbst Mitteilung, wann die Karte dem Vorkaufsberechtigten (Landlieferungsverband) vorgelegt worden sei, indem er offenbar auch seinerseits diesen Zeitpunkt für den Beginn des Fristlaufs als maßgebend ansieht. Mit Schreiben vom 29. gl. M. wurde mitgeteilt, daß man die Karte bei Notar R. am 28. zur Einsichtnahme vorgelegt erhalten habe: dem wurde ausdrücklich beigefügt, daß die sechswöchige Frist „somit" am 28. April in Lauf gesetzt worden sei. Ein Widerspruch hiergegen ist zunächst nicht verlautet. Nicht ohne Grund weist vielmehr die Revision auch auf den Brief des Rechtsanwalts S. vom 4. Mai 1922 hin: er bezeichnet ebenfalls den 28. April als den für den Fristbeginn maßgebenden Tag und ist zwar nicht an den Vorkaufsberechtigten, sondern an den Rechtsanwalt G. in B. gerichtet, der vom Vorkaufsverpflichteten, dem Verkäufer L., anscheinend als weiterer Rechtsbeistand zugezogen war, kann aber dessenungeachtet als Auslegungsbehelf herangezogen werden. In noch höherem Maße müßte dies gelten, falls Rechtsanwalt S. ein weiteres Schreiben entsprechenden Inhalts vom gleichen Tage an den Landlieferungsverband selbst gerichtet haben sollte.

Hieraus erhellt insgesamt, daß bezüglich der Karte eben nicht schon die Verweisung an den Notar R., sondern erst die dort erlangte Einsichtnahme von der Karte als Mitteilung des Vertragsinhalts zu diesem Teile gelten sollte. Nach den vorliegenden ausdrücklichen Erklärungen des Vorkaufsberechtigten kann jedenfalls von der Gegenseite nicht eingewendet werden, man habe nach Treu und Glauben mit Rücksicht auf die Verkehrssitte etwas anderes verstehen dürfen. Dagegen kann auch nicht das namentlich vom ersten Richter erhobene Bedenken durchgreifen, daß, wenn es auf den Zeitpunkt der Einsichtnahme ankomme, der Vorkaufsberechtigte es in der Hand haben würde, die Frist willkürlich zu verlängern. Der Berufung auf ein schuldhaftes oder gar arglistiges Hinauszögern des Fristlaufs wäre unter dem Gesichtspunkt von Treu und Glauben ausreichend zu begegnen. Anderseits kann es nicht ohne weiteres unbillig erscheinen, daß, wenn der Mitteilungspflichtige von der regelrechten Mitteilung absieht und auf die Kenntnisnahme an dritter Stelle verweist, das nach Umständen damit verbundene Risiko ihm zur Last fällt, der der Mitteilungspflicht zu genügen hatte. Übrigens erhellt im vorliegenden Falle überhaupt keine Verzögerung der vorausgesetzten Art: am 26. April hat der Vorkaufsberechtigte die Mitteilung erhalten, wo sich die Karte befinde; wenn er sie schon am 28. gl. M. sich hat vorlegen lassen, so entspricht das nach den gegebenen Umständen einem ordnungsmäßigen, sogar raschen Geschäftsgang und ist nach Lage der Sache nicht zu beanstanden.

Nach dem Dargelegten ist das Vorkaufsrecht des Landlieferungsverbands durch die am 9. Juni 1922 dem L. zugestellte Erklärung noch rechtzeitig ausgeübr worden.

---

27. Welche Bedeutung haben ein die Zulässigkeit einer fristlosen Kündigung bejahender Spruch eines Angestelltenrates und ein die sachliche Entscheidung darüber ablehnender Beschluß eines Schlichtungsausschusses für die ordentlichen Gerichte?

III. Zivilsenat. Urt. v. 26. Februar 1924 i. S. Rh. Fabrik (Bekl.) w. W. (Kl.). III 287/23.

I. Landgericht Erfurt. — II. Oberlandesgericht Naumburg a. S.

Der Kläger, der Oberrevisor bei der Beklagten war, wurde am 26. Oktober 1921 ohne Einhaltung einer Kündigungsfrist entlassen, weil er pflichtwidrig Diebstähle, die in seiner Abteilung erfolgt und zu seiner Kenntnis gelangt waren, nicht zur Anzeige gebracht habe. Der von ihm angerufene Angestelltenrat (AngR.) stellte erfolglose Vermittlungsversuche an und beantragte dann ebenso wie der Kläger das Eingreifen des Schlichtungsausschusses (SchlA.). Dieser erklärte sich nach Anhörung des Vorsitzenden des AngR. für unzuständig, da der AngR. der Entlassung zugestimmt habe. Der Kläger behauptet dagegen, daß der AngR. die Kündigung für unzulässig, einen wichtigen Kündigungsgrund also nicht für vorliegend erachtet habe, und klagte deshalb, da er die nämliche Auffassung vertritt, auf Zahlung seines Gehaltes bis zum 31. Dezember 1921. Das Landgericht wies die Klage ab; das Oberlandesgericht hob das landgerichtliche Urteil auf und verwies die Sache an das Landgericht zurück. Die Revision der Beklagten wurde in der Hauptsache zurückgewiesen.

Gründe:

Das Landgericht geht davon aus, daß der SchlA. das grundsätzliche Einverständnis des AngR. mit der fristlosen Kündigung endgültig festgestellt und daher nach § 86 Abs. 1 BRG. mit Recht seine Unzuständigkeit ausgesprochen habe. Daß diese Feststellung auch das Gericht binde, folgert das Landgericht aus § 87 mit der Erwägung, daß nach dem Geiste des BRG. die Nachprüfung eines Arbeiterratsbeschlusses, die nicht einmal der SchlA. vornehmen dürfe, erst recht dem ordentlichen Gerichte versagt sei. Entgegen dieser Auffassung vertritt das Oberlandesgericht unter Berufung auf Flatow BRG. 10. Aufl. S. 209 flg. den Standpunkt, daß das bisherige ausschließliche Recht der Gerichte, über die Rechtmäßigkeit oder Unrechtmäßigkeit einer fristlosen Kündigung zu befinden, durch § 84 Abs. 2 BRG. nicht beschränkt worden sei und daher auch durch das Verfahren vor dem AngR. und dem SchlA. nicht berührt werde, deren Zuständigkeit sich nur auf die Prüfung der sozialen Angemessenheit der in jeder außerordentlichen Kündigung für den Fall ihrer zivilrechtlichen Unstatthaftigkeit liegenden ordentlichen Kündigung erstrecke. Dem Oberlandesgericht ist zwar darin beizupflichten, daß im vorliegenden Fall eine Bindung der ordentlichen Gerichte nach keiner Richtung eingetreten sei, nicht aber bezüglich der dafür gegebenen Begründung.

In den Verordnungen über die Einstellung und Entlassung von Arbeitern und Angestellten während der Zeit der wirtschaftlichen Demobilmachung vom 4. Januar, 24. Januar und 3. September 1919 hatte der Gesetzgeber trotz grundsätzlicher Anerkennung der sozialen Berechtigung des Strebens der Arbeitnehmer, durch ihre Mitwirkung bei Entlassungen der Kündigungswillkür der Arbeitgeber eine Schranke zu setzen, das Mitbestimmungsrecht der Angestellten nicht auf Kündigungen ausgedehnt, welche aus Gründen erfolgen, die nach dem Bürgerlichen Recht zur fristlosen Entlassung berechtigen (vgl. § 10, § 14 und § 20 das.). In solchen Fällen versagte auch der erste Entwurf eines BRG. (vgl. § 40 das.) den Betriebsräten das ihnen bei jeder anderen Kündigung gewährte Einspruchsrecht. Auch der umgeänderte Entwurf hielt diesen Rechtszustand in § 85 Nr. 3 ausdrücklich aufrecht. Erst bei der zweiten Beratung in der Nationalversammlung wurde ein Antrag Bender und Gen. eingebracht, es solle dem § 84, der unter 4 Nummern die Einspruchsgründe aufzählt, der nunmehr Gesetz gewordene Abs. 2: „Erfolgt die Kündigung fristlos aus einem Grunde, der nach dem Gesetze zur Kündigung des Dienstverhältnisses ohne Einhaltung einer Kündigungsfrist berechtigt, so kann der Einspruch auch darauf gestützt werden, daß ein wichtiger Grund nicht vorliegt" (vgl. Druckf. der Nat.-Verf. Nr. 1975) hinzugefügt und demgemäß — was gleichfalls beschlossen wurde — die Nr. 3 des § 85 gestrichen werden. Eine Begründung dieses Antrags ist seitens der Antragsteller nicht erfolgt und den Gesetzesmaterialien auch sonst nicht zu entnehmen.

Den Ausführungen des Landgerichts über die Tragweite des § 84 Abs. 2 BRG. und sein Verhältnis zu den §§ 86 und 87 das. scheint die irrige Auffassung zugrunde zu liegen, daß SchlA. und ordentliches Gericht dem A.- und AngR. gewissermaßen als Rechtsmittelorgane gegenüberstehen. Die vom Oberlandesgericht geteilte Ansicht Flatow's (vgl. auch N. Ztschr. f. Arb.-R. 1921 Sp. 39), die übrigens von Hueck (ebenda Sp. 209 u. Ztschr. f. Handelsrecht Bd. 85 S. 384) mit zutreffender Begründung bekämpft wird, ist mit dem Wortlaute des § 84 Abs. 2 BRG. schlechterdings unvereinbar und nimmt ihm fast jede sachliche Bedeutung.

Während die Nummern 1 bis 4 des § 84 Abs. 1 BRG. das Recht des Einspruchs gegen privatrechtlich ohne Angabe von Gründen zulässige, also vom Belieben des Arbeitgebers abhängige — meistens befristete — Kündigungen regeln und im Anschlusse daran die §§ 86 und 87 dem ArbR., dem AngR. und dem SchlA. die Befugnis erteilen, die privatrechtlichen Wirkungen der — wie betont — privatrechtlich nicht zu beanstandenden Kündigung zu beseitigen oder zu mildern, erweitert sich in Fällen des § 84 Abs. 2 BRG. der Aufgabenkreis des AngR. und SchlA. Nach § 84 Abs. 2 kann der Einspruch „auch" darauf gestützt werden, daß der vom Arbeitgeber zur fristlosen Kündigung benutzte wichtige Kündigungsgrund tatsächlich nicht vorliege. Mit dieser Vorschrift hat der Gesetzgeber klar und deutlich denjenigen Organen, welche den Einspruch für begründet oder für unbegründet zu erklären haben, auch die Entscheidung der Rechtsfrage übertragen, ob der vom Arbeitgeber angeführte Kündigungsgrund die sofortige Lösung des Dienstverhältnisses rechtfertige. Damit ging er allerdings über die in den Demobilmachungsverordnungen dem ArbR. und dem SchlA. eingeräumten Machtbefugnisse weit hinaus und tat einen Schritt, der, wenn er ohne Einschränkung erfolgt wäre, erheblichen Bedenken unterliegen würde. Denn es leuchtet ohne weiteres ein, daß die rechtlich nicht geschulten Mitglieder eines ArbR. oder

SchlA., deren soziale Aufgabe noch dazu ein beschleunigtes und summarisches Verfahren erfordert, zur Entscheidung der oft schwierigen Streitfrage über das Vorliegen eines wichtigen, das weitere Zusammenarbeiten von Angestellten und Dienstherren untunlich und sachwidrig erscheinen lassenden Kündigungsgrundes weniger befähigt und berufen sind als die ordentlichen Gerichte. Die Klärung der Beziehungen zwischen Arbeitgeber und Arbeitnehmer und die Rechtsfindung werden häufig nur nach umfangreicher Beweisaufnahme und unter genauester Abwägung der beiderseitigen Interessen erfolgen können. Das hat aber auch der Gesetzgeber nicht verkannt. Dem eben geäußerten Bedenken hat er dadurch Rechnung getragen, daß er beiden Teilen die Möglichkeit, die rechtliche Seite der Kündigungsfrage vor Einleitung des SchlA.-Verfahrens oder während seines Schwebens den ordentlichen Gerichten zu unterbreiten, gegeben und, falls es geschieht, dem SchlA. die Pflicht zur Aussetzung des Verfahrens auferlegt hat. Die gerichtliche Entscheidung bindet den SchlA. und bedingt je nach ihrem Ausfalle die Fortsetzung oder Einstellung des Verfahrens vor ihm. Macht bis zum Schlusse der Verhandlung vor dem SchlA. keiner der Streitteile von seiner Befugnis, das ordentliche Gericht anzurufen, Gebrauch, so entscheidet — entgegen der Ansicht des Berufungsrichters — der SchlA. auch die Frage, ob die fristlose Kündigung nach bürgerlichem Recht wirksam war oder nicht. Verneint er sie, so schafft diese Entscheidung endgültig Recht unter den Parteien und bindet auch die ordentlichen Gerichte (vgl. auch RGZ. Bd. 105 S. 132). Ob das gleiche zutrifft, wenn der SchlA. die Rechtmäßigkeit der fristlosen Kündigung bejaht, kann mit Rücksicht auf den Wortlaut des § 87 Abs. 2 BRG. zweifelhaft sein, im gegebenen Falle aber dahingestellt bleiben, da der Gesetzgeber die nach § 87 Abs. 1 und 2 a. a. O. mit dem Spruche eines SchlA. verbundenen weittragenden Rechtswirkungen nur an dessen sachliche Entscheidungen geknüpft hat. Eine solche liegt aber nicht vor, ist vielmehr vom SchlA. ausdrücklich abgelehnt worden und mußte von ihm auf Grund seiner Feststellung, daß der AngR. die fristlose Kündigung gebilligt habe, nach § 86 Abs. 1 BRG. abgelehnt werden. Denn unerläßliche Voraussetzung für seine sachliche Spruchtätigkeit ist die Erklärung des AngR., daß der Einspruch des Arbeitnehmers begründet sei.

Die Behauptung des Klägers, die erwähnte Feststellung sei zu Unrecht getroffen, ist für den Rechtsstreit ebenso belanglos wie die Feststellung selbst. Wesentlich ist nur die Unzuständigkeitserklärung des SchlA., gleichviel ob sie auf einer zutreffenden oder unzutreffenden Würdigung der Vorgänge vor dem AngR. beruht. Da der SchlA. sich mit der Rechtmäßigkeit oder Unrechtmäßigkeit der Kündigung sachlich überhaupt nicht beschäftigt hat, gestaltet sich die Rechtslage für die Gerichte ebenso, als wäre er gar nicht angegangen worden, als hätte nur der AngA. gesprochen. Der Inhalt einer Entscheidung des AngA. ist aber auf die Zuständigkeit und Spruchbefugnisse der ordentlichen Gerichte ohne Einfluß. Denn wenn auch eine dem Arbeitnehmer ungünstige Entscheidnng des AngA. die Anrufung und eine sachliche Spruchtätigkeit des SchlA. ausschließt, so hat das Gesetz doch nirgends, sei es im Verhältnis der Parteien zueinander, sei es den ordentlichen Gerichten gegenüber, den Spruch des AngA. dem eines SchlA. gleichgestellt oder ihm, wie diesem, Recht schaffende Kraft beigelegt. Hätte der Gesetzgeber sie gewollt, so hätte er, da es sich um eine Einschränkung der bisherigen gesetzlichen Zuständigkeit der ordentlichen Gerichte handeln würde, diesen Willen unzweideutig zum Ausdruck bringen müssen. Die endgültige Entscheidung über die Gesetzmäßigkeit einer fristlosen Kündigung dem AngA. zu überlassen, hatte er auch den sozialen Bestrebungen des neuen Arbeitsrechts gegenüber keinen Anlaß. Wenn die Anrufung des Gerichts noch zulässig ist, nachdem die streitige Rechtsfrage dem SchlA. bereits vorgelegt ist, muß sie erst recht zulässig sein, wenn gar keine Möglichkeit gegeben ist, sie dem SchlA. zur sachlichen Entscheidung zu unterbreiten. Die ordentlichen Gerichte sind also berechtigt und verpflichtet, ohne Rücksicht auf den Spruch des AngA. und des SchlA. selbständig zu prüfen, ob die Beklagte nach den Vorschriften des bürgerlichen Rechts dem Kläger fristlos kündigen durfte oder nicht.

(Weiter wird ausgeführt, daß das Landgericht die Gehaltsklage nicht wegen Unzulässigkeit des Rechtswegs, sondern sachlich deshalb abgewiesen habe, weil es sich an die Feststellung des SchlA., der AngA. habe die fristlose Kündigung für berechtigt erklärt, und an diesen Spruch des AngA. rechtsirrigerweise für gebunden erachtet habe, so daß für eine Zurückverweisung an das Landgericht nach § 538 Nr. 2 ZPO. kein Raum sei.)

28. Zum Begriffe der Widerrechtlichkeit der Drohung im Sinne des § 123 BGB.

II. Zivilsenat. Urt. v. 29. Februar 1924 i. S. B. jr. G. m. b. H. (Bekl.) w. Chem. Fabrik K. & Co. (Kl.). II 287/23.

I. Landgericht Hamburg, Kammer f. Handelssachen. — II. Oberlandesgericht daselbst.

Die Beklagte hatte als Kaufpreisrest für gelieferte 10000 kg Eisessig 86,— £ zu zahlen, und zwar spätestens am 15. November 1922.

Sie zahlte aber nur 43,—.2 £, so daß sich ein Rückstand von 42,19.10 £ ergab. Dieser Rückstand sowie ein Schadensersatzanspruch in Höhe von 99789 ℳ wegen der Nichtzahlung bilden den Gegenstand der Klage. Die Beklagte hat mit einer Schadensersatzforderung wegen Nichtlieferung von 6000 kg Eisessig zum Betrage von 42,19.10 £ aufgerechnet. Dieser Forderung liegt folgender Sachverhalt zugrunde.

Am 4. Oktober 1922 hatten die Parteien am Fernsprecher über die Lieferung der Ware verhandelt. Unstreitig verkaufte die Klägerin bei dieser Gelegenheit der Beklagten 10000 kg Eisessig zum Preise von 43 £ für 1000 kg (oder 1016 kg, wie die Beklagte meint). Die Beklagte behauptet aber, die Klägerin habe ihr damals weitere 6000 kg zum Höchstpreise von 45 £ verkauft; die Klägerin bestreitet dies mit dem Anfügen, man habe über die Lieferung weiterer 6000 kg zwar gesprochen, ein fester Abschluß sei jedoch insoweit nicht erfolgt, vielmehr ausdrücklich vorbehalten worden. Im Briefwechsel hierüber wies die Beklagte insbesondere darauf hin, daß sie 16000 kg weiterverkauft habe, und bestimmte der Klägerin am 7. Oktober eine Nachfrist von 4 Tagen zur Erklärung, daß sie lieferbereit sei, widrigenfalls sie sich für deren Rechnung anderweit eindecken würde. Nunmehr schrieb die Klägerin am selben Tag an die Beklagte: „... Wir müssen uns einigermaßen wundern, mit welcher Hartnäckigkeit Sie versuchen, statt der Ihnen laut Bestätigung vom 4. cr. verkauften ca. 10000 kg ... 16000 kg von uns zu verlangen. — Wir erklären Ihnen hiermit verbindlich und zum letzten Male, daß Ihnen lediglich ca. 10 tons fest zu 43,—.— £ in Übereinstimmung mit unserer Bestätigung vom 4. Oktober verkauft sind. — ... Wir müssen Sie bitten, unsere Bestätigung vom 4. cr. als gültig anzuerkennen. Solange Sie uns diesbezüglich Schwierigkeiten machen, müssen wir es ablehnen, Ihre uns für Montag in Aussicht gestellte Verfügung über 400 Korbflaschen auszuführen, da wir uns der Gefahr nicht aussetzen möchten, Ihnen diesbezüglich hinterherzulaufen." Am 9. Oktober erwiderte die Beklagte, daß sie wunschgemäß die Auftragsbestätigung der Klägerin vom 4. Oktober als gültig anerkenne, und erteilte entsprechende Verladungsanweisung. Trotzdem deckte sich die Beklagte hinsichtlich der weiteren 6000 kg zu 53 £ ein und kürzte die Rechnung der Klägerin um den oben angeführten Preisunterschied.

Gegenüber dem Vorbringen der Klägerin im Rechtsstreit, daß sich die Beklagte am 9. Oktober 1922 mit der Lieferung von nur 10000 kg zufrieden erklärt habe, focht die Beklagte diese Erklärung wegen widerrechtlicher Drohung gemäß § 123 BGB. an. Sie sei infolge Weiterverkaufs von 16000 kg in großer Verlegenheit gewesen und habe wohl oder übel, um nur wenigstens die 10000 kg zu erhalten, die verlangte Zustimmung erteilen müssen.

In beiden Vorinstanzen wurde der Klage stattgegeben. Die Revision der Beklagten war erfolglos.

Gründe:

Die Klägerin hat in ihrem Schreiben vom 7. Oktober 1922 unter der Drohung, andernfalls nichts liefern zu wollen, verlangt, daß die Beklagte anerkenne, vertraglich nur 10000 kg Eisessig gekauft zu haben. Über diese Bedeutung des Schreibens herrscht kein Streit mehr. Auch an der Widerrechtlichkeit der Drohung besteht kein Zweifel für den Fall, daß die Klägerin sich bewußt war, der Beklagten in Wirklichkeit nicht 10000 kg, sondern 16000 kg verkauft zu haben. Daß der Klägerin tatsächlich ein solches Bewußtsein innegewohnt habe, nimmt das Berufungsgericht nicht an; die Beklagte habe der Klägerin Bösgläubigkeit überhaupt nicht vorgeworfen, nach Sachlage habe über den Inhalt des zum Abschlusse führenden Ferngesprächs ein Mißverständnis vorliegen können.

Gegen diese Annahme richtet sich der Angriff der Revision.

Das Berufungsgericht irrt, wenn es meint, daß die Drohung schon dann keine widerrechtliche sei, wenn dem Drohenden hinsichtlich seiner Berechtigung, die in Frage stehende Willenserklärung vom anderen zu verlangen, Bösgläubigkeit nicht vorgeworfen werden könne. Wie das Reichsgericht neuerdings in ständiger Rechtsprechung angenommen hat, ist es zur Anwendung des § 123 BGB. nicht erforderlich, daß sich der Drohende der Widerrechtlichkeit der Drohung bewußt war. Er muß nur das Bewußtsein der Drohung gehabt haben, mindestens sich bewußt gewesen sein, daß seine Äußerung geeignet sei, den Erklärungsempfänger in seiner Willensentschließung in unzulässiger Weise zu beeinflussen; vgl. RGZ. Bd. 107 S. 80. Die Frage, ob eine unzulässige Beeinflussung der Willensfreiheit der Beklagten vorgelegen habe, kann nicht mit dem Ausspruche verneint werden, daß es durchaus sachgemäß sei, auf einen Abschluß nichts zu liefern, solange über seinen Inhalt noch Streit zwischen den Parteien bestehe. Dies würde allenfalls dann zutreffen, wenn über den ganzen Abschluß als solchen Streit herrschte. Hier aber war die Pflicht der Klägerin, 10000 kg zu liefern, völlig unstreitig, und es handelte sich nur darum, ob noch weitere 6000 kg zu liefern waren.

Dennoch ist dem Berufungsgericht im Ergebnis beizutreten. Rechtswidrig ist die Drohung dann nicht, wenn sie sich als ein von der Rechtsordnung allgemein zugelassener Rechtsbehelf darstellt. Als solche Rechtsbehelfe kommen vor allem die Klagandrohung und die Geltendmachung des Zurückbehaltungsrechts in Betracht; vgl. z. B. RG. in Gruchot Bd. 66 S. 454 (JW. 1923 S. 167 Nr. 1). Ob sie sich schließlich als unbegründet herausstellen, spielt keine Rolle, wofern nur das Druckmittel in gutem Glauben an die Berechtigung, die Willenserklärung zu beanspruchen, angewandt wird. Im vorliegenden Falle hat die Klägerin gutgläubig und an sich zulässig ein Zurückbehaltungsrecht geltend gemacht. Die Beklagte hatte behauptet, daß sie außer den zugestandenen 10000 kg Eisessig weitere 6000 kg zu fordern habe. Hielt die Klägerin diese Forderung für unberechtigt, so hatte sie ein rechtliches Interesse an der Beseitigung des Anspruchs. Sie mußte besorgen, daß die Beklagte nach erhaltener Lieferung von 10000 kg ihr Schwierigkeiten bereiten, den Kaufpreis zurückbehalten oder mit Ersatzansprüchen aufrechnen werde. Unter solchen Umständen stand ihr ein negativer Feststellungsanspruch und zur Vermeidung einer entsprechenden Klage ein fälliger Anspruch auf eine Erklärung des Gegners zu, daß er seinen Standpunkt aufgebe. Hatte aber die Klägerin einen solchen fälligen Anspruch gegen die Beklagte, so mußte es ihr angesichts des Zusammenhangs der rechtlichen Beziehungen auch gestattet sein, die von ihr geschuldete Lieferung bis zur Abgabe einer die Erhebung der Feststellungsklage entbehrlich machenden Erklärung zurückzubehalten.

---

29. Unter welchen Umständen kann die durch Vertrag erfolgte Anerkennung des Bestehens einer Verbindlichkeit zurückgefordert (kondiziert) oder wegen Irrtums angefochten werden? Welche Bedeutung hat ein beiderseitiger Irrtum über die objektive Grundlage des Anerkennungsvertrags?

IV. Zivilsenat. Urt. v. 3. März 1924 i. S. E. F. (Bekl.) w. A. L. (Kl.). IV 336/23.

I. Landgericht Bielefeld. — II. Oberlandesgericht Hamm.

Die Parteien sind Geschwister und haben zusammen mit anderen Geschwistern ihre Eltern beerbt. Diese besaßen zwei Grundstücke in B., Friedhofstraße Nr. 12a und Friedhofstraße Nr. 14. In ihrem Testamente vom 14. Mai 1913 räumten sie der Klägerin das Recht ein, die Besitzung Friedhofstraße Nr. 14 zu übernehmen, dem Beklagten dagegen das Recht zur Übernahme der Besitzung Friedhofstraße Nr. 12a. Dazu trafen sie in dem Testament und in einem Nachtrage verschiedene besondere Bestimmungen, namentlich machten sie im Nachtrag dem Beklagten für den Fall, daß er die Besitzung Friedhofstraße Nr. 12a übernähme, die „Auflage“, sich für seinen Blumenbetrieb des Ladens im Hause Friedhofstraße Nr. 14 zu bedienen, und die fernere „Auflage“, einem etwaigen Nachfolger in der Gärtnerei dieselbe Bedingung aufzulegen: der Mietpreis sollte 1000 *M* jährlich betragen. Nachdem die Eltern gestorben waren, machten die Parteien von dem ihnen eingeräumten Übernahmerechte Gebrauch. Die Auflassung der Besitzung Friedhofstraße Nr. 12a an den Beklagten fand am 5. Januar 1920 statt. Bei dieser Gelegenheit regelten die Parteien und ihre Geschwister auch noch verschiedene andere Punkte, die mit der Erbschaft zusammenhingen. Unter anderem enthält die notarielle Verhandlung die Erklärung der Parteien, sie erkennten an, daß der Beklagte „berechtigt und verpflichtet" sei, den Laden im Hause Friedhofstraße Nr. 14 „nebst Zubehör, wie es in § 6 des Testaments vom 14. Mai 1913 bezeichnet ist", bis zum 1. April 1941 zum Preise von 1000 M für das Jahr zu mieten.

Bereits am folgenden Tage, am 6. Januar 1920, widerrief die Klägerin das von ihr abgegebene Anerkenntnis, soweit darin auf § 6 des Testaments Bezug genommen war, wegen Irrtums über das von ihr zu gewährende Zubehör. Demnächst erhob sie gegen den Beklagten Klage mit dem Antrag, es solle festgestellt werden, daß zu dem ihm zu vermietenden Laden kein weiteres Zubehör als eine Bindestube gehöre. Sie stützte ihre Klage sowohl auf Anfechtung wegen Irrtums als auf § 812 BGB. Das Landgericht wies die Klage ab. Die Klägerin legte Berufung ein und stellte nunmehr in erster Linie den Antrag, es solle festgestellt werden, daß der Beklagte überhaupt keinen Anspruch auf Vermietung des Ladens habe; nur in zweiter Linie hielt sie den früheren Antrag aufrecht. Sie wies darauf hin, daß sie sich bei der Verhandlung vom 5. Januar 1920 auch noch in einem zweiten Punkte in einem Irrtume befunden habe, insofern nämlich als sie anerkannt habe, der Beklagte sei „berechtigt und verpflichtet", den Laden zu mieten, während in dem Testamentsnachtrage von einer Berechtigung des Beklagten nichts stehe, ihm vielmehr nur die Auflage, zu mieten, gemacht sei, so daß ihr nicht, wie von ihr bis dahin angenommen, eine Verpflichtung obgelegen habe, ihm den Laden zu vermieten. Das Berufungsgericht entsprach dem Hauptantrag der Klägerin. Die Revision des Beklagten hatte keinen Erfolg.

Aus den Gründen:

1. Das Berufungsgericht geht bei seiner dem Beklagten ungünstigen sachlichen Entscheidung davon aus, daß das oben bezeichnete Anerkenntnis der Klägerin dann ohne rechtlichen Grund abgegeben wäre und von der Klägerin zurückgefordert (kondiziert) werden könnte, wenn es die Klägerin in der Vorstellung abgegeben habe, es entspreche der bestehenden Sachlage, und wenn sie es nur aus diesem Grunde abgegeben habe, in Wirklichkeit aber eine dem Anerkenntnis entsprechende Verpflichtung der Klägerin nicht bestanden habe. Von diesem Ausgangspunkt aus prüft das Berufungsgericht zunächst, ob aus dem Testament oder dem Nachtrag ein Recht des Beklagten auf den Laden und eine

Verpflichtung der Klägerin zu seiner Vermietung herzuleiten sei. Es kommt dazu, die Frage zu verneinen, und legt dar, daß die Erblasser dem Beklagten, wenn sie ihm die „Auflage" machten, den Laden auf 25 Jahre für 1000 M jährlich zu mieten, nur eine Verpflichtung hätten auferlegen wollen, ohne ihm ein Recht für den Fall einzuräumen, daß die Klägerin aus irgendeinem Grunde auf die Vermietung keinen Wert legen sollte. Infolgedessen ist es der Ansicht, wenn die Klägerin bei der Verhandlung vom 5. Januar 1920 angenommen habe, daß dem Beklagten ein Recht zustehe, den Laden zu mieten, so habe sie sich geirrt. Auf Grund der Beweisaufnahme erklärt es dann für erwiesen, daß die Klägerin entgegen den letztwilligen Verfügungen ihrer Eltern bei der Verhandlung vom 5. Januar 1920 in der Tat angenommen habe, sie sei verpflichtet, dem Beklagten den Laden nebst Zubehör zu überlassen, und daß nur die Annahme dieser Verpflichtung sie zur Abgabe des Anerkenntnisses bewogen habe.

Schon der Ausgangspunkt dieser Erwägungen wird von der Revision mit Recht beanstandet. Daß die durch Vertrag erfolgte Anerkennung des Bestehens eines Schuldverhältnisses, wenn sie ohne rechtlichen Grund geschehen ist, wegen ungerechtfertigter Bereicherung zurückgefordert (kondiziert) werden kann, ist zwar angesichts des § 812 Abs. 2 BGB. nicht zu bezweifeln (RGZ. Bd. 86 S. 304 oben) und wird auch von der Revision nicht bezweifelt. Die Revision wendet aber ein, § 812 Abs. 2 beziehe sich nur auf sog. abstrakte Schuldanerkenntnisse, nicht auch auf Anerkenntnisse, die Bestandteil eines gegenseitigen Vertrags seien, und hier handle es sich um ein Anerkenntnis der letzteren Art. Daran ist richtig (vgl. Urteil des RG. vom 8. November 1917 IV 253/17), daß § 812 Abs. 2 nur abstrakte, selbständige, von ihrem Bestimmungsgrunde, der sog. causa, losgelöste Verträge im Auge hat, durch die das Bestehen oder das Nichtbestehen eines Schuldverhältnisses anerkannt wird, namentlich die Fälle des § 781 und des § 397 Abs. 2 BGB. Gegenseitige Verbindlichkeiten, bei denen die Leistung des einen Teils durch die des anderen bestimmt wird, können nicht Gegenstand eines Schuldanerkenntnisses im Sinne des § 781 und des § 812 Abs. 2 sein (JW. 1906 S. 463 Nr. 19), wenngleich es durchaus nicht ausgeschlossen ist, daß über eine der beiden den Gegenstand eines gegenseitigen Vertrags bildenden Leistungen auch noch ein selbständiges Schuldversprechen oder Schuldanerkenntnis abgegeben wird (Warn. 1912 Nr. 251). Das Berufungsgericht verkennt das freilich nicht, sieht vielmehr das hier in Rede stehende Anerkenntnis als ein abstrakt abgegebenes an, das selbständig eine Verpflichtung der Klägerin begründet habe; aber diese Beurteilung läßt sich rechtlich nicht halten.

Das Anerkenntnis, das die Klägerin in der Verhandlung vom 5. Januar 1920 abgegeben hat, und ebenso das vom Beklagten in einem und demselben Satze abgegebene Anerkenntnis stehen nicht für sich allein da, sondern sind Bestandteil eines gegenseitigen Vertrags, eines Erbauseinandersetzungsvertrags, und zwar eines Erbauseinandersetzungsvertrags, der nicht nur zwischen den Parteien geschlossen ist, bei dem vielmehr auch noch Miterben beteiligt waren. Es geht nicht an, aus einem solchen Vertrag eine einzelne Bestimmung herauszulösen und daraufhin zu untersuchen, ob gerade für eine in ihr enthaltene oder vorgesehene Leistung eine Gegenleistung bestimmt ist. Im Zweifel gehören vielmehr alle Bestimmungen eines solchen Vertrags zusammen und bilden die sämtlichen Leistungen des eines Teils die Gegenleistung für die sämtlichen Leistungen des anderen Teils. Es liegt nichts dafür vor, daß für das hier in Rede stehende Anerkenntnis etwas anderes zu gelten hätte. Deshalb muß auch hier davon ausgegangen werden, daß die Bestimmungen des Erbauseinandersetzungsvertrags eine Einheit bilden, und daß das Anerkenntnis nichts ist als ein unselbständiger Teil dieses Erbauseinandersetzungsvertrags. Dies um so mehr, als durchaus nicht gesagt ist, daß der Beklagte auch ohne das Anerkenntnis die Leistungen übernommen hätte, die er in dem Vertrage gegenüber den Geschwistern der Parteien und gegenüber der Klägerin selbst übernommen hat.

Handelt es sich hiernach bei dem Anerkenntnis nicht um ein abstraktes, selbständiges Geschäft, sondern nur um einen unselbständigen Bestandteil eines sog. kausalen, den Bestimmungsgrund in sich selbst tragenden Geschäfts, so fällt nach dem vorhin Gesagten die von der Klägerin auf § 812 gestützte Kondiktion ohne weiteres in sich zusammen.

2. Die von der Klägerin auf Grund des § 119 BGB. versuchte Anfechtung ihres Anerkenntnisses hält das Berufungsgericht mit dem Landgericht für unbegründet. Es ist der Ansicht, daß die Klägerin bei der Abgabe ihrer Erklärung über deren Inhalt nicht im Irrtume gewesen sei, daß sie sich vielmehr über die Bedeutung ihrer Worte ganz klar gewesen sei und daß sie eine Erklärung dieses Inhalts auch habe abgeben wollen. Das, worin sich die Klägerin angeblich geirrt habe, so sagt es, sei nur die Frage gewesen, ob eine Verpflichtung, wie sie sie damals anerkannte, in Wirklichkeit bereits bestanden habe, oder ob sie mit ihren Worten etwas anerkannt habe, wozu für sie bis dahin eine Verpflichtung nicht gegeben war; es habe sich nicht um den Inhalt ihres Anerkenntnisses, sondern um dessen Übereinstimmung mit der Wirklichkeit gehandelt.

Diese Auffassung des Berufungsgerichts gibt zu rechtlichen Bedenken keinen Anlaß. Legt man sie aber zugrunde, so stellt sich der Irrtum der Klägerin als ein Irrtum im Beweggrunde dar, und es liegt dann die Sache auch nicht so, daß der Irrtum im Beweggrunde zugleich einen solchen in der Erklärung oder im Gegenstande hervorgerufen hätte. Es dreht sich vielmehr um einen bloßen Irrtum im Beweggrund, und ein solcher ist nach § 119 BGB. unbeachtlich.

3. Obwohl daher wie die Kondiktion, so auch die Anfechtung die Klägerin nicht zum Ziele führt, ist diese nach Lage der Sache dennoch an das von ihr abgegebene Anerkenntnis nicht gebunden.

Das Berufungsgericht erklärt, wie schon gesagt, für erwiesen, daß die Klägerin bei der Verhandlung vom 5. Januar 1920 angenommen habe, sie sei verpflichtet, dem Beklagten den Laden nebst Zubehör zu überlassen, und daß nur diese Annahme sie zur Abgabe des Anerkenntnisses bewogen habe. Demgegenüber macht zwar die Revision geltend, es komme nicht darauf an, was die Klägerin geglaubt habe, sondern darauf, was sie erklärt habe; ihr innerer Gedankengang sei gleichgültig, ihr Irrtum sei bei der Verhandlung nicht hervorgetreten. Dabei übersieht die Revision aber die vom Berufungsgericht erwähnte eigene Behauptung des Beklagten, er und die Klägerin hätten bei der Verhandlung vom 5. Januar 1920 geglaubt, daß die Klägerin zur Hergabe des Ladens nebst Zubehör verpflichtet sei, eine Behauptung, deren Richtigkeit das Berufungsgericht auch aus der Aussage eines Zeugen entnimmt. Das Berufungsgericht fügt hinzu, der Beklagte behaupte selbst nicht, daß die Klägerin beabsichtigt hätte, ihm den Laden ohne Rücksicht auf eine aus den Testamenten folgende Verpflichtung zu überlassen. Auch daraus ergibt sich unzweideutig, daß nach der Anschauung des Berufungsgerichts die Klägerin ihre Verpflichtung zur Vermietung nicht ohne Rücksicht auf das Bestehen oder Nichtbestehen ihrer Verpflichtung anerkannt hat, sondern daß das Bestehen der Verpflichtung beiderseits die Geschäftsgrundlage bildete.

Die Revision bekämpft freilich die Anschauung des Berufungsgerichts und sucht darzutun, daß der Zweck der Verhandlung vom 5. Januar 1920 im Gegenteil offenbar der gewesen sei, die gegenseitigen Rechte und Pflichten der Parteien, welches auch die wahre Sachlage gewesen sein möchte, für die Zukunft endgültig festzulegen und jede Meinungsverschiedenheit unmöglich zu machen. Alles aber, was sie in dieser Beziehung anführt, liegt, wie die bekämpfte Anschauung des Berufungsgerichts selbst, auf tatsächlichem, der Revision verschlossenem Gebiet... Übrigens hatte auch das Landgericht, dessen Urteil die Revision zu ihrer Unterstützung heranzieht, angenommen, die Parteien hätten am 5. Januar 1920 auf der beiderseits anerkannten Grundlage verhandelt, daß der Beklagte auf den Laden ein Recht habe.

Weiter ist das Berufungsgericht, wie schon gesagt, der Ansicht, daß in Wirklichkeit ein Recht des Beklagten auf den Laden und eine Verpflichtung der Klägerin zu seiner Vermietung nicht bestanden habe.

Diese Ansicht beruht auf einer Auslegung der in Betracht kommenden letztwilligen Verfügungen, insbesondere des Testamentsnachtrags. Die Auslegung . . . ist für das Revisionsgericht maßgebend.

Hiernach zeigt der Streitfall die Besonderheit, daß sich bei der Verhandlung vom 5. Januar 1920 nicht nur die Klägerin über ihre vermeintliche Verpflichtung zur Vermietung des Ladens geirrt hat, sondern daß sich der Beklagte in demselben Irrtum befunden hat. Es liegt also nicht bloß ein einseitiger Irrtum der Klägerin, sondern ein Irrtum beider Teile über die objektive Grundlage des von ihnen abgeschlossenen Anerkennungsvertrags vor. Ein Anerkenntnis aber, das die Klägerin unter solchen Umständen abgegeben hat, braucht sie nicht gegen sich gelten zu lassen (vgl. v. Tuhr, Irrtum über die Grundlage des Vertrags, LeipzZ 1921 Sp. 153/159, und Oertmann, Geschäftsgrundlage, S. 50flg., S. 125 u. S. 156flg.). Wollte der Beklagte die Klägerin an ihrem Anerkenntnis festhalten, so würde er nach Lage der Sache gegen Treu und Glauben verstoßen und der Klägerin damit den Einwand der allgemeinen Arglist an die Hand geben, den auch das Bürgerliche Gesetzbuch stillschweigend anerkennt und zu dessen Begründung es genügt — vgl. RGZ. Bd. 87 S. 283 und aus der jüngsten Zeit die Urteile vom 12. Juni 1922 IV 529/20 und 26. März 1923 IV 279/22 —, daß eine Partei, wie es hier der Beklagte tun würde, mit ihrer Rechtsverfolgung oder Rechtsverteidigung eine Haltung einnimmt die mit einem von ihr früher betätigten Verhalten nach Treu und Glauben unvereinbar ist. Im Endausgange stellt sich also die Entscheidung des Berufungsgerichts als zutreffend dar.

---

30. 1. Kann der Versicherer, der einen Diebstahlsverlust entschädigt hat, das Eigentum an der später wieder zur Stelle gebrachten Sache beanspruchen?

2. Steht wegen der Rückgewähr der Versicherungssumme dem Versicherer der Geldentwertungseinwand zu?

VI. Zivilsenat. Urt. v. 4. März 1924 i. S. K. L. Versicherungs-Aktiengesellschaft (Bekl.) w. M. (Kl.). VII 348/23.

I. Landgericht I Berlin. — II. Kammergericht daselbst.

Durch Versicherungsvertrag vom 25. August 1921 hatten der Kläger und sein Bruder Hans M. ein ihnen gemeinsam gehöriges Segelboot bei der Beklagten gegen Verlust oder Schaden durch Diebstahl, Feuer usw. in Höhe von 10000 ℳ versichert. Im Herbst 1921 wurde ihnen das Boot gestohlen. Nach Klagerhebung zahlte die Beklagte ein halbes Jahr später die Versicherungssumme. Im August 1922 wurde das Boot wieder ermittelt und in den Besitz der Beklagten überführt, die sich weigerte, es dem Kläger herauszugeben. Dieser forderte, zugleich in abgetretenen Rechten seines Bruders klagend, als Eigentümer Herausgabe des Bootes gegen Rückzahlung von 10000 *M*, im Unvermögensfalle Zahlung von 90000 *M* mit Zinsen, d. h. Ersatz des in der Klageschrift auf 100000 *M* angegebenen Wertes des Bootes.

Das Landgericht erkannte nach diesem Antrage, das Kammergericht wies die Berufung der Beklagten zurück. Die Revision hatte Erfolg.

Gründe:

Die Revision vertritt die Auffassung, daß nach allgemeinen Grundsätzen des Versicherungsrechts wie auch nach § 67 VersVG. und nach § 5 Abs. 5 Allg. Vers.Beding. der Beklagten („Der Versicherungsnehmer kann weitergehende Ansprüche, als die Auszahlung der auf Grund der bedingungsgemäß vorgenommenen Regulierung im Umfange der bestehenden Versicherung zu berechnenden Entschädigung nicht erheben, somit auch die Objekte der Versicherung der Gesellschaft niemals zur Verfügung stellen, dagegen ist es der Gesellschaft unbenommen, nach ihrer Wahl die beschädigten Objekte nach Auszahlung der bedingungsgemäßen Entschädigung zu übernehmen.") das Eigentum an dem wieder zur Stelle gebrachten Boote der Beklagten zustehe, oder daß ihr danach mindestens ein schuldrechtlicher Anspruch auf Eigentumsverschaffung gegen den Kläger und seinen Bruder erwachsen sei.

Mit Recht hat jedoch der Berufungsrichter diese Meinung abgelehnt. Unzweifelhaft blieben der Kläger und sein Bruder Eigentümer des Bootes nach dem Diebstahl wie auch nach der Auszahlung der Versicherungssumme. Dafür, daß sie bei deren Empfangnahme den Willen erklärt hätten, das Eigentum zugunsten der Beklagten, etwa im Wege des § 931 BGB., aufzugeben, fehlt es an jedem Anhalt. Wohl mag der Revision zuzugeben sein, daß die Beteiligten zur Zeit der Auszahlung der Versicherungssumme das Eigentumsrecht an dem Boote für praktisch wertlos gehalten haben. Daraus folgt aber keineswegs, daß sie darüber einig geworden seien, dies Recht solle, falls es wieder praktischen Wert erlangen würde, der Beklagten zustehen. Die Revision meint, wenn der Versicherte trotz Möglichkeit der Auffindung des gestohlenen Guts die Versicherungssumme, die Entschädigung für die praktische Vernichtung seines Eigentums, vorbehaltlos gefordert und erhalten habe, dann enthalte diese Erklärung nach Treu und Glauben einen Verzicht auf alle Rechte aus dem Eigentum zugunsten des Versicherers. Diese Auffassung ist irrig. Verzichte sind nicht zu vermuten, und auf § 242 BGB. könnte sich die Beklagte nur berufen, wenn sie bei anderweitiger Würdigung der Erklärung der Versicherten eine unbillige Benachteiligung erfahren würde. Davon aber kann nicht die Rede sein, denn bei Wiedererlangung einer gestohlenen Sache nach Auszahlung der Versicherungssumme gestaltet sich die Rechtslage so, daß der Eintritt des Versicherungsfalls nachträglich entfällt, und der Versicherer nach § 812 Abs. 1 Satz 2 BGB. Rückgewähr seiner Leistung zu fordern berechtigt ist. Damit sind die Interessen der Beklagten hinreichend geschützt.

Auch § 67 VersVG. kann zu keiner anderen Beurteilung führen. Die Bestimmung hat einen Schadensersatzanspruch des Versicherungsnehmers zur Voraussetzung und läßt eine Ausdehnung auf den Eigentumsanspruch nicht zu. Demnach bedarf es keiner Erörterung, ob der etwaige Übergang des Anspruchs auf die Beklagte zum Nachteile des Klägers und seines Bruders gereichen würde. Dem Berufungsgericht ist auch insofern beizutreten, als es die Vorschrift im § 5 Abs. 5 Allg. Vers.Beding. für unanwendbar erachtet. Nach ihrem klaren Wortlaut bezieht sich diese nur auf beschädigte Versicherungsgegenstände; wenn die Beklagte sie auch auf entwendete erstrecken wollte, wäre es ihre Sache gewesen, die von ihr herrührende Fassung der Bestimmung anders zu gestalten.

Mit Recht beanstandet aber die Beklagte, daß der Vorderrichter ihren Geldentwertungseinwand zurückgewiesen hat. Es ist mit der nach § 242 BGB. gebotenen Rücksicht auf Treu und Glauben im Verkehr unvereinbar, daß die Beklagte das Segelboot gegen Rückerstattung von nur 10000 Papiermark herausgeben soll. Sie hat dem Kläger und seinem Bruder diese Summe im Frühjahr 1922 bezahlt, und am Tage der mündlichen Verhandlung vor dem Kammergericht (24. April 1923), der als maßgebender Zeitpunkt in Betracht kommt, war offenbar der Stand der deutschen Währung wesentlich schlechter als damals. Dem hatte der Berufungsrichter Rechnung zu tragen, ohne Rücksicht darauf, ob die Beklagte — sei es als Schuldnerin, sei es als Gläubigerin — in Verzug gekommen war (vgl. RGZ. Bd. 106 S. 422, Bd. 107 S. 19, 124, 149, 159, 180). Da sonach das Berufungsurteil mit diesen Grundsätzen in Widerspruch steht, es ist aufzuheben und die Sache zur anderweiten Verhandlung und Entscheidung an die Vorinstanz zurückzuverweisen. Unter Würdigung der Interessen beider Teile, auch des Umstandes, daß sich die Beklagte seit dem Herbste 1922 im Besitze des Bootes befunden hat, wird der Berufungsrichter einen billigen Ausgleich zu suchen haben. Dabei wird auch eine entsprechende Aufwertung der Summe von 90000 ℳ, die die Beklagte zahlen soll, falls sie das Boot nicht herauszugeben vermag, in Frage kommen.

31. Können die einem gemeinnützigen Siedlungsunternehmen durch Ausübung des Vorkaufsrechts nach § 4 RSiedlG. erwachsenen Ansprüche, insbesondere das Recht auf Auflassung, an einen Dritten abgetreten werden?

V. Zivilsenat. Urt. v. 5. März 1924 i. S. K. Konkurs (Bekl.) w. Deutsche Gesellschaft für innere Kolonisation m. b. H. (Kl.). V 179/23.

I. Landgericht II Berlin. — II. Kammergericht daselbst.

Durch notariellen Vertrag vom 24. Dezember 1921 verkaufte der beklagte Konkursverwalter das zur K.'schen Konkursmasse gehörige, auf den Namen des Gemeinschuldners K. im Grundbuch von N. eingetragene Grundstück von etwa 56 ha Größe an Dr. K. für den Preis von 1650000 *M*. Der Landrat des Kreises Teltow genehmigte am 24. Januar 1922 das Kaufgeschäft. Durch Schreiben vom 30. Januar 1922 teilte die Landgesellschaft Eigene Scholle G. m. b. H. in Frankfurt a. O. dem Beklagten mit, daß sie das ihr nach § 4 des Reichssiedlungsgesetzes vom 11. August 1919 zustehende Vorkaufsrecht ausübe und alle Rechte und Pflichten aus dem Kauf, insbesondere auch das Recht auf Auflassung, an die Klägerin abtrete. Die Klägerin klagte auf Auflassung des Grundstücks. Der Beklagte hielt die Ausübung des Vorkaufsrechts und die Abtretung für unwirksam; er verweigerte deshalb die Auflassung. Das Landgericht wies die Klage ab. In der Berufungsinstanz beantragte die Klägerin, nachdem sie inzwischen die ihr übertragenen Ansprüche wieder an die Eigene Scholle zurückübertragen hatte, den Beklagten zur Auflassung an die Eigene Scholle zu verurteilen. Das Kammergericht erkannte diesem Antrage gemäß. Die Revision hatte keinen Erfolg.

Gründe:

Das Berufungsgericht geht davon aus, daß der Landgesellschaft „Eigene Scholle" als gemeinnützigem Siedlungsunternehmen ein Vorkaufsrecht nach §§ 4 und 11 des RSiedlG. zustand und daß es von ihr rechtzeitig ausgeübt ist. Die Wirksamkeit der Ausübung des Vorkaufsrechts seitens der Eigenen Scholle werde von dem Beklagten zu Unrecht in Frage gestellt. Aus den Urkunden vom 23. Dezember 1921 und 19. Januar 1922 ergebe sich, daß W. nur das Restgut von etwa 26 ha erwerben wollte, während der übrige Teil des Gutes etwa 29 ha durch die Klägerin besiedelt werden sollte. Da der von W. zu zahlende Preis dazu dienen sollte, das Unternehmen der Besiedelung von N. zu finanzieren, so sei nichts Bedenkliches darin zu finden, daß ihm der Erwerb des Restgutes in Aussicht gestellt sei. Die durch die Ausübung des Vorkaufsrechts entstandenen Rechte aus dem Kaufvertrag, insbesondere der Auflassungsanspruch, seien nach allgemeinen

Grundsätzen übertragbar. Das RSiedlG. enthalte hierüber keine besonderen Bestimmungen. Durch die Einräumung des Vorkaufsrechts habe aber das Gesetz dem gemeinnützigen Siedlungsunternehmen zugleich die Verwertung der durch dessen Ausübung erworbenen Rechte auf eigene Verantwortung gestatten wollen. Grundsätzlich stehe also der Zweck des Gesetzes der Abtretbarkeit nicht entgegen. Ob im Einzelfall die Abtretbarkeit durch § 399 BGB. ausgeschlossen sei, weil der Zessionar nicht die Absicht hätte, das Grundstück zu besiedeln, bedürfe hier nicht der Entscheidung. Denn der Beklagte habe für eine spekulative, den Siedlungszweck vereitelnde Absicht der Klägerin, die sich unstreitig mit Siedelungen befasse, nur die von W. erklärten Angebote geltend gemacht. Aus diesen ergebe sich aber keineswegs, daß die Klägerin gar nicht gewillt gewesen sei, mit dem Gut N. im Sinne des Siedlungsgesetzes zu verfahren. Da hiernach die Abtretung rechtswirksam sei, entbehre auch die Rückabtretung nicht der Rechtswirksamkeit. Der Anspruch der Klägerin auf Auflassung des Gutes an die Eigene Scholle sei daher begründet.

Die Revision führt aus, der Grundgedanke des Siedlungsgesetzes mit seinen tief einschneidenden Bestimmungen sei nicht dahin gegangen, den gemeinnützigen Siedlungsunternehmungen die Verwertung des Vorkaufsrechts auf eigene Verantwortung zu gestatten, vielmehr sollte die Ausübung des Vorkaufsrechts durch das Siedlungsunternehmen eine Sicherheit für gemeinnützige Siedlung gewähren. Grundsätzlich dürfe also das Siedlungsunternehmen sein Privileg nur selbst ausüben.

Der Revision war der Erfolg zu versagen.

Das RSiedlG. enthält über die Übertragbarkeit der in ihm eingeräumten Vorkaufsrechte keine besondere Bestimmung. Der § 514 BGB., der das Vorkaufsrecht für nicht übertragbar erklärt, ist unter den in § 8 RSiedlG. aufgeführten Vorschriften des BGB., deren entsprechende Anwendung dort vorgeschrieben ist, nicht mit enthalten. Das dem Landlieferungsverband zustehende Vorkaufsrecht kann nach § 14 RSiedlG. dem gemeinnützigen Siedlungsunternehmen übertragen werden. Auch nach dem Bürgerlichen Gesetzbuch sind die durch die Ausübung des Vorkaufsrechts entstandenen Rechte aus dem Kaufvertrage nach allgemeinen Grundsätzen übertragbar. Es könnte sich nur fragen, ob nach dem Zweck des Siedlungsgesetzes und nach der Natur der durch die Ausübung des Vorkaufsrechts seitens des Siedlungsunternehmens entstandenen Ansprüche deren Abtretung ausgeschlossen ist (§§ 399, 400 BGB.). Diese Frage ist aber jedenfalls für Fälle der vorliegenden Art zu verneinen. Das Siedlungsverfahren umfaßt die Landbeschaffung und die Aufteilung des Siedlungslandes. Die Landbeschaffung, die den hauptsächlichen Gegenstand des RSiedlG. bildet, erfolgt entweder im Wege der freien Vereinbarung oder durch Ausübung des Vorkaufsrechts oder endlich im Wege des Enteignungsverfahrens. Das Vorkaufsrecht und das Enteignungsrecht sind den gemeinnützigen Siedlungsunternehmen und den Landlieferungsverbänden beigelegt (§§ 4, 14, 3 und 15 RSiedlG.). Die Ausübung des Vorkaufsrechts wie die Enteignung darf nur zu Siedlungszwecken erfolgen. Keineswegs ist aber aus dem Gesetz zu entnehmen, daß die Durchführung der Besiedelung in jedem Falle durch das gemeinnützige Siedlungsunternehmen selbst erfolgen müsse; vielmehr können die Landlieferungsverbände und die gemeinnützigen Siedlungsunternehmen ihr Vorkaufs- und Enteignungsrecht auch im Interesse Dritter ausüben. In diesem Sinne sind auch die preußischen Ausführungsanweisungen zu den Siedlungsgesetzen (RSiedlG. und preuß. AusfG.) ergangen. In der Ausführungsanweisung II des Ministers für Landwirtschaft vom 29. Januar 1920 (LandwMinBl. 1920 S. 45, Krause, Preuß. Siedlungsgesetze 2. Aufl. S. 228) wird unter 3b bemerkt, daß die Kulturämter, welche gemäß § 11 Abs. 1 des preuß. AusfG. zum RSiedlG. vom 15. Dezember 1919 (GesS. 1920 S. 31) als gemeinnützige Siedlungsunternehmen gelten, nicht selbst Unternehmer und finanzielle Träger von Siedlungen seien, sondern die Beschaffung von Siedlungsland für andere Siedlungsunternehmer — gleichviel ob gemeinnützige oder nicht gemeinnützige, öffentlich rechtliche oder privatrechtliche Unternehmen, Einzelpersonen oder Personengesamtheiten — lediglich vermitteln sollen. Durch die Tatsache dieser Vermittlung erhalte das betreffende in der Beschaffung von Siedlungsland und in der Besiedelung dieses Landes bestehende Siedlungsvorhaben den Charakter der Gemeinnützigkeit. Die Erklärung der Kulturämter zu gemeinnützigen Siedlungsunternehmungen beruhe auf der Erwägung, daß es mit Rücksicht auf die durch das RSiedlG. gestellten neuen Aufgaben erforderlich sei, weitere Kreise als bisher an der Förderung der Siedlung zu beteiligen. Nach der preuß. Ausführungsanweisung III zu den Siedlungsgesetzen vom 7. Februar 1920 (LandwMinBl. 1920 S. 48, Krause S. 238) Nr. 3b hat der Landlieferungsverband auf Verlangen der Landeskulturbehörde das Vorkaufsrecht auch für einen anderen Siedlungsunternehmer (z. B. Kreissiedlungsgesellschaften, Kommunalverbände u. dgl.) auszuüben, der in alle hieraus sich ergebenden Rechte und Pflichten des vorkaufsberechtigten Landlieferungsverbandes einzutreten hat. Ebenso soll nach Nr. 3c daselbst die provinzielle Siedlungsgesellschaft in geeigneten Fällen auf Erfordern der Landeskulturbehörde das Vorkaufsrecht für die als gemeinnützig anerkannten Kleinsiedlungsgesellschaften oder für Kommunalverbände, mit denen sie die erforderlichen Vereinbarungen zu treffen hat, ausüben, um deren Bedürfnis an Siedlungsland zu befriedigen. Nach der Ausführungsanweisung IV vom 3. Februar 1920 (LandwMinBl. 1920 S. 51,

Krause S. 257) Nr. 3d kann der Vorsteher des Kulturamts mit Zustimmung des Präsidenten des Landeskulturamts auf Antrag die Durchführung des Verfahrens zur Hebung bestehender Kleinbetriebe (Anliegersiedlungen) der provinziellen Siedlungsgesellschaft oder der Kreissiedlungsgesellschaft überlassen. Endlich ist auch für das Enteignungsverfahren in § 11 Abs. 2 des preuß. AusfG. zum RSiedlG. bestimmt, daß, falls das Kulturamt oder eine von der Landeszentralbehörde als gemeinnütziges Siedlungsunternehmen bezeichnete öffentliche Behörde oder Anstalt für einen Dritten den Antrag nach § 1 Abs. 1 des AusfG. stellt, der Dritte in alle aus dem Enteignungsverfahren sich ergebenden Rechte und Pflichten des Siedlungsunternehmens eintritt. Alle diese Bestimmungen ergeben, daß die gemeinnützigen Siedlungsunternehmen die Aufteilung des Siedlungslandes nicht unbedingt selbst ausführen müssen, daß vielmehr unter Umständen ein anderer Unternehmer die dem Siedlungsunternehmen durch die Ausübung des Vorkaufsrechts oder des Enteignungsrechts erwachsenen Befugnisse und Verpflichtungen übernehmen kann. Deshalb kann auch die Abtretung der durch die Ausübung des Vorkaufsrechts erwachsenen Rechte seitens eines gemeinnützigen Siedlungsunternehmens nicht grundsätzlich für unzulässig und mit den Zwecken des Siedlungsgesetzes unvereinbar erachtet werden. Insbesondere stehen auch die Vorschriften der §§ 9 und 21 des RSiedlG. dieser Auffassung nicht entgegen. Die Übertragung der durch die Ausübung des Vorkaufs- oder Enteignungsrechts dem gemeinnützigen Siedlungsunternehmen erwachsenden Rechte an den Dritten erfolgt ja in allen diesen Fällen gerade zum Zwecke der Besiedelung. Diese wird in der Regel, z. B. durch die Mitwirkung des Kulturamts in Preußen oder durch die Persönlichkeit des Zessionars (Kommunalverband) sichergestellt sein, so daß der Fall, daß das Grundstück nicht zu Siedlungszwecken verwendet wird, nicht leicht praktisch werden dürfte. Auch werden sich, wenn der Dritte in alle aus dem Enteignungsverfahren sich ergebenden Rechte und Pflichten des Siedlungsunternehmens eingetreten ist (§ 11 Preuß. AusfG. zum RSiedlG.), oder im Falle der Abtretung der durch die Ausübung des Vorkaufsrechts erwachsenen Ansprüche, wie hier, zugleich die Verpflichtungen des Zedenten übernommen hat, Schwierigkeiten für die Berechtigten kaum ergeben. Der von der Revision befürchtete Mißbrauch des Vorkaufsrechts zu Spekulationszwecken wird in der Regel durch den Einfluß der Behörden auf die Bestellung der Geschäftsführer und durch das Recht zur Kontrolle des Geschäftsbetriebs der Siedlungsunternehmen ausgeschlossen sein. Ob die Abtretung auch dann als wirksam anzuerkennen wäre, wenn die Sachlage ergibt, daß der Zessionar eine Besiedlung nicht vornehmen will, ist vom Berufungsgericht dahin gestellt gelassen und kann hier unentschieden bleiben. Daß im vorliegenden Fall eine Besiedelung nicht bezweckt war, dafür fehlt nach der Annahme des Berufungsgerichts jeder Anhalt. Der Verkauf des Restgutes an W. ist mit der Durchführung der Besiedelung nach der Meinung des Vorderrichters vereinbar. Diese Annahme liegt auf tatsächlichem Gebiet und ist daher der Nachprüfung des Revisionsgerichts entzogen. Demgemäß kann es nicht für rechtsirrtümlich erachtet werden, wenn das Berufungsgericht die Zession und die Rückzession für rechtswirksam erachtet hat.

---

32. Ist der Rechtsweg zulässig für Klagen, mit denen die Feststellung verlangt wird, daß jemand Beamter sei?

III. Zivilsenat. Urt. v. 11. März 1924 i. S. Stadtgemeinde S. (Bekl.) w. K. (Kl.). III 282/23.

I. Landgericht M.-Gladbach. — II. Oberlandesgericht Düsseldorf.

Der Kläger wurde nach Wahl durch das Kuratorium von der Regierung in Düsseldorf mittels Urkunde vom 31. Oktober 1914 endgültig zum Leiter der Kaiser-Wilhelm-Schule in S., einer städtischen Rektoratschule (Mittelschule), ernannt und am 1. Dezember 1914 von dem Kreisschulinspektor in sein Amt eingeführt. Infolge von Mißhelligkeiten kündigte ihm die Beklagte am 16. Februar 1921 zum 1. April 1921 und verweigerte von da an jede Gehaltszahlung. Der Kläger erkannte die Kündigung nicht als rechtswirksam an, behauptete vielmehr auf Lebenszeit angestellt zu sein, und klagte auf Zahlung des am 1. April 1921 fällig gewordenen Vierteljahrsgehalts. Die Beklagte vertrat die Auffassung, daß sie mit dem Kläger nur einen Privatdienstvertrag geschlossen habe. Lebenslänglich angestellter Beamter habe er nur im Falle der Aushändigung einer Anstellungsurkunde durch sie werden können. Die Regierung sei zur Anstellung von städtischen Beamten nicht befugt. Demgemäß beantragte die Beklagte Klagabweisung und erhob Widerklage auf Feststellung, daß der Kläger nicht als Beamter der Stadt S. auf Lebenszeit angestellt und insbesondere nicht berechtigt sei, von der Beklagten auf Lebenszeit das Gehalt als Leiter der Kaiser-Wilhelm-Schule zu beanspruchen. Der Kläger beantragte Abweisung der Widerklage und führte aus, daß die Ernennungsurkunde der Regierung die erforderliche Anstellungsurkunde sei.

Das Landgericht gab der Klage und der Widerklage statt, ersterer deshalb, weil die Beklagte dem Kläger erst zum 31. Dezember 1921 habe kündigen dürfen, letzterer wegen Fehlens einer Anstellung des

Klägers durch die Beklagte. Gegen dieses Urteil legte nur der Kläger Berufung ein, so daß nur noch die Widerklage im Streit blieb. Der Kläger verlangte ihre Abweisung. Die Beklagte beantragte, die Berufung mit der Maßgabe zurückzuweisen, „daß die Entscheidung über den Anspruch des Klägers auf Zahlung des Gehalts von der Beklagten wegfalle". Sie beschränkte damit ihren Widerklagantrag auf die Feststellung, daß der Kläger nicht als Beamter auf Lebenszeit angestellt sei. Den Grund für diese Änderung bildete das preußische Mittelschullehrer-Diensteinkommensgesetz vom 14. Januar 1921 (MDG.), nach dem der Kläger etwaige Gehaltsansprüche nicht mehr gegen die Beklagte, sondern nur noch gegen die Landesmittelschulkasse geltend machen kann. Die Beklagte will aber trotzdem an der von ihr begehrten Feststellung ein Interesse haben, da sie an die Kasse Beiträge für den Kläger zahlen müsse, wenn er wirklich lebenslänglich angestellt sei.

Das Oberlandesgericht bejahte die Eigenschaft des Klägers als Beamten der Beklagten, gab seiner Berufung statt und wies die Widerklage ab. Die Revision der Beklagten wurde mit der Maßgabe zurückgewiesen, daß die Widerklage wegen Unzulässigkeit des Rechtswegs abgewiesen werde.

Gründe:

Das Beamtenverhältnis ist ein Verhältnis des öffentlichen Rechts; die aus ihm entspringenden Ansprüche sind öffentlich-rechtliche. Sie können deshab im Rechtswege nur verfolgt werden, soweit das Gesetz es gestattet. In Übereinstimmung mit früheren reichs- und landesrechtlichen Vorschriften bestimmt Art. 129 Abs. 1 Satz 4 RVerf., daß für die vermögensrechtlichen Ansprüche der Beamten der Rechtsweg offen steht. In Rechtsstreitigkeiten, die derartige Ansprüche der Beamten zum Gegenstand haben, werden die Gerichte vielfach genötigt sein, die Vorfrage zu entscheiden, ob ein Beamtenverhältnis besteht. Ihre Bejahung oder Verneinung hat aber nur Bedeutung für den im Prozeß befangenen vermögensrechtlichen Anspruch. Dagegen steht den Gerichten die Feststellung des Beamtenverhältnisses als solchen, eben seiner öffentlich-rechtlichen Natur wegen, nicht zu. Ein Antrag auf Feststellung der Beamteneigenschaft kann zwar unter Umständen als Antrag auf Feststellung eines sich auf diese Eigenschaft gründenden vermögensrechtlichen Anspruchs, etwa eines Gehaltsanspruchs, gemeint sein. Dann liegt eine ungenaue Fassung des Antrags vor, die sachlich unschädlich ist. Auch wird nicht selten dem Antrag auf Feststellung oder Erfüllung eines vermögensrechtlichen Beamtenanspruchs der Antrag auf Feststellung der Beamteneigenschaft selbst vorausgeschickt. Ihm kommt nur vorbereitende Bedeutung zu, ähnlich wie dem Antrag auf Feststellung des Eigentums an einer Sache, der dem Antrag auf ihre

Herausgabe vorangestellt wird (vgl. RGZ. Bd. 72 S. 223). Für Klagen jedoch, mit denen die selbständige, von streitigen vermögensrechtlichen Ansprüchen losgelöste Feststellung verlangt wird, daß jemand Beamter sei, ist der Rechtsweg nicht gegeben. Das alles gilt ebenso für Klagen, mit denen die umgekehrte, die Beamteneigenschaft verneinende Feststellung begehrt wird. Auch für sie ist der Rechtsweg unzulässig.

Die vorstehenden Erwägungen lassen die Zulässigkeit des Rechtswegs für den ursprünglichen Widerklagantrag als unbedenklich erscheinen. Sein Schwerpunkt lag in dem Verlangen, dem Kläger den Anspruch auf lebenslängliche Gehaltszahlung, den er gegen die Beklagte auf Grund der von ihm behaupteten Anstellung geltend machte, abzuerkennen. Der einleitende Satz des Antrages hob nur einen für die Sachentscheidung wesentlichen Inzidentpunkt besonders hervor. Er war kein selbständiger Teil des Widerklagantrags.

Völlig verändert hat sich die Rechtslage aber durch die Einschränkung, die der Widerklagantrag in der Berufungsinstanz erfahren hat. Der den Gehaltsanspruch des Klägers betreffende Teil des Antrages ist gestrichen, also gerade der, über den die Gerichte zu entscheiden befugt waren. Die Beklagte ist zu dieser Streichung veranlaßt worden, weil dem Kläger mit Rücksicht auf § 15 Abs. 1, § 16 Abs. 3a MDG. Gehaltsansprüche nur noch gegen die Landesmittelschulkasse, nicht mehr gegen die Beklagte zustehen. Ein von ihm gegen die Beklagte zu erhebender Gehaltsanspruch befindet sich nicht mehr im Streit. Der verbleibende Teil des Widerklagantrags steht mit vermögensrechtlichen, dem Rechtswege zugänglichen Ansprüchen des Klägers nicht mehr in Verbindung. Er zielt lediglich auf Verneinung des Beamtenverhältnisses des Klägers. Seine ausschließlich öffentlichrechtliche Bedeutung erfährt noch eine besondere Beleuchtung durch die Art und Weise, wie die Beklagte das Fortbestehen ihres Interesses an der begehrten Feststellung begründet. Sie legt dar, daß von der Beamteneigenschaft des Klägers ihre Verpflichtung zur Zahlung von Beiträgen an die Landesmittelschulkasse abhänge. Daß ihre Beziehungen zu dieser lediglich dem öffentlichen Recht angehören und im Wege des Zivilprozesses nicht geordnet werden können, bedarf keiner Ausführung. Eine Deutung des Widerklagantrags dahin, daß mit ihm die Feststellung eines zwischen den Parteien bestehenden privat-rechtlichen Dienstverhältnisses begehrt werde, ist angesichts seines Wortlauts und seiner Begründung unmöglich. Für die Widerklage mit ihrem jetzigen Inhalt ist demnach der Rechtsweg unzulässig.

33. Aufwertung von Bereicherungsansprüchen und Grundsätze für den Umfang der Aufwertung.

I. Zivilsenat. Urt. v. 12. März 1924 i. S. D. & Co. (Kl.) w. A. & Sohn (Bekl.). I 294/23.

I. Landgericht Darmstadt, Kammer f. Handelssachen. — II. Oberlandesgericht das.

Die Beklagte hatte einen Flügel an H. in Lugano verkauft und sandte ihn gemäß Weisung des H. an die klagende Spediteurin nach Basel. Von hier aus wollte H. die Weiterbeförderung nach Lugano selbst veranlassen. Die Sendung war mit einer Nachnahme von 15650 ℳ belastet; sie traf am 27. Mai 1920 in Basel ein. Bereits vorher hatte H. der Klägerin mitgeteilt, daß er die Annahme des Flügels wegen vertragswidriger Beschaffenheit verweigere; die Klägerin möge sich mit der Beklagten in Verbindung setzen. Auf die Mitteilung von der Annahmeverweigerung erteilte die Beklagte der Klägerin telegraphisch die Anweisung, den Flügel sofort zurückzusenden. Inzwischen hatte die Bahn die Klägerin, die mit ihr in laufender Rechnung (Stundungsverkehr) stand, mit der Nachnahme, umgerechnet in schweizer Franken, belastet. Die Klägerin ließ sich den Flügel ausliefern und sandte ihn bald darauf an ihre Filiale in Mannheim, wo sie ihn der Beklagten gegen Zahlung ihrer Auslagen und Spesen zur Verfügung stellte. Da die Beklagte die Zahlung des Betrags verweigerte, erhob die Klägerin Klage auf Zahlung des Frankenbetrags, mit dem sie belastet worden war, auf Zahlung von Lagergeld und anderen in Basel entstandenen Spesen, gleichfalls in Franken, endlich auf Zahlung von Mannheimer Spesen. Sie stützt ihren Anspruch sowohl auf Vertrag wie auf ungerechtfertigte Bereicherung.

Das Landgericht sprach den Nachnahmebetrag in Mark und außerdem 434,77 ℳ Spesen zu, Zug um Zug gegen Auslieferung des Flügels. Das Oberlandesgericht wies die Berufung der Klägerin zurück. Ihre Revision hatte Erfolg.

Aus den Gründen:

(Zunächst wird ausgeführt, daß der Anspruch aus Vertrag unbegründet sei, da die Klägerin nach der Sachlage nicht das Recht gehabt habe, für Rechnung der Beklagten den Flügel einzulösen und die Nachnahme, die von ihr in Franken gefordert worden sei, zu bezahlen. Dann wird fortgefahren:)

Es ist somit der Bereicherungsanspruch zu erörtern, den das Berufungsgericht seiner Beurteilung zugrunde gelegt hat. Zweck des im Gesetze geregelten Bereicherungsanspruchs ist, demjenigen, aus dessen Vermögen Werte ohne innerlich rechtfertigenden Grund in das Vermögen eines anderen übergegangen sind, diese Werte wieder zu verschaffen, soweit der andere in seiner Vermögenslage durch jenen Übergang bereichert ist. Das Berufungsgericht hat — im Hauptpunkte — angenommen, daß die Beklagte in ihrem Vermögen um den Betrag der Nachnahme von 15650 ℳ bereichert ist, welcher Betrag ihr von der Bahn ausgezahlt ist, nachdem die Klägerin die Nachnahme eingelöst hatte. Es fragt sich, ob die Revision mit Recht behauptet, daß der herauszuzahlende Bereicherungsbetrag aufgewertet werden muß. Diese Frage ist in der Tat dem Grunde nach zu bejahen. Schon im ersten Entwurf zum BGB. § 740 war bestimmt: die Verbindlichkeit zur Herausgabe ...... erstreckt sich auch auf dasjenige, was der Empfänger aus dem Geleisteten erworben hat. In den Motiven Bd. 2 S. 838 war zu dieser Bestimmung ausgeführt, es fehle an jedem Grunde, das aus dem Geleisteten Erworbene anders zu beurteilen, als das Geleistete. Freilich könne die ausdrückliche Gleichstellung insofern nicht unbedenklich erscheinen, als Zweifel entstehen könnten, inwiefern der nur indirekte oder rechtsgeschäftliche Erwerb zu dem Erwerb aus dem Empfangenen gehöre. Es könne aber darauf vertraut werden, daß Praxis und Wissenschaft in der richtigen Abgrenzung nicht fehl gehen würden. In der zweiten Kommission wurde, ohne daß eine sachliche Änderung beabsichtigt war, die Vorschrift bestimmter gefaßt und beschlossen, der Verpflichtete habe die „Nutzungen" des erlangten Gegenstandes herauszugeben, Prot. Bd. 2 S. 708 flg. Diese Bestimmung ist — unter Beschränkung auf die „gezogenen" Nutzungen — Gesetz geworden (§ 818 BGB). Zu den Nutzungen gehören auch die Vorteile, welche der Gebrauch der Sache gewährt (§ 100 BGB., Warn. 1922 Nr. 122). Das Vorstehende zeigt, daß gerade bei Bereicherungsansprüchen die Herausgabe auch desjenigen, was „aus" dem Empfangenen erlangt ist, gefordert werden kann. Daraus folgt, daß bei Bereicherungsansprüchen die Aufwertung eines zurückzuerstattenden Betrags nicht ausgeschlossen ist. Selbstverständlich kann nicht gefordert werden, was nicht „aus" dem grundlos Empfangenen, sondern vielmehr durch geschäftliche Maßnahmen, etwa durch Spekulation oder dgl. erlangt ist. Die Rückforderungsmöglichkeit liegt aber in dem Umfange vor, in welchem ein Betrag, der so verwendet oder angelegt ist, wie dies in kaufmännischen Geschäften zu geschehen pflegt, sich rein durch die Geldentwertung dem nominellen Papiermarkbetrage nach vergrößert hat. Im vorliegenden Falle ist von dieser Möglichkeit der Aufwertung eines Bereicherungsanspruchs Gebrauch zu machen. Es wäre unbillig, entbehrte also eines innerlich berechtigenden Grundes, wenn die Klägerin für die verauslagten 2631,85 schweizer Franken einen Betrag von etwa 15000 Papiermark jetzt zurückerhielte, während die Beklagte die 15000 Papiermark im Sommer 1920 erhalten und sie bei geschäftsüblicher Verwendung oder Anlage auf einen weit größeren Papiermarkbetrag erhöht hat. Das Verlangen der Aufwertung ist also dem Grunde nach berechtigt.

Der Höhe nach ist folgendes zu beachten: Volle Aufwertung — etwa in der Weise, daß heute so viel Mark zu zahlen sind, wie heute dem Dollarwerte gleichkommen, den die 15650 ℳ im Sommer 1920 hatten — kann nicht gefordert werden. Denn die Erfahrung lehrt, daß ein in Deutschland befindliches Markkapital durch reguläre Geschäftsverwendung oder erlaubte geschäftsübliche Anlegung nicht in demjenigen Werte erhalten werden konnte, den es, gemessen an einem ständigen Wertmesser, im Jahre 1920 hatte. Es ist deshalb nur eine teilweise Aufwertung zulässig. Weiter kann die Beklagte einen etwaigen Schaden, den sie durch die Vorenthaltung des Flügels erlitten hat, wobei u. a. an eine etwaige Wertverminderung desselben infolge der langen Lagerung gedacht werden könnte, in Abzug bringen. Es wird, wie bei jeder Aufwertung, auf die Lage der berechtigten Interessen beider Teile Rücksicht genommen werden müssen.

---

34. Kann bei Schenkungen und sonstigen Veräußerungen des Mannes an die Frau das Eigentum im Wege des § 930 BGB. übertragen werden?

IV. Zivilsenat. Urt. v. 17. März 1924 i. S. H. (Bekl.) w. geschied. Ehefr. H. (Kl.). IV 377/23.

I. Landgericht Dresden. — II. Oberlandesgericht daselbst.

Die Klägerin verlangt nach rechtskräftiger Scheidung der Ehe der Parteien vom Beklagten die Herausgabe ihres eingebrachten Gutes, u. a. einer Speisezimmereinrichtung, die er ihr während der Ehe zu Weihnachten 1913 geschenkt habe. Das Landgericht machte die Entscheidung von der Leistung eines richterlichen Eides der Klägerin über die Schenkung abhängig, das Oberlandesgericht wies die Berufung des Beklagten zurück. Die Revision des Beklagten blieb erfolglos.

Gründe:

Die Vorinstanzen sehen es bis zu einem gewissen Grade als erwiesen an, daß der Beklagte der Klägerin 1913 erklärt hat, er schenke ihr zu Weihnachten die Zimmereinrichtung; zur Vervollständigung des Beweises haben sie der Klägerin den richterlichen Eid anvertraut.

Die Revision macht geltend, daß dem formlosen Schenkungsversprechen kein Vollzug der Schenkung durch Besitzübertragung gefolgt sei. Eine solche sei nicht behauptet; jedenfalls aber müsse im Hinblick auf § 1373 BGB. in Zweifel gezogen werden, ob überhaupt Klägerin den Besitz habe erlangen können, da die Eheleute damals in häuslicher Gemeinschaft gelebt und die Gegenstände sich in der Ehewohnung, also nach wie vor im Besitz des Beklagten befunden hätten.

Die Begründung des Urteils erscheint allerdings insoweit nicht frei von Rechtsirrtum. § 929 BGB. erfordert zum Eigentumserwerb außer der Einigung die Übergabe der Sache, d. h. die Einräumung der tatsächlichen Gewalt im Sinne des § 854 BGB. Die Parteien lebten im gesetzlichen Güterstand. Der Beklagte war vor der Schenkung Besitzer der Möbelstücke. Die Klägerin hatte keinen Mitbesitz, wenn sie auch die Sachen mitbenützte, denn ihr fehlte, da sie den alleinigen Besitz des Beklagten anerkannte, der eigene Besitzwille. Wohl war sie jederzeit in der Lage, die tatsächliche Herrschaft über die Möbelstücke auszuüben. Nach § 854 Abs. 2 BGB. würde das bei der vorhandenen Einigung statt der Übergabe zum Besitzerwerb genügen. Der Berufungsrichter, der auf diesem Weg das Eigentum an den geschenkten Sachen auf die Klägerin übergehen läßt, übersieht aber, daß der bisherige Besitzer seine tatsächliche Herrschaft aufgegeben haben muß. Behält er sie, so ist auch im Fall des § 854 Abs. 2 Besitzerwerb durch bloße Einigung ausgeschlossen. Dafür, daß der Beklagte seinerseits den Besitz aufgegeben hat, fehlt es an jedem Anhalt. Die Sachen blieben nach wie vor in der Ehewohnung und zwar in dem von den Gatten gemeinschaftlich benützten Zimmer. Sie sollten durch die Schenkung, da über ihre Bestimmung zum Vorbehaltsgut nichts erhellt, eingebrachtes Gut der Klägerin werden. Als solches unterlagen sie der Verwaltung des Ehemannes, der zum unmittelbaren Besitz berechtigt war, während der Klägerin der mittelbare Besitz zustand. Er übte somit nach der Schenkung den Besitz, wenn auch in einer anderen Rechtsform, weiter aus und setzte das bisherige tatsächliche Herrschaftsverhältnis fort. Es ist nicht ersichtlich, daß er seine tatsächliche Gewalt in äußerlich erkennbarer Weise aufgegeben hätte. In Fällen solcher Art ist § 854 Abs. 2 BGB. nicht anwendbar.

Tatsächliche Aufgabe des Besitzes wäre auch erforderlich, wenn körperliche Übergabe durch sog. traditio longa manu als gewollt in Frage käme (§ 929 S. 1 BGB.). Einer Übereignung nach § 929 S. 2 das. steht der Umstand entgegen, daß die Klägerin nicht im Besitz der Sachen war. Auch Mitbesitz — wenn man diesen hier als genügend ansehen wollte — bestand für sie nicht, wie oben dargelegt ist. Übrigens würde in diesem Falle ebenfalls der Mitbesitz des Mannes fortbestanden und den Erwerb alleinigen Besitzes der Klägerin gehindert haben.

Hiernach konnte ein Eigentumserwerb der Klägerin an den geschenkten Möbeln im Wege des § 929 BGB. nicht stattfinden. Der Senat trägt aber kein Bedenken, § 930 BGB. anzuwenden und Übereignung ohne Aufgeben des Besitzes — durch sog. Ersatzübergabe — anzunehmen. Die Vorschrift setzt voraus, daß zwischen dem Eigentümer und dem Erwerber ein Rechtsverhältnis vereinbart wird, vermöge dessen der Erwerber den mittelbaren Besitz erlangt. Im Streitfall sind die Parteien nach der ganzen Sachlage offenbar darüber einig gewesen, daß der Beklagte auf Grund seiner eheherrlichen Rechte gemäß § 1373 BGB. unmittelbarer Besitzer werden und Klägerin den mittelbaren Besitz und damit das Eigentum erhalten sollte. Von der herrschenden Meinung wird allerdings die Anwendbarkeit des § 930 BGB. dann verneint, wenn das Besitzmittelungsverhältnis nicht durch eine besondere Vereinbarung der Beteiligten, sondern wie hier kraft Gesetzes entsteht. Diese Unterscheidung vermag der Senat in Fällen der vorliegenden Art nicht gelten zu lassen, weil sie den Begriff der in § 930 vorausgesetzten Vereinbarung in einer weder dem Wortsinn noch dem Zweck der Vorschrift entsprechenden Weise einengt. § 930 fordert nicht mehr, als daß die Beteiligten über den Rechtsgrund, aus dem der unmittelbare Besitz beim Veräußerer bleiben soll, einig sind. Es genügt, wenn über ein bestimmtes, den Besitz des Erwerbers vermittelndes Rechtsverhältnis unter ihnen Einverständnis herrscht. Im Regelfall wird dieses Rechtsverhältnis durch Vereinbarung erst geschaffen werden. Gründet es sich auf Gesetz, so muß es gleichwohl im Sinne von § 930 als vereinbart gelten, wenn die Beteiligten die gesetzliche Rechtsfolge von Anfang an im Auge gehabt und übereinstimmend in ihren Willen aufgenommen haben. Ohne eine solche Einigung über die Ersatzübergabe würde es zum Besitzerwerb überhaupt nicht kommen. Insofern beruht es allerdings auf einer Vereinbarung der Parteien, wenn Klägerin mittelbare Besitzerin der Möbelstücke geworden ist (vgl. Planck-Brodmann A. 3 zu § 930 BGB.; Wolff, Sachenrecht § 67 I 5; Biermann Ic zu § 930 BGB.). Das Urteil des V. Senats in RGZ. Bd. 48 S. 318, das einen anderen Rechtsstandpunkt einnimmt und § 930 BGB. selbst dann nicht für anwendbar hält, wenn die Eheleute einen Leih- oder Verwahrungsvertrag geschlossen haben, weil das gesetzliche Besitzrecht des Ehemanns gegenüber dem vereinbarten das stärkere sei, ist auf Grund des Allgemeinen Landrechts ergangen und steht daher einer Auslegung des § 930 BGB. in dem gedachten Sinne nicht entgegen.

Das so gewonnene Ergebnis wird auch allein den praktischen Anforderungen des Rechts- und Wirtschaftslebens gerecht. Verneint man die Anwendbarkeit des § 930 BGB. in Fällen der vorliegenden Art, so müßte, um einen Eigentumserwerb nach § 929 BGB. zu ermöglichen, gefordert werden, daß bei Schenkungs- und sonstigen Veräußerungsverträgen unter Ehegatten, bei denen der Mann der zuwendende Teil ist, jedesmal die Sachen durch Ehevertrag für Vorbehaltsgut erklärt würden (§ 1368 BGB.). Das würde zu einer erheblichen Erschwerung des Rechtsverkehrs unter Ehegatten führen, denen gerade auch gegenseitige Schenkungen nicht verboten sind. Eines Ehevertrags bedurfte es im Streitfall auch nicht etwa deshalb, weil die Klägerin die Möbel als eingebrachtes Gut erwerben sollte. Das Reichsgericht hat wiederholt ausgesprochen, daß Schenkungs- oder andere Veräußerungsgeschäfte unter Eheleuten über einzelne Bestandteile ihres Vermögens jedenfalls dann nicht die Rechtsnatur von Eheverträgen haben und deren Formvorschriften unterliegen, wenn — was hier zutrifft — dadurch keine grundlegende Veränderung des ganzen ehelichen Güterstandes herbeigeführt wird (Warn. 1915 Nr. 142, Urteile des Reichsgerichts vom 15. Oktober 1917 IV 171/17 und 24. März 1919 IV 433/18).

---

35. Kann der Käufer eines Grundstücks auf die Gültigkeit der Vollmacht auch dann vertrauen, wenn aus der ihm vom Vertreter des Verkäufers vorgelegten privatschriftlichen Vollmachtsurkunde die Unwiderruflichkeit der Vollmacht hervorgeht und daraus die Nichtigkeit der Vollmacht zu folgern ist?

V. Zivilsenat. Urt. v. 19. März 1924 i. S. R. (Kl.) w. D. u. Gen. (Bekl.). V 427/22.

I. Landgericht Verden. — II. Oberlandesgericht Celle.

In der notariell beglaubigten Urkunde vom 3. Oktober 1919 beauftragte und bevollmächtigte der Kläger den Auktionator M., seine Grundstücke A. Bd. I Blatt 1 und 12, sowie von seinem Grundstück Bd. I Blatt 8 daselbst zwei Parzellen zu verkaufen, die Verkaufsbedingungen nach seinem Ermessen festzustellen und sich dabei 2% vom Kaufpreise zu bedingen, den Kaufvertrag für ihn gerichtlich oder notariell abzuschließen, die erforderlichen Grundbucherklärungen abzugeben, die Kaufgelder in Empfang zu nehmen und darüber zu quittieren. Falls der Kläger die Grundstücke ohne Mitwirkung des M. verkaufen sollte, wurde dem letzteren die Provision von 2% gleichfalls zugesichert. Die Vollmacht bzw. Vereinbarung sollte für beide Teile auf zwei Jahre verbindlich und gültig sein. Auf Grund dieser Vollmacht verkaufte M. durch notariellen Vertrag vom 4. Oktober 1919 von dem Grundstück A. Bd. I Blatt 8 die beiden Parzellen an den Beklagten D. und durch notariellen Vertrag vom 9. Oktober 1919 die Grundstücke A. Bd. I Blatt 1 und 12 an den Beklagten M. Die Auflassung ist erfolgt; im Lauf des Rechtsstreits ist der Beklagte D. auch als Eigentümer der ihm verkauften Parzellen im Grundbuch eingetragen worden.

Der Kläger hat Klage auf Feststellung erhoben, daß die von M. mit den Beklagten geschlossenen Kaufverträge und die Auflassungserklärungen nichtig seien, mit der Begründung, daß die Vollmacht wegen Formmangels nichtig sei. Das Landgericht hat die Klage abgewiesen. Die Berufung des Klägers ist mit einer hier nicht interessierenden Maßgabe zurückgewiesen. Die Revision hatte Erfolg.

Aus den Gründen:

Das Berufungsgericht führt aus, daß, der Annahme des Landgerichts, die Vollmacht habe der Form des § 313 BGB. nicht bedurft, erhebliche Bedenken entgegenständen; es läßt aber diese Frage unentschieden, weil die Nichtigkeit der Vollmacht nicht die Nichtigkeit der Veräußerungsgeschäfte nach sich ziehen würde; denn der gutgläubige Dritte könne sich auf die Gültigkeit einer ordnungsmäßig erscheinenden Vollmacht verlassen; die Prüfung der Gültigkeit des zugrunde liegenden Rechtsgeschäfts sei ihm nicht zuzumuten. Die Gutgläubigkeit der Beklagten sei nicht zu bezweifeln, da sie die etwaigen Mängel der Vollmacht als Laien gar nicht hätten erkennen können.

Die Revision macht zunächst geltend, daß wenn die dem M. erteilte Vollmacht nichtig gewesen sei, dann auch die Veräußerungsgeschäfte nichtig gewesen seien. Nur wenn die Vollmacht an sich gültig sei, könne dem gutgläubigen Dritten nicht zugemutet werden, die Gültigkeit des der Vollmachtserteilung zugrunde liegenden Grundgeschäfts nachzuprüfen.

Der Revision war der Erfolg nicht zu versagen.

Nach § 167 Abs. 2 BGB. bedarf die Vollmachtserteilung nicht der Form, welche für das Rechtsgeschäft bestimmt ist, auf das sich die Vollmacht bezieht. Auch die Bevollmächtigung zur Veräußerung eines Grundstücks ist daher grundsätzlich formfrei. Nur in besonderen Fällen, in denen die Vollmacht sich nur als das äußere Gewand darstellt, in das die bereits begründete Verpflichtung, das Eigentum an einem Grundstück zu übertragen, eingekleidet war, der Verkäufer also schon alles getan hatte, was von seiner Seite zum Abschluß eines Grundstücksveräußerungsvertrags erforderlich war, ist gleichwohl angenommen, daß das ganze Geschäft dem Formzwange des § 313 BGB. unterliegt. Namentlich ist dies geschehen, wenn der Verkäufer eines Grundstücks den Bevollmächtigten ermächtigte, den Kauf gemäß § 181 BGB. mit sich selbst abzuschließen oder der Bevollmächtigte in Wirklichkeit nur ein Werkzeug des Käufers war und dessen Weisungen zu folgen hatte oder die Vollmacht unwiderruflich war, RGZ. Bd. 104 S. 238, RGRKomm. § 167 Anmerkung 2. Die Formfreiheit der Vollmachtserklärung soll nicht dazu dienen, einen formpflichtigen Grundstückskaufvertrag im Wege formfreier Bevollmächtigung vorzunehmen. Ein derartiger Fall liegt auch hier vor.

Nach dem Inhalt der Urkunde vom 3. Oktober 1919 sollte die Vollmacht bzw. Vereinbarung für beide Teile zwei Jahre verbindlich und gültig sein. Danach hatte sich der Kläger für 2 Jahre dem Auktionator M. gegenüber unwiderruflich in der Weise gebunden, daß dieser das Eigentum an den in der Urkunde bezeichneten Grundstücken den von ihm auszuwählenden Käufern übertragen konnte. Allerdings hatte der Kläger sich das Recht vorbehalten, die Grundstücke auch selbst ohne Mitwirkung des M. zu verkaufen; aber dadurch war jedenfalls, so lange er von diesem Vorbehalt keinen Gebrauch gemacht hatte, auf zwei Jahre hinaus die Möglichkeit nicht beseitigt, daß M. auf Grund seiner unwiderruflichen Vollmacht die Grundstücke für den Kläger veräußerte und aufließ. Überdies war das Recht zur eigenen Veräußerung der Grundstücke für den Kläger hier noch dadurch entwertet und praktisch seiner Bedeutung zum großen Teil beraubt, daß der Kläger sich auch für diesen Fall dem M. zur Zahlung derselben Provision verpflichtet hatte. Hiernach ist die vom Berufungsgericht offen gelassene Frage, ob die Urkunde vom 3. Oktober 1919 dem Formzwange des § 313 BGB. unterlag, zu bejahen (vgl. auch das Urteil des Senats vom 18. Januar 1919, V 243/18. Seuff. Arch. Bd. 74 Nr. 105). Aber auch die weitere Annahme des Berufungsgerichts, daß es hierauf nicht ankomme, weil der Dritte, der in gutem Glauben an die Ordnungsmäßigkeit der Vollmacht mit dem Bevollmächtigten abgeschlossen habe, sich auf die Gültigkeit der Vollmacht verlassen könne, wird von der Revision mit Grund beanstandet. Richtig ist allerdings, daß nach § 172 BGB. die Aushändigung einer Vollmachtsurkunde an den Vertreter, wenn dieser sie dem Dritten vorlegt, die Wirkung hat, daß dem letzteren gegenüber die Vollmacht als bestehend und als wirksam erteilt gilt, auch wenn sie in Wirklichkeit nicht besteht. Denn der § 172 Abs. 1 BGB. stellt diesen Fall der Kundgebung einer Bevollmächtigung durch besondere Mitteilung an einen Dritten oder durch öffentliche Bekanntmachung gleich. Auf Grund einer solchen Kundgebung ist aber der Bevollmächtigte dem Dritten gegenüber, bei öffentlicher Bekanntmachung jedem Dritten gegenüber zur Vertretung befugt (§ 171 Abs. 1 BGB.). Der Dritte kann sich also lediglich auf Grund der Kundgebung auf die Vertretungsmacht des Bevollmächtigten verlassen, selbst wenn die Vollmacht überhaupt nicht erteilt oder unwirksam oder nur mit irgendwelchen Einschränkungen gegeben war. Dieser Schutz soll aber nur dem gutgläubigen Dritten zuteil werden. Der Dritte, welcher Kenntnis davon erlangt hat oder wissen muß, daß die Vollmacht in Wirklichkeit nicht erteilt oder in engeren Grenzen gehalten oder nichtig war, kann sich auf die Vorschriften der §§ 171 Abs. 1, 172 Abs. 1 BGB. nicht berufen, so wenig wie ihm die Vorschriften der § 170, § 171 Abs. 2 und § 172 Abs. 2 BGB. gemäß § 173 BGB.

zugute kommen, wenn er das Erlöschen der Vertretungsmacht bei der Vornahme des Rechtsgeschäfts kennt oder kennen muß. Im vorliegenden Fall ging aus der Vollmachtsurkunde vom 3. Oktober 1919 der Inhalt des ihr zugrunde liegenden Rechtsverhältnisses hervor; die zwischen dem Kläger und dem Auktionator M. hinsichtlich des Verkaufs des Grundbesitzes des ersteren getroffenen Vereinbarungen waren darin angegeben, insbesondere auch hervorgehoben, daß die Vollmacht bzw. Vereinbarung zwei Jahre verbindlich und gültig sei. Hiernach ergab sich die Nichtigkeit des der Vollmacht zugrunde liegenden Dienst- oder Werkvertrags, der die Grundstücksveräußerung zum Gegenstande hatte, mangels Einhaltung der durch § 313 BGB. vorgeschriebenen Form und damit zugleich auch die Nichtigkeit der einen Teil dieses Vertrags bildenden, seiner Ausführung dienenden Vollmacht aus der Urkunde selbst. Der in §§ 171 und 172 BGB. dem Dritten zugebilligte Schutz kann aber nicht weiter reichen, als daß dem Dritten gegenüber die Bevollmächtigung in der Fassung und mit dem Inhalt, wie sie ihm kundgegeben ist oder aus der ihm vorgelegten Vollmachtsurkunde hervorgeht, besteht. Ergeben sich aus der Kundgebung oder der vorgelegten Vollmachtsurkunde selbst formelle oder materielle rechtliche Mängel des Bevollmächtigungsaktes, so können diese dem Dritten von dem Machtgeber entgegengehalten werden. Läßt der Dritte sich auf Grund der Knndgebung oder der ihm vorgelegten Vollmacht mit dem Bevollmächtigten ein, so ist er dagegen geschützt, daß ihm der Einwand entgegengesetzt wird, die Vollmacht sei nicht so erteilt, wie sie laute oder ihm mitgeteilt sei. Rechtliche Mängel der Bevollmächtigung oder des ihr zugrunde liegenden Rechtsverhältnisses, die daraus nicht hervorgehen, braucht er nicht gegen sich gelten zu lassen, wenn sie ihm sonst nicht bekannt geworden sind oder erkennbar waren (RGZ. Bd. 97 S. 273). Hat der Dritte aber aus der Vollmachtsurkunde die der Vollmacht und dem zugrunde liegenden Rechtsverhältnis anhaftenden rechtlichen Mängel ersehen oder ersehen müssen oder sie aus dem ihm sonst bekannt gewordenen Sachverhalt erfahren, so kann er sich auf seine Rechtsunkenntnis oder seinen rechtlichen Irrtum, die ihn verhindert haben, die rechtlichen Folgerungen aus den ihm bekannt gewordenen Rechtstatsachen zu ziehen, zu seiner Entschuldigung nicht berufen. Die Gefahr, daß der ihm mitgeteilte Akt der Vollmachtserteilung nicht rechtswirksam war, nimmt der Dritte, der mit dem Bevollmächtigten abschließt, auf sich. Er muß die Vollmacht auf ihren rechtlichen Gehalt und die Rechtswirksamkeit der in der Vollmachtsurkunde niedergelegten Erklärungen prüfen. Hat er dies unterlassen oder bei der Prüfung rechtlich geirrt, so fallen ihm die Folgen zur Last. Diese Auffassung hat der erkennende Senat bereits in den Urteilen vom 20. Mai 1914 V 30/14 (Leipz. Z. 1914 Sp. 1804) und vom 21. September 1918

V 94/18 (Leipz. Z. 1919 Sp. 243) vertreten. An dieser Rechtsanschauung ist festzuhalten. Ob in der vom Berufungsrichter angeführten Entscheidung RGZ. Bd. 69 S. 234 der Schutz des gutgläubigen Dritten, der mit dem Bevollmächtigten auf Grund einer ordnungsmäßig erscheinenden Vollmacht abschloß, noch weiter erstreckt ist, kann dahin gestellt bleiben. Dort handelte es sich nicht um die Formvorschrift des § 313 BGB. Überdies spielte dort noch der Gesichtspunkt eine Rolle, daß die Erklärungen der Beteiligten eine über das innere Verhältnis der Gesellschafter hinausgehende, das öffentliche Interesse berührende allgemeine Bedeutung hatten und die Grundlage für die Existenz der Gesellschaft mit beschränkter Haftung und ihren Rechtsverkehr mit dritten Personen bildeten. Der dort entschiedene Fall war also rechtlich anders gelagert.

Hiernach war das Abkommen zwischen dem Kläger und M. über die Veräußerung des Grundbesitzes des Klägers mangels der Form des § 313 BGB. nichtig. Die Nichtigkeit ergriff auch die Vollmacht. Die Verträge zwischen den Beklagten und M. und die Auflassungen sind also von einem Vertreter ohne Vertretungsmacht geschlossen und daher unwirksam. Das Feststellungsbegehren des Klägers beiden Beklagten gegenüber ist daher begründet. Demgemäß war unter Aufhebung des angefochtenen Urteils und des Urteils erster Instanz nach den Feststellungsanträgen des Klägers zu erkennen, wobei aber nur die Unwirksamkeit der Rechtshandlungen auszusprechen war, da sie durch Genehmigung wirksam werden konnten.

---

36. Unter welchen Voraussetzungen wird der § 3 des Gesetzes gegen den unlauteren Wettbewerb vom 7. Juni 1909 dadurch verletzt, daß ein Gegenstand als patentiert angepriesen wird, wiewohl nur ein Teil desselben Patentschutz genießt?

I. Zivilsenat. Urt. v. 22. März 1924 i. S. R.-Ges. (Kl.) w. K.-Ges. (Bekl.). I 471/23.

I. Landgericht Frankfurt a. M. — II. Oberlandesgericht daselbst.

Die Parteien vertreiben Einmachvorrichtungen und Konservengläser nebst Zubehörteilen. Die Beklagte wendet sich mit einer Preisliste an Kaufliebhaber, in der sie die von ihr vertriebenen Einmachgläser als „B. Patent Konservengläser" bezeichnet und ausführt, daß diese Gläser sofortiges leichtes Öffnen ohne Verletzung der Gummiringe, Deckel oder Gläser ermöglichten. Diese Verschlüsse werden unstreitig nach dem deutschen Patent 315851 hergestellt. Die Klägerin nimmt die Beklagte auf Unterlassung der weiteren Anpreisung ihrer Gläser als „Patent-Konservengläser" in Anspruch. Das Landgericht gab der Klage statt, das Oberlandesgericht wies sie ab. Die Revision der Klägerin hatte Erfolg.

Gründe:

Das Oberlandesgericht geht zunächst davon aus, daß der Klägerin ein Unterlassungsanspruch nach § 3 UnlWG. und § 40 PatG. nur zustehe, wenn die Beklagte nicht berechtigt sei, ihre Konservengläser als „patentiert" zu bezeichnen. Dabei hat es erwogen: Die Tatsache, daß kein Patent für das ganze Konservenglas bestehe, nötige noch nicht zu dem Schlusse, die Bezeichnung „Patentkonservenglas" sei unter allen Umständen als unrichtige Angabe zu bewerten, die geeignet sei, den Anschein eines besonders günstigen Angebots hervorzurufen. Dies sei — vgl. RGZ. Bd. 84 S. 195 — namentlich dann nicht der Fall, wenn die patentierte Verbesserung sich nicht nur auf einen nebensächlichen, unwesentlichen Teil beschränke, sondern sich auf etwas beziehe, das von solcher Bedeutung sei, daß es dem ganzen Gegenstand ein eigentümliches Gepräge verleihe, und wenn durch die allgemeine Bezeichnung „patentiert" kein günstigeres Angebot hervorgerufen werde, als wenn das Patent näher beschrieben würde.

Im Gegensatz zum Landgericht nimmt aber dann der Vorderrichter an, daß sich im konkreten Falle die Patentierung der Verschlußplättchen gerade auf das beziehe, was das Wesentliche eines Konservenglases ausmache, nämlich den zuverlässigen Verschluß und dessen leichte, materialschonende Öffnungsmöglichkeit. Die Verbesserung gebe damit, wenn sie sich auch nur auf einen Teil erstrecke, dem ganzen Glas einen besonderen und eigentümlichen Charakter.

Diese Gründe geben zu Rechtsbedenken Anlaß.

Die Vorschrift des § 3 UnlWG. wird von der Wahrheitspflicht beherrscht; es dürfen keine objektiv unrichtigen Angaben in öffentlichen Bekanntmachungen usw. gemacht werden, die den Anschein eines besonders günstigen Angebots hervorzurufen geeignet sind. Wann die für einen Teil des angepriesenen Gegenstands erlangte Patenterteilung solche Bedeutung hat, daß sie die Bezeichnung des ganzen Gegenstandes als patentiert rechtfertigt, ist, auf Grund der Prüfung der Verhältnisse des gegebenen Falles zu bestimmen (RG. IV Strafsenat Urt. v. 5. Dezember 1905). In RGZ. Bd. 84 S. 195 ist eine Richtlinie gegeben; damit ist aber nicht gesagt, daß diese allgemein und unbedingt zugrunde zu legen ist; vielmehr hat auch hierbei Würdigung nach Lage des konkreten Falles einzutreten.

Das Patent 315851, nach dem der Verschluß der von der Beklagten angepriesenen Konservengläser hergestellt wird, bezweckt eine Verbesserung der Verschlußplättchen, die auf der Öffnung jener Art von Konservengläsern angebracht werden, die durch den äußeren Luftdruck geschlossen werden. Die Erfindung besteht darin, daß das aus weichem Material (z. B. Gummi o. dgl.) hergestellte Plättchen mit einer Verstärkungseinlage aus starrem Material versehen wird, damit das Plättchen mit der ganzen Fläche fest am Glase anliegt und ein Hineinziehen in das Loch nicht stattfindet, was bei größeren Öffnungen am Gefäß angeblich leicht eintreten soll. Es bezieht sich also das Patent wohl auf ein Verschlußhilfsmittel und damit auf einen Teil eines Konservenglases, der an sich als wesentlich zu erachten ist. Damit ist aber noch nicht gesagt, daß hiermit der Wahrheitspflicht im Sinne des § 3 UnlWG. ohne weiteres Genüge geleistet ist und daß durch die allgemeine Bezeichnung als „patentiert" kein günstigeres Angebot hervorgerufen wird, als wenn das Patent näher beschrieben worden wäre. Letzteres wird unbedenklich angenommen werden können, wenn die durch die patentierte Versteifung des Plättchens am Verschluß des Glases herbeigeführten Vorteile derartig nennenswerte und ganz erhebliche gegenüber anderen Verschlüssen wären, daß das Publikum in der allgemeinen Bezeichnung „patentiert" nach dem gemäß der Teilpatentierung eintretenden Erfolg keine Anpreisung sieht, die ein günstigeres Angebot bedeutet. Wenn es sich aber gegenüber anderen Verschlüssen von Konservengläsern nur um eine Abart handelt, die lediglich auf einem anderen Weg zu dem gleichen Erfolge führt, wie andere Verschlußeinrichtungen, dann wird nicht daran vorbeigegangen werden können, daß die Bezeichnung „Patentkonservenglas" im Dunkel läßt, daß die Patentierung sich nur auf eine nicht erhebliche Neuerung an einem Verschlußhilfsmittel bezieht, die, wenn sie offenkundig angegeben wäre, wesentlich anders als Angebot auf das Publikum zu wirken geeignet ist, als die allgemeine Bezeichnung „patentiert". Denn wenn es auch richtig ist, daß ein Patent sich nur selten auf alle Teile zu erstrecken pflegt, die für die gewerbliche Benutzbarkeit des geschützten Gegenstandes von Erheblichkeit sind und daß dies meist dem in Frage kommenden Kundenkreis seit langem bekannt ist, so macht doch das Publikum zwischen Patent und Patent insofern einen Unterschied, als es der Wirkung der patentierten Erfindung auf die Gebrauchsfähigkeit des ganzen Gegenstands ein besonderes Gewicht beilegt, umgekehrt aber unerhebliche Verbesserungen auch an wesentlichen Teilen des Gebrauchsgegenstands zumeist für nicht von Belang hält. Die Erheblichkeit des patentierten Teils des allgemein als patentiert bezeichneten Gegenstandes wird demgemäß nicht sowohl durch die allgemeine Wichtigkeit des Teils an sich begründet, sondern durch die im konkreten Fall jeweils festzustellende Bedeutung, in der sich der patentierte Erfindungsgedanke für die praktische Brauchbarkeit des Gegenstands auswirkt. Wird daher in einem Fall, in dem unerhebliche Verbesserungen auch an einem an sich wichtigeren Teil durch das Patent herbeigeführt sind, die allgemeine Bezeichnung „patentiert“ gewählt, und so der Umfang des Patentschutzes im Dunkel gehalten, dann wird regelmäßig der Anschein eines günstigeren Angebots erweckt werden, als durch eine den Umfang des Patentschutzes nicht im Dunkel lassende Bezeichnung. Damit würde gegen die Wahrheitspflicht im Sinne des § 3 UnlWG. verstoßen. Wie diese Verhältnisse im vorliegenden Falle liegen, ist vom Vorderrichter nicht geprüft und festgestellt worden. Ebenso auch nicht, ob und inwieweit infolge von Zusätzen auf den Anpreisungen tatsächlich eine verdunkelnde Bezeichnung vorliegt; dabei ist zu beachten, daß in der Klage lediglich das Verbot der Bezeichnung „Patentkonservenglas“ begehrt ist.

---

37. Kann der Nebenintervenient, auch wenn er gemäß § 69 ZPO. als Streitgenosse der von ihm unterstützten Partei gilt, ein zu deren Gunsten ergangenes Urteil dem Gegner mit der Wirkung zustellen, daß dadurch die Rechtsmittelfrist auch für und gegen die unterstützte Partei eröffnet wird?

IV. Zivilsenat. Urt. v. 22. März 1924 i. S. S. (Kl.) w. Staatsanwalt (Bekl.). IV 566/23.

I. Landgericht Schweinfurt. — II. Oberlandesgericht Bamberg.

Der Kläger ist auf Antrag seiner (inzwischen verstorbenen) Ehefrau wegen Geistesschwäche entmündigt worden. Er hat gegen den Ersten Staatsanwalt beim Landgericht Anfechtungsklage erhoben. Dem Beklagten ist der älteste Sohn des Klägers beigetreten. Durch Urteil des Landgerichts wurde die Anfechtungsklage als unbegründet abgewiesen. Dieses Urteil wurde dem Kläger vom Nebenintervenienten am 7. November und vom Beklagten am 6. Dezember 1922 zugestellt. Am 5. Dezember 1922 reichte der Anwalt des Klägers beim Oberlandesgerichte den Schriftsatz ein, laut dem er gegenüber dem Beklagten und dem Nebenintervenienten Berufung einlegte. Die Berufung wurde als unzulässig verworfen. Die Revision führt zur Aufhebung des Berufungsurteils.

Gründe:

Das Berufungsgericht geht davon aus, daß im vorliegenden Anfechtungsstreite der gemäß § 666 Abs. 1 ZPO. verklagte Staatsanwalt zwar der eigentliche Gegner des entmündigten Klägers, die Hauptpartei, sei, daß aber der dem Beklagten beigetretene Sohn des Klägers kein gewöhnlicher Nebenintervenient sei, sondern nach § 69 mit §§ 61,

62 ZPO. als notwendiger Streitgenosse des Beklagten gelte. Diese Auffassung von der Stellung des Sohnes im Prozeß ist unbedenklich, wenn mit der ganz überwiegenden Meinung im Schrifttum (s. auch RG. Warn. 1917 Nr. 282) angenommen wird, daß § 69 alle Fälle trifft, in denen sich die Wirkung eines rechtskräftigen Urteils über den Kreis der Parteien hinaus erstreckt, sei es, daß das Urteil über diesen Kreis hinaus nur für und gegen einzelne bestimmte Personen, oder daß es für und gegen alle wirkt. Die Wirkung für und gegen alle kommt auch dem Urteil über Aufhebung eines Entmündigungsbeschlusses zu. In dem Urteile vom 22. Juni 1914 IV 20/14 (Warn. 1914 Nr. 314) hat das Reichsgericht allerdings den Tatbestand des § 69 enger umgrenzt und die Anwendbarkeit dieser Vorschrift auf die Nebenintervention eines dem verklagten Staatsanwalt beigetretenen Verwandten des entmündigten Klägers verneint, wenn nicht zwischen dem Nebenintervenienten und dem Kläger ein besonderes (etwa auf der Vornahme eines Rechtsgeschäfts zwischen beiden beruhendes) Rechtsverhältnis bestehe, auf das die Rechtskraft des Urteils (etwa gemäß § 115 Abs. 1 BGB.) von Wirksamkeit sei. Der Senat in seiner gegenwärtigen Zusammensetzung macht sich diese enge Auslegung des § 69 nicht zu eigen. Es braucht aber auf diesen Punkt nicht näher eingegangen zu werden. Denn für die jetzt allein zu entscheidende Frage, ob die von dem Nebenintervenienten dieses Rechtsstreits am 7. November 1922 an den Kläger bewirkte Urteilszustellung die Berufungsfrist auch gegenüber dem Beklagten in Lauf gesetzt hat, kommt es nicht darauf an, ob jener als gewöhnlicher, unselbständiger Nebenintervenient mit den sich aus den §§ 66, 67 ZPO. ergebenden Befugnissen oder ob er nach § 69 als streitgenössischer, selbständiger Nebenintervenient anzusehen ist.

Der gewöhnliche Nebenintervenient kann zur Unterstützung seiner Partei — mit der in der Schlußbestimmung des § 67 ausgesprochenen Einschränkung, daß seine Handlungen nicht mit Erklärungen und Handlungen der Hauptpartei in Widerspruch stehen dürfen — alle Prozeßhandlungen wirksam vornehmen, d. h. mit der Wirkung, wie wenn sie die Hauptpartei selbst vorgenommen hätte. Er kann namentlich auch, wenn im ersten Rechtszug ein Endurteil vollständig zugunsten seiner Partei ergangen ist, die Zustellung des Urteils an die Gegenpartei bewirken. Eine solche Zustellung dient der Unterstützung der Hauptpartei, weil dadurch der Eintritt der Rechtskraft des Urteils lediglich zu ihren Gunsten beschleunigt werden soll. Die Zustellung wirkt wie eine solche der Hauptpartei. Sie eröffnet demgemäß die Berufungsfrist des § 516 ZPO. sowohl für und gegen den Gegner, als für und gegen die unterstützte Partei (RGZ. Bd. 17 S. 410, Bd. 34 S. 391; Warn. 1912 Nr. 385; vgl. auch RGZ. Bd. 64 S. 70).

Was in dieser Hinsicht für die gewöhnliche Nebenintervention zweifellos Rechtens ist, fällt, wie die unten folgende Betrachtung zeigt, auch in den Kreis der Befugnisse des streitgenössischen Nebenintervenienten des § 69. Vorausgeschickt sei: Der Nebenintervenient gilt im Falle des § 69 als Streitgenosse der Hauptpartei im Sinne des § 61 und damit gemäß der dort vorbehaltenen Ausnahme des § 62, wenn dessen Tatbestand vorliegt, zugleich als notwendiger Streitgenosse im Sinne des § 62. Die Voraussetzung des § 62, daß das streitige Rechtsverhältnis allen Beteiligten gegenüber nur einheitlich festgestellt werden kann, wird bei Gegebenheit der Voraussetzung des § 69, soviel sich übersehen läßt, stets vorliegen, und sie liegt jedenfalls dann vor, wenn wie hier die Rechtmäßigkeit einer Entmündigung im Streite ist.

Auch im Falle des § 69 wird der Beitretende nicht wirklicher Streitgenosse. Er tritt nicht als Hauptpartei in den Rechtsstreit ein, wie es die Zivilprozeßordnung im Falle des § 856 Abs. 2 zuläßt, sondern er beteiligt sich an einem fremden Prozeß, in dem er weder für sich selbst in der Hauptsache etwas erstreiten noch verurteilt werden kann. Mit Rücksicht darauf, daß die Rechtskraft der in dem fremden Prozeß ergehenden Entscheidung in dem vorausgesetzten Falle auch ihm gegenüber wirkt, wird ihm allerdings die Befugnis beigelegt, frei von der nach der Schlußbestimmung des § 67 für den gewöhnlichen Nebenintervenienten geltenden Beschränkung, Prozeßhandlungen auch im Widerspruch mit der von ihm unterstützten Partei vorzunehmen und dadurch selbständig auf eine richtige Entscheidung hinzuarbeiten. Dies wird in § 69 mit der Verweisung auf § 61 zum Ausdruck gebracht, der grundsätzlich die Selbständigkeit der einzelnen Streitgenossen festsetzt (RG. Seuff. Arch. Bd. 39 Nr. 341; RGZ. Bd. 34 S. 363, Bd. 90 S. 43). Aus der gleichzeitigen Anwendbarkeit des § 62 auf das Verhältnis zwischen dem streitgenössischen Nebenintervenienten und seiner Hauptpartei folgt, daß, wenn einer von diesen beiden einen Termin oder eine Frist, insbesondere auch eine Rechtsmittelfrist versäumt, der Säumige als durch den Nichtsäumigen vertreten angesehen wird (RGZ. Bd. 90 S. 44). Damit erschöpft sich aber die sogenannte Vertretungsbefugnis auf seiten des streitgenössischen Nebenintervenienten nicht. Da er wie jeder andere Nebenintervenient Prozeßgehilfe der Hauptpartei, nur ein solcher mit erweiterten Befugnissen ist, kann er gemäß § 67 mit Wirksamkeit für die Hauptpartei auch solche ihrer Unterstützung dienende Prozeßhandlungen vornehmen, die außerhalb eines Termins stattfinden und nicht befristet sind. Demgemäß kann er, wie der gewöhnliche Nebenintervenient, auch die Zustellung eines zugunsten der Hauptpartei ergangenen Urteils an den Gegner mit dem Erfolge bewirken, daß dadurch die Rechtsmittelfrist nicht nur ihm gegenüber, sondern auch gegenüber der unterstützten Partei eröffnet wird (s. wiederum das oben angeführte Urteil in RGZ. Bd. 17 S. 410, dessen letzter Absatz gerade auf den Fall streitgenössischer Nebenintervention abgestellt ist).

Was in der vom Berufungsgericht angezogenen Entscheidung der Vereinigten Zivilsenate RGZ. Bd. 48 S. 417 für die wirkliche notwendige Streitgenossenschaft ausgesprochen ist, daß nämlich durch die Urteilszustellung des einen Streitgenossen der Lauf der Rechtsmittelfrist nicht auch in Ansehung der anderen Streitgenossen eröffnet wird, kann auf die streitgenössische Nebenintervention, in der sich Eigenheiten der Nebenintervention mit solchen der Streitgenossenschaft vermischen, nur insofern übertragen werden, als die Zustellung des Urteils durch die Hauptpartei an den Gegner nicht genügt, um die Rechtsmittelfrist auch gegenüber dem Nebenintervenienten in Lauf zu setzen. Der Gegner, dem das Urteil nur von der Hauptpartei zugestellt ist, muß es seinerseits dem streitgenössischen Nebenintervenienten zustellen, ehe er diesem gegenüber ein Rechtsmittel einlegen kann. Dies folgt aus dem einem solchen Nebenintervenienten zustehenden Rechte auf selbständige Mitführung des Rechtsstreits. Die Gleichstellung eines solchen Nebenintervenienten mit einem Streitgenossen kommt aber dann nicht in Betracht, wenn er zur Unterstützung der Hauptpartei, zugleich für sie handelnd, ein zu ihren Gunsten lautendes Urteil dem Gegner zustellt. Die Wirksamkeit einer solchen Urteilszustellung für und gegen die unterstützte Partei ergibt sich, wie oben dargelegt, aus dem auch der streitgenössischen Nebenintervention innewohnenden Charakter der Streithilfe. Soweit für den der Nebenintervention des § 69 gleich zu behandelnden Fall des § 666 Abs. 3 Satz 2 ZPO. in dem Senatsurteile vom 11. Juli 1910 IV 240/09 (JW. 1910 S. 821 Nr. 45) etwas hiervon abweichendes angenommen ist, kann daran nicht festgehalten werden.

Der Kläger hat demnach, nachdem ihm das Endurteil des Landgerichts am 7. November 1922 vom Nebenintervenienten zugestellt worden war, innerhalb der damit auch gegen den Beklagten eröffneten Berufungsfrist Berufung einlegen können. Dies ist am 5. Dezember 1922 wirksamerweise geschehen. Die spätere Zustellung des Urteils durch den Beklagten an den Kläger ist bedeutungslos.

Aus diesen Gründen ist die Berufung zuzulassen.

---

38. Ist der Kläger an die nach der Einlassung des Beklagten zur Hauptsache erklärte Zurücknahme der Klage auch dann noch gebunden, wenn der Beklagte seine Einwilligung verweigert hat?

III. Zivilsenat. Urt. v. 25. März 1924 i. S. Sch. (Kl.) w. St. (Bekl.). III 349/23.

I. Landgericht Braunschweig. — II. Oberlandesgericht daselbst.

Der Kläger verkaufte im Januar 1921 dem Beklagten ein Fohlen zum Preise von 15000 *M* und ließ es ihm alsbald zuführen. Der Beklagte bezahlte jedoch den Preis nicht und behauptete, das Fohlen habe einen Fehler. Mit der Klage verlangte nun Kläger die Zahlung des Kaufpreises. Beklagter bat um Klagabweisung und erhob Widerklage mit dem Antrag, den Kläger zu verurteilen, das Fohlen zurückzunehmen und ihm ein anderes fehlerloses Fohlen gleicher Art zu liefern, sowie Futtergeld für das gelieferte Tier bis zu dessen Rücknahme zu bezahlen. Nachdem im Termin vom 24. März 1922 die Parteien ihre Anträge zu Klage und Widerklage gestellt und zur Sache verhandelt hatten, nahm Kläger mit dem zugestellten Schriftsatz vom 4. April 1922 die Klage unter Verzicht auf den Klaganspruch und unter Anerkennung der Kostenpflicht zurück und ersuchte den Beklagten um sein Einverständnis. Mit einem nicht förmlich zugestellten Schreiben vom 8. April 1922 verweigerte der Beklagte sein Einverständnis. Im Termin vom 5. Mai 1922 erklärte der Kläger, daß er die Klagzurücknahme nicht vorgetragen haben wolle, und hielt den Klagantrag aufrecht. Dagegen erklärte nunmehr der Beklagte sein Einverständnis mit der Klagzurücknahme und stellte den Widerklagantrag.

Das Landgericht verurteilte den Beklagten im Sinne der Klage. Das Oberlandesgericht hob auf, erklärte die Klage für zurückgenommen und verurteilte den Kläger zur Zurücknahme des Fohlens, und, Zug um Zug dagegen, zur Lieferung eines anderen fehlerlosen Fohlens gleicher Art. Über den Futtergeldanspruch ist noch nicht entschieden. Die Revision des Klägers hatte Erfolg.

Aus den Gründen:

Zur Hauptklage hat, wie die Revision mit Grund rügt, der Berufungsrichter mit Unrecht den Kläger an der erklärten Klagzurücknahme festgehalten.

Der Kläger hat die Klagzurücknahme in zugestelltem Schriftsatz, mithin rechtsförmlich erklärt (§ 271 Abs. 2 ZPO.). Da bereits streitig zur Hauptsache verhandelt worden war, bedurfte die Klagzurücknahme der Einwilligung des Beklagten. Der Beklagte hat diese zunächst in formlos mitgeteilter Zuschrift versagt. Der Berufungsrichter erachtet diese Versagung für rechtlich unerheblich, anderseits den Kläger auch über die Mitteilung des Beklagten hinaus für gebunden. Dem kann nicht beigetreten werden. Es mag auf sich beruhen, ob und wie lange der Kläger an die einmal erklärte Zurücknahme der Klage nach allgemeinen

Prozeßrechtsgrundsätzen gebunden bleibt. Jedenfalls nachdem der Beklagte die erforderliche Einwilligung verweigert hatte, war auch Kläger nicht mehr an die Zurücknahmeerklärung gebunden, sondern konnte, wie er getan, im daraussolgenden Termin zur mündlichen Verhandlung den ursprünglichen Klagantrag wieder aufnehmen. Nicht durchschlagend ist der Hinweis des Berufungsrichters darauf, daß die schriftliche Erklärung des Beklagten, mit der dieser seine Einwilligung verweigerte, nicht zugestellt ist. Wie anerkannten Rechtens ist, konnte der Beklagte die Einwilligung formlos, selbst durch schlüssiges Verhalten und insofern stillschweigend erteilen; dann muß dasselbe aber auch von der gegenteiligen Erklärung gelten, mit der der Beklagte die Einwilligung versagt. Mit der versagten Einwilligung des Beklagten muß auch der Kläger seine Handlungsfreiheit zurückerhalten.

Demzufolge muß die Entscheidung des Berufungsrichters zur Klage aufgehoben, und die Sache zur anderweiten Verhandlung über die Klage an den Berufungsrichter zurückverwiesen werden. Nicht ohne Grund hat übrigens die Revision bemerkt, daß der Berufungsrichter von seinem eigenen Standpunkt aus noch zu prüfen gehabt hätte, ob nicht, nachdem die Klage, wie er meint, wirksam zurückgenommen war, der Widerkläger als Kläger zu betrachten gewesen, und das Verhalten des ursprünglichen Klägers, der auf seinem Klagantrag bestehen blieb und unverkennbar diesen Antrag der richterlichen Entscheidung unterbreitet haben wollte, als Erhebung einer Widerklage zu beurteilen gewesen wäre, so daß sich der Berufungsrichter auch aus diesem Grunde einer Entscheidung über den Antrag des Klägers nicht entziehen durfte. . . .

---

39. Kann der Pächter eines Grundstücks dessen Rückgabe verweigern bis zur Befriedigung eines ihm wegen vorzeitiger Kündigung zustehenden Entschädigungsanspruchs?

III. Zivilsenat. Urt. v. 26. März 1924 i. S. R. (Bekl.) w. A. E. G. (Kl.). III 814/23.

I. Landgericht I Berlin. — II. Kammergericht daselbst.

Durch Vertrag vom 12. Mai 1920 verpachtete der Verwalter der H.schen Konkursmasse an Sch. und St. gewisse auf dem Grundstück W. in O. befindliche Räumlichkeiten, insbesondere den großen Saal und die Restaurationsräume nebst Zubehör, und vermietete ihnen die dortige Stehbierhalle und den Garten. Der Vertrag sollte bis zum 31. Dezember 1924 dauern. Doch war nach § 12 der Verpächter, falls er das Grundstück während der Pachtzeit verkaufte, berechtigt, den Vertrag unter Einhaltung einer halbjährigen Kündigungsfrist aufzukündigen. Für diesen Fall wurde den Pächtern eine Vergütung zugesagt, die bei Auflösung des Vertrags im Jahre 1920 6000 ℳ betrug, sich aber für jedes spätere Jahr um 1000 ℳ ermäßigte.

Am 28. Januar 1921 trat der Beklagte als Pächter in den Vertrag ein. Ihm wurde, nachdem das Grundstück an die Klägerin verkauft war, zum 1. April 1922 auf Grund des § 12 des Vertrags gekündigt.

Mit der Klage verlangt die Klägerin Räumung der verpachteten Räumlichkeiten. Der Beklagte berief sich auf ein Zurückbehaltungsrecht, das er auf die in § 12 des Vertrags ihm zugesagte, nach seiner Ansicht aufzuwertende Vergütung stützte.

Die Vorinstanzen gaben der Klage statt. Die Revision des Beklagten wurde zurückgewiesen.

Aus den Gründen:

Die Herausgabe der ihm verpachteten Räumlichkeiten kann der Beklagte nicht auf Grund von § 320 BGB. verweigern. Denn die Herausgabe steht zu der vom Beklagten geforderten Zahlung der in § 12 des Pachtvertrags festgesetzten Vergütung nicht in dem Verhältnis von Leistung und Gegenleistung, wie es § 320 voraussetzt (vgl. RGZ. Bd. 54 S. 125). Die Pflicht zur Rückgabe folgt ohne weiteres aus der Beendigung des Pachtverhältnisses. Die Vergütung, die der Beklagte fordert, ist keine Gegenleistung für sie, sondern soll ihn lediglich dafür schadlos halten, daß die Pacht früher ihr Ende erreicht als ursprünglich vorgesehen. Ihre Zahlung ist ein Entgelt dafür, daß der Verpächter das Pachtverhältnis vor dem vertraglichen Endtermin kündigen darf, nicht dafür, daß der Beklagte das Grundstück überhaupt zurückgibt.

Der Beklagte könnte ein Zurückhaltungsrecht nur aus § 273 BGB. herleiten. Dem steht aber schon § 556 Abs. 2 (§ 581) BGB. entgegen, der dem Pächter eines Grundstücks und von Räumen (§ 580 BGB.) wegen seiner Ansprüche gegen den Verpächter ein Zurückbehaltungsrecht versagt. Der Berufungsrichter hält diese Vorschrift für unanwendbar, weil die vereinbarte Vergütung dem Pächter den Umzug und die Schaffung eines neuen Erwerbes erleichtern solle und deshalb spätestens beim Auszuge gezahlt werden müsse; für einen solchen Fall habe der nachgiebige § 556 als ausgeschlossen zu gelten. Diese Einschränkung ist mit dem Gesetze nicht vereinbar. Es hat das Zurückbehaltungsrecht bei der Rückgabe eines vermieteten (verpachteten) Grundstücks deshalb ausgeschlossen, weil die dem Mieter (Pächter) durch die Zurückbehaltung gewährte Sicherheit regelmäßig in keinem Verhältnis zum Betrage seiner Ansprüche stehe, weil er auch ohne Zurückbehaltung durch den Grundbesitz des Vermieters (Verpächters) hinreichend gesichert sei, und weil endlich das Recht vom Mieter (Pächter) sehr leicht schikanös mißbraucht werden könne (Protokolle zu § 520 Entw. I S. 1973, Denkschrift S. 70, abgedruckt bei Mugdan, Materialien II S. 850, 1250). Alle diese Erwägungen treffen auch zu, wenn die Herausgabe des Pachtgrundstücks wegen eines Anspruchs der hier fraglichen Art verweigert wird. Das Interesse des Pächters, beim Auszuge sofort in den Besitz der vereinbarten Vergütung zu gelangen, ist nicht so stark, daß es die Interessen des Verpächters, deren Berücksichtigung der § 556 Abs. 2 BGB. seine Entstehung verdankt, zurückzudrängen vermöchte. Richtig ist nur, daß die Vorschrift nachgiebiges Recht enthält. Die Parteien können, abweichend von ihr, dem Pächter ein Zurückbehaltungsrecht einräumen. An einer ausdrücklichen Bestimmung dieses Inhalts fehlt es aber in dem der Klage zugrunde liegenden Pachtvertrage. Der Vorderrichter stellt auch nicht fest, daß die Parteien bei Vertragsschluß über die Nichtanwendung des § 556 Abs. 2 BGB. hinsichtlich der in § 12 des Vertrags festgesetzten Entschädigung stillschweigend einig gewesen seien. Das vom Beklagten geltend gemachte Zurückbehaltungsrecht scheitert also schon an der angeführten Gesetzesvorschrift. . . .

---

40. 1. Inwieweit ist der Schiedsspruch in den Fällen des § 1041 ZPO. vom Staatsgericht nachzuprüfen?

2. Zum Begriff des „Inlandsgeschäfts" im Sinne des § 1 der Devisenverordnung vom 12. Oktober 1922 und des § 2 der Devisenverordnung vom 8. Mai 1923.

3. Zur Auslegung des Verbots, Zahlung in ausländischer Währung zu fordern, in § 1 der Ausführungsverordnung vom 21. Dezember 1923 zur Devisenverordnung vom 8. Mai 1923.

4. Welcher Zeitpunkt ist maßgebend für die Prüfung, ob die Vornahme einer durch Schiedsspruch auferlegten Handlung verboten ist?

5. Darf eine nach Erlaß des Berufungsurteils in Kraft getretene Rechtsnorm in der Revisionsinstanz beachtet werden?

VI. Zivilsenat. Urt. v. 28. März 1924 i. S. Haslag (Bekl.) w. Nahrungsmittel-Import-Compagnie (Kl.). VII 455/23.

I. Landgericht Hamburg, Kammer f. Handelssachen. — II. Oberlandesgericht daselbst.

Durch Schiedsspruch vom 20. Oktober 1922 ist die Beklagte verurteilt worden, der Klägerin 445,7,11 £ zu zahlen. Die Klägerin hat Klage auf Vollstreckbarkeitserklärung des Schiedsspruchs erhoben. Die Beklagte wendet ein, die Vollstreckbarkeitserklärung sei gemäß

§§ 1042, 1041 Nr. 2 ZPO. unzulässig, weil der Schiedsspruch sie zu einer Handlung verurteilt habe, deren Vornahme nach der Devisenverordnung vom 12. Oktober 1922 verboten sei. Beide Vorinstanzen gaben der Klage statt. Die Revision wurde zurückgewiesen aus folgenden

Gründen:

Der Revision ist zuzugeben, daß die Gründe, mit denen das Berufungsgericht die Einrede der Beklagten aus §§ 1041 Nr. 2, 1042 Abs. 2 ZPO. zurückgewiesen hat, die Entscheidung nicht zu tragen vermögen.

Der Vorderrichter vertritt in erster Linie die Rechtsansicht, daß, weil die Devisenverordnung nicht allgemein, sondern nur für bestimmte Geschäfte die Zahlung in ausländischer Währung verboten habe, das Schiedsgericht zu prüfen hatte, ob für den Streit, wie er ihm vorgetragen war, das Verbot Platz greife oder nicht. Die Richtigkeit seiner Entscheidung habe das Staatsgericht nicht nachzuprüfen. Diese Ansicht kann nicht gebilligt werden. Wird die Aufhebung eines Schiedsspruchs aus einem der in § 1041 ZPO. genannten Gründe beantragt, so ist es Pflicht des Staatsgerichts zu prüfen, ob der geltend gemachte Grund vorliegt. Für die Einrede aus § 1042 Abs. 2 gilt dasselbe. Diese Prüfung ist eine selbständige, an die Ansicht des Schiedsgerichts ist das ordentliche Gericht nicht gebunden. Insofern unterliegt der Schiedsspruch, wenn auch grundsätzlich die sachliche Nachprüfung seiner Entscheidung unzulässig ist, doch der Nachprüfung durch das Staatsgericht. Das hat der VII. Zivilsenat bereits in der Entscheidung RGZ. Bd. 105 S. 386 ausgesprochen für den Fall des § 1041 Nr. 1 ZPO. Wenn im Schiedsverfahren die Zuständigkeit des Schiedsgerichts bestritten worden ist, weil der die Schiedsklausel enthaltende Vertrag nichtig sei, so ist, mag auch das Schiedsgericht seine Zuständigkeit und die Zulässigkeit des schiedsgerichtlichen Verfahrens angenommen haben, das Staatsgericht befugt und verpflichtet, diese Entscheidung einer Nachprüfung zu unterziehen. Für den Fall des § 1041 Nr. 2 ZPO. ist dies um so mehr geboten, als sich möglicherweise die Gesetzgebung nach Erlaß des Schiedsspruchs geändert hat und ihr zufolge die Handlung, auf deren Vornahme das Schiedsgericht erkannt hat, nunmehr verboten ist, während sie zur Zeit des Erlasses des Schiedsspruchs erlaubt war. Es ist dann nicht angängig, daß das Staatsgericht durch Erlaß des Vollstreckungsurteils zur Erzwingung einer nunmehr verbotenen Handlung hilfreiche Hand gewährt. Wenn das Berufungsgericht zur Unterstützung seiner Ansicht vergleichsweise die Einrede des Differenzeinwandes heranzieht, so ist das offensichtlich verfehlt. Der Differenzeinwand dient lediglich dazu, die materielle Berechtigung des erhobenen Klaganspruchs in Abrede zu stellen. Wenn das Schiedsgericht den Einwand verwirft, sei es auch zu Unrecht, und auf Zahlung gemäß dem

Klagantrag erkennt, so unterliegt diese Entscheidung nicht der Nachprüfung durch das Staatsgericht. Die Zahlung, zu der verurteilt ist, bildet, wenn sie in Reichswährung zu erfolgen hat, niemals eine Handlung, deren Vornahme verboten ist.

Aber auch der zweite Grund, auf den das Berufungsgericht seine Entscheidung stützt, beruht auf Rechtsirrtum. Es meint, die im schiedsgerichtlichen Verfahren geltend gemachte Forderung rühre nicht aus einem Inlandsgeschäfte, sondern aus einem Importgeschäfte her, daher finde § 1 der Devisenverordnung keine Anwendung. Gemeint ist offenbar die VO. v. 12. Oktober 1922. Darüber, daß diese zur Zeit des Erlasses des Berufungsurteils bereits durch die Verordnung des Reichspräsidenten vom 8. Mai 1923 außer Kraft gesetzt und durch die Devisenverordnung vom 8. Mai 1923 ersetzt war, wird noch zu sprechen sein. Es kommt aber zunächst hierauf nicht an, weil die VO. vom 8. Mai 1923 in § 2 Abs. 1 im wesentlichen dieselbe Vorschrift gibt, wie § 1 der VO. v. 12. Oktober 1922. Der Vorderrichter hat aber rechtsirrtümlich angenommen, daß die Forderung, welche im Schiedsspruch zuerkannt ist, einem Auslandsgeschäft entstammt. Sie ist vielmehr eine Forderung aus einem Inlandsgeschäft sowohl im Sinne des § 2 Abs. 3 der VO. v. 8. Mai 1923 als auch im Sinne der vom Berufungsgericht irrtümlich angewendeten VO. v. 12. Oktober 1922. Beide Parteien haben ihren Sitz im Inlande und das Geschäft, aus dem die Forderung entstanden ist, ist im Betriebe ihrer inländischen Niederlassung abgeschlossen worden. Die Klägerin hatte als Kommissionärin der Beklagten für deren Rechnung im eigenem Namen mit der im Ausland wohnenden Weddel Beef Co. ein Geschäft über Einfuhr von Gefrierfleisch getätigt. Wegen Gewichtsdifferenzen waren Streitigkeiten mit der Weddel Beef Co. entstanden, die schließlich durch einen von der Beklagten genehmigten Vergleich beigelegt wurden, wonach die Weddel Beef Co. sich mit Zahlung von 1000 £ zufrieden gab. Die Beklagte beauftragte nunmehr ihre Kommissionärin, die Klägerin, den Betrag an die Weddel Beef Co. zu zahlen. Diesen Auftrag führte die Klägerin in der Weise aus, daß sie gegen die Forderung der Weddel Beef Co. von 1000 £ eine Gegenforderung von rund 890 £ zur Aufrechnung brachte, die ihr und der Beklagten gemeinschaftlich — je zur Hälfte — gegen jene Firma an Provision aus einem anderen Geschäfte zustand, und den Rest von rund 190 £ durch einen auf diesen Betrag lautenden Scheck der Beklagten beglich. Im schiedsgerichtlichen Verfahren verlangte Klägerin nun von der Beklagten Ersatz ihres zur Aufrechnung mitverwendeten Provisionsanteils mit rund 445 £, während die Beklagte den Einwand erhob, die Klägerin habe die Hälfte der Vergleichssumme aus eigener Tasche zu zahlen. Bei dieser Sachlage handelt es sich offensichtlich um eine

Forderung der Klägerin aus einem Inlandsgeschäfte, nämlich aus dem zwischen den Parteien geschlossenen Kommissionsgeschäft. Die Klägerin verlangt von der Beklagten Ersatz der Aufwendungen, die sie als ihre Kommissionärin aus eigenem Vermögen zur Bezahlung der Vergleichssumme an die Weddel Beef Co. gemacht hatte. Das Ausführungsgeschäft mit der Weddel Beef Co., das allerdings ein Auslandsgeschäft darstellte, war durch die Zahlung der 1000 £ erledigt.

Wenn nun aber auch die Gründe des Berufungsrichters nicht gebilligt werden können, so ist doch die Entscheidung im Ergebnis richtig. Es ist oben bereits erwähnt, daß die VO. v. 12. Oktober 1922 durch die VO.en v. 8. Mai 1923, die am 15. Mai 1923 in Kraft getreten sind, außer Kraft gesetzt und ersetzt worden ist. Durch § 11 der AusfVO. v. 8. Mai 1923 (RGBl. I S. 279) sind ferner auch die AusfVO.en zur DevVO. v. 12. Oktober 1922, insbesondere auch diejenige vom 27. Oktober 1922 aufgehoben worden. § 2 dieser letzteren, auf den das Landgericht seine Entscheidung gegründet hat, findet also keine Anwendung mehr und konnte auch vom Berufungsgericht nicht mehr angewendet werden. Nun bestimmt aber § 1 AusfVO. vom 21. Dezember 1923 (RGBl. I S. 1251), daß § 2 Abs. 1 der VO. v. 8. Mai 1923 keine Anwendung findet „auf Geschäfte über Lieferung von Waren nnd über Bewirkung von Leistungen; verboten ist, Zahlung in ausländischer Währung zu fordern; ein Erwerb ausländischer Zahlungsmittel zur Erfüllung solcher Geschäfte ist unzulässig". Die Geltungsdauer dieser Ausnahmebestimmung ist zunächst bis zum 15. Februar 1924 beschränkt, dann aber durch VO. v. 6. Februar 1924 bis zum 31. März 1924 verlängert worden.

Es fragt sich zunächst, ob es sich hier um ein Geschäft „über Bewirkung von Leistungen" handelt. Klar ist, daß unter „Leistung" nicht die verlangte Zahlung, auf die im Schiedsspruch erkannt ist, verstanden werden kann, sondern das Geschäft zu verstehen ist, für dessen Bewirkung die Zahlung verlangt wird. Um die Bewirkung einer Leistung handelt es sich aber im Sinne jener Verordnung, wenn, wie oben dargelegt, die Klägerin auftragsgemäß für Rechnung der Beklagten eine Zahlung an die Weddel Beef Co. leistete. Die Zahlung, zu der die Beklagte verurteilt ist, entspringt also einem Geschäft über Bewirkung einer Leistung.

Wenn es nun weiter in der VO. v. 21. Dezember 1923 heißt: „Verboten ist, Zahlung in ausländischer Währung zu fordern", so ist der Ton auf das Wort „fordern" zu legen. Die Bestimmung hat also im Zusammenhalt mit § 2 Abs. 1 der VO. v. 8. Mai 1923 den Sinn: Es soll zwar für Inlandsgeschäfte der bezeichneten Art für die Zukunft nicht Zahlung in ausländischer Währung gefordert werden dürfen, dagegen ist es gestattet, auf Grund bereits früher abgeschlossener

Geschäfte dieser Art Zahlungen in ausländischer Währung zu leisten und anzunehmen. Es ist also insofern rückwirkend für laufende Geschäfte eine Ausnahme von § 2 Abs. 1 DevVO. v. 8. Mai 1923 bestimmt worden. Diese Ausnahme greift hier Platz.

Es erhebt sich aber noch die Frage, ob die VO. v. 21. Dezember 1923, die erst nach Erlaß des Berufungsurteils verkündet und in Kraft getreten ist, in der Revisionsinstanz beachtet werden darf. Auch diese Frage ist zu bejahen.

Grundsätzlich ist zwar, gemäß §§ 549, 550 ZPO. die Prüfung, ob das Berufungsgericht ein Gesetz nicht oder nicht richtig angewendet hat, auf das zur Zeit des Erlasses des Berufungsurteils geltende Recht abzustellen (RGZ. Bd. 45 S. 98 und 418). Der Vorderrichter hätte die Zwangsvollstreckung aus dem Schiedsspruch nicht für zulässig erklären dürfen, wenn zur Zeit seines Urteilsspruchs die Handlung, auf deren Vornahme im Schiedsspruch erkannt ist, gesetzlich verboten war. In diesem Zusammenhang ist, was vorhin schon angedeutet wurde, noch einmal klarzustellen, daß für die Prüfung, ob die durch Schiedsspruch auferlegte Handlung gesetzlich verboten ist, nicht, wie die Revision meint, der Zeitpunkt des Schiedsspruchs maßgebend ist, sondern derjenige, in welchem das Vollstreckungsurteil erlassen wird; die gegenteilige Ansicht führt zu einem unhaltbaren Ergebnis sowohl dann, wenn das zur Zeit des Erlasses des Schiedsspruchs bestehende Verbot der Vornahme der Handlung nachträglich aufgehoben wird, als auch dann, wenn die damals nicht verbotene Handlung nachher gesetzlich verboten und vielleicht unter erhebliche Strafe gestellt wird. Das Staatsgericht muß also prüfen, ob zur Zeit seines Urteilserlasses die Vornahme der durch den Schiedsspruch einer Partei auferlegten Handlung verboten ist oder nicht. Schon diese Erwägungen führen zu dem Schluß, daß in der Revisionsinstanz das Vollstreckbarkeitsurteil des Berufungsrichters nicht bestätigt werden darf, wenn nach seinem Erlaß ein Verbotsgesetz erlassen worden ist, anderseits aber auch bestätigt werden muß, wenn zwar zur Zeit seines Erlasses ein Verbotsgesetz bestand, dieses aber nachher beseitigt worden ist. Die neuere Rechtsprechung des Reichsgerichts hat denn auch für besondere Fälle ausgesprochen, daß nach Erlaß des Berufungsurteils eingetretene Gesetzesänderungen in der Revisionsinstanz Beachtung finden können. So hat der I. Zivilsenat in wiederholten Entscheidungen (z. B. RGZ. Bd. 63 S. 140; Bd. 65 S. 303) in Patentverletzungsklagen dem Umstande Rechnung getragen, daß nach Erlaß des Berufungsurteils das Patent, aus dem geklagt war, für nichtig erklärt worden ist. Ferner ist in RGZ. Bd. 97 S. 161, Bd. 101 S. 141 bes. 148, Bd. 101 S. 164, Urteil vom 25. Oktober 1920 VI 100/20, abgedruckt bei Warn. 1914 Nr. 4 ausgesprochen, daß nach Erlaß des Berufungsurteils ergangene

Gesetze, namentlich wenn sie, wie hier, öffentliches Recht betreffen und sich rückwirkende Kraft beilegen, in der Revisionsinstanz anzuwenden sind. Dieser neueren Rechtsprechung schließt sich der erkennende Senat für den vorliegenden, gleichgearteten Fall an und trägt keine Bedenken, auf Grund der zur Zeit des Erlasses seines Urteils geltenden Devisengesetzgebung die Entscheidung des Berufungsgerichts im Ergebnis zu bestätigen.

---

41. 1. Ist in den Fällen des § 37 des preußischen Lehrerbesoldungsgesetzes (§ 33 des Volksschullehrerdiensteinkommensgesetzes) für den Anspruch des Lehrers auf Dienstbezüge der Rechtsweg auch dann zulässig, wenn der Vorbescheid des Oberpräsidenten den Anspruch als berechtigt anerkannt hat?

2. Läuft auch in diesem Falle die sechsmonatige Ausschlußfrist (§ 37 des Lehrerbesoldungsgesetzes verbunden mit § 2 des preußischen Gesetzes über die Erweiterung des Rechtswegs vom 24. Mai 1861)?

III. Zivilsenat. Urt. v. 1. April 1924 i. S. Stadtgemeinde G. (Bekl.) w. H. (Kl.). III 354/23.

I. Landgericht Insterburg. — II. Oberlandesgericht Königsberg.

Die erste Frage ist bejaht, die zweite ist verneint worden, aus folgenden

Gründen:

Nach § 37 des Preußischen Lehrerbesoldungsgesetzes, an dessen Stelle mit Wirkung vom 1. April 1920 an der inhaltlich gleiche § 33 des Volksschullehrerdiensteinkommensgesetzes vom 17. Dezember 1920 getreten ist, mußte der auf Reichung von Dienstbezügen gerichteten Klage eine Entscheidung des Oberpräsidenten vorangehen, und die Klage, bei Verlust des Klagerechts, binnen sechs Monaten nach Bekanntmachung der Entscheidung angebracht werden. Die Entscheidung des Oberpräsidenten ist ergangen; sie hat den Anspruch des Klägers als berechtigt anerkannt. Dessen ungeachtet weigert sich die Beklagte nach wie vor, den Anspruch des Klägers anzuerkennen und zu befriedigen. Mit Rücksicht hierauf nimmt der Berufungsrichter an, daß für die erhobene Klage ein Rechtsschutzbedürfnis bestehe, namentlich nicht etwa deshalb weggefallen sei, weil der Oberpräsident seine Entscheidung zugunsten des Klägers getroffen hat. Dem ist beizupflichten. Wie der erkennende Senat schon in dem Urteil vom 12. Februar 1924 III 240/23 ausgesprochen hat, liegt zwar der Beschränkung des Rechtswegs, welche in dem Erfordernis des Vorbescheids des Oberpräsidenten zu erkennen ist, die Absicht der Verhütung unnötiger Prozesse zugrunde.

Der Gesetzgeber geht ersichtlich davon aus, daß sich der gerichtliche Austrag des Streitfalls erledigt, wenn die Verwaltungsbehörde zugunsten des Antragstellers entscheidet. Daraus ist jedoch nicht abzuleiten, daß diesem nach Erlaß einer ihm günstigen Entscheidung der Rechtsweg schlechthin verschlossen wäre. Der mit der Verleihung des Klagerechts bezweckte Rechtsschutz durch die ordentlichen Gerichte darf dem Antragsteller dann nicht versagt werden, wenn die Verwaltungsentscheidung nicht zur Durchführung gelangt. Für den vorliegenden Fall ist unstreitig, daß die Beklagte trotz des zugunsten des Klägers ausgefallenen Vorbescheids des Oberpräsidenten es ablehnt, den Anspruch des Klägers zu befriedigen. Mithin besteht auch das Rechtsschutzbedürfnis des Klägers fort.

Von diesem Standpunkt aus nimmt der Berufungsrichter weiter an, daß die sechsmonatige Ausschlußfrist nur bei ablehnendem Vorbescheid gelte, nicht aber auch bei einem den streitigen Anspruch als berechtigt anerkennenden Bescheid der Verwaltungsbehörde. Damit räumt der Berufungsrichter das Bedenken aus, das sich daraus ergeben könnte, daß die Klage erst im Juli 1921 erhoben, der erste Vorbescheid des Oberpräsidenten aber schon im November 1919 ergangen und, wie anzunehmen, alsbald darauf dem Kläger bekanntgemacht worden ist. Auch in dieser Annahme ist dem Berufungsrichter beizutreten. Das Gesetz selbst hat freilich das Erfordernis des Vorbescheids der Verwaltungsbehörde schlechthin aufgestellt, ohne einen Unterschied nach der Richtung zu machen, ob die Verwaltungsbehörde zugunsten oder zuungunsten des streitigen Anspruchs entschieden hat. Und wenn, wie allgemein angenommen wird, der von dem Gesetzgeber mit dem Erfordernis der Frist verfolgte Zweck dahin gegangen ist, daß mit Rücksicht auf den Staatshaushalt und die Ordnung des Kassenwesens die Klarstellung streitiger Ansprüche in möglichst kurzer Zeit herbeigeführt werden sollte (vgl. RGZ. Bd. 92 S. 114), so kommt auch dieses Interesse bei einem dem Antragsteller günstigen Vorbescheid nicht gänzlich in Wegfall. Aber es leuchtet von vornherein soviel ein, daß das Erfordernis des Vorbescheids mit seiner Bedeutung als Ausgangspunkt für eine gegen den Antragsteller laufende Frist nach der Natur der Sache auf einen ablehnenden Vorbescheid zugeschnitten ist und bei einem günstigen Vorbescheid an innerer Bedeutung wesentlich verliert. Man darf auch nicht bloß von dem Zweck der Klagefrist ausgehen, sondern muß den Zweck der ganzen Regelung ins Auge fassen, die in dem Preußischen Gesetz vom 24. Mai 1861 enthalten und, wie sie mehrfachen anderen Gesetzen zum Vorbild gedient hat, so auch in das Lehrerbesoldungs- und das Volksschullehrerdiensteinkommensgesetz aufgenommen ist. Den unmittelbaren Staatsbeamten war in Preußen bis zum Erlaß des Gesetzes vom 24. Mai 1861 der Rechtsweg für ihre

Gehaltsansprüche verschlossen; sie waren mithin auf die Entscheidung der Verwaltungsbehörden angewiesen. Jenes Gesetz sollte ihnen die Durchführung ihrer Ansprüche auch gegen den Willen der Verwaltungsbehörden ermöglichen; die Klage war indessen erst nötig, wenn die oberste Verwaltungsbehörde gesprochen und sich gegen den Beamten entschieden hatte. Nur auf diesen Fall ist daher die in Rede stehende Vorschrift zu beziehen. Daß das Gesetz den Fall einer dem Beamten günstigen Vorentscheidung nicht ausdrücklich erwähnt und ausgenommen hat, bedeutet nicht, daß auch für diesen Fall die Klagfrist gelten soll, sondern erklärt sich wohl daraus, daß man an diesen Fall damals nicht gedacht hat, wie man wohl bei der damals herrschenden, strafferen staatlichen Ordnung die Möglichkeit gar nicht in Erwägung gezogen hat, daß ein von der obersten Verwaltungsstelle als berechtigt anerkannter Anspruch eines Beamten dennoch auf eine Weigerung nachgeordneter Stellen stoßen könnte. Zu alledem tritt die Erwägung, daß nach den Beamtengesetzen und vollends nach Art. 129 RVerf. dem Beamten für seine Gehaltsansprüche der Rechtsweg grundsätzlich nicht verschränkt werden darf. Die Vorschrift einer zeitlichen Beschränkung dieser Ansprüche ist daher, wennschon auch gegenüber der RVerf. zulässig geblieben (RGZ. Bd. 99 S. 261, 106 S. 38), so doch eng auszulegen.

Aus diesen Gründen ist der Senat der Ansicht des Berufungsrichters beigetreten, wonach die sechsmonatige Frist des Gesetzes vom 24. Mai 1861 — und anderer, diesem Gesetz nachgebildeter Gesetze, — im Fall eines dem Beamten oder Lehrer günstigen Vorbescheids der Verwaltungsbehörde überhaupt nicht läuft.

---

42. 1. Kann eine Hypothek, wenn die bei ihrer Bestellung vereinbarte Kursgarantieklausel nicht wirksam zur Eintragung gelangt ist, gleichwohl abgesehen von der Klausel für gültig erachtet werden, sei es infolge nachträglicher dinglicher Einigung in diesem beschränkten Umfange, sei es im Wege der Konversion?

2. Hat die Nichtigkeit der Bestellung einer Darlehnshypothek (mangels Einigung der Beteiligten) auch die Nichtigkeit des durch die Darlehnshingabe vollzogenen Darlehnsrealvertrags zur Folge?

3. Zum Begriff der Goldhypothek im Sinne des deutsch-schweizerischen Abkommens vom 6. Dezember 1920 (RGBl. S. 2024).

V. Zivilsenat. Urt. v. 5. April 1924 i. S. Schw. Bodenkreditanstalt A.-G. (Kl.) w. G. u. Gen. (Bekl.). V 267/23.

I. Landgericht Karlsruhe. — II. Oberlandesgericht daselbst.

Auf dem Grundbesitz des G. steht für die Klägerin seit 1906 eine Darlehnshypothek von 300000 ℳ nebst Zinsen eingetragen unter Hinweis auf die Eintragungsbewilligung vom 8. Januar 1906. In dieser hatte ein Bevollmächtigter des G. erklärt, diesem sei ein Darlehn von 300000 ℳ zugesagt, für welches gewisse Bedingungen gelten sollten, darunter als Nr. 5:

„Die Auszahlung des Darlehns erfolgt zum Umrechnungskurse von 123 1/3 schweizer Franken für 100 Reichsmark, also zu 370000 Frs. für 300000 ℳ. Alle Zins- und Kapitalrückzahlungen haben zum gleichen Umrechnungskurse zu erfolgen;"

zur Sicherung dieses Darlehns von 300000 ℳ mit den aufgeführten Bedingungen bestellte er die oben erwähnte Hypothek. In dem über diese erteilten Hypothekenbriefe ist unter dem Inhalt der Eintragung auch die Bedingung Nr. 5 wiedergegeben.

Die Klägerin verlangt jetzt mit der persönlichen Klage die Rückzahlung des Darlehns unter Zugrundelegung des vorbezeichneten Umrechnungskurses nebst Zinsen und Kosten, ferner mit der dinglichen Klage die Duldung der Zwangsvollstreckung wegen einer Briefhypothek von 300000 ℳ nebst Zinsen.

Das Landgericht gab der Klage statt. Das Oberlandesgericht wies die Klage ab. Die Revision der Klägerin führte zur Aufhebung des Urteils und zur Zurückverweisung der Sache.

Aus den Gründen:

Das Oberlandesgericht hat angenommen, daß nach dem Willen der Beteiligten für den schuldrechtlichen und den dinglichen Vertrag die gleichen Abmachungen, insbesondere der Inhalt der Bedingung Nr. 5 gelten, namentlich der dort bezeichnete Umrechnungskurs auch für die Hypothek maßgebend sein, daß demgemäß der Darlehnsschuldner und später seine Erben so viel zu zahlen haben sollten, daß die Klägerin für je 100 ℳ, die sie zu fordern hatte, 123 1/3 schweizer Franken erhielt (Kursgarantieklausel). Es hat daraus den Schluß gezogen, daß die vereinbarte Hypothek, weil sie nicht auf eine fest bestimmte Geldsumme gerichtet war, dem Gesetze (§ 1115 BGB.) widersprach, somit die Hypothekenvereinbarung auf etwas unmögliches gerichtet und deshalb nichtig war. Die Richtigkeit dieser Schlußfolgerung (vgl. dazu Bay. Oberstes Landesgericht in Rechtspr. OLG. Bd. 42 S. 167; RGRKomm. Anm. 8 zu § 1115 BGB.; Güthe-Triebel GBO. Anm. 13 zu § 28 und Anm. 32 zu § 45) bedarf hier keiner Nachprüfung. Denn tatsächlich ist die Eintragung eines bestimmten Geldbetrages der Hypothekenforderung von 300000 ℳ in deutscher Währung erfolgt und auf die Kursgarantieklausel nur durch Bezugnahme auf die Eintragungsbewilligung verwiesen worden. Das Oberlandesgericht hat eine solche Bezugnahme mit Recht für unzulässig und unwirksam erklärt, weil die Kursgarantieklausel den Hypothekenbetrag unmittelbar beeinflusse, daher selbst in der eigentlichen Grundbucheintragung enthalten sein müsse. Dieser Auffassung ist um so mehr zuzustimmen, als nach § 1115 BGB. bei der Eintragung der Geldbetrag der Forderung angegeben werden muß, d. h. derjenige Betrag, mit dessen Liquidation im Zwangsversteigerungsverfahren Dritte rechnen müssen, und der deshalb aus dem Grundbuch zahlenmäßig bestimmt erkennbar sein muß, um den Umfang der Belastung des Grundstücks ersichtlich zu machen KGJ. Bd. 21 S. A 323, Bd. 36 S. A 231; Kammergericht in RJA. Bd. 3 S. 198). Ihr steht auch nicht entgegen, daß hinsichtlich der eigentlichen Gold(münz)klausel die Bezugnahme auf die Eintragungsbewilligung bei der Eintragung genügt (RGZ. Bd. 50 S. 145); denn von der Eintragung einer solchen Goldklausel wird der in Mark angegebene Geldbetrag der Forderung nicht betroffen.

Aber wenn auch demgemäß davon auszugehen ist, daß die Bezugnahme auf die Eintragungsbewilligung hinsichtlich der Kursgarantieklausel unwirksam war, und daraus zu entnehmen ist, daß im Grundbuch lediglich eine Hypothek von 300000 *M* nebst Zinsen für die Klägerin eingetragen ist, so ist doch die weitere Annahme des angefochtenen Urteils, daß diese Hypothek mangels einer Einigung über sie nicht rechtswirksam begründet sei, rechtlich zu beanstanden, mindestens unzulänglich begründet. Das Fehlen einer nach § 873 BGB. neben der Eintragung erforderlichen dinglichen Einigung leitet das Berufungsgericht daraus her, daß die Beteiligten keine Hypothek von 300000 *M* begründen wollten, sondern eine Hypothek in Höhe desjenigen Reichsmarkbetrags, der jeweils zur Anschaffung von 370000 schweizer Franken erforderlich war. Als Rechtfertigung dieser Auffassung hat das Berufungsgericht, soweit seine Gründe ersehen lassen, für die Frage der dinglichen Einigung entscheidendes Gewicht lediglich auf den Schriftwechsel vor der Eintragung der Hypothek gelegt, nicht aber auch das spätere Verhalten der Beteiligten berücksichtigt. Das Gesetz erfordert indessen nicht, daß die Einigung zeitlich der Eintragung, der Belastung des Grundstücks mit dem Rechte, vorausgehe oder (abgesehen von besonderen Vorschriften, wie in § 925 BGB. hinsichtlich der Auflassung) in bestimmter Form erfolge; die Einigung kann vielmehr auch aus späteren Handlungen und Erklärungen der Beteiligten entnommen werden, aus denen sich ihr übereinstimmender Wille über den Eintritt der Rechtsänderung ergibt (RGRKomm. Anm. 7c und d zu § 873 und Vorbemerkung 2 vor § 1113 BGB.; Güthe-Triebel Anm. 10 zu § 19 GBO.). Das Berufungsgericht hätte daher prüfen müssen, ob nicht aus dem der Eintragung nachfolgenden Verhalten der Beteiligten auf ihre dingliche Einigung darüber zu schließen war, daß die Hypothek, so wie sie tatsächlich eingetragen war — mögen sie selbst über die rechtliche Tragweite der Eintragung sich nicht völlig klar gewesen sein —, Bestand haben und für ihre rechtlichen Beziehungen maßgebend sein sollte. (Es folgen tatsächliche Anführungen über dieses Verhalten.) Diese Umstände legen die Annahme mindestens nahe, daß die Beteiligten (mögen sie ursprünglich auch eine Eintragung weitergehenden Inhalts im Sinne gehabt haben) schließlich darüber sich einig geworden sind, daß die Hypothek so, wie sie eingetragen ist, rechtsbeständig sein sollte, die Einigung wie die Eintragung also übereinstimmten; und die Revision beschwert sich mit Recht darüber, daß das Oberlandesgericht diesen Gesichtspunkt bei der Verneinung der dinglichen Einigung außer Acht gelassen hat.

Auch wenn aber eine solche Einigung dahin, daß die Hypothek mit dem eingetragenen Inhalte für ihre Rechtsbeziehungen maßgebend sein solle, nicht, auch nicht nachträglich zustande gekommen sein sollte (etwa weil die Beteiligten aus dem Hypothekenbriefe nicht ersehen haben, daß der Inhalt der Bedingung Nr. 5 nicht in das Grundbuch selbst aufgenommen, hinsichtlich ihrer vielmehr nur auf die Eintragungsbewilligung Bezug genommen war), so wäre zwar die Eintragung, da das ursprünglich vorgesehene hypothekarische Recht nicht entstanden ist, an sich nichtig (RGZ. Bd. 70 S. 356); dann würde aber nach dem in § 140 BGB. ausgesprochenen Grundsatz der Umgestaltung (Konversion) der Rechtsgeschäfte zu prüfen gewesen sein, ob anzunehmen war, daß die Beteiligten bei Kenntnis dieser Nichtigkeit (mangels Einigung) nicht wenigstens gewollt haben würden, daß jedenfalls die im Grundbuch eingetragene Hypothek mit einem Geldbetrage von 300000 *M* in deutscher Währung nebst Zinsen, auch ohne die einer dinglichen Wirksamkeit entbehrende Kursgarantieklausel, Bestand haben sollte. Zu dieser Prüfung lag um so mehr Anlaß vor, als das Berufungsgericht selbst an einer späteren Stelle seiner Gründe ausspricht, daß die Klägerin „gewiß sich vielleicht auch mit einer Hypothek über 300000 *M* begnügt" hätte. Daß etwa G. mit der Geltung einer Hypothek lediglich des eingetragenen Inhalts, durch welche die dingliche Belastung der Grundstücke nur in einem ermäßigten Umfange erfolgte, nicht einverstanden gewesen wäre, ist den Feststellungen des angefochtenen Urteils nicht zu entnehmen.

Selbst wenn aber auch die Anwendbarkeit des § 140 BGB. zu verneinen wäre, so würde daraus nur die Unbegründetheit der erhobenen dinglichen Klage, nicht dagegen auch diejenige des weiter verfolgten Anspruchs aus dem Darlehnsvertrage folgen. Die Ausführungen des Oberlandesgerichts, daß die Klägerin sich nicht an den Darlehnsvertrag binden wollte, wenn sie nicht zugleich eine Hypothek bekam, und daß die Nichtigkeit des Hypothekenbegründungsvertrags auch die Nichtigkeit des Darlehnsvertrags zur Folge habe, unterscheiden nicht scharf genug zwischen dem Darlehnsvorvertrage bzw. dem Darlehnsversprechen (§ 610 BGB.) und anderseits dem durch die Hingabe sowie die Annahme des Geldes sich vollziehenden Darlehn selbst, dem Realvertrage (RGRKomm. Bem. 2 vor § 607 BGB). Es mag sein, daß die Klägerin, wenn ihr die ausbedungene Hypothek nicht verschafft wurde, an den Darlehnsvorvertrag nicht weiter gebunden war. Durch die Hingabe des Darlehnsbetrags und seine Annahme (und zwar, wie im gegenwärtigen Rechtszuge zu unterstellen ist, zeitlich nach der Eintragung im Grundbuche) wurde dann aber ein Darlehnsrealvertrag abgeschlossen, dessen Gültigkeit (wie bereits in RGZ. Bd. 86 S. 323 für einen ähnlich gelagerten Fall entschieden ist) durch die zur Sicherung der Darlehnsgeberin daneben getroffene Vereinbarung einer dinglichen Sicherstellung durch eine Hypothek nicht mehr in Frage gestellt werden konnte. Insoweit entbehren das Darlehnsgeschäft und die Vereinbarung über die Hypothekbestellung der Einheitlichkeit, welche der vom Berufungsgericht zur Anwendung gebrachte § 139 BGB. voraussetzt. Die Rückzahlungspflicht desjenigen, der Geld als Darlehen empfangen hat, beruht gemäß § 607 BGB. auf dem Darlehnsrealvertrage, nicht aber, wie das Oberlandesgericht irrigerweise angenommen hat, auf der ungerechtfertigten Bereicherung, bei welcher der Darlehnsgeber den besonderen gegen die Bereicherung zulässigen Einwendungen (vgl. § 818 Abs. 3 BGB.) ausgesetzt wäre.

Eine endgültige Entscheidung des Reichsgerichts kann jedoch auch hinsichtlich des persönlichen Anspruchs aus dem Darlehen nicht ergehen, weil eine Reihe weiterer (näher aufgeführter) Schutzbehauptungen der Beklagten vom Berufungsgericht noch nicht erörtert sind. Vielmehr war die Vorentscheidung aufzuheben und die Sache an das Berufungsgericht zurückzuverweisen.

Dieser Entscheidung steht auch die 3. Steuernotverordnung vom 14. Februar 1924 (RGBl. Teil I S. 74), deren Bestimmungen über Hypothekenaufwertung vom erkennenden Senate bereits in dem Urteile vom 1. März 1924 V 129/23, RGZ. Bd. 107 S. 370 grundsätzlich für rechtsgültig erklärt sind, nicht entgegen. Die Anwendbarkeit dieser Verordnung entfällt nicht etwa gemäß § 15 das. wegen der Sonderbestimmungen des deutsch-schweizerischen Abkommens betr. schweizerische Goldhypotheken vom 6. Dezember 1920 (RGBl. S. 2024). Denn vorliegendenfalls handelt es sich überhaupt nicht um eine Goldhypothek im Sinne des Art. 1 a. a. O., weil keine Verpflichtung zur Erfüllung „in Gold" übernommen ist. Die hier in Rede stehende Kursdifferenzklausel sichert die Gläubigerin vielmehr in anderer Weise gegen die Folgen der Geldentwertung, als die Goldklausel. Demgemäß spricht auch § 14 des Gesetzes vom 23. Juni 1923 über das Zusatzabkommen betr. schweizerische Goldhypotheken in Deutschland (RGBl. Teil II

S. 284) von Hypotheken, die „keine Goldhypothek" sind, bei denen aber eine „Kursdifferenzklausel" vereinbart ist; auch § 4 des Zusatzabkommens (a. a. O. S. 286) behandelt eine Kursdifferenzklausel, die „neben der Goldklausel" vereinbart ist; vgl. Reichardt, Die schweizerischen Goldhypotheken in Deutschland S. 57 bis 60.

Der persönliche Anspruch der Klägerin aus dem Darlehnsvertrage wird durch die 3. Steuernotverordnung überhaupt nicht betroffen. Diese regelt nach § 1 Ansprüche aus Rechtsverhältnissen, welche die Zahlung einer bestimmten, in Reichswährung ausgedrückten Geldsumme zum Gegenstand haben. Nach der Sachwürdigung des Oberlandesgerichts war aber im vorliegenden Falle nicht die Verpflichtung zur Zahlung einer solchen bestimmten Geldsumme übernommen; sie ging vielmehr auf die Entrichtung eines derartigen Betrages, daß die Klägerin für je 100 ℳ, die ihr aus dem Darlehnsvertrage zustanden, $123^1/_3$ schweizerische Franken erhielt.

Wohl aber berührt die 3. Steuernotverordnung die hier streitige Hypothek (§ 1 Abs. 2 Nr. 1), diese ist daher (ihre Rechtsbeständigkeit unterstellt) nach § 2 das. aufzuwerten....

---

43. 1. Läßt das Reichsversorgungsgesetz vom 12. Mai 1920 ebenso wie das Mannschaftsversorgungsgesetz vom 31. Mai 1906 bei Dienstbeschädigung neben dem öffentlichrechtlichen Versorgungsanspruch einen bürgerlichrechtlichen Schadensersatzanspruch zu?

2. Sind durch Übergang der Staatseisenbahnen auf das Reich Schadensersatzansprüche beseitigt, die gegen den Staat als Eisenbahnunternehmer entstanden waren?

IV. Zivilsenat. Urt. v. 12. April 1924 i. S. Deutsche Reichsbahn (Bekl.) w. B. (Kl.). IV 881/23.

I. Landgericht Essen. — II. Oberlandesgericht Hamm.

Dem Kläger widerfuhr im Juli 1917, während er als Soldat zum Eisenbahndienst abkommandiert war, auf einem Bahnhof ein mit dem Eisenbahnbetrieb zusammenhängender Unfall, wobei er einen Fuß einbüßte.

Mit seiner Klage gegen den Preußischen Staat (Eisenbahnfiskus) verlangte er Ersatz des Verdienstausfalls und eine Rente, sowie Feststellung der Verpflichtung, ihm allen weiteren aus dem Unfall erwachsenden Schaden zu vergüten. Das Landgericht stellte durch Urteil vom 17. Mai 1920 antragsgemäß die Schadensersatzpflicht „nach Maßgabe des Haftpflichtgesetzes" fest und erklärte den Leistungsanspruch dem Grunde nach für gerechtfertigt. Nachdem dieser Spruch rechtskräftig geworden war, verfolgt der Kläger unter Bezifferung der Beträge den Anspruch weiter. Der Beklagte machte unter Hinweis auf §§ 86, 92 des Reichsversorgungsgesetzes vom 12. Mai 1920 und § 767 ZPO. dawider geltend, daß der Eisenbahnfiskus nicht mehr belangt, jedenfalls ein Anspruch aus dem Haftpflichtgesetz unter dem seit dem 1. April 1920 geltenden Rechte nicht mehr zuerkannt werden könne. Das Landgericht stimmte dieser Ansicht bei, erklärte durch Urteil vom 24. April 1922 den Klaganspruch für erledigt und legte dem Kläger die Kosten des Rechtsstreits auf. Auf Berufung des Klägers hob das Oberlandesgericht das Urteil auf und verwies die Sache an das Landgericht zurück. Die Revision des Beklagten blieb ohne Erfolg.

Gründe.

Als der Kläger aus dem Eisenbahnunfall vom 11. Juli 1917 auf Schadensersatz klagte, galt das Mannschaftsversorgungsgesetz vom 31. Mai 1906 (RGBl. S. 593), dessen § 41 bestimmte: „Die nach Maßgabe dieses Gesetzes versorgungsberechtigten Personen haben aus dem Grunde einer Dienstbeschädigung gegen die Militärverwaltung nur die auf diesem Gesetze beruhenden Ansprüche. Soweit den nach Maßgabe dieses Gesetzes versorgungsberechtigten Personen ein gesetzlicher Anspruch auf Ersatz des ihnen durch die Dienstbeschädigung verursachten Schadens gegen Dritte zusteht, geht dieser Anspruch im Umfange der durch dieses Gesetz begründeten Pflicht zur Gewährung von Versorgungsgebührnissen auf die Militärverwaltung über."

Stand dem Kläger aus dem Unfall auf Grund des Haftpflichtgesetzes ein Schadensersatzanspruch gegen den Preußischen Staat als Eisenbahnunternehmer zu, so wurde dieser durch den am 1. April 1920 erfolgten Übergang der Staatseisenbahnen in das Eigentum des Reiches (Staatsvertrag vom 31. März 1920, durch Reichsgesetz vom 30. April am 4. Mai 1920 verkündet, RGBl. S. 773) nicht beseitigt. Denn das Reich übernahm nach § 1 Nr. 2 des Vertrags das Eisenbahnunternehmen jedes Landes als Ganzes nebst allen damit verbundenen Rechten und Pflichten.

Nachdem das Landgericht am 17. Mai 1920 die Leistungsansprüche des Klägers dem Grunde nach für berechtigt erklärt, auch dem Feststellungsanspruche stattgegeben hatte, wurde am 21. Mai 1920 das Reichsversorgungsgesetz vom 12. Mai 1920 (RGBl. S. 989) verkündet, das mit Wirkung vom 1. April 1920 in Kraft trat (§ 92 Abs. 1). Sein § 86 enthält, verglichen mit § 41 des MannschVG. von 1906, nur die eine sachliche Änderung, daß er an die Stelle der Militärverwaltung das Reich setzt. Wie vormals das Gesetz von 1906, ließ das von 1920 dem durch Dienstbeschädigung Verletzten neben dem öffentlichrechtlichen Versorgungsanspruche — gegen das Reich, früher gegen die Militärverwaltung — einen bürgerlichrechtlichen Schadensersatzanspruch — gegen Dritte, hier den Eisenbahnunternehmer gemäß dem Haftpflichtgesetz — offen (RGZ. Bd. 77 S. 367, Bd. 92 S. 401, 403, Bd. 102 S. 30, 35). Die mit Wirkung vom 1. April 1923 geltende Fassung des RVersorgG. (Ges. vom 22. Juni/Bek. vom 30. Juni 1923, RGBl. I S. 513 523) legt den § 86 ausdrücklich und maßgebend in diesem Sinne aus, indem sie seinem Abs. 1 den Satz 2 hinzufügt: „Unberührt bleiben jedoch die Ansprüche aus dem Reichshaftpflichtgesetze vom 7. Juni 1871 (RGBl. S. 207)". Die Vorarbeiten des Änderungsgesetzes von 1923 bestätigen, daß der Zusatz zum § 86 Zweifel beseitigen solle, damit nicht Angehörige der früheren Wehrmacht schlechter gestellt würden als Zivilpersonen, und Beschädigte, die auf einer Reichsbahn verunglückt sind, sich nicht ungünstiger stehen als solche, denen gleiches auf einer andern Eisenbahn widerfährt. (Stenogr. Berichte über die Verhandlungen des Reichstags, I. Wahlperiode 1920, Anl. 5608 S. 13 Nr. 34.)

Mit Recht mißbilligt daher das Berufungsgericht die im landgerichtlichen Urteile vertretene Meinung, daß die §§ 86, 92 des Reichsversorgungsgesetzes die Rechtslage geändert, den urteilsmäßigen Schadensersatzanspruch des Klägers aus dem Reichshaftpflichtgesetz „erledigt" hätten.

---

44. Nach welchen Grundsätzen ist die Höhe der Entschädigung wegen Totalverlustes beim Sinken der deutschen Währung zu berechnen, wenn in einer Seeversicherungspolice einerseits vereinbart ist, daß die Abladungen in ausländischer Währung deklariert werden können, anderseits der Höchstbetrag der Abladung in einem Dampfschiffe auf 3000000 ℳ festgesetzt ist?

I. Zivilsenat. Urt. v. 16. April 1924 i. S. N. Erzkontor (Kl.) w. K. Lloyd u. Gen. (Bekl.). I 250/23.

I. Landgericht Lübeck, Kammer f. Handelss. — II. Oberlandesgericht Hamburg.

Die Beklagten haben für das Jahr 1921 gegenüber der Klägerin für Rechnung, wen es angeht, Versicherung übernommen auf Güter aller Art in Dampfschiffen für Reisen von Norwegen sowie umgekehrt. Die Police trägt die Klausel: „Höchstbetrag 3000000 ℳ in einem Dampfschiffe". Weiter ist vereinbart: „Laut Übereinkunft steht es dem Versicherten frei, einzelne Abladungen in ausländischer Währung zur Deklaration anzumelden. Die Bezahlung der Prämie, sowie die Regulierung der Schäden findet in der gleichen Währung statt". Im übrigen sind die Allgemeinen Deutschen Seeversicherungs-Bedingungen für den Vertrag maßgebend.

Die Klägerin hatte auf dem untergegangenen Dampfer Signal Kiese im Werte von 79820,60 norwegischen Kronen verschifft und diese Abladung in norwegischer Währung deklariert. Die Beklagten wollen den Totalschaden nur mit 3000000 ℳ, umgerechnet in Kronen zum Kurse der Zeit der Zahlung, vergüten. Die Klägerin dagegen steht auf dem Standpunkte, sie habe den Betrag von 78820,60 Kr. zu fordern, weil dieser Betrag zur Zeit, als das Risiko zu laufen begann, die Höchstgrenze von 3000000 ℳ nicht erreichte. Die Beklagten haben auf die Police nach Einreichung der Klage 3000000 ℳ gezahlt. Die Klägerin fordert den restlichen Kronenbetrag.

Das Landgericht gab der Klage nur teilweise statt. Die Berufung der Klägerin wurde vom Oberlandesgericht zurückgewiesen. Die Revision der Klägerin hatte Erfolg.

Gründe:

Das Berufungsgericht steht auf dem Standpunkt, daß die Klausel „Höchstbetrag 3000000 ℳ in einem Dampfschiffe" den Höchstbetrag der Leistung, die den Versicherer treffen könne, bezeichne, und so seiner Verpflichtung eine äußerste Grenze ziehe. Durch die Festsetzung der Höchstgrenze in einer anderen Währung, als in der die Entschädigung zu zahlen sei, ändere sich hieran nichts. Den Versicherten treffe in solchem Falle die Gefahr der Markentwertung. Deshalb komme es nicht darauf an, ob die deklarierte Summe bei Beginn des Versicherungsrisikos oder der Schadensbetrag bei Eintritt des Schadensfalles die Höchstgrenze erreicht habe oder nicht. Entscheidend sei nur, daß die Versicherer bei Fälligkeit der Entschädigung nicht mehr zu zahlen hätten, als 3000000 ℳ. Für die Umrechnung der 3000000 ℳ in Kronen komme allerdings nicht die Zeit des Verzugs, wie das Landgericht angenommen habe, sondern die Zeit der Fälligkeit der Entschädigung in Betracht. Damals sei aber nach der Erklärung der Parteien der Kurs der gleiche gewesen, wie der, den das Landgericht seiner Entscheidung zugrunde gelegt habe.

Die Revision verficht demgegenüber in erster Reihe die Meinung, daß die Höchstbetragsklausel nur den Sinn habe, die Deklaration auf drei Millionen zu beschränken; wenn dann durch die Entwertung des deutschen Geldes die Folge eintrete, daß im Schadensfalle ein Kronenbetrag zu zahlen sei, der drei Millionen übersteige, so gehe diese Folge zu Lasten der Versicherer. Eventuell sei jedenfalls derjenige Kronenbetrag zu zahlen, der bei Eintritt des Schadens der Summe von drei Millionen Mark gleich gewesen sei. Das Geschäft habe die Versicherten von der Gefahr der Kursschwankungen befreien sollen. Das ergebe sich daraus, daß auch die Zahlung der Prämie in Kronen zu erfolgen hatte. Bei gegenteiliger Annahme würde sich ergeben, daß für die drei Millionen eine viel zu hohe Prämie gezahlt sei.

Diesen Ausführungen kann der Erfolg nicht versagt werden. Der Versicherung liegen die Allgemeinen Deutschen Seeversicherungs-Bedingungen (ADSVB.) zugrunde, die im § 97 Abs. 7 von der Beschränkung der Haftung der Versicherer für die einzelnen Abladungen bei laufenden Policen handeln. Zweck dieser Bestimmung ist, den Versicherern die Möglichkeit zu geben, ihr Risiko in der angedeuteten Richtung zu beschränken. Das hätte in der Weise geschehen können, daß geregelt wurde, in welcher Weise für den Betrag der Entschädigung eine Höchstgrenze gesetzt, also die Versicherungssumme begrenzt werden könne. Diesen Weg haben die Bedingungen nicht beschritten. Selbstverständlich erklären sie eine derartige Vereinbarung nicht für unzulässig. Aber sie sehen sie nicht als Regelfall an. Als solchen betrachten sie nicht die Begrenzung der Versicherungssumme, sondern die Begrenzung des Versicherungswertes. Deshalb spricht § 97 Abs. 7 von der Vereinbarung, daß „die Güter nur bis zu einem bestimmten Gesamtversicherungswert mit einem Schiffe befördert werden dürfen", und bestimmt für diesen Fall, daß die Versicherung sich nicht „auf den höheren Wert bezieht". Im Anschluß an die ADSVB. ist das Policenformular abgefaßt, auf dem die streitige Versicherung beurkundet ist; deshalb heißt es daselbst: Höchstbetrag in einem Dampfschiffe 3000000 ℳ. Diese Ausdrucksweise paßt nur zu der Auffassung, daß der Versicherungswert der in einem Schiffe verladenen Güter gemeint ist. Es kann deshalb der von den Revisionsbeklagten eingehend vertretenen Anschauung, daß durch die genannte Klausel die Höchstgrenze der Entschädigung, das ist also der Versicherungssumme festgesetzt werden solle, nicht beigestimmt werden.

Nun hat allerdings für den Regelfall die Festsetzung des Versicherungswertes die Folge, daß der durch Sinken der Währung während der Reise entstehende sogenannte „Mehrwert" der Güter nicht ersetzt zu werden braucht, vgl. Ritter, § 90 Anm. 21 flg. Aber hier liegt nicht der Regelfall vor, sondern es ist zusätzlich vereinbart, daß es den Versicherten freisteht, einzelne Abladungen in ausländischer Währung zur Deklaration anzumelden. Von der Auslegung dieser Klausel hängt die Entscheidung des Rechtsstreits ab. Es fragt sich nämlich, ob die Bedeutung der Klausel bei gutgläubiger Auffassung dahin geht, daß der in ausländischer Währung deklarierte Wert der Ware als Versicherungswert zu gelten hat. Diese Frage ist zu bejahen. Es ist ja gerade der eigentliche Zweck der Deklaration, den Versicherungswert festzulegen. Von diesem Gesichtspunkt ist bei der Auslegung der zusätzlichen Klausel grundsätzlich auszugehen. Deshalb ist, da irgendwelche entgegenstehende Bedenken nicht hervorgetreten sind, anzunehmen, daß, wenn der Versicherungswert in Kronen angegeben werden darf und angegeben wird, auch der Wert in Kronen zu ersetzen ist, wie das für den Fall, daß der Höchstwert nicht erreicht wird, ja auch nicht bezweifelt werden kann. Die den Höchstwert betreffende Klausel hat danach nur die Bedeutung, daß der in Kronen deklarierte Versicherungswert zur Zeit des Beginnes des Risikos den Betrag von 3000000 ℳ nicht übersteigen durfte. Alles was die Revisionsbeklagten darüber vorgetragen haben, daß sie ein unbeschränktes Kursrisiko nicht haben übernehmen und nicht haben unter Rückversicherung bringen können, muß auf sich beruhen bleiben, da nicht dargetan ist, daß dies für den Versicherten erkennbar war. Aufgabe der Revisionsbeklagten wäre es gewesen, sich deutlicher auszudrücken, wenn sie die Deklaration in Kronen nur in beschränkterem Sinne zulassen wollten.

---

45. Kann der Dienstverpflichtete, dem die vereinbarte Vergütung im voraus bezahlt ist, mit Rücksicht auf die bis zur Leistung seiner Dienste eingetretene Geldentwertung Aufwertung verlangen?

III. Zivilsenat. Urt. v. 29. April 1924 i. S. The Berlitz School of Languages G. m. b. H. (Bekl.) w. W. (Kl.). III 563/23.

I. Landgericht III Berlin. — II. Kammergericht daselbst.

Im September 1921 abonnierte der Kläger bei der Beklagten auf einen Kursus von 100 englischen Sprachunterrichtsstunden. Die Stunden konnte der Kläger nach seinem Belieben auf 1½ Jahre verteilen. Die letzte mußte er spätestens bis zum 31. März 1923 nehmen. Den vereinbarten Preis von 1500 ℳ bezahlte er im September 1921 im voraus. Von den Stunden sind noch 61 rückständig.

Der Kläger hat im Dezember 1922 Klage erhoben mit dem Antrage, die Beklagte zu verurteilen, ihm 61 Stunden englischen Unterrichts in Privatklassen zu erteilen.

Die Beklagte hat Klagabweisung beantragt. Ihre Weigerung, den versprochenen Unterricht dem Kläger zu erteilen, stützt sie auf die seit Vertragsschluß eingetretene Veränderung der wirtschaftlichen Verhältnisse. Wegen der Geldentwertung könne sie mindestens eine angemessene Nachzahlung verlangen.

Die Vorinstanzen haben die Beklagte antragsgemäß verurteilt. Ihre Revision blieb ohne Erfolg.

Gründe:

Dem Kammergericht ist darin beizutreten, daß sich die Beklagte dem an sich begründeten Klaganspruche gegenüber auf die seit Vertragsschluß eingetretene Geldentwertung nicht berufen kann. Denn sie hat vom Kläger die volle Gegenleistung für die von ihr zu leistenden Dienste alsbald erhalten, nicht bloß dem Betrage nach, sondern auch in dem Werte, den beide Teile bei Vertragsschluß als den richtigen und angemessenen Gegenwert für die Verpflichtung der Beklagten angesehen haben. Der Kläger hat sich also von seiner Verpflichtung in vollem Umfange befreit, ehe sie von der Geldentwertung betroffen werden konnte. Diese hat, wie bereits der Berufungsrichter zutreffend betont hat, im vorliegenden Fall ein Mißverhältnis zwischen den beiderseitigen Leistungen nicht herbeigeführt.

In welcher Weise die Beklagte die ihr vom Kläger im voraus gezahlten Unterrichtsgelder verwandt hat, ist unerheblich. Sie mag sie nicht wertbeständig angelegt haben, dazu auch nicht in der Lage gewesen sein. Der Betrag verstärkte aber die der Beklagten für den Betrieb ihrer Unterrichtsanstalt zur Verfügung stehenden Mittel. Sie war in der Lage, das Geld zur Deckung ihrer laufenden Ausgaben zu verwenden, ein Vorteil, den ihr die spätere Geldentwertung nicht mehr hat nehmen können. Auf der anderen Seite vermochte der Kläger aus dem Betrage, den er der Beklagten gezahlt hatte, Nutzen nicht mehr zu ziehen, seine Entwertung nicht zu hindern. Diese Interessenlage wird auch nicht dadurch entscheidend beeinflußt, daß sich die Beklagte zu den versprochenen Unterrichtsleistungen etwa $1^1/_2$ Jahre hindurch bereit halten mußte. Dafür stand ihr eben schon während dieser ganzen Zeit die vom Kläger gezahlte Geldsumme zur Verfügung.

Die Beklagte hat schließlich noch darauf hingewiesen, daß auch die Kaufkraft der Goldmark in Deutschland seit Vertragsschluß erheblich gesunken sei. Für 100 Unterrichtsstunden habe der Kläger seinerzeit etwa 60 Goldmark gezahlt, während die Beklagte dafür heute als angemessenen Betrag 300 Goldmark fordern müsse. Ganz abgesehen davon, daß nicht die heutige Wirtschaftslage, sondern die zur Zeit der mündlichen Verhandlung vor dem Berufungsgericht der Beurteilung zugrunde zu legen ist, geht diese Erwägung schon deshalb fehl, weil sie nur beweisen kann, daß sich die Beklagte jetzt einen höheren Gegenwert für ihre Leistung ausbedingen würde, als sie sich bei Vertragsschluß vom Kläger hat versprechen lassen. Eine Erhöhung dieses Gegenwertes kann sie aber auch bei Berücksichtigung von Treu und Glauben und der Verkehrssitte nicht verlangen. Die Aufwertung, wie sie die Rechtsprechung bei gegenseitigen Verträgen für billig erachtet, soll die durch die Geldentwertung verursachte Herabminderung des bei Vertragsschluß vorausgesetzten Wertes der Geldleistung in angemessener Weise ausgleichen. Für eine Steigerung dieses Wertes über das vertragliche Maß hinaus fehlt es an einem Anlaß.

Das Verlangen des Klägers auf Vertragserfüllung verstößt demnach nicht gegen § 242 BGB.

46. Hat bei einem Fixgeschäft der Rücktretende zur Begründung seines Rücktrittsrechts Annahmeverzug des anderen Teils darzutun, wenn die beiderseitigen Leistungen Zug um Zug zu erfolgen haben?

I. Zivilsenat. Urt. v. 30. April 1924 i. S. D. N.=Bank (Kl.) w. Z. & Sch. (Bekl.). I 540/23.

I. Landgericht Barmen, Kammer f. Handelss. — II. Oberlandesgericht Düsseldorf.

Die Bank für L. und G. in Köln, die durch Verschmelzung auf die Klägerin übergegangen ist, kaufte von der Beklagten am 8./10. August 1922 3000 holländische Gulden zur Lieferung am 4. November 1922 zu 293,50 *M* für den Gulden. Die Bank erkannte die Beklagte für den Gegenwert abzüglich Stempel mit 879619 *M*, Wert 4. November. Die Zahlung erfolgte aber an diesem Tage nicht, weshalb die Beklagte mit Schreiben vom 6. November ihren Rücktritt vom Vertrage erklärte. Die Bank für L. und G. deckte sich darauf ein. Die Klägerin verlangt mit der Klage Zahlung des Unterschiedes zwischen dem hierbei aufgewendeten Betrage und dem Kaufpreise mit 7078331 *M* nebst Zinsen. Das Landgericht gab der Klage im wesentlichen statt. Das Oberlandesgericht wies die Klage ab. Die Revision der Klägerin hatte keinen Erfolg.

Gründe:

Das angefochtene Urteil beruht auf der Annahme, daß der zwischen den Parteien geschlossene Vertrag ein Fixgeschäft im Sinne des § 376 HGB. bilde und daß die Beklagte davon mit Recht zurückgetreten sei. Die Revision hält beides für rechtsirrig.

Der Begriff des Fixgeschäfts ist nicht verkannt. Nach dem feststehenden Sachverhalt sollten die Leistungen beider Teile genau zu einer festbestimmten Zeit, nämlich am 4. November 1922, erfolgen. Das Oberlandesgericht betrachtet ferner nach der übereinstimmenden Absicht der Beteiligten die Erfüllungszeit als einen so wesentlichen Bestandteil des Geschäfts, daß es mit ihrer Innehaltung oder Versäumung stehen oder fallen, daß die nachträgliche Erfüllung nicht mehr als Vertragserfüllung angesehen werden sollte. Dabei legt es unter anderem Gewicht darauf, daß es sich um ein von der Beklagten, einer Waren ausführenden Firma, mit einer Bank zu Kurssicherungszwecken abgeschlossenes Devisentermingeschäft handle und solche Geschäfte nach den beigebrachten gutachtlichen Äußerungen sachverständiger Kreise regelmäßig als Fixgeschäfte abgeschlossen würden. Diese Würdigung stand im freien Ermessen des Berufungsgerichts und ist aus Rechtsgründen nicht zu beanstanden.

Das Oberlandesgericht führt weiter aus, da ein Fixgeschäft gemäß § 376 HGB. vorliege und der Gegenwert von 879619 *M* am 4. November 1922 nicht gezahlt worden sei, sei die Beklagte zum Rücktritt vom Vertrage berechtigt gewesen, selbst wenn sie die ihr obliegende Leistung, die Zahlung der 3000 Gulden, nicht angeboten haben sollte. Auch das ist zutreffend. Voraussetzung des Rücktrittsrechts nach § 376 HGB. ist nicht Verzug des Schuldners. In dieser Beziehung weicht das Gesetz von dem alten Handelsgesetzbuch Art. 357 absichtlich ab. Die Denkschrift (S. 22/3) sagt hierzu: „Im Gegensatz zu Art. 357 HGB., der einen Verzug voraussetzt, räumt das BGB. bei Fixgeschäften das Recht zum Rücktritt nach Maßgabe des § 361 dem Gläubiger auch dann ein, wenn die Gegenpartei, ohne sich im Verzuge zu befinden, nicht rechtzeitig erfüllt hat, insbesondere also, wenn sie durch einen von ihr nicht zu vertretenden Umstand an der Erfüllung gehindert worden ist. Da dieser Grundsatz dem Wesen des Fixgeschäfts entspricht und auch mit den Bedürfnissen des Handelsverkehrs in Einklang steht, so schließt sich der Entwurf ihm an." Demgemäß wird denn auch im gesamten Schrifttum zu Begründung des Rücktrittsrechts Verzug des anderen Teiles nicht für erforderlich gehalten. Auch in dem Kommentar zum HGB. von Staub 10. Aufl. § 376 A. 10 wird zunächst ausgeführt, Voraussetzung des Rücktrittsrechts sei nicht Verzug des Schuldners, es genüge vielmehr, daß die Leistung trotz Fälligkeit nicht bewirkt sei. Die Fälligkeit entstehe, da es sich um eine kalendermäßige Verpflichtung handle, ohne Mahnung (§ 284 Abs. 2 BGB.). Im Anschluß daran wird dann aber gesagt, wenn die Leistungen Zug um Zug zu erfolgen hätten, so müßten auch noch die besonderen Voraussetzungen des Verzugs bei Verpflichtungen dieser Art vorliegen, es müsse der Schuldner hinsichtlich der Leistung, die ihm als Gegenleistung für seine Leistung zu bewirken sei, im Annahmeverzug sein; denn nur dann gerate in solchen Fällen der Schuldner mit seiner eigenen Leistung in Schuldnerverzug. Das ist unklar, weil Anfang und Ende der Ausführungen miteinander in Widerspruch stehen, und unrichtig, weil in § 376 HGB., soweit dort das Rücktrittsrecht behandelt wird, weder vom Schuldner- noch vom Gläubigerverzug die Rede ist. Vielmehr braucht bei einem Fixgeschäft, auch wenn die beiderseitigen Leistungen Zug um Zug zu erfolgen haben, der Rücktretende zur Begründung seines Rücktrittsrechts nur zu behaupten, daß die ihm gebührende Leistung zu der bestimmten Zeit oder innerhalb der bestimmten Frist nicht erfolgt sei; er braucht nicht darzutun, daß er die ihm obliegende Leistung dem anderen Teil angeboten und diesen in Annahmeverzug gesetzt habe. Sache der Gegenseite ist es dann, einzuwenden, daß die rechtzeitig angebotene Leistung nicht bewirkt worden sei, weil die Gegenleistung unterblieben.

Die Klägerin hatte geltend gemacht, daß sie der Beklagten den Gegenwert am 4. November zur Verfügung gestellt habe, und sich auf

Auskunft der Dresdner Bank zum Beweise dafür berufen, daß diese mit Rücksicht auf ihr Verhältnis zu der Klägerin den Gegenwert jederzeit und insbesondere auch am 4. November für die Beklagte zu Lasten der Klägerin bereit gehalten habe. Mit Recht erblickt das Berufungsgericht darin kein Angebot im Sinne des § 294 BGB., d. h. ein Angebot sofortiger Zahlung. Denn abgesehen davon, daß die Klägerin nicht berechtigt war, in Berlin zu zahlen, genügt es auch nicht, daß die Dresdner Bank den Betrag für die Beklagte bereit hielt, sondern es hätte Zahlung erfolgen müssen, und zwar am 4. November. Diese aber wäre damals auch in Berlin nicht erfolgt, schon deshalb nicht, weil die Bank für L. und G. es unterlassen hatte, der Dresdner Bank rechtzeitig vor dem Termin den Betrag mitzuteilen, den sie der Beklagten als Gegenwert für die 3000 Gulden zu zahlen hatte. Der Angriff, den die Revision in diesem Punkt gegen das Berufungsurteil richtet, ist daher nicht begründet.

Verfehlt ist endlich auch die letzte Revisionsrüge, daß die Beklagte am 6. November zum Rücktritt nicht berechtigt gewesen sei, wenn die Bank für L. und G. ihr an diesem Tage vor Eingang der Rücktrittserklärung die Zahlung tatsächlich angeboten habe. War der Beklagten einmal ein Rücktrittsrecht erwachsen, weil die Zahlung am 4. November unterblieb, so konnte sie nicht dadurch dieses Rechtes wieder verlustig gehen, daß ihr am 6. November die schuldige Summe verspätet angeboten wurde. Ob sie den Rücktritt damals schon erklärt hatte oder nicht, ist unerheblich. Von einer wider Treu und Glauben verstoßenden verspäteten Ausübung des Rücktrittsrechts kann keine Rede sein, da der Rücktritt noch am 6. November erklärt ist.

---

47. Kann die Vereinssatzung wirksam bestimmen, daß der Austritt einem Mitglied nicht gestattet ist, gegen das ein ehrengerichtliches Verfahren im Verein anhängig ist?

IV. Zivilsenat. Urt. v. 5. Mai 1924 i. S. Zahnärztlicher Verein in E. (Bekl.) w. H. (Kl.). IV 467/23.

I. Landgericht Erfurt. — II. Oberlandesgericht Naumburg a. S.

Der Kläger war Mitglied des beklagten Zahnärztlichen Vereins. Im April 1921 wurde gegen ihn beim Ehrengericht des Vereins eine Klage erhoben, die Klageschrift ging ihm am 3. Mai zu. Er erklärte darauf am 16. Mai durch einen an den Vereinsvorsitzenden gerichteten Brief seinen Austritt. Es wurde ihm erwidert, daß nach der Satzung der Austritt mit sofortiger Wirkung nicht möglich sei; das Verfahren wurde weiter geführt. Am 11. Dezember 1921 verurteilte das Ehrengericht den Kläger zu einem Verweis und zu den Kosten des Verfahrens. Da der Kläger trotz Aufforderung die Kosten nicht bezahlte, erkannte das Ehrengericht durch Beschluß vom 1. September 1922 auf seine Ausschließung aus dem Verein. Der Kläger bekämpfte mit der im März 1922 erhobenen Klage zunächst die Gültigkeit des ehrengerichtlichen Urteils vom 11. Dezember 1921 und wendete sich, nachdem inzwischen der erwähnte Ausschließungsbeschluß vom 1. September 1922 ergangen war, auch gegen diesen. Er beantragte festzustellen, daß er seit dem 17. Mai 1921 nicht mehr Mitglied des Vereins und daß das gegen ihn erlassene Urteil vom 11. Dezember 1921 rechtsungültig und er nicht verpflichtet sei, die ihm durch dieses Urteil auferlegten Kosten zu tragen; ferner, daß er durch seinen freiwillig erklärten Austritt aus dem Verein ausgeschieden und nicht durch ehrengerichtliches Urteil ausgeschlossen worden sei. Das Landgericht wies die Klage ab, das Oberlandesgericht gab ihr statt. Die Revision des Beklagten hatte keinen Erfolg.

Gründe:

Die Parteien sind zwar darüber einig, daß der Kläger zurzeit nicht mehr Mitglied des beklagten Vereins ist. Trotzdem ist die Feststellung über die Art der Beendigung der Mitgliedschaft zulässig (JW. 1914 S. 460 Nr. 2), und zwar um so mehr, als die Frage, ob der Kläger trotz seiner Austrittserklärung vom Mai 1921 noch im Dezember Mitglied war, maßgebend ist für Rechtsfolgen, die noch in der Gegenwart wirksam sind, nämlich dafür, ob der Kläger zur Zahlung der Kosten des Verfahrens verpflichtet ist, das nach seiner Austrittserklärung gegen ihn weitergeführt wurde und das zu seiner Verurteilung zur Kostentragung geführt hat.

Der Streit dreht sich in erster Reihe um die Frage, welche Bedeutung dem Abs. 3 des § 10 der Satzung des beklagten Vereins beizumessen ist; § 10 lautet:

Die Mitgliedschaft erlischt:

1. durch freiwilligen Austritt,
2. durch Ausschließung,
3. durch den Tod.

Der freiwillige Austritt muß dem Kassierer des Vereins durch eingeschriebenen Brief bis zum 31. Dezember mitgeteilt werden, falls Befreiung vom Beitrage für das nächste Vereinsjahr stattfinden soll.

Ein freiwilliges Ausscheiden aus dem Verein ist nicht mehr möglich, sobald gegen ein Mitglied seitens des Vereinsehrengerichts ein Verfahren anhängig gemacht ist.

Der Kläger macht geltend, daß der Abs. 3 des § 10 mit der zwingenden Vorschrift in § 39 BGB. unvereinbar und deshalb ungültig sei, und das Berufungsgericht ist ihm darin beigetreten. Die Revision meint dagegen, die fragliche Vorschrift sei zulässig und gültig, weil nach § 39 Abs. 2 der Verein das Recht habe, einer Austrittserklärung für die Dauer von zwei Jahren die Wirksamkeit abzusprechen, und weil die Zeit, für die hier der Kläger festgehalten werden solle, diese zweijährige Dauer nicht überschreite.

Der Senat tritt der Anschauung des Berufungsgerichts bei, daß die streitige Bestimmung der Satzung mit § 39 Abs. 2 nicht vereinbar und deshalb ungültig ist. Nach Prot. Bd. 1 S. 535 liegt dem § 39, wie dem ganzen Bürgerlichen Gesetzbuch, eine gegen übermäßige Bindung der Person gerichtete Tendenz zugrunde; Abs. 2 ist daher als eine Ausnahmevorschrift anzusehen, die nach bekannten Rechtsgrundsätzen nicht ausdehnend auszulegen ist. Auf welchen Erwägungen die Vorschrift in Abs. 2 beruht, ist aus der Entstehungsgeschichte nicht zu entnehmen; man wird wohl die Geldgebarung des Vereins gegen Schädigungen durch plötzlichen Austritt vielleicht zahlreicher Mitglieder haben schützen wollen. Jedenfalls ist es etwas wesentlich verschiedenes, ob für die Wirksamkeit der Austrittserklärung eine zeitliche Frist festgesetzt wird oder ob die Wirksamkeit von sachlichen Bedingungen abhängig gemacht wird. Es ist klar, daß das Verhältnis zwischen dem Verein und einem Mitglied, das sich vom Verein losgesagt hat und von ihm nur noch zu dem Zweck einer Bestrafung oder Ausschließung zeitweilig festgehalten wird, kaum noch als Mitgliedschaft im eigentlichen Sinne bezeichnet werden kann; von Ausübung von Mitgliedsrechten kann bei einem solchen Verhältnis nicht wohl die Rede sein.

Die grundsätzliche Verschiedenheit der zeitlichen Fristsetzung und einer Bestimmung, wie sie hier vorliegt, ergibt sich auch, wie das Berufungsurteil zutreffend ausführt, aus der Ungewißheit darüber, in welchem Zeitpunkt nach der streitigen Bestimmung die Austrittserklärung des Mitglieds wirksam wird, wann nämlich das den Austritt hindernde Verfahren sein Ende erreicht hat. Bezeichnend in dieser Hinsicht ist der Umstand, daß im Streitfalle der Verein, nachdem zunächst das eingeleitete Verfahren zur Verhängung eines Verweises gegen den Kläger geführt hatte, ihn trotzdem immer noch als Mitglied ansah und dreiviertel Jahr später, nachdem er längst im Prozeß die Wirksamkeit seiner Austrittserklärung geltend gemacht hatte, seine Ausschließung beschloß. Er will dies darauf gründen, daß damals der Kläger die ihm auferlegten Kosten des ursprünglichen Verfahrens noch nicht bezahlt gehabt habe, und meint, vor der Vollstreckung des ergangenen Urteils sei das Verfahren nicht zu Ende, also der Austritt nicht wirksam. Aber eine Beitreibung der Kosten, eine Vollstreckung des Urteils nach dieser Richtung, war mit inneren Mitteln des Vereins überhaupt nicht zu erreichen, sondern konnte nur durch Anrufung der

Gerichte erfolgen. Ein solcher Rechtsstreit — der übrigens gar nicht eingeleitet worden zu sein scheint — könnte nicht mehr als ein Verfahren des Vereinsehrengerichts angesehen werden. Es zeigt sich so, daß eine derartige Bestimmung die feste zeitliche Grenze nicht ersetzen kann.

Im Urteil des Senats RGZ. Bd. 90 S. 310 ist eine dem Abs. 2 des § 39 nicht völlig entsprechende Beschränkung der Austrittsmöglichkeit als gültig anerkannt worden, aber dort handelte es sich um eine rein zeitlich wirkende Beschränkung und die Nichtübereinstimmung mit § 39 Abs. 2 lag nur in der Wortfassung.

Im Schrifttum wird die Anschauung des Beklagten von Delius vertreten (Verwaltungsarchiv Bd. 22. S. 254, Recht 1913 Sp. 23), welcher derartige Bestimmungen für gültig hält und den Vereinen ihre Aufnahme in die Satzung empfiehlt. Aber schon die Grundlage, von der Delius dabei ausgeht, seine weitgehende Auffassung von einer dem Verein gegen seine Mitglieder oder früheren Mitglieder zustehenden „Jurisdiktion", kann nicht als zutreffend anerkannt werden; vgl. dagegen Heinsheimer, Mitgliedschaft und Ausschließung S. 65 bei Fußnote 1. Auch Ebner, Deutsches Vereinsrecht S. 41, erklärt Bestimmungen der fraglichen Art für ungültig.

Bei der grundsätzlichen Verschiedenheit einer bloß zeitlichen und einer sachlichen Beschränkung des Austritts hat das Berufungsgericht mit Recht dem Vorbringen des Beklagten keine Bedeutung beigemessen, daß der Verein durch eine andere, den zeitlichen Gesichtspunkt in den Vordergrund schiebende Fassung der fraglichen Bestimmung den von ihm verfolgten Zweck hätte erreichen können. Auf die Frage, wie weit dies angängig wäre, braucht daher nicht eingegangen zu werden.

---

48. Geht das gemäß § 647 BGB. begründete Pfandrecht des Werkunternehmers, der ein im Schiffsregister eingetragenes Schiff ausgebessert hat, in dem Falle unter, wenn er auf Weisung des Bestellers das Schiff an einen Dritten herausgibt?

VI. Zivilsenat. Urt v. 6. Mai 1924 i. S. H. L. (Kl.) w. G. Sch. u. Gen. (Bekl.). VII 286/23.

I. Landgericht Hamburg. — II. Oberlandesgericht daselbst.

Der Kläger hat für den Kaufmann J. L. in H. das Schiff „Adolf" umgebaut und ausgebessert. Letzterer verkaufte das im Schiffsregister eingetragene Schiff, das auf der Werft des Klägers repariert wurde, an die Beklagten, denen es vom Kläger auf dem

Slip der Werft von W. vorgeführt wurde. Die Käufer brachten es nach dem Hansahafen und wollten es in See gehen lassen. Der Kläger erwirkte aber wegen einer ihm angeblich an L. zustehenden Werklohnforderung von 105117,15 ℳ den dinglichen Arrest zur Höhe von 115000 ℳ in das bezeichnete Schiff, dessen Vollziehung dadurch gehemmt wurde, daß die Beklagten 115000 ℳ hinterlegten.

Der Kläger begehrte sodann mit der Klage, daß die Beklagten verurteilt würden, ihre Zustimmung dazu zu geben, daß ihm aus den hinterlegten 115000 ℳ 105117,15 ℳ nebst gewissen Zinsen und Kosten gezahlt würden. Das Landgericht gab der Klage statt, das Oberlandesgericht wies dagegen in Anwendung des § 1253 BGB. die Klage ab. Die Revision des Klägers hatte Erfolg.

Gründe:

... Auszugehen ist von der dem Kläger günstigen Unterstellung des Berufungsurteils, daß der Kläger ursprünglich ein gesetzliches Pfandrecht gemäß § 647 BGB. an dem Schiff „Adolf" in dem vollen, von ihm behaupteten Umfange seiner Forderung erworben habe. Maßgebend sind ferner die nicht angefochtenen tatsächlichen Feststellungen des Berufungsurteils, daß Kläger das Schiff auf das Slip von W. gebracht und es dort zur Verfügung des Bestellers L. unter Aufgabe seines eigenen Besitzes gelassen hat, und daß es mit Willen des Klägers geschehen ist, wenn sodann W. das Schiff der von L. erteilten Anweisung gemäß an die Beklagten auslieferte. Hieraus folgert das angefochtene Urteil in Anwendung des § 1253 Abs. 1 BGB., daß der Kläger spätestens mit der Auslieferung des Schiffes an die Beklagten sein Pfandrecht verloren habe. Die Folgerung würde nicht zu beanstanden sein, wenn der Rechtsfall überhaupt einer Beurteilung nach dem angezogenen § 1253 unterläge. Das insofern von der Revision angeregte Bedenken, es liege nicht eine Rückgabe an den Pfandschuldner und früheren Schiffseigentümer L. vor, kann nicht durchgreifen. Einer solchen Rückgabe ist eine auf Weisung des L. erfolgte Herausgabe an einen Dritten sinngemäß gleichzustellen (vgl. auch RGZ. Bd. 92 S. 267; JW. 1912 S. 459 Nr. 6; Komm. d. RGRäte z. § 1253 Anm. 2).

Die grundsätzliche Anwendbarkeit des § 1253 für den vorliegenden Fall, die das Berufungsurteil annimmt, die Revision dagegen bezweifelt, muß jedoch verneint werden. Die Erwägungen des Berufungsrichters zur Verteidigung der Anwendbarkeit des § 1253 scheinen auf Bemerkungen zu fußen, die sich in Schaps, Deutsches Seerecht, 1. Aufl. S. 17 finden. Dort ist ausgeführt: Der Satz des § 1257 BGB., wonach die Vorschriften über das durch Rechtsgeschäft bestellte Pfandrecht auf ein kraft Gesetzes entstandenes Pfandrecht entsprechende Anwendung finden, gelte nach § 1266 BGB. für Pfandrechte an eingetragenen Schiffen insoweit nicht, als sich daraus, daß der Konventionalpfandgläubiger nicht den Besitz des Schiffes erlangt, Abweichungen ergeben. Es ergäben sich aber solche Abweichungen. Insbesondere setze das Pfandrecht des § 647 gerade voraus, daß die Pfandsache in den Besitz des Gläubigers gelangt sei. Deshalb gelte § 1257 nicht für das Pfandrecht an eingetragenen Schiffen. Hieraus folge nicht, daß es gesetzliche Pfandrechte an eingetragenen Schiffen, abgesehen von denen des Handelsgesetzbuchs, nicht gebe; dieselben richteten sich vielmehr nach den Grundsätzen des Faustpfandrechts.... Der Satz 1 des bezeichneten § 1266: „Die Vorschriften der §§ 1205 bis 1257 finden insoweit keine Anwendung, als sich daraus, daß der Pfandgläubiger nicht den Besitz des Schiffes erlangt, Abweichungen ergeben" ist für die Entscheidung des vorliegenden Falles von grundlegender Wichtigkeit. Nun ist aber nicht zweifelhaft, daß Schaps geirrt hat, wenn er aus jenem Satze wegen des Unterschieds in der Entstehungsart eines vertraglichen und eines gesetzlichen Pfandrechts an einem im Schiffsregister eingetragenen Schiffe entnehmen wollte, daß der § 1257 BGB. für das Pfandrecht an eingetragenen Schiffen nicht gelte. Denn der § 1257 handelt gar nicht von der Entstehung eines gesetzlichen Pfandrechts, sondern nur von einem gemäß und kraft Gesetzes schon entstandenen Pfandrechte (vgl. Mittelstein, Binnenschiffahrtsrecht Bd. I S. 488; Knitschky bei Gruchot Bd. 45 S. 806). Wie sich aus dem § 1266 zwingend ergibt, ist auf das gesetzliche Pfandrecht des Werkunternehmers an einem im Schiffsregister eingetragenen Schiffe der § 1257 anwendbar. Demgemäß gelten nach dem angeführten § 1266 Satz 1 für dies Pfandrecht in erster Reihe die §§ 1259—1269 BGB., soweit deren Inhalt die Anwendung auf ein gesetzliches Pfandrecht zuläßt, und in zweiter Reihe die §§ 1205—1257 ebenda, insoweit nicht in diesen Vorschriften, abweichend von der Sonderregelung der §§ 1259 flg., dem Besitze des Pfandgläubigers am Pfandgegenstand entscheidende Bedeutung beigemessen ist. Da § 1253 das Besitzverhältnis des Pfandgläubigers zum Pfande betont, indem er von der Dauer des Besitzes die Fortdauer des Pfandrechts abhängig macht, gilt der § 1253 für das gesetzliche Pfandrecht des Werkunternehmers an dem im Schiffsregister eingetragenen Schiffe nicht. Der Werkunternehmer darf auf Grund entsprechender Anwendung des § 1263 Abs. 1 sein ohne Registereintrag wirksames Pfandrecht in das Schiffsregister eintragen lassen und er bleibt hierzu noch befugt, behält indes auch ohne Eintragung sein Pfandrecht, nachdem er das hergestellte registrierte Schiff an den Besteller oder auf dessen Weisung an einen Dritten herausgegeben hat. Diese Ansicht entspricht auch der im Schrifttum weitaus herrschenden Meinung, vgl. Schaps-Mittelstein, Deutsches Seerecht, 2. Aufl. S. 40; Neumann, BGB.

§ 1266 Anm. 2; Enneccerus-Lehmann, Sachenrecht, 2. Aufl., Bd. II S. 366; Biermann § 1259 Anm. 2; von Staudinger § 1266 Anm.; Kretzschmar, Sachenrecht § 1266 Anm. 4; Komm. v. RGRäten § 1266 Anm.; Pappenheim, Handbuch des Seerechts Bd. II S. 203flg.; Wüstendörfer in Ehrenberg's Handbuch des Handelsrechts Bd. VII Abt. 2 §§ 52, 53. Anderer Ansicht sind Planck-Brodmann § 1259 Anm. 2 mit eingehender Begründung, die aber nicht überzeugt, weil sie von der nicht als richtig anzuerkennenden Annahme der Unanwendbarkeit der §§ 1260flg. auf gesetzliche Pfandrechte an eingetragenen Schiffen ausgeht, ferner anscheinend Boyens, Seerecht Bd. II S. 33, der als anwendbar auf gesetzliche Pfandrechte an eingetragenen Schiffen u. a. die §§ 1249—1256 BGB. aufführt, ohne indes hierfür Gründe zu geben.

Das Berufungsurteil macht für seinen im vorstehenden bekämpften Standpunkt noch geltend, es sei nicht zu rechtfertigen, daß der Werkunternehmer, der von der statthaften Vorsichtsmaßregel, sein Pfandrecht am eingetragenen Schiffe durch Eintragung in das Register zu wahren, keinen Gebrauch gemacht habe, das Pfandrecht bei Rückgabe des Schiffs an den Besteller oder Eigentümer behalte, während jeder andere Werkunternehmer sein Pfandrecht verliere, wenn er die Sache an den Besteller oder Eigentümer zurückgebe. Allein dieser Beweisführung steht vor allem die positive gesetzliche Regelung im Wege. Auch ist dabei nicht beachtet, wie die im Schiffsregister eingetragenen Schiffe vermöge des Einflusses gewisser im Liegenschaftsrechte wurzelnder Grundsätze im Rechtssystem immerhin eine Sonderstellung einnehmen. Allerdings könnte man nach der ganzen auf Besitz ruhenden Gestaltung des Pfandrechts gemäß § 647 BGB. und in Rücksicht auf das für das pfandrechtliche Gebiet im allgemeinen anerkannte und betonte Erfordernis der äußeren Erkennbarkeit der Pfandberechtigung es für sachlich angemessener halten, wenn das Gesetz die Anwendbarkeit des § 1253 Abs. 1 auch auf das Pfandrecht des Werkunternehmers an registrierten Schiffen erstreckt hätte. Allein die Gesetzgebung ist diesen Weg nicht gegangen. Dabei stellt die gesetzliche Regelung des Punktes für das Gebiet des Schiffahrtsrechts nicht etwa eine vereinzelte Ausnahmebestimmung dar, die deshalb besonders auffällig wäre. Man denke nur an die zahlreichen im § 754 HGB. aufgeführten Schiffsgläubigerrechte. Nach § 755 HGB. steht den Schiffsgläubigern, welchen das Schiff nicht schon durch Verbodmung verpfändet ist, ein gesetzliches Pfandrecht an dem Schiffe und dem Zubehör des Schiffes zu. Aber keines dieser Pfandrechte setzt den Besitz am Schiffe voraus, und auch bei registrierten Seeschiffen erfordern diese Pfandrechte nicht ihre Eintragung im Schiffsregister. . . .

49. Ist der Rechtsweg für eine Klage aus § 1004 BGB. zulässig, mit der geltend gemacht wird, daß der Beklagte mit Unrecht behaupte, Betriebsratsmitglied zu sein und zu Betriebsratsgeschäften den Betrieb der Klägerin betreten zu dürfen?

III. Zivilsenat. Urt. v. 13. Mai 1924 i. S. W. Werke A.-G. (Kl.) w. B. (Bekl.). III 429/23.

I. Landgericht Chemnitz. — II. Oberlandesgericht Dresden.

Der Beklagte bekleidet in dem Betriebe der Klägerin, in dem er als Werkzeugschlosser tätig war, das Amt eines Betriebsratsmitgliedes. Am 2. März 1921 entließ ihn die Klägerin ohne Einhaltung einer Kündigungsfrist. Ihre bei dem Gewerbegericht erhobene Klage auf Feststellung, daß die Entlassung des Beklagten zu Recht bestehe, wurde abgewiesen, da ein wichtiger Grund zur sofortigen Kündigung nicht vorgelegen habe. Am 17. März 1921 wurde der Beklagte erneut zum Betriebsratsmitgliede gewählt. Die Klägerin focht diese Wahl an. Doch wurde sie von der Amtshauptmannschaft in Ch. für gültig erklärt. Die hiergegen von der Klägerin eingelegten Rechtsmittel blieben erfolglos. Mit der Behauptung, die Wahl des Beklagten zum Betriebsratsmitgliede sei unwirksam, da er infolge der Entlassung nicht mehr Arbeitnehmer der Klägerin gewesen sei, erhob sie Klage auf Feststellung, daß sie nicht verpflichtet sei, dem Beklagten das Betreten ihres Betriebes, insbesondere zum Zwecke der Ausübung von Betriebsratsgeschäften, zu gestatten und ihn in ihrem Betriebe weiter zu beschäftigen. Der Beklagte wendete Unzulässigkeit des Rechtswegs und Unzuständigkeit des Gerichts ein. Das Landgericht wies die Klage ab. Zur Begründung ihrer Berufung machte die Klägerin noch geltend, sie wende sich auch dagegen, daß der Beklagte ohne Rücksicht auf seine etwaige Eigenschaft als Arbeitnehmer und Betriebsratsmitglied ein Recht zum Betreten ihres Werkes habe, ein Recht, dessen er sich gleichfalls berühme. Der Beklagte bestritt dies und widersprach jeder Ausdehnung der Klagansprüche. Das Oberlandesgericht wies die Berufung mit der Maßgabe als unbegründet zurück, daß die Klage wegen Unzulässigkeit des Rechtswegs und wegen Unzuständigkeit des Gerichts abgewiesen werde. Die Revision der Klägerin wurde zurückgewiesen.

Gründe:

Die Klägerin verlangt mit ihrer Klage eine doppelte Feststellung: 1. daß sie nicht verpflichtet sei, dem Beklagten das Betreten ihres Betriebes, insbesondere zum Zwecke der Ausübung von Betriebsratsgeschäften, zu gestatten, 2. daß sie nicht verpflichtet sei, den Beklagten in ihrem Betriebe weiter zu beschäftigen. Das Oberlandesgericht hat die Klage in ihrem ersten Teile wegen Unzulässigkeit des Rechtswegs, in ihrem zweiten Teile wegen Unzuständigkeit des Gerichts abgewiesen. Dem ist in beiden Richtungen beizupflichten.

Die Betriebsvertretungen sind vom Gesetzgeber als öffentlich-rechtliche Zwangseinrichtungen gewollt. Die Betriebsratsmitglieder bekleiden nach § 35 BetriebsräteG. (BRG.) ein Amt. Ihre Rechte und Pflichten gehören, wie der erkennende Senat bereits in RGZ. Bd. 107 S. 246 ausgesprochen hat, dem öffentlichen Recht an. Die Mitgliedschaft in einem Betriebsrat ist kein privates Rechtsverhältnis. Sie kann nicht Gegenstand einer bürgerlichen Rechtsstreitigkeit sein. Die Entscheidung über sie hat deshalb § 93 BRG., wenigstens in gewissem Umfange, dem Bezirkswirtschaftsrat überwiesen. Den Gerichten steht sie nicht zu.

Die Klägerin bestreitet, daß die Eigenschaft des Beklagten als Betriebsratsmitglied Gegenstand des Rechtsstreits sei. Sie mache gegenüber dem Anspruche des Beklagten, ihren Betrieb betreten zu dürfen, nur ihr Eigentum geltend. Für die Eigentumsklage sei aber der Rechtsweg gegeben, in dem dann über das vom Beklagten behauptete Eingriffsrecht als über eine Vorfrage zu entscheiden sei. Diese Ausführungen können als zutreffend nicht anerkannt werden.

Es ist schon zweifelhaft, ob nicht mit der Klage trotz der weiteren Fassung des Antrags in Wirklichkeit unmittelbar die Feststellung des Nichtbestehens der Betriebsratseigenschaft des Beklagten verlangt wird, für welche Klage nach dem Gesagten der Rechtsweg ohne weiteres ausgeschlossen wäre. Aber auch als Abwehrklage aus § 1004 BGB. ist sie dem Rechtsweg entzogen. Wird eine solche Klage erhoben, so gehören zum Klaggrund die Behauptungen über den das Eigentum verletzenden Eingriff, dessen Zurückweisung mit der Klage begehrt wird. Obwohl sich die Klage auf ein Privatrecht stützt, ist der Rechtsweg für sie dann ausgeschlossen, wenn schon nach dem Klagvortrage der abzuwehrende Eingriff auf eine öffentlichrechtliche, der gerichtlichen Entscheidung nicht unterliegende Befugnis gestützt wird (vgl. RGZ. Bd. 46 S. 296, Bd. 75 S. 397, Bd. 93 S. 255). Das Bestehen der in Anspruch genommenen Befugnis ist in solchem Falle keine Vorfrage, sondern Gegenstand des Rechtsstreits selbst. So ist die Sachlage aber hier, von den Einwendungen des Beklagten ganz abgesehen, schon nach dem eigenen Vorbringen der Klägerin in erster Instanz. Der Klagantrag geht zwar dahin ganz allgemein, festzustellen, daß sie nicht verpflichtet sei, dem Beklagten das Betreten ihres Betriebes zu gestatten. Die Unzulässigkeit des Betretens zum Zwecke der Ausübung von Betriebsratsgeschäften wird nur als Sonderfall hervorgehoben. Die Klagbehauptungen, die die Tragweite des Antrags erst richtig erkennen lassen, ergeben aber, wie schon der Vorderrichter zutreffend angenommen hat, daß in Wirklichkeit nur dieser Sonderfall den Gegenstand der Klage bildet. Die Klägerin behauptet nichts anderes, als daß der Beklagte auf Grund seiner Wahl zum Betriebsrat ihre Werke betreten zu dürfen beanspruche, und legt dann dar, daß dieser Anspruch unbegründet sei, weil die Wahl der Rechtsgültigkeit entbehre. Auch in den Ausführungen der Klagschrift, auf welche die Revision besonders hingewiesen hat, wird nur Beweis dafür angetreten, daß der Beklagte die Klägerin wiederholt aufgefordert habe, ihm das Betreten des Werkes zum Zwecke von Betriebsratsgeschäften zu gestatten. Die dort weiter aufgestellte Behauptung, der Beklagte habe die Fortsetzung des Arbeitsverhältnisses gefordert, soll nur zum Nachweise des Feststellungsinteresses der Klägerin hinsichtlich des zweiten Teiles des Klagantrags dienen. Es soll mit der Klage in ihrem ersten Teil also lediglich die Tätigkeit des Beklagten als Betriebsratsmitglied abgewehrt werden. Diese gehört nach dem oben Dargelegten dem öffentlichen Recht an. Über die Berechtigung eines Eingriffs von öffentlichrechtlichem Charakter kann auch nicht durch Erhebung der Abwehrklage die Entscheidung der Gerichte herbeigeführt werden.

In zweiter Instanz hat die Klägerin dann freilich noch behauptet, daß der Beklagte auch unabhängig von seiner Betriebsratseigenschaft ein Recht zum Betreten ihrer Werke beanspruche. In der Aufstellung dieser Behauptung liegt eine Erstreckung der Klage, die zwar nicht mit dem Berufungsrichter als die nach § 529 Abs. 2 ZPO. unzulässige Erhebung eines neuen Anspruchs, wohl aber als eine Klagänderung anzusehen ist, die nach § 527 ZPO. wegen Fehlens der Einwilligung des Beklagten gleichfalls unstatthaft ist. Zur Begründung der Klage aus § 1004 BGB. können zwar neue Eigentumsstörungen, die in der Klage selbst noch nicht enthalten waren, nachgebracht werden, aber doch nur solche, die den anfänglich behaupteten gleichwertig sind. Fallen die neuen Tatsachen aus dem Rahmen des ursprünglichen Klagvortrags heraus, so steht ihnen die Einrede der Klagänderung entgegen (RGZ. Bd. 99 S. 177). Daß die Versuche des Beklagten, sich als Betriebsratsmitglied in dem Betriebe der Klägerin zu betätigen, wesensverschieden sind von einem Anspruch, das Werk der Klägerin zu betreten, den er etwa auf Grund seiner Eigenschaft als Arbeitnehmer, um dort als Werkzeugschlosser zu arbeiten, oder auf Grund eines sonstigen Rechtstitels erhoben hat, bedarf keiner Ausführung. Die Behauptung der Revision, die Klägerin habe in zweiter Instanz ihr Vorbringen lediglich erläutert, ist demnach unrichtig.

Der erste Teil des Klagantrags ist somit zutreffend wegen Unzulässigkeit des Rechtswegs abgewiesen worden.

(Es folgen Ausführungen zum zweiten Teile des Klagantrags.)

50. 1. Enthält Art. 129 Abs. 2 RVerf. vom 11. August 1919 eine Rechtsvorschrift, aus der der einzelne Beamte sofort wirksam Rechte ableiten kann, oder nur eine Richtlinie für die künftige Gesetzgebung?

2. Verlangt Art. 129 Abs. 2 RVerf., daß die Voraussetzungen und Formen der Zurruhesetzung durch Gesetz geregelt sind, oder genügt deren Festsetzung durch eine gesetzlich zugelassene Ortssatzung?

III. Zivilsenat. Urt. v. 16. Mai 1924 i. S. Fr. (Kl.) w. Stadtgemeinde H. (Bekl.). III 449/23.

I. Landgericht Heidelberg. — II. Oberlandesgericht Karlsruhe.

Der Kläger war durch Dienstvertrag vom 18. Oktober 1902 planmäßig als Maschinenmeister bei dem städtischen Elektrizitätswerk in H. angestellt. Durch den Dienstvertrag sind ihm die Rechte der Dienst- und Gehaltsordnung für die Beamten der Stadtgemeinde H. gemäß § 3 derselben verliehen worden. Die Dienst- und Gehaltsordnung ist im Jahre 1909 in ein Ortsstatut umgewandelt worden. Infolge von Mißhelligkeiten zwischen dem Kläger und einem Teil der ihm unterstellten Arbeiter hat am 7. Dezember 1921 der Stadtrat gemäß § 23 Abs. 2 der Dienst- und Gehaltsordnung aus Gründen des öffentlichen Interesses beschlossen, den Kläger zum 1. April 1922 in den Ruhestand zu versetzen. Der Kläger hält diese Maßregel für ungerechtfertigt und verlangt von der beklagten Stadtgemeinde den Ersatz des ihm hieraus erstandenen Schadens und die Feststellung der Ersatzpflicht hinsichtlich des ihm weiter noch entstehenden Schadens.

Das Landgericht hat die Klage abgewiesen. Das Oberlandesgericht hat die Berufung des Klägers zurückgewiesen. Seine Revision blieb erfolglos.

Aus den Gründen:

Der Kläger hatte den Klaganspruch in erster Linie auf Art. 129 Abs. 2 RVerf. gestützt. Das Oberlandesgericht hat diese Klagebegründung nicht für durchgreifend erachtet. Es erblickt in jener Verfassungsbestimmung nicht eine Rechtsvorschrift, aus der der einzelne Beamte sofort wirksame Rechte ableiten könne, sondern nur eine Richtlinie für die künftige Gesetzgebung. Dieser Erwägung kann nicht beigepflichtet werden.

In der ersten hier einschlägigen Entscheidung Bd. 99 S. 261 hat das Reichsgericht zwar nur ausgesprochen, daß Art. 129 Abs. 1 und 4 RVerf. sämtlichen deutschen Beamten mit sofortiger Wirkung die Unverletzlichkeit ihrer wohlerworbenen Rechte gewährleisten und ihnen ein gegenwärtiges, mit der Verfassung ins Leben tretendes Recht auf die Beschreitung des Rechtswegs wegen ihrer vermögensrechtlichen Ansprüche geben; dagegen hat die Entscheidung dahingestellt gelassen, ob alle Bestimmungen der Abs. 1 bis 3 den Beamten bereits gegenwärtige Rechte verleihen, oder ob nicht mehrere von diesen Bestimmungen nur Richtlinien und Grundsätze für eine zukünftige gesetzliche Ausgestaltung enthalten. Auch später hat sich das Reichsgericht hinsichtlich des Abs. 2 nirgends ausdrücklich mit der Frage beschäftigt. Aber sowohl das Urteil des erkennenden Senats RG. Bd. 105 S. 24, wie der Beschluß des VII. Senats RGZ. Bd. 107 S. 1 flg. gehen unverkennbar davon aus, daß auch Art. 129 Abs. 2 RVerf. den Beamten unmittelbar wirksame Rechte verleihe. Für dieses Ergebnis spricht vor allem der Zweck, den die Vorschrift des Abs. 2 verfolgte, während anderseits dem Oberlandesgericht nicht zugegeben werden kann, daß die Vorschrift zu ihrer Wirksamkeit einer Ausführungsgesetzgebung notwendig bedürfe. Wie schon in RGZ. Bd. 104 S. 61 dargelegt ist, ging der Zweck der Vorschrift dahin, der deutschen Beamtenschaft, die sich bei den damals bestehenden politischen Verhältnissen in den Grundlagen ihres Bestandes und ihrer Wirksamkeit bedroht fühlte, zunächst eine Sicherheit nach der Richtung zu geben, daß diese Grundlagen gegenüber dem damals bestehenden Rechtszustand nicht weiter beeinträchtigt und verschlechtert würden. Der Schutz des bestehenden Rechtszustandes namentlich gegen etwaige, von manchen Seiten befürchtete willkürliche Maßnahmen und Eingriffe war das erste und nächste Ziel der Vorschrift; diesem Ziel konnte nicht gedient werden durch Verweisung auf künftige gesetzgeberische Maßnahmen, deren Verwirklichung in weiter Ferne stand und von ungewissen Verhältnissen abhängig war. Dieser nächste und unmittelbare Zweck erheischte eine sofort ins Leben tretende Vorschrift, und dem steht nun keineswegs entgegen, daß Art. 129 Abs. 2 RVerf. mit den Worten: „unter den gesetzlich bestimmten Voraussetzungen und Formen" auf eine Ergänzung seines Inhalts durch anderweitige gesetzliche Bestimmungen verweist. Denn derlei Gesetze haben zur Zeit des Inkrafttretens der Reichsverfassung tatsächlich nahezu überall in Deutschland bestanden. Die damals zu Recht bestehenden gesetzlichen Bestimmungen blieben auch unter der Herrschaft des Art. 129 RVerf. zunächst unberührt bestehen und blieben auch für die Zukunft insolange maßgebend, als nicht die Gesetzgebung Anlaß fand, sie zu ändern. Nur in solchen Rechtsgebieten, in denen zur Zeit des Inkrafttretens der Reichsverfassung Gesetze über die Entlassung oder Zurruhesetzung der Beamten nicht bestanden haben sollten, in denen demzufolge die Entfernung der Beamten aus ihrem Amt in das Ermessen der vorgesetzten Behörden gestellt war, konnte dem Art. 129 Abs. 2 RVerf. die Bedeutung beigelegt werden, daß die Beamten wider ihren Willen aus ihrem Amt überhaupt nicht entfernt werden durften, solange nicht das in Art. 129 Abs. 2 RVerf. erforderte Gesetz über die Voraussetzungen und Formen der Entlassung und Zurruhesetzung ergangen war.

Konnte somit der Rechtsauffassung des Berufungsrichters in diesem Stück nicht beigetreten werden, so beruht doch das angefochtene Urteil nicht auf diesem Verstoß. Für das Rechtsverhältnis des Klägers zu der beklagten Stadtgemeinde waren, wie dargelegt, auch unter der Herrschaft des Art. 129 Abs. 2 RVerf., die bis dahin bestehenden Gesetze maßgebend. Gesetze dieser Art haben nach der im Rechtszug der Revision nicht anfechtbaren Feststellung des Oberlandsgerichtes in Baden bestanden. Das hierfür maßgebende badische Gesetz, die Städteordnung, hat die Voraussetzungen und Formen für die Entfernung der Gemeindebeamten aus ihrem Amte zwar nicht allgemein, aber in der Weise geregelt, daß sie die Festlegung dieser Voraussetzungen dem Ortsstatut übertrug. Die Dienst- und Gehaltsordnung der Beklagten ist, wie der Berufungsrichter feststellt, in ein Ortsstatut umgewandelt worden. Sie hat in §§ 23 Ziff. 2, 28 die Regelung dahin getroffen, daß Beamte, welche die Ruhegehaltsberechtigung erworben hatten (was bei dem Kläger zutraf), in den Ruhestand versetzt werden konnten, wenn ihre Entfernung aus dem städtischen Dienst aus Gründen des öffentlichen Interesse geboten erschien, und daß darüber der Stadtrat zu befinden hatte. Nach dem Ausgeführten waren und blieben diese Bestimmungen für das Rechtsverhältnis des Klägers auch unter der Herrschaft der Reichsverfassung maßgebend. — Damit erledigen sich zugleich die Ausführungen der Revision darüber, daß Kläger als ein lebenslänglich angestellter Beamter zu gelten habe, Art. 129 Abs. 1 RVerf. Auch wenn Kläger zu den lebenslänglich angestellten Beamten an sich gehört haben sollte, so unterstand er doch dem § 23 der Dienst- und Gehaltsordnung, nicht minder, als sich auch andere, an sich lebenslänglich angestellte Beamte eine außerordentliche Beendigung ihres Dienstverhältnisses gefallen lassen müssen, wenn und soweit dies gesetzlich vorgesehen ist.

Die Revision wäre bereit, die Richtigkeit des hier Dargelegten für den Fall anzuerkennen, daß die Voraussetzungen und Formen der Zurruhesetzung der Gemeindebeamten unmittelbar in dem Landesgesetz, der Städteordnung, geregelt wären. Sie leitet aber ein Bedenken daraus ab, daß die Regelung durch Gemeindesatzung getroffen worden ist; denn diese sei kein Gesetz, wie Art. 129 Abs. 2 RVerf. verlange. Dieses Bedenken ist nicht begründet. Wie erwähnt, hat nach der Feststellung des Berufungsrichters das Landesgesetz, die Städteordnung, die Regelung der Frage ausdrücklich dem Ortsstatut anheimgegeben. Die getroffene Regelung beruhte mithin auf gesetzlicher Übertragung, sog. Delegation. Es ist keinerlei Grund dafür ersichtlich, daß im Sinn des Art. 129 Abs. 2 RVerf. die auf gesetzlicher Delegation beruhende ortsstatutarische Regelung unstatthaft sein sollte. Nicht durchgreifend ist auch das, von der Revision übrigens nicht ausdrücklich erhobene Bedenken, daß die in §§ 23, 28 der Dienst- und Gehaltsordnung der Beklagten getroffene Regelung dehnbar ist und dem Ermessen des Stadtrats einen gewissen Spielraum läßt. Derlei dehnbare Fassungen sind, wie ein Blick auf die gesamte Beamtengesetzgebung zeigt, ein unabweisbares Bedürfnis für die öffentlichen Verwaltungen.

Einer Nachprüfung dahin, ob im gegenwärtigen Fall dienstliche Interessen die Entfernung des Klägers aus seinem Amte forderten, hat sich der Berufungsrichter mit Recht enthalten. Und zwar hat er sich dabei nicht in erster Linie auf die ausdrückliche Bestimmung der Dienst- und Gehaltsordnung gestützt, wonach die Entscheidung hierüber ausschließlich bei dem Stadtrat liegt, — so daß die hiergegen erhobenen Angriffe der Revision außer Betracht bleiben können, — vielmehr hat er zutreffend erwogen, daß schon die Natur der in Rede stehenden Maßregel als eines Ausflusses des pflichtmäßigen Ermessens der Behörde der richterlichen Nachprüfung im Wege steht, jedenfalls solange nicht eine rein willkürliche oder gar bösliche Handlungsweise der Behörde in Frage steht. Ein Handeln der letzteren Art hat der Berufungsrichter aber ohne Rechtsirrtum für ausgeschlossen erachtet.

---

51. 1. Zur Auslegung der Allgemeinen Bedingungen bei der Glasversicherung.
2. Wie ist ein älterer Versicherungsanspruch heute zu erfüllen?

VI. Zivilsenat. Urt. v. 23. Mai 1924 i. S. F. (Kl.) w. Glas-Vers.-A.-Ges. H. (Bekl.). VII 397/23.

I. Landgericht Lüneburg. — II. Oberlandesgericht Celle.

Der Kläger hat im Mai 1918 eine Spiegelglasscheibe bei der Beklagten versichert und im August 1919 die Versicherungssumme „den heutigen Anschaffungspreisen entsprechend" erhöht. Am 17. Oktober 1919 ist die Scheibe zerbrochen, am 18. meldete der Kläger seinen Schaden, am 21. bot ihm die Beklagte Zahlung von 1150 ℳ an. Der Kläger nahm dieses Angebot nicht an. Er verlangte mit seiner Klage Naturalherstellung der Glasscheibe, „eventuell" Zahlung von 8000 ℳ. In der Berufungsinstanz hat er diesen letzteren Anspruch erweitert und Erstattung des „heutigen Anschaffungswerts" der Scheibe verlangt. Die Beklagte hat die Geldforderung in Höhe von 1150 ℳ anerkannt, im übrigen Abweisung der Klage beantragt. Die Vorinstanzen haben die Beklagte zur Zahlung von 1234,60 ℳ verurteilt, im übrigen die Klage abgewiesen. Die Revision des Klägers hatte Erfolg.

Gründe:

... Der § 10 AllgVersBeding. lautet in seinen beiden ersten Absätzen: „Die Versicherung soll nicht zu einer Bereicherung führen; ihr alleiniger Zweck ist, den wirklich entstandenen Schaden nach Maßgabe der gewährten Versicherung zu vergüten. Die Gesellschaft hat die Wahl, die zerbrochenen Gegenstände in natura und in gleicher Qualität zu ersetzen oder den Schaden durch Barzahlung zu vergüten. Die Entschädigung darf in keinem Falle die Versicherungssumme der zerbrochenen Gegenstände übersteigen. Sowohl bei Naturalersatz wie auch bei Barzahlung werden die Bruchstücke Eigentum der Gesellschaft. Hat die Gesellschaft Barentschädigung gewählt und kommt eine Vereinbarung über die Höhe derselben nicht zustande, so muß sie Naturalersatz leisten".

In dem Nachtrag vom 12. August 1919 heißt es im Anschluß an die Erhöhung der Versicherungssumme: „Die Gesellschaft verpflichtet sich, bei vorkommenden Schäden Naturalersatz in Höhe der heute gültigen Glaspreise zu leisten, auch für Schäden aufzukommen, die durch ... Einbruch ... verursacht werden. Durch diese Mehrleistung erhöht sich die Jahresprämie um 15,20 ℳ erstmalig für die Zeit vom 12. August 1919 bis 5. Mai 1923 auf 58,20 ℳ, welche im voraus zu entrichten sind. Bei weiterem Steigen der Glaspreise ist für die Leistung von Naturalersatz ein entsprechend weiterer Prämienzuschlag erforderlich ... und gelten die in dem Versicherungsschein enthaltenen allgemeinen ... Bedingungen auch entsprechend für diesen Nachtrag".

Das Oberlandesgericht legt den § 10 Abs. 2 zutreffend — vgl. Entsch. des Reichsgerichts v. 2. März 1923 VII 140/22 — dahin aus, daß die Beklagte unter keinen Umständen Naturalersatz zu leisten brauchte, wenn der Preis der versicherten Scheibe bei Eintritt des Versicherungsfalles die Versicherungssumme überstieg. Diese setzt der Berufungsrichter mit Recht dem Preise gleich, den die Scheibe zur Zeit des Abschlusses des Nachtragsvertrags hatte. Im Anschluß an diese rechtliche Würdigung stellt er nach Anhörung eines Sachverständigen tatsächlich fest, daß die Versicherungssumme 1234,60 ℳ betrug, daß der Preis der Glasscheibe am 17. Oktober 1919 aber „erheblich höher" war, nämlich, wenn man dem Sachverständigen auch in diesem Punkte folgt, 1794,60 ℳ betrug. Aus diesem Grund hat der Berufungsrichter den Anspruch des Klägers auf Naturalersatz für unbegründet erachtet. An Barersatz hat er dem Kläger nur 1234,60 ℳ, nicht den in der Berufungsinstanz geforderten „heutigen Anschaffungswert" zugesprochen, weil auch die Barentschädigung die Versicherungssumme nicht übersteigen dürfe. Den vom Kläger endlich noch geltend gemachten Gesichtspunkt des Verzugsschadens hat das Oberlandesgericht abgelehnt, weil die Beklagte zwar in Verzug gekommen, ein daraus sich ergebender Schaden des Klägers aber nicht dargetan sei. Die Revision wirft dem Berufungsgericht vor, daß es Preissteigerung und Geldentwertung verwechselt habe. Damit will sie, soweit ersichtlich, auch den von ihr wiederholten Anspruch auf Naturalersatz begründen.

Der Revision ist zuzugeben, daß bis zum Beweise des von der Beklagten noch gar nicht behaupteten Gegenteils die sogenannte Steigerung der Glaspreise in der Zeit vom August 1919 bis zum Oktober 1919 nur als eine Auswirkung der allmählich fortschreitenden Geldentwertung anzusehen ist. Diese Auffassung ist heute ein Gemeinplatz, sie hat sich aber nur langsam durchgesetzt und im Herbst 1919 war man noch weit davon entfernt, ihre Richtigkeit einzusehen oder gar die notwendigen Folgerungen daraus zu ziehen. Mit Recht hat der Berufungsrichter auf diese Verhältnisse bei der Auslegung des Vertrags der Parteien Rücksicht genommen. Sie sprechen in dem Nachtrage von „heute gültigen Preisen" und von Preissteigerung und Prämienerhöhung in dem Sinne, daß es sich dabei um wirkliches Anziehen der Preise, um ein wirkliches Wachsen der Prämie handle. Der Berufungsrichter hat deshalb den Vertragswillen der Parteien, den sie bei Abschluß des Nachtrags hatten, in rechtlich unanfechtbarer Weise dahin ausgelegt, daß die Beklagte in der Zeit vom 12. August 1919 bis zum 5. Mai 1923 zur Naturalherstellung nur verpflichtet sein sollte, wenn sie die neue Scheibe für höchstens 1234,60 Reichsmark, d. h. Papiermark, beschaffen konnte, es sei denn, daß durch eine Prämienerhöhung eine Erhöhung auch der Versicherungssumme vorgenommen worden war. Auf Grund eines Vertrags mit diesem Inhalt konnte und kann der Kläger Naturalherstellung in der Tat nicht verlangen. Ebenso ist aus diesen Gründen dem Berufungsrichter darin beizutreten, daß die Barentschädigung, welche dem Kläger nach dem Versicherungsvertrage gebührte, im Oktober 1919 nur auf 1234,60 *M* zu bemessen war. Aber — und insoweit hat die Revision Recht — als der Berufungsrichter im Mai 1923 die Verurteilung der Beklagten aussprach, mußte er sich fragen: Wieviel Papiermark hat die Beklagte jetzt zu zahlen, um mit dem entwerteten Gelde einen Anspruch, der aus dem Oktober 1919 stammt und auf 1234,60 *M* des damaligen Geldwerts lautet, so zu erfüllen, wie Treu und Glauben und die Rücksicht auf die Verkehrssitte es erfordern? Die 1234,60 Papiermark stellten im Mai 1923 nur noch knapp 0,25 Goldmark dar. Die Unbilligkeit dieser Verurteilung wird in ein helles Licht gestellt durch § 10 Abs. 2 Satz 3 AllgVersBeding. Gegen Empfang der 0,25 Goldmark hatte der Kläger danach die Bruchstücke der alten Glasscheibe an die Beklagte unentgeltlich herauszugeben und den Wert dieser Bruchstücke hat die Beklagte selbst auf 170 Papiermark für den August 1919 berechnet. Das sind etwa 35 Goldmark. Bliebe es bei dem Berufungsurteil, so würde der Kläger auf Grund seiner Versicherung keinerlei Entschädigung erhalten, er würde außerdem noch eine Sache von etwa 35 Goldmark Wert gegen einen nicht mehr nennenswerten Betrag herausgeben müssen.

Aus diesen Erwägungen mußte das Urteil des Oberlandesgerichts aufgehoben werden. Seine Aufgabe aber wird es jetzt sein, unter Berücksichtigung aller Umstände des Falles und der berechtigten Belange beider Parteien die von der Beklagten zu zahlende Summe neu festzusetzen. Zu jenen Umständen gehört auch der Verzug der Beklagten, der zwar nach der bisherigen tatsächlichen Feststellung des Berufungsrichters einen selbständig einklagbaren Schaden des Klägers nicht hervorgerufen hat, bei der Gesamtwürdigung aber nicht außer Betracht bleiben darf. Zu jenen Umständen gehören ferner die von der Revisionsbeantwortung hervorgehobenen Verhältnisse der Versicherungsgesellschaften, namentlich die Tatsache, daß sie nach Lage der Gesetzgebung die Prämienreserven nicht wertbeständig anlegen konnten.

---

52. Kann nach dem 31. Juli 1914 eine Goldmünzklausel bei einer Hypothek eingetragen werden?

V. Zivilsenat. Beschl. v. 24. Mai 1924 in einer Grundbuchsache. V B. 1/24.

I. Amtsgericht Berlin-Tempelhof. — II. Landgericht II Berlin.

Gründe:

Im Grundbuch von B. sind in Abt. III unter Nr. 1, 2 und 4 drei Hypotheken eingetragen, die mit den Zinsen vom 1. April 1910 an die Sparkasse der Stadt B. abgetreten sind; bei der Eintragung der Abtretung wurde vermerkt, daß neue Zins-, Rückzahlungs- usw. Bedingungen nach Maßgabe einer in Bezug genommenen Eintragungsbewilligung vom 7. März 1910 vereinbart seien; letztere enthielt u. a. die Bestimmung, daß Kapital und Zinsen auf Verlangen der Gläubigerin in deutscher Reichsgoldwährung zu zahlen seien. Am 12. November 1919 wurde unter Bezugnahme auf eine Eintragungsbewilligung vom 22. Oktober 1919 weiter eingetragen, daß vom 1. April 1920 ab unter Wegfall der bisherigen neue Nebenbestimmungen galten; unter diesen befand sich wieder die Bestimmung, daß Kapital und Zinsen auf Verlangen der Gläubigerin in deutscher Reichsgoldwährung zu zahlen seien. Später wurde auf eine Anregung der Eigentümerin und eines nachstehenden Hypothekengläubigers auf Grund des § 54 GBO. ein Widerspruch gegen die gesamte Eintragung vom 12. November 1919 vermerkt:

a) zugunsten der Grundstückseigentümerin und der Gläubiger der nachstehenden Hypotheken Nr. 6, 7 wegen an sich gesetzlich und in zweiter Linie ohne Zustimmung der nachstehenden Hypothekengläubiger Nr. 6, 7 unzulässiger Eintragung einer neuen Goldklausel nach ausdrücklicher voller Aufhebung der früheren vor 1914 eingetragenen, an sich zulässigen, aber bis auf weiteres unwirksamen Goldklausel durch die Eintragungsbewilligung vom 22. Oktober 1919,

b) für den Fall der Zulässigkeit der Eintragung der Goldklausel zugunsten der Gläubigerin der Hypotheken Nr. 1, 2, 4 wegen unzulässiger Eintragung der heute praktisch zur Goldwertklausel gewordenen beantragten Goldklausel durch Bezugnahme auf die Eintragungsbewilligung.

Auf die Beschwerde des Magistrats hat das Landgericht das Grundbuchamt angewiesen, bei dieser Eintragung zu a) die Worte „an sich gesetzlich und in zweiter Linie" und die Eintragung zu b) ganz zu löschen; im übrigen wurde die Beschwerde zurückgewiesen. Das Grundbuchamt hat daraufhin die angeordneten Eintragungen vorgenommen.

Das Landgericht erachtete die Eintragung der neuen Goldklausel zwar an sich für zulässig; es nahm aber an, daß sie der — hier fehlenden — Zustimmung der nachstehend Berechtigten bedurft hätte, weil durch sie die Belastung des Grundstücks gegenüber der bisherigen Eintragung erweitert wurde; die Eintragung zu b) sei ferner deshalb unzulässig gewesen, weil sie nur unter einer Bedingung gelten sollte.

Hiergegen haben sowohl die Gläubigerin wie die Grundstückseigentümerin weitere Beschwerde erhoben. Die Gläubigerin verlangt eine Anweisung an das Grundbuchamt, den noch eingetragenen Widerspruch zu löschen; sie meint, daß die im Jahre 1919 vereinbarte Goldklausel keine Änderung der schon vorher eingetragen gewesenen Klausel enthalte; die BRVO. vom 28. September 1914 habe nur eine vorübergehende Geltungsdauer; durch sie sei die Goldklausel nicht aufgehoben, sondern nur zur Zeit für unverbindlich erklärt; bis zum frühesten Fälligkeitstage der Hypotheken (1. April 1930) würde sie sicherlich aufgehoben sein. Die Grundstückseigentümerin hält dagegen den Beschwerdebeschluß für unzutreffend, da die Goldklausel, insbesondere unter dem Gesichtspunkte des § 245 BGB., überhaupt nicht eintragungsfähig sei. Ihre weitere Beschwerde bezweckt nach der bedenkenfreien Auslegung des Kammergerichts die Eintragung eines neuen Widerspruchs mit dem Inhalte des auf Grund des landgerichtlichen Beschlusses gelöschten Teils der früheren Eintragung.

Das Kammergericht hat beide weiteren Beschwerden gemäß § 79 Abs. 2 GBO. dem Reichsgerichte vorgelegt. Es geht davon aus, daß die auf die Goldklausel bezüglichen Erklärungen in der Eintragungsbewilligung von 1919 eine neue Vereinbarung darstellten, da die damals infolge der BRVO. vom 28. September 1914 noch unverbindliche frühere Goldklausel durch eine nach der Meinung der Beteiligten wirksame Goldklausel hätte ersetzt werden sollen; da die Eintragungsbewilligung auch auf diese Goldklausel zu beziehen sei, habe letztere als miteingetragen zu gelten. Falls die Eintragung einer neuen Goldklausel zulässig wäre, wäre sie doch mangels Zustimmung der nachstehenden Hypothekengläubiger (die mit ihr nicht einverstanden seien) unter Verletzung gesetzlicher Vorschriften erfolgt, dadurch das Grundbuch unrichtig geworden, also der Widerspruch, soweit er noch eingetragen steht, berechtigt. Anderenfalls wäre für den noch eingetragenen Widerspruch kein Raum mehr, da die Notwendigkeit der Zustimmung der nachstehenden Hypothekengläubiger begrifflich die Eintragungsfähigkeit der Klausel zur Voraussetzung habe; dann müsse dieser Widerspruch gelöscht werden und das Grundbuchamt in einem erneuten Verfahren die Eintragung eines auf die Unzulässigkeit der Eintragung der Klausel sich gründenden Widerspruchs in Erwägung ziehen. Die Entscheidung hänge also von der Eintragungsfähigkeit der neuen Goldklausel ab, die eine Goldmünzklausel darstelle. Das Kammergericht würde diese bejahen, sieht sich aber hieran durch einen Beschluß des Bayrischen Obersten Landesgerichts vom 30. September 1922 gehindert, dessen Gründe es nicht für zutreffend erachtet.

Die Voraussetzungen des § 79 Abs. 2 GBO. sind gegeben. Der Streit betrifft die Frage, ob die (durch Bezugnahme auf die Eintragungsbewilligung von 1919 erfolgte) Eintragung der neuen Vereinbarung, daß Kapital und Zinsen auf Verlangen der Gläubigerin in deutscher Reichsgoldwährung zu zahlen sind, in das Grundbuch auch noch nach der BRVO. vom 28. September 1914 über die Unverbindlichkeit gewisser Zahlungsvereinbarungen (RGBl. S. 417) und nach den Veränderungen der deutschen Währungsverhältnisse, wie sie infolge der Gesetze vom 4. August 1914 (RGBl. S. 326 und 347) sowie des in der Kriegs- und Nachkriegszeit eingetretenen Verfalls der deutschen Währung sich gestaltet haben, zulässig war. Es handelt sich dabei nach der Auffassung des Kammergerichts um eine eigentliche Goldmünzklausel, nicht um eine Goldwertklausel. Das Kammergericht hat die in der Rechtslehre hervorgetretene Ansicht, daß infolge der Entwertung des deutschen Geldes in jeder Goldmünzklausel zugleich eine Goldwertklausel enthalten sei, nicht übersehen, aber aus den Umständen des vorliegenden Falls rechtlich bedenkenfrei entnommen, daß hier nach der Absicht der Beteiligten tatsächlich lediglich eine Goldmünzklausel eingetragen ist, da der Wortlaut der der Eintragung zugrunde liegenden Bewilligung von 1919, der an sich schon kaum eine andere Deutung zulasse, genau dem Wortlaut der früheren Vereinbarung entspreche, die im Jahre 1910, also unter Verhältnissen getroffen war, wo die Goldklausel gewöhnlich die Bedeutung einer Goldmünzklausel hatte. Es erachtet deren Eintragung auch trotz der hervorgehobenen Umstände für zulässig, während das Bayrische Oberste Landesgericht in einem Beschlusse vom 30. September 1922 III 76/22 (JW. 1923 S. 126, Zeitschr. f. Rechtspfl. in Bayern 1922 S. 284, auszugsweise auch in D. Jur. Ztg. 1923 S. 567; übrigens auch schon kurz in einem Beschlusse vom 4. Juli 1922, Rechtspr. OLG. Bd. 43 S. 13) auf weitere Beschwerde in einer Grundbuchsache die Eintragung einer solchen Goldmünzklausel auf Grund der erwähnten Reichsgesetze vom 4. August 1914, der BRVO. vom 28. September 1914, der von Ricks im „Recht" 1922 S. 102, D. Richter-Ztg. 1922 S. 202 hervorgehobenen objektiven und subjektiven Unmöglichkeit und der Sittenwidrigkeit der ausbedungenen Leistung (also der §§ 306, 275, 138 BGB.) oder auch des § 245 sowie des § 1115 BGB., § 28 GBO. für unzulässig erklärt hat. In Frage steht demnach die Auslegung einer das Grundbuchrecht betreffenden, für die Entscheidung wesentlichen reichsgesetzlichen Vorschrift, bei welcher das Kammergericht von der auf weitere Beschwerde ergangenen Entscheidung eines anderen Oberlandesgerichts (vgl. § 102 GBO.) abweichen will.

Bei der Entscheidung dieser Streitfrage muß dem Kammergericht beigetreten werden.

Die Frage, ob eine Eintragung unter Verletzung gesetzlicher Vorschriften bewirkt ist, kann nur nach der Sach- und Rechtslage im Zeitpunkte der Eintragung beurteilt werden (KGJ. Bd. 38 S. 206, 210; Kammergericht in JW. 1923 S. 21). Demgemäß ist an dieser Stelle nicht darauf einzugehen, inwieweit die Rechtslage durch die 3. Steuernotverordnung vom 14. Februar 1924 (RGBl. Teil I S. 74) sich geändert hat. Zur Zeit der Eintragung (12. November 1919) waren zwar durch § 1 der BRVO. vom 28. September 1914 (RGBl. S. 417) die vor dem 31. Juli 1914 getroffenen Vereinbarungen, nach denen eine Zahlung in Gold zu erfolgen hat, bis auf weiteres für nicht verbindlich erklärt (vgl. dazu RGZ. Bd. 101 S. 141, 145 flg.); eine gleiche gesetzliche Anordnung hinsichtlich der später getroffenen Vereinbarungen gleichen Inhalts ist aber nicht ergangen. Deshalb ist vom Kammergericht (Beschlüsse vom 20. Januar 1916, KGJ. Bd. 48 S. 219, und vom 24. Mai 1922, Rechtspr. OLG. Bd. 42 S. 164 = JW. 1923 S. 21) die Eintragungsfähigkeit einer solchen Goldklausel bejaht und als „anerkannten Rechtens“ bezeichnet (vgl. auch Güthe-Triebel Anm. 14 zu § 28 GBO.; RGRKomm. Anm. 8 zu § 1115 BGB.). Die dagegen von Ricks und dem Bayrischen Obersten Landesgerichte vorgebrachten Gründe können nicht für durchschlagend erachtet werden, jedenfalls nicht in einem Falle der vorliegenden Art, wo die Kündigung der noch eingetragenen Hypotheken vereinbarungsgemäß grundsätzlich frühestens zum 1. April 1930 erfolgen darf.

Zutreffend hebt das Kammergericht im Beschluß vom 24. Mai 1922 hervor, daß sich nur bei Kenntnis aller für die Beurteilung des Geschäfts in Betracht kommenden Umstände entscheiden läßt, ob ein Rechtsgeschäft gegen die guten Sitten verstößt, und daß eine solche Kenntnis — namentlich auch hinsichtlich der subjektiven Seite, vgl. RGRKomm. Anm. 1 und 2 zu § 138 BGB. — dem Grundbuchamt nur in ganz besonderen Fällen innewohnen wird. Hier treffen diese Erwägungen um so mehr zu, als die in der Eintragungsbewilligung von 1919 getroffenen Vereinbarungen den bei Sparkassen und anderen Kreditinstituten vielfach üblichen entsprechen, es sich bei der Neueintragung im Jahre 1919 nur um die Verlängerung der schon lange vor dem Kriege, ebenfalls mit einer Goldklausel, begründeten Schuldverhältnisse handelte, und überdies die Fälligkeit der noch eingetragenen Hypotheken grundsätzlich frühestens am 1. April 1930 eintritt. Bei einer Leistung, die erst nach einer derartigen Reihe von Jahren zu erfüllen ist, können regelmäßig oder doch vielfach nicht einmal die objektiven Voraussetzungen von § 138 Abs. 1 oder Abs. 2 BGB. festgestellt werden; und daß die Pflicht zur Leistung in deutscher Goldwährung im Jahre 1930 den Schuldner in einem irgend beträchtlichen Grade benachteiligen würde, war jedenfalls bei der Eintragung im Jahre 1919, also zu einer Zeit, als die Entwertung des deutschen Geldes bei weitem nicht in dem Maße, wie es später geschehen ist, fortgeschritten war, keineswegs mit irgendwelcher Sicherheit vorauszusagen.

Aus dem gleichen Grunde entfällt auch die Anwendbarkeit der Vorschriften über Unmöglichkeit der Erfüllung, insbesondere des § 306 BGB. Daß die Erfüllung in deutscher Reichswährung im Jahre 1930 aus sachlichen Gründen unmöglich sein würde, war im Jahre 1919 in keiner Weise mit Sicherheit festzustellen. Bei einem Vertrage auf eine erst künftige Leistung ist aber im Sinne des § 306 entscheidend, ob die Leistung auch in dem für sie bestimmten Zeitpunkte noch unmöglich ist; ist ein ihr beim Vertragsschluß etwa entgegenstehendes Hindernis bis dahin gehoben, dann versagt § 306 (RGRKomm. Anm. 1 zu § 306 BGB.). Das Verbot der Ausfuhr und Durchfuhr von Gold (BRVO. vom 13. November 1915, RGBl. S. 763) hat für den gegenwärtigen Fall, wo Gläubiger und Schuldner in Berlin ansässig sind, überhaupt keine Bedeutung.

Eine Berufung auf nachträglich eingetretene Unmöglichkeit der Leistung (§ 275 BGB.) scheidet (auch abgesehen davon, daß solche Unmöglichkeit für das Jahr 1930 noch nicht festzustellen ist) aus dem weiteren Grunde aus, weil das Gesetz für den Fall, daß bei einer Geldsortenschuld — wie sie hier in Frage steht — die bestimmte Münzsorte sich zur Zeit der Zahlung nicht mehr im Umlauf befindet, in § 245 BGB. eine besondere Regelung dahin getroffen hat, daß die Geldschuld bestehen bleibt, die Zahlung aber so zu leisten ist, wie wenn die Münzsorte nicht bestimmt wäre; so lange diese andere Erfüllung möglich ist, sind die Grundsätze von der Unmöglichkeit der Leistung durch § 245 ausgeschlossen (RGRKomm. Anm. 1 zu § 245 BGB.). Anderseits ist aber aus der Bestimmung des § 245 nicht zu folgern, daß deshalb, weil die Reichsgoldmünzen tatsächlich als Zahlungsmittel völlig aus dem deutschen Verkehre verschwunden und infolge des Verfalls der deutschen Währung nur zu ganz unverhältnismäßig hohen Preisen zu erlangen sind (RGZ. Bd. 103 S. 384, 387, 388), die Goldklausel bedeutungslos geworden und der Schuldner befugt ist, den Gläubiger mit Papiergeld zum eingetragenen Nennwerte der Hypothek abzufinden. Das Reichsgericht hat bereits in dem Urteil vom 1. März 1924 RGZ. Bd. 107 S. 370 ausgeführt, daß auch für eine nach dem 31. Juli 1914 eingetragene Goldklausel seit dem Erlasse des Erkenntnisses RGZ. Bd. 101 S. 141flg. mit dem immer stärker zutage tretenden Verfall der deutschen Währung sich auch immer mehr die Notwendigkeit und Richtigkeit derjenigen Rechtsauffassung herausgestellt hat, welche die Aufwertung der persönlichen Forderung zuläßt, infolge deren der Gläubiger nach § 242 BGB. Entrichtung eines nach den in RGZ. Bd. 107 S. 78flg. erörterten Grundsätzen aufgewerteten Geldbetrags in Papiergeld fordern darf, daß weiter die Vereinbarung der Goldmünzklausel, mindestens in einer großen Zahl von Fällen, wirtschaftlich dem Zwecke dienen sollte, den Gläubiger gegen eine mögliche Entwertung des sonstigen Währungsgelds zu schützen, sowie daß dieser Umstand jedenfalls bei der tatsächlichen Bemessung der Aufwertung nicht außer Betracht bleiben darf, es vielmehr rechtfertigen kann und in vielen Fällen rechtfertigen wird, dem Schuldner gegenüber einem Gläubiger, der sich Zahlung in Gold ausbedungen hat, beim billigen Ausgleiche der beiderseitigen Interessen eine höhere Zahlung zuzumuten, als sie ihm einem anderen Gläubiger gegenüber obliegen würde. Die Goldklausel entbehrte daher, auch obwohl die Goldmünzen zurzeit aus dem deutschen Verkehr verschwunden sind, nach dem bis zum 15. Februar 1924 geltenden Rechte keinesfalls der rechtlichen Bedeutung. Im übrigen würde (wie später zu besprechen ist) der Umstand, daß sie gegenstandslos geworden wäre, die Eintragung eines Widerspruchs nicht rechtfertigen.

Die Eintragung der Goldklausel verstieß auch nicht gegen den namentlich für das Hypothekenrecht geltenden Bestimmtheitsgrundsatz. Denn der Geldbetrag bleibt bei der eingetragenen Goldmünzklausel ein bestimmter, unabhängig davon, in welcher Münzsorte die Leistung zu erfüllen ist (RGZ. Bd. 50 S. 148; RGRKomm. Anm. 8 zu § 1115 BGB.).

Nach alledem war die Eintragung einer Goldmünzklausel im Jahre 1919 an sich weder als unter Verletzung gesetzlicher Vorschriften vorgenommen, noch als ihrem Inhalte nach unzulässig anzusehen (§ 54 Abs. 1 GBO.). An dieser Rechtslage hat sich auch durch die 3. Steuernotverordnung (deren Rechtsgültigkeit hinsichtlich der Bestimmungen über Hypothekenaufwertung bereits in dem erwähnten Urteil vom 1. März 1924 V 129/23 anerkannt ist und die, wie dort gleichfalls erörtert, sich rückwirkende Kraft beigelegt hat) nichts geändert. Diese Verordnung enthält für die Goldklausel keine besonderen Vorschriften. Inwieweit eine Goldwertklausel gemäß § 12 Abs. 1 das. unberührt geblieben ist (Schlegelberger, Aufwertung Anm. 4 zu § 13 der 3. Steuernotverordnung, Mügel, Aufwertung Anm. 8 zu § 3 der 3. Steuernotverordnung), bedarf hier keiner Untersuchung, da vorliegendenfalls lediglich eine Goldmünzklausel in Betracht kommt. Diese hat, mangels einer für sie gegebenen Regelung, für die in § 2 Abs. 1 Satz 1 der Verordnung vorgesehene Aufwertung keine unmittelbare Bedeutung. Eine mittelbare Bedeutung wird ihr allerdings nicht abzusprechen sein; denn da sie, wie oben bemerkt ist, es vielfach rechtfertigen wird, dem Schuldner gegenüber dem Gläubiger, der sich Zahlung in Gold ausbedungen hat, eine höhere Zahlung zuzumuten, als einem anderen Gläubiger gegenüber, so wird jedenfalls die Aufwertungsstelle (§ 9 der Verordnung) bei einem Streit über die Höhe des Aufwertungsbetrags ihr zugunsten des Gläubigers Beachtung zu schenken haben (so auch Mügel, Aufwertung Anm. 15 zu § 2, Anm. 8 zu § 3 der 3. Steuernotverordnung und in D. Jur. Ztg. 1924 S. 304, 305). Ob letztere Erwägung ihre Neueintragung rechtfertigen könnte, mag zweifelhaft sein, kann hier aber dahinstehen. Hier kommt nur eine bereits eingetragene Goldklausel in Betracht, von der höchstens gesagt werden könnte, daß sie durch die 3. Steuernotverordnung gegenstandslos geworden ist. Der Umstand, daß eine Eintragung nur gegenstandslos geworden ist, rechtfertigt aber Maßnahmen aus § 54 Abs. 1 GBO. nicht (Güthe-Triebel Anm. 19 zu § 52, Anm. 28 zu § 54 GBO.).

Sonach ist die weitere Beschwerde der Grundstückseigentümerin, die auf der Annahme der Eintragungsunfähigkeit der Goldklausel beruht, unbegründet und zurückzuweisen.

Aber auch die weitere Beschwerde der Gläubigerin kann keinen

Erfolg haben. Zwar war die Goldmünzklausel im Jahre 1919 an sich eintragbar. Aber da damals die durch die BRVO. vom 28. September 1914 bis auf weiteres unverbindlich gewordene frühere Goldklausel durch eine neue Goldklausel ersetzt werden sollte, so handelte es sich um die Eintragung dieser neuen Goldklausel zu den bereits früher eingetragenen Hypotheken. Zu ihrer nachträglichen Eintragung war aber die Zustimmung der im Range nachstehenden Hypothekengläubiger erforderlich, wie mit zutreffenden Erwägungen übereinstimmend vom Kammergericht (KGJ. Bd. 48 S. 218 und Rechtspr. OLG. Bd. 42 S. 164) sowie vom Bayrischen Obersten Landesgerichte (Entsch. in Zivils. Bd. 10 S. 90 = Recht 1909 Nr. 1382) angenommen ist; vgl. auch RGRKomm. Anm. 5 zu § 1119 BGB., Güthe-Triebel Anm. 15 zu § 28 GBO. Da diese Zustimmung fehlt, vielmehr nach den Feststellungen des Kammergerichts die nachstehenden Hypothekengläubiger mit der Eintragung der Goldklausel nicht einverstanden sind, daher insoweit das Grundbuch unrichtig geworden ist, so ist der Widerspruch in dem Umfange, wie das Beschwerdegericht ihn aufrechterhalten hat, gerechtfertigt. ...

---

53. Ist für die Klage des Jagdgenossen gegen die Jagdgenossenschaft auf Feststellung der Nichtigkeit eines von dem Jagdvorsteher geschlossenen Jagdpachtvertrags, die sich auf die §§ 21 bis 23 der preußischen Jagdordnung vom 15. Juli 1907 stützt, der ordentliche Rechtsweg zulässig?

VII. Zivilsenat. Urt. v. 29. Mai 1923 i. S. St. (Kl.) w. Gemeindevorsteher St. (Bekl.). VII 290/22.

I. Landgericht I Berlin. — II. Kammergericht daselbst.

Der Kläger ist Mitglied einer Jagdgenossenschaft, der Beklagte deren Jagdvorsteher. Durch Verträge vom 26. Juni 1914 hat die Jagdgenossenschaft zwei Jagdbezirke verpachtet. Ausweislich der Verträge lief die Pachtzeit mit dem 31. Juli 1920 ab, der Jagdvorsteher sollte aber im Einverständnis mit den Pächtern berechtigt sein, die Pachtzeit auf 9 bzw. 14 Jahre zu verlängern. Diese Verlängerung ist im Juli 1919 erfolgt.

Der Kläger fordert im Klagewege die Feststellung, daß die im Juli 1919 geschlossenen Vereinbarungen nichtig seien. Der Beklagte erhob den Einwand der Unzulässigkeit des Rechtswegs, dem das Landgericht stattgab. Die Berufung des Klägers wurde zurückgewiesen. Auch seine Revision blieb erfolglos.

Gründe:

Es war der Ausführung des Berufungsgerichts beizutreten, wonach der Jagdgenosse nicht befugt ist, die in den §§ 21 bis 23 der Jagdordnung vom 15. Juli 1907 bezeichneten Gründe der Nichtigkeit eines Jagdpachtvertrags der Jagdgenossenschaft gegenüber anders als durch Einspruch bei einer Verwaltungsbehörde gemäß §§ 21 Abs. 4, 23 Abs. 2 a. a. O. geltend zu machen. Dafür spricht zunächst die vom Berufungsgericht zutreffend dargelegte Rechtsentwicklung bis zum Erlaß des Gesetzes vom 4. Juli 1905, betreffend die Verwaltung gemeinschaftlicher Jagdbezirke, der zufolge die Anfechtung von Jagdpachtverträgen durch den Jagdgenossen gegenüber dem Jagdvorsteher wegen der Form und des Inhalts der Verträge im Rechtsweg nicht zulässig war. An diesem Rechtszustand ist durch §§ 4 bis 7 des Gesetzes vom 4. Juli 1905, die jetzt durch die gleichlautenden Bestimmungen der §§ 21 bis 24 der Jagdordnung vom 15. Juli 1907 ersetzt sind, nichts geändert worden. Nicht richtig ist die Auffassung der Revision von der Bestimmung, daß Streitigkeiten über die Frage der Nichtigkeit zwischen dem Jagdvorsteher und dem Jagdpächter der Entscheidung im Verwaltungsstreitverfahren unterliegen (§ 24 Abs. 2 Ges. v. 15. Juli 1907); durch jene Bestimmung hat keineswegs die Frage, in welcher Weise die Anfechtung von Jagdpachtverträgen aus den Gründen der §§ 21 bis 23 a. a. O. zulässig sei, dahin geregelt werden sollen, daß lediglich die Streitigkeiten zwischen dem Jagdvorsteher und dem Jagdpächter der Entscheidung durch die Gerichte entzogen seien. Das Gesetz, das die Streitigkeiten der Genossenschaft mit den Pächtern mit Rücksicht auf die öffentlichrechtliche Stellung der ersteren dem ordentlichen Rechtsweg entzog, hat für Streitigkeiten der Genossenschaft mit ihren Mitgliedern, also für Prozesse, bei denen die öffentlichrechtliche Bedeutung noch mehr in den Vordergrund tritt, nicht den Rechtsweg zulassen können.

An der Entscheidung des erkennenden Senats vom 26. Januar 1909 VII 122/08, die den Rechtsweg in einem gleichliegenden Fall für zulässig erachtete, konnte nicht festgehalten werden.

---

54. 1. Zur Auslegung der §§ 325 Abs. 1 Satz 3, 323 Abs. 2, 281 BGB.

2. Inwiefern kann der Gläubiger, der nach § 281 BGB. Abtretung des Ersatzanspruchs verlangt hat, auf seinen Schadensersatzanspruch zurückgreifen?

3. Kann der Verkäufer, der die Ware vertragsgemäß auf den Weg gebracht hat, auf der dadurch geschehenen Individualisierung

des Schuldgegenstandes auch dann bestehen, wenn er die Ware umgeleitet und darüber anderweit verfügt hat?

II. Zivilsenat. Urt. v. 5. Juni 1923 i. S. H. (Bekl.) w. K. (Kl.). II 323/22.

I. Landgericht Hamburg, Kammer f. Handelssachen. — II. Oberlandesgericht daselbst.

Im August 1915 hat der Beklagte vom Kläger 50 t Preißelbeeren zu 25 schw. Kronen für 100 kg auf Lieferung gekauft. Die Ware sollte von Abo über Stockholm als schwedisches Gut nach Lübeck gesandt werden. Als sie noch nicht über Schweden hinausgekommen war, entstanden Meinungsverschiedenheiten, und der Kläger veranlaßte, daß die Ware von Stockholm aus nicht an die Adresse des Beklagten gesandt, vielmehr in Lübeck anderweit verkauft wurde. Letzteres geschah am 28. September 1915. Der Beklagte hatte die Ankunft der Ware erfahren und beantragte Arrest gegen den Kläger. Am 4. Oktober erging Arrestbeschluß, auf Grund dessen am gleichen Tage der dem Kläger angeblich zustehende Anspruch auf Herausgabe der Preißelbeeren auf Höhe von 12500 ℳ gepfändet wurde. Das veranlaßte den Lübecker Käufer, die Einlösung des Konnossements abzulehnen. Am 22. Oktober legte die Zollverwaltung Beschlag auf die Ware als vermutlich feindliches Gut. Nach längeren Verhandlungen wurde sie am 1. Februar 1916 verkauft und der Reinerlös von 17148,39 ℳ bei der Zollverwaltung hinterlegt. Im Jahre 1917 ist das Geld dem Treuhänder für feindliches Vermögen überwiesen worden.

Am 4. November 1915 hat der Beklagte gegen den Kläger Klage erhoben und, nachdem diese öffentlich zugestellt worden war, erreicht, daß nach seinem Antrag der damalige Beklagte im Versäumnisverfahren rechtskräftig verurteilt wurde, dem Kläger 50 t Preißelbeeren zum Preise von 25 Kr. zu liefern und demzufolge in die Aushändigung der gepfändeten Preißelbeeren, für den Fall aber, daß die Ware versteigert werden sollte, in die Auszahlung des Versteigerungserlöses an den Kläger zu willigen. Auf Grund dieses Urteils ist der Anspruch des Klägers gegen die Zollverwaltung betreffs der Preißelbeeren am 27. September 1916 gepfändet worden. Am 30. April 1920 hat der Treuhänder für feindliches Vermögen in Berlin das Geld an den jetzigen Beklagten ausgeliefert. Der Kläger steht auf dem Standpunkt, daß damit der Kaufvertrag erfüllt sei, und beansprucht Zahlung des Preises. Ursprünglich hat er 12810,39 Kr. beansprucht, später den Anspruch gemäß BGB. § 323 Abs. 2 auf 8900 Kr. ermäßigt. Eventuell hat er Herauszahlung der 17148,39 ℳ begehrt. Der Beklagte hat Abweisung der Klage beantragt.

Das Landgericht Hamburg wies die Klage ab, während das Oberlandesgericht den Beklagten nach dem Prinzipalantrag verurteilte. Der Revision des Beklagten ist stattgegeben worden.

Gründe:

Der Kläger beansprucht Zahlung des Kaufpreises für die dem Beklagten im Jahre 1915 verkauften Preißelbeeren. Das setzt voraus, daß er die Ware geliefert hat. Der Vorderrichter nimmt an, das sei dadurch geschehen, daß der Erlös aus dem Verkauf der unter Beschlagnahme am 1. Februar 1916 verkauften Beeren dem Beklagten am 30. April 1920 ausgekehrt wurde. Nach § 323 Abs. 2 oder auch nach § 325 Abs. 1 Satz 3 in Verbindung mit § 281 BGB. habe der Beklagte — so wird ausgeführt — nach dem Verkauf der beschlagnahmten Ware den Anspruch des Klägers auf den Erlös als Ersatz für die Ware selbst fordern können. Das habe er seinerzeit dadurch getan, daß er gegen den Kläger auf Einwilligung in die Auskehrung des Erlöses an ihn klagte; nachdem ihm der Erlös ausgezahlt worden sei, sei er nach § 323 Abs. 2 zur Gegenleistung verpflichtet geblieben.

Die in sich schlüssige Begründung des Vorderrichters führt zu unrichtigem Ergebnis, weil sie von unrichtigen Voraussetzungen ausgeht.

Von vornherein wird der Zusammenhang der gesetzlichen Bestimmungen verkannt. Der Vorderrichter nimmt an, daß dem Kläger die Lieferung der Ware durch deren Beschlagnahme und weiter durch den anschließenden Verkauf unmöglich geworden sei. Da der Beklagte behauptet, es sei zu einem dem Vertrag entsprechenden Angebot der Preißelbeeren überhaupt nicht gekommen, so läge, da die Richtigkeit dieser Behauptung bis auf weiteres unterstellt werden muß, nicht ein Fall nach § 323, sondern nach § 325 BGB. vor. Der Käufer konnte Schadensersatz wegen Nichterfüllung verlangen (oder — was hier nicht in Frage kommt — vom Vertrage zurücktreten, als sei er nicht geschlossen). Schon in Verfolgung dieses Ersatzanspruchs stand ihm nach der allgemeinen Vorschrift des § 281 das dort gewährte Recht der Subrogation zu. Er konnte, ohne dadurch seinem Schadensersatzanspruch etwas zu vergeben, die Herausgabe des Erlöses fordern, der alsdann nach Maßgabe des § 281 Abs. 2 auf den erlittenen Schaden zu verrechnen war. Die in § 325 Abs. 1 Satz 3 angezogene Vorschrift des § 323 und insbesondere Abs. 2 das., wonach der Käufer zur Zahlung des Kaufpreises verpflichtet bleibt, wenn er den Ersatzwert verlangt, kommt in solchem Falle erst dann zu Raum, wenn der Käufer die ihm gewährte dritte Möglichkeit wählt, wenn er sich auf den Standpunkt des § 323 stellt, mit a. W. wenn er erklärt, daß er die Schuld des Gegners an der Unmöglichkeit der Leistung nicht geltend machen wolle, sei es, daß er es ausdrücklich sagt, sei es, daß er ohne das danach handelt. Dafür, daß derartiges in der Absicht des Beklagten gelegen hätte, liegt nichts vor.

Es ist aber der Tatbestand des § 281 BGB. überhaupt nicht gegeben. Die Vorschrift setzt voraus, daß eine bestimmte individuelle Sache geschuldet wird. Hier handelte es sich um einen Gattungskauf. Zur Individualisierung des Kaufgegenstandes war es allerdings zunächst dadurch gekommen, daß der Kläger die Ware auf den Weg nach Stockholm gebracht hat. Denn verkauft war: frachtfrei Stockholm, Zahlung durch Rembours Stockholmer Bank nach Eintreffen der Ware in Stockholm. Aber der Beklagte hat die Annahme der Ware abgelehnt. Er hat das Konnossement nicht eingelöst, weil der Kläger einen nach seiner Behauptung den Vereinbarungen nicht entsprechenden Preis berechnet hatte, und danach hat der Kläger über die Ware anderweit verfügt. Damit begab er sich des Rechts, sich auf den Standpunkt zu stellen, daß diese Ware der geschuldete Gegenstand sei. Der Käufer mag das Recht gehabt haben, an diesem Standpunkt festzuhalten. Aber er mußte das nicht, und es ist nicht ersichtlich, daß er es gewollt und getan hätte. Er hat Klage auf Vertragserfüllung erhoben. In der Klageschrift hat er den Sachverhalt kurz berichtet, aber er hat den Klagantrag abstrakt gefaßt auf Lieferung von 50 t — also auf Lieferung von irgendwelchen 50 t — prima Preißelbeeren. Wenn er auch verlangt und erreicht hat, daß der Verkäufer zugleich verurteilt wurde, in die Auslieferung der in Lübeck lagernden Ware an ihn zu willigen, so ist verständlich, daß damals der Beklagte, der sich einem dem feindlichen Ausland angehörenden, für ihn unerreichbaren Schuldner gegenüber sah, bestrebt gewesen ist, mit allen ihm zu Gebote stehenden Mitteln alles zu erfassen, wessen er an Sachen und Rechten seines Schuldners im Inland habhaft werden konnte. Der Zugriff auf die in Lübeck liegende Ware nötigt nicht zu dem Schluß, daß er gerade nur in ihr den Gegenstand der ihm geschuldeten Leistung erblickt hätte.

Aber auch wenn es anders gewesen wäre, wenn wirklich der Beklagte auf Grund von § 281 den Ersatzwert gefordert hätte und insofern zur Gegenleistung verpflichtet geblieben wäre, so war er doch nicht gehindert, hiervon wieder abzugehen. Der § 281 BGB. will die Rechte des Gläubigers nur erweitern. Ob dieser von dem Anspruch auf den Ersatzwert Gebrauch machen will, steht in seinem Belieben. Es handelt sich hierbei nicht um eine Wahlschuld, nicht um eine Wahl, die einmal getroffen, nicht wieder zurückgenommen werden könnte. Höchstens dann, wenn unter den obwaltenden Umständen ein Widerruf der Wahl berechtigte Interessen des Schuldners verletzen und in dem Widerruf ein Verstoß gegen Treu und Glauben liegen würde, wird man dem Gläubiger den Wechsel seines Standpunktes zu versagen haben. Abgesehen von solchen Fällen muß dem Gläubiger ein Wechsel jedenfalls so lange zustehen, als es noch nicht zum Angebot der Ersatzleistung gekommen ist (vgl. Planck BGB. § 281 Anm. 5b). Hieran wird auch dadurch nichts geändert, daß gegen den Schuldner ein Urteil auf die Ersatzleistung ergeht. Wäre nach Erlaß eines solchen Urteils der Ersatzwert zufällig untergegangen, erwiese sich in dem Fall, daß der Ersatzwert einen Ersatzanspruch des Schuldners gegen einen Dritten darstellt, dieser Dritte als zahlungsunfähig, so würde trotz des ergangenen Urteils der Gläubiger immer noch auf seinen ursprünglichen Anspruch zurückgreifen können. Aus diesem Gesichtspunkte gewinnen die Verhandlungen selbständige entscheidende Bedeutung, die der Beklagte wegen Auskehrung des Erlöses mit dem Treuhänder für feindliches Eigentum gepflogen hat. Wie der Brief des Letzteren an den Kläger vom 27. November 1919 ergibt, hat ihm gegenüber der Beklagte das Geld auf Grund einer Schadensersatzforderung beansprucht. Das hat der Treuhänder dem Kläger mitgeteilt, und erst jetzt und nachdem er dem Kläger durch seinen Brief an dessen Anwälte vom 31. März 1920 Gelegenheit gegeben hatte, seine Rechte wahrzunehmen, hat er dem Beklagten das Geld gezahlt. Schließlich hat also der Beklagte diesen Erlös auf keinen Fall als Ersatz für die geschuldete Ware nach § 281 verlangt noch entgegengenommen. . . .

---

55. Zum Begriff der bürgerlichen Unruhen im Versicherungsrecht.

VII. Zivilsenat. Urt. v. 8. Juni 1923 i. S. Fr. (Kl.) w. W. N.'sche Versicherungsgesellschaft und Gen. (Bekl.). VII 622/22.

I. Landgericht Hamburg, Kammer f. Handelssachen. — II. Oberlandesgericht daselbst.

Als Zweigniederlassung der in Brasilien bestehenden offenen Handelsgesellschaft in Firma Fr. & Co. hatte die Klägerin unter dem 19. April 1913, 2. März, 27. Oktober und 12. November 1915 mit den fünf verklagten Gesellschaften Verträge über Feuerversicherung des Geschäftsgebäudes der Firma in Porto Alegre und der dort vorhandenen Waren geschlossen. Am 16. April 1917 sind Gebäude und Warenlager durch Feuer zum größten Teil vernichtet worden. Deshalb nahm die Klägerin die Beklagten auf Zahlung einer Versicherungsentschädigung in Anspruch. Diese wendeten ein, der Brandschaden sei infolge von Krieg, Aufstand oder bürgerlichen Unruhen entstanden, und sie hätten sich für diese Fälle freigezeichnet (§ 1 Abs. 3 und 4 der Allgemeinen Versicherungsbedingungen).

Das Landgericht gab dem Klagantrage statt; das Oberlandesgericht wies die Klage ab. Die Revision der Klägerin blieb ohne Erfolg.

Gründe:

Das Berufungsgericht stellt folgenden Hergang fest: Durch die Versenkung eines brasilianischen Handelsschiffes und sich daran anschließende Zeitungsäußerungen waren in Porto Alegre Volksmengen gegen die dort ansässigen Deutschen in Erregung geraten. In den Geschäftsgebäuden deutscher Handelshäuser wurden an mehreren Tagen im April 1917 Fensterscheiben zertrümmert, Firmenschilder heruntergerissen und schließlich auch Brandlegungen verübt. Die Geschäftshäuser von B. & Co. und Fr. & Co. wurden mit Steinen beworfen, dann wurde das erstere angezündet, und von dort griff das Feuer auf die Fr.'schen Räume über, wodurch die der Klage zugrunde liegenden Schäden angerichtet wurden.

In diesen Vorgängen sieht der Vorderrichter den Tatbestand bürgerlicher Unruhen, wie sie im § 1 Abs. 3 der Allgemeinen Versicherungsbedingungen der Beklagten („Ausgenommen von der Versicherung sind solche Schäden, welche infolge eines Kriegs- oder Belagerungszustandes, eines Überfalls durch bewaffnete Macht, eines Aufstandes oder infolge von bürgerlichen Unruhen, Orkanen, Erdbeben, vulkanischen Ausbrüchen und von Busch- und Waldbränden entstehen") erwähnt sind. Daher versagt er der Klägerin jeden Anspruch aus den Versicherungen.

(Eine Prozeßrüge wird zurückgewiesen, und dann fortgefahren:)

Der Hauptangriff der Revision richtet sich dagegen, daß der Berufungsrichter die Vorgänge, die zur Entstehung des Brandschadens führten, als bürgerliche Unruhen im Sinne der mitgeteilten Stelle der Versicherungsbedingungen aufgefaßt hat. Sie führt aus, bürgerliche Unruhen seien sachlich gleichbedeutend mit Aufstand und fielen unter den dem Versicherungsrecht allgemeinen Begriff des Aufruhrs. Darunter sei die Zusammenrottung einer Menschenmenge zu verstehen, die sich gegen den Bestand einer Regierung oder gegen einzelne ihrer Maßnahmen oder ihrer Beamten richte und bezwecke, eine Änderung des bestehenden Zustandes herbeizuführen. Hier handle es sich aber um Ansammlungen, die — zum mindesten — mit heimlicher Unterstützung der brasilianischen Regierung zu dem Zweck erfolgt seien, den Patriotismus des Volkes zu wecken und darzutun, daß es die gegen Deutschland gerichtete Politik billige und unterstütze. Die Kundgebungen seien gegen das Deutsche Reich, nicht aber gegen einzelne Klassen von Bewohnern des eigenen Landes gerichtet gewesen. Bei dieser Gelegenheit seien von Verbrechern an verschiedenen Stellen Gewalttätigkeiten begangen worden, die aber in keinem inneren Zusammenhange gestanden hätten und in den einzelnen Fällen verschiedenen Beweggründen entsprungen seien.

Die Auffassung des Berufungsgerichts, deren freie Nachprüfung dem Revisionsrichter zusteht (vgl. RGZ. Bd. 81 S. 117), ist jedoch zu billigen. Die Revision will den Vorgängen in Porto Alegre deshalb den Charakter bürgerlicher Unruhen absprechen, weil ihnen eine Spitze gegen die brasilianische Regierung oder ihre Beamten gefehlt habe. Eine solche ist zum Begriffe des „Aufstandes" sicherlich notwendig. In dem maßgebenden Absatz der Versicherungsbedingungen werden aber neben dem „Aufstand" die „bürgerlichen Unruhen" angeführt. Da sonst offenbar jeder dort angewendete Ausdruck eine durchaus verschiedene Gattung von Ereignissen bezeichnen soll, die die Verantwortlichkeit der Versicherungsgesellschaft ausschließen, ist anzunehmen, daß auch „Aufstand" und „bürgerliche Unruhen" nach dem Sinne der Bestimmung nicht dasselbe bedeuten sollen. Zwar wird man jeden „Aufstand" unter die „bürgerlichen Unruhen" rechnen müssen, aber gerade deshalb, weil sich die letzteren als der weitere Begriff darstellen, ist bei ihnen eine ausgesprochene Richtung gegen die Regierung des Landes oder ihre Beamten nicht zu erfordern. Es muß vielmehr zur Erfüllung des Begriffes genügen, daß Teile des Volkes, die nicht als zahlenmäßig unerheblich zu gelten haben, in einer die öffentliche Ruhe und Ordnung störenden Weise in Bewegung geraten und Gewalttätigkeiten, sei es gegen Personen, sei es gegen Sachen verüben. Liegt dieser Tatbestand vor, so kann auf die Beweggründe, die das Handeln der Menge bestimmen, nichts weiter ankommen. Denn in jedem Falle liegt dann die Gefahr nahe, daß durch die einzelne Gewalttätigkeit das Rechtsbewußtsein der Menschen im ganzen erschüttert und getrübt, ihre niederen Triebe entfesselt und Gewalttaten aller Art begangen werden. Gegen die Haftung für solche Gefahren haben aber die Versicherungsbedingungen nach ihrem inneren Sinne den Versicherungsgesellschaften Schutz gewähren wollen, wie der erkennende Senat bereits in seinem RGZ. Bd. 97 S. 206 abgedruckten Urteil dargelegt hat (vgl. auch das Urteil VII 910/21 vom 30. Juni 1922). Übrigens enthält begrifflich auch jede Störung der öffentlichen Ruhe und Ordnung einen Angriff auf die zu ihrem Schutze berufenen Beamten. Ob diese sich tatsächlich dagegen zur Wehr setzen oder — wie es in Porto Alegre der Fall gewesen zu sein scheint — unter Vernachlässigung ihrer Amtspflichten untätig bleiben, kann an dem Vorhandensein „bürgerlicher Unruhen" nichts ändern (RGZ. Bd. 90 S. 384).

Wenn schließlich die Revision darzulegen sucht, die Brandlegungen seien nicht durch die Volksmenge selbst, sondern nur bei Gelegenheit der Menschenansammlungen von einzelnen Verbrechern verübt worden, so findet dies Vorbringen in den Feststellungen des Oberlandesgerichts keine Stütze. In jedem Falle müßte es aber an der Vorschrift in dem folgenden Absatze (§ 1 Abs. 4) der Versicherungsbedingungen scheitern, wo es heißt, es werde bei allen Schäden, die während der Dauer der vorher erwähnten Ereignisse entständen, angenommen, daß sie eine Folge der letzteren seien, sofern der Versicherte nicht das Gegenteil unzweifelhaft nachweise. Die Beklagten haben sich, wie der Tatbestand des landgerichtlichen Urteils ausweist, ausdrücklich auch auf diese Bestimmung berufen, und der danach der Klägerin obliegende Gegenbeweis ist nicht geführt....

---

56. In welcher Währung entsteht die Kaufpreisforderung des deutschen Kommittenten, wenn dieser dem deutschen Kommissionär den Auftrag erteilt, ausländische Wertpapiere an der Londoner Börse zu verkaufen, und wenn dann der Kommissionär den Auftrag durch Selbsteintritt ausführt?

I. Zivilsenat. Urt. v. 11. Juli 1923 i. S. K. (Kl.) w. Br. Bank (Bekl.). I 467/22.

I. Landgericht Bremen, Kammer f. Handelssachen. — II. Oberlandesgericht Hamburg.

Laut Schlußschein vom 27. Juli 1914 beauftragte der Kläger die Beklagte mit dem Verkauf von „1000 £ 6% Randfontein Estate Debentures" zum Kurse von 91, lieferbar Mitte August. Die Beklagte, mit der der Kläger seit Jahren in Geschäftsverbindung stand, nahm den Auftrag an und teilte ihm sofort schriftlich mit, daß sie in Ausführung des Auftrags von ihm „1000 £ 6% Randfontein Est. Dbt. 91 in London per Medio Aug. cr. beziehe". Noch am selben Tage verkaufte sie die Papiere an der Londoner Börse zum Preise von 910 £; die Abrechnung sollte am 13. August erfolgen. Der Kläger fordert von der Beklagten die Zahlung des Erlöses abzüglich Spesen, mit 907,8 £ nebst Zinsen. Die Beklagte hat eingewendet, daß sie dem Kläger gegenüber nur zur Zahlung in deutscher Währung verpflichtet sei, da es sich um ein zwischen Deutschen in Deutschland geschlossenes Geschäft handle.

Das Landgericht gab der Klage statt; das Oberlandesgericht wies sie ab. Die Revision des Klägers hatte Erfolg.

Gründe:

Zwischen den Parteien ist vor allem streitig, ob der Kläger gegen die Beklagte aus dem Verkauf der Wertpapiere eine in £ ausgedrückte Forderung erworben hat oder ob ihm von vornherein nur eine Forderung in deutscher Reichswährung entstanden ist. Das Berufungsgericht nimmt das letztere an und führt in seinem Zwischenurteil aus, daß der Kommissionscharakter des Geschäfts hier keine wesentliche Rolle spiele und das Vertragsverhältnis der Parteien nur als ein einfacher Verkauf der Papiere von einem bremischen Kaufmann an eine bremische Bank aufzufassen sei. Die hieraus entsprungene Geldschuld sei eine Markschuld. Denn wer in Deutschland durch Verkauf an einen deutschen Käufer Sachwerte in Zahlungsmittel umsetze, wolle im Zweifel deutsches Geld einlösen, auch wenn es sich um Papiere handle, in denen Schuldverhältnisse auf englische £ verbriest seien.

Diese Ausführungen werden, wie die Revision mit Recht hervorhebt, dem Wesen des zwischen den Parteien begründeten Kommissionsverhältnisses nicht gerecht. Unstreitig besaß der Kläger, als er die Beklagte mit dem Verkauf der „1000 £ Randfontein Estate Debentures" beauftragte, nicht das Eigentum an bestimmten einzelnen Stücken dieser Wertpapiere. Die Beklagte hatte vielmehr die Stücke, die sie im April 1911 für den Kläger erworben hatte, ausweislich ihres Abrechnungsschreibens vom 10. desselben Monats in ihrem Depot bei der Londoner Filiale der Dresdner Bank belassen, eine Aussonderung bestimmter Stücke für den Kläger unstreitig nicht vorgenommen und ihm auch kein Stückeverzeichnis übersandt. Der Rechtserwerb des Klägers bestand daher in dem Anspruche gegen die Beklagte, ihm jederzeit auf sein Verlangen aus ihrem Londoner Depot die gekaufte Menge der Wertpapiere zur Verfügung zu stellen. Von diesem Rechte machte der Kläger Gebrauch, als er am 27. Juli 1914 der Beklagten den Auftrag gab, die 1000 £ Randfontein Debentures zum Preise von 91 zu verkaufen. Aus dem Umstande, daß sich das Depot, dem die zu verkaufenden Wertpapiere zu entnehmen waren, in London befand und die Wertpapiere an der Londoner Börse gehandelt wurden, ergab sich ohne weiteres, daß der Verkaufsauftrag des Klägers an der Londoner Börse auszuführen war. Darüber ist sich auch die Beklagte nicht im Zweifel gewesen. Sie führte den Auftrag, wie sie in ihrem Schreiben vom 27. Juli 1914 unzweideutig ersichtlich machte, durch Selbsteintritt aus, indem sie sich selbst als „Bezieherin", also als Käuferin der Papiere bezeichnete; zugleich faßte sie die Kaufbedingungen dahin zusammen, daß der Kauf zum Kurswerte von 91 „in London" behufs Abrechnung Mitte August geschlossen sein sollte. Durch den Zusatz „in London" wies sie in nicht mißzuverstehender Weise auf London als den maßgeblichen Börsenort hin.

Rechtlich stellt sich, wie auch das Berufungsgericht nicht verkennt, die Annahme des Verkaufsauftrags als Kommission im Sinne des § 383 HGB. dar; denn die Beklagte übernahm es in ihrem Bankbetriebe, also gewerbsmäßig, Wertpapiere für Rechnung eines anderen, des Klägers, in eigenem Namen zu verkaufen. Wenn sie den Auftrag nicht durch Verkauf an einen Dritten, sondern durch Selbsteintritt ausführte, so handelte sie im Rahmen ihrer vertragsmäßigen und gesetzlichen Befugnisse. (Wird näher ausgeführt.)

Der Selbsteintritt der Beklagten hatte nun den Erfolg, daß die Beklagte mit ihrer Eintrittserklärung die Verpflichtungen eines Käufers der Papiere in gleicher Weise auf sich nahm, wie es geschehen wäre, wenn sie die zu veräußernden Stücke tatsächlich aus ihrem Londoner Depot herausgenommen und an der Londoner Börse an einen Dritten verkauft hätte. Wie sie bei einem solchen Verkauf unbedingt verpflichtet gewesen wäre, den Weisungen des Klägers hinsichtlich des Ausführungsorts nachzukommen, also den Verkauf nur an der Londoner Börse hätte ausführen dürfen, so blieben die Verhältnisse dieses Orts auch für die Umgrenzung der Verpflichtungen maßgebend, die sich für die Beklagte aus ihrem Selbsteintritt ergaben (Düringer-Hachenburg HGB. § 400 Anm. 9, Breit, Das Selbsteintrittsrecht des Kommissionärs § 7 V 1 S. 68, § 16 II S. 136). Der Kläger durfte durch den Selbsteintritt der Beklagten nicht anders und nicht schlechter gestellt werden, als er bei dem auftragsmäßigen Verkauf der Papiere an einen Dritten dastehen würde; anderseits konnte sich die Beklagte durch einen Selbsteintritt nicht von Verpflichtungen befreien, die sonst dem Dritten als Käufer obgelegen hätten.

Für den Dritten wäre aber, wenn er die Papiere an der Londoner Börse gekauft hätte, die Verpflichtung entstanden, den Kaufpreis in englischen £ zu begleichen (RGZ. Bd. 101 S. 122). Deshalb muß auch im Verhältnis der Parteien zueinander der Kaufpreis als ein in englischen £ zu deckender angesehen werden. Zutreffend weist daher die Revision darauf hin, daß der auf den Verkauf englischer Wertpapiere in London gerichtete Kommissionsauftrag dem Kläger zunächst eine Forderung in englischen £ gewährt habe. Dagegen ist die Ansicht des Berufungsgerichts, daß lediglich ein in Deutschland zwischen deutschen Firmen geschlossener Kaufvertrag ohne besondere Eigenart vorliege und deshalb der Kaufpreis als in deutschem Gelde vereinbart gelten müsse, für rechtsirrtümlich zu erachten. Der Kaufvertrag erhielt gerade durch das Kommissionsverhältnis sein besonderes Gepräge, und dieses äußerte seine Wirkung darin, daß für den Kaufpreis das an der Londoner Börse übliche Zahlungsmittel, also das englische £, bestimmend war. Unerheblich ist es, daß für die Zahlung des Kaufpreises gemäß § 269 BGB. Bremen als Erfüllungsort anzusehen ist. Die Frage, wo der Kaufpreis zu zahlen ist, steht in keinem inneren Zusammenhang mit der anderen, hier allein maßgebenden Frage, welcher Markt- oder Börsenort für die Art und den Umfang der aus dem Wertpapierhandel entstandenen Rechte und Pflichten entscheidend ist. Da der maßgebliche Börsenort im vorliegenden Falle London war, so ist mit der Revision anzunehmen, daß die Kaufpreisforderung des Klägers an die Beklagte in englischer Währung entstanden ist....

Ohne Einfluß ist ferner auf die Forderungen des Klägers der Versailler Vertrag geblieben, der in den Art. 297 flg. bestimmt, daß Forderungen Deutscher gegen Engländer, die vor dem Kriege oder während des Krieges fällig geworden sind, nicht zwischen den Beteiligten zu erfüllen sind. Eine derartige Forderung kommt hier überhaupt nicht in Betracht, da der Kläger in vertragliche Beziehungen nur zur Beklagten, und nicht zu einer englischen Firma getreten ist. Für ihn ist es auch gleichgültig, ob die Beklagte infolge der Weiterveräußerung der Wertpapiere oder auf Grund ihres Londoner Depots an einem in England schwebenden Ausgleichsverfahren beteiligt ist....

---

57. 1. Inwieweit ist im Entschädigungsverfahren nach dem Branntweinmonopolgesetz der ordentliche Rechtsweg eröffnet? 2. Zur Auslegung des § 215 BrMonGes.

VI. Zivilsenat. Urt. v. 9. April 1923 i. S. Deutsches Reich (Reichsmonopolamt für Branntwein) (Bekl.) w. Sch. (Kl.). VI 434/22.

I. Landgericht I Berlin. — II. Kammergericht daselbst.

Die Klage, welche Entschädigungsansprüche auf Grund des Reichsgesetzes über das Branntweinmonopol vom 26. Juli 1918 verfolgt, wurde in beiden Vorinstanzen zugesprochen. Die Revision des Beklagten blieb ohne Erfolg.

Gründe:

Das Branntweinmonopolgesetz vom 26. Juli 1918 (RGesBl. S. 887) regelt in den §§ 214 bis 221 die Entschädigung der Destillateure. Als Grundlage für ihre Berechnung gilt eine Entschädigungszahl, die nach den Betriebsergebnissen in der Zeit vom 1. Oktober 1913 bis 31. Juli 1914 in besonderem Rechnungsverfahren zu ermitteln ist (§ 216). Gemäß § 217 wird die Entschädigung für die ersten zehn Betriebsjahre nach dem Inkrafttreten des Gesetzes (1. Oktober 1919) gewährt und nach einer Staffel berechnet, die für das Hektoliter der Entschädigungszahl bei kleineren Beträgen verhältnismäßig höhere Sätze festsetzt, als bei den größeren (zwischen 40 ℳ und 20 ℳ). Nach § 240 werden die zu zahlenden Entschädigungen durch Entschädigungsausschüsse festgesetzt, gegen deren Entscheidung nach § 241 binnen einer Frist von vier Wochen nach der Zustellung der ordentliche Rechtsweg beschritten werden kann.

Der Kläger hatte für die ihm ursprünglich gehörige Kornbranntweinbrennerei (Firma Wilh. U.) bei dem zuständigen Ausschusse die Festsetzung einer Entschädiguug nach dem Satze von 20 *M* für das Hektoliter erwirkt. Er erwarb dann die Destillationsbetriebe der Firmen Ernst Sch. und Rud. K. in N. mit den Entschädigungsforderungen ihrer Inhaber hinzu. Für diese hatte der Ausschuß niedrigere Entschädigungszahlen festgesetzt, so daß sie gemäß § 217 BrMonGes. Anrecht auf höhere Sätze für das Hektoliter hatten, und zwar die Firma Sch. auf 34 *M*, die Firma K. auf 26 *M*. Der Beklagte gesteht aber, indem er die Entschädigungszahlen für die drei vereinigten Betriebe zusammenzählt und mit der sich so ergebenden Summe rechnet, dem Kläger nur eine Gesamtentschädigung nach dem Satze von 20 *M* für das Hektoliter zu. Dieser beansprucht für die beiden hinzuerworbenen Betriebe die Berechnung nach den höheren Sätzen und klagt auf Gewährung des rechnungsmäßigen Unterschieds zwischen den Berechnungsarten. Für das erste Jahr (1. Oktober 1919 bis 30. September 1920) fordert er demgemäß Zahlung von 9110,62 *M* mit Verzugszinsen, für die folgenden neun Jahre Feststellung der entsprechenden Verpflichtung des Reichsfiskus.

Der Beklagte macht in erster Reihe die Unzulässigkeit des Rechtswegs geltend; die Anwendung des Entschädigungssatzes von 20 *M* beruhe auf einer gemäß § 24 der Entschädigungsordnung vom 9. August 1919 (Zentralbl. für das Deutsche Reich 1919 S. 801) von dem zuständigen Hauptzollamt getroffenen Entscheidung, gegen die nur die Beschwerde im Verwaltungswege statthaft sei. Wenn aber anzunehmen sein sollte, daß für die Streitigkeit an sich der ordentliche Rechtsweg offen stände, so sei dieser doch durch § 139 BrMonGes. in Verbindung mit den §§ 88, 89 der Ausführungsbestimmungen („Grundbestimmungen") zu diesem Gesetze (Zentralbl. 1919 S. 194) ausgeschlossen. Zur Sache selbst bestreitet der Beklagte unter Hinweis auf § 215 BrMonGes. die Berechtigung des Klagebegehrens.

Das Berufungsgericht erachtet die Einrede der Unzulässigkeit des Rechtswegs für unbegründet. Es nimmt an, daß eine bürgerliche Rechtsstreitigkeit im Sinne des § 13 GVG. vorliege, für die weder die Zuständigkeit von Verwaltungsbehörden oder Verwaltungsgerichten begründet sei, noch reichsgesetzlich besondere Gerichte zur Entscheidung bestellt oder zugelassen seien, und zieht ferner die Vorschrift im Art. 153 Abs. 2 Satz 3 der Reichsverfassung heran, der zufolge bei Enteignungen wegen der Höhe der Entschädigung im Streitfalle der Rechtsweg bei den ordentlichen Gerichten offen zu halten ist, soweit Reichsgesetze nichts anderes bestimmen. Weiter erachtet der Berufungsrichter die Rechtsansicht des Beklagten für unrichtig, wonach der Rechtsweg nur gemäß § 241 BrMonGes. gegen die Entscheidungen der Entschädigungsausschüsse eröffnet sei, hingegen der Anspruch auf Auszahlung der auf Grund der festgesetzten Entschädigungszahl sich ergebenden Barentschädigung nicht im Rechtswege verfolgt werden könne, weil deren Berechnung gemäß § 24 Abs. 2 EntschO. durch das zuständige Hauptzollamt erfolge, und eine etwaige unrichtige Berechnung nur im Dienstaufsichtswege angefochten werden könne. Im Gegenteil sei gerade durch die §§ 240, 241 BrMonGes. der Rechtsweg nur insoweit eingeschränkt, als das Vorverfahren, nämlich die Festsetzung der Entschädigungszahlen, zunächst durch die Entschädigungsausschüsse erledigt werden müsse, und erst gegen deren Entscheidungen innerhalb der Ausschlußfrist des § 241 der ordentliche Rechtsweg beschritten werden könne. Für den Anspruch auf Auszahlung der nach § 217 des Gesetzes zu berechnenden Entschädigungssumme selbst sei dagegen mangels anderweiter gesetzlicher Vorschrift der Rechtsweg sofort eröffnet. Die Bestimmung des § 24 Abs. 2 EntschO. enthalte nur eine verwaltungsrechtliche Vorschrift für den inneren Dienstbetrieb, berühre dagegen den Anspruch des Entschädigungsberechtigten gegen den Reichsfiskus auf Auszahlung der ihm gebührenden Entschädigung und die Art seiner Geltendmachung in keiner Weise.

Der vom Beklagten angeführte, in den VII. Abschnitt „Besondere Vorschriften" eingestellte § 139 des Gesetzes sagt in seinem allein in Betracht kommenden ersten Absatz folgendes:

> „Zur Entscheidung von Streitigkeiten, für die der ordentliche Rechtsweg zulässig sein würde, können nach näherer Bestimmung des Bundesrats Schiedsgerichte eingerichtet werden, die unter Ausschluß des Rechtswegs endgültig entscheiden. Diese Vorschrift gilt nicht, soweit durch § 241 den Beteiligten die Beschreitung des ordentlichen Rechtswegs vorbehalten ist."

Von der hiernach dem Bundesrate eingeräumten Befugnis hat der an seine Stelle getretene Staatenausschuß Gebrauch gemacht, indem er in die unter dem 9. August 1919 erlassenen Ausfbest. („Grundbestimmungen") zum BrMonGes. entsprechende Vorschriften aufnahm. § 88 daselbst ordnet nunmehr unbedingt an:

> „Streitigkeiten, die aus Anlaß der Durchführung des Gesetzes zwischen der Monopolverwaltung und einem Dritten entstehen, werden, soweit für die Streitigkeit der ordentliche Rechtsweg zulässig sein würde, durch Schiedsgerichte entschieden, die unter Ausschluß des Rechtswegs endgültig entscheiden. Dies gilt nicht, soweit durch § 241 des Gesetzes den Beteiligten die Beschreitung des ordentlichen Rechtswegs vorbehalten ist."

Weiter werden im § 89 Bestimmungen über die Zusammensetzung und das Verfahren der Schiedsgerichte getroffen, die gelten sollen, „soweit nicht die Monopolverwaltung Vereinbarungen trifft, die über die Errichtung und Tätigkeit von Schiedsgerichten etwas anderes vorsehen". Danach sollen auf das Verfahren vor den Schiedsgerichten gewisse besonders bezeichnete Vorschriften des 10. Buchs der ZPO. entsprechende Anwendung finden.

Das Berufungsgericht zieht zunächst in Zweifel, ob die Anwendbarkeit dieser Vorschriften nicht schon daran scheitern müsse, daß sowohl § 139 wie § 88 der Grundbest. nicht gelten sollen, „soweit durch § 241 den Beteiligten die Beschreitung des ordentlichen Rechtswegs vorbehalten ist"; denn es handele sich hier um einen Anspruch gemäß § 214 BrMonGes., auf den sich die Bestimmungen der §§ 240, 241 bezögen. Wollte man jene Vorschriften aber doch für anwendbar erklären, weil die Klage nicht gegen die Festsetzung der Entschädigungszahl durch den Entschädigungsausschuß gerichtet sei, so sei die daraus hergeleitete, erst im zweiten Rechtszuge vorgebrachte Einrede als prozessual unzulässig zu erachten. Sie stelle sich als die prozeßhindernde Einrede des § 274 Abs. 2 Nr. 3 ZPO. dar. Es handle sich nämlich, wie aus § 89 der Grundbest. hervorgehe, um ein schiedsrichterliches Verfahren im Sinne des 10. Buchs der ZPO. und nicht etwa, wie man nach der Fassung des § 139 BrMonGes. vielleicht hätte annehmen können, um die Zulassung von Sondergerichten im Sinne des § 13 GVG. Auf die Einrede des § 274 Abs. 2 Nr. 3 könne aber die Partei wirksam verzichten, daher dürfe sie nach § 528 ZPO. in der Berufungsinstanz nur geltend gemacht werden, wenn die Partei glaubhaft mache, daß sie ohne Verschulden außerstande gewesen sei, sie in erster Instanz vorzubringen. Dies habe der Beklagte aber nicht getan, er sei auch offensichtlich hierzu nicht in der Lage.

Schließlich billigt das Berufungsgericht zur Sache selbst die Auffassung des Klägers. Schon der Wortlaut des § 215 BrMonGes. („Mehrere Betriebe, die für Rechnung einer und derselben Person oder Gesellschaft geführt worden sind, gelten für die Berechnung der Entschädigung als ein Betrieb") weise klar darauf hin, daß er nur anwendbar sei, wenn die mehreren Betriebe vor Inkrafttreten des Gesetzes, mindestens aber vor Einleitung des Entschädigungsverfahrens, in einer Hand vereinigt gewesen seien. Das gleiche folge auch aus der damit übereinstimmenden Vorschrift des § 18 EntschO. und aus dessen weiterer Bestimmung, daß die Inhaber von Betrieben oder deren Rechtsnachfolger auf Antrag entschädigt werden. Hieraus sei zu entnehmen, daß der Rechtsnachfolger Anspruch auf Zahlung der Entschädigung in demselben Umfange haben solle, wie sein Rechtsvorgänger, daß also die nachträgliche Vereinigung mehrerer Betriebe in einer Hand die einmal erworbenen Rechte des Rechtsvorgängers nicht schmälern könne. Der Kläger verlange sonach mit Recht die Zahlung der vollen, seinen Rechtsvorgängern gemäß § 217 BrMonGes. zustehenden Entschädigungssummen.

Die Revision beharrt auf der Ansicht, daß der Rechtsweg unzulässig sei. Sie bestreitet, daß die Einführung des Branntweinmonopols eine Enteignung der Privatbetriebe bedeute, wie sie Art. 153 RVerf. im Sinne habe. Die Verletzung eines Gewerbebetriebs könne, wenn sie widerrechtlich geschehe, Ansprüche gemäß § 823 BGB. auslösen. Erfolge sie jedoch, wie hier, auf Grund einer gesetzlich geordneten öffentlichrechtlichen Maßnahme, so bestehe keine allgemeine Norm, daß, wenn der Kläger behaupte, die Maßnahme beeinträchtige sein Privatrechtsgut, dies ein bürgerlicher Rechtsstreit im Sinne des § 13 GVG. sei. Demnach könnten die Entschädigungsansprüche des Klägers nur nach den im Branntweinmonopolgesetz gegebenen Bestimmungen geltend gemacht werden. Dieses lasse aber die Beschreitung des Rechtswegs gegen die Beschlüsse des Hauptzollamts nicht zu, vielmehr sei insoweit nur die Dienstaufsichtsbeschwerde an das Monopolamt und an das Reichsfinanzministerium gegeben.

Zum Einwand aus § 139 BrMonGes. führt die Revision aus, dort sei nicht ein Schiedsgericht im Sinne der Zivilprozeßordnung, sondern ein Sondergericht mit ausschließlicher Zuständigkeit vorgesehen. Dies sei mithin zur Entscheidung berufen, wenn man annehmen wolle, daß für die Streitigkeit an sich der ordentliche Rechtsweg zulässig sei.

Notfalls bittet die Revision um Nachprüfung, ob die Ausführungen des Berufungsgerichts über § 215 BrMonGes. zutreffen.

Dem Rechtsmittel kann Erfolg nicht zuteil werden.

Von den Darlegungen des Berufungsgerichts sind zwar diejenigen preiszugeben, die eine Abweisung des aus § 139 BrMonGes. im Zusammenhalt mit den §§ 88, 89 der GrundbBest. hergeleiteten Einwands des Beklagten mit prozeßrechtlichen Erwägungen begründen wollen. Die Beurteilung dieser Vorschriften ist insoweit von Rechtsirrtum beeinflußt. Ein schiedsrichterliches Verfahren im Sinne der Zivilprozeßordnung kann nämlich nur stattfinden, wenn ihm ein Schiedsvertrag (§ 1025) oder eine letztwillige oder andere nicht auf Vereinbarung beruhende Verfügung (§ 1048) zugrunde liegt. Es kommen also nur Abmachungen und Verfügungen privatrechtlicher Art in Betracht. Die prozeßhindernde Einrede nach § 274 Abs. 2 Nr. 3 ZPO. steht mit diesen Vorschriften in engstem Zusammenhang und hat zur Voraussetzung, daß ein schiedsrichterliches Verfahren im Sinne der Zivilprozeßordnung vereinbart oder angeordnet worden ist. Die Einsetzung eines Schiedsgerichts, das man auch Sondergericht nennen könnte, durch Gesetz oder ihm gleichstehende Rechtsnorm (§ 12 EG. zur ZPO.) kann der Einrede niemals als Grundlage dienen (JW. 1893 S. 318 Nr. 49, teilweise abgedruckt RGZ. Bd. 31 S. 235, JW. 1909 S. 117 Nr. 15,

RGZ. Bd. 16 S. 370, Bd. 42 S. 307; Stein, Komm. zur ZPO., 10. Aufl., Bd. 1 S. 673, Note 26 zu § 274). Erfolgt sie mit der Begründung ausschließlicher Zuständigkeit des Schiedsgerichts, so hat sie die Wirkung der Unzulässigkeit des Rechtswegs vor den ordentlichen Gerichten, mindestens aber ihrer sachlichen Unzuständigkeit (vgl. über die hier nicht interessierende Unterscheidung RGZ. Bd. 76 S. 176). Wie alle gesetzlichen Vorschriften, so hat der Richter auch Normen dieser Art in jeder Instanz von Amts wegen zu beachten. Was im § 89 der Grundbest. geordnet ist, vermag die Ansicht des Vorderrichters nicht zu stützen. Dort wird nur von der Zusammensetzung und dem Verfahren der Schiedsgerichte gehandelt, also von der Ausführung des durch § 139 Abs. 1 BrMonGes. in Verbindung mit § 88 der Grundbest. erteilten Gesetzesbefehls, der dahin geht, daß die dort bezeichneten Streitigkeiten unter Ausschluß des Rechtswegs durch Schiedsgerichte endgültig zu entscheiden sind. Hierauf kommt es allein an. Wie dann deren Errichtung und Tätigkeit weiter ausgestaltet wurden, ist unerheblich; namentlich hat es für die Frage, ob die ordentlichen Gerichte zur Entscheidung über die Klage berufen sind, keine Bedeutung, daß der Gesetzgeber für die Bildung der Schiedsgerichte der Vereinbarung zwischen der Monopolverwaltung und ihrer Gegenpartei Raum gelassen, und daß er einzelne Vorschriften des 10. Buchs der ZPO. für entsprechend anwendbar erklärt hat.

Abgesehen von diesen fehlgehenden Erwägungen, die indes den Bestand des Berufungsurteils nicht zu gefährden vermögen, treffen aber die Darlegungen des Berufungsgerichts im wesentlichen zu. Grundsätzliche Bedenken gegen die Zulässigkeit des Rechtswegs bestehen nicht. Die Gesetzgebung über das Branntweinmonopol gehört zwar dem Gebiete des öffentlichen Rechts an; dies hindert aber nicht, daß durch sie auch Ansprüche begründet werden können, die sich im Streitfall als bürgerliche Rechtsstreitigkeiten gemäß § 13 GVG. darstellen. Hinsichtlich der im IX. Abschnitt des BrMonGes. geordneten Entschädigungsansprüche erkennt dies der Gesetzgeber dadurch an, daß er im § 241 den Beteiligten die Beschreitung des ordentlichen Rechtswegs offen hält. Als weiteres Beispiel solcher Rechtslage ist die Gesetzgebung über das Enteignungsrecht heranzuziehen, ohne daß es jedoch eines Ausspruchs darüber bedarf, ob in der Einführung des Branntweinmonopols eine Enteignung der Privatbetriebe zu sehen ist, und deshalb Art. 153 Abs. 2 RVerf. einschlägt. Auch wenn dies zu verneinen sein sollte, ergibt sich die Zulässigkeit des Rechtswegs schon aus den Vorschriften des Branntweinmonopolgesetzes selbst, von deren Maßgeblichkeit ja auch die Revision ausgeht.

Der angeführte § 241 („Gegen die Entscheidung der Ausschüsse kann binnen einer Frist von vier Wochen nach der Zustellung des Bescheids der ordentliche Rechtsweg beschritten werden") ist nicht derart eng auszulegen, daß er eine Bekämpfung des Spruchs eines Entschädigungsausschusses zur unbedingten Voraussetzung hätte. Vielmehr ist die Vorschrift zum vorangehenden § 240 Abs. 1 („Die nach den Vorschriften der §§ 214 bis 239 zu zahlenden Entschädigungen werden durch Entschädigungsausschüsse festgesetzt") in Beziehung zu setzen und beiden Bestimmungen in ihrer Verbindung der Satz zu entnehmen, daß die Entscheidungen über diese Entschädigungen stets im ordentlichen Rechtsweg angreifbar sind, mögen sie nun in vollem Umfang oder nur hinsichtlich eines Faktors für ihre Berechnung auf dem Spruche des Ausschusses beruhen. Demnach kommt nichts darauf an, daß durch den vom Vorderrichter zutreffend als rein verwaltungsrechtliche Vorschrift für den inneren Dienstbetrieb bezeichneten § 24 Abs. 2 EntschO. die Ausrechnung der Barentschädigung für die Destillateure dem Hauptzollamt übertragen worden ist. Wenn hier auch nur die Entschädigungszahl nach § 216 BrMonGes. vom Ausschuß festzusetzen ist, so hat doch als diejenige Entscheidung, die der Anfechtung vor dem ordentlichen Richter unterliegt, nicht nur jene Festsetzung, sondern auch die Schlußfeststellung der Entschädigungssumme zu gelten, wie sie sich ergibt, nachdem das Hauptzollamt die Entschädigungszahl mit dem zuständigen Satze der Staffeln des § 217 BrMonGes. vervielfacht hat. Nur diese Auffassung entspricht dem in den §§ 240, 241 ausgedrückten Willen des Gesetzgebers und auch dem Rechtsempfinden, das nicht zulassen könnte, die Befugnis der Anrufung der ordentlichen Gerichte von dem Umstande abhängig zu machen, ob dem Entschädigungsausschuß auch die endgültige Ausrechnung des Entschädigungsbetrags oder nur die Feststellung des für diesen maßgebenden Faktors übertragen ist. Hierzu ist zu bemerken, daß in dieser Hinsicht die Entschädigungsordnung das Verfahren für die einzelnen Klassen der Entschädigungsberechtigten in verschiedener Weise regelt. Soweit der Ausschuß nicht das letzte Wort zu sprechen hat, bringt die Sachlage es mit sich, daß von einem Beteiligten, der den ordentlichen Rechtsweg beschreitet, um nur die Schlußberechnung, nicht aber den Spruch des Ausschusses anzufechten, die Beobachtung der im § 241 vorgesehenen Frist nicht gefordert werden kann.

Diese Ausführung ergibt ferner ohne weiteres, daß die Vorschrift im § 139 BrMonGes. trotz des jede andere Zuständigkeit ausschließenden Charakters, der ihr — wie oben dargelegt — zukommt, die Rechtsansicht des Beklagten nicht zu stützen vermag. Denn sie soll nur gelten, soweit nicht durch § 241 den Beteiligten die Beschreitung des ordentlichen Rechtswegs vorbehalten ist. Diese Ausnahme, die ebenso im § 88 der GrundbeSt. gemacht ist, greift aber hier ein.

Sonach ist die Zulässigkeit des Rechtswegs dargetan. Auch die Entscheidung des Berufungsrichters zur Sache selbst ist zu bestätigen.

Die Auffassung des Beklagten könnte ihre Stütze nur im § 215 BrMonGes. finden, und die Frage wird vom Vorderrichter zutreffend dahin gestellt, wann die Vereinigung der mehreren Betriebe zur Herstellung von Trinkbranntwein erfolgt sein muß. Der erkennende Senat hat bei anderer Gelegenheit (RGZ. Bd. 106 S. 109) bereits ausgesprochen, daß maßgebender Zeitpunkt für die Entschädigungsfeststellungen nur das am 1. Oktober 1919 erfolgte Inkrafttreten des Branntweinmonopolgesetzes sein kann. Daran ist auch hier festzuhalten. Da der Kläger die Betriebe der Firmen Sch. und K. erst später zu dem seinigen hinzuerworben hat, ist somit § 215 unanwendbar, und seine Berechtigung, die seinen Rechtsvorgängern zukommende Entschädigungsbeiträge ungekürzt zu fordern, nicht zu bezweifeln.

---

58. 1. Über das Verhältnis der Feststellungsklage zur Leistungsklage.

2. Wann läßt sich ein Betrag im Sinne des § 94 VersVG. feststellen, welchen der Versicherer nach Lage der Sache mindestens zu zahlen hat?

3. Darf die Feststellung des Beginnes des Verzugs dem Verfahren über den Betrag des Verzugsschadens vorbehalten bleiben?

VII. Zivilsenat. Urt. v. 10. April 1923 i. S. Schl. Feuerversich.-Ges. (Bekl.) w. A. (Kl.). VII 105/22.

I. Landgericht Hamburg. — II. Oberlandesgericht daselbst.

Der Kläger verlangt auf Grund eines Versicherungsvertrags Ersatz des ihm durch einen Einbruchsdiebstahl zugefügten Schadens. Das Landgericht hat die damals verlangten 150000 ℳ, das Berufungsgericht hat die noch weiter verlangten 53255,73 ℳ zugesprochen. Insoweit ist Revision nicht eingelegt.

Im Laufe der ersten Instanz stellte der Kläger noch den weiteren Antrag, festzustellen, daß die Beklagte für den Schaden hafte, der ihm dadurch erwachsen sei, daß sie ihm noch keine Zahlung oder keine Teilzahlung geleistet habe. Das Landgericht stellte daraufhin die Verpflichtung der Beklagten fest, dem Kläger den Schaden zu ersetzen, der ihm dadurch erwachsen sei, daß sie ihm die — als Mindestschaden nach § 94 VersVG. zugesprochenen — 150000 ℳ nicht schon am 1. Juni 1918 gezahlt habe. Die Beklagte legte Berufung ein und bat u. a. auch um Abweisung der Feststellungsklage.

Der Kläger beantragte, die Berufung zurückzuweisen und für den Fall, daß die Feststellungsklage nicht mehr zulässig erscheine, die Beklagte zur Zahlung von weiteren 150000 ℳ zu verurteilen, auch festzustellen, daß die Beklagte verpflichtet ist, dem Kläger denjenigen weiteren Schaden zu ersetzen, der ihm durch die nicht rechtzeitige Zahlung der fraglichen 150000 ℳ erwachsen ist. Das Oberlandesgericht erließ ein Teilurteil. Es hob die vom Landgericht getroffene Feststellung auf, soweit es sich um den bis zum 3. November 1921, dem Tag der letzten mündlichen Verhandlung vor dem Oberlandesgericht, entstandenen Schaden handelt; insoweit wies es die Feststellungsklage ab. Auf den Hilfsantrag des Klägers erklärte es den Anspruch auf Zahlung eines Verzugsschadens von 150000 ℳ dem Grunde nach für gerechtfertigt und verwies die Sache zur Verhandlung über die Höhe dieses Anspruchs an das Landgericht zurück.

Gegen diese Entscheidung haben beide Parteien mit Erfolg Revision eingelegt.

Aus den Gründen:

... Die Revision des Klägers beschwert sich darüber, daß das Oberlandesgericht den vom Landgericht zugesprochenen Feststellungsanspruch teilweise abgewiesen und insoweit, nur dem Hilfsantrage stattgebend, den Anspruch auf Leistung von Verzugsschaden in Höhe von 150000 ℳ dem Grunde nach für gerechtfertigt erklärt hat. Das Oberlandesgericht erachtet die Feststellungsklage insoweit für nicht mehr zulässig, als Kläger den ihm entstandenen Schaden bereits berechnen und daher zur Leistungsklage übergehen kann. Diese Ausführung ist in zweifacher Beziehung unrichtig.

1. Eine positive Feststellungsklage, für welche das Feststellungsinteresse zur Zeit der Klagerhebung gegeben ist, wird nicht dadurch unzulässig, daß sich im Laufe des Rechtsstreits die Möglichkeit der Leistungsklage ergibt. Selbst bei abgeschlossener Schadensentwicklung ist dann weder die Zurücknahme der Feststellungsklage noch ihre Umwandlung in eine Leistungsklage notwendig (RGZ. Bd. 71 S. 68, Warn. 1909 Nr. 43 und 44, 1914 Nr. 341).

2. Ist bei der Klagerhebung ein Teil des Schadens schon entstanden, die Entstehung weiteren Schadens aber noch zu erwarten, so ist der Kläger nicht genötigt, seine Klage in eine Leistungs- und eine Feststellungsklage zu spalten. Er darf in vollem Umfang die Feststellungsklage erheben und an ihr auch festhalten ohne Rücksicht auf die weitere Entwicklung des Schadens während des Rechtsstreits (RGZ. Bd. 23 S. 346, Bd. 73 S. 82, Bd. 99 S. 39, Warn. 1910 Nr. 433, 1911 Nr. 179, 1914 Nr. 132).

Die vom Kläger erhobene Klage auf Feststellung der Pflicht der Beklagten, den Verzugsschaden zu ersetzen, ist eine positive Feststellungsklage. Als sie angestrengt wurde, war der Verzugsschaden erst teilweise entstanden. Sie war deshalb in vollem Umfange zulässig und blieb auch später zulässig. Sache des Oberlandesgerichts wäre es gewesen, diese Feststellungsklage sachlich zu bescheiden. Ein Eingehen auf den Hilfsantrag kam nicht in Frage.

Aber auch die Revision der Beklagten ist begründet.

(Nach Zurückweisung einer Revisionsrüge wird fortgefahren:) Unbegründet ist auch die an § 16 Abs. 1 Satz 4 der Allgemeinen Versicherungsbedingungen anknüpfende Revisionsrüge der Beklagten. Diese dem § 94 VersVG. nachgebildete Vorschrift besagt: „Ist der Schaden bis zum Ablauf eines Monats seit der Anzeige des Versicherungsfalls noch nicht vollständig festgestellt, so kann der Versicherungsnehmer ... in Anrechnung auf die Gesamtforderung die Zahlung des Betrags verlangen, den der Versicherer nach Lage der Sache mindestens zu zahlen hat." Nach der Meinung der Beklagten hätte sich das Oberlandesgericht nicht mit der Feststellung begnügen dürfen, daß alsbald eine gewisse Höhe des Schadens feststand, nach ihrer Ansicht hätte das Oberlandesgericht vor allem erst einmal feststellen müssen, daß die Schadensersatzpflicht dem Grunde nach gegeben war. An der von der Beklagten vermißten Feststellung fehlt es indessen nicht. (... Wird ausgeführt.)

Der Kläger hat zur Verteidigung des Berufungsurteils gegen den soeben erörterten Angriff der Beklagten ausgeführt, daß es für die Anwendung des § 16 Abs. 1 Satz 4 AllgVersBed. und des § 94 VersVG. nicht darauf ankomme, ob die Entschädigungspflicht schon feststellbar sei, es genüge, daß eine bestimmte Höhe des etwa zu ersetzenden Schadens zweifelsfrei ermittelt sei. Dieser Auffassung kann nicht beigepflichtet werden. Die Feststellung dessen, was „der Versicherer nach Lage der Sache mindestens zu zahlen hat", setzt die weitere Feststellung voraus, daß der Versicherer überhaupt etwas zu zahlen hat, also die Feststellung des Grundes des Anspruchs. Die „Lage der Sache" ist entscheidend, d. h. die ganze Lage der Sache. Die mehrerwähnten Vorschriften wollen dem Versicherungsnehmer alsbald einen Betrag zuwenden, von dem unbedingt feststeht, daß ihn der Versicherer einmal zu zahlen haben wird, nicht einen Betrag, bei dem dies nur möglicherweise zutrifft, nämlich wenn die noch zweifelhafte grundsätzliche Zahlungspflicht später anerkannt werden muß.

Mit Recht beanstandet aber die Revision der Beklagten die Meinung des Oberlandesgerichts, daß die genaue Feststellung des Beginns des Verzugs dem Verfahren über die Höhe des Schadens überlassen bleiben könne. Der Verzug hat objektive und subjektive Voraussetzungen. Beide zusammen müssen gegeben sein, damit Verzug eintritt. Sie lassen sich immer nur für einen bestimmten Zeitpunkt feststellen. Bei dem Verzuge hängt die Frage, ob er eingetreten ist, untrennbar mit der anderen Frage zusammen, wann er eingetreten ist. Der Ausspruch des Oberlandesgerichts, daß jedenfalls in dem Zeitraum vom 1. Juni 1918 bis zur letzten mündlichen Verhandlung vor dem Oberlandesgericht Verzug der Beklagten eingetreten sei, bürdet dem Landgericht die Feststellung des genauen Zeitpunkts auf und versetzt es damit in die Notwendigkeit, seinerseits erst über den Grund des Anspruchs zu entscheiden, soweit der Schaden, dessen Ersatz begehrt wird, vor dem Tage der letzten mündlichen Verhandlung entstanden sein soll. Zu diesem Punkt hat sich das Oberlandesgericht eigentlich auf die Wiederholung des Rechtssatzes beschränkt, daß der Verzugsschaden ersetzt werden muß, wenn und soweit Verzug eingetreten ist. Eine Entscheidung über den Grund des Anspruchs ist damit nicht gegeben. . . .

---

59. Zur Auslegung der TarSt. 48 I Abs. 1 und 2 des preußischen Landesstempelgesetzes.

VII. Zivilsenat. Urt. v. 19. Juni 1923 i. S. Stadtgemeinde D. (Kl.) w. Preußischen Staat (Bekl.). VII 807/22.

I. Landgericht Düsseldorf. — II. Oberlandesgericht daselbst.

Die Klägerin hat mit einer Straßenbahn- und mit einer Kleinbahngesellschaft Verträge über die Benutzung ihrer Straßen zum Straßenbahnbetrieb geschlossen. Für das Kalenderjahr 1919 sind die Verträge mit insgesamt 2911 *M* verstempelt; der Betrag ist am 23. September 1920 gezahlt. Die Klägerin hält die Ermäßigungsvorschrift der TarSt. 48 I Abs. 2 preuß. StempStG. für anwendbar und fordert die Hälfte des gezahlten Betrags mit 1455 *M* zurück. Beide Vorinstanzen haben die Klage abgewiesen. Die Revision der Klägerin hatte Erfolg.

Gründe:

. . . Die TarSt. 48 I preuß. StempStG. (LStG.) unterwirft in Abs. 1 Verträge über die Verpachtung oder Vermietung im Inlande gelegener unbeweglicher Sachen einer bestimmten, nach Abs. 8 flg. alljährlich zahlbaren, Stempelabgabe. Im Anschluß an Abs. 1 heißt es in Abs. 2:

„Betrifft das Mietverhältnis Räume, die für gewerbliche oder berufliche Zwecke bestimmt sind, so bleiben 50% der . . . Stempelabgabe unerhoben."

Das Reichsgericht hat in ständiger Rechtsprechung angenommen, daß Verträge, durch welche öffentliche Straßen gegen Entgelt zum Eisenbahnbetriebe überlassen werden, für das Stempelrecht als Mietverträge anzusehen sind und deshalb dem Mietstempel unterliegen (vgl. RGZ. Bd. 97 S. 22, Bd. 88 S. 14 u. Zit.). An dieser Ansicht ist festzuhalten.

Daraus, daß die Straße der Bahn nicht zur ausschließlichen Benutzung überlassen wird, ist kein Bedenken zu entnehmen. Es gehört nicht zum Wesen des Mietvertrags, daß die Sache dem Mieter zum ausschließlichen Gebrauch überlassen wird. Maßgebend ist, wie sich aus § 536 BGB. ergibt, das, was der Vertrag über den Gebrauch bestimmt. Der vertragsmäßige Gebrauch muß gewährleistet werden, und das kann ein eingeschränkter Gebrauch sein. Die Miete eines Hauses bleibt Miete, auch wenn das Publikum das Recht hat, einen durch das Haus führenden Durchgang zu benutzen. Das Maß der Gebrauchseinschränkung ist nicht entscheidend. Es ist auch nicht erforderlich, daß dem Mieter mindestens der überwiegende Gebrauch zusteht. Daran würde es übrigens nach den Straßenbahnverträgen nicht einmal fehlen, wenigstens in gewissem Sinne. Den fahrenden Straßenbahnwagen muß jeder andere Verkehr weichen. Sie haben das überwiegende Recht der Benutzung.

Gegen die Anwendung des Abs. 1 a. a. O. kämpft auch die Revision nicht. Der Streit der Parteien dreht sich nur darum, ob auch der Abs. 2 auf die streitigen Straßenbahnverträge angewendet werden darf. Die Revision vertritt die Ansicht, daß Abs. 2 alle Mietverhältnisse umfaßt, bei denen die gemietete unbewegliche Sache für gewerbliche oder berufliche Zwecke „bestimmt" ist, und sie nimmt ferner an, daß diese Voraussetzung vorliegend gegeben ist. Der Beklagte hingegen bestreitet schon dies, er meint aber auch, daß durch das in Abs. 2 gebrauchte Wort „Räume" die Ermäßigungsvorschrift noch weiter eingeschränkt ist. Im wesentlichen ihm folgend hat das Landgericht angenommen, daß nur „Mietverträge über abgeschlossene, festumgrenzte Gebäude oder Gebäudeteile, wenn sie dem Gewerbe oder dem Berufe dienen", durch Abs. 2 begünstigt werden. Das Oberlandesgericht hat unter den „Räumen" des Abs. 2, soweit ersichtlich, dasselbe verstanden.

Der erst in der Revisionsinstanz hervorgetretene Streit, ob die an die Straßenbahn vermietete Straße für gewerbliche oder berufliche Zwecke bestimmt ist, knüpft an das in Abs. 2 enthaltene Wort „bestimmt" an. Der Beklagte verlangt, daß der Mietgegenstand schon seiner objektiven Beschaffenheit nach und schon vor dem Abschluß des Mietvertrags für gewerbliche oder berufliche Zwecke bestimmt sein muß. Nach der Ansicht der Revision genügt es dagegen, wenn der früher für andere Zwecke bestimmte und anderen Zwecken dienende Mietgegenstand erst durch den Mietvertrag selbst die Bestimmung für gewerbliche oder berufliche Zwecke erhält. Der Auffassung der Revision ist mit der Maßgabe beizutreten, daß die Bestimmung durch den Mietvertrag jedenfalls genügt. Ob nicht noch andere Arten der Bestimmung möglich sind, kann hier dahingestellt bleiben. Die vom Beklagten vertretene Meinung ist zu eng und wird den Absichten des Gesetzes nicht gerecht. Wie sich aus der später näher zu behandelnden Entstehungsgeschichte des Gesetzes ergibt, wollte es z. B. auch die Büroräume eines Rechtsanwalts begünstigen. Wenn nun ein Rechtsanwalt eine bis dahin nur Wohnzwecken dienende Wohnung mietet und einige ihrer Räume durch den Mietvertrag ausdrücklich zu Bürozwecken bestimmt werden, so würde der Beklagte auf diese Büroräume die Ermäßigungsvorschrift des Abs. 2 nicht für anwendbar erachten können. Diese Folge zeigt die Unrichtigkeit des Vordersatzes. Es ist nicht ersichtlich, warum es einen Unterschied machen soll, ob die Büroräume schon früher Büroräume gewesen sind oder nicht.

Daß die Straßenbahngesellschaften, um die es sich gegenwärtig handelt, gewerbliche Unternehmungen sind, und daß sie die ihnen überlassenen Straßen für ihre gewerblichen Zwecke benutzen und vertragsmäßig auch benutzen sollen, ist nicht streitig. Es fragt sich also nur noch, ob die Straßen der Klägerin „Räume" im Sinne des Abs. 2 a. a. O. sind. Auch diese Fragestellung bemängelt der Beklagte, er will als vermietet nur ansehen die schmalen Straßenstreifen, welche unter den einzelnen Geleisen liegen. Diese Auffassung ist zu eng. Vermietet ist die Straße, soweit sie für den Betrieb der Straßenbahn erforderlich ist. Dazu gehören die Teile der Straße zwischen und neben den Geleisen, über welche die rollenden Straßenbahnwagen hinweggleiten, dazu gehören die Flecke, auf welchen bei elektrischen Bahnen die Leitungsmasten errichtet werden, dazu gehört endlich der „Raum über der Oberfläche" im Sinne des § 905 BGB., durch welchen die Straßenbahnwagen hindurchfahren, und durch welchen bei elektrischen Bahnen die Drähte von Mast zu Mast gezogen werden. Es muß also in der Tat gefragt werden, ob eine Straße in dem eben beschriebenen Umfange für einen Raum im Sinne des Abs. 2 a. a. O. erachtet werden kann.

Der Revision kann zugegeben werden, daß bei unbefangenem Lesen des Gesetzes unter dem „Mietverhältnis" des Abs. 2 ganz allgemein das Mietverhältnis verstanden werden wird, welches durch die im Abs. 1 erwähnten Mietverträge über unbewegliche Sachen begründet ist. Ebenso liegt die Annahme durchaus nahe, daß das Wort „Räume" in den Abs. 2 nur hineingebracht ist, um ein Hauptwort zu haben, an welches der — die Einschränkung auf Mieten für gewerbliche und berufliche Zwecke bringende — Relativsatz angeknüpft werden konnte. Es ist weiter möglich, daß sich der Gebrauch des Wortes Räume dadurch erklärt, daß die weitaus meisten Mietverhältnisse Räume im Sinne von Gebäuden und Gebäudeteilen betreffen. Man hat vielleicht in Abs. 2 die etwas schwerfällige Wendung „unbewegliche Sache" nicht wiederholen, das etwas farblose Wort „Sache" allein vermeiden wollen, und ist so auf der Suche nach einem passenden Wort auf das die Mehrzahl der Fälle genügend kennzeichnende Wort „Räume" gekommen, das aber, wie der gegenwärtige Fall zeigt, schließlich doch Zweifel übrig läßt.

Denn wenn auch vieles für die Ansicht der Revision sprechen mag, ganz auszuschließen ist nach dem Wortlaut des Gesetzes auch die Auffassung der Vorinstanzen nicht. Es ist doch immerhin möglich, daß man nur Gebäude oder Gebäudeteile durch die Vorschrift des Abs. 2 begünstigen wollte. Bestand diese Absicht, dann läßt sich vielleicht sagen, daß sie in Abs. 2 einen schlechten und ungeschickten, letzten Endes aber doch genügenden Ausdruck gefunden hat. Dabei ist nicht zu übersehen, daß Abs. 2 in der Regierungsvorlage nicht enthalten war, daß er erst durch mehrfach geänderte Anträge aus dem Hause der Abgeordneten in das Gesetz hineingebracht ist. Solche Vorschriften entbehren zuweilen der einwandfreien Klarheit.

Die Entstehungsgeschichte des Abs. 2 a. a. O. ist in großen Zügen bereits RGZ. Bd. 79 S. 263 wiedergegeben worden, aber nicht im Hinblick auf die jetzt zu entscheidende Streitfrage. Unter diesem Gesichtswinkel kommt das Folgende in Betracht.

Die Regierungsvorlage (Drucks. d. AbgH. 1908/09 Nr. 209 B S. 32) lautete in TarSt. 48 I Abs. 1 — abgesehen vom Tarif — wie das jetzige Gesetz. In Abs. 2 wurde unter Nr. 2 eine Ermäßigung des Stempels bestimmt für „im Inland gelegene unbewegliche Sachen zur land- und forstwirtschaftlichen Nutzung". In der ersten Beratung des Abgeordnetenhauses (StenBer. 1908/09 S. 3781 u. 3789) regte der Abgeordnete Träger unter Zustimmung des Abgeordneten Wolff an, auch die Miete von „Geschäftslokalitäten" zu begünstigen. In der Kommission (Drucks. Nr. 560 A S. 55) wurden entsprechende Anträge gestellt. Sie wollten in Abs. 2 a. a. O. einen Zusatz anfügen, und zwar Antrag 7: „und über gewerblichen Zwecken dienende unbewegliche Sachen", Antrag 20: „oder zur gewerblichen Benutzung", Antrag 15: „oder zum Gebrauch als Geschäftsräume". Antrag 7 wurde (S. 56) damit begründet, daß die Anmietung von Ladenlokalen, Speichern, Remisen, Pferdeställen u. dgl. für gewerbliche Zwecke auch bei hohen Mietbeträgen keine Luxusausgabe sei; gerechterweise müßten die handwerksmäßig, kaufmännisch oder industriell benutzten unbeweglichen Sachen den land- und forstwirtschaftlich benutzten gleichgestellt werden. Der Finanzminister (S. 56) bat um Ablehnung der Anträge 7 und 20, weil die Freilassung der gewerblichen Zwecken dienenden Immobilien vom Mietstempel einen zu großen Steuerausfall mit sich bringen würde. Ein Verteidiger des Antrags 7 sprach von den „gewerblichen Mieten" und von den durch den Antrag betroffenen Läden (S. 57). Über die Ladenmieten wurde (S. 58) weiterverhandelt. Zu Antrag 15 wurde (S. 58) der Zweifel angeregt, ob der Ausdruck „Geschäftsräume" auch Pferdeställe, Remisen u. dgl. treffe. Ein anderer Abgeordneter führte (S. 58) aus, daß die gewerblich benutzten Immobilien aus dem allgemeinen Tarif herausgehoben werden müßten. Dem Finanzminister

(S. 59) ging auch der Antrag 15, also „Geschäftslokalitäten" einem niedrigen Spezialtarif zu unterstellen, zu weit. Für erwägenswert hielt er, bei „Steuerobjekten", vielleicht bis zu 3000 ℳ, soweit sie gewerblichen Zwecken dienten, einen Nachlaß zu gewähren. Darauf beschloß die Kommission (S. 60), „die Frage der Ermäßigung des Mietsstempels für gewerbliche Räume" einem Unterausschuß zu überweisen. Dieser schlug (S. 60) vor, einen Abs. 1a einzufügen, welcher beginnen sollte: „Betrifft das Mietverhältnis Räume, welche für gewerbliche oder berufliche Zwecke bestimmt sind, so . . .". Im Unterausschuß hatte sich (S. 61) die Stimmung von vornherein geneigt gezeigt, die Gewerbetreibenden hinsichtlich der zu ihrem Betriebe gemieteten Räume zu begünstigen. Die Begriffsbestimmung der zu begünstigenden Mieten war aber schwierig gewesen. „Gewerblich" allein erschien zu eng, eine negative Fassung, wie „Räume, die nicht zu Wohnzwecken bestimmt sind", erschien zu weit, weil sie z. B. auch die Mieten für Garagen oder Marställe von Nichtgewerbetreibenden umfassen würde. Durch den schließlich gemachten Zusatz „beruflich" hat auch der Arzt hinsichtlich seiner Konsultations- und Warteräume, der Rechtsanwalt hinsichtlich seiner Büroräume berücksichtigt werden sollen.

In der Kommission (S. 61) lehnte der Finanzminister den Ausdruck „beruflich" als zu weitgehend ab. Ein Abgeordneter (S. 61) verteidigte die Fassung des Unterausschusses und fügte hinzu, Steinhändler, Holzhändler, Kohlenhändler brauchten notwendig große Räume. Die Fassnng des Unterausschusses wurde darauf angenommen (S. 62). Bei dieser Fassung ist es während des ganzen weiteren Verlaufs der Beratungen im Abgeordneten- und im Herrenhause geblieben. Anträge dazu sind nicht mehr gestellt worden. Alle Anträge zu dem neuen Abs. 1a bezogen sich nur auf den Tarif. Aus diesem Anlaß ist über die Vorschrift noch wiederholt gesprochen worden. So sprach in der zweiten Beratung des Abgeordnetenhauses der Abgeordnete Dr. König (S. 6987) von „der Besteuerung der den gewerblichen Zwecken dienenden Räume", Abgeordneter Dr. Lohmann (S. 6993) von „gewerblichen Mieten, die man gerade so hätte treffen müssen, wie diejenigen der zu landwirtschaftlichen Zwecken genutzten Grundstücke", Abgeordneter Reinbacher (S. 7063) davon, daß „alle Mieträume, die zu gewerblichen oder beruflichen Zwecken verwendet werden, den land- und forstwirtschaftlich benutzten Grundstücken gleichgestellt werden" müßten. Der Abgeordnete Frhr. v. Richthofen (S. 7065) erkannte den Vergleich zwischen dem Geschäftslokal des gewerblichen Mieters und dem Grund und Boden des Landwirts — beides seien Arbeitsinstrumente — bis zu einem gewissen Grade als richtig an. Er zeigte sich geneigt, der Schonung der gewerblichen Arbeitsinstrumente, der gewerblichen Mieten, etwas mehr entgegenzukommen. In der dritten Beratung des Abgeordnetenhauses ist der Abgeordnete Waldstein (S. 7190) auf die Frage zurückgekommen. Er sprach von den „gewerblichen Mieten", der Finanzminister (S. 7194) von den „gewerblichen Räumen" im Gegensatz zu andern Räumen. Der Berichterstatter des Herrenhauses trug vor (StenBer. d. Herrenh. 1908/09 S. 375): „Privilegiert wurden die gewerblichen Räume, und zwar generell ermäßigt um 50 v. H." Sonst ist die Angelegenheit in den Beratungen des Herrenhauses nicht erwähnt worden. Der Gesetzentwurf ging an das Abgeordnetenhaus zurück. Bei der erneuten Beratung verlangte hier der Abgeordnete Fischbeck (S. 7443), daß nur „der Stempel, der von den land- und forstwirtschaftlich genutzten Grundstücken erhoben wird, auch für die Mieten gewerblicher Grundstücke zu zahlen" sei.

Diese Entstehungsgeschichte zeigt, daß man zu keiner Zeit daran gedacht hat, bei den Gegenständen der Mietverträge, welche zu gewerblichen oder beruflichen Zwecken abgeschlossen werden, einen Unterschied zu machen. Niemand hat zwischen „Räumen" (im Sinne von Häusern und Hausteilen) und unbebauten Grundstücken unterscheiden wollen. Die neue Ermäßigungsvorschrift sollte sich beziehen auf die „unbeweglichen Sachen" schlechthin, auf die „Steuerobjekte" des Abs. 1 der Tarifstelle, auf die „gewerblichen Arbeitsinstrumente". Ausdrücklich erwähnt sind die von den Steinhändlern, Holzhändlern und Kohlenhändlern benötigten Grundstücke. Bei ihnen handelt es sich häufig nicht um Räume in dem ebengenannten Sinne, sondern um unbebaute Grundstücke, eingezäunte und — namentlich früher — auch nicht eingezäunte. Die „eingefriedigten Lagerplätze" hat nach einer Mitteilung der Klageschrift auch das Stempelsteueramt als unter die Befreiungsvorschrift fallend angesehen. Ein begrifflicher Unterschied zwischen einem offenen und einem umschlossenen Lagerplatz ist nicht zu machen, zumal die Grenzen flüssig sind. Durch ein niedriges Gitter wird eine Einfriedigung mehr angedeutet als tatsächlich bewirkt. Außerdem erhebt sich die Frage, warum ein umschlossener Lagerplatz mehr der Steuerbegünstigung würdig sein sollte, als ein offener.

Das Ergebnis aller dieser Erwägungen ist also, daß den Ausführungen der Revision beizutreten ist. Der Abs. 2 der TarSt. 48 I bezieht sich auf die sämtlichen Steuerobjekte des Abs. 1 das., das in Abs. 2 gebrauchte Wort „Räume" hat keine selbständige Bedeutung, es dient nur zur Anknüpfung für den Relativsatz, auf welchem der ganze Nachdruck liegt. Da die an eine Straßenbahn gegen Entgelt überlassene Straße ein Miet- und Steuerobjekt im Sinne des Abs. 1 TarSt. 48 I ist, so kommt ihr auch die Begünstigung des Abs. 2 a. a. O. zugute, wenn dessen besondere, in dem Relativsatz zusammengefaßte Voraussetzungen gegeben sind. Das trifft, wie dargelegt, im gegenwärtigen Falle zu.

60. Unter welchen Voraussetzungen erlangt der Girogläubiger einer im Auslande befindlichen Zweigniederlassung einer deutschen Bank, wenn sein Guthaben von dieser einer in Deutschland befindlichen Zweigniederlassung derselben Bank überwiesen wird, einen Anspruch auf Auszahlung seines Guthabens gegen die letztere Niederlassung?

I. Zivilsenat. Urt. v. 30. Juni 1923 i. S. Pf. (Kl.) w. D. Bank Zweigniederlassung H. (Bekl.). I 667/22.

I. Landgericht Hamburg, Kammer f. Handelssachen. — II. Oberlandesgericht daselbst.

Der Kläger, der sich bis zum Ausbruch des Krieges in London aufhielt und bei der dortigen Filiale der D. Bank, deren Hauptniederlassung sich in Deutschland befindet, ein Girokonto besaß, gab damals der Londoner Filiale den Auftrag, von seinem Guthaben 300 £ der Hamburger Filiale der D. Bank zu überweisen. Die Londoner Filiale belastete dementsprechend den Kläger am 4. August 1914. Die beklagte Hamburger Filiale erhielt davon zuerst im Jahre 1916 durch einen Rechnungsauszug der Londoner Filiale Kenntnis und schrieb darauf dem Kläger am 26. August 1916: „Nach uns jetzt vorliegendem Rechnungsauszug unserer London Agency sind uns in London zu Ihren Gunsten ohne nähere Angaben gutgeschrieben worden 300 £. Überweisung 4. August 1914. Wir erkennen Sie einstweilen, vorbehaltlich ordnungsmäßiger Bestätigung, gleichlautend auf £-Rechnung und behalten uns weiteres nach Friedensschluß vor." Diese Nachricht gelangte infolge einer irrtümlichen Anschrift nicht in die Hände des Klägers. Nachdem dieser im Mai 1920 von der Londoner Filiale einen Rechnungsauszug erhalten hatte, wandte er sich an die Beklagte und empfing von ihr das Schreiben vom 6. Juli 1920: „Wir besitzen Ihr Schreiben vom 3. ds. Mts. und teilen Ihnen mit, daß uns, nach einem uns zugegangenen Briefe unserer London Agency, für Ihre Rechnung gutgeschrieben wurden: 300 £. Überweisung 4. August 1914. Wir erkennen Sie daher einstweilen für diesen Betrag auf £-Rechnung und behalten uns weiteres vor." Mit der vorliegenden Klage verlangt der Kläger von der Beklagten Zahlung von 300 £. Das Landgericht gab der Klage statt, das Oberlandesgericht wies sie ab. Die Revision hatte keinen Erfolg.

Gründe:

Obgleich zwischen der Hauptniederlassung der D. Bank und ihren Zweigniederlassungen Personenübereinstimmung besteht, ist die Entscheidung des vorliegenden Rechtsstreits nicht darauf zu erstrecken, ob der Kläger aus seinen Geschäften mit der Londoner Filiale die Hauptniederlassung in Anspruch nehmen kann, sondern nach Klagebegründung und den im Laufe des Rechtsstreits abgegebenen ausdrücklichen Erklärungen des Klägers darauf zu beschränken, ob die Klageforderung im Geschäftsbetriebe der Hamburger Zweigniederlassung entstanden ist und deshalb gegen die D. Bank unter der Firma dieser Zweigniederlassung geltend gemacht werden kann. Das aber ist zu verneinen.

Der Umstand, daß die Londoner Filiale den Kläger mit 300 £ belastet und der Hamburger Zweigniederlassung ebensoviel gutgeschrieben hat, genügt dazu nicht. Mangels allgemeiner oder besonderer Geschäftsbedingungen, die nicht behauptet sind, kann keine Zweigniederlassung in dieser Weise in den Geschäftsbereich einer anderen Zweigniederlassung desselben Handelsgeschäfts eingreifen. Durch die Buchung in London konnte auch für die Beklagte eine Forderung gegen die Londoner Filiale wegen Personenübereinstimmung beider nicht begründet werden. An diesem Ergebnis vermag auch die Mitteilung der Londoner Filiale oder, wie das Berufungsgericht zugunsten des Klägers annimmt, ein förmliches Ersuchen ihrerseits an die Beklagte um entsprechende Buchung und Eröffnuug eines Kontos für den Kläger nichts zu ändern. Die gegenteilige Meinung berücksichtigt die im Bankverkehr herrschenden Verhältnisse, namentlich den Umstand nicht ausreichend, daß regelmäßig keine Bank jemanden als ihren Gläubiger anerkennen oder ihm Zahlung leisten kann, wenn ihr nicht ausreichende Deckung zur Verfügung steht. Wenn das im Verkehr mehrerer Zweigniederlassungen einer Bank untereinander und mit der Hauptniederlassung meist nicht deutlicher in Erscheinung tritt, so beruht dies darauf, daß unter gewöhnlichen Umständen das, was ein Kunde bei einer Zweigniederlassung eingezahlt oder hinterlegt hat, ohne Schwierigkeit einer anderen Zweigniederlassung zugänglich gemacht werden kann, so daß diese sich daraus zu decken vermag. Grundsätzlich kann aber auch der Zweigniederlassung einer Bank nicht zugemutet werden, für eine bei einer anderen Zweigniederlassung derselben Bank begründete Forderung Zahlung zu leisten, ohne daß sie dafür Deckung hat oder den Gläubiger als ihren Gläubiger angenommen hat. Das muß um so mehr gelten, wenn wie hier ein im Ausland begründetes Guthaben im Inlande in ausländischer Währung gezahlt werden soll. Das erfordert besondere Maßnahmen gegen Kursverlust. Deshalb bedurfte es einer eigenen Willensentschließung der Beklagten, daß sie den Kläger als ihren Gläubiger annehmen wolle, die sich auch in schlüssigen Handlungen äußern konnte. Bei dieser Rechtslage erübrigt es sich, auf die Angriffe der Revision einzugehen, die sich gegen die Annahme des Berufungsgerichts richten, daß die Beklagte außer den Kontoauszügen keine weiteren Mitteilungen der Londoner Filiale erhalten habe.

Die Beklagte hat den ihr von der Londoner Filiale überwiesenen Betrag dem Kläger gutgeschrieben und ihm darüber die Benachrichtigungen vom 26. August 1916 und 6. Juli 1920 zugesandt. Es fragt sich, ob diese Tatsachen zur Begründung der Klageforderung ausreichen. Das lehnt das Berufungsgericht ab, weil die beiden Schreiben deutlich erkennen ließen, daß die Hamburger Filiale dem Kläger die 300 £ nur „einstweilen" und „unter Vorbehalt" gutbringe, daß sie also durch die Buchung eine selbständige Verpflichtung nicht übernehmen wolle, wie sie etwa in der vorbehaltlosen Gutschrift eines im Giroverkehr überwiesenen Betrags zugunsten eines Kunden zu erblicken wäre. Was die Revision dagegen vorbringt, ist nicht begründet. Sie will die beiden Schreiben dahin verstanden wissen, daß damit das Guthaben des Klägers festgestellt und nur die Art seiner Zahlung — ob durch Scheck auf Pfund lautend, ob und zu welchem Kurse bei Auszahlung in deutscher Währung — in der Schwebe geblieben sei. Sie meint, daß ein „Erkennen" in den Büchern auf dem Bankkonto einer Person und die Mitteilung davon an die letztere überhaupt keinen bedingten Sinn haben könne. Dem kann nicht beigetreten werden. Wenn die kaufmännische Buchung es auch im allgemeinen nur mit endgültigen Geschäftsvorfällen zu tun haben mag, so sind doch vorläufige Buchungen nicht grundsätzlich ausgeschlossen, wie auch im Schrifttum anerkannt wird (vgl. Brodmann, Zeitschr. f. Handelsr. Bd. 48 S. 136). Sie können vielmehr unter Umständen notwendig werden. Das zeigt gerade der zur Entscheidung stehende Fall. Denn wenn die Beklagte den Kläger zwar noch nicht endgültig als ihren Gläubiger anerkennen wollte, aber doch bedingt für den Fall, daß sie Deckung erhielt, so mußte sie eben eine vorläufige Buchung vornehmen, wenn der Geschäftsvorfall überhaupt buchmäßig in die Erscheinung treten sollte. Und wenn sie dann dem Kläger schrieb, sie erkenne ihn in Höhe von 300 £ einstweilen auf £-Rechnung, so kann das sehr wohl den Sinn haben, den das Berufungsgericht damit verbindet. Mit Rücksicht auf die oben erörterte Bedeutung der Deckung im Bankverkehr wäre es geradezu auffällig gewesen, wenn die Beklagte damit mehr hätte sagen wollen. Der Kläger konnte aus dem Inhalt der beiden Schreiben nicht entnehmen, daß ihn die Beklagte endgültig in Höhe von 300 £ als ihren Gläubiger betrachte und sich nur die Art der Auszahlung vorbehalten wolle. Diese Auslegung wäre schwer damit vereinbar, daß die Beklagte in beiden Briefen sich „weiteres" vorzubehalten erklärte. Sie ist im ersten Rechtszuge auch nicht die des Klägers gewesen. Ob aus den beiden Schreiben zu ersehen war, daß die Anerkennung des Klägers als Gläubigers der Beklagten nur für den Fall der Erlangung eines Gegenwertes erfolge, ist unerheblich. Einer näheren Begründung bedurfte die Auslegung des Berufungsgerichts nicht. . . .

61. Kann ein Vertrag, durch den der Mann sich von der Frau für den Fall der nur von ihm erstrebten Scheidung der Ehe Vermögensvorteile versprechen läßt, zur Erleichterung der Scheidung dienen?

IV. Zivilsenat. Urt. v. 5. Juli 1923 i. S. Ehemann K. (Kl.) w. Ehefr. K. (Bekl.). IV 507/22.

I. Landgericht Elbing. — II. Oberlandesgericht Marienwerder.

Die Parteien, die sich am 26. Januar 1886 miteinander verheiratet hatten und in allgemeiner Gütergemeinschaft lebten, haben durch Vertrag vom 16. März 1911 Gütertrennung eingeführt. Zum Zwecke der Auseinandersetzung wegen des damals vorhandenen gütergemeinschaftlichen Gesamtguts schenkte der Ehemann der Frau seinen Anteil an der Teilungsmasse, zu der ein Grundstück gehörte. Am 23. Juli 1919 schlossen die Parteien einen weiteren notariellen Vertrag, in dem sie erklärten, daß sie beabsichtigten, sich scheiden zu lassen, und für den Fall einer rechtskräftigen Scheidung vereinbarten, daß das gesamte Vermögen, das sie am Tage der Rechtskraft des Scheidungsurteils besitzen würden, in zwei gleiche Teile geteilt werden sollte, von denen jeder Ehegatte einen Teil erhalten sollte. In dem Vertrage war weiter bestimmt, daß durch die Zuwendung der Hälfte des beiderseitigen Vermögens jeder Teil wegen seiner Ansprüche an dieses Vermögen und wegen seiner Unterhaltsansprüche vollständig abgefunden sein sollte, gleichviel, ob ein Teil allein oder beide Teile für schuldig erklärt würden, und daß während des Scheidungsprozesses von keiner Seite ein Anspruch auf Unterhalt in Geld erhoben werden dürfe, der gemeinsame Haushalt vielmehr fortzusetzen sei.

Anfang September 1919 erhob der Ehemann die Scheidungsklage, die er auf lieblose und nichtachtende Behandlung durch die Frau stützte. Die Frau widersprach der Klage, behauptete ihrerseits einen Scheidungsanspruch zu haben, erklärte jedoch, ihn mit Rücksicht auf die Kinder nicht geltend machen zu wollen. Nachdem der Mann die häusliche Gemeinschaft aufgehoben hatte, erhob die Frau Widerklage auf Scheidung wegen Ehebruchs des Mannes mit M. M. Der Rechtsstreit endete mit der Abweisung der Klage des Mannes und Scheidung auf die Widerklage der Frau, indem das Landgericht keine irgendwie erheblichen Verfehlungen der Frau, wohl aber Ehebruch des Mannes als bewiesen ansah. Das Urteil erwuchs mit dem Ablauf des 14. Juli 1921 in Rechtskraft.

Im Oktober 1921 erhob der Kläger die gegenwärtige Klage, mit der er auf Grund des Vertrags vom 23. Juli 1919 Auflassung der ideellen Hälfte des auf den Namen der Beklagten verzeichneten Grundstücks an ihn, Übereignung näher bezeichneter Gegenstände und Versteigerung weiterer einzeln aufgeführter Sachen für gemeinsame Rechnung der Parteien begehrte. Die Beklagte behauptete, der Vertrag vom 23. Juli 1919 sei nichtig, weil er gegen die guten Sitten verstoße, auch unter dem 25. Oktober 1919 von ihr wegen Drohung und wegen arglistiger Ausnützung ihrer Unerfahrenheit angefochten worden sei. Das Landgericht gab der Klage statt, das Oberlandesgericht wies sie ab. Die Revision des Klägers wurde zurückgewiesen.

Gründe:

Das Berufungsgericht sieht den Vertrag vom 23. Juli 1919 aus einem zweifachen Grunde als nichtig an. Es nimmt einerseits an, daß er die Erleichterung der Ehescheidung bezweckt und deshalb gegen die guten Sitten verstoßen habe, anderseits erachtet es die im Vertrage enthaltene Bestimmung, daß während des Scheidungsprozesses von keinem Teile Unterhalt in Geld beansprucht werden dürfe, vielmehr der gemeinsame Haushalt fortzusetzen sei, wegen Verstoßes gegen die Vorschriften der §§ 1353 Abs. 2 und 1361 BGB. für nichtig, und folgert daraus gemäß § 139 BGB. die Nichtigkeit des ganzen Vertrags. Die erste Annahme begründet das Berufungsgericht folgendermaßen:

Schon die Tatsache, daß der Vertrag kurz vor der Einleitung des Scheidungsverfahrens geschlossen sei und auch für die Dauer des Scheidungsverfahrens selbst Bestimmungen treffe, spreche dafür, daß der Vertrag die Scheidung habe erleichtern sollen. Mit Sicherheit ergebe das der Verlauf des Scheidungsverfahrens. Eheverfehlungen der Beklagten, die ein Scheidungsrecht des Klägers hätten begründen können, hätten nicht vorgelegen. Die Beklagte habe sich ihrerseits auch nicht scheiden lassen wollen; zur Erhebung der Scheidungswiderklage habe sie sich erst entschlossen, als der Kläger mit der M., mit der er Ehebruch trieb, zusammengezogen sei und dadurch sein Verhältnis zu dieser der breiteren Öffentlichkeit kundgegeben habe, wodurch die Beklagte zu dem ursprünglich nicht gewollten Schritt habe veranlaßt werden müssen. Die Sachlage spreche dafür, daß der Kläger nicht die Scheidung begehrt und sich damit der Gefahr einer Scheidung auf eine Widerklage der Beklagten ausgesetzt haben würde, wenn nicht der Vertrag vom 23. Juli 1919 vorgelegen hätte. Da ihm aber nach diesem Vertrage auch bei einer Scheidung aus seinem alleinigen Verschulden keine Nachteile hinsichtlich des Unterhalts der Beklagten hätten erwachsen können, so habe er in diesem Bewußtsein dadurch die Scheidung zu erreichen gesucht, daß er mit der M. zusammenzog und die Beklagte zur Erhebung der Widerklage nötigte. Um bei einem derartigen Handeln eine Sittenwidrigkeit im Sinne des § 138 Abs. 1

BGB. anzunehmen, bedürfe es nicht der Feststellung, daß beide Vertragsteile gegen die guten Sitten verstoßen hätten. Dieses Erfordernis gelte nicht für Fälle, in denen ein sittenwidriges Verhalten der einen Vertragspartei gegen die andere in Frage komme.

Die Revision wendet sich gegen die Annahme des Berufungsgerichts, daß der Vertrag vom 23. Juli 1919 bezweckt habe, die Ehescheidung zu erleichtern. Sie vermißt Feststellungen nach der Richtung, daß der Kläger beim Vertragsschluß sich des Mangels eines ihm zur Seite stehenden Scheidungsgrundes bewußt und gewillt gewesen sei, die Beklagte durch sein Verhalten in der Öffentlichkeit zur Erhebung der Scheidungswiderklage zu zwingen. Die Ausführungen des Berufungsgerichts sind jedoch dahin zu verstehen, daß festgestellt werden sollte, der Kläger habe schon beim Vertragsschluß die Möglichkeit einer Scheidung der Ehe aus seinem alleinigen Verschulden in Erwägung gezogen. Nach den Feststellungen des Berufungsgerichts war es ausschließlich der Kläger, der eine Scheidung wünschte und auf dessen Betreiben der Vertrag vom 23. Juli 1919 abgeschlossen wurde. Ohne diesen Vertragsschluß würde aber, wie das Berufungsgericht weiter annimmt, der Kläger die Scheidungsklage nicht erhoben haben, weil er sich dadurch der Gefahr ausgesetzt hätte, daß die Ehe auf eine Widerklage der Beklagten geschieden werden könnte, die, wie er nach seinem Verkehr mit der M. wußte, Erfolg haben würde. Hiernach nimmt das Berufungsgericht an, daß der Kläger bereits vor dem Vertragsschluß in geschlechtliche Beziehungen zu der M. getreten war, daß er sich der Schwäche seiner eigenen vermeintlichen Scheidungsgründe bewußt war und damit rechnete, die von ihm erstrebte Scheidung würde nur aus seinem eigenen Verschulden auf Grund einer von der Beklagten zu erhebenden Widerklage zu erreichen sein, und daß er gerade im Hinblick hierauf auf den Abschluß des Vertrags drängte, durch den ihm nicht nur für den Fall der Scheidung die Hälfte des gesamten Vermögens beider Parteien zugesichert, sondern er auch von seiner Unterhaltspflicht aus §§ 1578, 1579 BGB. der Beklagten gegenüber befreit und auch für die Dauer des Scheidungsrechtsstreits ein Anspruch der Beklagten auf Getrenntleben und Unterhaltsgewährung in Geld ausgeschlossen wurde. Der vom Kläger mit dem Vertragsschluß verfolgte Zweck bestand hiernach darin, sich für den Fall der von ihm gewünschten Scheidung von der Beklagten Vermögensvorteile zu sichern und sich, wenn die Scheidung nur aus seinem Verschulden erreichbar sein sollte, vor den ihm daraus erwachsenden gesetzlichen Verpflichtungen zu schützen. Nachdem er die Beklagte zum Abschluß des Vertrags bestimmt hatte, hat er die dadurch für ihn geschaffene günstige Rechtslage zur Erreichung seines auf die Scheidung der Ehe gerichteten Zieles ausgenutzt, indem er mit der M. zusammenzog, dadurch sein Verhältnis zu ihr in die Öffentlichkeit brachte und die Beklagte auf diese Weise zur Erhebung der Scheidungswiderklage bewog.

Dieser Sachverhalt rechtfertigt die Annahme des Berufungsgerichts, daß der Vertrag vom 23. Juli 1919 wegen Verstoßes gegen die guten Sitten nichtig ist. Allerdings hätte der Kläger die Beklagte auch ohne den Abschluß des Vertrags durch sein schamloses Verhalten zur Erhebung der Widerklage veranlassen und damit die von ihm gewünschte Scheidung der Ehe herbeiführen können. Der Vertrag war seinem Inhalte nach nicht dazu angetan, die Beklagte einer Scheidung geneigt zu machen, mußte ihr im Gegenteil den Entschluß, ihrerseits die Scheidung zu betreiben, im Hinblick auf die damit für sie verbundenen Vermögensnachteile erschweren. Die Sachlage ist also eine andere als in dem Regelfalle, wo dem der Scheidung widerstrebenden Ehegatten Vermögensvorteile zugesagt werden, um seine Einwilligung in die Scheidung und ein dementsprechendes Verhalten seinerseits im Scheidungsverfahren zu erkaufen. Ein zur Erleichterung der Scheidung dienender Vertrag im gewöhnlichen Sinne liegt somit nicht vor. Gleichwohl ist die Feststellung des Berufungsgerichts, daß der Vertrag der Erleichterung der Scheidung habe dienen sollen, nicht zu beanstanden. Der Kläger erstrebte die Scheidung, um mit der M. zusammen leben zu können. Er wollte sich aber für das gemeinsame Leben mit der M. eine ausreichende wirtschaftliche Grundlage schaffen, indem er sich die der Beklagten durch den Vertrag vom 16. März 1911 überlassene Hälfte des ehemaligen Gesamtguts zurückübertragen ließ und die Beklagte zum Verzicht auf alle Unterhaltsansprüche für die Zeit nach der Scheidung bestimmte. Das Berufungsgericht stellt ausdrücklich fest, daß der Beklagte sich ohne diese Sicherung seiner künftigen Existenz nicht zum Betreiben der Scheidung entschlossen hätte. Der Kläger verfolgte also mit dem Abschluß des Vertrags vom 23. Juli 1919 den Zweck, sich die wirtschaftlichen Vorbedingungen zu schaffen, von deren Erfüllung für ihn der Entschluß zur Herbeiführung der Scheidung abhing. Insofern diente der Vertrag für den Kläger zur Erleichterung, wenn nicht überhaupt zur Ermöglichung der Scheidung. Er bildete eine Maßnahme zur Erreichung des vom Kläger erstrebten sittenwidrigen Zieles, ohne jeden berechtigten Grund die Lösung seiner Ehe mit der Beklagten herbeizuführen, sich aber zugleich von jeglicher Unterhaltspflicht der Beklagten gegenüber zu befreien und sich auf ihre Kosten die zur Begründung einer eigenen Wirtschaft erforderlichen Mittel zu verschaffen. Einen Anspruch auf Rückübertragung des halben Vermögens gehabt zu haben, hat der Kläger nicht einmal behauptet, vielmehr nur geltend gemacht, daß sie der Billigkeit entspräche. Inwieweit das nach den Verhältnissen, die zum Abschluß des Vertrags vom 16. März 1911 geführt haben, als zutreffend anzuerkennen wäre, läßt sich mangels ausreichender tatsächlicher Feststellungen nicht entscheiden. Jedenfalls würde auch vom Billigkeitsstandpunkt aus kein Anlaß für die Beklagte bestanden haben, dem Kläger, der die seit 33 Jahren bestehende Ehe im Hinblick auf ein von ihm eingegangenes unsittliches Verhältnis zu lösen bestrebt war, für den Fall der Scheidung aus seinem Verschulden die Hälfte ihres Vermögens zu übereignen und auf den ihr zustehenden Unterhaltsanspruch zu verzichten. Wenn der Kläger gleichwohl sich diese Vorteile von der Beklagten vertraglich zusichern ließ und dabei die Absicht hegte, die Lösung seiner Ehe unter allen Umständen herbeizuführen, so handelte er hierbei der Beklagten gegenüber sittenwidrig. Stellt sich aber der Vertrag vom 23. Juli 1919 im Hinblick auf die persönliche Gesinnung und die Absicht des Klägers auf dessen Seite als sittenwidrig dar, so folgt daraus nach § 138 Abs. 1 BGB. die Nichtigkeit des Vertrags. Daß der Beklagten keine Sittenwidrigkeit zur Last fällt, steht der Nichtigkeit nicht entgegen. Denn die Regel, daß die Nichtigkeit eines gegenseitigen Vertrags wegen Verstoßes gegen die guten Sitten nur bei sittenwidrigem Handeln beider Teile eintrete, findet keine Anwendung, wenn die Unsittlichkeit des Handelns des einen Vertragsteils gerade in seinem Verhalten gegenüber dem anderen Vertragsteil zu finden ist (RGZ. Bd. 93 S. 30). . . .

---

62. Kann auf die Umbettung einer Leiche geklagt werden?

VI. Zivilsenat. Urt. v. 5. Juli 1923 i. S. Sch. (Bekl.) w. D. (Kl.). VI 1308/22.

I. Landgericht Hamburg. — II. Oberlandesgericht daselbst.

Die Beklagte war in erster Ehe verheiratet mit Emil D., einem Bruder der beiden Kläger, der am 14. September 1916 gestorben ist; die Beklagte hat später eine zweite Ehe geschlossen. Der Vater der Kläger war der im Jahre 1918 verstorbene Heinrich D.; die Kläger sind seine Testamentsvollstrecker, und soweit ersichtlich, zusammen mit der Nachkommenschaft des Emil D. seine Erben. Heinrich D. Vater, hat nach dem „Grab-Kontrakt" vom 11. Dezember 1916 von der Nikolaikirche in B. eine Familiengrabstätte erworben, die für ihn und seine gesetzlichen Erben bestimmt sein sollte. Auf dieser Grabstätte ist Emil D. auf Veranlassung der Beklagten bestattet worden. Die Kosten der Beerdigung sowie die eines Grabsteins nebst Einfriedigung hat die Beklagte, die die Gütergemeinschaft mit den Kindern aus ihrer Ehe mit Emil D. fortsetzte, aus Mitteln des Gesamtguts bezahlt, der Denkstein erhielt die Inschrift „Ruhestätte der Familie E. D." Als nun zu Anfang des Jahres 1921 der Vater der Beklagten, der Landwirt Emil A., starb, verweigerten die Kläger der Beklagten die von ihr erbetene Einwilligung, den Emil A. neben seinem Schwiegersohn beisetzen zu lassen. Diese Ablehnung empfand die Beklagte als Kränkung. Um einem ähnlichen Vorkommnis im Falle ihres Todes oder des Hinscheidens eines ihrer Angehörigen vorzubeugen, beschloß sie, die Leiche ihres verstorbenen Mannes auf eine von ihr erworbene andere Grabstätte umbetten zu lassen und dorthin auch das Grabdenkmal und die Einfriedigung hinzuschaffen. Als diese Arbeiten im Gange waren und der Denkstein sowie die Einfriedigung entfernt waren, widersprachen die Kläger. Daraufhin wurden die Arbeiten eingestellt.

Mit der Klage verlangen die Kläger, daß die Beklagte den Grabstein und die Einfriedigung auf ihre Kosten zurückschaffe. Die Beklagte bestreitet, dazu verpflichtet zu sein. Sie hat Widerklage erhoben auf Verurteilung der Kläger in ihrer Eigenschaft als Vollstrecker des Testaments von Heinrich D. und als Miterben, zu dulden, daß die Beklagte die Leiche des Emil D. aus der Grabstätte, in der sie zurzeit ruht, ausgraben und anderswo beisetzen lasse. Klage und Widerklage wurden vom Landgericht abgewiesen und dieses Urteil vom Oberlandesgericht bestätigt. Mit der Revision greift die Beklagte das Urteil zur Widerklage an. Das Rechtsmittel hatte Erfolg.

Gründe:

Das Berufungsgericht legt zunächst dar, daß die Kläger an dem Grabsteine und der Einfriedigung kein Besitzrecht hätten, an der ihnen zustehenden Benutzung der Grabstätte aber durch die Entfernung dieser Sachen nicht gehindert seien. Das Eigentum daran sei der Beklagten verblieben und daher die Klage nicht begründet. Insoweit ist das Berufungsurteil nicht angefochten. Zur Widerklage führt es aus, daß an einer bestatteten Leiche regelmäßig keine Privatrechte beständen, der Gewahrsam an ihr aber grundsätzlich der Gemeinde zustehe, welcher der Friedhof gehöre. Zur Umbettung einer Leiche bedürfe es der polizeilichen Genehmigung und der Zustimmung der Friedhofsverwaltung. Diesen Erfordernissen solle zwar nach der unter Beweis gestellten Behauptung der Beklagten genügt sein. Hieraus folge aber noch kein positiver Anspruch auf die Überführung der Leiche. Ein Grund für eine Umbettung könne in dem Wunsche einer Witwe gefunden werden, mit ihrem Manne die gleiche Grabstätte zu teilen; es entspreche der Volksanschauung, daß Familienglieder auch im Tode zueinander gehörten. Hier handle es sich aber nicht um eine alleinstehende Witwe, vielmehr sei Beklagte durch ihre zweite Ehe in die Familie ihres jetzigen Mannes übergetreten. Ihrem Wunsche könne daher nicht die gleiche durchschlagende Kraft zugestanden werden, er müsse gegenüber der öffentlichrechtlichen Zweckbestimmung des Friedhofs, die Totenruhe zu wahren, zurücktreten. Ob die Kläger aus ihrem Verfügungs- und Nutzungsrechte über die Grabstätte ein Widerspruchsrecht gegen die Umbettung herleiten könnten, ob weiter die Ausübung eines solchen Rechts deswegen unzulässig wäre, weil sie, wie Beklagte behaupte, nur den Zweck haben könnte, ihr einen ideellen Schaden zuzufügen, könne dahingestellt bleiben.

Der Revision ist zunächst darin zuzustimmen, daß die zur Entscheidung gestellte Streitfrage keinen vermögensrechtlichen Charakter hat und daher die Zulässigkeit des Rechtsmittels keinem Bedenken unterliegt. Das gleiche gilt für die Zulässigkeit des Rechtswegs (Warn. 1913 Nr. 303, RGZ. Bd. 100 S. 172, Bd. 71 S. 20).

In der Sache selbst macht die Revision geltend, das Berufungsurteil vermenge öffentlichrechtliche und privatrechtliche Gesichtspunkte. Die Zulässigkeit einer Umbettung vom Standpunkte der öffentlichrechtlichen Zweckbestimmung des Friedhofs habe mit dem Anspruche der auch das Kind vertretenden Witwe auf Duldung der Umbettung nichts zu tun; die Kläger würden sogar aus der fehlenden Zustimmung der Friedhofsverwaltung keine Einwendungen herleiten können. Über die letzte Ruhestätte des Emil D. hätten dessen Erben, die Beklagte und das von ihr gesetzlich vertretene Kind, allein zu bestimmen, dem Widerspruch der Kläger fehle jede gesetzliche Grundlage. Dieser Angriff ist jedenfalls teilweise begründet.

Für die streitigen Rechtsverhältnisse kamen gemäß Art. 133 EG. z. BGB. zunächst die landesgesetzlichen Vorschriften in Betracht, sonach das gemeine Recht (Nölbeke, Hamburgisches Landesprivatrecht, S. 350), nach welchem Begräbnisplätze im Eigentum der politischen oder kirchlichen Gemeinde stehen können (Windscheid, Pandektenrecht, § 147). Es mag auch sein, daß der Gewahrsam an einer schon bestatteten Leiche nicht den Angehörigen, sondern dem zusteht, der die Verfügung über den Friedhof hat (Warn. 1912 Nr. 219). Auch darin ist dem Berufungsgericht zuzustimmen, daß bei der Umbettung einer Leiche öffentlichrechtliche Interessen in Betracht kommen (Nölbeke a. a. O. S. 361); es ist auch nach der Feststellung des Berufungsgerichts in der Friedhofsordnung der Kirchengemeinde B. im § 17 bestimmt, daß es zur Überführung einer Leiche aus einem Grabe in ein anderes immer der polizeilichen Genehmigung und der Zustimmung des Verwaltungsausschusses bedarf. Die Wahrung des öffentlichen Interesses ist aber mindestens in erster Linie Sache der betreffenden Behörden. Haben diese sich, wie die Beklagte behauptet, mit einer Umbettung einverstanden erklärt, so entsteht hierdurch, wie das Berufungsgericht mit Recht annimmt, freilich noch kein positiver Anspruch auf die Überführung der Leiche. Das ist aber auch nicht die Auffassung der Beklagten, vielmehr nimmt sie als Witwe und Erbin des Emil D., sowie als Vertreterin des gemeinsamen Kindes das Recht in Anspruch, über die Begräbnisstätte ihres Mannes zu bestimmen, und glaubt, daß hierin auch die Befugnis enthalten sei, mit Zustimmung der zuständigen Behörde eine Umbettung zu veranlassen.

Nach der Rechtsprechung des Reichsgerichts (RGZ. Bd. 100 S. 172, Warn. 1912 Nr. 219) ist für die Entscheidung der Frage, wo eine Leiche zu bestatten ist, in erster Linie der Wille des Verstorbenen maßgebend und zwar auch dann, wenn er nicht in einer formgerechten letztwilligen Verfügung seinen Ausdruck gefunden hat. In dieser Hinsicht hat das Berufungsgericht keine Feststellungen getroffen. Fehlt eine Bestimmung des Erblassers, so liegt, wie in der erwähnten Entscheidung bei Warn. 1912 Nr. 219 gesagt wird, die Annahme nahe, daß derjenige, welcher die Kosten der Beerdigung zu tragen hat, BGB. § 1968, auch über deren Ort und Zeit zu bestimmen hat. Zugunsten der Beklagten kommt hinzu, daß sie, wie das Berufungsgericht mit Recht sagt, zugleich zu den nächsten Hinterbliebenen des Verstorbenen gehört. Erachtet man aber auch danach die Beklagte grundsätzlich für befugt, die Begräbnisstätte ihres verstorbenen Ehemannes zu bestimmen, so folgt hieraus noch nicht, daß sie beliebig eine Umbettung der Leiche vornehmen dürfe, sobald es ihr gelingt, die erforderliche Zustimmung der Behörde zu erreichen. Dem allgemeinen sittlichen Empfinden entspricht es, daß die Ruhe der Toten möglichst ungestört bleibt; nur wenn besondere Gründe für die Umbettung einer Leiche sprechen, ist ein solches Verlangen berechtigt.

Ein ausreichender Grund hierfür ist mit Recht in dem Wunsche einer Witwe gefunden worden, mit ihrem verstorbenen Manne die gleiche Grabstätte zu teilen (OLG. Bd. 16 S. 262; RGZ. Bd. 71 S. 20), sofern dieser Wunsch nicht auf andere Weise erfüllt werden kann. Auch das Berufungsgericht ist auf diesen Gesichtspunkt eingegangen und hat anerkannt, daß die Beisetzung der Beklagten neben ihrem verstorbenen Ehemann praktisch nur durch eine Umbettung zu erreichen sei, weil die Beklagte auch die Beerdigung ihres jetzigen Mannes auf dem gleichen Begräbnisplatze wünsche, nach dem Verhalten der Kläger aber erwarten müsse, daß diese die Beisetzung ihres jetzigen Mannes auf dem von Heinrich D. erworbenen Platze nicht dulden würden. Weil aber die Beklagte sich wieder verheiratet hat, will das Berufungsgericht ihrem Wunsche nicht dieselbe durchschlagende Kraft gegenüber dem öffentlichrechtlichen Schutz der Totenruhe zugestehen, wie dem Verlangen einer alleinstehenden Witwe. Es handelt sich aber bei der Prüfung des Anspruchs der Beklagten nicht sowohl um den öffentlichrechtlichen Schutz der Totenruhe, als vielmehr um die Frage, ob der erhobene privatrechtliche Anspruch unter Berücksichtigung der gesamten Sachlage der im Volke herrschenden sittlichen Auffassung entspricht.

Bei Prüfung dieser Frage ist auch zu erwägen, ob den Klägern Gründe der Pietät oder sonst erhebliche Umstände zur Seite stehen, wenn sie dem Verlangen der Beklagten entgegentreten; auch wird in Betracht kommen, ob sie etwa ein Verbietungsrecht aus dem von Heinrich D. mit der Kirchengemeinde abgeschlossenen „Grabkontrakte" vom 11. Dez. 1916 herleiten können. Da es hierüber noch weiterer tatsächlicher Erörterung bedarf, war das angefochtene Urteil zur Widerklage, d. h. soweit es die Berufung der Beklagten zurückweist, aufzuheben.

---

63. 1. **Wann ist der Lieferant des Verkäufers dessen Erfüllungsgehilfe gegenüber dem Käufer?**

2. **Haftet der Verkäufer auf Schadensersatz wegen Lieferung einer von ihm schuldhafterweise mangelhaft hergestellten Sache? Haftet er auch dann, wenn die fehlerhafte Herstellung durch seinen Erfüllungsgehilfen erfolgt ist?**

III. Zivilsenat. Urt. v. 21. September 1923 i. S. 1. Chemische Fabrik Gr. A.-G. (Bekl.), 2. Farbenfabr. vorm. Friedr. B. & Co. (Nebeninterv.) w. van der Z. & Ch., G. m. b. H. (Kl.). III 569/22.

I. Landgericht Frankfurt a. M., Kammer für Handelss. — II. Oberlandesgericht das.

Im Oktober 1916 verpflichtete sich die Beklagte, der Klägerin ihren Gesamtbedarf an verdichtetem Sauerstoff und Wasserstoff für das Jahr 1917 zu liefern. Die Lieferung des Sauerstoffs erfolgte durch das Werk der Beklagten in Küppersteg, die des Wasserstoffs unter Zustimmung der Klägerin durch die Nebenintervenientin aus ihrer Fabrik in Leverkusen. Am 31. Januar 1917 explodierte im Betriebe der Klägerin die ihr von der Nebenintervenientin übersandte Wasserstoffflasche Nr. 12527. Ein Arbeiter der Klägerin wurde getötet, mehrere wurden verletzt, auch erheblicher Sachschaden angerichtet.

Die Klägerin führte den Unglücksfall auf ein Verschulden sowohl der Beklagten selbst wie der Nebenintervenientin, für die die Beklagte einzustehen habe, zurück. Sie hat daher gegen die Beklagte Klage erhoben auf Zahlung von 90605,31 *M* und auf Feststellung der Verpflichtung der Beklagten zum Ersatze des weiteren Schadens.

Das Landgericht hat den Leistungsanspruch dem Grunde nach für gerechtfertigt erklärt und der Feststellungsklage stattgegeben. Die Berufung der Beklagten und der Nebenintervenientin wurde zurückgewiesen. Die Revision der Beklagten ist gleichfalls zurückgewiesen worden.

Aus den Gründen:

Die Revision bekämpft als rechtsirrig die Annahme des Vorderrichters, daß der Beklagten selbst ein Verschulden zur Last falle und daß sie für ein etwaiges Verschulden der Nebenintervenientin einzustehen habe. Indessen ist dem Berufungsrichter in beiden Richtungen beizupflichten.

Der Klägerin war verdichteter Wasserstoff zu liefern. Die ihr gelieferte Flasche Nr. 12527 enthielt aber Wasserstoff mit einer starken Beimischung von Sauerstoff. Dieses sogenannte Knallgas hat sich bei Öffnung der Flasche entzündet und so die Explosion hervorgerufen. Die Flasche ist in der Fabrik der Nebenintervenientin zugleich mit drei weiteren Flaschen mit Wasserstoff gefüllt worden. Eine von diesen, Nr. 19321, enthielt, als die Füllung begann, noch 120 Atm. Gas. Dieses Gas — Sauerstoff oder ein Gemisch von Sauerstoff und Wasserstoff — ist beim Füllen in die an den Füllstand mit angeschlossenen anderen Flaschen gedrungen. So ist die explosible Mischung in der Flasche Nr. 12527 entstanden. Nicht aufgeklärt ist, wie der Sauerstoff in die Flasche Nr. 19321 gelangt ist. Nach den Feststellungen des Berufungsrichters kommen dafür aber nur zwei Möglichkeiten in Betracht. Für beide bejaht er ein die Beklagte haftbar machendes Verschulden.

Die Flasche Nr. 19321 war, mit Wasserstoff gefüllt, von der Beklagten an die Maschinenfabrik H. in Köln-Kalk gesandt und von dieser an das Werk der Beklagten in Küppersteg zurückgeliefert worden. Von Küppersteg ist sie an die Nebenintervenientin nach Leverkusen gegangen und von ihr nach erneuter Füllung der Klägerin übersandt worden. War die Flasche bei ihrer Rücklieferung nach Küppersteg leer oder enthielt sie damals reinen Wasserstoff, so muß der Sauerstoff auf dem Küppersteger Werke der Beklagten in sie gelangt sein. Leverkusen scheidet hierfür aus. Daß dann aber die Füllung der Wasserstoffflasche Nr. 19321 mit Sauerstoff nur auf ein Verschulden der Angestellten der Beklagten zurückgeführt werden kann, dessen Folgen sie zu tragen hat, ist vom Oberlandesgericht zutreffend dargelegt worden.

Die andere Möglichkeit, die der Berufungsrichter als die wahrscheinlichste bezeichnet und auf die sich die Beklagte stets berufen hat, ist die, daß der Sauerstoff bereits auf der Fabrik H. in die Flasche Nr. 19321 eingedrungen ist, daß sie ihn also schon enthielt, als sie bei dem Werke der Beklagten in Küppersteg anlangte. Sie ist dann ungeprüft nach Leverkusen an die Nebenintervenientin gesandt worden. Dort hat man zwar bemerkt, daß sich in ihr noch Gas befand. Trotzdem hat man ihren Inhalt weder untersucht noch sie ausgeblasen, vielmehr ist sie ohne weiteres an den Füllstand angeschlossen worden.

So konnte der Sauerstoff aus ihr in die Flasche Nr. 12527 gelangen und im weiteren Verlauf der Dinge die Explosion in der Fabrik der Klägerin hervorrufen. Die Vorinstanz sieht in dem Füllen der noch Gas enthaltenden Flasche Nr. 19321, ohne daß zuvor die Natur dieses Gases festgestellt oder die Flasche entleert wurde, mit Recht ein für den entstandenen Schaden ursächliches Verschulden der Nebenintervenientin.

Der Berufungsrichter hat angenommen, daß die Beklagte für dieses Verschulden der Nebenintervenientin einzustehen habe, da sie sich ihrer als Erfüllungsgehilfin (§ 278 BGB.) bedient habe. Hiergegen wendet sich die Revision, jedoch zu Unrecht. Die Hauptverpflichtung der Beklagten aus dem von ihr mit der Klägerin geschlossenen Kaufvertrage ging dahin, der Klägerin den Wasserstoff zu übergeben und ihr das Eigentum daran zu verschaffen (§ 433 BGB.). Diese Verpflichtung hat sie nicht selbst erfüllt, sondern durch die Nebenintervenientin erfüllen lassen. Sie hat sich also der Nebenintervenientin zur Erfüllung der ihr selbst der Klägerin gegenüber obliegenden Verbindlichkeit bedient. Nicht zu billigen ist die Auffassung des — auf einem anderen Wege freilich gleichfalls zur Anwendung des § 278 BGB. gelangenden — Oberlandesgerichts, daß grundsätzlich der Lieferant des Verkäufers nicht als dessen Erfüllungsgehilfe anzusehen sei, da der Lieferant im allgemeinen nur seine Vertragspflichten gegenüber dem Verkäufer erfülle, nicht aber Vertragspflichten, die dem Verkäufer dem Käufer gegenüber obliegen. Die Frage, ob jemand Erfüllungsgehilfe eines Dritten ist, kann überhaupt nicht allgemein, sondern nur nach der Gestaltung des Einzelfalls entschieden werden. Es kommt dabei auch nicht auf die Rechtsbeziehungen des Gehilfen zu dem Verpflichteten an. Ausschlaggebend ist vielmehr, wie er dem Berechtigten gegenübertritt. Erforderlich und genügend ist, daß er bei der Vertragserfüllung als Hilfsperson des Schuldners mitwirkt. Und das hat die Nebenintervenientin getan, mag sie damit auch zugleich eigene Verpflichtungen gegenüber der Beklagten erfüllt haben. Die Entscheidungen des Reichsgerichts (z. B. RGZ. Bd. 101 S. 152 [153/54], S. 157 [158]), die dem Lieferanten des Verkäufers die Eigenschaft eines Erfüllungsgehilfen absprechen, haben nur solche Fälle im Auge, in denen die Ware zunächst dem Verkäufer geliefert wird, der sie dann seinerseits an den Käufer weiter liefert. In dem ungedruckten Urteil des II. Zivilsenats vom 12. Mai 1908 II 548/07 ist diese Einschränkung besonders hervorgehoben. Tritt dagegen der Lieferant mit dem Vertragsgegner seines Käufers, wie hier, in unmittelbare Verbindung, so sind die Voraussetzungen des § 278 BGB. gegeben (ebenso Planck-Siber, BGB. § 278 Anm. 2 S. 229; Düringer-Hachenburg, HGB. Bd. III § 377 Anm. 80 S. 314). Durch die Zustimmung der

Klägerin zur Mitwirkung der Nebenintervenientin bei der Vertragserfüllung wird an der Rechtslage nichts geändert.

Die Revision meint freilich, daß das unvorsichtige Füllen der Flasche überhaupt keinen Schadensersatzanspruch der Klägerin habe begründen können, da es — einerlei, ob es die Beklagte oder die Nebenintervenientin vorgenommen habe — gar nicht in Erfüllung des mit der Klägerin geschlossenen Vertrags erfolgt sei. Es ist richtig, daß, da die Beklagte eine nur der Gattung nach bestimmte Sache schuldete, die späterhin explodierte Flasche zunächst noch nicht Gegenstand der Verpflichtung der Beklagten gegenüber der Klägerin war. Ihr Füllen mit Wasserstoff ist der eigentlichen Vertragserfüllung vorangegangen. Diese Tätigkeit und das dabei vorgenommene Versehen hatte daher zunächst keine Bedeutung für die vertraglichen Beziehungen der Parteien. Sie gewann solche aber dadurch, daß die Flasche gerade an die Klägerin geliefert wurde. Diese konnte verlangen, daß die Flasche, die sie erhielt, mit reinem Wasserstoff, nicht mit einem Gemisch von Wasserstoff und Sauerstoff gefüllt war. Unzweifelhaft würde die Beklagte ihr schadensersatzpflichtig geworden sein, wenn sie die Vertragswidrigkeit des Inhalts der Flasche bei der Lieferung hätte erkennen müssen. Um so mehr ist solche Haftung geboten, wenn die fehlerhafte Beschaffenheit von der Beklagten selbst durch Verletzung der im Verkehr erforderlichen Sorgfalt verursacht worden ist. Die Lieferung einer Sache, deren Mangelhaftigkeit auf eigenes Verschulden des Lieferanten zurückgeht, enthält eine Vertragsverletzung auch dann, wenn ihre Herstellung zu seinen unmittelbaren Vertragspflichten nicht gehört.

Hier liegt nun das Verschulden zwar nicht bei der Beklagten, der Verkäuferin, persönlich, sondern bei der Nebenintervenientin, ihrer Erfüllungsgehilfin. Deren Verschulden hat die Beklagte aber nach § 278 BGB. in gleichem Maße zu vertreten wie eigenes. Und zwar gilt dies auch dann, wenn die fahrlässige Handlung des Erfüllungsgehilfen nicht in den Rahmen der Vertragsleistung im engeren Sinne fällt. Die Tragweite des § 278 BGB. beschränkt sich nicht auf sie. Zur „Erfüllung der Verbindlichkeit" im Sinne der genannten Vorschrift gehört vielmehr alles, was aus dem Vertrage vom Vertragsschuldner verlangt werden kann. Überall wo der Schädiger selbst dem Verletzten nach Maßgabe des Vertrags gerecht werden muß, hat er auch für seinen Gehilfen einzustehen (Warn. 1908 Nr. 293). Ebenso, wie die Beklagte der Klägerin ersatzpflichtig geworden wäre, wenn die Mangelhaftigkeit der gelieferten Ware von ihr verschuldet worden wäre, haftet sie ihr für das der Nebenintervenientin bei Füllung der fraglichen Flasche unterlaufene Versehen, da sie durch diese den mit der Klägerin geschlossenen Vertrag hat erfüllen lassen.

Ergibt sich die Berechtigung der Klaganspruche somit schon daraus, daß die Beklagte für die Nebenintervenientin einzustehen hat, so ist dem Vorderrichter doch auch in seiner Annahme eines eigenen Verschuldens der Beklagten beizupflichten (wird näher ausgeführt).

---

64. Zum Begriff der Kosten des Heilverfahrens im Sinne der Beamten-Unfallfürsorgegesetze.

III. Zivilsenat. Urt. v. 21. September 1923 i. S. H. (Kl.) w. Deutsches Reich (Bekl.). III 829/22.

I. Landgericht I Berlin. — II. Kammergericht daselbst.

Der Kläger, Lokomotivführer a. D., der infolge eines am 4. Oktober 1896 erlittenen Betriebsunfalls mit dem 1. Oktober 1899 in den Ruhestand versetzt worden ist, nahm zur Besserung seines Nervenleidens in den Jahren 1913 und 1915 einen Kuraufenthalt in Bad Oeynhausen. Der Beklagte verweigerte ihm die Erstattung der Kosten dieses Aufenthalts und zahlte ihm nur die für einen Landaufenthalt angemessenen Beträge. Auf Grund des Unfallfürsorgegesetzes fordert der Kläger die von ihm für den Badeaufenthalt aufgewendeten Mehrbeträge. Er wurde in allen Instanzen mit seiner Klage abgewiesen.

Gründe:

Das Berufungsgericht geht von der Auffassung aus, daß nach dem Beamten-Unfallfürsorgegesetze die Heilbehandlung auch dann zu gewähren ist, wenn sie lediglich den Zweck verfolgt und verfolgen kann, dem Verletzten subjektiv die Folgen der Verletzung zu erleichtern. Es nimmt jedoch an, daß diese Berücksichtigung subjektiver Erleichterungen nicht dazu führen könne, die Mittel zu einem objektiv nicht erforderlichen, vielleicht nutzlosen Heilverfahren nur deshalb zu bewilligen, weil der Verletzte die psychisch krankhafte Überzeugung von der Notwendigkeit dieses Heilverfahrens habe. Das Berufungsgericht weist hiernach den Anspruch des Klägers auf die Erstattung der Mehrkosten der beiden Badeaufenthalte ab, weil es in Übereinstimmung mit dem Landgericht für erwiesen erachtet, daß der Aufenthalt in Oeynhausen für den Kläger nicht erforderlich gewesen sei und die bessere Wirkung dieses Badeaufenthalts gegenüber einem einfachen Landaufenthalt nur in der Einbildung des Klägers beruhe.

Die Revision führt aus, daß unter den Begriff der Heilungskosten im Sinne des Unfallfürsorgegesetzes die Kosten einer Badekur auch dann fielen, wenn sie nur nach dem subjektiven Empfinden des Verletzten ihm dienlicher sei als ein sonstiger Erholungsaufenthalt, sofern sie eine — wenn auch nur zeitweilige — Erleichterung seines Zustandes bewirke.

Die Revision kann nicht für begründet erachtet werden.

Nach der ständigen Rechtsprechung des erkennenden Senats fallen unter die ersatzfähigen Kosten des Heilverfahrens alle diejenigen, deren Aufwendung zu einer auch nur vorübergehenden Minderung oder Milderung des Leidens zu führen geeignet ist, jedoch, wie in dem Urteil vom 15. März 1921 III 447/20 ausgesprochen ist, nur, wenn dieser Erfolg bei verständiger und sachgemäßer Behandlung nicht auch auf einem andern, billigeren Wege zu erreichen ist. Unter dieser Voraussetzung fallen unter die Kosten des Heilverfahrens auch die Kosten einer Badereise, also die Kosten einer Badereise, die zur Herbeiführung einer Linderung oder Minderung der Leiden des Verletzten notwendig ist; vgl. RGZ. Bd. 64 S. 86. Über die Notwendigkeit und Zweckmäßigkeit eines Heilmittels und insbesondere einer Badereise aber kann nicht die Meinung des Heilbedürftigen entscheiden; nur eine objektive Beurteilung kann hier maßgebend sein. Es geht nicht an, den Begriff der Kosten des Heilverfahrens auszudehnen auf die Kosten zur Befriedigung rein persönlicher, objektiv nicht berechtigter Wünsche des Fürsorgeberechtigten, mag auch deren Befriedigung um deswillen, weil seinen Wünschen entsprochen wird, einen günstigen, ihre Versagung einen ungünstigen Einfluß auf sein Befinden ausüben — wie dies bei hysterischen oder nervenleidenden Personen häufig geschieht. Eine derartige Ausdehnung dieses Begriffs würde weder dem Wortlaut und der Entstehungsgeschichte des Gesetzes ehtsprechen, noch selbst bei günstiger Wirtschaftslage, geschweige denn unter den heutigen Verhältnissen, gerechtfertigt sein. Der erkennende Senat hat demgemäß bereits im Urteil vom 2. Mai 1923 III 13/23 ausgesprochen, daß dem Fürsorgeberechtigten kein Anspruch auf den Ersatz der Kosten für ein beliebiges teures Heilverfahren zusteht, das nur in seiner Einbildung günstig auf ihn einwirkt. Es kann ihm sonach auch nicht der Anspruch auf Ersatz der Kosten einer Badereise zuerkannt werden, die an sich und objektiv nicht erforderlich war und deren günstige Wirkung nur auf der Einbildung des Fürsorgeberechtigten beruhte. So aber lag nach der nicht angefochtenen Feststellung des Berufungsgerichts die Sache hier; die Abweisung des Klaganspruchs unterliegt deshalb keinem rechtlichen Bedenken.

---

65. Steht das Wiederkaufsrecht nach § 20 des Reichssiedlungsgesetzes vom 11. August 1919 einem Siedlungsunternehmen zu, wenn die Wirksamkeit des Veräußerungsvertrags von seiner Genehmigung abhängig gemacht ist? Ist § 506 BGB. sinngemäß auf das Wiederkaufsrecht der Siedlungsunternehmen anzuwenden?

III. Zivilsenat. Urt. v. 21. September 1923 i. S. E. (Bekl.) w. Freistaat Mecklenburg-Strelitz (Kl.). III 871/22.

I. Landgericht Neustrelitz. — II. Oberlandesgericht Rostock.

Durch Vertrag vom 24. Oktober 1921 überließ das Siedlungsamt des klägerischen Staates dem Beklagten eine Ansiedlungsstelle zu Erbpacht. Dem Staate wurde in § 6 des Vertrags ein Vorkaufsrecht, in § 7 ein Wiederkaufsrecht von 30jähriger Dauer eingeräumt. Das letztere darf er dann ausüben, wenn der Erbpächter die Stelle ganz oder teilweise veräußert oder durch einen anderen Vertrag sich zur Übertragung des Eigentums an der Stelle verpflichtet, soweit nicht die Ausnahmebestimmungen des § 20 Abs. 1 Satz 2, § 6 Abs. 2 des Reichssiedlungsgesetzes vom 11. August 1919 Platz greifen. Der Wiederkaufpreis ist auf 100000 ℳ zuzüglich des Wertes etwaiger Verbesserungen des Ackers und der Gebäude festgesetzt worden.

Der Beklagte vertauschte durch notariellen Vertrag vom 20. Februar 1922 seine Ansiedlungsstelle gegen die Büdnerei und einige in der P.er Feldmark gelegene Ackerstücke des H. Der Tauschvertrag ist unter der Bedingung der Genehmigung des Siedlungsamtes oder des Meckl.-Strel. Ministeriums und des Hauptversorgungsamts Altona sowie unter der weiteren Bedingung geschlossen, daß der Rat der Stadt P. die obrigkeitliche Genehmigung erteile, den Kaufvertrag bestätige und auf sein Vorkaufsrecht verzichte (§ 3). Nach Ansicht des Klägers berechtigt ihn dieser Tauschvertrag zur Geltendmachung des Wiederkaufsrechts. Er hat daher die Herausgabe und Übereignung der Ansiedlungsstelle sowie die Verurteilung des Beklagten zur Einwilligung begehrt, daß er, Kläger, als Nutzeigentümer im Grundbuche eingetragen werde.

Das Landgericht wies die Klage ab, das Oberlandesgericht gab dem Klagantrage statt. Auf die Revision des Beklagten wurde das landgerichtliche Urteil wiederhergestellt.

Gründe:

Das Oberlandesgericht geht davon aus, daß der Beklagte sein Nutzungsrecht nicht übertragen könne, ohne daß das Wiederkaufsrecht des Klägers zur Entstehung gelange und, wenn es ausgeübt werde, der Veräußerung der Siedlungsstelle an einen Dritten hindernd im Wege stehe. Deshalb enthalte § 3 des Tauschvertrags in seinem ersten Teile keine Bedingung im Rechtssinne, sondern lediglich die Feststellung, daß der Beklagte nur eine beschränkte Verfügungsgewalt über das Erbpachtgut besitze und sich dem H. gegenüber nicht weiter verpflichten wolle, als seine Verfügungsbefugnis reiche. Hätten die Vertragsteile aber darüber hinaus aussprechen wollen, daß der Tauschvertrag im Falle seiner Nichtgenehmigung durch das Siedlungsamt überhaupt keine Rechtswirkungen äußern, also auch das Wiederkaufsrecht des Klägers ausschließen solle, so wäre eine solche Bestimmung in entsprechender

Anwendung des § 506 BGB. dem Kläger gegenüber ohne rechtliche Bedeutung.

Diese Erwägungen werden von der Revision bekämpft. Sie sind in mehrfacher Hinsicht rechtsirrig und werden weder dem Wesen des Wiederkaufsrechts noch dem Zwecke und der sozialen Bedeutung der Siedlungsgesetzgebung gerecht.

Das Vorkaufsrecht ist das Recht, in einen zwischen dem Veräußerer und einem Dritten abgeschlossenen Kaufvertrag unter den zwischen ihnen vereinbarten Bedingungen einzutreten. Der Vorkaufsberechtigte darf vor jedem Dritten kaufen, muß sich aber, wenn er es tut, den von diesem dem Verkäufer zugestandenen Bedingungen fügen (§ 505 Abs. 2 BGB.). Das Wiederkaufsrecht enthält dagegen die Befugnis zum Rückkauf eines Gegenstandes zu den bereits bei seinem Verkauf in dem ursprünglichen Kaufvertrage von dem Wiederkaufsberechtigten und dem Wiederkaufsverpflichteten festgesetzten Bedingungen. Während also der Vorkaufsberechtigte auf die Fassung der Erwerbsbedingungen keinen Einfluß auszuüben vermag, steht es in der Macht des Wiederkaufsberechtigten, die Rückkaufsbedingungen im voraus festzulegen. Das ist der grundlegende Unterschied, der auch zu einer verschiedenen rechtlichen Behandlung der beiden Rechte führen muß. Was sich nicht aus den Abreden des Wiederkaufsberechtigten und des Wiederkaufsverpflichteten in dem ursprünglichen Vertrage oder aus §§ 497—505 BGB. ergibt, gehört im Einzelfall auch nicht zum Inhalte des Wiederkaufsrechts. Dieser Grundsatz ist für das Wiederkaufsrecht der Siedlungsunternehmen in § 20 Abs. 2 Satz 1 SiedlG., nach dem

„die Dauer des Wiederkaufsrechts, der Preis und die näheren Bedingungen in dem Ansiedlungsvertrage festzusetzen sind"

auch noch ausdrücklich anerkannt. Die Vorschrift des § 506 BGB. will verhindern, daß der hinsichtlich der Fassung der Kaufbedingungen machtlose Vorkaufsberechtigte durch die Abrede, die Wirksamkeit des Kaufes solle von der Nichtausübung des Vorkaufsrechts abhängen oder dem Verkäufer solle für den Fall der Ausübung des Vorkaufsrechts ein Rücktrittsrecht zustehen, um sein Vorkaufsrecht gebracht werde. Eine gleiche Bestimmung aber hat der Gesetzgeber für das Wiederkaufsrecht nicht getroffen und brauchte sie auch nicht zu treffen, weil es in der Hand des Wiederkaufsberechtigten liegt, sich vertraglich ebenso zu sichern, wie § 506 BGB. den Vorkaufsberechtigten sichert. Der mit dem Wesen und der Eigenart des Vorkaufsrechts in engstem Zusammenhange stehende und eine selbstverständliche Ausnahme von der Regel des § 505 Abs. 2 BGB. (vgl. Mot. Bd. 2 S. 346, Pr. 2. Lesung Bd. 2 S. 97) darstellende § 506 kann daher weder unmittelbar noch mittelbar zugunsten des Wiederkaufsberechtigten Platz greifen, zumal auch § 20 SiedlG. von den über das Vorkaufsrecht der Siedlungsuuternehmen handelnden Bestimmungen nur den § 6 Abs. 2, nicht aber den auf den § 506 BGB. verweisenden § 8 SiedlG. in Bezug nimmt. Die Anwendung des in ihm enthaltenen Grundsatzes auf den vorliegenden Fall wäre daher nur möglich, wenn die Parteien des Erbpachtvertrags sie gewollt und diesen Willen in ihm erkennbar zum Ausdrucke gebracht hätten. Das haben sie aber nicht getan, obschon sie in den §§ 6 und 7 das Vorkaufs- und das Wiederkaufsrecht eingehend geregelt und in besonderer Weise ausgestaltet haben. So soll z. B. nach § 6 des Vertrags schon die Einreichung einer Veräußerungsurkunde ohne Rücksicht auf die Gültigkeit oder Ungültigkeit des in ihr beurkundeten Veräußerungsgeschäfts für das Siedlungsamt die Befugnis zur Ausübung des Vorkaufsrechts begründen, während sie sonst regelmäßig die Rechtswirksamkeit des mit dem Dritten geschlossenen Vertrags voraussetzt. Hinsichtlich des Wiederkaufsrechts ist etwas ähnliches jedoch nicht vereinbart worden und keine Bestimmung des § 7 a. a. O. deutet darauf hin, daß das Siedlungsamt die Rechtsstellung, die § 506 BGB. und § 6 des Erbpachtvertrags ihm als Vorkaufsberechtigten geben, auch in seiner Eigenschaft als Wiederkaufsberechtigter haben soll. Daraus folgt, daß nur ein Veräußerungsgeschäft, das für den Erbpächter eine unbedingte, im Prozeßweg erzwingbare Verpflichtung zur Eigentumsübertragung erzeugt, den Kläger zur Abgabe der Wiederkaufserklärung berechtigt. Ein solches Veräußerungsgeschäft hat der Beklagte aber nicht abgeschlossen. Denn nach dem klaren Wortlaute des § 3 des Tauschvertrags hat er sich nur unter der aufschiebenden Bedingung der Genehmigung des Tausches durch das Siedlungsamt zur Eigentumsübertragung verpflichtet, und da diese Bedingung unstreitig nicht eingetreten ist, so steht fest, daß eine Gebundenheit des Beklagten im Rechtssinne niemals bestanden hat und daß daher für die Ausübung des Wiederkaufsrechts kein Raum ist.

Dieses Ergebnis steht auch mit dem Geiste und Zwecke des SiedlG. in Einklang. Es will dem Ansiedler aus sozialen Gründen eine bleibende Heimstätte schaffen. Das Wiederkaufsrecht des Siedlungsamts soll verhüten, daß der Ansiedler die mit Hilfe öffentlicher Mittel geschaffene Siedlungsstelle zum Gegenstand einer Spekulation herabdrückt und sich durch ihre Veräußerung in sachlich nicht gerechtfertiger Weise bereichert. Aber jede Veräußerung, auch eine wirtschaftlich berechtigte unter allen Umständen zu verhindern, ist nicht seine Aufgabe. Die Möglichkeit einer Veräußerung, mit der das Siedlungsamt einverstanden ist, läßt das Gesetz dem Erbpächter offen. Dem Beklagten blieb daher, nachdem sein sachlich gerechtfertigter Versuch, vor dem förmlichen Abschluß des Tauschvertrags die Rechtslage zu klären und sich hinsichtlich der Absichten des Siedlungsamts Gewißheit zu verschaffen, gescheitert war, nichts weiter übrig, als entweder jeden weiteren Versuch, die Genehmigung des Siedlungsamts zu der beabsichtigten Veräußerung zu erhalten, aufzugeben oder den Tauschvertrag unter der in den § 3 aufgenommenen Bedingung abzuschließen. Mit ihr gab er deutlich zu erkennen, daß er keinesfalls ohne Heimstätte bleiben wolle und nur die Entscheidung darüber, ob er die ihm verliehene gegen eine andere eintauschen dürfe oder nicht, dem Siedlungsamt überlasse. Genehmigte es den Tausch nicht, so entspricht es unter diesen Umständen allein den oben erwähnten, dem Siedlungsgesetz, namentlich seinem § 20 zugrunde liegenden gesetzgeberischen Gedanken, daß an der Rechtslage, die vor dem Abschluß des bedingten Tauschvertrags bestand, sich nichts änderte, und der Beklagte im Besitze seiner bisherigen Heimstätte verblieb.

---

66. 1. Handelt es sich um eine Ehesache, wenn die Frau aus § 12 BGB. gegen den Mann klagt?
2. Liegt darin, daß der Ehemann eine andere Frauensperson als seine Ehefrau in das Fremdenbuch eines Gasthofs einträgt, ein Namensmißbrauch im Sinne des § 12 BGB.?

IV. Zivilsenat. Urt. v. 27. September 1923 i. S. Ehem. Fr. (Bekl.) w. Ehefr. Fr. (Kl.). IV 91/23.

I. Landgericht III Berlin. — II. Kammergericht Berlin.

Der Beklagte hat im September 1921 einige Tage in einem Leipziger Gasthof mit der Tänzerin Juliette Bo. zusammengewohnt und in das dortige Fremdenbuch eingetragen: Dr. Fr., Harold, geb. 27. Juli 1877 und Frau Juliette geb. Bo., geb. 27. Oktober 1891. Die am 9. August 1891 geborene Klägerin, seine Ehefrau, erblickt darin einen unbefugten Gebrauch ihres Namens und hat beantragt, den Beklagten unter Androhung von Geldstrafen zur Unterlassung eines weiteren derartigen Namensmißbrauchs zu verurteilen. Sie ist in den Vorinstanzen mit ihrer Klage durchgedrungen. Auf die Revision des Beklagten ist das Urteil aufgehoben und die Klage abgewiesen worden.

Gründe:

Der Berufungsrichter verneint mit zutreffenden Gründen das Vorliegen einer Ehesache. Allerdings sind das Recht und die Pflicht der Ehefrau, den Namen des Mannes zu führen (§ 1355 BGB.), Wirkungen der Ehe. Sie entspringen dem persönlichen Verhältnis der Gatten. Werden sie von dem einen Eheteil verletzt, indem z. B. die Frau den Namen des Mannes zu führen sich weigert oder der Mann die Frau an der Führung seines Namens hindert, so steht dem anderen die Herstellungsklage aus § 1353 BGB. zu, um ein dem Wesen der Ehe entsprechendes Verhalten herbeizuführen. Die Klagemöglichkeit ist aber nicht auf § 1353 beschränkt. Das Recht der Frau auf Führung des Mannesnamens ist kein bloßes Recht der Ehegemeinschaft, obwohl es in ihr wurzelt, sondern besteht auch gegenüber der Allgemeinheit mit der Folge, daß es von jedem zu achten ist. Dafür spricht schon die Vorschrift des § 1577 BGB., wonach die geschiedene Ehefrau in der Regel den Familiennamen des Mannes behält. Zweifellos kann die Frau während der Ehe, und zwar auch ohne besondere Genehmigung des Mannes, einem Dritten den Gebrauch ihres nach § 1353 BGB. erworbenen Familiennamens auf Grund des § 12 BGB. untersagen (Gruch. Bd. 46 S. 127). Die Klage wegen Beeinträchtigung ihres Namensrechts aus § 12 BGB. muß ihr aber, sofern dessen Voraussetzungen vorliegen, auch gegen den Ehemann zustehen. Es handelt sich dabei nicht ausschließlich um das Innenverhältnis der Gatten, dessen Hineinziehen in einen der besonderen Sicherungen des Eheprozesses entbehrenden Rechtsstreit dem Wesen der Ehe widersprechen würde, sondern um ein absolutes Recht der Frau, das nicht das eheliche Verhältnis allein angeht und von dem Mann in gleicher Weise wie von jedem Dritten verletzt werden kann. Man wird aus diesen Gründen der Klägerin die Klage aus § 12 BGB. nicht versagen dürfen.

In der Sache selbst fragt es sich zunächst, ob der Beklagte, indem er im Fremdenbuch des Gasthofs eintrug: „Dr. Fr. und Frau Juliette geb. Bo., geb. 27. Oktober 1891“ den Namen der Klägerin gebraucht hat. Vorausgesetzt wird in § 12 BGB. der Gebrauch des Personennamens. Wenn auch der vollständige Personenname der Klägerin in dem Eintrag nicht angegeben ist, so würde doch die Bezeichnung: „Dr. Fr. und Frau“ zur namentlichen Kennzeichnung der Klägerin ausreichen, da sie nach der allgemeinen Verkehrsauffassung nichts anderes bedeuten würde als: Herr und Frau Dr. Fr., also nicht nur den bloßen Gattungsnamen (Frau), sondern auch den Familiennamen (Frau Fr.) enthalten würde. Nun hat der Beklagte dem Eintrag nicht den richtigen Vor- und Geburtsnamen der Klägerin (Margarethe geb. Bu.), sondern die Namen seiner Begleiterin (Juliette geb. Bo.) nebst deren Geburtsdatum beigefügt. Der Berufungsrichter nimmt an, der Zusatz habe nur nebensächliche Bedeutung und sei nicht geeignet, Dritte in der Vorstellung, daß die Klägerin, d. h. die Ehefrau genannt sei, zu beeinflussen. Dem ist beizupflichten. Der Name Frau Fr. steht ausschließlich der Klägerin zu. Diesen Namen hat der Beklagte in dem Eintrag einer anderen beigelegt. Daß er diese daneben mit ihrem wahren Vor- und Geburtsnamen bezeichnet hat, ist deshalb nicht erheblich, weil der vollständige Name der Ehefrau verkehrsüblich nicht angegeben zu werden pflegt und der hier aus polizeilichen Gründen hinzugefügte Vor- und Geburtsname jedenfalls in der Anschauung des Hotelpersonals und des Publikums gegenüber dem Familiennamen nicht von wesentlicher Bedeutung ist. Nur darauf kommt es an, ob nach dem Gesamteindruck der Bezeichnung der Gebrauch des gleichen Namens angenommen werden kann. Das ist hier mit dem Berufungsrichter zu bejahen.

Die Revision macht sodann geltend, daß ein unbefugter Gebrauch des Namens der Klägerin durch den Beklagten nicht vorliege, da er ihn nicht zur Bezeichnung seiner eigenen Person verwendet habe. In der Rechtslehre und Rechtsprechung wird überwiegend die Meinung vertreten, daß der Namensschutz des § 12 BGB. nicht auf die Fälle zu beschränken ist, in denen jemand seiner eigenen Person den Namen eines anderen beilegt, also den fremden Personennamen als eigenen führt. Ein Gebrauch des Namens kann vielmehr auch dann vorliegen, wenn jemand sonstwie den fremden Namen mit sich in Verbindung bringt, indem er ihn z. B. zur Bezeichnung seines Geschäfts, seiner Ware, seiner gewerblichen, künstlerischen und literarischen Erzeugnisse benutzt. Eine Stütze findet diese Ansicht bereits in der Entstehungsgeschichte des Gesetzes, nach der die Fassung: wer unbefugt den gleichen Namen „gebraucht", klarstellen sollte, daß die Vorschrift auch anwendbar sei, wenn jemand den fremden Namen „nicht zur Kennzeichnung seiner Person, sondern zu Reklamezwecken, zur Bezeichnung von Waren, auf Schildern usw. mißbrauche" (Protokolle der 2. Lesung Bd. 6 S. 113). Das Reichsgericht hat demgemäß in Fällen solcher Art den Namensschutz regelmäßig gewährt (RGZ. Bd. 54 S. 42, Bd. 74 S. 310, Bd. 100 S. 186; JW. 1901 S. 765; Warn. 1911 Nr. 222). Zu Zweifeln Anlaß bietet aber die weitere Frage, ob ein Namensgebrauch auch darin zu finden ist, daß jemand den Namen eines anderen nicht zur Kennzeichnung seiner eigenen Person oder seiner eigenen gewerblichen, wissenschaftlichen oder künstlerischen Tätigkeit (als Firmennamen, Warennamen, Buchtitel u. dgl.) verwendet, sondern ihn einem Dritten beilegt. Der Berufungsrichter bejaht dies, weil der „Gebrauch" des Namens jede Art der Benutzung in sich schließe. Die Vorschrift des § 12 BGB. darf indessen nach Sinn und Zweck des Gesetzes auf Fälle der zuletzt erwähnten Art nicht ohne weiteres ausgedehnt werden. In der Rechtswissenschaft wird die Frage, ob derjenige, der andere Personen mit einem ihnen nicht zukommenden Namen bezeichnet, von dem Namensträger auf Grund des § 12 BGB. in Anspruch genommen werden kann, verschieden beantwortet (vgl. Planck 2b zu § 12 BGB.). Das von der Revision in Bezug genommene Urteil des Reichsgerichts vom 15. März 1906 (DJZ. 1906 S. 543) erörtert ebenso wie das Urteil vom 3. Dezember 1917 (RGZ. Bd. 91 S. 350) den besonders liegenden Fall, wo erfundenen Gestalten (einer Scherzfigur in einem illustrierten Blatt und der Person eines Dichtwerks) die Namen wirklich vorhandener Personen beigelegt sind; von einer grundsätzlichen Entscheidung der Streitfrage konnten die Urteile absehen, da andere Erwägungsgründe den Ausschlag gaben. Der Senat verkennt nicht, daß in Ausnahmefällen auch bei der Bezeichnung eines anderen mit dem Namen eines Dritten § 12 BGB. Anwendung finden kann. Ein solcher Ausnahmefall würde namentlich dann gegeben sein, wenn durch die Benennung des anderen mit dem fremden Namen der Anschein der Zugehörigkeit des Benannten zur Familie des Namensträgers erweckt würde, so in dem vom Berufungsrichter angeführten Beispiel, wo die uneheliche Mutter ihr Kind unter dem Namen des Erzeugers auftreten läßt. Ein derartiger Sachverhalt liegt hier nicht vor. Im übrigen, also von besonders gestalteten Fällen abgesehen, wird § 12 BGB. gegenüber demjenigen, der lediglich einem anderen den Namen eines Dritten beilegt, regelmäßig nicht anwendbar sein. Denn die Namensanmaßung im Sinne dieser Vorschrift setzt einen vom Anmaßenden gewollten Zusammenhang zwischen seiner Person oder Tätigkeit und der Namensgebung voraus. Hieran fehlt es aber jedenfalls dann, wenn wie hier der Beklagte einer ihm fremden, in keinen vom Recht geschützten Beziehungen zu ihm stehenden Person den Namen der Klägerin beilegt. Ob etwa die Bo. aus § 12 BGB. in Anspruch genommen werden könnte, bedarf hier nicht der Erörterung. Im Verhältnis des Beklagten zur Klägerin hat der Gesichtspunkt in den Vordergrund zu treten, daß von ihm die Interessen der Klägerin nicht so sehr dadurch verletzt worden sind, daß er die Bo. als Frau Fr., sondern daß er sie als seine Frau bezeichnete; ihrem Rechtsschutzbedürfnis geschieht insofern vollkommen Genüge, als sie das Verhalten des Beklagten nach § 1568 BGB. als Scheidungsgrund geltend machen, vielleicht auch Ansprüche aus §§ 823, 826 BGB. gegen ihn erheben kann.

---

67. Unterliegt die bei Erhöhung des Stammkapitals einer Gesellschaft m. b. H. erfolgende urkundliche Übernahme neuer Stammeinlagen seit dem 1. September 1921 noch dem Stempel der TarSt. 58 I 1 preuß. StempStG.?

VII. Zivilsenat. Urt. v. 28. September 1923 i. S. Preuß. Staat (Bekl.) w. R. u. Gen. (Kl.). VII 264/23.

I. Landgericht I Berlin. — II. Kammergericht daselbst.

Laut notarieller Verhandlung vom 2. Dezember 1921 wurde von der Gesellschafterversammlung der Luftfahrzeug-Gesellschaft m. b. H. die Erhöhung des Stammkapitals von 1500000 *M* auf 4500000 *M* beschlossen und wurden von den Klägern, die schon Mitglieder der Gesellschaft waren, von dem erhöhten Kapital gewisse Stammeinlagen übernommen. Die Steuerbehörde forderte außer der Reichsstempelabgabe noch für die Übernahme der Stammeinlagen den Schuldverschreibungsstempel gemäß TarSt. 58 I, 1 preuß. StempStG. Die Kläger entrichteten die Landesstempelbeträge und fordern sie mit der Klage zurück. Die Vorinstanzen gaben der Klage statt. Die Revision des Beklagten wurde zurückgewiesen.

Gründe:

Wenn, wie im vorliegenden Falle, bei der Erhöhung des Stammkapitals einer Gesellschaft m. b. H. solche Personen, die Mitglieder der Gesellschaft waren, die Erklärung abgeben, daß sie vom Betrage des erhöhten Kapitals gewisse Stammeinlagen übernehmen, so wird dadurch an sich der rechtliche Tatbestand der TarSt. 58 I, 1 preuß. StempStG. erfüllt. Kämen hierzu noch die Vorschriften des Reichsstempelgesetzes in Betracht, so würde ein Stempelansatz aus der vorbezeichneten landesrechtlichen Tarifstelle rechtlichen Bedenken nicht unterliegen. Insbesondere würde dem der § 7 RStG., wodurch landesrechtliche Stempelabgaben neben dem Reichsstempel in gewissem Umfang ausgeschlossen wurden, nicht entgegenstehen. Dies ließe sich namentlich daraus folgern, daß die Gesellschaftssteuer des Reichsstempelgesetzes auf der Beurkundung von Gesellschaftsverträgen und Gesellschaftsbeschlüssen ruhe, welche die Errichtung der Gesellschaft oder die Erhöhung ihres Kapitals betreffen, und daß der auf Erhöhung des Stammkapitals gerichtete Beschluß einer Gesellschaft m. b. H. einerseits und die auf Übernahme weiterer oder neuer Stammeinlagen vom erhöhten Betrage gerichteten Verpflichtungserklärungen einzelner Personen anderseits rechtlich verschiedene und selbständige Vorgänge darstellen.

Der Erhöhungsbeschluß und die Übernahmeerklärungen, um die es sich vorliegend handelt, sind jedoch nach dem Zeitpunkte (1. September 1921) erfolgt, in welchem gemäß § 89 des Kapitalverkehrssteuergesetzes vom 8. April 1922 dieses Gesetz, soweit es sich auf die von den Kapitalgesellschaften — zu denen auch die Gesellschaften m. b. H. gehören (§ 3c) — zu entrichtende Gesellschaftssteuer bezieht, in Kraft getreten ist und die betreffenden Vorschriften des Reichsstempelgesetzes außer Kraft getreten sind. Hier kommt daher nicht das Reichsstempelgesetz, sondern das Kapitalverkehrssteuergesetz, dieses übrigens in Verbindung mit dem Landessteuergesetz vom 30. März 1920 in Betracht. § 6a Kap. V StG. knüpft aber die Gesellschaftssteuerpflicht nicht mehr an die Beurkundung eines Vertrags oder eines Beschlusses, sondern an die Zahlungen und Leistungen, die zum Erwerbe von Gesellschaftsrechten — bei Gesellschaften m. b. H. insbesondere: von Geschäftsanteilen, vgl. § 5 — durch den ersten Erwerber, sei es nun bei Errichtung der Gesellschaft oder bei einer Kapitalserhöhung, erforderlich sind. Wie hieraus ersichtlich wird, steht nach dem anwendbaren Rechte bei Erhöhung des

Stammkapitals einer Gesellschaft m. b. H. der die Gesellschaftssteuer begründende Vorgang — nämlich die zum Erwerb eines weiteren oder neuen Geschäftsanteils geleistete Zahlung — dem Vorgange der Erklärung, eine weitere oder neue Stammeinlage zu übernehmen, viel näher, als sich früher das Verhältnis zwischen den den Reichsstempel und den Landesstempel begründenden Tatsachen gestaltete. Jetzt gehören beide Akte, die Zahlung wie die Übernahmeerklärung (vgl. hierzu § 55 Abs. 1 GmbHG.), zu dem auf Erwerb von Geschäftsanteilen gerichteten Geschäftsvorgang im ganzen.

Ob gleichwohl neben der Gesellschaftssteuer noch der Landesstempel der TarSt. 58 erhoben werden darf, ist aus § 2 LandesStG. und § 84 Kap. V StG. zu entscheiden. Nach jenem § 2 schließt die Inanspruchnahme von Steuern für das Reich die Erhebung gleichartiger Steuern für die Länder aus. Der bezeichnete § 84 läßt im Abs. 2 die Möglichkeit zu, eine Gleichartigkeit mit der gesetzlich als Verkehrs- oder Geschäftssteuer angeordneten Gesellschaftssteuer auch für einen landesrechtlichen Urkundenstempel anzunehmen. Im Abs. 1 des § 84 sind im Sinne des Landessteuergesetzes als Steuern, die den durch das Kap. V StG. geregelten Steuern gleichartig sind, u. a. Steuern aufgeführt, die sich beziehen auf Gesellschaftsverträge und Rechtsvorgänge, auf denen die in Teil I des Gesetzes genannten Gesellschaftsrechte beruhen; zu diesen Rechten gehören nach § 5 auch die bei Gesellschaften m. b. H. erworbenen Geschäftsanteile. Nun kann nicht zweifelhaft sein, daß die im Anschluß an den Beschluß einer Gesellschaft m. b. H. auf Erhöhung des Stammkapitals abgegebenen und formgemäß beurkundeten, auf Übernahme von Stammeinlagen lautenden Erklärungen für die demnach erworbenen Geschäftsanteile von grundlegender Bedeutung sind. Die beurkundete Übernahmeerklärung gehört mithin zu den Rechtsvorgängen, auf denen das vom Erklärenden neu erworbene Gesellschaftsrecht beruht. Daraus in Verbindung mit den im Vorstehenden angezogenen Vorschriften folgt aber, daß der Landesstempel für die Übernahmeerklärung als gleichartig mit der reichsrechtlichen Gesellschaftssteuer zu gelten hat und nicht erhoben werden darf. . . .

---

68. Wann ist das Reichstumultschadengesetz vom 12. Mai 1920 in dem deutsch gebliebenen Abstimmungsgebiete von Oberschlesien in Kraft getreten?

VI. Zivilsenat. Urt. v. 1. Oktober 1923 i. S. Stadtgemeinde B. (Bekl.) w. F. (Kl.). VI 994/22.

I. Landgericht Beuthen O/S. — II. Oberlandesgericht Breslau.

Der Kläger ist Eigentümer eines in B. gelegenen Hauses, an welchem bei einem in der Nacht vom 28. zum 29. Mai 1920 erfolgten Zusammenlauf Schaufensterscheiben zertrümmert wurden; hierwegen nimmt der Kläger die Stadtgemeinde auf Grund des preußischen Tumultschadengesetzes vom 11. März 1850 in Anspruch. Er hat seine Forderung am 29. Mai 1920 bei der Beklagten angemeldet und von ihr ein Schreiben vom 5. Juni 1920 erhalten, in dem sie ihm eröffnet, daß Ansprüche auf Grund landesgesetzlicher Vorschriften über Aufruhrschäden nach § 11 des Reichsgesetzes vom 12. Mai 1920 nicht mehr geltend gemacht werden könnten. Nunmehr erhob der Kläger am 2. Juli 1920 die vorliegende Klage. Die Vorinstanzen gaben der Klage statt. Die Revision der Beklagten blieb erfolglos.

Gründe:

Das Berufungsgericht geht davon aus, daß das preußische Tumultschadengesetz bei Erlaß des angefochtenen Urteils in dem oberschlesischen Abstimmungsgebiete noch in Kraft, das Reichsgesetz vom 12. Mai 1920 über die durch innere Unruhen verursachten Schäden dort noch nicht eingeführt gewesen sei. Sodann stellt es fest, daß die deutsch-polnischen Straßenkämpfe in Oberschlesien unter das preußische Gesetz fielen und daß danach die Klage begründet erschiene. Von der Revision wird bezweifelt, ob der Rechtsweg noch zulässig sei, was von Amts wegen geprüft werden müsse. Es bestehen aber keine begründeten Bedenken gegen die Zulässigkeit.

Nach § 11 des angeführten Reichsgesetzes können Ansprüche wegen der nach Inkrafttreten des Gesetzes verursachten Schäden auf Grund der landesgesetzlichen Vorschriften über den Ersatz von Aufruhrschäden gegen Länder oder Gemeinden nicht mehr geltend gemacht werden. Das Gesetz ist gemäß § 19 das. mit dem Tage der Verkündung, d. i. mit dem 14. Mai 1920, in Kraft getreten, der Tumult vor dem Hotel L. fällt aber später. Über Ersatzansprüche, die nach §§ 1 flg. des Reichsgesetzes zu beurteilen sind, entscheidet nach § 6 das. ein Ausschuß, gegen dessen Entscheidungen die Beschwerde an das Reichswirtschaftsgericht stattfindet. Nun war aber das Reichsgesetz zur Zeit des Tumults im Abstimmungsgebiet noch nicht in Geltung. Durch § 3 Abs. 3 der Anlage zu Art. 88 des Versailler Vertrags vom 28. Juni 1919 ist bestimmt, daß Abänderungen der bestehenden Gesetze nur mit Zustimmung des im § 2 der Anlage vorgesehenen internationalen Ausschusses in Kraft treten; Änderungen des preußischen Gesetzes bedurften somit der Zustimmung des Ausschusses und diese ist nicht erteilt worden. Rechtsfolgen aus dem Tumult konnten sich daher jedenfalls zunächst nur nach Maßgabe des preußischen Gesetzes ergeben, und dieses sieht im § 5 die gerichtliche Geltendmachung der Ersatzansprüche ausdrücklich vor. Dementsprechend hat der Kläger gehandelt, als er seine Ansprüche bei der Beklagten anmeldete und dann zur Klage schritt. Im Laufe des Rechtsstreits hat nun die Tätigkeit des Ausschusses ihr Ende erreicht, und in den bei Deutschland verbliebenen Teilen des Abstimmungsgebiets ist die volle Staatshoheit Deutschlands und Preußens wieder aufgelebt (Crusen, Die zukünftige Rechtslage in Oberschlesien, JW. 1922 S. 1074). Das hat grundsätzlich die Folge, daß Gesetze und Verordnungen, deren Geltung in dem bezeichneten Gebiete bisher behindert war, dort nunmehr volle Wirksamkeit erlangt haben, sofern dem nicht besondere Gründe entgegenstehen. Solche Gründe sind für das Reichsgesetz vom 12. Mai 1920 nicht ersichtlich. Es fragt sich aber weiter, ob nicht das verzögerte Inkrafttreten des Gesetzes von sachlicher Bedeutung für seine Auslegung ist.

Auch die Beklagte geht von der jetzigen Geltung des Reichsgesetzes aus, will ihm aber Wirksamkeit nicht erst seit der Beendigung der Tätigkeit des internationalen Ausschusses, sondern rückwirkend seit seinem Inkrafttreten am 14. Mai 1920 beilegen. Sie hält daher die §§ 6, 11 für anwendbar und schließt aus ihnen, daß der Kläger seine Ansprüche im Prozeßwege nicht weiter verfolgen könne. Für diese Ansicht hat sie sich auf eine Bekanntmachung des Regierungspräsidenten in Oppeln vom 12. Januar 1923 und ein Schreiben des Reichskommissars für die Ermittlung der oberschlesischen Aufstandsschäden vom 30. Januar 1923 bezogen. Diese Schriftstücke befassen sich zwar mit der Durchführung des Reichsgesetzes, die nach einer auf § 18 Abs. 1 Satz 2 das. gestützten Bestimmung des preußischen Ministers des Innern dem Reichskommissar übertragen sei, soweit die Schäden in der Zeit vom 11. Februar 1920 bis 15. Juni 1922 entstanden sind, entscheiden aber nicht die hier erhebliche Frage. Nun hat die Beklagte weiter Abschrift eines Schreibens vom 12. März 1923 vorgelegt, in dem sie dem Reichskommissar unter Berufung auf die Bekanntmachung vom 12. Januar 1923 ihre oben wiedergegebene Ansicht vorträgt und ihn bittet, ihr deren Richtigkeit zu bestätigen. Da die Antwort des Reichskommissars nicht beigefügt war, so hat der Senat Veranlassung genommen, hierüber von dem Reichskommissar eine Auskunft einzuholen. Aus seiner Antwort geht hervor, daß der Vorsitzende des Ausschusses zur Feststellung von Entschädigungen für Aufruhrschäden in Oppeln die Erteilung einer Rechtsauskunft abgelehnt und der Beklagten mitgeteilt hat, über den Zeitpunkt des Inkrafttretens des Reichsgesetzes habe der Ausschuß zu entscheiden. Dieser habe damals noch keine Spruchsitzung abgehalten gehabt, er habe sich aber seitdem auf den Standpunkt gestellt, daß auf alle bis zum 10. Juli 1922, an welchem Tage die Regierungsgewalt des internationalen Ausschusses ihr Ende gefunden habe, entstandenen Schäden das preußische Gesetz Anwendung zu finden habe.

Diesem Ergebnis ist zuzustimmen. Reichsgesetze sind nach Art. 70 der Verfassung im Reichsgesetzblatt zu verkünden, nach Art. 71 aber treten sie, soweit sie nichts anderes bestimmen, mit dem vierzehnten Tage nach Ablauf des Tages in Kraft, an dem das Reichsgesetzblatt in der Reichshauptstadt ausgegeben ist. Dies gilt grundsätzlich für das gesamte Reichsgebiet, daher hat das Reichsgesetz vom 12. Mai 1920, wie schon oben bemerkt, mit dem 14. Mai 1920, an sich im ganzen Reichsgebiete Wirksamkeit erlangt. Es kann nun dahingestellt bleiben, wie sich die Rechtslage gestaltet, wenn sich der Durchführung eines Reichsgesetzes in einzelnen Teilen des Reichs zeitweilig Hindernisse tatsächlicher Art entgegenstellen. Im vorliegenden Falle darf aber nicht außer acht gelassen werden, daß der Versailler Vertrag von der Nationalversammlung durch das Gesetz vom 16. Juli 1919 genehmigt worden ist und somit die aus § 3 der erwähnten Anlage zu Art. 88 des Vertrags sich ergebenden Einschränkungen der deutschen Staatshoheit auch rechtlich anerkannt worden sind. Hat aber hiernach das Reichsgesetz vom 12. Mai 1920 trotz der Vorschrift des § 19 das. im Abstimmungsgebiet nicht mit der Verkündung, sondern erst mit der Beendigung der Tätigkeit der internationalen Kommission rechtliche Wirkung erlangt, so muß dieser Umstand bei der Auslegung seiner einzelnen Bestimmungen berücksichtigt werden. Da es sich in dem zur Entscheidung stehenden Falle um Vermögensschaden handelt, so greift die Vorschrift des § 15 ein, nach der für solche Schäden, wenn sie seit dem 1. November 1918 bis zum Inkrafttreten des Gesetzes verursacht sind, die bisherigen Gesetze mit der Einschränkung maßgebend bleiben, daß der Ersatz mittelbaren Schadens und entgangenen Gewinns sowie der Ersatz für Gegenstände, die den Luxusbedürfnissen des Betroffenen dienen, nicht beansprucht werden kann. Im Sinne dieser Vorschrift sowie der des § 11 kann als Zeitpunkt des Inkrafttretens des Reichsgesetzes im Abstimmungsgebiet trotz des § 19 nur die Beendigung der Tätigkeit der internationalen Kommission angesehen werden. Die Bestimmung des § 15 ist daher auf alle Ansprüche wegen solcher Schäden anwendbar, die vor dem Ende der Tätigkeit der Kommission, aber nach dem 1. November 1918 verursacht wurden. Die entgegengesetzte Auslegung würde zu einer schweren Benachteiligung der Geschädigten führen; denn während der Verwaltung der internationalen Kommission konnten sie ihre Schäden auch in Gemäßheit des Reichsgesetzes nicht verfolgen, weil dieses noch nicht in Kraft war. Die gerichtliche Weiterverfolgung des Klaganspruchs innerhalb der Schranken des § 15 a. a. O. ist daher nicht zu beanstanden. Der dem Urteile RGZ. Bd. 101 S. 385 zugrunde liegende Sachverhalt war insofern abweichend, als es sich damals um die Anwendung des § 14 handelte und eine Verzögerung des Inkrafttretens des Reichsgesetzes nicht in Frage kam. . . .

69. 1. Wie weit reicht die örtliche Zuständigkeit der staatlichen Förster in Preußen auf dem Gebiete der Jagdpolizei?
2. Stehen Privatförster, die als Forstschutzbeamte vereidigt sind, auf dem Gebiete der Jagdpolizei in Preußen den staatlichen Förstern gleich?

VII. Zivilsenat. Urt. v. 2. Oktober 1923 i. S. W. (Kl.) w. Gr-Str. (Bekl.). VII 72/23.

I. Landgericht Oppeln. — II. Oberlandesgericht Breslau.

Am 31. Oktober 1920 übte der Kläger zusammen mit dem Bauergutsbesitzer P. auf der von ihm gepachteten Jagd der Gemeinde O. die Jagd aus. P. führte ein dem Kläger gehöriges Jagdgewehr bei sich. Dieses wurde ihm von Forstbeamten des Beklagten unter Führung des Privatförsters J. weggenommen; es wurde dann dem Amtsvorsteher abgeliefert und von diesem an den Landrat des Kreises Gr-Str. gesandt. Der Landrat gab es weiter an den Kreiskontrolleur, bei diesem ist es von französischen Soldaten abgeholt worden, und seitdem ist es verschwunden. Der Kläger verlangt vom Beklagten Herausgabe des Gewehrs, hilfsweise Zahlung einer Geldsumme, die er zuletzt auf 150000 ℳ bezifferte. Beide Vorinstanzen haben die Klage abgewiesen. Die Revision blieb ohne Erfolg, jedoch konnte den Gründen des Berufungsgerichts nicht durchweg beigetreten werden.

Aus den Gründen:

Die Klage ist in erster Linie darauf gestützt, daß der Beklagte Besitzer des Gewehrs gewesen ist. Diese Klage ist abgewiesen worden (es wird dargelegt, daß das mit Recht geschehen ist).

Die auf § 823 BGB. gestützte Klage lehnt der Berufungsrichter aus drei Gründen ab. ...

... Die Feststellung, daß J. rechtmäßig gehandelt hat, ist nicht einwandfrei begründet. Es fehlt die Begründung seiner örtlichen Zuständigkeit. J. war, wie der Berufungsrichter feststellt, „vereidigter Forstschutzbeamter". Er war also nach § 24 Preuß. ForstdiebstahlG. ein für allemal dahin vereidigt worden, alle Zuwiderhandlungen gegen das Gesetz anzuzeigen und bei den gerichtlichen Vernehmungen nach bestem Wissen usw. auszusagen. Wegen der ersteren Verpflichtung erhält auch der Privatforstbeamte durch die Vereidigung den Charakter eines öffentlichen Beamten und es sind ihm danach von der Rechtsprechung des Kammergerichts (KGJ. Bd. 35 S. 20) und des Reichsgerichts (JW. 1900 S. 615 Nr. 5) die Befugnisse der staatlichen Forstbeamten beigelegt worden, und zwar auch bei Ausübung der Jagdpolizei.

Nach der älteren Gesetzgebung, namentlich der Rundverfügung des Landwirtschaftsministers vom 14. März 1850 (MinBl. f. d. i. V. 1850 S. 107), wurde angenommen, daß die Jagdpolizeibeamten allgemein, auch außerhalb ihrer eigenen Schutzbezirke, zuständig seien (RGSt. Bd. 2 S. 306, Bd. 10 S. 106). Das sollte nach der Entscheidung des Reichsgerichts (JW. 1900 S. 615 Nr. 5) noch gelten auf Grund der Dienstinstruktion für die Kgl. Preußischen Förster vom 23. Oktober 1868 (MinBl. f. d. i. V. 1869 S. 95). Es heißt dort in § 37 Satz 2: „Auch von zu seiner Wahrnehmung oder Kenntnis gelangenden Zuwiderhandlungen gegen die Forst- und Jagdpolizeigesetze in nicht zu seinem Schutzbezirk gehörenden und in nicht Kgl. Waldungen hat er seinem vorgesetzten Oberförster Anzeige zu machen."

In dem RGSt. Bd. 20 S. 344 abgedruckten Urteil wird ebenfalls noch ausgeführt, daß die Pflicht zur Anzeige eine vorgängige Überwachung voraussetze, die Instruktion von 1868 also die Verfügung von 1850 nicht eingeschränkt habe. Das Kammergericht nahm einen abweichenden Standpunkt ein, der in KGJ. Bd. 35 C S. 22 ausführlich dargelegt ist. Danach wird den staatlichen Förstern die Pflicht und das Recht zu jagdpolizeilicher Überwachung in nicht staatlichen Revieren abgesprochen. Dem hat sich dann auch der Landwirtschaftsminister selbst angeschlossen, vgl. die Verf. v. 24. Februar 1900 (MinBl. f. d. i. V. 1900 S. 101). Er hat auch Anlaß genommen, die Dienstinstruktion von 1868 in dem entscheidenden Satze zu ändern und durch seine Verfügung vom 12. Januar 1900 (a. a. O. S. 128) dahin zu fassen: „Den Forst- und Jagdschutz hat er — der Kgl. Förster — auch in anderen Königlichen, nicht zu seinem Schutzbezirk gehörenden, Waldungen nach Maßgabe der Bestimmungen im § 30 Abs. 3 auszuüben. Von den zu seiner Wahrnehmung oder Kenntnis gelangenden Zuwiderhandlungen gegen die Forst- und Jagdpolizeigesetze in nicht Kgl. Forst- und Jagdbezirken hat er seinem vorgesetzten Oberförster Anzeige zu machen." Der Sinn der Vorschrift ist jetzt einwandfrei klargestellt. Das Reichsgericht hat seine abweichende Stellung später nicht mehr aufrechterhalten (RGSt. Bd. 37 S. 32, Bd. 43 S. 215).

Ohne weiteres war also J. zu der auf dem Gebiet der Gemeindejagd O. vorgenommenen Beschlagnahme nicht zuständig. Es können aber nach der schon erwähnten Verfügung des Landwirtschaftsministers vom 24. Februar 1900 die mit der Wahrnehmung der Jagdpolizei betrauten Behörden — also die Landräte — staatlichen Forstbeamten oder vereidigten Privatforstbeamten „die aushilfsweise Mitwirkung bei der Ausübung der Jagdpolizei" auch außerhalb ihrer Reviere übertragen. Dabei ist die Zustimmung der vorgesetzten Regierung erforderlich, die Namen der Beamten und der Bezirke sind öffentlich bekanntzumachen. Ob diese Voraussetzungen bei J. zutrafen, ist nicht geprüft worden und deshalb versagt der erste Grund des Berufungsrichters.

... (Es wird dargelegt, daß ein weiterer Grund des Berufungsurteils zutrifft.)

---

70. Unter welchen Umständen können Angehörige eines fremden Staates in einem im Gebiete dieses Staates abgeschlossenen schuldrechtlichen Vertrag einen Ort außerhalb ihres Staates als Erfüllungsort vereinbaren, um dadurch die Anwendung eines in ihrem Staate geltenden Gesetzes auszuschließen?

V. Zivilsenat. Urt. v. 3. Oktober 1923 i. S. B. (Bekl.) w. V. (Kl.). V 886/22.

I. Landgericht II Berlin. — II. Kammergericht daselbst.

Im Februar 1920 hat der Beklagte in Petersburg, wo beide Parteien als russische Staatsangehörige damals lebten, eine Urkunde ausgestellt folgenden Wortlauts:

„Petrograd 15. Sept. 1917.

The National City Bank of New York
New York.

Dear sirs, Please pay to the holder of this letter Mrs. Tatiana V. or to her order the sum of 1000 — one thousand — Dollars which kindly place to the debit of my account.

This letter is termless and cannot be with-drawn.

Yours faithfully
M. B."

Gleichzeitig erklärte er in einem gleichfalls vom 15. September 1917 datierten Schreiben, mit welchem er die ersterwähnte Urkunde der Klägerin übersandte, daß er im Falle der Nichtauszahlung seitens der National City Bank of New York sich verpflichtete, nach Vorzeigung seines Briefes den Wert in amerikanischer Valuta zu bezahlen. Bei Vorzeigung der Anweisung hat die bezogene Bank die Einlösung abgelehnt mit der Erklärung, daß der Aussteller ihr spezielle Instruktionen erteilt habe, keinerlei Buchungen über sein Konto vorzunehmen. Die Klägerin hat darauf unter Vorlegung der beiden Urkunden im Urkundenprozesse Klage beim Landgericht II in Berlin erhoben mit dem Antrag auf Verurteilung des Beklagten, an die Klägerin 1000 Dollar amerikanischer Währung nebst 4% Zinsen seit 1. Oktober 1920 oder diejenige Summe in deutscher Reichswährung zu zahlen, welche diesem Betrag am Tage der Zahlung entspreche. Das Landgericht erkannte nach dem Klagantrag und behielt dem Beklagten die Ausführung seiner

Rechte im ordentlichen Verfahren vor. Das Kammergericht wies die Berufung des Beklagten zurück. Seine Revision blieb ohne Erfolg.

Gründe:

Der Berufungsrichter geht davon aus, daß auf den Anspruch der Klägerin deutsches Recht anzuwenden sei. Er begründet dies damit, daß es sich um einen schuldrechtlichen Vertrag handle. Bei einem solchen sei für die Frage, welches Recht anzuwenden sei, in erster Linie eine etwaige Parteivereinbarung maßgebend. In dieser Beziehung stellt er zunächst fest, daß die Parteien sich keinesfalls dem russischen Rechte unterwerfen wollten. Denn sie seien davon ausgegangen, daß nach russischem Rechte wegen Verstoßes gegen die Dekrete Nr. 69 und 709 der russischen Sowjetrepublik, wonach Rechtsgeschäfte in ausländischer Währung ohne Genehmigung des Finanzkommissariats verboten seien, ein klagbarer Anspruch nicht entstanden sei; beide Parteien hätten auch jede Verbindung mit Sowjet-Rußland lösen wollen. Die Klägerin habe offenbar damit gerechnet, ihren Anspruch auf die 1000 Dollar nötigenfalls im Klagewege verfolgen zu können; die Ausstellung der zweiten Urkunde lasse auch die Absicht der Parteien erkennen, die Klägerin möglichst sicher zu stellen; zudem hätten beide Parteien danach getrachtet, aus Rußland sobald als möglich zu fliehen und die Wiederkehr geordneter Verhältnisse dort habe in ungewisser Ferne gestanden. Deshalb sei als stillschweigender Wille der Parteien zu unterstellen, daß das zwischen ihnen geschlossene Rechtsgeschäft nicht in ihrem Heimatland erfüllt und nicht nach dessen Recht beurteilt werden solle. Auch aus der Zurückdatierung der Urkunden auf einen vor dem Beginn der Sowjetherrschaft liegenden Zeitpunkt lasse sich Gegenteiliges nicht entnehmen; denn diese Maßregel habe nur den Zweck gehabt, die Klägerin vor Bestrafung zu schützen, falls die Urkunden bei ihr gefunden würden, da der Abschluß von derartigen Geschäften ohne Genehmigung mit schweren Strafen bedroht gewesen sei. Auch das amerikanische Recht, das nach Ansicht der Klägerin anzuwenden sei, kommt nach der Meinung des Berufungsrichters nicht in Betracht; die Anwendung könne nicht daraus gefolgert werden, daß die Anweisung in englischer Sprache abgefaßt und auf Dollars gestellt sei; denn diese Umstände erklärten sich daraus, daß sie an eine amerikanische Bank gerichtet gewesen sei. Danach komme, da es an einem direkten und ausdrücklichen Hinweis auf das anzuwendende Recht fehle, nur das Recht des Erfüllungsorts in Betracht. Als Erfüllungsort sei nicht etwa der Wohnsitz der bezogenen Bank anzusehen, da es sich hier nicht um eine Verpflichtung der Bank, sondern um die Verpflichtung des Beklagten zur Zahlung im Falle der Nichteinlösung der Anweisung durch die Bank handle. Als stillschweigende Vereinbarung der Parteien müsse angenommen werden, daß als Erfüllungsort der Ort gelten sollte, an dem der Beklagte nach Bewerkstelligung seiner Flucht sich dauernd oder doch derartig niederlassen würde, daß er von der Klägerin im Falle der Nichterfüllung seiner Verbindlichkeit würde gerichtlich belangt werden können. Die Klägerin habe gewußt, daß das Geld zur schleunigen Flucht des Beklagten aus Rußland dienen sollte; da das Ziel der Flucht damals noch nicht festgestanden, habe als Erfüllungsort von den Parteien kein anderer gewollt sein können als derjenige, der sich aus dem ersten „ständigen" Aufenthalte des Beklagten nach seiner Flucht ergeben würde. Unstreitig habe der Beklagte sich in Berlin niedergelassen und nach seinem eigenen unbestrittenen Vorbringen dort eine Erwerbsstellung angenommen. Da demnach Berlin als Erfüllungsort anzusehen sei, müsse deutsches Recht zur Anwendung kommen.

Gegen die Anwendung deutschen Rechts wendet sich die Revision mit der Ausführung, die Auffassung, daß es dem Parteiwillen entspreche, Berlin als Erfüllungsort anzusehen, entbehre der ausreichenden Grundlage; es sei reine Zufallssache gewesen, wo der Beklagte sich hinterher niederließ; irgendeinen ungewissen Niederlassungsort als Erfüllungsort anzunehmen, habe den Parteien ganz ferngelegen. Diese Angriffe können indessen nicht durchgreifen. ... (Wird ausgeführt.)

Auch die von der Revision in der mündlichen Verhandlung erhobenen materiellrechtlichen Bedenken gegen die Anwendung des deutschen Rechts als des Rechts des Erfüllungsorts sind nicht gerechtfertigt. Es entspricht den für das internationale Privatrecht durch Wissenschaft und Rechtsprechung herausgearbeiteten Regeln, daß bei schuldrechtlichen Rechtsverhältnissen, soweit nicht eine bestimmte Parteivereinbarung nachweisbar, das Recht des Erfüllungsorts maßgebend ist (RGZ. Bd. 78 S. 59; Bd. 95 S. 165). Auch Angehörige eines fremden Staates, die in diesem Staate ihren Wohnsitz haben und dort einen Vertrag abschließen, sind nach dem für diese Vorfrage vom deutschen Richter anzuwendenden deutschen Rechte (vgl. RGZ. Bd. 95 S. 166) nicht gehindert, den Erfüllungsort für die aus dem Vertrag entspringenden Verpflichtungen außerhalb ihres Staates zu verlegen und dadurch die Anwendbarkeit eines fremden Rechts auf ihn herbeizuführen. Auch wenn sie dadurch ein in ihrem Staate geltendes zwingendes Gesetz umgehen oder dessen Anwendung vermeiden wollen, so ist dieser Beweggrund für den deutschen Richter kein Grund, der Vereinbarung des Erfüllungsorts die zur Anwendung des deutschen Rechts führende regelmäßige Wirkung zu versagen; es liegt weder ein Verstoß gegen ein für den deutschen Richter unbedingt maßgebendes gesetzliches Verbot vor (§ 134 BGB.), als welches nur das Verbot eines inländischen Gesetzes gelten kann, noch enthält ein Rechtsgeschäft einen Vorstoß gegen die guten Sitten (§ 138 BGB.) um deswillen, weil dadurch ein ausländisches Gesetz umgangen werden soll, das nicht durch allen

Kulturstaaten gemeinsame rechtlich-sittliche Erwägungen gerechtfertigt wird, sondern nur durch die in dem ausländischen Staate herrschenden wirtschafts- und sozialpolitischen (hier staatssozialistischen) Rechtsgrundsätze, die den deutschen Rechtsanschauungen widersprechen (vgl. Komm. v. RGRäten zu § 134 A 1 Schlußabsatz S. 198 und Warn. 1912 Nr. 241; Gruch. Bd. 61 S. 461). Unerörtert kann deshalb bleiben, ob, wie der Revisionsbeklagte geltend macht, die Anwendung der in Betracht kommenden Dekrete der russischen Sowjetregierung etwa durch Art. 30 EG. z. BGB. ausgeschlossen werden würde....

(Folgt Ausführung, daß unter Anwendung des deutschen Rechts der von dem Beklagten erhobene Einwand des Wuchers ohne Rechtsirrtum zurückgewiesen worden ist.)

---

71. Ist der Rechtsweg zulässig für Ansprüche auf Rückzahlung von Beträgen, die mit Zustimmung der Behörde an die Stelle von sichergestelltem Militärgut (Verordnung vom 23. Mai 1919, RGBl. S. 477) getreten sind?

III. Zivilsenat. Urt. v. 9. Oktober 1923 i. S. T. u. Gen. (Kl.) w. Deutsches Reich u. Gen. (Bekl.). III 890/22.

I. Landgericht I Berlin. — II. Kammergericht daselbst.

Der Kläger hatte von B. eine Anzahl Automobile gekauft, die dieser von der Reichstreuhandgesellschaft unter Bescheinigung des rechtmäßigen Erwerbs durch eine sog. Baubilkarte erworben hatte. Diese Automobile wurden im Dezember 1920 vom Reichsschatzminister auf Grund der VO. vom 23. Mai 1919, betreffend die Verwertung von Militärgut, als nicht rechtmäßig erworben sichergestellt, zugleich aber gegen Leistung einer Sicherheit zur Veräußerung freigegeben. Der Kläger hinterlegte einen Betrag von 225000 ℳ, verlangte aber mit der Klage die Rückzahlung zunächst von 12500 ℳ. Die Beklagten erhoben die Einrede der Unzulässigkeit des Rechtswegs. Die erste Instanz verwarf die Einrede, das Berufungsgericht gab ihr statt. Auf die Revision des Klägers wurde das Berufungsurteil aufgehoben und die Berufung der Beklagten gegen das Urteil der ersten Instanz zurückgewiesen.

Gründe:

Das Berufungsgericht geht zutreffend davon aus, daß es sich bei der Sicherstellung (Beschlagnahme) nach der erwähnten Verordnung nicht um eine privatrechtliche Maßregel des Reiches als Eigentümers von Heeresgut, sondern um einen staatlichen Hoheitsakt der zuständigen

Behörde handelt, und das gleiche muß für die Zulassung einer Abwendung oder Aufhebung der Sicherstellung gegen Hinterlegung eines Geldbetrags ebenso gelten, wie für Verfügungen zur Verwertung des sichergestellten Heeresguts. Anerkannten Rechtsgrundsätzen entspricht es auch, wenn das Berufungsgericht ausführt, daß die Zulässigkeit des Rechtswegs nur durch Gesetz, nicht durch Vereinbarung der Parteien begründet werden könne, und daß es auch nicht angängig sei, einen an sich im Rechtswege nicht verfolgbaren Anspruch auf dem Umweg über eine Schadensersatzklage vor die ordentlichen Gerichte zu bringen. Mit diesen allgemeinen Erwägungen läßt sich aber die Unzulässigkeit des Rechtswegs im vorliegenden Falle nicht begründen. Ob für Ansprüche, die sich aus einer solchen Sicherstellung oder Beschlagnahme ergeben, der Rechtsweg zulässig ist, muß nach dem Inhalt der sie regelnden Rechtsvorschriften beurteilt werden. In dieser Beziehung ist aber dem § 4 der VO. vom 23. Mai 1919 eine wesentlich andere Bedeutung beizumessen, als das Berufungsgericht annimmt. Wenn dort im Anschluß an die dem Reichsschatzminister erteilte Befugnis, Militärgut im Sinne der §§ 2, 3, das im Privatbesitze vorgefunden oder von unbefugter Seite zurückgehalten wird, sicherzustellen und der Verwertung zuzuführen, bestimmt ist, daß in Ansehung bestehender Rechte an die Stelle der verwerteten Gegenstände der Erlös trete und weitergehende Ansprüche unberührt blieben, so liegt darin der Ausdruck nicht nur der Möglichkeit solcher Rechte und Ansprüche, sondern auch der Zulässigkeit ihrer Geltendmachung auf dem für sie sonst üblichen Wege, d. h. dem Rechtswege. Dies um so mehr, als auch der Zweck der VO., eine rasche und sichere Erfassung des vielfach in unrechte Hände gelangten Heeresguts zu ermöglichen (vgl. Begründung der VO. bei Schlegelberger, Kriegsbuch Bd. 9 S. 98), einer nachträglichen Erörterung der fraglichen Rechte und Ansprüche nicht im Wege steht. Aus ähnlichen Erwägungen hat denn auch der VII. Zivilsenat im Urteil vom 26. September 1922, RGZ. Bd. 105 S. 192, den Rechtsweg für einen Anspruch auf Ersatz des Wertes sichergestellter Gegenstände für zulässig erklärt und dabei insbesondere auch die Annahme abgelehnt, daß Ansprüche auf den Erlös oder Schadensersatz im Rechtsweg erst dann verfolgt werden könnten, wenn der Verwaltungsakt der Beschlagnahme vom Reiche selbst als zu Unrecht erfolgt aufgehoben sei. Der erkennende Senat tritt dieser Entscheidung bei. Was dort für den Fall des Wertersatzes gesagt ist, muß aber auch hier gelten, wo es sich um einen Betrag handelt, der mit Zustimmung der Behörde an die Stelle des freigegebenen Gegenstandes getreten ist. Gegenüber den aus dem Inhalt der VO. abgeleiteten Erwägungen sind die allgemeinen Ausführungen des Berufungsgerichts über den Ausschluß des Rechtswegs bei öffentlichrechtlichen Verhältnissen ebenso unerheblich wie sein Hinweis auf die Bedeutung anderer Verordnungen. Der vom Berufungsgericht hervorgehobene Umstand, daß nach § 3 VO. der rechtmäßige Erwerb dem Reichsschatzminister gegenüber nachzuweisen sei, schließt nicht aus, daß später, wenn es sich nur noch um den Erlös der sichergestellten Gegenstände oder um Schadensersatz handelt, eine Austragung der streitigen Fragen im Rechtswege stattfindet. Daß der Zweck der VO. dem nicht entgegensteht, ist schon erwähnt worden. Man darf daher auch nicht mit dem Berufungsgericht aus dem bloßen Schweigen der VO. über die Zulässigkeit des Rechtswegs dessen Unzulässigkeit folgern. Eine Bestätigung der Zulässigkeit des Rechtswegs enthält auch das Gesetz über die Verwertung von Militärgut vom 31. März 1923, das inzwischen an die Stelle der VO. vom 23. Mai 1919 getreten ist. Dem § 3 des Gesetzes, dessen Satz 1 mit § 3 der VO. übereinstimmt, ist als Satz 2 die Bestimmung beigefügt: „Erklärt das Reichsschatzministerium, daß das Eigentum nicht nachgewiesen ist, so muß der Berechtigte binnen einem Monat nach Zustellung dieser Erklärung Klage auf Feststellung des Eigentums erheben; andernfalls gilt der Nachweis des Erwerbs als nicht erbracht". Im § 4 des Gesetzes, der im übrigen dem § 4 der VO. entspricht, ist dafür Sorge getragen, daß eine Verwertung in der Regel erst dann erfolgt, wenn die Feststellungsklage (§ 3 Satz 2) nicht rechtzeitig erhoben oder wenn sie rechtskräftig abgewiesen ist. Die neuen Vorschriften, die im Entwurf des Gesetzes nicht enthalten waren, sondern erst durch den Rechtsausschuß des Reichstags beigefügt worden sind, sollen eine beschleunigte Klarstellung der Rechtslage, wenn möglich vor der Verwertung des sichergestellten Gegenstandes, herbeiführen. Die Zulässigkeit des Rechtswegs für die dabei in Frage stehenden Ansprüche wird als selbstverständlich vorausgesetzt.

---

72. Findet, wenn der Dritte, der vertragsmäßig einen Schiedsrichter ernennen soll, vor der Ernennung wegfällt, § 1029 oder § 1033 ZPO. entsprechende Anwendung?

VII. Zivilsenat. Urt. v. 9. Oktober 1923 i. S. C. L.-AG. (Kl.) w. N. R.-AG. (Bekl.). VII 771/22.

I. Landgericht I Berlin. — II. Kammergericht daselbst.

Die Parteien sind in Streit geraten über einen zwischen ihnen abgeschlossenen Patentlizenzvertrag. Die Klägerin wünscht die Feststellung, daß die Beklagte nicht berechtigt ist, von der Klägerin eine Erhöhung der vertraglich festgesetzten Abgabe zu verlangen. Die Beklagte hat die Einrede des Schiedsvertrags erhoben und stützt sie auf

§ 14 des Vertrags, wo es heißt: „Für alle Streitigkeiten, die aus diesem Vertrage zwischen den Beteiligten, entstehen, unterwerfen sie sich unter Ausschluß des ordentlichen Rechtswegs der Entscheidung eines Schiedsgerichts, welches in Berlin seinen Sitz hat. Das Schiedsgericht besteht aus je einem von den Ältesten der Kaufmannschaft zu Berlin und von der Handelskammer zu Berlin zu ernennenden Schiedsrichter und aus einem, von den Schiedsrichtern zu ernennenden Obmann. ... Im übrigen gelten für das schiedsgerichtliche Verfahren die Vorschriften des 10. Buchs der deutschen Zivilprozeßordnung. Diese Vorschriften gelten auch für den Fall, daß die Ernennung der Schiedsrichter oder des Obmanns von den oben genannten Amtsstellen abgelehnt wird". Im Jahre 1919 hat sich die Korporation der Ältesten der Kaufmannschaft mit der Handelskammer vereinigt, die erstere ist erloschen. Die Klägerin hält deshalb den Schiedsvertrag wegen Wegfalls der einen zur Ernennung eines Schiedsrichters bestimmten Stelle für unwirksam. Das Landgericht verwarf die Einrede des Schiedsvertrags, das Kammergericht gab ihr dagegen statt und wies die Klage ab.

Auf Revision der Klägerin wurde das landgerichtliche Urteil wiederhergestellt.

Gründe:

Der Berufungsrichter hat die Frage, was rechtens ist, wenn der Dritte weggefallen ist, der vertragsgemäß einen Schiedsrichter ernennen soll, dahin beantwortet, daß § 1033 ZPO. hier keine Anwendung finden könne. Entsprechende Anwendung dieser Gesetzesvorschrift sei nur dann berechtigt, wenn gerade die Bestimmung des Schiedsrichters durch diesen Dritten für die Parteien nach dem Schiedsvertrage von wesentlicher Bedeutung gewesen sei. Wie der Fall rechtlich zu beurteilen ist, wenn diese letztere Voraussetzung für entsprechende Anwendung des § 1033 nicht gegeben ist, ob insbesondere dann § 1029 ZPO. entsprechend anzuwenden sei, hat das Berufungsgericht unentschieden gelassen. Es hat sich vielmehr darauf beschränkt, den Schiedsvertrag dahin auszulegen, daß es, weil sowohl die Ältesten der Berliner Kaufmannschaft, als auch die Berliner Handelskammer die gleichen Interessentenkreise vertreten hätten, für die Parteien nicht von wesentlicher Bedeutung hätte sein können, ob die Wahl der Schiedsrichter durch die eine oder die andere Vertretung erfolgen würde. Es sei deshalb dem Vertrage der Parteiwille zu entnehmen, daß beim Wegfall einer dieser Vertretungen beide Schiedsrichter von der anderen Vertretung, also von der Berliner Handelskammer, ernannt werden sollten.

Diese Vertragsauslegung steht aber im offensichtlichen Widerspruch zu dem eindeutigen und klaren Wortlaut des Vertrags. Auch die Parteien waren sich damals bewußt, daß die Ältesten der Kaufmannschaft und die Handelskammer die gleichen Interessentenkreise vertraten.

Wenn sie trotzdem vereinbarten, daß nicht eine dieser Vertretungen beide Schiedsrichter, sondern jede von ihnen je einen Schiedsrichter bestimmen sollte, so haben sie damit klar zu erkennen gegeben, daß es ihnen wesentlich darauf ankam, daß die Schiedsrichter von verschiedenen Persönlichkeiten ernannt werden sollten. Der Vorderrichter muß denn auch selbst zugeben, daß die Berufung eines Dritten zur Auswahl des Schiedsrichters dem Dritten eine Art höchstpersönlichen Rechtes verleiht, das niemals auf den Rechtsnachfolger übergehen kann.

Die Vertragsauslegung ist aber nicht nur deshalb rechtlich zu beanstanden, weil sie dem klaren Wortlaut widerspricht, sondern sie ist auch offenbar durch die unrichtige Rechtsauffassung beeinflußt, daß § 1033 ZPO. grundsätzlich auf den gegebenen Fall keine entsprechende Anwendung finden könne. Das Gesetz regelt den Fall, daß ein zur Ernennung eines Schiedsrichters berufener Dritter weggefallen ist, nicht ausdrücklich. Soweit ersichtlich, hat auch das Reichsgericht die Rechtsfrage noch nicht entschieden. In RGZ. Bd. 97 S. 158 ist sie angeregt worden, aber unentschieden gelassen. Das Oberlandesgericht Hamburg ist (OLG. Bd. 13 S. 247) der Auffassung, daß beim Wegfall des Dritten der Schiedsvertrag in entsprechender Anwendung des § 1033 unwirksam wird; das Oberlandesgericht Breslau hält (OLG. Bd. 17 S. 212) den § 1029 ZPO. für entsprechend anwendbar. Stein, Anm. I zu § 1028 ZPO., ist der Meinung, § 1029 ZPO. finde nach dem Vorbilde von § 319 Abs. 1 Satz 2 BGB. entsprechende Anwendung, es sei denn, daß gerade die Person des Dritten den Schiedsrichter ernennen sollte. Hellwig, Syst. II S. 111 hält dagegen den § 1033 ZPO. für entsprechend anwendbar und den Schiedsvertrag bedingungslos für unwirksam. Der erkennende Senat tritt der Ansicht bei, daß § 1033 ZPO. entsprechend anzuwenden ist; der Schiedsvertrag wird also, sofern nichts anderes für diesen Fall vereinbart ist, mit dem Wegfall des zur Ernennung des Schiedsrichters berufenen Dritten unwirksam.

§ 1029 kann nicht entsprechend angewendet werden, weil er zur Voraussetzung hat, daß beiden Parteien die Ernennung von Schiedsrichtern zusteht. Diese Voraussetzung ist aber nicht gegeben, wenn ausdrücklich vereinbart ist, daß nicht die Parteien, sondern ein oder mehrere Dritte die Schiedsrichter ernennen sollen. Damit haben die Parteien zu erkennen gegeben, daß sie die Bestimmung des § 1029 ZPO. ausschließen wollen. Die Anwendung des § 1029 würde auch schon an der Undurchführbarkeit des dort geregelten Verfahrens scheitern müssen. Die Aufforderung, den Schiedsrichter zu bezeichnen, kann nicht an den nicht mehr vorhandenen Dritten gerichtet werden, aber auch nicht an eine der Parteien selbst, da diese vertraglich zur Ernennung eines Schiedsrichters nicht befugt sind, also auch nicht säumig werden können.

Im vorliegenden Falle würde es außerdem sehr fraglich sein, ob die Beklagte aufforderungs- und antragsberechtigt ist, denn nach dem Vertrage wäre der von der noch bestehenden Handelskammer zu ernennende Schiedsrichter nicht ein von der Beklagten oder für sie allein ernannter Schiedsrichter, sondern nur einer der für beide Parteien zu ernennenden Schiedsrichter. Der Vertrag lautet nämlich nicht etwa dahin, daß die Handelskammer den Schiedsrichter für die Beklagte und die Ältesten der Kaufmannschaft denjenigen für die Klägerin bestimmen sollten. Wenn Stein den § 319 Abs. 1 Satz 2 BGB. entsprechend anwenden will, so erscheint das verfehlt. Dort handelt es sich um eine materiellrechtliche Vorschrift über die Bestimmung einer Leistung durch einen Dritten, deren Anwendung auf das prozeßrechtliche Verfahren schon an sich erheblichen Bedenken begegnet. Wenn man aber den § 319 heranziehen wollte, so käme eher der Absatz 2 in Betracht; denn die Auswahl der Person des Schiedsrichters steht im freien Belieben des Dritten und für diesen Fall erklärt der Abs. 2 des § 319 den Vertrag für unwirksam, wenn der Dritte die Bestimmung nicht treffen kann. Die entsprechende Anwendung des § 319 BGB. würde also zu demselben Ergebnis führen, wie die entsprechende Anwendung des § 1033 ZPO.

Es bleibt also nichts anderes übrig, als den § 1033 ZPO. entsprechend anzuwenden. Haben die Parteien im Schiedsvertrag für den Fall, daß der berufene Dritte wegfällt, anderweit Vorsorge getroffen, — was hier nicht geschehen ist, nur für den Fall der Ablehnung der Ernennung sollen die Vorschriften der Zivilprozeßordnung gelten —, so bleibt es bei dieser Vereinbarung. Andernfalls wird der Schiedsvertrag unwirksam und die entsprechende Anwendung des § 1033 ist um so mehr berechtigt, als es letzten Endes auf dasselbe herauskommt, ob der bereits ernannte Schiedsrichter wegfällt, oder ob der Schiedsrichter nicht ernannt werden kann, weil der zu seiner Ernennung berufene Dritte weggefallen ist.

Nach Lage der Sache ist also die Ernennung des einen Schiedsrichters durch die Ältesten der Kaufmannschaft und damit die Ausführung des Schiedsvertrags unmöglich geworden. Das hat zur Folge, daß der Schiedsvertrag außer Kraft tritt. Demgemäß erweist sich die Einrede des Schiedsvertrags als ungerechtfertigt.

---

73. Verletzt der Staatsanwalt eine ihm dem Bestohlenen gegenüber obliegende Amtspflicht, wenn er nicht rechtzeitig Verlängerung der Haftfrist gegen den Dieb beantragt und das diesem abgenommene Geld nicht sicherstellt?

III. Zivilsenat. Urt. v. 16. Oktober 1923 i. S. Preuß. Staat (Bekl.) w. S. (Kl.). III 33/23.

I. Landgericht Kiel. — II. Oberlandesgericht daselbst.

Dem Kläger wurden in der Nacht zum 9. Januar 1921 in Kiel durch Einbruchsdiebstahl neben anderen Gegenständen Geldscheine zum Betrage von rund 9300 *M* gestohlen. Einer der Diebe, W., wurde am 11. Januar in Spandau festgenommen. Er hatte bei seiner Festnahme 4258,55 *M* im Besitze, die von der Kriminalpolizei sichergestellt wurden. Auf Antrag der Staatsanwaltschaft in Kiel erließ das Amtsgericht in Spandau gegen W. Haftbefehl. Da beim Amtsgericht ein Antrag auf wiederholte Verlängerung der Haftfrist nicht rechtzeitig einging, wurde W. am 25. Januar 1921 aus der Untersuchungshaft entlassen und ihm am folgenden Tage auf seinen Antrag vom Polizeiamte Spandau das sichergestellte Geld ausgehändigt. Bei seiner späteren Wiederverhaftung wurde das Geld nicht mehr bei ihm vorgefunden.

Der Kläger beansprucht nun von dem Justizfiskus Ersatz der 4258,55 *M*. Das Landgericht wies die Klage ab, das Oberlandesgericht gab ihr statt. Die Revision des Beklagten wurde zurückgewiesen.

Aus den Gründen:

Der auf Amtspflichtverletzungen des Staatsanwalts gestützte Anspruch auf Ersatz der dem W. abgenommenen und ihm nach seiner Entlassung wieder zurückgegebenen 4258,55 *M* findet, wie gegenüber den Ausführungen beider Vorderrichter zu bemerken ist, seine gesetzliche Grundlage im Art. 131 RVerf., der jetzt in erster Linie die Staatshaftung wegen Amtspflichtverletzungen regelt (vgl. insbesondere RGZ. Bd. 102 S. 166, 392; Bd. 106 S. 34), in Verbindung mit § 839 BGB. Der Streit dreht sich vor allem darum, ob dem Staatsanwalt die in Betracht kommenden Amtspflichten gegenüber dem durch den Diebstahl geschädigten Kläger oblagen. Nach der Ansicht des Berufungsgerichts hat der Staatsanwalt seine Amtspflichten einmal durch die Unterlassung eines rechtzeitigen Antrags auf Verlängerung der Haftfrist gegen W. und ferner durch die Nichterwirkung der Beschlagnahme oder sonstigen endgültigen Sicherstellung des ihm abgenommenen Geldes verletzt. Der Revision ist zuzugeben, daß bei der ersteren Unterlassung nur eine Pflicht in Frage steht, die dem Staatsanwalte dem Staate gegenüber obliegt. Die Verhaftung eines Beschuldigten und die auf ihre Aufrechterhaltung bezüglichen Maßnahmen erfolgen nur im öffentlichen Interesse, nicht im Interesse des durch die Straftat Geschädigten; ihre Unterlassung stellt daher keine Verletzung einer diesem gegenüber bestehenden Amtspflicht im Sinne des § 839 BGB. und des Art. 131 RVerf. dar. Anders verhält es sich aber unter den hier gegebenen

Umständen mit der Unterlassung der Sicherstellung des dem W. von der Polizei abgenommenen Geldes. Aus der Vorschrift des § 111 StPO. ist zwar nicht eine Pflicht des Staatsanwalts zu entnehmen, Gegenstände, die durch die strafbare Handlung dem Verletzten entzogen wurden, zu dessen Gunsten zu beschlagnahmen oder sonst sicherzustellen; denn sie verpflichtet nur dann zur Rückgabe solcher Sachen an den Verletzten, wenn sie in amtliche Verwahrung genommen sind. Wohl aber ist aus ihr zu folgern, daß den mit der Strafrechtspflege betrauten Behörden und Beamten, die in den Besitz derartiger Gegenstände gelangt sind, dem Verletzten gegenüber die Pflicht obliegt, dafür zu sorgen, daß sie an ihn gemäß § 111 StPO. zurückgegeben werden können, ihre spätere Rückgabe an diesen also zu sichern. Das steht im Einklange mit der in der Rechtsprechung (z. B. RGZ. Bd. 51 S. 219, Bd. 105 S. 339; Recht 1923 Nr. 194, 884; Seuff. Arch. Bd. 77 S. 154) anerkannten Obhutspflicht der Behörden und Beamten bezüglich der in ihre Verwahrung gelangten Gegenstände, einer Pflicht, die nicht nur gegenüber dem Einlieferer der Sachen und bei beschlagnahmten Gegenständen gegenüber demjenigen besteht, bei welchem sie beschlagnahmt sind, sondern, wie der erkennende Senat bereits in dem Urteile vom 4. Mai 1923, III 427/22 ausgesprochen hat, auch gegenüber dem dritten Eigentümer.

Hier hat nun unstreitig die Kriminalpolizei in Spandau der Polizei in Kiel am 11. Januar 1921 telegraphiert: „Kinovorführer Ernst W. 10. Januar 1921 hier festgenommen. Geld ist sichergestellt. Was soll geschehen?" und deren Drahtantwort erhalten: „Ernst W. festhalten; weitere Nachricht erfolgt vom Staatsanwalt hier." Diese beiden Telegramme wurden der Staatsanwaltschaft in Kiel eingereicht, die darauf die Kriminalpolizei in Spandau am 13. Januar ersuchte, W. dem Amtsgerichte vorzuführen, und bei diesem Erlaß eines Haftbefehls beantragte, über das Geld aber keine Bestimmung traf. Erst am 27. Januar, nachdem W. bereits aus der Haft entlassen war und das Geld zurückerhalten hatte, beantragte der Staatsanwalt beim Amtsgericht in Spandau die Beschlagnahme des dem W. abgenommenen Geldes, das offenbar aus dem Einbruche herrühre. Bei dieser Sachlage findet der Berufungsrichter mit Recht in der Verzögerung der Sicherstellung des Geldes die Verletzung einer dem Staatsanwalte dem Kläger gegenüber obliegenden Amtspflicht. Durch das Telegramm der Spandauer Polizei und dessen Weitergabe an die Staatsanwaltschaft war auf diese die Verfügungsmacht über das Geld und mithin nach dem oben Gesagten die Pflicht übergegangen, dessen spätere Rückgabe an den Bestohlenen zu sichern. So hat die Staatsanwaltschaft auch selbst die Sachlage beurteilt, wie aus ihrem Antrage vom 27. Januar ersichtlich ist. Aus diesem ergibt sich auch, daß sie annahm, das Geld rühre aus dem Einbruchsdiebstahle her und gehöre also zu den von § 111 StPO. betroffenen Gegenständen. Wenn sie trotzdem am 13. Januar nicht über das Geld Bestimmung traf, sondern dies erst am 27. tat, so verletzte sie damit fahrlässig eine ihr dem Kläger gegenüber obliegende Amtspflicht.

---

74. Zur Auslegung des § 13 Nr. 2 des preußischen Fluchtliniengesetzes.

VII. Zivilsenat. Urt. v. 16. Oktober 1923 i. S. Kw. (Kl.) w. Stadtgemeinde Berlin (Bekl.). VII 374/23.

I. Landgericht I Berlin — II. Kammergericht daselbst.

Das dem Kläger gehörige, mit Wohnhaus und Ställen bebaute Grundstück K.str. 23 fällt nach einem in den Jahren 1907/08 aufgestellten Bebauungsplan ganz in eine neu anzulegende Straße. Anträge des Klägers, ihm das Grundstück mit den darauf stehenden Gebäuden abzunehmen, hat die Beklagte in den Jahren 1909 und 1920 abgelehnt. Nach der Klage soll die Beklagte verurteilt werden, das Entschädigungsfeststellungsverfahren bei dem Bezirksausschuß in Berlin zu beantragen. Beide Vorinstanzen haben die Klage abgewiesen, das Kammergericht hat es dabei für unerheblich erachtet, daß das zuständige Wohnungsamt mit Zustimmung des Mieteinigungsamts im Anfang des Jahres 1922 dem Kläger die Erlaubnis versagt hat, die auf dem Grundstück stehenden Gebäude abzubrechen. Die Revision hatte keinen Erfolg.

Aus den Gründen:

... Daß die Voraussetzungen des § 13 Nr. 2 des Fluchtliniengesetzes an sich nicht gegeben sind, leugnet die Revision gar nicht. Sie will diese Vorschrift aber einer ausdehnenden Auslegung unterwerfen. Es soll genügen, wenn der Eigentümer das Grundstück zwar nicht von Gebäuden freigelegt hat, wenn er aber dazu bereit ist und nur durch Umstände daran gehindert wird, die von seinem Willen unabhängig sind. Dem kann nicht beigetreten werden. Die Erlaubnis zum Abreißen der Gebäude ist versagt nach § 2 der VO. über Maßnahmen gegen Wohnungsmangel vom 23. September 1918. Wenn der Kläger jetzt, für eine voraussichtlich nur vorübergehende Zeit, gezwungen ist, die Gebäude auf dem Grundstück stehen zu lassen, und deshalb gegenwärtig nicht in der Lage ist, von der Beklagten die Übernahme des — von Gebäuden freigelegten — Grundstücks zu verlangen, so ist auch das nur eine Folge der Wohnungsschutzgesetze und der daraufhin ergangenen Maßnahmen. Gewiß leiden die Hausbesitzer und auch andere Personen durch jene Maßnahmen Schaden, der eine in dieser, der andere in jener Richtung, der Kläger z. B. dadurch, daß er die Voraussetzungen des § 13 Nr. 2 FlGes. nicht sofort zu erfüllen vermag. Das kann aber nicht dazu führen, die Gesetze, vorliegend also das Fluchtliniengesetz, in einer ihrem Inhalt nicht entsprechenden Weise auszulegen und zu erweitern. Es ist vielmehr zu erwägen, daß der von einer Anordnung nach § 2 der bezeichneten VO. Betroffene einer — reichsrechtlichen — Enteignung unterliegt (RGZ. Bd. 105 S. 251). Nur auf diesem Boden könnte ein etwaiger Ausgleich gesucht werden. Die dabei sofort auftauchende Frage, ob die von Wohnungsschutzmaßnahmen nach § 2 VO. betroffenen Personen nach den Reichsgesetzen verpflichtet sind, diese Maßnahmen ohne Entschädigung zu dulden, oder ob sie berechtigt sind, dafür die Enteignungsentschädigung zu fordern, ist bisher vom Reichsgericht noch nicht entschieden worden. Sie braucht auch hier nicht entschieden zu werden. Auch wenn dem Kläger der bezeichnete Anspruch zustehen sollte, ist die Klage unbegründet. Der reichsrechtliche Entschädigungsanspruch ist nicht im Rahmen des preußischen Enteignungsrechts zu verfolgen. Ein Verwaltungsverfahren ist im Reich nicht vorgeschrieben, hier ist für den Anspruch nach Art. 153 RVerf. unmittelbar der Rechtsweg eröffnet. Zu dem vom Kläger begehrten Antrag an den Bezirksausschuß ist die Beklagte nach dem Reichsrecht keinesfalls verpflichtet. . . .

---

75. Findet die Vorschrift des § 945 ZPO. auf die nach § 351 der Reichs-Abgabenordnung vom 13. Dezember 1919 angeordneten und vollzogenen Steuerarreste unmittelbar oder sinngemäß Anwendung?

III. Zivilsenat. Urt. v. 6. November 1923 i. S. S. (Kl.) w. Deutsches Reich (Bekl.). III 344/23.

I. Landgericht Kassel. — II. Oberlandesgericht daselbst.

Der Kläger, der seinen Wohnsitz in C. hatte, betrieb in O. eine Fabrik. C. ist ein eigenes Finanzamt, während O. zum Finanzamte G. gehört. Am 13. August 1920 erließ das Finanzamt in G. zur Sicherung von Steueransprüchen aus dem Gesetz über die Kriegsabgabe vom Vermögenszuwachse vom 10. September 1919 gegen den Kläger einen Arrestbefehl, der 2 Tage später in O. vollzogen wurde. Es ergingen dann noch verschiedene andere Arrestbeschlüsse der Finanzämter in G. und C., von denen jedoch nur noch einer des Finanzamtes in C. in der Privatwohnung des Klägers vollzogen wurde.

Am 8. Oktober 1920 wurde über das Vermögen des Klägers der Konkurs eröffnet, der jetzt noch nicht beendet ist. Wegen der dadurch herbeigeführten Veränderung der Umstände wurden die Arrestbeschlüsse auf die Beschwerde des Klägers wieder aufgehoben. Der Kläger behauptete nun, sie seien zu Unrecht erlassen und in gesetzwidriger Weise vollzogen worden; mehrere Beamte der beiden Finanzämter hätten vorsätzlich oder fahrlässig ihre Amtspflicht verletzt und dadurch die Konkurseröffnung und die Vernichtung seiner wirtschaftlichen Stellung herbeigeführt. Er machte daher daher das Reich für den ihm entstandenen Schaden verantwortlich. Seine Klage wurde aber in beiden Rechtszügen abgewiesen und seine Revision blieb erfolglos.

Gründe:

Nach dem Vortrage des Klägers ist die Vollziehung des G.'er Arrestbefehls vom 13. August 1920, welche die Schließung seiner Fabrik zur Folge hatte, die erste und wesentlichste Ursache des Konkurses und seines Vermögensverfalles gewesen. Dieser Arrest war lediglich zur Sicherung von Steueransprüchen aus dem Gesetze über die Kriegsabgabe vom Vermögenszuwachse vom 10. September 1919 angeordnet. Die Höhe der Steuerforderung war in dem Beschlusse nicht angegeben, doch war dem Kläger nachgelassen, gegen Hinterlegung von 500000 ℳ die Aufhebung des Arrestes zu erlangen. Daraus ist zu schließen, daß das Finanzamt damals die Steuerforderung des Reiches auf etwa $^1/_2$ Million Mark schätzte. Tatsächlich bestand eine solche Forderung nicht. Denn der Kläger ist durch Urteil des Finanzgerichts vom 5. Dezember 1922 von der Kriegsabgabe vom Vermögenszuwachs völlig freigestellt worden. Die Anordnung und Vollziehung des Arrestes vom 13. August 1920 waren demnach mangels einer zu sichernden Forderung objektiv unberechtigt. Aus diesem Sachverhalte sucht die Revision mit Hilfe des § 945 ZPO. oder des ihm innewohnenden Rechtsgedankens eine von einem Verschulden der Finanzbeamten unabhängige Haftung des Reiches herzuleiten. Ihren Erwägungen kann indessen nicht beigetreten werden.

Unrichtig ist zunächst die Annahme der Revision, daß § 351 Abs. 2 der Reichs-Abgabenordnung ausdrücklich auf § 945 ZPO. Bezug nehme. Mit dem Satze: „Die Vollstreckungsbehörde vollzieht den Arrest nach den §§ 930flg. ZPO. unter entsprechender Anwendung der Vorschriften dieses Abschnitts" hat § 351 RAO. naturgemäß nur die von der Vollziehung eines dinglichen Arrestes handelnden Bestimmungen der ZPO. d. h. deren §§ 930—932 und die für die Vollziehung in Betracht kommenden Vorschriften des fünften Abschnittes der RAO. im Auge. Denn schon § 933 ZPO. hat inhaltlich mit § 351 RAO. nichts zu tun. Der in ihm behandelte Personalarrest wird für das Steuerrecht nämlich nicht in § 351, sondern in § 352 RAO. geregelt, der denn auch hinsichtlich der Vollziehung auf § 933 ZPO. verweist. Dasjenige aber, was § 934 ZPO. über die Aufhebung eines vollzogenen Arrestes bestimmt, ergibt sich zwanglos bereits aus § 351 Abs. 1 RAO., so daß sich seine Erwähnung in Abs. 2 erübrigte. Die §§ 935—944 ZPO. beziehen sich auf einstweilige Verfügungen, über welche die RAO. überhaupt keine Bestimmungen getroffen hat, die ihr somit völlig fremd sind. Der Gesetzgeber hat also in § 351 RAO. auf die §§ 933—944 ZPO. zweifellos nicht verweisen wollen und nicht verwiesen. Bei dieser Sachlage erscheint es schon sprachlich ausgeschlossen, daß der ihnen nachfolgende § 945 ZPO. unter die in dem § 351 RAO. angezogenen §§ 930flg. ZPO. fällt. Er enthält aber auch sachlich keine Verfahrensvorschrift über den Arrestvollzug, sondern eine materiellrechtliche Bestimmung über die Haftung des Arrestgläubigers für Schäden, welche sich aus der Vollziehung eines zu Unrecht erwirkten Arrestes für den Schuldner ergeben. Mit dieser Frage beschäftigt sich aber § 351 RAO. überhaupt nicht. Er will vielmehr nur die Art und Weise der Vollziehung eines Steuerarrestes und den Umfang der Vollziehungsmaßnahmen klarstellen und verweist deshalb nur auf die für diesen Zweck in Betracht kommenden Vorschriften der ZPO.

Damit ist aber noch nicht entschieden, ob § 945 ZPO. auch ohne Erwähnung im § 351 RAO. nicht doch, sei es unmittelbar, sei es sinngemäß, bei Steuerarresten Platz greife. Der Reichsfinanzhof weist in dem Gutachten vom 12. Juli 1922 (Entsch. Bd. 10 S. 34flg.), in welchem er darlegt, daß und weshalb die im § 351 RAO. nicht angezogenen Absätze 2 und 3 des § 929 ZPO. auch für Steuerarreste Geltung haben, darauf hin, daß das in der RAO. nur äußerst dürftig geregelte Arrestverfahren im wesentlichen dem Arrestverfahren der ZPO. nachgebildet ist. Im Anschluß hieran stellt er den allgemeinen Grundsatz auf, daß es da, wo die RAO. Zweifel lasse, nicht nur angängig, sondern auch geboten sei, auf die in der ZPO. getroffene Regelung zurückzugreifen und insbesondere auch ihre auf den Schutz des Arrestschuldners abzielenden Bestimmungen auf den Arrest der RAO. zu übertragen, es sei denn, daß aus der RAO. selbst etwas gegenteiliges zu entnehmen sei. Soweit der Reichsfinanzhof dabei Verfahrensvorschriften im Auge hat, tritt der Senat seinen Erwägungen bei. Sie vermögen jedoch, weil § 945 ZPO., wie schon betont, eine materiellrechtliche Norm enthält, deren Anwendung auf den Steuerarrest nicht zu rechtfertigen, und das um so weniger, als diese Norm einen Teil des bürgerlichen Rechtes bildet, während die Folgen der ungerechtfertigten Anordnung und Vollziehung eines Steuerarrestes lediglich nach öffentlichem Rechte zu beurteilen sind.

Dem § 945 ZPO. liegt nun, wie auch dem § 302 Abs. 4 und dem § 717 Abs. 2 ZPO. der allgemeine Rechtsgedanke zugrunde, daß die Vollstreckung aus einem noch nicht endgültigen Vollstreckungstitel auf Gefahr des Gläubigers erfolge. Ob und wieweit der gleiche Rechtsgedanke dem öffentlichen Rechte angehört, bedarf hier keiner grundsätzlichen Entscheidung. Innerhalb des Rechtes der RAO. ist für seine Anwendung jedenfalls kein Raum. Die Revision vertritt allerdings die entgegengesetzte Auffassung. Sie behauptet unter Berufung auf Otto Mayer, Deutsches Verwaltungsrecht §§ 53 und 54, daß nach einem öffentlichrechtlichen Gewohnheitsrechtssatze der Staat für jede in Ausübung eines Hoheitsrechtes erfolgende Verletzung von Privatinteressen unbedingt haftbar sei. Ein solcher Rechtssatz besteht indessen nicht, ist auch vom Reichsgericht niemals zur Grundlage seiner Entscheidungen gemacht worden, namentlich auch da nicht, wo es in Anlehnung an die Enteignungsgrundsätze eine Entschädigungspflicht des Staates bei enteignungsähnlichen Eingriffen in wohlerworbene Rechte von Privatpersonen anerkannt hat (vgl. z. B. RGZ. Bd. 41 S. 142 und 191, Bd. 54 S. 260). Gerade wegen des Fehlens eines Rechtssatzes, wie ihn die Revision für sich in Anspruch nimmt, hat die Gesetzgebung eingegriffen und aus Billigkeitsrücksichten den Staat in zahlreichen Fällen, in denen er aus hoheitsrechtlichen Gründen mit den Privatrechten einzelner Staatsbürger in Widerspruch gerät, für ersatzpflichtig erklärt. Solche Bestimmungen sind z. B. im Kriegsleistungsgesetz vom 13. Juni 1873, in § 34 des Rayongesetzes vom 21. Dezember 1871 und in § 66 des Viehseuchengesetzes vom 26. Juni 1909 enthalten. Aus diesen Sondergesetzen ist jedoch schon deshalb zugunsten des Klägers nichts zu folgern, weil sie sämtlich Entschädigungen für an sich berechtigte, von ihnen ausdrücklich zugelassene Eingriffe vorsehen, während im vorliegenden Falle eine objektiv ungerechtfertigte, der gesetzlichen Grundlage entbehrende Verwaltungsmaßregel in Frage steht. Für einen Fehlgriff aber, den seine Beamten bei Ausübung von Hoheitsrechten begehen, will das Reich, wie aus Art. 131 RVerf. zweifelsfrei erhellt, nur dann haften, wenn er zugleich die schuldhafte Außerachtlassung einer ihnen dem Verletzten gegenüber obliegenden Amtspflicht enthält, es sei denn, daß einzelne Gesetze, wie beispielsweise das Gesetz betreffend die Entschädigung der im Wiederaufnahmeverfahren freigesprochenen Personen vom 20. Mai 1898 und das Gesetz betreffend die Entschädigung für unschuldig erlittene Untersuchungshaft vom 14. Juli 1904, eine gegenteilige Absicht des Gesetzgebers zum Ausdrucke bringen. Das letztere trifft aber bei § 351 RAO., wie sich aus seiner Entstehungsgeschichte ergibt, nicht zu.

Durch ihn ist in Steuersachen die wirtschaftlich tief einschneidende und für den Schuldner sehr gefährliche Anordnung eines Arrestes dem ordentlichen Richter entzogen und Verwaltungsbehörden übertragen. Diese Regelung fand in der Kommission zur Beratung des Entwurfs der RAO. jedoch nicht allgemeine Billigung. Es wurde deshalb dort, um die Zuständigkeit der ordentlichen Gerichte für Steuerarreste wieder herzustellen, der Antrag eingebracht, an Stelle der §§ 349, 350 des Entwurfs (§§ 351, 352 des Gesetzes) zu setzen: „Zur Sicherung von Ansprüchen, die im Zwangsverfahren beitreibbar sind, ist das Arrestverfahren nach Maßgabe der ZPO. zu beantragen". Der Antrag wurde aber auf Widerspruch der Regierung schließlich abgelehnt. Um den Bedenken der Antragsteller wenigstens bis zu einem gewissen Grade abzuhelfen, wurde die Anordnung des Arrestes nicht, wie der Entwurf vorsah, der Vollstreckungsbehörde, sondern dem Finanzamt übertragen und ein Rechtsmittelzug geschaffen, der es gestattete, zur Nachprüfung der Anordnung wenigstens in rechtlicher Beziehung den Reichsfinanzhof anzurufen (vgl. Drucks. der verfassunggebenden Nationalversammlung Nr. 1460 S. 44). Wenn der Gesetzgeber daher in vollem Bewußtsein von der wirtschaftlichen Tragweite der den Finanzämtern eingeräumten Machtbefugnisse und in Kenntnis der gegen die Ausschaltung der ordentlichen Gerichte sprechenden Bedenken es bei dieser beließ und unter diesen Umständen auch von einer Verweisung auf § 945 ZPO. oder der Einfügung einer ähnlichen Bestimmung in die RAO. absah, so brachte er damit unzweideutig zum Ausdruck, daß das Reich für Mißgriffe der einen Arrest anordnenden und seine Vollziehung veranlassenden Beamten nicht über den Rahmen des Art. 131 RVerf. hinaus haften sollte. Eine entgegengesetzte Stellungnahme des Gesetzgebers, d. h. die Gefahr, auch bei der gewissenhaftesten Prüfung der Sachlage durch die Finanzbeamten schadensersatzpflichtig gemacht zu werden, würde dem Reiche, das bei Anordnung und Vollziehung eines Steuerarrestes nicht wie ein Privatgläubiger in eigenem geldlichen Interesse handelt, sondern als Träger von Hoheitsrechten im Interesse der Allgemeinheit einer Steuerhinterziehung oder Steuerflucht nach Möglichkeit vorzubeugen sucht, die Erfüllung dieser rein öffentlichrechtlichen Aufgabe wesentlich erschweren.

Es kommt daher lediglich darauf an, ob den Finanz- oder anderen Reichsbeamten ein für den Vermögensschaden des Klägers ursächliches Verschulden zur Last fällt. (Das wird verneint. . . .)

---

76. Wie ist in der Revisionsinstanz zu verfahren, wenn das Berufungsgericht, einen vom Berufungskläger angetretenen Beweis irrigerweise für unerheblich erachtend, die Berufung durch Versäumnisurteil zurückgewiesen hat?

VII. Zivilsenat. Urt. v. 20. November 1923 i. S. L. (Bekl.) w. P. (Kl.). VII 702/22.

I. Landgericht II Berlin. — II. Kammergericht daselbst.

Das Landgericht hatte die Klage zugesprochen. Der Beklagte legte Berufung ein und stellte eine Behauptung unter Beweis, die, wenn bewiesen, zur Folge haben würde, daß die Aktivlegitimation des Klägers zu verneinen und die Klage abzuweisen wäre. Der Kläger war in der Verhandlung vor dem Berufungsgericht nicht vertreten. Das Kammergericht hat den Beweis irrigerweise für unerheblich erachtet und die Berufung zurückgewiesen. Auf die Revision des Beklagten ist das Berufungsurteil aufgehoben und die Sache an die Vorinstanz zurückverwiesen worden. Der Kläger war auch in der Revisionsverhandlung nicht vertreten; die Revision hatte beantragt, von einer Zurückverweisung abzusehen und ohne weiteres in Anwendung des § 542 ZPO. durch Versäumnisurteil die Klage abzuweisen. Zu diesem Antrage ist in den

Gründen

ausgeführt:

... Es kann dem von der Revision gestellten Antrage nicht entsprochen werden. Zwar war der Kläger in der mündlichen Verhandlung vor dem Berufungsgericht nicht vertreten, und das Berufungsgericht hätte daher gemäß § 542 Abs. 2 ZPO., soweit das festgestellte Sachverhältnis nicht entgegenstand, das tatsächliche mündliche Vorbringen des Berufungsklägers (des Beklagten) für zugestanden erachten und in Ansehung der zulässigerweise beantragten Beweisaufnahme annehmen müssen, daß sie das in Aussicht gestellte Ergebnis gehabt habe, und demzufolge durch Versäumnisurteil die Klage abweisen müssen. Aber diese Entscheidung kann nicht an Stelle des Berufungsgerichts das Revisionsgericht treffen. Einmal schon deshalb nicht, weil die Frage, ob das festgestellte Sachverhältnis der Fiktion des § 542 Abs. 2 ZPO. nicht entgegensteht, dem für das Revisionsgericht verschlossenen Gebiete der Tatsachenfeststellung angehört. Ferner auch deshalb nicht, weil dadurch die prozessualen Rechte des Klägers gekürzt würden. Wenn das Berufungsgericht durch Versäumnisurteil auf Grund des § 542 Abs. 2 ZPO. die Klage abweist, so steht dem Kläger der Einspruch zu, der dazu führt, daß nunmehr die als zugestanden erachteten Behauptungen des Berufungsklägers durch das Berufungsgericht sachlich zu prüfen sind, und die beantragte Beweisaufnahme stattzufinden hat. Wenn dagegen das Revisionsgericht die Klage von sich aus abweisen würde, so würde diese Entscheidung eine endgültige sein; zweifellos dann, wenn in der mündlichen Verhandlung vor dem Revisionsgericht beide Parteien vertreten waren, für einen Einspruch gegen das Revisionsurteil wäre kein Raum. Nun ist allerdings auch in der mündlichen Revisionsverhandlung der Kläger nicht vertreten gewesen, und es steht ihm nunmehr der Einspruch gegen das Revisionsversäumnisurteil zu. Aber dieser Einspruch würde nur zu einer erneuten Prüfung der Revisionsangriffe in rechtlicher Hinsicht führen können und, wenn insofern der Senat bei seiner Ansicht verbliebe, zur Aufrechterhaltung des Versäumnisurteils führen müssen. Dem in der Berufungsinstanz säumig gewesenen Kläger wäre also durch eine Entscheidung, wie sie die Revision beantragt hat, die Möglichkeit genommen, im Einspruchsweg eine sachliche Nachprüfung seines tatsächlichen Vorbringens herbeizuführen.

---

77. Ist auf einem Fund im Abort eines Gasthauses der § 978 BGB. anzuwenden?

VII. Zivilsenat. Urt. v. 14. Dezember 1923 i. S. R. T. G. m. b. H. (Kl.) w. Frau R. (Bekl.). VII 256/23.

I. Landgericht I Berlin. — II. Kammergericht daselbst.

Am 20. März 1921 suchte die Beklagte, nachdem sie in der Gastwirtschaft der Klägerin zu Mittag gegessen hatte, kurz vor ihrem Fortgange den dortigen Damenabort auf. Am Fußboden des Aborts fand sie ein Schmuckstück, Halskette mit Anhänger, liegend, das sie mit sich nahm. Die Klägerin fordert mit der Klage die Herausgabe des Schmuckstücks.

Sie wurde in allen Instanzen mit ihrem Anspruche abgewiesen.

Aus den Gründen:

...(Nach Darlegung, daß sich die Klägerin nicht auf den § 861 BGB. berufen darf, wird ausgeführt:)

Aber auch aus der fundrechtlichen Vorschrift des § 978 BGB., auf die sich die Klägerin ferner zu stützen versucht, läßt sich ihre Klage nicht rechtfertigen. Die Tragweite dieser Vorschrift ist stark umstritten. Eine Reihe angesehener Rechtslehrer und in der Rechtsprechung namentlich das Oberlandesgericht in Hamburg (OLG. Bd. 14 S. 81) und das preuß. Oberverwaltungsgericht (Entsch. Bd. 72 S. 265) sind für eine weite Deutung des Ausdrucks „Verkehrsanstalt" im Sinne des § 978 eingetreten. Auf dem Boden dieser Anschauung werden unter dem bezeichneten Ausdrucke meistens alle Anstalten begriffen, in deren Räumen ein erheblicher Verkehr des Publikums stattfindet, zum Teil (vgl. namentlich Schneickert in Hirths Annalen 1904 S. 231) wird die Einschränkung beigefügt, die Anstalt müsse zur Ermöglichung oder Erleichterung der Erledigung von Geschäften des täglichen Lebens errichtet sein. Im Sinne dieser Einschränkung wäre die Gastwirtschaft der Klägerin den Verkehrsanstalten des § 978 nicht zuzuzählen. Dies kann indes beiseite bleiben. Denn in dem erwähnten Urteile des Oberverwaltungsgerichts ist nachgewiesen, daß jene Einschränkung zureichender Begründung entbehrt. Im Gegensatz zu den beiden bisher berührten Auffassungen verstehen Planck (§ 978 Anm. 15) und andere unter „Verkehrsanstalt“ nur Anstalten, die ihrer Bestimmung nach Beförderungsmittel verwenden, also Transportanlagen. Dieser engeren Deutung schließt sich der erkennende Senat an.

Wie zuzugeben ist, haben sich die Motive zum I. Entwurf des BGB. für eine Auslegung der Bestimmung im weiteren Sinne, sei es die vorstehend an erster oder an zweiter Stelle angedeutete, ausgesprochen. Aus den bei Planck a. a. O. behandelten gesamten Vorarbeiten ergibt sich indes, daß die Entstehungsgeschichte des Gesetzes im ganzen eher für die hier vertretene enge Auslegung spricht. Hiervon kann aber auch abgesehen werden. Entscheidend ist der Inhalt der Gesetz gewordenen Bestimmungen. Hier weist das Gesetz mit seiner Betonung des Begriffs „Verkehr“, der an sich „räumliche Fortbewegung von Personen und Sachen“ bedeutet, in den Worten „einer dem öffentlichen Verkehre dienenden Verkehrsanstalt“ unzweideutig auf Anstalten hin, deren bestimmungsmäßiger Zweck auf Beförderung von Personen oder Sachen gerichtet ist. Für solche enge Auslegung spricht auch, daß § 978 den Charakter einer Ausnahmevorschrift hat, daß eine ausdehnende Deutung der Vorschrift der Schwierigkeit unterliegt, eine sichere, einwandfreie Grenze zu finden, und jedenfalls zu einer Zersplitterung der Fundbehandlung führt, die den berücksichtigenswerten Interessen der Verlierer nicht entspricht. Dabei ist beachtlich, daß im Falle des § 978 dem Finder kein Anspruch auf Finderlohn gewährt wird, und demgemäß eine Neigung zum Finden vielfach abgeschwächt sein wird (vgl. auch Strauß, Rechtsverhältnis am Fund S. 63). Aus diesen Gründen ist mit den Vorinstanzen § 978 auf den Fund im Abort einer Gastwirtschaft für unanwendbar zu erachten. . . .

---

78. Kann der Eigentümer eines Gewehres, wenn ihm dieses durch die Einziehung in einem gegen einen Dritten gerichteten Strafverfahren unrechtmäßig entzogen worden ist, gegen den Staat die Eigentumsklage oder eine Schadensersatzklage aus § 990 BGB. erheben?

VII. Zivilsenat. Urt. v. 14. Dezember 1923 i. S. K. (Kl.) w. preuß. Staat (Bekl.). VII 169/23.

I. Landgericht Osnabrück. — II. Oberlandesgericht Celle.

Durch Urteil des Schöffengerichts in G. ist der Händler B. wegen eines Jagdvergehens zu 200 *M* Geldstrafe verurteilt und gleichzeitig auf Einziehung des bei der unberechtigten Jagdausübung benutzten Gewehrs erkannt worden. Auf Ersuchen des Amtsgerichts hat das Amt C. zur Vollstreckung der Einziehung am 18. November 1920 durch den Landjäger E. dem B. eine Jagdflinte wegnehmen lassen und dem Amtsgericht übersandt. Dieses hat das Gewehr vorschriftsgemäß dem zuständigen Landrat weitergegeben, von dem es der Amtsgerichtsrat K. käuflich erworben hat.

Der Kläger behauptet, daß die eingezogene Flinte sein Eigentum sei und dem B. nicht habe weggenommen werden dürfen, weil er sie bei dem von ihm begangenen Jagdvergehen nicht benutzt habe. Er hat deshalb durch seinen Rechtsbeistand bei dem Amtsgericht in G. als Strafvollstreckungsbehörde gegen die Wegnahme des Gewehrs Einwendung erhoben und dessen Herausgabe gefordert; seinem Antrage ist nicht stattgegeben worden, weil das Amtsgericht der Überzeugung war, daß B. das Gewehr bei der verbotenen Jagdausübung tatsächlich benutzt hatte. Nunmehr hat der Kläger von dem Beklagten im Klagewege die Herausgabe der Jagdflinte und hilfsweise Schadensersatz verlangt. Er hat diese Ansprüche auf sein Eigentum, aber auch auf Verwahrung und ungerechtfertigte Bereicherung gestützt und den Schadensersatzanspruch gegen den Beklagten auch aus dem preußischen Staatshaftungsgesetze vom 1. August 1909 in Verbindung mit § 839 BGB. hergeleitet.

Das Landgericht machte die Entscheidung von einem Eide des Klägers abhängig, das Oberlandesgericht wies die Klage ab.

Die Revision des Klägers hatte hinsichtlich der hilfsweise geltend gemachten Schadensersatzforderung Erfolg.

Aus den Gründen:

Das Berufungsgericht hat die Eigentumsklage (§ 985 BGB) abgewiesen, weil der Beklagte zur Zeit der Klagerhebung nicht mehr im Besitze des strittigen Gewehrs gewesen ist, und den Schadensersatzanspruch wegen der Unmöglichkeit der Herausgabe (§ 990 BGB.) für unbegründet gehalten, weil es den bösen Glauben des Beklagten zur Zeit des Besitzerwerbes oder später nicht für nachgewiesen hält. Diese Begründung ist verfehlt. Denn auf die sachlichen Voraussetzungen der §§ 985, 990 BGB. kommt es nicht an, weil die auf sie gestützten Ansprüche hier überhaupt ausgeschlossen gewesen sind.

Die Vollstreckung der auf eine Vermögensstrafe ergangenen Strafentscheidung erfolgt nach den Vorschriften der Zivilprozeßordnung (§ 495 StPO.). Zu den Vermögensstrafen gehört auch die Einziehung

(Löwe-Rosenberg „Strafprozeßordnung" Anm. 1 zu § 495). Wollte deshalb der Kläger die auf Grund des rechtskräftigen Strafurteils erfolgte Einziehung des Gewehrs mit der Behauptung bekämpfen, daß das von dem Landjäger fortgenommene Gewehr der Einziehung nicht unterliege, weil der verurteilte B. es bei der Jagdausübung nicht benutzt hatte, so konnte er dies nur mit den in der Zivilprozeßordnung vorgesehenen Behelfen tun. Darum stand ihm nur die Erinnerung aus § 766 ZPO. oder die Widerspruchsklage aus § 771 ZPO. zu (RGZ. Bd. 34 S. 422, Gruchot Bd. 38 S. 179). Für die Eigentumsklage auf Herausgabe des Gewehrs war neben diesen Behelfen kein Raum, denn die zwingenden öffentlichrechtlichen Vorschriften der Prozeßordnung würden ausgeschaltet werden können, wenn neben den prozessualen Mitteln zur Beseitigung der Vollstreckung auch noch materiellrechtliche Klagen zugelassen würden (RGZ. Bd. 67 S. 312). Im gegebenen Falle war für eine Eigentumsklage auch um so weniger Raum, als das Gewehr der Einziehung nach § 295 StGB. selbst dann unterlag, wenn es nicht dem Täter, sondern einem Dritten gehörte, und deshalb die Einziehung ausschließlich damit bekämpft werden konnte, daß das fragliche Gewehr bei der unberechtigten Jagdausübung nicht benutzt worden sei. Für die Prüfung dieser Frage aber war nach dem vom Gesetz festgelegten Geschäftskreise die Vollstreckungsinstanz und nicht der Prozeßrichter die zuständige Stelle. Tatsächlich hat auch der Kläger durch seinen Anwalt gegen die Vollstreckung Erinnerung erhoben und in mehrfachen Eingaben beantragt, die Veräußerung des Gewehrs zu unterlassen. Hierauf hat das Amtsgericht aber sachlich nicht entschieden, sondern nur durch nicht formgerecht zugestellte Verfügung vom 3. April 1921 dem Anwalt des Klägers eröffnet, daß der Anspruch auf Herausgabe des Gewehrs durch die rechtskräftige Bestätigung der Einziehung für erledigt erachtet werde. Daraus kann vielleicht der Zweifel entnommen werden, ob die Erinnerung des Klägers, die auch gegenüber der Zwangsvollstreckung im Verwaltungswege zulässig war, als rechtskräftig zurückgewiesen zu gelten hat. Allein für den gegenwärtigen Rechtsstreit kommt es hierauf nicht an. Denn der Umstand, daß das Gesetz die Entscheidung über die Rechtmäßigkeit der Einziehung ausschließlich in den Geschäftsbereich des Vollstreckungsgerichts verwiesen hat, schließt die Eigentumsklage sowohl während des Vollstreckungsverfahrens wie nach ihm aus. Im Falle einer rechtskräftigen Zurückweisung der Erinnerung käme nur hinzu, daß mit ihr die Rechtmäßigkeit der Einziehung und damit auch der Eigentumserwerb des preußischen Staates an dem Gewehr endgültig festgestellt wäre, womit dem Eigentumsanspruch des Klägers auch sachlich der Boden entzogen wäre.

Nach der Durchführung der Vollstreckung können höchstens noch

Bereicherungs- oder Schadensersatzansprüche gegen den Beklagten in Frage kommen. Doch können die Entschädigungsansprüche nicht auf § 990 BGB., sondern nur auf die Vorschriften über unerlaubte Handlungen (§ 839 Abs. 1, 3 BGB.) und das preußische Staatshaftungsgesetz vom 1. August 1909 gestützt werden. Denn wenn der Kläger sein Eigentumsrecht nicht durch die Eigentumsklage, sondern nur dadurch zur Geltung bringen konnte, daß er die Einziehung als unrechtmäßigen Eingriff in sein Eigentum mit den vorgeschriebenen prozessualen Mitteln bekämpfte, so sind auch für die Verpflichtung zum Schadensersatz wegen der ungerechtfertigten Einziehung nicht die Sondervorschriften über die Verletzung des Eigentums durch den Besitzer (§§ 989 flg. BGB.) maßgebend. Es kommt deshalb auch nicht darauf an, ob der Beklagte redlicher oder unredlicher Besitzer des Gewehrs gewesen ist, sondern ob der Vollstreckungsrichter durch die Wegnahme des Gewehrs und die Aufrechterhaltung der Einziehung vorsätzlich oder fahrlässig das Eigentum des Klägers verletzt hat (RGZ. Bd. 61 S. 432; Stein A. VII 4 zu § 771 ZPO.). Daß für den hierauf gestützten Schadensersatzanspruch der Rechtsweg zulässig ist, unterliegt keinen Bedenken. Denn Entschädigungsansprüche, auch wenn sie sich auf einen Eingriff in das Privateigentum kraft der Betätigung öffentlicher Gewalt gründen, gehören stets vor die Gerichte (Art. 131 Reichsverf., RGZ. Bd. 82 S. 130). Im gegebenen Fall ist dies um so weniger zweifelhaft, als auch schon die Entscheidung über die Rechtmäßigkeit der Einziehung in die Zuständigkeit der Gerichte fiel. . . .

---

79. Ist die Revision zulässig gegen ein Urteil, wodurch der Rechtsstreit nach § 27 der Entlastungsverordnung vom 9. September 1915 in Verbindung mit § 505 ZPO. an das zuständige Gericht verwiesen wird?

III. Zivilsenat. Urt. v. 22. Januar 1924 i. S. B. (Kl.) w. H. (Bekl.). III 217/23.

I. Landgericht Halle. — II. Oberlandesgericht Naumburg.

Die Klägerin verlangte mit der beim Landgericht Halle erhobenen Klage von der Beklagten die Lieferung einer gekauften Maschine. Die Beklagte erhob die Einrede der örtlichen Unzuständigkeit und verweigerte die Verhandlung zur Hauptsache. Die erste Instanz verwarf durch Zwischenurteil die Einrede. Das Berufungsgericht gab ihr statt, hob das erste Urteil auf und verwies, einem Hilfsantrage der Klägerin entsprechend, die Sache an das Landgericht Bonn als das zuständige Gericht. Die Revision der Klägerin wurde als unzulässig verworfen.

Gründe:

Nach § 505 ZPO., der für das Verfahren vor den Amtsgerichten gilt, hat das Gericht bei sachlicher oder örtlicher Unzuständigkeit auf Antrag des Klägers sich durch Beschluß für unzuständig zu erklären und den Rechtsstreit an das zuständige Gericht zu verweisen. Nach Abs. 2 das. findet eine Anfechtung des Beschlusses nicht statt, vielmehr gilt mit seiner Verkündung der Rechtsstreit als bei dem darin bezeichneten Gericht anhängig. Nach § 27 BRVO. zur Entlastung der Gerichte vom 9. September 1915 findet die Vorschrift des § 505 ZPO. im Verfahren vor den Landgerichten entsprechende Anwendung. Die Unanfechtbarkeit des Beschlusses entzieht ihn jeder Nachprüfung, auch wenn er zu Unrecht erlassen ist, und macht damit nicht nur die Verweisung selbst, sondern auch die ihr zugrunde liegende Entscheidung über die Zuständigkeit derart unanfechtbar, daß sie weder von dem Gericht, an das die Sache verwiesen worden ist, bemängelt noch von dem verweisenden Gericht und den übergeordneten Instanzen geändert werden kann. Dies entspricht auch allein dem Zwecke jener Regelung. Fragen der Zuständigkeit, namentlich der örtlichen, bilden vielfach den Anlaß zu Streitigkeiten, die sich durch mehrere Instanzen ziehen und auch eine Vermehrung der Prozesse zur Folge haben, die die Gerichte belasten und den Parteien Kosten verursachen. Dem entgegenzuwirken und ein vereinfachtes Verfahren zu ermöglichen, dient sowohl § 505 ZPO. als seine Ausdehnung auf das landgerichtliche Verfahren im § 27 der Entlastungsverordnung. Ihr Zweck würde nicht oder doch nur unvollkommen erreicht, wollte man eine Nachprüfung der Zuständigkeitsfrage im Rechtsmittelwege zulassen. Hätte also schon das Landgericht Halle als erste Instanz den Rechtsstreit an das Landgericht Bonn verwiesen, so wäre diese Entscheidung unanfechtbar gewesen. Die vom Berufungsgericht an Stelle der ersten Instanz ausgesprochene Verweisung kann nicht anders beurteilt werden, wenngleich sie dem Wesen des Rechtsmittels gemäß nicht durch Beschluß, sondern durch Urteil geschehen ist. Die Verweisung muß auch in dem Falle als unanfechtbar angesehen werden, daß es an dem im § 505 ZPO. vorausgesetzten Antrage der klagenden Partei gefehlt hat. Um so weniger ist die Unanfechtbarkeit im vorliegenden Falle zu bezweifeln, in dem die Klägerin die Verweisung wenigstens hilfsweise beantragt hatte, während ihr Antrag in erster Linie auf Zurückweisung der Berufung gerichtet war. Daß mit der Verweisung an das zuständige Gericht auch die Entscheidung über die Zuständigkeit selbst der Anfechtung entzogen ist, hat schon der IV. Zivilsenat in den Gründen seiner Entscheidung (RGZ. Bd. 95 S. 280) anerkannt, in der die Frage bejaht worden ist, ob der Rechtsstreit noch in der Berufungsinstanz an das zuständige Gericht verwiesen werden kann, und die gleiche Auffassung wird, von hier nicht einschlagenden Sonderfällen abgesehen, auch sonst überwiegend vertreten (vgl. Stein, ZPO. § 505 Erl. IV 1; Skonietzki-Gelpke, ZPO. § 505 Erl. 9; Foerster-Kann, ZPO. § 505 Erl. 3b u. c; Sydow-Busch, ZPO. § 505 Erl. 6 und Erl. 1 zu § 27 der Entlastungsverordnung; JW. 1919 S. 688 Nr. 3; OLG. Bd. 33 S. 78). Ist aber die Entscheidung des Berufungsgerichts unanfechtbar, dann ist die Revision unzulässig.

---

80. Ist der Anspruch des Gläubigers einer im feindlichen Auslande befindlichen Zweigniederlassung einer deutschen Handelsgesellschaft dadurch erloschen, daß der feindliche Liquidator bei Liquidation der Zweigniederlassung ihrem Vermögen den dem Gläubiger geschuldeten Betrag entnommen und sodann diesen Betrag als dessen Vermögen zurückbehalten und liquidiert hat?

III. Zivilsenat. Urt. v. 2. Mai 1924 i. S. Witwe K. (Kl.) w. off. Handelsg. S. Söhne (Bekl.). III 304/23.

I. Landgericht Koblenz. — II. Oberlandesgericht Köln.

Am 5. November 1910 engagierte die Beklagte, eine in Deutschland ansässige offene Handelsgesellschaft, den Kaufmann Walter K., den späteren Ehemann und Erblasser der Klägerin, für ihre Zweigniederlassung in Madras (Ostindien). Nach dem schriftlichen Vertrage sollte sein Gehalt während der ersten 3 Jahre 300 Rupien monatlich betragen, um im 4. Jahre auf 350, im 5. Jahre auf 400 Rupien monatlich zu steigen. Von diesem Gehalte verpflichtete sich K. in den ersten drei Jahren monatlich 25 Rupien, in den beiden letzten Jahren monatlich 50 Rupien bei der Firma stehen zu lassen. Diese Beträge sollten seinem Konto mit 6% verzinslich gutgeschrieben werden. Zunächst wurde eine Vertragsdauer von 5 Jahren in Aussicht genommen.

K. trat seine Stellung in Madras alsbald an, verließ sie aber bei Kriegsausbruch, um seiner Wehrpflicht zu genügen. Anfang Oktober 1914 traf er in Deutschland ein und wurde in das Heer eingestellt. Auf seine Mitteilung hiervon teilte ihm die Beklagte durch Schreiben vom 10. Oktober 1914 mit, daß sein laufender Kontrakt zu Recht bestehen bleibe bei, wie üblich, halbem Urlaubsgehalt während seines Aufenthalts in Europa. Dieses halbe Gehalt wurde ihm von Oktober 1914 an von der Beklagten gezahlt, bis er, infolge einer Verwundung aus dem Heeresdienst ausscheidend, eine Tätigkeit in dem Hauptgeschäfte der Beklagten übernahm.

Im Jahre 1921 verhandelten K. und die Beklagte über die Auszahlung seines Guthabens, das sich durch die vereinbarten Gehaltsrücklagen für ihn angesammelt hatte und auf das bis dahin nur einige geringfügige Abschlagszahlungen geleistet waren. Die Beklagte wollte das Guthaben sowie 750 Rupien, die sie dem K. als Kosten seiner Rückreise nach Deutschland zugestand, zu dem Kurse zurückzahlen, den die Rupie in Friedenszeiten hatte. K. beanspruchte dagegen Umrechnung nach dem Kurse des Zahlungstags. Es kam eine vorläufige Einigung dahin zustande, daß die Beklagte an K. zunächst den Betrag zahlen sollte, der sich bei Umrechnung zu einem gewissen mittleren Kurse ergab, daß sie sich aber verpflichtete, eine entsprechend Nachzahlung zu leisten, falls sich die Forderung des K. als gerechtfertigt herausstellen würde. Demgemäß übersandte die Beklagte am 14. Juni 1921 an K. 32500 *M*.

Am 21. August 1921 starb K. und wurde von der Klägerin allein beerbt. In den Verhandlungen mit ihr stellte sich die Beklagte, die bis dahin nur den von K. geforderten Umrechnungssatz nicht hatte bewilligen wollen, auf einen veränderten Standpunkt: sie bestritt ihre Zahlungspflicht überhaupt. Dabei stützte sie sich auf eine ihr nach ihrer Behauptung erst im August 1921 zugegangene Abrechnung des custodian of enemy property in Madras. Aus ihr gehe hervor, daß dieser bei der Liquidation ihrer Zweigniederlassung in Madras aus ihren Mitteln den auf das Guthaben des K. entfallenden Betrag entnommen und liquidiert habe. Sie sei mit diesem Betrage belastet worden, so daß sie nichts mehr schulde. Die Klägerin müsse sich wegen einer Entschädigung für die durch die feindliche Maßnahme entstandene Benachteiligung an das Reich wenden.

Die Klägerin erkannte die Zahlungsweigerung der Beklagten als berechtigt nicht an. Die Forderung ihres Ehemanns habe sich gegen die in Deutschland ansässige Beklagte gerichtet und habe daher durch feindliche Zwangsmaßnahmen überhaupt nicht ergriffen werden können. Wenn der custodian of enemy property ihrem Ehemann einen Betrag gutgeschrieben und liquidiert habe, so sei das ohne jede Rechtswirkung. Auch ihrer mehrfachen Anerkenntnisse wegen könne die Beklagte sich auf die Vorkommnisse in Madras nicht mehr berufen.

Die Klägerin verlangte von der Beklagten: 1. das aus den Rücklagen in Madras entstandene Guthaben, das sie anfänglich auf 5997.3.10 Rupien, dann auf 4117.4 Rupien bezifferte, sowie 6 % Zinsen darauf seit dem 1. Januar 1915; 2. Gehalt für die beiden Monate der Rückreise ihres Mannes nach Deutschland; 3. die Kosten dieser Rückreise mit 750 Rupien. Von diesen Beträgen setzte sie die Abzahlungen, umgerechnet in Rupien nach dem Kurse der Zahlungstage, ab, verlangte aber mit der Klage zunächst nur einen Teilbetrag von

250 Rupien nebst 6% Zinsen seit dem 12. Juni 1921 oder eine solche Summe in Mark, die diesen 250 Rupien nebst Zinsen am Zahlungstage entspreche.

Die Beklagte beantragte Abweisung der Klage. Soweit sich der Hauptanspruch der Klägerin auf Anerkenntnisse stützt, erhob sie ihnen gegenüber den Einwand des Irrtums und der ungerechtfertigten Bereicherung, da sie bei ihrer Abgabe von der Beschlagnahme des Guthabens durch den custodian of enemy property noch nichts gewußt habe. Die Gehaltsforderung bestritt sie, während sie gegen die Reisekostenforderung an sich Einwendungen nicht erhob. Beiden gegenüber aber rechnete sie auf mit den schon geleisteten Zahlungen, die, soweit sie auf das Guthaben des K. entfielen, wegen ungerechtfertigter Bereicherung zurückgefordert werden könnten.

Das Landgericht entsprach der Klage, das Oberlandesgericht wies sie ab. Die Revision der Klägerin wurde zurückgewiesen.

Gründe:

Die Ansprüche der Klägerin hat das Oberlandesgericht sämtlich mit Recht für unbegründet erklärt.

1. Guthaben von 4117.4 Rupien.

Der Revision ist zuzugeben, daß die Hauptniederlassung der Beklagten Schuldnerin auch derjenigen Verpflichtungen ist, die aus dem Betriebe ihrer Zweigniederlassung in Madras erwachsen sind. Richtig ist ferner, daß eine Forderung sich dort befindet, wo der Schuldner seinen Wohnsitz hat, und daß daher nach dem Rechte dieses Orts die Wirksamkeit behördlicher Maßnahmen beurteilt werden muß, die die Forderung treffen sollen. Das ist in der RGZ. Bd. 107 S. 44 abgedruckten Entscheidung näher begründet. Ebendort ist aber auch schon ausgeführt worden, daß diese allgemeinen Grundsätze für die Anwendung des Versailler Vertrags nicht ohne weiteres maßgebend sind. Die in ihm den alliierten und assoziierten Mächten hinsichtlich der Güter, Rechte und Interessen deutscher Reichsangehöriger eingeräumten Befugnisse gehen vielmehr erheblich weiter.

Nach Art. 297 des Versailler Vertrags werden im Verhältnis zwischen den alliierten und assoziierten Mächten oder deren Staatsangehörigen einerseits und Deutschland oder seinen Reichsangehörigen anderseits alle außerordentlichen Kriegsmaßnahmen oder Übertragungsanordnungen oder kraft solcher Maßnahmen vorgenommene oder vorzunehmende Handlungen so, wie sie in den §§ 1 und 3 der Anlage näher bestimmt sind, als endgültig und für jedermann bindend angesehen. § 1 der Anlage bestätigt ausdrücklich die Gültigkeit aller Verfügungen, Verordnungen, Entscheidungen oder Anweisungen, die von einem Gericht oder einer Verwaltungsbehörde in Anwendung der Kriegsgesetzgebung über feindliche Güter, Rechte oder Interessen erlassen sind. § 3 erläutert den Begriff der „außerordentlichen Kriegsmaßnahmen" und der „in Ausführung dieser Maßnahmen vorgenommenen Handlungen". Er nennt unter ihnen beispielsweise die Schuldentilgung und die Einziehung von Außenständen. § 14 endlich betont, daß auch auf Schulden und Guthaben die Bestimmungen des Art. 297 und der Anlage Anwendung finden. Diese Bestimmungen sind so umfassend, daß von ihnen selbst solche Forderungen Deutscher nicht ausgenommen sind, die nach allgemeinen Rechtsgrundsätzen als in Deutschland befindlich anzusehen sind. Die Schlußfolgerung der Revision, daß, da Madras nicht Sitz der Ansprüche des Erblassers der Klägerin gewesen sei, sie auch nicht von der englischen Regierung hätten beschlagnahmt und liquidiert werden können, so daß etwaige Akte des custodian of enemy property gegenstandslos gewesen seien, ist den Bestimmungen des Versailler Vertrags gegenüber nicht haltbar. Haben diese Akte tatsächlich auch Forderungen umfaßt, die an sich deutschem Recht unterliegen, so müssen sie trotzdem von Deutschland, von seinen Gerichten und Behörden wie von seinen Staatsbürgern, als wirksam anerkannt werden. Gilt das nach dem Wortlaut des Art. 297d zunächst nur im Verhältnis zu den alliierten und assoziierten Mächten oder ihren Staatsangehörigen einerseits, Deutschland und seinen Reichsangehörigen andererseits, so folgt daraus, daß sich ein deutscher Reichsangehöriger einer feindlichen Kriegsmaßnahme unterwerfen muß, weiter auch, daß er sich auf sie einem anderen deutschen Reichsangehörigen gegenüber berufen kann. Sollen sie doch, wie Art. 297d sagt, als für jedermann bindend angesehen werden.

Nach den Feststellungen des Berufungsrichters ist das Guthaben des Erblassers der Klägerin Gegenstand des Zugriffs der englischen Verwaltung geworden. Der custodian of enemy property hat bei der Liquidation der Zweigniederlassung der Beklagten ihrem Vermögen den ihrem Angestellten K. geschuldeten Betrag entnommen und ihn als Vermögen des K. zurückbehalten und liquidiert. Diese Maßnahme, insbesondere die darin liegende Befriedigung des K. durch die Beklagte, muß nach dem oben Gesagten als rechtswirksam anerkannt werden. Das Oberlandesgericht spricht also völlig zutreffend aus, daß die Klägerin nur einen Liquidationsschadensersatzanspruch gegen das Reich besitze (vgl. dazu Entsch. des RWirtschG. vom 29. August 1921 in „Der Friedensvertrag" Jahrg. 1921 S. 454).

Als selbständige Klaggründe können nur die schriftlichen Anerkenntnisse der Beklagten in Frage kommen, nicht die, die in den von ihr geleisteten Abzahlungen liegen. Die schriftlichen Anerkenntnisse sind aber nach der Feststellung des Vorderrichters erfolgt, als die Beklagte noch nicht wußte, daß der custodian of enemy property aus ihrem Vermögen bereits ihre Schuld getilgt hatte. Eine etwaige

Kenntnis der Beklagten von der Zulässigkeit einer Beschlagnahme und Liquidation durch die englische Regierung genügt nicht, um den Tatbestand des § 814 BGB. zu erfüllen. Der Einwand der Beklagten, den sie ihren Anerkenntnissen gegenüber auf § 812 BGB. stützt, ist sonach begründet. (Folgen Ausführungen zu den Ansprüchen 2 und 3.)

---

81. 1. Zur Auslegung der §§ 956, 957 BGB. Genügt es, wenn der Gestattende sog. Teilbesitz (§ 865 BGB.) an den noch ungetrennten Bestandteilen hat, deren Aneignung er dem Erwerber gestattet?

2. Ist Teilbesitz an Holz auf dem Stamme möglich?

VI. Zivilsenat. Urt. v. 16. Mai 1924 i. S. D. & K. (Bekl.) w. S. (Kl.). VII 582/23.

I. Landgericht Oldenburg. — II. Oberlandesgericht daselbst.

Der Landwirt B. verkaufte den Holzbestand eines Grundstücks an den Landwirt R. und den Wirt Br., die ihn an den Kläger weiterveräußerten. Sodann verkaufte der Kläger den Bestand weiter an die Holzhändler K. und R. Den Kiefernbestand des Grundstücks verkauften K. und R. endlich am 9. Oktober 1920 an die Beklagte. Am 25. November 1920 verbot der Kläger, der sich für den Fall des Verzugs mit der Zahlung des ihm von K. und R. geschuldeten Kaufgelds das Recht zum Verbot der Abfuhr vorbehalten hatte, seinen Abkäufern die Abfuhr und richtete am 27. Dezember 1920 ein gleiches Verbot an die Beklagte. Diese versprach zunächst, von weiterem Holzfällen und Abfahren abzustehen, hat dann aber im Februar 1921 wieder mit der Abfuhr begonnen, nachdem sie dem Kläger Schadensersatzforderungen wegen Behinderung des Abfahrens in Aussicht gestellt hatte.

Im vorliegenden Rechtsstreit verlangt der Kläger unter anderem die Feststellung, daß der Beklagten ein Anspruch auf Schadensersatz wegen Verhinderung der Abfuhr des Kiefernbestandes im Wald gegen den Kläger nicht zusteht.

Das Berufungsgericht legte dem Kläger einen Eid darüber auf, daß er sich nicht mit dem Vertrag vom 9. Oktober 1920 einverstanden erklärt habe. Im Falle der Leistung des Eides soll festgestellt werden, daß der Beklagten ein Anspruch auf Schadensersatz wegen Verhinderung der Abfuhr des Kiefernbestandes nicht zusteht, im entgegengesetzten Falle soll die Klage abgewiesen werden.

Die Revision der Beklagten hatte Erfolg.

Aus den Gründen:

Die Beklagte hat sich darauf berufen, daß sie Eigentümerin des Holzes geworden sei, das am 27. Dezember 1920 aufgearbeitet auf dem Grundstück des B. lagerte. Die Revision meint, das Berufungsgericht habe sich nicht zu der Frage geäußert, wie die Eigentumsverhältnisse an diesen Hölzern zur Zeit des Verbots des Klägers vom 27. Dezember 1920 gewesen seien, obwohl dieser Frage Bedeutung für die Entscheidung zukomme. Die Rüge ist teilweise gerechtfertigt.

Soweit die Beklagte Eigentum an dem Holze erworben hatte, durfte ihr der Kläger die Abfuhr nicht untersagen; soweit war die Klage auf Feststellung, daß der Beklagten ein Anspruch auf Schadensersatz wegen Verhinderung der Abfuhr nicht zustehe, nicht begründet. Das verkennt grundsätzlich auch das Berufungsgericht nicht, denn es führt aus, daß die Beklagte auf Grund des § 956 BGB. durch Besitzergreifung Eigentümerin des Holzes geworden sei, sofern der Kläger dies durch Genehmigung des Vertrags zwischen K. und R. und der Beklagten vom 9. Oktober 1920 gestattet habe, und macht die Entscheidung von einem Eide des Klägers über diese Behauptung der Beklagten abhängig. Dabei geht es ohne ersichtlichen Rechtsirrtum davon aus, daß die Beklagte das Eigentum des Holzes auf Grund der Gestattung von K. u. R. gemäß § 956 BGB. an sich zwar erwerben konnte — weil es genügt, wenn die Gestattung der Aneignung, die durch den Eigentümer dem ersten Käufer des Holzbestandes erteilt ist, von diesem und jedem nachfolgenden Käufer seinem Nachmann weitergegeben wird, sofern nicht die Weitergabe durch Vereinbarung ausgeschlossen ist, — aber nicht erworben hat, weil K. und R. durch das Verbot des Klägers vom 25. November 1920 gehindert waren, die wirksame Gestattung zur Aneignung zu erteilen, und weil die früher von ihnen erteilte Gestattung infolge des Verbots keine Wirkung mehr auszuüben vermochte. Nur wenn die Beklagte vor dem 25. November 1920 den Besitz an dem Holze ergriffen hätte, würde sie sich für den Eigentumserwerb gemäß § 956 BGB. auf die Gestattung von K. und R. berufen können. Daß die Beklagte eine derartige Behauptung aufgestellt habe, hat die Revision aber nicht geltend gemacht; ihre Angabe, es seien am 27. Dezember 1920 gewisse Holzmengen in ihrem Besitz gewesen, reicht nicht aus, um darzulegen, daß sie gemäß § 956 BGB. das Eigentum daran erlangt hatte. Die Rüge der Revision geht also fehl, soweit es sich um die Anwendung des § 956 BGB. handelt.

Die Beklagte hat sich aber auch darauf berufen, daß die Voraussetzungen des § 957 BGB. vorlägen. Die Ausführungen, die das angefochtene Urteil in dieser Richtung enthält, sind nicht überall rechtlich einwandfrei. Nach § 957 BGB. kann Eigentum an Bestandteilen einer Sache auch infolge einer Gestattung des Nichtberechtigten erworben werden, es sei denn, daß der Erwerber bei der Besitzergreifung nicht in gutem Glauben ist. Die Urteilsgründe führen hierzu aus, daß auch für die Beurteilung des Sachverhalts nach § 957 BGB. die Behauptung der Beklagten, der Kläger habe dem Vertrage zwischen ihr und K. und R. zugestimmt, erheblich sei, und zwar deshalb, weil das Verbot des Klägers vom 27. Dezember 1920 dann nicht zur Zerstörung der Gutgläubigkeit der Beklagten geeignet gewesen sei, wenn er sich auf dieses Verbot wegen seiner angeblichen Zustimmung zu dem Vertrag der Beklagten mit K. und R. nicht berufen durfte. Das Berufungsgericht nimmt also an, daß bis zu diesem Verbot Zweifel an dem guten Glauben der Beklagten nicht bestehen. Im Falle der Leistung des dem Kläger auferlegten Eides würde also feststehen, daß die Beklagte nach dem Verbot vom 27. Dezember 1920 Holz nicht mehr zu Eigentum erwerben konnte, weil ihr der gute Glaube an die Berechtigung von K. und R., die Aneignung zu gestatten, fehlte, nicht aber, daß sie vor jenem Verbot sich Holz nicht habe aneignen können. Deshalb ist hier die Darlegung der Beklagten, sie habe am 27. Dezember 1920 im Walde liegendes Holz in Besitz gehabt, das in ihr Eigentum übergegangen gewesen sei, erheblich und die Rüge der Revision, daß das Berufungsgericht eine Prüfung dieser Behauptungen rechtsirrig unterlassen habe, begründet. Sie führt zur Aufhebung des Urteils.

Bei der weiteren Verhandlung wird das Berufungsgericht gegebenenfalls erneut zu prüfen haben, ob im übrigen die Voraussetzungen des § 957 BGB. vorliegen. Die hierauf bezüglichen Ausführungen sind nicht bedenkenfrei. Dem Berufungsrichter ist zwar darin beizupflichten, daß der § 957 Besitz des Gestattenden erfordert. Diese in der Rechtslehre herrschende Meinung findet ihre Stütze in dem grundsätzlichen Standpunkte des BGB., nach dem der gute Glaube des Erwerbers den Mangel der Berechtigung des Veräußerers nur dann zu ersetzen vermag, wenn er eine Grundlage in einem äußeren Tatbestande findet, den im Liegenschaftsrecht regelmäßig die Eintragung in das Grundbuch (§§ 891 flg.), im Fahrnisrecht aber der Besitz (§§ 932 flg., 1006, 1032, 1207) bildet; sie ist daher nicht nur von dem Standpunkt der sog. Übertragungstheorie aus zu billigen, nach welcher der Erwerb an Früchten und Bestandteilen nach §§ 956, 957 einen Eigentumserwerb durch Übertragung darstellt, auf den die §§ 932 ff. entsprechend anwendbar sind. Der erkennende Senat schließt sich ferner mit dem Berufungsgerichte der von namhaften Rechtslehrern vertretenen Ansicht an, daß der Gestattende zwar grundsätzlich, aber nicht ausnahmslos Besitzer der Muttersache zu sein braucht, daß es vielmehr genügt, wenn er sog. Teilbesitz (§ 865 BGB.) an den noch ungetrennten Bestandteilen hat, deren Aneignung er dem Erwerber gestattet, da auch in diesem Falle die erforderliche Grundlage für den gutgläubigen Erwerb, auch die Möglichkeit der Übertragung des Besitzes gemäß §§ 932 flg. gegeben ist; überträgt der Gestattende seinen Teilbesitz auf den Gestattungsempfänger, so liegt darin eine Überlassung des Besitzes der Sache im Sinne der §§ 956 flg., so daß der gutgläubige Erwerber mit der Trennung der Bestandteile deren Eigentümer wird. Bedenklich ist es aber, wenn das Berufungsgericht einen Besitz von K. und R. an den ungetrennten Bäumen nur mit der kurzen Bemerkung begründet, daß die Möglichkeit der Einwirkung auf den Grund und Boden bestanden habe. Ein Teilbesitz an Holz auf dem Stamme ist allerdings nach § 865 BGB. an sich rechtlich möglich. Er erfordert aber die von der Verkehrsanschauung anerkannte tatsächliche Herrschaft über die Bäume selbst, die nur ausnahmsweise gegeben sein wird (vgl. Urteil des Reichsgerichts v. 23. Januar 1918, Bay. Z. 1918 S. 22 und Recht 1919 Nr. 1104). Das Berufungsgericht wird daher in dieser Hinsicht und auch darüber, ob und wann eine Übertragung des Teilbesitzes auf die Beklagte erfolgt ist, gegebenenfalls noch nähere Feststellungen zu treffen haben.

---

82. 1. Ist die Anwendbarkeit des § 16 UWG. auf Fälle des Wettbewerbs beschränkt?

2. Kommen Verwechselungsfälle auf der Post und bei anderen Behörden für die Verwechselungsgefahr des § 16 UWG. in Betracht?

II. Zivilsenat. Urt. v. 27. Mai 1924 i. S. M. Großhandels-Akt.-Ges. (Kl.) w. M. Außenhandelsgesellschaft m. b. H. (Bekl.). II 332/23.

I. Landgericht III Berlin, Kammer f. Handelssachen. — II. Kammergericht daselbst.

Die Klägerin ist am 27. August 1920 unter der Firma „Merx Großhandels-Aktiengesellschaft, Berlin" in das Handelsregister eingetragen worden. Als Gegenstand des Unternehmens ist angegeben: Handel mit Waren aller Art, insbesondere durch Wahrnehmung der Interessen von Kommunalverbänden, Selbstverbraucherorganisationen mit Bezug auf Versorgung der Industrie und Landwirtschaft mit Bedarfsartikeln, auch Verwertung von Produkten der genannten Körperschaften. Die Klägerin ist nach der weiteren Eintragung auch berechtigt, sich an Unternehmungen ähnlicher Art zu beteiligen.

Die Beklagte ist am 3. Januar 1922 unter der Firma „Merx Außenhandels-Gesellschaft mit beschränkter Haftung, Berlin" in das Handelsregister desselben Gerichts eingetragen worden. Als Gegenstand ihres Unternehmens ist angegeben: Der Vertrieb deutscher Industrieprodukte nach dem Auslande, sowie ausländischer Rohprodukte im In- und im Auslande. Die Beklagte darf nach dem Eintrag auch gleichartige oder ähnliche Unternehmungen erwerben oder sich an solchen beteiligen. Der Gesellschaftsvertrag ist im Dezember 1921 abgeschlossen.

Die Klägerin verlangt mit der Klage Unterlassung des Gebrauchs der Firma der Beklagten. Sie erblickt in deren Firmenbezeichnung insofern einen Verstoß gegen § 16 UWG., als die Beklagte den gleichen Phantasienamen wie die Klägerin, ebenfalls schlagwortartig, an die Spitze ihrer Firma gestellt habe; dadurch sei nicht nur die Gefahr der Verwechselung gegeben, sondern auch tatsächlich schon häufig eine Verwechselung herbeigeführt worden, indem z. B. Postsachen, die für die Klägerin bestimmt waren, der Beklagten zugeleitet worden seien und umgekehrt. Die Beklagte bestreitet jede Verwechselungsmöglichkeit.

Das Landgericht verurteilte nach Klagantrag. Das Kammergericht gab der Berufung der Beklagten statt und wies die Klage ab. Die Revision der Klägerin hatte Erfolg.

Aus den Gründen:

1. Der Begründung des Berufungsgerichts liegt die vom erkennenden Senat in RGZ. Bd. 103 S. 393, JW. 1923 S. 510 und in den Urteilen vom 28. November 1922 II 67/22 und vom 16. Mai 1922 II 565/21 vertretene Auffassung zugrunde, daß für die Verwechselungsgefahr im Sinne des § 16 UWG. die Frage ausscheiden müsse, ob durch das Anklingen zweier Bezeichnungen eine Verkehrserschwerung geschaffen werde; § 16 setze, da er eine Bestimmung des UWG. sei, eine Verwechselungsmöglichkeit voraus, die zu Folgen Anlaß geben könne, wie sie sonst aus unlauterem Wettbewerb hervorgehen; daher müsse ein Eindringen in den fremden Kundenkreis oder eine Verwechselung der beiden Gewerbebetriebe hinsichtlich ihrer geschäftlichen Leistungen zu befürchten sein.

Diese Auffassung kann bei nochmaliger Prüfung der Frage nicht aufrecht erhalten werden. Die Beschränkung der Anwendbarkeit des § 16 auf Fälle des Wettbewerbs steht auch nicht im Einklange mit der früheren Rechtsprechung des erkennenden Senats. So erklärt das Urteil vom 20. September 1921 (M. u. W. XXI S. 82): „Der § 16 UWG. gewährt dem Gewerbetreibenden allgemein davor Schutz, daß ein fremder Gewerbebetrieb mit dem seinigen verwechselungsfähig ist und damit in sein Recht auf freie Gewerbetätigkeit, insbesondere auf Verhinderung jeglicher Vermischung der Eigenart und Unterscheidungskraft seines Betriebes eingegriffen wird." Weiter sagt das Urteil des erkennenden Senats in JW. 1918 S. 307: „Dem Kläger kann nicht zugemutet werden, unter Umständen von dem Rufe der Beklagten und der Beschaffenheit ihrer Waren in Mitleidenschaft gezogen zu werden."

Auf dem gleichen, von der Beschränkung auf vorliegenden Wettbewerb absehenden Standpunkt steht auch das Urteil des erkennenden Senats in RGZ. Bd. 77 S. 29. Danach geht § 16 davon aus, daß im geschäftlichen Leben für den Gewerbetreibenden die Verpflichtung besteht, bei der Benutzung seiner Firma die Gefahr der Verwechselung mit einer bereits bestehenden Firma sorgfältig zu vermeiden. Nach dem Urteil des erkennenden Senats im „Gew. Rechtsschutz" 1912 S. 239 genügt es für die Anwendung des § 16, daß „Beziehungen" zwischen den beiden fraglichen Geschäftsbetrieben im Verkehr angenommen werden, und das Urteil des erkennenden Senats in Gew. Rechtsschutz 1911 S. 148 erklärt: „Wer eine Firma zuerst angenommen hat, hat sie erworben und den Schutz gegen unbefugte Anmaßung erlangt." Die in diesen früheren Entscheidungen des Senats ausgesprochenen Grundsätze müssen als dem Wortlaut und Geist des § 16 Abs. 1 allein gerecht werdend anerkannt werden, zu ihnen kehrt der Senat daher zurück. Der § 16 erfordert nicht ein Handeln zu Zwecken des Wettbewerbs, wie dies bei den §§ 1, 14, 17, 20 UWG. der Fall ist; darüber läßt der Wortlaut keinen Zweifel. Er verlangt überhaupt keine unmittelbare Beziehung zum Wettbewerb: die beteiligten Geschäftsbetriebe brauchen überhaupt nicht im Wettbewerbe miteinander zu stehen. Die Worte „im geschäftlichen Verkehr" besagen nichts weiter, als daß es sich um eine der Förderung eines Geschäftszwecks dienende Tätigkeit im Gegensatz zu privater Benutzung handeln muß. Entscheidend ist allein das objektive Geeignetsein zu Verwechselungen. Damit dient zwar der § 16 „dem Schutze der Erwerbstätigkeit" (RGZ. Bd. 75 S. 373), aber ganz allgemein und ohne Beschränkung auf den Fall des unlauteren Wettbewerbs. Den Schutz genießt jeder — ob Wettbewerber oder nicht —, der sich zuerst einer Bezeichnung „befugter Weise bedient" hat. Außer der Verhütung des unlauteren Wettbewerbs sind eine Reihe anderer schutzwürdiger Interessen denkbar. Dahin gehört in erster Linie das von der Revision betonte Interesse des Publikums an Reinhaltung des öffentlichen Verkehrs, das im Urteil RGStr. vom 7. April 1914 (M. u. W. XV S. 48, 49) anerkannt ist. Denn § 16 soll nicht allein dem Schutze des Vorberechtigten, sondern auch den Interessen der Allgemeinheit dienen. Möglichste Unterscheidbarkeit der gewerblichen Bezeichnungsmittel ist bei der ständigen Ausdehnung des geschäftlichen Verkehrs und den sich daraus ohnehin ergebenden Unsicherheiten und Verwicklungen ein notwendiges Erfordernis (vgl. Rosenthal in HansRZ. 1922 S. 104, 105). Das hat das Reichsgericht für den analogen Fall der Warenzeichen wiederholt aufs schärfste betont und zwar gerade mit Rücksicht auf die Interessen der Allgemeinheit (vgl. RGZ. Bd. 100 S. 25, Bd. 99 S. 92, Bd. 103 S. 363, Bd. 106 S. 254 und RGStr. Bd. 23 S. 371).

Den gleichen Standpunkt hat das Reichsgericht für das Gebiet der unrichtigen Reklame (§§ 3 flg. UWG.) vertreten (vgl. die angeführte Entsch. vom 7. April 1914). Die nachteiligen Wirkungen verwechselungsfähiger Firmenbezeichnungen sind, schon wegen der Dauer des Zustands, für die beteiligten Verkehrskreise erheblicher als die Folgen unrichtiger Reklame.

Auch das Interesse, nicht mit einer Firma von zweifelhaftem Rufe verwechselt zu werden, ist schutzwürdig und als solches bereits in der erwähnten Entscheidung JW. 1918 S. 307 anerkannt. Gerade dieser Gesichtspunkt wird hier von der Klägerin geltend gemacht. Die Bemerkung des Berufungsgerichts, dieses Vorbringen sei „zu allgemein", stellt keine ausreichende Prüfung dar. Daß die gegen Ende 1921 mit dem damals schon recht geringwertigen Stammkapital von 100000 Papiermark und dem vagen Geschäftszweck „Vertrieb deutscher Industrieprodukte nach dem Auslande" gegründete beklagte G. m. b. H. nicht gerade vertrauenswürdig erscheint, ist durchaus verständlich. Weiter ist schutzwürdig das Interesse, zur Vermeidung von Verwechselungen nicht zu genauesten Unterscheidungen gezwungen zu sein, die der eilige Geschäftsverkehr nicht machen kann und tatsächlich auch nicht macht. Daß die Firmenbezeichnungen der Parteien in Anbetracht der Identität des schlagwortartigen und vermöge seiner Kürze in den beteiligten Verkehrskreisen sich leicht einbürgernden Phantasiewortes „Merx" verwechselungsfähig sind, bedarf keiner Ausführung.

2. Im vorliegenden Fall ist aber auch Verwechselungsgefahr im Wettbewerb als vorhanden anzuerkennen. Die gegenteilige Auffassung des Berufungsgerichts beruht auf Rechtsirrtum. Der Umstand, daß sich die Parteien bis jetzt mit dem Vertrieb verschiedener Waren befassen, kann sich nach dem Gegenstande ihrer Geschäftsbetriebe jederzeit ändern. Die Klägerin betreibt laut Eintragung in das Handelsregister den Handel mit Waren aller Art, auch ist sie berechtigt, sich an Unternehmungen ähnlicher Art zu beteiligen. Gegenstand des Unternehmens der Beklagten ist nach der Eintragung in das Handelsregister der Vertrieb deutscher Industrieprodukte nach dem Auslande sowie ausländischer Rohprodukte im In- und Auslande. Insbesondere bewirkt die Klägerin nach dem Registereintrag auch die Versorgung der Industrie und Landwirtschaft mit Bedarfsartikeln sowie die Verwertung ihrer Produkte. Die Geschäftszweige der Parteien sind danach keineswegs endgültig voneinander geschieden. Ist aber hiernach jederzeit mit der Möglichkeit des Eintritts von Wettbewerbsbeziehungen unter den Parteien zu rechnen, so ist die Verwechselungsgefahr im Wettbewerb gegeben, für die nach der ständigen Entwicklung des Verkehrs naturgemäß nicht nur Art und Umfang des augenblicklich vorhandenen Geschäftsbetriebes maßgebend sein kann.

Verwechselungsgefahr liegt vor, wenn die Benutzung geeignet ist, Verwechselungen hervorzurufen. Nicht darauf kommt es an, ob Verwechselungen hervorgerufen sind, sondern ob eine Gefahr hierzu vorhanden war. Dazu ist erforderlich und genügend, daß objektiv die Benutzung der Firmenbezeichnung der Beklagten geeignet ist, in den Kreisen, an die diese Firma sich vorwiegend wendet, die Gefahr einer Verwechselung mit der Firma der Klägerin zu begründen. Entscheidend ist danach allerdings die Auffassung der beteiligten Verkehrskreise. Daraus folgt aber nicht, daß die von der Klägerin behaupteten Verwechselungsfälle deshalb unerheblich sind, weil etwa Verwechselungen auf der Post oder bei anderen Behörden nicht genügten. Auch in dieser Beziehung kann der im Urteil des erkennenden Senats vom 17. Januar 1922 II 344/21 (RGZ. Bd. 103 S. 388 flg.) im Anschluß an RGZ. Bd. 78 S. 115 vertretene Standpunkt nicht aufrecht erhalten werden. Vielmehr ist zu erwägen, daß, wenn Verwechselungen sogar bei den Behörden, die doch genau prüfen sollen, vorgekommen sind — wie hier von der Klägerin unbestritten behauptet ist —, dies um so mehr bei dem erfahrungsgemäß unachtsamen und nur flüchtig aufmerkenden Publikum der Fall sein wird. Es genügt ja auch, wenn nur ein Teil des in Frage stehenden Verkehrskreises der Verwechselungsgefahr unterliegt (Urteile des erkennenden Senats in „Gew. Rechtsschutz" 1912 S. 239; M. u. W. XII S. 295 und a. a. O.). Im übrigen ist aber auch nach ständiger Rechtsprechung des Senats das subjektive Moment der Wahl des gleichen Schlagworts bei Prüfung der objektiven Verwechselungsgefahr nicht unberücksichtigt zu lassen. . . .

---

83. 1. Zur Frage des Beförderungszwangs der Eisenbahn.
2. Nach welchen Grundsätzen haftet die Eisenbahn, wenn Güter versandt werden, um sie der Gefährdung durch einen im Gebiete ihres Lagerortes ausgebrochenen Aufruhr zu entziehen?

I. Zivilsenat. Urt. v. 28. Mai 1924 i. S. Reichsbahn (Bekl.) w. S. (Kl.). I 396/23.

I. Landgericht Duisburg. — II. Oberlandesgericht Düsseldorf.

Die Klägerin übergab am 29. März 1920 in Duisburg 2233 Stück Baumwollwaren der Reichsbahn zur Eilgutbeförderung nach Crefeld. Die damals in Deutschland ausgebrochenen Unruhen hatten sich auf die Gegend von Duisburg erstreckt; die Klägerin beabsichtigte daher, ihre Waren vor den Aufständischen in Sicherheit zu bringen. Das Frachtgut wurde in einen Eisenbahnwagen verladen. Ehe dieser abrollte, wurde er von den Aufständischen angehalten, erbrochen und seines Inhalts beraubt. Die Klägerin fordert Ersatz der verloren gegangenen Ware. Sie findet ein grobes Verschulden der Angestellten der Beklagten darin, daß der Wagen entgegen einer ausdrücklich gegebenen Zusage nicht noch in der Nacht vom 29. zum 30. März abgerollt oder ihr nicht wenigstens Mitteilung gemacht worden ist, wenn die Beförderung unmöglich wurde. Die Beklagte beantragte Klagabweisung und berief sich auf höhere Gewalt.

Das Landgericht Duisburg erklärte den Klaganspruch zur Hälfte dem Grunde nach für berechtigt. Beide Parteien legten Berufung ein. Die Klägerin erweiterte ihren Anspruch auf Ersatz des Geldentwertungsschadens. Das Oberlandesgericht erklärte den erweiterten Klaganspruch zur vollen Höhe dem Grunde nach für berechtigt. Die Revision der Beklagten hatte Erfolg.

Gründe:

Das Berufungsgericht hat ausgeführt: Die Eisenbahn hafte für den Verlust des Frachtguts nur dann nicht, wenn er auf höherer Gewalt beruht habe. Das sei nicht der Fall gewesen. Die Plünderung der Baumwollwaren durch die rote Armee sei zwar ein von außen kommendes, in die Beförderung des Guts eingreifendes Ereignis gewesen, aber man habe es voraussehen und deshalb vermeiden können. Duisburg und dessen Bahnhof seien schon vor dem 30. März 1920 von den Rotgardisten besetzt worden, die anderweit schon zahlreiche Beschlagnahmen von Waren vorgenommen hätten. Die Beförderung sei deshalb gefährdet gewesen. Die Bahn habe sie aus diesem Grunde ablehnen müssen. Eine allgemeine Gütersperre sei dann nicht nötig gewesen, und deshalb komme auch nicht in Betracht, daß das Gericht die Anordnung oder Unterlassung einer hoheitsrechtlichen Verwaltungsmaßregel, als welche sich die allgemeine Gütersperre darstelle, nicht auf ihre Zweckmäßigkeit nachzuprüfen habe; die Verweigerung der Annahme zur Beförderung wäre vielmehr nur die Ausführung einer dem Frachtführer obliegenden Vertragspflicht gewesen. Ein Verschulden der Klägerin liege nicht vor; es könne nicht darin erblickt werden, daß sie die Ware zur Beförderung aufgegeben habe.

Diese Ausführungen sind nicht frei von Rechtsirrtum. Die Auffassung des Berufungsgerichts, daß die Eisenbahn die Annahme der Güter zur Beförderung habe ablehnen dürfen und müssen, erscheint nicht zutreffend. Für die Bahn besteht ein Beförderungszwang. Sie muß also grundsätzlich die ihr angebotenen Güter zur Beförderung annehmen. Von dieser Verpflichtung sind fünf genau umschriebene Ausnahmen im § 453 HGB. aufgestellt, die sich in inhaltlich gleicher Weise in § 3 Abs. 1 und 2 EVO. wiederfinden. Keiner dieser Ausnahmefälle lag bei der Aufgabe der beraubten Güter vor. In

Frage kommen kann nur, ob die Beförderung „durch Umstände, die als höhere Gewalt zu betrachten sind, verhindert" wurde. Das kann nicht angenommen werden, da der Bahnbetrieb trotz des Aufruhrs bisher auf der in Frage stehenden Strecke aufrecht erhalten war und auch noch nach Aufgabe der Güter ein Zug von Duisburg nach Crefeld abgegangen ist. Die Duisburger Beamten hatten also kein Recht, der Klägerin entgegenzutreten, wenn diese versuchen wollte, ihre Waren von Duisburg nach Crefeld in Sicherheit zu bringen. Ebensowenig vermag die Klägerin Rechte daraus herzuleiten, daß die zuständige Eisenbahndirektion nicht den Verkehr auf der Strecke Duisburg—Crefeld gesperrt hatte. Dabei hätte es sich um eine reine Verwaltungsmaßregel gehandelt. Ob die Sperre angezeigt war oder nicht, hing von der Beurteilung der verschiedenartigsten Umstände, keineswegs allein von der Rücksicht auf die Sicherheit der Güter in einem Einzelfalle ab. Die Entscheidung war Sache des pflichtmäßigen Ermessens der Eisenbahnverwaltungsbehörden und kann von den Gerichten nicht hinsichtlich ihrer sachlichen Berechtigung nachgeprüft werden. Schon in diesem Zusammenhange ist darauf hinzuweisen, daß die Klägerin ja keineswegs ohne ihr Wissen durch die Bahn in eine ihr unbekannte Gefahr gestürzt worden ist. Sie konnte ihre Waren in Duisburg belassen; sie konnte sie ins besetzte Gebiet nach Crefeld verbringen. Beides war, wie die Klägerin wußte, mit Gefahren verknüpft. Sie hat offenbar die Gefahr der Beförderung für geringer angesehen. Darin hat sie sich getäuscht; sie hat aber genau gewußt, was sie tat.

Es kann also nichts zuungunsten der Bahn daraus hergeleitet werden, daß sie die Güter zur Beförderung angenommen hat. Von diesem Gesichtspunkte aus wird nun neu zu erörtern sein, ob die Bahn sich mit Recht auf höhere Gewalt beruft.

Sollte das zu verneinen sein, so würde die Bahn nach § 456 HGB. haften, wenn sie nicht nachweist, daß der Schaden auf einem Verschulden oder einer Anweisung der Klägerin beruht. In letzterer Hinsicht ist folgendes zu beachten. Rundnagel, Haftung der Eisenbahn, hatte in der zweiten Auflage angenommen, schon das Frachtvertragsangebot selbst könne als eine „Anweisung" des Absenders im Sinne des § 456 angesehen werden. Diese Auffassung in ihrer Allgemeinheit hat bisher keine Billigung gefunden; immerhin liegt ihr in der gebotenen Beschränkung ein richtiger Gedanke zugrunde. Der Sinn des § 456 geht ersichtlich dahin, daß es bei dem der Eisenbahn obliegenden Beförderungszwang einerseits und der Schärfe ihrer Haftung anderseits aller Billigkeit widersprechen würde, wenn sie auch für solche Schäden einzustehen hätte, die durch das Verhalten des Absenders verursacht oder mitverursacht sind. Von diesem Gedanken ausgehend hat das Reichsgericht bereits anerkannt, daß dem

Verfügungsberechtigten der Bahn gegenüber eine Sorgfaltspflicht obliegt (RGZ. Bd. 102 S. 95 unten). Diesem Gedanken entspricht es ebenso, für den vorliegenden Fall zu berücksichtigen, daß die Klägerin ihre Ware durch den Versuch der Beförderung bewußt einer Gefährdung ausgesetzt hat. Ob dies genügt, den Tatbestand des § 456 (Verschulden oder Anweisung auf seiten des Verfügungsberechtigten) voll zu erfüllen, läßt sich erst entscheiden, wenn im einzelnen klargestellt ist, wie sich die Gefahr der Sachlage der Klägerin dargestellt hat. Aber jedenfalls wird dieser Umstand nach § 254 BGB. in Betracht kommen, wenn der Bahn ein Verschulden (Wahl eines unsicheren Wegs, Unterlassung der Beförderung mit dem nächsten Zuge oder dergl.) nachgewiesen werden sollte.

---

84. 1. Wie haftet derjenige, der gefälschte Dollarnoten an einem Bankschalter gegen deutsches Geld umwechselt?
2. Zur Aufwertung des bei der Wandlung zurückzuerstattenden Kaufpreises.

I. Zivilsenat. Urt. v. 28. Mai 1924 i. S. der Nd. Bank (Kl.) w. D. (Bekl.). I 432/23.

I. Landgericht Hamburg, Kammer f. Handelssachen. — II. Oberlandesgericht daselbst.

Der Beklagte wechselte am 10. März 1922 bei einer Girokasse der Klägerin 240 amerikanische Dollars in deutsches Geld um, darunter 2 Fünfzig-Federal-Reserve-Dollarnoten. Am 17. März 1922 teilte die Klägerin dem Beklagten mit, daß eine der Fünfzig-Dollarnoten gefälscht sei, und verlangte Lieferung einer echten Note. Da der Beklagte das ablehnte, erhob sie Klage auf Zahlung von 50 Dollar oder desjenigen Betrags in deutscher Währung, der am Zahlungstage nach dem dann geltenden Kurse dem Betrage von 50 Dollar entsprechen wird. Der Beklagte beantragte Abweisung der Klage. Das Landgericht wies die Klage ab. Das Oberlandesgericht verurteilte den Beklagten, an die Klägerin 12350 *M*, nämlich den bei der Umwechselung empfangenen Betrag, zu zahlen. Im übrigen verblieb es bei der Klagabweisung.

Die Revision der Klägerin hatte Erfolg.

Gründe:

Hingegeben ist nach den Feststellungen des Berufungsgerichts eine gefälschte Fünfzig-Dollarnote. Es handelt sich um eine von der Federal-Reserve-Bank in St. Franzisko auf Grund des Bankgesetzes der Vereinigten Staaten vom 23. Dezember 1913 ausgegebene Zwei-Dollarnote, die durch Umwandlung von „2" in „50" in eine Fünfzig-Dollarnote verfälscht ist. Diese Noten verkörpern Verpflichtungen der Vereinigten

Staaten sowie der Federal-Reserve-Banken, sind vom Schatzamt in Washington und den genannten Banken einzulösen und müssen von allen Nationalbanken, Federal-Reserve-Banken und ihren Gliederbanken sowie für die Entrichtung von allen Steuern, Zöllen und anderen öffentlichen Abgaben in Zahlung genommen werden. In Deutschland sind diese Banknoten hiernach Wertpapiere, die auf den Inhaber lauten....

Allerdings sind Wertpapiere, wie ausländische Banknoten, an sich nicht lediglich körperliche Sachen, sondern auch Träger der in ihnen verbrieften Rechte. An dieser vom Reichsgericht und auch überwiegend im Schrifttum vertretenen Anschauung ist festzuhalten. Nun handelt es sich vorliegend aber, wie das Berufungsgericht annimmt, lediglich um den Verkauf der ganz bestimmten, von dem Beklagten an dem Schalter der Klägerin zum Umwechseln gegebenen Banknoten, nicht um die vorher vereinbarte Lieferung von Banknoten schlechthin. Denn, wie das Berufungsgericht ohne Verletzung von Regeln des Rechts oder der allgemeinen Erfahrung feststellt, ging der übereinstimmende Wille der Parteien dahin, nur gerade die vorgelegten Dollarnoten umzuwechseln. Was die Revision dagegen vorbringt, kann nicht durchgreifen. Denn es ist eben ein wesentlicher Unterschied, ob jemand den Verkauf einer gewissen Zahl von Wertpapieren vereinbart und sie dann liefert, oder ob er mit bestimmten Stücken zu Banken geht und sie veräußert. Daraus folgt weiter, daß hier die Lieferung einer völlig anderen Sache als der bedungenen nicht in Frage kommen kann, da ja gerade nur die vorgelegten Banknoten verkauft sind. Der vom Senat in I 408/22 am 8. September 1922 — JW. 1923 S 179 flg. — entschiedene Fall lag insofern anders, als dort nur Pfundnoten schlechthin an der Börse verkauft und später geliefert wurden. Es braucht deshalb nicht erörtert zu werden, welche Rechtsfolgen sich ergeben, wenn tatsächlich ein aliud geliefert wird. Es können somit hier nur die Bestimmungen über Gewährleistung in Frage kommen, und es könnte höchstens der Zweifel entstehen, ob diejenigen über Gewährleistung wegen Sachmängel der Entscheidung zugrunde zu legen sind oder die hinsichtlich Rechtsmängel. Die sich daraus ergebenden rechtlichen Folgen sind je nach den anzuwendenden §§ 459 flg. oder 437 flg. BGB. ganz verschieden. Im ersteren Falle kann nach Lage der Umstände nur gewandelt werden, im letzteren dagegen gemäß §§ 320 flg. Lieferung einer echten Note verlangt werden. In Fällen der vorliegenden Art, in denen bestimmte ausländische Banknoten verkauft sind, ist eine Fälschung jedenfalls lediglich als Sachmangel in Betracht zu ziehen, denn solche Banknoten werden im Verkehr lediglich als Sachen behandelt. Auch der Zweck der verschiedenen rechtlichen Regelung bei Sach- und Rechtsmängeln spricht dafür. Das Gesetz berücksichtigt, daß es sich in dem einen Fall um körperliche, sichtbare und der alsbaldigen Untersuchung zugängliche Gegenstände handelt, in dem anderen aber um Rechte, deren Bestand nur durch eingehende, unter Umständen sehr zeitraubende Untersuchungen festgestellt werden kann. Dieses Ergebnis entspricht auch den Verkehrsanschauungen und -rücksichten.

Die Klägerin kann hiernach nicht Zahlung von 50 Dollar, sondern nur auf Grund ihres Wandlungsverlangens Rückerstattung des von ihr Gezahlten beanspruchen. Zu Unrecht aber nimmt das Berufungsgericht an, daß der Beklagte seiner Rückerstattungspflicht durch Zahlung von 12350 Papiermark nachkommt, die schon zur Zeit des Erlasses des Berufungsurteils nur noch den Wert von einigen Pfennigen hatten und heute völlig wertlos sind. Gemäß §§ 467, 346, 242 BGB. hat der Beklagte das Empfangene nach seinem wirtschaftlichen Werte zurückzugewähren und auch die Nutzungen herauszugeben, die er aus dem Gelde gezogen hat oder ziehen konnte. Dazu gehört auch der Vorteil, den er üblicherweise nach der Art seiner Tätigkeit aus dem Gelde gezogen hat. Inwieweit diese Erwägungen zu einer Aufwertung zu führen haben, wird von dem Berufungsgericht nach Erörterung der in Betracht kommenden Umstände zu entscheiden sein (vgl. auch das S. 120 dieses Bandes abgedruckte Urteil des Senats vom 12. März 1924 I 294/23). Für die Höhe der Aufwertung kommt weiter aber auch in Betracht, daß der Beklagte sich mit der Rückerstattung des Kaufpreises von dem Zeitpunkt ab im Verzug befunden hat, an dem die Klägerin ihren Klaganspruch auch auf die hilfsweise geltend gemachte Wandlung stützte. Zu Unrecht verneint das Berufungsgericht das mit der Begründung, die Klägerin habe Wandlung nur für den Fall verlangt, daß sie mit dem Hauptanspruch nicht durchdringe. Nach ihrer Auffassung der Rechtslage konnte die Klägerin nur so das Verlangen stellen. Das genügte aber im Sinne des § 284 BGB.; denn die Klage auf die Leistung war damit erhoben.

---

85. Muß die Frau bei der Einwilligung in den Verkauf eines zum Gesamtgut gehörenden Grundstücks durch den Mann die Notwendigkeit ihrer Einwilligung gekannt haben oder genügt es, daß sie Erklärungen abgab, die ihre Zustimmung enthielten oder doch von dem Käufer nach Treu und Glauben als Zustimmung aufgefaßt werden konnten? Einfluß der Beendigung der Gütergemeinschaft auf Rechtsstreitigkeiten über das Gesamtgut. Widerspruch gegen die Eintragung des Ehemanns als Alleineigentümers im Grundbuch.

V. Zivilsenat. Urt. v. 2. Juni 1924 i. S. S. (Kl.) w. A. Erben (Bekl.). V 509/23.

I. Landgericht Tilsit. — II. Oberlandesgericht Königsberg.

Durch notariellen Vertrag vom 12. April 1920 verkaufte der Besitzer A., der Vater der Beklagten, ein Grundstück, als dessen alleiniger Eigentümer er im Grundbuch eingetragen war, an die Klägerin für den Preis von 42500 *M*. Die Übergabe sollte sofort erfolgen. Am 13. April 1920 erfolgte die Auflassung des Grundstücks an die Klägerin vor dem Notar B. Dieser reichte im Juni 1920 die Urkunden dem Amtsgericht behufs Eintragung der Eigentumsänderung in das Grundbuch ein; das Amtsgericht bestimmte hierauf zunächst eine Frist zur Einzahlung eines Kostenvorschusses. Der Verkäufer A. lebte mit seiner Ehefrau in allgemeiner Gütergemeinschaft. Die Ehe war im Jahre 1898 geschlossen und wurde im Jahre 1921 geschieden. Am 21. Juni 1920 erwirkte die Ehefrau A. eine einstweilige Verfügung, durch welche die Eintragung eines Widerspruchs gegen die Eintragung des A. als Alleineigentümers und die Eintragung einer Verfügungsbeschränkung gegen ihn im Grundbuch angeordnet wurde. Diese Eintragung erfolgte am 22. Juni 1920. Gleichzeitig wurde der Klägerin die Einreichung einer Zustimmungserklärung der Ehefrau A. zu dem Verkauf und zu der Auflassung in notarieller Form aufgegeben. Nach Ablauf der hierfür gestellten Frist wurde der Eintragungsantrag der Klägerin vom Grundbuchamt endgültig zurückgewiesen. Die Klägerin hat darauf gegen die Ehefrau A. Klage auf ihre in notarieller Form zu erklärende Einwilligung in die Eintragung der Klägerin als Eigentümerin des Grundstücks Tilsit Blatt 327 und in die Löschung des im Grundbuch dieses Grundstücks am 22. Juni 1920 eingetragenen Widerspruchs erhoben. Die Klage ist abgewiesen worden. Im Laufe der Berufungsinstanz starb die Ehefrau A.; ihre Erben, die jetzigen Beklagten, haben das Verfahren aufgenommen.

Die Berufung ist zurückgewiesen. Die Revision der Klägerin hatte teilweise Erfolg.

Gründe:

Das Berufungsgericht hält die Klägerin zur Erhebung des Anspruchs auf Einwilligung in die Löschung des Widerspruchs nicht für berechtigt. da durch diese Eintragung nur die Rechte des eingetragenen Eigentümers, des Ehemanns A., beeinträchtigt würden. Eine Abtretung des Anspruchs auf Löschung, der nur dem letzteren zustand, sei nicht behauptet. Falls man eine Ermächtigung der Klägerin hierzu annehmen wollte, fehle es an der Darlegung des erforderlichen Interesses an der Einklagung. Der ferner geltend gemachte Anspruch auf Einwilligung in die Eintragung der Klägerin als Eigentümerin des verkauften Grundstücks sei unbegründet. Die Ehefrau sei durch die etwaige Zustimmung nicht Vertragsgegnerin und deshalb aus dem von ihr gebilligten Rechtsgeschäft ihres gütergemeinschaftlichen Ehegatten dem andern Vertragsteil nicht persönlich verpflichtet worden. Habe sie die Zustimmung dem Ehemann gegenüber erklärt, so könne der Gegner gegen diesen auf Auflassung klagen und dann die Eintragung der Ehefrau als Miteigentümerin, darauf auch die Eintragung des Eigentumsübergangs gemäß § 14 GBO., § 894 ZPO. herbeiführen. Es komme deshalb darauf, ob die Ehefrau A. ihrem Manne gegenüber die Zustimmung erteilt habe, nicht an. Ob die gütergemeinschaftliche Ehefrau, die dem Vertragsgegner ihres Ehemanns selbst ihre Zustimmung erklärt habe, diesem gegenüber zur Vornahme von Rechtshandlungen verpflichtet sei, durch welche der von ihrem Ehemanne geschlossene Vertrag verwirklicht werden könne, bedürfe hier keiner Entscheidung, weil dem eigenen Vorbringen der Klägerin eine solche Zustimmung nicht zu entnehmen sei. Die dritten Personen gegenüber abgegebenen Erklärungen seien ohne Belang, da die Zustimmung eine empfangsbedürftige Willenserklärung sei. Die Zustimmung setze aber, wenn sie auch stillschweigend und durch schlüssige Handlungen erteilt werden könne, voraus, daß die gütergemeinschaftliche Ehefrau wisse, der Vertrag sei ohne ihre Zustimmung unwirksam. Daran fehle es hier. Die Ehefrau A. möge ihr Miteigentum an dem Grundstücke gekannt haben; es fehle aber an jedem Anhalt dafür, daß sie gewußt habe, der Vertrag bedürfe ihrer Zustimmung. Denn nach der Darstellung der Klägerin seien die Vertragsteile selbst davon ausgegangen, daß der Ehemann A. das Grundstück allein verkaufen könne; um so mehr werde die Ehefrau A. dieses Glaubens gewesen sein.

Die Revision rügt Verletzung der §§ 894, 1445, 182 BGB. und des § 286 ZPO. Sie macht zunächst geltend, das Verlangen der Klägerin nach Bewilligung der Löschung des Widerspruchs sei gerechtfertigt, da der Widerspruch der Eintragung der Klägerin als Eigentümerin trotz der Auflassung entgegenstehe, die Klägerin also ein schutzwürdiges Interesse an der Löschung des Widerspruchs habe. Auch dem Verlangen der Klägerin nach Bewilligung ihrer Eintragung als Eigentümerin im Grundbuch stehe ein schutzwürdiges Interesse zur Seite, gleichviel ob die Ehefrau A. ihre Zustimmung zum Verkauf des Grundstücks gegenüber der Klägerin oder gegenüber ihrem Ehemann erklärt habe. Ob sie Vertragsgegnerin der Klägerin geworden sei, sei für die Klagbefugnis der Klägerin bedeutungslos. Die von der Klägerin behaupteten Äußerungen und Handlungen der Erblasserin der Beklagten, die auf deren Einverständnis mit dem Verkauf schließen ließen, würden die Wirksamkeit des Vertrags selbst dann herbeigeführt haben, wenn die Erblasserin der Beklagten die Notwendigkeit ihrer Zustimmung zur

Rechtswirksamkeit desselben nicht gekannt hätte. Das Berufungsgericht habe die Entscheidung RGZ. Bd. 102 S. 87 mißverstanden.

Der Revision war der Erfolg teilweise nicht zu versagen. Die Klägerin hat zwei Ansprüche erhoben: 1. auf formgerechte Einwilligung in die Eintragung ihres Eigentums, 2. auf Einwilligung in die Löschung des Widerspruchs.

Was zunächst den ersten Anspruch betrifft, so ist davon auszugehen, daß die Eheleute A. in allgemeiner Gütergemeinschaft gelebt haben. Der Ehemann A. bedurfte also gemäß § 1445 BGB. zum Verkauf und zur Auflassung des zum Gesamtgut gehörigen Grundstücks der Einwilligung seiner Ehefrau. Die unter den Parteien streitig gewesene Frage, ob diese Einwilligung erteilt sei, hat das Berufungsgericht verneint, soweit die Zustimmung dem Vertragsgegner gegenüber erfolgt sein sollte; es hat sie unentschieden gelassen, soweit die Zustimmung ihrem Ehemann gegenüber erklärt sein sollte. Mit Recht rügt die Revision, daß die Annahme des Berufungsgerichts, dem Vertragsgegner gegenüber sei eine Zustimmung nicht erklärt, durch Rechtsirrtum beeinflußt sei. Das Berufungsgericht geht davon aus, daß die Ehefrau A., wenn sie die rechtliche Notwendigkeit ihrer Zustimmung gar nicht gekannt habe, letztere auch nicht erklärt haben könne, und stützt sich hierbei auf die Entscheidung RGZ. Bd. 102 S. 87. Dies Urteil bietet aber der Auffassung des Berufungsgerichts keine Stütze, sondern ist von ihm mißverstanden worden. Denn dort ist zwar ausgeführt, daß der Prinzipal, der damals einen von seinem Reisenden abgeschlossenen Verkauf zu genehmigen hatte, den Genehmigungswillen nur haben konnte, wenn ihm bekannt war, daß das Geschäft noch in der Schwebe sei und daß es in seiner Hand liege, es durch seine Genehmigung endgültig zustande oder durch deren Versagung zum Scheitern zu bringen; unterschieden hiervon ist aber in jener Entscheidung die Wirkung seiner Handlungen nach außen, indem dort weiter gesagt ist, daß die Zusendung der bestellten Ware an den Käufer nach außen hin unbedenklich eine Genehmigungserklärung enthielt, und daß der Käufer deshalb nicht im Zweifel darüber sein konnte, daß der Prinzipal die ihm vorbehaltene Genehmigung erteilen wollte und erteilt hätte. Für letzteren sei, wenn er den Kauf von seinem Reisenden irrtümlich für fest abgeschlossen hielt und sich zur Übersendung der Ware für verpflichtet erachtete, er also keine Bestätigungs- sondern nur eine Erfüllungshandlung vornehmen wollte, höchstens eine Voraussetzung für eine Irrtumsanfechtung aus § 119 BGB. gegeben. Bei richtiger Anwendung der in dieser Entscheidung ausgesprochenen Grundsätze hätte das Berufungsgericht daher prüfen müssen, ob hier Erklärungen der Ehefrau A. vorlagen, die von der Klägerin als Zustimmung zu dem Verkauf und der Auflassung aufgefaßt werden konnten.

In eine Würdigung ihrer Äußerungen, abgesehen von dem soeben erörterten, nicht zutreffenden Gesichtspunkt aus, ist aber das Berufungsgericht noch nicht eingetreten; es hat bisher jedenfalls nicht ausgesprochen, daß die unter Beweis gestellten Äußerungen der Ehefrau A. nicht doch unter Umständen als ausreichende Zustimmungserklärungen angesehen werden könnten. Auch soweit das Berufungsgericht aber angenommen hat, daß es auch auf die dem Ehemann gegenüber etwa erklärte Zustimmung überhaupt nicht ankomme, weil die Klage auf Einwilligung in die Eintragung des Eigentums der Klägerin überhaupt rechtlich nicht begründet sei, die Klägerin vielmehr schon auf Grund eines gegen den Ehemann A. erwirkten Urteils gemäß § 894 ZPO. und § 14 GBO. die Eintragung ihres Eigentumsübergangs erreichen könne, sind die Ausführungen nicht frei von Rechtsirrtum. Die vom Berufungsgericht entwickelte Anschauung wird in der Rechtsprechung und Rechtslehre vielfach vertreten (KGJ. Bd. 26 A. S. 260; Güthe-Triebel GBO. § 19a 98 [Bd. I S. 453], § 34 Anm. 19 aα, $\alpha\alpha$ [Bd. I S. 797]; Falkmann ZBl. FG. Bd. 5 S. 298; Busch ZPO. § 740a 3). Sie stützt sich darauf, daß das Gesamtgut nach § 1443 BGB. der Verwaltung des Mannes unterliegt, daß er berechtigt ist, Rechtsstreitigkeiten, die sich auf das Gesamtgut beziehen, im eigenen Namen zu führen, und daß nach § 740 ZPO. bei dem Güterstande der allgemeinen Gütergemeinschaft zur Zwangsvollstreckung in das Gesamtgut ein gegen den Ehemann ergangenes Urteil erforderlich und genügend ist. Faßt man die Bestimmung des § 894 ZPO., wonach die Willenserklärung, zu deren Abgabe der Schuldner verurteilt ist, mit der Rechtskraft des Urteils als abgegeben gilt, als Zwangsvollstreckungsmaßnahme auf (Busch ZPO. § 894 Anm. 2), so würde § 740 ZPO. auch hierbei Platz greifen. Diese Ansicht ist jedoch bestritten (Planck BGB. 4. Aufl. Bd. 3 § 873 S. 127, 2e, Bd. 4 § 1445 Erl. 2d; Turnau-Förster, Liegenschaftsrecht 3. Aufl. Bd. 1 § 873 S. 133 Anm. e und Bd. 2 S. 225; Busch, Festgabe für Koch S. 203flg.; Förster im Recht 1904 S. 89; Stein ZPO. 10. Aufl. § 884 II). Es bedarf hier aber keiner Stellungnahme zu der Streitfrage; denn jedenfalls hat auch die erstere Ansicht nur Geltung bei Bestehen der Gütergemeinschaft. Das Berufungsgericht hat aber übersehen, daß die Ehe der Eheleute A. schon im Jahre 1921 durch Scheidung aufgelöst war und damit die Gütergemeinschaft ihr Ende erreicht hatte. Nach Beendigung der Gütergemeinschaft stand aber gemäß § 1472 BGB. die Verwaltung des Gesamtguts bis zur Auseinandersetzung beiden Ehegatten gemeinschaftlich zu. Aus der Gemeinschaftlichkeit der Verwaltung folgt, daß beide Ehegatten nur gemeinsam über das Gesamtgut verfügen und darüber Rechtsstreitigkeiten als Kläger oder Beklagte führen können (RGRKom. § 1472

Anm. 2). Dementsprechend bestimmt auch § 743 ZPO., daß nach der Beendigung der Gütergemeinschaft vor der Auseinandersetzung die Zwangsvollstreckung in das Gesamtgut nur zulässig ist, wenn beide Ehegatten zu der Leistung oder der eine Ehegatte zu der Leistung und der andere zur Duldung der Zwangsvollstreckung verurteilt sind (vgl. auch RGZ. Bd. 89 S. 363). Unterstellt man daher, daß die Zustimmung der Ehefrau erfolgt und damit eine Haftung des Gesamtguts begründet wäre (§ 1459 BGB.), so würde bei der hier gegebenen Sachlage einer Verurteilung der Ehefrau sich keineswegs erübrigt haben. Hatte der Ehemann die Erklärung bereits abgegeben, so brauchte nur noch gegen die Ehefrau geklagt zu werden (Förster-Kann ZPO. 3. Aufl. § 743 Anm. 2 Abs. 2). Hiernach kam es darauf an, ob die Zustimmung der Ehefrau erteilt war. Das angefochtene Urteil unterlag daher hinsichtlich dieses Anspruchs der Aufhebung. Dagegen konnte der Revisionsangriff, der sich gegen die angefochtene Entscheidung richtet, soweit sie den Anspruch auf Löschung des Widerspruchs im Grundbuch betrifft, nicht für begründet erachtet werden. Lebten die Eheleute A. in allgemeiner Gütergemeinschaft, war aber nur der Ehemann als Eigentümer des während der Ehe erworbenen Grundstücks eingetragen, so stand der Ehefrau gemäß § 1438 Abs. 3 BGB. ein Anspruch auf Berichtigung des Grundbuchs zu. Zur Sicherung dieses Anspruchs konnte nach §§ 894, 899 BGB. ein Widerspruch gegen die Richtigkeit des Grundbuchs eingetragen werden. Da der Inhalt des Grundbuchs immer noch unrichtig ist, wäre auch nicht einmal der Ehemann A. berechtigt, die Löschung des Widerspruchs zu verlangen. Noch weniger kann der Klägerin ein solcher Anspruch zustehen. Hiernach war die Revision bezüglich dieses Anspruchs zurückzuweisen.

---

86. Inwieweit läßt § 705 der Reichsversicherungsordnung den Rechtsweg zu?

III. Zivilsenat. Urt. v. 3. Juni 1924 i. S. W. (Bekl.) w. Knappschaftsberufsgenossenschaft (Kl.). III 525/23.

I. Landgericht Beuthen O./S. — II. Oberlandesgericht Breslau.

Der Beklagte ist seit 1909 bei der Klägerin tätig und durch Dienstvertrag vom 11./17. Januar 1912 mit Wirkung vom 1. April 1911 angestellt. An Stelle des nachträglich in mehreren Punkten abgeänderten Vertrags ist später die Dienstordnung der Klägerin vom 2. September 1913 insoweit getreten, als nicht ersterer dem Beklagten günstigere Bedingungen enthält.

Am 26. September 1917 hat Klägerin den Beklagten wegen angeblich grober Dienstvergehen entlassen und ihn des Anspruchs auf Ruhegehalt und Hinterbliebenenversorgung verlustig erklärt. Auf seine Beschwerde hat der Spruchsenat des Reichsversicherungsamtes durch Beschluß vom 15. Dezember 1919 die Entscheidung aufgehoben und die Klägerin verurteilt, dem Beklagten vom 1. Oktober 1917 bis Ende März 1918 das volle Gehalt und vom 1. April 1918 ab das Ruhegehalt zu gewähren. Eine beharrliche Widersetzlichkeit, die zur Entlassung erfordert werde, liege nicht vor, wohl aber ein wichtiger Grund, der die in der Entlassung mitenthaltene Kündigung rechtfertige. Diese sei zum 31. März 1918 zulässig gewesen, bis dahin sei also auch das Gehalt zu zahlen. Da die Kündigung nur aus einem wichtigen, nicht auch aus einem disziplinaren Grunde gerechtfertigt sei, sei auch der Anspruch des Beklagten auf Ruhegehalt bestehen geblieben.

Die Klägerin hat nun gestützt auf § 705 RVO. Klage erhoben und beantragt: 1. den Beschluß des Reichsversicherungsamts aufzuheben; 2. die Dienstentlassung des Beklagten als zu Recht bestehend zu erklären.

Die Einrede der Unzulässigkeit des Rechtswegs, die Beklagter erhoben hat, haben beide Vorinstanzen zurückgewiesen. Die Revision des Beklagten wurde zurückgewiesen.

Gründe:

Durch den Beschluß des Reichsversicherungsamts vom 15. Dezember 1919 ist der Bescheid der Klägerin, der auf Entlassung des Beklagten wegen grober Dienstvergehen und Verlust des Ruhegehalts und der Hinterbliebenenversorgung lautete, aufgehoben und Beklagte verurteilt worden, dem Kläger das volle Gehalt vom 1. Oktober 1917 bis 31. März 1918 und von da ab das Ruhegehalt zu zahlen. Wenn demgegenüber die Klägerin in zwei Anträgen die Aufhebung des Beschlusses und die Feststellung der Berechtigung der Entlassung verlangt, so stellt sich der zweite Antrag nicht als ein selbständiger, sondern lediglich als Begründung des ersten dar. Sie will von der Zahlung des Gehalts und Ruhegehalts freigestellt sein, weil sie zur Entlassung, wie sie sie ausgesprochen, berechtigt gewesen sei. Sie macht also einen vermögensrechtlichen Anspruch geltend, dessen Natur auch dann nicht verändert werden würde, wenn die Klägerin nebenbei noch andere, nicht wirtschaftliche Interessen verfolgte (RGZ. Bd. 88 S. 333, Bd. 89 S. 337, Bd. 61 S. 91, JW. 1900 S. 853).

Für solche Aussprüche sind an sich die ordentlichen Gerichte zuständig und dies trifft auch für den vorliegenden Fall zu, wenn nicht, wie die Revision geltend macht, für ihn durch § 705 RVO. der Rechtsweg ausgeschlossen ist.

§ 705 Abs. 1 RVO. besagt in Abs. 1: In Streitigkeiten aus dem Dienstverhältnisse der Angestellten, die der Dienstordnung unterstehen, entscheidet auf Beschwerde das Reichsversicherungsamt (Beschlußsenat), wenn es sich um Kündigung, Entlassung, Geldstrafe von mehr als zwanzig Mark oder vermögensrechtliche Ansprüche handelt.

Absatz 2 bis 5 bestimmen: Für vermögensrechtliche Ansprüche gelten folgende besondere Vorschriften:

Der Rechtsweg ist zulässig. Die Klage kann nur binnen einem Monat erhoben werden, nachdem die Entscheidung des Reichsversicherungsamtes zugestellt ist, die Frist ist eine Notfrist im Sinne des § 229 Abs. 3 ZPO. An die Entscheidungen des Reichsversicherungsamtes darüber, ob unter Einhaltung der Kündigungsfrist aus einem wichtigen Grunde gekündigt werden darf (§ 693 Abs. 2 Satz 2/3), sind die ordentlichen Gerichte gebunden.

Soweit es sich um die Festsetzung von Geldstrafen handelt,. ist der Rechtsweg ausgeschlossen.

§ 693 Abs. 2 sagt: Ein kündbar Angestellter kann ohne Kündigung entlassen werden, wenn ein wichtiger Grund vorliegt. Gegenüber kündbar Angestellten, die länger als zehn Jahre bei der Genossenschaft beschäftigt sind, darf auch die Kündigung nur aus einem wichtigen Grunde ausgesprochen werden. Im letzteren Falle gilt es auch als ein wichtiger Grund, wenn Angestellte infolge Änderung im Bestande der Genossenschaft oder in deren Geschäftsverwaltung nicht bloß vorübergehend entbehrlich werden; dann soll zunächst den Dienstjüngeren der Angestelltenklasse, für welche die Änderung erheblich ist, gekündigt werden.

Die Revision macht nun geltend, § 705 Abs. 1 mache einen Unterschied zwischen Kündigung, Entlassung und Geldstrafe einerseits und vermögensrechtlichen Ansprüchen anderseits. Wenn er in Abs. 2/3 den Rechtsweg nur für die letzteren zulasse, so folge daraus, daß er für Kündigung und Entlassung ausgeschlossen sei.

Daß mangels jeglichen Hinweises mit den Worten „vermögensrechtliche Ansprüche" der allgemein übliche Begriff, unter den auch die Kündigung und die Entlassung aus einem Dienstverhältnisse fallen, zu verbinden ist, bedarf keiner weiteren Darlegung und versteht sich gesetzestechnisch von selbst. Danach ist der Revision zuzugeben, daß die Gegenüberstellung in Abs. 1 zu Zweifeln Anlaß zu geben geeignet wäre, wenn Abs. 1 und Abs. 2/3 allein ständen.

Nun bestimmt aber Abs. 4, daß die Entscheidungen des Reichsversicherungsamtes darüber, ob unter Einhaltung der Kündigungsfrist aus einem wichtigen Grunde Angestellten, die länger als zehn Jahre bei der Genossenschaft beschäftigt sind, gekündigt werden darf, der Nachprüfung durch die Gerichte entzogen sind. Hier ist also ausdrücklich eine Ausnahmevorschrift nur für eine bestimmte Art der Kündigung und eine bestimmte Art von Angestellten geschaffen, woraus zu entnehmen ist, daß die nicht hierunter begriffenen Fälle von Kündigungen der Nachprüfung und Entscheidung der ordentlichen Gerichte unterliegen.

Ebenso schließt Abs. 5 für Geldstrafen, die in Abs. 1 mit Kündigung und Entlassung zusammengestellt sind, den Rechtsweg ausdrücklich aus.

Daraus folgt aber, daß Abs. 1 einen Unterschied zwischen Kündigung, Entlassung und Geldstrafen einerseits und vermögensrechtlichen Ansprüchen anderseits in dem Sinne, daß den ersteren die Eigenschaft von vermögensrechtlichen Ansprüchen abgesprochen und sie nicht unter die vermögensrechtlichen Ansprüche in Abs. 3 einbegriffen sein sollten, nicht hat machen wollen. Sie sind also, soweit nicht ausdrücklich Ausnahmen in Abs. 4 und 5 festgelegt sind, dem Rechtswege nicht entzogen.

Das ergibt sich aber auch weiter aus der Anordnung des Wortlautes des Paragraphen. Die Abs. 3 bis 6 stehen unter der Überschrift des Abs. 2 als besondere Vorschriften für vermögensrechtliche Ansprüche. Wenn darin solche besondere Vorschriften für Kündigung und Geldstrafen aufgenommen sind, so ergibt sich daraus klar, daß das Gesetz auch sie zu den vermögensrechtlichen Ansprüchen gerechnet wissen wollte. Dasselbe muß dann aber auch für die Entlassung gelten und es ist für sie nach Abs. 3 der Rechtsweg ausdrücklich und unbeschränkt zugelassen.

---

87. Muß der Testamentsvollstrecker den zur Vorbereitung der Erbteilung erforderlichen Verkauf eines Nachlaßgrundstücks mangels Einverständnisses der Erben mit einem freihändigen Verkauf im Wege der Zwangsversteigerung vornehmen?

V. Zivilsenat. Urt. v. 13. Februar 1924 i. S. L. u. Gen. (Kl.) w. K. (Bekl.). V 29/23.

I. Landgericht Tilsit. — II. Oberlandesgericht Königsberg.

Die Frage ist verneint worden.

Aus den Gründen:

Die mehrfach von den Klägern betonte Tatsache, daß sie im Frühjahr 1919 an den Testamentsvollstrecker das Verlangen gestellt haben, das Nachlaßgrundstück solle zwecks Herbeiführung der Auseinandersetzung im Wege der Zwangsversteigerung verkauft werden, vermag keinen Schadensersatzanspruch gegen den beklagten Testamentsvollstrecker zu begründen. Denn eine Verpflichtung des

Testamentsvollstreckers, diesem Verlangen der Erben zu entsprechen, kann nicht anerkannt werden. Nach § 2204 BGB. hat der Testamentsvollstrecker die Auseinandersetzung nach Maßgabe der §§ 2042 bis 2056 BGB. zu bewirken. Im § 2042 sind für die Auseinandersetzung zwischen den Miterben die Vorschriften der §§ 750 bis 758 BGB. für anwendbar erklärt. Nach § 753 erfolgt, wenn die Teilung in Natur ausgeschlossen ist, die Aufhebung der Gemeinschaft durch Verkauf des gemeinschaftlichen Gegenstandes nach den Vorschriften über den Pfandverkauf, bei Grundstücken durch Zwangsversteigerung, und durch Teilung des Erlöses. Aus dieser mittelbaren Bezugnahme auf § 753 für die vom Testamentsvollstrecker vorzunehmende Auseinandersetzung zwischen den Erben ist im Schrifttum (Planck Anm. 3d zu § 2204 BGB.; Kreß, Erbengemeinschaft S. 253 Anm. 3; Weißler, Nachlaßverfahren Bd. 2 S. 222; Dernburg, Bürgerliches Recht Bd. 5 § 141 III) gefolgert worden, daß auch der Testamentsvollstrecker Nachlaßgrundstücke zur Vorbereitung der Erbteilung im Wege der Zwangsversteigerung verkaufen müsse. Diese Ansicht kann indessen, wenngleich sie dem starren Wortlaut des Gesetzes entspricht, nicht für zutreffend erachtet werden. Die Vorschriften der §§ 752flg. über die Art und Weise, wie die Aufhebung einer Gemeinschaft durchzuführen ist, enthalten nachgiebiges Recht und kommen nur zur Anwendung, wenn keine Einigung der Gemeinschafter über eine andere Art der Auseinandersetzung zustande kommt. Bei dem Mangel einer Einigkeit über den freihändigen Verkauf gemeinschaftlicher Gegenstände kann deren Umsetzung in Geld aber nur auf dem im § 753 geregelten Wege eines Zwangsverkaufs erfolgen, weil ein freihändiger Verkauf die Mitwirkung aller Gemeinschafter erfordern würde und diese eben nicht erreichbar ist (vgl. Protokolle bei Mugdan Mat. Bd. 2 S. 1212/13). Dieser gesetzgeberische Grund trifft nicht zu, wenn die Auseinandersetzung durch einen gemäß § 2204 BGB. dazu befugten Testamentsvollstrecker erfolgt. Der Testamentsvollstrecker hat die Auseinandersetzung lediglich nach den Anordnungen des Erblassers zu bewirken, ohne dabei an eine Zustimmung der Erben oder an eine von ihnen getroffene abweichende Vereinbarung gebunden zu sein (Prot. bei Mugdan Mat. Bd. 5 S. 656). Er bedarf daher insbesondere auch zu einer Veräußerung in Natur nicht teilbarer Gegenstände nicht der Einwilligung oder sonstigen Mitwirkung der Erben. Auch ein sonstiger Grund, der dafür sprechen könnte, daß der Testamentsvollstrecker einen derartigen Verkauf nur nach den Regeln über den Zwangsverkauf sollte vornehmen dürfen, ist nicht erkennbar. Die Vorschrift, daß auf die von dem Testamentsvollstrecker zu bewirkende Auseinandersetzung die Vorschriften über die Aufhebung der Gemeinschaft Anwendung finden sollen, beruht auf der Erwägung, daß die Willensmeinung des

Erblassers, der einen Testamentsvollstrecker ernannt habe, ohne über die Art der Auseinandersetzung eine Bestimmung zu treffen, offenbar dahin gehe, daß die einzelnen Erben dasjenige erhalten sollten, was ihnen nach den gesetzlichen Regeln über die Auseinandersetzung der Miterben gebühre (Protokolle bei Mugdan Mat. Bd. 5 S. 653). Demgemäß darf der Testamentsvollstrecker mangels einer abweichenden Anordnung des Erblassers die Auseinandersetzung nicht nach Gutdünken oder nach billigem Ermessen vornehmen, auch nicht unteilbare Gegenstände einzelnen Miterben auf ihre Erbteile zuweisen, sondern ist er verpflichtet, solche in Natur nicht teilbaren Nachlaßstücke zu veräußern und den Erlös zur Teilung zu bringen. Es kann aber nicht als in der Willensrichtung des Erblassers liegend angesehen werden, daß ein von ihm ohne Einschränkung der gesetzlichen Befugnisse ernannter Testamentsvollstrecker, der nach § 2205 BGB. zur freien Verfügung über die Nachlaßgegenstände und damit auch im Rahmen der ordnungsmäßigen Verwaltung des Nachlasses zur freihändigen Veräußerung derselben befugt ist, bei der zum Zwecke der Auseinandersetzung erforderlichen Veräußerung derart beschränkt sein soll, daß er sie nach den Regeln über den Zwangsverkauf vornehmen muß. Ein derartiger Wille des Erblassers ist um so weniger anzunehmen, als erfahrungsmäßig bei einem Zwangsverkauf, ganz abgesehen von dem damit verbundenen Zeitverlust und Kostenaufwand, vielfach ein geringerer Preis erzielt wird, als bei einem freihändigen Verkauf, der die Möglichkeit zur Ausnützung sich bietender besonders günstiger Verkaufsgelegenheiten gewährt. Ist aber für die Bindung des Testamentsvollstreckers an die für die Auseinandersetzung zwischen den Miterben geltenden Regeln der mutmaßliche Wille des Erblassers bestimmend gewesen, so kann es nicht als dem Willen des Gesetzes entsprechend angesehen werden, daß dadurch eine dem Willen des Erblassers widersprechende Einschränkung des sonst freien Verfügungsrechts des Testamentsvollstreckers für den Fall der Veräußerung eines Nachlaßgegenstandes, die zum Zwecke der Auseinandersetzung erfolgt, hat angeordnet werden sollen. Die im § 2204 BGB. durch die Bezugnahme auf § 2042 liegende mittelbare Verweisung auf § 753 kann vielmehr nur dahin verstanden werden, daß der Testamentsvollstrecker zwecks Auseinandersetzung der Miterben die in Natur nicht teilbaren Nachlaßgegenstände verkaufen und den Erlös unter die Miterben verteilen soll, daß aber die für den Fall einer Uneinigkeit der Gemeinschafter gegebene Vorschrift über die Art des vorzunehmenden Verkaufs auf den Testamentsvollstrecker keine Anwendung findet (vgl. Cosack Lehrbuch 6. Aufl. Bd. 2 § 422 III 1b; Staudinger Anm. 3 zu § 2204 BGB.; Endemann, Lehrbuch 8/9. Aufl. Bd. 3 § 73 V; Dernburg-Engelmann Bd. 5 § 141 Anm. 10).

---

88. 1. Zur Auslegung des § 1108 BGB.

2. Kann auf Grund des eingetragenen Leibzuchtsrechts wegen der Geldentwertung eine Aufwertung der Geldrente verlangt werden, die dem Leibzüchter für den Fall, daß er nicht auf dem Kolonate wohnt, an Stelle der ihm in erster Linie ausgesetzten Nutzungen zu gewähren ist?

IV. Zivilsenat. Urt. v. 3. März 1924 i. S. F. (Bekl.) w. B. (Kl.). IV 101/23.

I. Landgericht Detmold. — II. Oberlandesgericht Celle.

Der Kolon Simon F. hat zur Verhandlung vom 8. November 1912 für seine dritte Ehefrau, mit der er sich am 27. Januar 1911 verheiratet hatte, folgende Leibzucht an seinem Grundstück Oberwüsten Nr. 53 bestellt und eintragen lassen:

a) als Wohnung das Leibzuchtshaus des Kolonats Nr. 53 in Oberwüsten,
b) 2 1/2 Scheffelsaat Ackerland vor dem Hofe Nr. 53 am oberen Ende,
c) den Garten vor dem Leibzuchtshause,
d) 1/4 Teil der Wiese oder nach Wahl der Leibzüchterin den 4. Teil des Heues der Wiese,
e) ein Drittel des jährlich wachsenden Obstes,
f) jährlich ein Fuder Brennholz im Werte von 8 ℳ,
g) die Leibzüchterin soll befugt sein, an Stelle der vorbezeichneten Nutzungen eine jährliche Rente von 160 ℳ von dem Kolon zu fordern, falls sie nicht auf dem Kolonate wohnt.

Nach dem am 25. November 1913 erfolgten Tode des Simon F. ist zwischen den Abkömmlingen aus seiner ersten Ehe, mit denen er in fortgesetzter Gütergemeinschaft des lippischen Rechts gelebt hatte, und der hinterbliebenen Witwe Streit entstanden über die Gültigkeit eines von dem Erblasser mit seiner Ehefrau am 20. November 1913 geschlossenen Vertrags, durch den sie für ihre Ehe die allgemeine Gütergemeinschaft des Bürgerlichen Gesetzbuchs eingeführt hatten, sowie über die Beteiligung der Witwe an dem Gesamtgut der bisherigen fortgesetzten Gütergemeinschaft zwischen dem Erblasser und seinen ersteheIichen Abkömmlingen und über das von dem Landwirt August B., einem Enkel des Erblassers, an dessen hinterlassenem Erbkolonat Oberwüsten Nr. 53 geltend gemachte Anerbenrecht, auf Grund dessen er als Eigentümer des Kolonats am 28. Januar 1914 im Grundbuch eingetragen worden ist. Gegenüber der deswegen von den Abkömmlingen erhobenen Klage hat die beklagte Witwe eine Widerklage erhoben, mit der sie unter anderem hilfsweise beantragt hat, den Anerben August B.

zu verurteilen, ihr auf dem Kolonat eine Leibzucht im gesetzlichen Umfange zu gewähren und ihr für die Vergangenheit seit dem 25. November 1913 jährlich 160 M zu zahlen. Das Landgericht verurteilte den Kläger August B., dessen Anerbenrecht es unter Abweisung des von der Beklagten erhobenen Hauptanspruchs auf Herausgabe des Kolonats als zu Recht bestehend anerkannte, an die Beklagte für die Zeit vom 8. Januar 1914, dem Tage ihres Fortzugs von dem Kolonate, bis zum 24. Oktober 1919, dem Tage der Erhebung der Widerklage, auf Grund des Leibzuchtvertrags vom 8. November 1912, eine jährliche Rente von 160 M zu zahlen, wies dagegen den weitergehenden Anspruch auf Gewährung einer gesetzlichen Leibzucht und auf Zahlung der Rente für die Zeit vor dem 8. Januar 1914 ab. Die Beklagte legte Berufung ein und begehrte Verurteilung des Klägers August B. nach ihrem in erster Instanz gestellten Widerklagantrage, erweiterte jedoch ihren Hilfsantrag auf Zahlung einer Rente dahin, daß sie vom 24. Oktober 1919 bis 24. Oktober 1922 eine angemessene Rente forderte, die nach dem Roggenwert berechnet, eventuell richterlich festgesetzt werden solle, schlimmstenfalls eine Rente von jährlich 160 M. Ihren Anspruch auf Erhöhung der Rente vom 24. Oktober 1919 an begründete sie mit der seit dieser Zeit eingetretenen starken Geldentwertung. Das Oberlandesgericht gab der Berufung nur so weit statt, als es den Kläger für die Zeit vom 24. Oktober 1919 bis zum 23. Oktober 1922 weiterhin zur Zahlung einer jährlichen Rente von 160 M verurteilte.

Die Revision der Witwe F. hatte Erfolg.

Gründe:

Das Berufungsgericht hat ausgeführt:

Die Beklagte sei nach dem Leibzuchtsvertrag vom 8. November 1912 befugt, an Stelle der ihr ausgesetzten Naturalleistungen eine jährliche Rente von 160 M vom Kläger zu fordern, da sie unstreitig nicht auf dem Kolonate wohne. Ihr Anspruch, diesen Betrag mit Rücksicht auf die eingetretene Geldentwertung angemessen zu erhöhen, und zwar entsprechend der Steigerung der Roggenpreise gegenüber der Zeit, in der die Leibzucht ihr verschrieben sei, finde im Gesetz keine Stütze. Auch unter dem Gesichtspunkte des Verzugsschadens könne sie keinen höheren Betrag verlangen, als ihr vertragsmäßig zugesichert worden sei. Ihr ständen lediglich Verzugszinsen von dem Tage an zu, von dem an der Kläger mit der Zahlung der einzelnen Raten sich im Verzuge befinde. Einen Anspruch auf Entschädigung aus dem Grunde, daß ihr der Kläger nicht erlaubt habe, auf dem Kolonat zu wohnen und demgemäß die ihr zustehenden Naturalleistungen in Empfang zu nehmen, habe die Beklagte bisher nicht erhoben.

Die Rüge der Revision, die sich gegen die Ablehnung einer Erhöhung der Geldrente aus dem Grunde der Geldentwertung richtet, ist begründet. Das Reichsgericht hat bereits mehrfach das auf die Geldentwertung gestützte Verlangen nach einer Aufwertung vertragsmäßig festgesetzter Renten, die zur Bestreitung des Lebensunterhalts des Berechtigten dienen sollen, als berechtigt anerkannt aus der Erwägung, daß bei derartigen Verträgen den eigentlichen Gegenstand nicht sowohl der anzusetzende Geldbetrag, als die für den Unterhaltsberechtigten zu schaffende Möglichkeit bilde, sich eine gewisse Menge von Dingen zu verschaffen, deren er zur Fristung seines Lebens unbedingt bedürfe, daß sich also in dem Geldwert der vereinbarten Rente das Maß dessen ausdrücke, was dem Berechtigten an Lebensunterhalt gewährt werden solle, und daß bei einem starken Sinken des Geldwerts, das dem Rentenempfänger die Möglichkeit nehme, sich aus der festgesetzten Rentensumme das bestimmte Maß des zum Unterhalt Notwendigen anzuschaffen, durch Zahlung einer gleichbleibenden Rente das nicht mehr erfüllt werde, was die Parteien gewollt hätten und was der Schuldner zur Erfüllung seiner Verpflichtung nach Treu und Glauben, mit Rücksicht auf die Verkehrssitte gemäß § 242 BGB. zu leisten habe. Von diesem Standpunkt aus, den das Reichsgericht für Unterhaltsverträge sowohl zwischen geschiedenen Ehegatten (Warn. 1921 Nr. 99, 1923 Nr. 36; SeuffArch. Bd. 77 Nr. 84, 190) als auch zwischen anderen Personen (Warn. 1923 Nr. 3 bei einem Ehe- und Erbvertrag; RGZ. Bd. 106 S. 233 bei einem Vergleich über eine Haftpflichtrente), insbesondere auch für Altenteilsverträge (Urteile vom 20. Februar 1923 V 87/22; vom 22. September 1923 V 427/23, vom 3. Oktober 1923 V 865/22) eingenommen hat, erscheint das Verlangen der Beklagten nach Aufwertung der ihr in der Verhandlung vom 8. November 1912 ausgesetzten Jahresrente von 160 ℳ gerechtfertigt. Denn in der Verhandlung ist ausdrücklich gesagt, daß die Leibzüchterin befugt sein solle, die jährliche Rente von 160 ℳ an Stelle der vorbezeichneten Nutzungen zu fordern, falls sie nicht auf dem Kolonate wohne. Damit ist klar zum Ausdruck gebracht, daß die Rente bestimmt war, die Leibzüchterin in den Stand zu setzen, sich außerhalb des Kolonats die zu ihrem Lebensunterhalt erforderlichen Sachen zu beschaffen, die sie, solange sie auf dem Kolonat wohnen würde, in den Erträgen der ihr ausgesetzten Nutzungsrechte in Natur beziehen sollte. Mit diesem Willen des Begründers der Leibzucht ist es unvereinbar, wenn die Leibzüchterin beim Eintritt einer derartigen Geldentwertung, wie sie seit 1919 in immer steigendem Maße stattgefunden hat, auf eine jährliche Rente von 160 ℳ, beschränkt sein sollte, für die sie sich gegenwärtig überhaupt nichts zu kaufen vermöchte. Vielmehr kann der mit der Aussetzung der Rente verfolgte Zweck, der Beklagten außerhalb des Kolonats die Fristung ihres Lebens zu ermöglichen, nur erreicht werden, wenn die Rente in einem Maße erhöht wird, das der mit der

Geldentwertung verbundenen Steigerung des Geldwerts der Naturalbezüge entspricht, an deren Stelle die Rente getreten ist.

Der vorliegende Fall unterscheidet sich von dem Sachverhalt, der den Urteilen zugrunde lag, in denen eine Aufwertung von Altenteilsgeldrenten zugelassen worden ist, insofern, als dort der auf Zahlung der aufgewerteten Geldrente in Anspruch genommene Beklagte stets zugleich der aus dem Altenteilsvertrage persönlich verpflichtete Gutsübernehmer gewesen ist und daher dort lediglich eine Aufwertung der persönlichen Forderung gegenüber dem Vertragsgegner in Frage stand, während zwischen den Parteien des gegenwärtigen Rechtsstreits keine unmittelbaren vertraglichen Beziehungen bestehen und die Beklagte den Kläger August B. lediglich als Eigentümer des belasteten Grundstücks auf Zahlung der aufzuwertenden Geldrente belangt. Allerdings haftet nach § 1108 BGB. der Eigentümer für die während der Dauer seines Eigentums fällig werdenden Leistungen auch persönlich. Diese Vorschrift bedeutet aber nicht, daß der Erwerber eines mit einer Reallast belasteten Grundstücks in das der Bestellung des dinglichen Rechts zugrunde liegende Schuldverhältnis eintritt, sondern sie besagt nur, daß der Eigentümer wegen der während der Dauer seines Eigentums fällig werdenden Leistungen den Berechtigten nicht darauf verweisen kann, seine Befriedigung aus dem Grundstück zu suchen, vielmehr auch mit seinem sonstigen Vermögen haftet. Maßgebend für Art und Umfang der Ansprüche des Berechtigten bezüglich der persönlichen Haftung des Eigentümers als solchen bleibt aber immer die dingliche Belastung des Grundstücks, wie sie sich aus dem Grundbuch ergibt. Die Leistungen, wegen deren vermöge des dinglichen Rechts ein Anspruch auf Befriedigung aus dem Grundstück besteht, können nach § 1108 BGB. auch dem Eigentümer persönlich gegenüber geltend gemacht werden. Zu einer anders gearteten oder größeren Leistung, als sie aus dem Grundstücke beansprucht werden darf, ist auch der Eigentümer persönlich nicht verpflichtet. Es handelt sich daher im gegenwärtigen Falle um die Frage, ob im Hinblick auf die Geldentwertung eine Aufwertung des dinglichen Rechts auf die Geldrente möglich und geboten ist, oder ob dem die Grundsätze des Sachenrechts oder des Grundbuchrechts hindernd im Wege stehen. Der Senat hat eine Aufwertung des dinglichen Rechts bei der Eigenart des vorliegenden Falls für möglich und notwendig erachtet.

Maßgebend für den Inhalt einer Belastung des Grundstücks ist die Eintragung im Grundbuch. Wo wie im gegenwärtigen Falle im Eintragungsvermerk gemäß § 874 BGB. zur näheren Bezeichnung des Inhalts des Rechts auf die Eintragungsbewilligung Bezug genommen ist, bestimmt sich nach ihr der Inhalt des dinglichen Rechts. Die dingliche Belastung des Grundstücks des Klägers umfaßt daher alle Leistungen an die Beklagte, wie sie in der Verhandlung vom 8. November 1912 festgesetzt sind. Danach sind der Beklagten als Leibzucht die einzeln aufgeführten Nutzungen und an deren Stelle bei ihrem Wegzug von dem Kolonat eine jährliche Rente von 160 *M* zu gewähren. Die für den Umfang der dinglichen Belastung maßgebende Eintragungsbewilligung spricht demnach deutlich aus, daß die Geldrente den Ersatz für den Wegfall der der Beklagten zur Fristung ihres Lebens in erster Linie ausgesetzten Nutzungsrechte und Naturalbezüge darstellen soll. Der Zweck der Belastung, dem Kolonat die Deckung der Lebensbedürfnisse der Beklagten durch Gewährung von Naturalleistungen oder durch Zahlung einer Geldrente aufzuerlegen, ist aus der Eintragungsbewilligung für jedermann deutlich erkennbar. Damit ergibt sich aber auch die Notwendigkeit einer Aufwertung des eingetragenen Jahresbetrags der Geldrente aus der Eintragung selbst. Allerdings kann der erkennbar gemachte Zweck der Rentenbelastung des Kolonats nicht dazu führen, daß bei jeder Schwankung der Preise für die zum Lebensunterhalt notwendigen Dinge ein höherer oder niedrigerer als der eingetragene Betrag der Rente zu zahlen ist, da grundsätzlich der gemäß § 28 GBO. eingetragene Betrag als der die Geldhaftung des Grundstücks begrenzende Betrag anzusehen ist. Dieser Betrag kann aber von dem Zeitpunkt an nicht mehr maßgebend sein, in dem die Geldentwertung einen derartigen Grad erreicht hatte, daß die ausgesetzte Rente für ihren bezeichneten Zweck völlig unzulänglich wurde, die Papiermark nicht mehr als ein der Friedensmark entsprechendes Zahlungsmittel angesehen werden konnte und demnach auch nach allgemeiner Verkehrsanschauung die Zahlung von 160 Papiermark nicht als die dem Grundstückseigentümer obliegende Leistung anzusprechen war. Die hierin liegende Durchbrechung des in den §§ 1095, 1106, 1115, 1190, 1199 Abs. 2 BGB. in Verbindung mit § 28 GBO. zum Ausdruck gebrachten Spezialitätsprinzips muß als eine Folge der Geldentwertung und der darauf beruhenden völligen Umwälzung der wirtschaftlichen Verhältnisse hingenommen werden. Das starre Festhalten an diesem Prinzip müßte im vorliegenden Falle zu einem gänzlichen Wegfall des Rentenanspruchs der Beklagten führen. Denn in einer Zeit, in der 10 Milliarden Papiermark nur den Wert eines Goldpfennigs darstellen, sind 160 Papiermark ohne jeden wirklichen Geldwert. Das Spezialitätsprinzip, das die Belastung von Grundstücken mit Geldleistungen nur zu bestimmten ziffermäßigen, in Reichswährung ausgedrückten Summen für zulässig erklärt, bezweckt im Interesse der Sicherheit im Grundbuchverkehr die Schaffung klarer Verhältnisse hinsichtlich der auf den Grundstücken lastenden Geldschulden. Die Erreichung dieses Zieles ist durch das gewaltige Sinken des Geldwerts vereitelt worden. Denn da die Papiermark der Friedensmark wirtschaftlich nicht vergleichbar ist, so läßt auch der vor dem Kriege eingetragene Geldbetrag nicht mehr erkennen, welche Summe in Papiermark bezahlt werden muß, um eine dem eingetragenen Betrage wirtschaftlich entsprechende Zahlung darzustellen. Demgemäß ist auch in der Gesetzgebung die Notwendigkeit anerkannt worden, Durchbrechungen des Spezialitätsprinzips zuzulassen, indem zunächst die Eintragung wertbeständiger Hypotheken (Reichsgesetz vom 22. Juni 1923), sodann die Aufwertung und Umwandlung von Altenteilsrenten in sogenannte Naturalwertrenten (Reichsgesetz vom 18. August 1923) und schließlich durch die dritte Steuernotverordnung vom 14. Februar 1924 ganz allgemein die Aufwertung von Hypotheken, Grundschulden, Rentenschulden und Reallasten bis zu einem bestimmten Betrage mit dem Range des eingetragenen Rechts für zulässig erklärt worden ist. Das Leibzuchtsrecht der Beklagten fällt nicht unter diese Gesetze. Das Gesetz vom 18. August 1923 bezieht sich nur auf die Altenteilsverträge, die mit der Überlassung eines Grundstücks verbunden sind, eine Voraussetzung, die hier nicht zutrifft, da der Ehemann der Beklagten dieser die Leibzucht während seiner Besitzzeit bestellt hat. Die in der dritten Steuernotverordnung geregelte Aufwertung findet nach § 12 Abs. 2 keine Anwendung auf Ansprüche auf wiederkehrende Leistungen, die bei Abfindungen, Auseinandersetzungen oder ähnlichen Rechtsvorgängen begründet sind. Zu diesen Ansprüchen gehört das Leibzuchtsrecht der Beklagten, das, wenn es auch bei Lebzeiten ihres Ehemanns von diesem bestellt worden ist, doch seiner Natur nach als Abfindung von dem dem Anerbenrecht unterworfenen Grundbesitz des Ehemanns bei dessen Tod dienen sollte. Die Änderung der wirtschaftlichen Verhältnisse, die zu den Durchbrechungen des Spezialitätsprinzips durch die Gesetzgebung geführt hat, läßt aber auch eine Aufwertung der der Beklagten zustehenden Leibzuchtsrente als zulässig erscheinen, und zwar um so unbedenklicher, als dadurch in Wahrheit weder eine Erhöhung der Belastung des Grundstücks noch eine Erschwerung der Verpflichtung des Eigentümers herbeigeführt wird. Denn die Belastung des Grundstücks besteht in erster Linie in den Nutzungsrechten und Naturalbezügen, die der Beklagten für den Fall, daß sie auf dem Grundstück wohnt, zugewiesen sind. Deren Wert ist also für den Umfang der dinglichen Belastung maßgebend und offensichtlich von vornherein höher gewesen als der Jahresbetrag der als Ersatz bestimmten Rente von 160 *M*. Die Aufwertung der Rente, die unter Berücksichtigung des Verhältnisses ihres Wertes zu den Naturalnutzungen vorzunehmen wäre, würde sich daher immer innerhalb der durch den Wert dieser Nutzungen bestimmten Belastungsgrenze halten. Anderseits verbleiben dem Eigentümer, wenn er die Rente zahlen muß, die Nutzungen, ihm fließt also, wenn ihm die Zahlung einer innerhalb des Wertes dieser

Nutzungen aufgewerteten Rente angesonnen wird, durch die Überlassung der Naturalbezüge ein deren steigendem Wert entsprechend erhöhter Vorteil zu, so daß die mit der Aufwertung eintretende ziffermäßige Erhöhung seiner Geldleistung durch den entsprechend gestiegenen Wert der ihm verbleibenden Nutzungen voll ausgeglichen wird.

Es handelt sich im gegenwärtigen Rechtsstreit um die Geldrente für die Zeit vom 24. Oktober 1919 bis zum 24. Oktober 1922. Die Geldentwertung und die entsprechende Steigerung der Sachwerte hat bereits im Herbst 1919 in stärkerem Maße eingesetzt und im ganzen in Betracht kommenden Zeitraum weitere erhebliche Fortschritte gemacht. Der Beklagten ist daher für diesen Zeitraum ein Anspruch auf Aufwertung zuzuerkennen. Bei der Frage, wie hoch die Aufwertung zu bemessen ist, werden die in der Lippischen Verordnung vom 19. Oktober 1923 (Lippische Gesetzsammlung Nr. 49 S. 343) gegebenen Richtlinien zu berücksichtigen sein. Denn wenn diese Verordnung auch auf den im Streit befangenen Anspruch der Beklagten keine unmittelbare Anwendung finden kann, so rechtfertigt sich doch bei der Ähnlichkeit, die zwischen dem gegenwärtigen Sachverhalt und den in der Verordnung geregelten Fällen besteht, eine entsprechende Anwendung der dort aufgestellten Aufwertungsgrundsätze. Danach werden die für die einzelnen Fälligkeitstermine zuzusprechenden Rentenbeträge nach den jeweils in Betracht kommenden Verhältnissen festzustellen und dem gegenwärtigen Geldwert entsprechend umzurechnen sein.

---

89. 1. Haftet das Deutsche Reich für die privatrechtlichen Verbindlichkeiten der vormaligen Deutschen Schutzgebiete? 2. Welche Bedeutung hat das Klagebegehren nach Zahlung in deutsch-ostafrikanischen Rupien?[1]

III. Zivilsenat. Urt. v. 3. Juni 1924 i. S. Th. (Kl.) w. Deutsches Reich (Bekl.). III 383/23.

I. Landgericht I Berlin. — II. Kammergericht daselbst.

Im Frühjahr 1917 zahlte der Kläger, damals Offizier der Schutztruppe in Deutsch-Ostafrika, bei der Bezirkskasse Moschi 4000 Rupien der Landeswährung hinterlegungsweise ein. Von diesem Betrag will er noch 3000 Rupien zu fordern haben. Auf Bezahlung von 3000 ostafrikanischen Rupien in Silber, hilfsweise von 24000 ℳ hatte er beim

[1] In gleichem Sinn ist erkannt durch Urteil vom gleichen Tage i. S. K. w. Deutsches Reich III 404/23.

Landgericht Klage 1. gegen den Landesfiskus von Deutsch-Ostafrika, 2. gegen das Deutsche Reich erhoben. Gegenüber dem Beklagten zu 1 ist die Klage rechtskräftig abgewiesen. Auch gegenüber dem Beklagten zu 2 hatte das Landgericht abgewiesen. Im Berufungsverfahren faßte der Kläger seinen Antrag gegenüber dem Beklagten zu 2 dahin: den Beklagten in erster Linie zur Bezahlung von 3000 deutsch-ostafrikanischen Rupien in Silber — hilfsweise 300 englischen Pfund —, weiter hilfsweise 6000 ostafrikanischen Schilling, je nebst 4 % Zinsen seit dem Tage der Klagzustellung zu verurteilen, äußerstenfalls festzustellen, daß Beklagter verpflichtet sei, an den Kläger den Betrag in deutscher Währung zu zahlen, der einer Summe von 300 englischen Pfund oder 6000 ostafrikanischen Schilling zur Zeit der Zahlung entspricht. Die Berufung des Klägers wurde zurückgewiesen. Auf die Revision des Klägers wurde die Sache an das Berufungsgericht zurückverwiesen.

Gründe:

Daß der Klaganspruch nicht unter die Verordnung über die Erweiterung der Abgeltungsverordnung vom 24. Oktober 1923 fällt, hat der Reichsminister der Finanzen entschieden.

Nach den Feststellungen des Berufungsrichters ist dem Kläger aus dem Hinterlegungsdarlehen, §§ 700, 607 BGB., ein Anspruch auf Rückgewähr von 3000 ostafrikanischen Rupien tatsächlich erwachsen. Und zwar hat der Kläger, wie er in den Instanzen ohne Widerspruch des Beklagten vorgetragen hat und wie mangels gegenteiliger Feststellungen zu seinen Gunsten zu unterstellen ist, das Geld hinterlegt aus Anlaß einer öffentlichen Aufforderung des Gouverneurs des Schutzgebiets, der die Bevölkerung ersucht hatte, entbehrliche Gelder bei den öffentlichen Kassen zu hinterlegen.

Die Forderung des Klägers ist durch Hinterlegung bei einer staatlichen Kasse des vormaligen Schutzgebiets Deutsch-Ostafrika entstanden und daher zunächst gegenüber diesem Schutzgebiet begründet worden. Daß indessen der Kläger heute gegen den Landesfiskus dieses Schutzgebiets keine Klage mehr erheben kann, steht rechtskräftig fest. Daß für die Schuld nunmehr das Deutsche Reich hafte, hat der Berufungsrichter im Anschluß an die Entscheidung des erkennenden Senats vom 10. Oktober 1922 RGZ. Bd. 105 S. 260 angenommen. Den Kläger beschwert dies nicht. Dagegen hat sich, im Anschluß an eine Äußerung im Schrifttum (Köbner JW. 1923 S. 472), der Beklagte gegen jene Annahme gewendet. Der Senat hat die Frage einer neuerlichen Prüfung unterzogen, jedoch, jedenfalls im Ergebnis, keinen Anlaß gefunden, von seinem früheren Standpunkt abzugehen.

Das Urteil vom 10. Oktober 1922 hat im Eingang gebilligt, daß der damalige Berufungsrichter von § 5 des Reichsgesetzes vom 30. März

1892 ausgegangen war; es hat ausdrücklich anerkannt, daß dieses Gesetz die vermögensrechtliche Selbständigkeit der deutschen Schutzgebiete und deren eigene und ausschließliche Haftung für ihre Verbindlichkeiten begründet habe, neben der für eine Mithaftung des Reichs kein Raum sei. Das Urteil hat dann aber auf die Veränderungen abgestellt, die auf Grund des Versailler Vertrags in dem Verhältnis zwischen dem Reich und seinen Schutzgebieten vor sich gegangen sind. In Würdigung der Art. 119, 120 des Versailler Vertrags ist angenommen worden, daß mit dem Inkrafttreten jenes Vertrags das damalige Schutzgebiet Deutsch-Ostafrika aufgehört habe, in seiner bisherigen rechtlichen Gestalt als deutsches Schutzgebiet zu bestehen, daß es unter fremde Gewalt — gleichviel ob unter diejenige des Völkerbunds oder unter diejenige Englands, welche Macht schließlich tatsächlich Besitz von dem Gebiet ergriffen hat, — getreten sei, und daß nach den allgemeinen Grundsätzen damit auch die privatrechtlichen Verbindlichkeiten des bisherigen Schutzgebiets auf den Erwerberstaat übergegangen seien. Im Anschluß hieran ist ausgesprochen worden, daß der Versailler Vertrag diese letztere Folge abgelehnt habe.

Vornehmlich gegen den letzteren Ausspruch haben sich die Angriffe des Beklagten gerichtet. Er führt aus, daß der Versailler Vertrag eine derartige Bestimmung weder ausdrücklich noch auch nur mittelbar enthalte. Dem Beklagten kann zugegeben werden, daß sich der in Rede stehende Satz, so allgemein wie er ausgesprochen worden ist, aus dem Versailler Vertrag nicht unmittelbar und zwingend ableiten läßt. Namentlich ist er nicht aus Art. 257 des Vertrags herzuleiten; diese Bestimmung bezieht sich nach Wortlaut und Sinn nur auf den „Schuldendienst" des Reichs oder eines deutschen Staats. Es mag daher der Ausdruck, daß der Versailler Vertrag jene Folgerung abgelehnt habe, seiner Fassung nach zu scharf zugespitzt gewesen sein; gemeint war, daß der Versailler Vertrag jedenfalls jene Folgerung nicht gezogen und sich angeeignet habe. Daher mag die Frage offen bleiben, ob die Erwerberstaaten, beim Stillschweigen des Vertrags, nach allgemeinen völkerrechtlichen Grundsätzen für reine Verwaltungsschulden eines ehemaligen deutschen Schutzgebiets haftbar gemacht werden könnten. Auch wenn diese Frage mit dem Beklagten in bejahendem Sinn zu beantworten wäre, so würde sich doch die Haftung nur eben auf reine, aus der friedensmäßigen Verwaltung herrührende Verbindlichkeiten der ehemaligen Schutzgebiete erstrecken. Keinesfalls würde sich eine Haftung des Erwerberstaates in Ansehung solcher Verbindlichkeiten des Schutzgebiets begründen lassen, die aus Anlaß der Kriegführung erwachsen sind oder sonstwie mit dem Kriege in Zusammenhang stehen. Sowohl in jenem dem Urteil vom 10. Oktober 1922 zugrundeliegenden wie in dem gegenwärtigen Fall handelt es sich aber um Schulden, die mit der Kriegführung im Zusammenhang stehen. Im gegenwärtigen Fall hatte der Kläger auf eine öffentlich ergangene Aufforderung des Gouverneurs während des Kriegs sein Geld zur staatlichen Kasse gebracht und dort hinterlegt; daß dieses Geld zu staatlichen, damals also zu kriegerischen Zwecken Verwendung finden sollte und Verwendung gefunden hat, darf angesichts der Sachlage ohne weiteres angenommen werden. Forderungen dieser Art können schon nach völkerrechtlichen Grundsätzen gegen den Erwerberstaat nicht geltend gemacht werden. Insoweit kann von dem Übergang der Schuld des Schutzgebiets auf den Erwerberstaat nicht die Rede sein, und der Hinweis des Beklagten auf die, auch unter der Herrschaft des Versailler Vertrags bestehende Möglichkeit einer Rechtsnachfolge des Erwerberstaats in die Schuld schlägt auch dann nicht durch, wenn jene Möglichkeit an sich als bestehend anzuerkennen wäre. Keinesfalls geht es an, den Kläger, wie der Beklagte will, mit der Geltendmachung der eingeklagten Forderung an den Erwerberstaat England zu verweisen. Wie es sich mit anderen, rein friedensmäßigen Verbindlichkeiten des Schutzgebiets verhielte, bedarf daher zurzeit nicht der Entscheidung.

Ist hiernach die Annahme des Urteils vom 10. Oktober 1922, daß der Erwerberstaat in die Haftung des ehemaligen Schutzgebiets jedenfalls für die mit dem Krieg zusammenhängenden Verbindlichkeiten nicht eingetreten sei, nicht erschüttert, so muß es im übrigen bei den Ausführungen jenes Urteils auch für den gegenwärtigen Fall sein Bewenden haben. Aufs neue muß hervorgehoben werden, daß der Versailler Vertrag nicht bloß die Beendigung des Bestands des ehemaligen Schutzgebiets Deutsch-Ostafrika als eines Gebildes des deutschen Rechts, sondern auch eine Zerreißung des Vermögens dieses Rechtsgebildes zur Folge gehabt hat: das an Ort und Stelle befindliche Vermögen ist mit dem Gebiet selbst auf den Erwerberstaat übergegangen, die Vermögensbestandteile dagegen, die im Gebiet des Deutschen Reichs sich befinden, sind auf jenen Staat nicht übergegangen; hinsichtlich der Vermögenspassiven, der Verbindlichkeiten, gilt dies mindestens insoweit, als sie in ihrer Entstehung mit der Kriegführung zusammenhängen. Die rechtliche Beurteilung einer Verbindlichkeit der letzteren Art steht jetzt zur Entscheidung. Die Annahme, daß das restliche Schutzgebietsvermögen einen Liquidationskörper darstelle, wird vom Beklagten selbst nicht vertreten, sondern im Gegenteil bekämpft. Aus den privatrechtlichen Grundsätzen läßt sich eine solche Annahme nicht ableiten; um sie zu begründen, hätte es gesetzlicher Anordnungen bedurft; ob es zweckmäßig gewesen wäre, solche zu treffen, steht nicht zur Entscheidung; jedenfalls sind sie nicht getroffen. Bei dieser Lage der Sache hat das Urteil vom 10. Oktober 1922 den Beklagten —

das Deutsche Reich — für haftbar erklärt. Zur Rechtfertigung dieser Ansicht hat sich das Urteil allerdings nicht sowohl auf rein privatrechtliche Gesichtspunkte und Gründe gestützt, als vielmehr auf öffentlichrechtliche und staatsrechtliche Erwägungen. Auch hier haben die Angriffe des Beklagten das Ergebnis jenes Urteils, auf dessen Ausführungen im einzelnen zu verweisen ist, nicht zu erschüttern vermocht. Insbesondere ist nicht anzuerkennen, daß das Urteil dem Gesetz vom 30. März 1892 nicht gerecht geworden sei. Das Urteil hat ausdrücklich anerkannt, daß jenes Gesetz die deutschen Schutzgebiete vermögensrechtlich selbständig gemacht und auf eigene Füße gestellt habe. Aber mit der im Versailler Vertrag erzwungenen Abtretung sämtlicher deutscher Kolonien und dem dadurch herbeigeführten Untergang der Kolonien als selbständiger Gebilde des deutschen Rechts hat auch jenes Gesetz sein unmittelbares Anwendungsgebiet verloren. Der Richter hat es jetzt geschichtlich zu würdigen, und an der geschichtlichen Würdigung, die das Urteil vom 10. Oktober 1922 dem Gesetz zuteil werden ließ, vermögen auch die Einwendungen des Beklagten nichts zu ändern. Diese Einwendungen laufen darauf hinaus, daß das Gesetz die Fäden zwischen dem Reichsfiskus und der Geldwirtschaft der Schutzgebiete endgültig zerschnitten habe, und daß dieses Ergebnis auch über den Verlust der Schutzgebiete hinaus seine Wirkungen behalten habe. Allein die erstere Behauptung ist, wie sich aus dem geschichtlichen Verlauf ergibt, nur in formal-juristischer Hinsicht zutreffend, nicht auch in wirtschaftlicher Hinsicht und in der Sache selbst, und auch der zweite Teil der Behauptung beruht gleichfalls auf Überschätzung des formalen Umstands, daß das Gesetz mit dem Wegfall der deutschen Schutzgebiete nicht förmlich aufgehoben ist, während dem Umstand, daß das Gesetz durch den Wegfall der Kolonien sein Anwendungsgebiet verloren hat, nicht genügend Rechnung getragen wird.

Zur Revision des Klägers ist folgendes anzuführen.

Unstreitig ist die eingeklagte Schuld in deutsch-ostafrikanischen Rupien begründet worden. In dieser Währung verlangt der Kläger sie heimbezahlt. Den Anspruch in dieser Gestalt hat der Berufungsrichter nicht für begründet erachtet. Auf Grund einer Denkschrift des englischen Kolonialamts nimmt er an, daß sich die deutsch-ostafrikanischen Rupien zwar tatsächlich noch im früheren Schutzgebiet im Umlauf befinden, daß sie aber ihres Charakters als Währungsgeld entkleidet sind, allmählich eingezogen und nur aus Zweckmäßigkeitsgründen bis zu ihrem gänzlichen Verschwinden als englisches Aushilfsgeld noch geduldet werden; ein selbständiger Kurswert komme ihnen seit der Besetzung des Landes durch die Engländer nicht mehr zu. Damit hat, nach Ansicht des Berufungsrichters, die ehemalige deutsche Rupienwährung ihr Ende erreicht; insbesondere sei sie nicht in die jetzt bestehende Währung übergeleitet worden. Damit sei die Erfüllung einer in der deutsch-ostafrikanischen Währung ausgedrückten Geldschuld unmöglich geworden, und der Kläger könne Erfüllung in dieser Währung nicht mehr fordern. Diese Ausführungen des Berufungsrichters sind teils tatsächlicher Art, teils beruhen sie auf der Würdigung ausländischen Rechts; insoweit sind sie den Angriffen der Revision entzogen und für den Revisionsrichter bindend. Die vom Berufungsrichter daraus abgeleitete Folgerung eingetretener Erfüllungsunmöglichkeit läßt keinen Rechtsirrtum ersehen. Wollte der Kläger jetzt deutsch-ostafrikanische Rupien der noch tatsächlich an Ort und Stelle im Umlauf befindlichen Art verlangen, so würde er nicht mehr Währungsgeld, sondern außerkursmäßiges, sogenanntes usuelles Geld verlangen. Geld dieser Art kann, weil es der Eigenschaft als Währungsgeld entbehrt, weder vom Schuldner dem Gläubiger aufgedrängt werden, noch kann der Gläubiger umgekehrt vom Schuldner verlangen, daß letzterer sich derartiges Geld, das nicht mehr Geld im währungsrechtlichen Sinn ist, mit Mühe und Aufwendungen verschaffe, um damit den Gläubiger zu befriedigen. Damit entfällt der erste, auf Zahlung der Schuld in deutsch-ostafrikanischen Rupien gerichtete Klagantrag.

Mit den Hilfsanträgen verlangt der Kläger Zahlung des Werts seiner Forderung in englischen Pfund, oder englisch-ostafrikanischen Schilling, oder äußerstenfalls die Feststellung, daß Beklagter nach dem Wertverhältnis des englischen Pfundes oder des Schillings (also, wie anzunehmen, in Reichswährung) zu zahlen habe. Auch diese Anträge sind nicht begründet. Der Kläger geht dabei von der Anschauung aus, daß Ostafrika Erfüllungsort des Schuldverhältnisses sei, und daß demgemäß die von den Engländern nach der Besitzergreifung dort eingeführte Währung auch jetzt noch als maßgebend zu gelten habe. Demgegenüber genügt es, auf die Ausführungen des Reichsgerichts, I. Zivilsenat, Urteil vom 18. September 1923 RGZ. Bd. 107 S. 121 zu verweisen, denen der jetzt erkennende Senat schon in seinem Urteil vom 25. März 1924 III 345/23 beigetreten ist. Auch im gegenwärtigen Falle gebricht es an Anhaltspunkten dafür, daß die Parteien des Schuldverhältnisses beabsichtigt hätten, nach dem Wechsel des für das ehemalige Schutzgebiet maßgebenden Rechts dem neu eingeführten Recht sich zu unterwerfen; vielmehr ist das Recht, unter dem das Schuldverhältnis begründet worden ist, auch im gegenwärtigen Fall für fortdauernd maßgeblich zu erachten. Damit entfällt der einzige Grund, vermöge dessen der Kläger die Maßgeblichkeit englischen Rechts und englischer Währung selbst von seinem Standpunkt aus zu begründen vermag. Daß sich aus völkerrechtlichen Gründen eine verbindliche Kraft der englischen Währungsordnung für das beklagte Deutsche Reich nicht herleiten läßt, hat der Beklagte zutreffend ausgeführt.

Auf Grund von Erwägungen solcher Art hat der Berufungsrichter die sämtlichen vier Sachanträge des Klägers für unbegründet erklärt und demzufolge die Klage überhaupt abgewiesen. Denn dasjenige, was Kläger nach der Auffassung des Berufungsrichters in Wirklichkeit verlangen könnte, nämlich die Zahlung seiner Schuld in deutschen Reichsmark nach dem vormaligen amtlichen (nicht gesetzlichen) Umrechnungsmaßstab von 3 Rupien zu 4 *M*, das habe Kläger im Rechtsstreit nicht begehrt. In dieser letzteren Folgerung vermag der Senat dem Berufungsrichter nicht beizutreten. Der Berufungsrichter hat hierbei die Sachanträge des Klägers zu eng aufgefaßt und ungenügend gewürdigt. Wie der erkennende Senat schon in dem erwähnten Urteil vom 25. März 1924 dargelegt hat, muß in dem Verlangen des Klägers, in englischer Währung befriedigt zu werden, der Ausdruck des Gedankens erblickt werden, daß der Kläger sich mit der Bezahlung des Nennbetrags seiner Forderung in dem entwerteten deutschen Gelde nicht zu begnügen brauche, sondern Befriedigung in einer wertbeständigen Währung verlangen könne und wolle. Was Kläger will, ist, kurz gesagt, Aufwertung. Die Verhältnisse, die geeignet sind, eine Aufwertung im allgemeinen zu rechtfertigen, lagen schon zur Zeit der mündlichen Verhandlung vor dem Berufungsgericht vor, und lagen derart zutage, daß der Berufungsrichter sie nicht unbeachtet lassen durfte. Er hätte mithin bei richtiger Auslegung der Klaganträge, namentlich des letzten Hilfsantrags, die Aufwertungsfrage in Erwägung ziehen müssen. Bei der Beurteilung dieser Frage werden freilich nicht nur die allgemeinen wirtschaftlichen Verhältnisse in Betracht zu ziehen sein, die sonst für die Aufwertung maßgebend sind, sondern es werden auch rechtliche Fragen zu prüfen sein, die sich daran anschließen, daß es sich um einen Anspruch gegen das Deutsche Reich handelt, der mit der Kriegführung im Zusammenhang steht. Indessen erfordern auch diese rechtlichen Fragen noch Feststellungen tatsächlicher Art und eine eingehende mündliche Verhandlung; es konnten daher diese Fragen nicht schon jetzt vom Revisionsrichter entschieden werden, vielmehr war, unter Aufhebung des angefochtenen Urteils, die Sache an das Berufungsgericht zurückzuverweisen.

---

90. Welche Rechte erwirbt der Reeder an einer Sicherheit, die von einem Ladungsbeteiligten für seine Beiträge zur großen Haverei geleistet worden ist? Nach welchen Grundsätzen ist die Auszahlung des nicht verbrauchten Teils der Sicherheit zu bemessen, wenn diese in ausländischem Gelde gestellt worden ist?

I. Zivilsenat. Urt. v. 4. Juni 1924 i. S. D. Levante Linie (Bekl.) w. E. (Kl.). I 422/23.

I. Landgericht Hamburg, Kammer f. Handelssachen. — II. Oberlandesgericht daselbst.

Die Klägerin verschiffte im Jahre 1921 mit einem Dampfer der Beklagten 2 Kisten Tabaksdosen. Der Dampfer geriet bei Jaffa auf Grund und die Beklagte verlangte von den Ladungsbeteiligten Sicherstellung der Havereibeiträge. Die Klägerin zahlte auf Verlangen 3.11.— £ als Einschuß. Die Dispache ergab, daß der Klägerin nur 299,41 ℳ zur Last fielen. Die Beklagte will nur den Betrag zurückzahlen, der sich ergibt, wenn die 3.11.— £ nach dem zur Zeit der Einzahlung maßgebenden Kurse in Mark umgerechnet und davon 299,41 ℳ abgezogen werden. Diesen Betrag von 2480,24 ℳ hat sie gezahlt. Sie behauptet, daß sie den £-Betrag derzeit in Mark umgewechselt habe. Die Klägerin steht auf dem Standpunkt, daß sie 299,41 ℳ zu zahlen und dagegen den £-Betrag zurückzuverlangen habe.

Das Landgericht wies die Klage ab. Auf die Berufung der Klägerin verurteilte das Oberlandesgericht die Beklagte, der Klägerin 3.11.— £ Zug um Zug gegen 2480,24 ℳ zu zahlen.

Die Revision der Beklagten hatte teilweise Erfolg.

Gründe:

Die Revision erweist sich nur hinsichtlich der Höhe des der Klägerin zugesprochenen Betrags als begründet.

Das Berufungsgericht hat ausgeführt: es sei nicht richtig, daß die Reederei das Recht habe, alles, was sie an Einschüssen auf ihre Anforderung erhalte, sofort in ihrem Betriebe arbeiten zu lassen und zu dem Zwecke in Mark umzuwechseln. Die Reederei habe bei großer Haverei die sich aus dem Unfall ergebenden Kosten zunächst aus eigenen Mitteln zu decken. Um ihr Betriebskapital nicht allzusehr zu schwächen, lasse sie sich vorschußweise gewisse Beträge einzahlen. Diese stellten ein Depot dar, das je nach dem Verlaufe der Angelegenheit verbraucht werde oder zurückzuzahlen sei. Die Sachlage sei aber nicht so, daß aus der Einschußsumme, die zwar in gewissem Umfange der Reederei verhaftet sei, wirtschaftlich ein Kapital der Reederei werden dürfe. Das sei auch im vorliegenden Falle dadurch zum Ausdruck gebracht, daß der Einschuß als deposit on account of general average bezeichnet sei. Der nicht verbrauchte Teil des Depots müsse also so zurückgezahlt werden, wie er geleistet sei, nämlich in englischer Währung.

Die Revision wendet ein: Nach dem Konnossement sei die Dispache — wie auch geschehen — in Hamburg aufzumachen gewesen. Deshalb sei der Wert der beitragspflichtigen Gegenstände in Mark zu berechnen, ebenso die aufgewendeten Kosten und die einzelnen Beiträge. Die Einschüsse, die in einem Prozentsatze des Werts der Güter beständen, seien dementsprechend ebenfalls in Mark zu leisten gewesen. Wenn der beitragspflichtige Empfänger nicht in Mark gezahlt habe, so sei die Reederei berechtigt gewesen, die Umrechnung und Umwechselung des fremden Geldes sofort vorzunehmen. Des weiteren sei es rechtsirrig, daß die Reederei die Einschüsse nicht habe verwenden dürfen. Das Ergebnis der Dispache sei nicht vorauszusehen gewesen. Deshalb dürfe nicht gesagt werden, daß die Reederei die Einschüsse nur in der Höhe, auf welche später in der Dispache die Beitragspflicht festgestellt werde, verwenden dürfe. Jedenfalls habe der Beweisantretung, daß das Verfahren der Beklagten einem allgemein anerkannten Handelsbrauche entspreche, stattgegeben werden müssen.

Diese Ausführungen der Revision vermögen das angegriffene Urteil nicht zu erschüttern. Im § 731 HGB. ist bestimmt, daß der Schiffer Güter, auf denen Havereibeiträge haften, vor deren Berichtigung oder Sicherstellung nicht ausliefern darf. Würde der Streitfall nur nach dieser Bestimmung zu beurteilen sein, so wäre klar, daß es sich nur um ein depositum irregulare handelte und daß also das Depot in derselben Währung, in der es hingegeben ist, zurückzuzahlen wäre. Nun ist allerdings der Beklagten einzuräumen, daß die Depotstellung im Falle der großen Haverei eine Weiterbildung erfahren hat. Es wird in der Regel ein sog. „Havariegrosse-bond" ausgestellt, das ist eine Urkunde, in welcher der Empfänger (oder der Ladungsbeteiligte) sich verpflichtet, die durch die Dispache festzustellenden Beiträge zu bezahlen, und es werden weiter, wenn der Schiffer sich mit der Ausstellung jenes Scheins nicht zufrieden gibt, sondern Depotstellung fordert, die Beiträge, nachdem sie durch die Dispache festgestellt sind, aus dem Depot entnommen. Keineswegs aber hat sich, wie die Beklagte anscheinend behaupten will, ein internationaler Brauch entwickelt, daß die Reederei mit dem gestellten Depot nach ihrem Gutdünken verfahren und es z. B. in eine andere Währung umwechseln kann. In der revue internationale du droit maritime, 1922, Bd. 34 S. 1159, ist eine Übersicht gegeben, wie in den verschiedenen Ländern teils nach Handelsbrauch, teils nach Gesetz bei Leistung von Havereieinschüssen verfahren wird. Die Übersicht zeigt, daß entweder eine Bankgarantie geleistet oder ein Bareinschuß auf gemeinsamen Namen hinterlegt oder dem Dispacheur eingehändigt wird. So insbesondere auch nach englischem Recht (vgl. Lowndes, On general average, 5. Aufl., S. 387 flg.). Der behauptete internationale Handelsbrauch besteht also nicht. Ein derartiger Brauch hat sich auch in Deutschland nicht entwickelt. Er ist weder im Schrifttum, noch in gerichtlichen Urteilen bezeugt. Es mag sein, daß auch andere Reedereien so verfahren, wie die Beklagte verfahren ist. Aber daß dies Verfahren von der Überzeugung der Rechtsgültigkeit auch auf seiten der Ladungsbeteiligten getragen wird, dafür fehlt es an jedem Anhalt und prozessual vor allem an der erforderlichen bestimmten Darlegung, die um so nötiger gewesen wäre, als die infolge der Markentwertung zutage getretenen Fragen doch erst seit verhältnismäßig nicht langer Zeit brennend geworden sind. Auch die Klausel XVI des Konnossements gibt der Beklagten keine weitergehende Rechte; denn sie bestimmt nur, daß ein Bareinschuß zu leisten sei — mit welchen rechtlichen Folgen, ist nicht gesagt.

In zweiter Linie hat sich die Revision darauf berufen, daß die Dispache in Mark aufgemacht sei und deshalb die fremden Geldbeträge in Mark umgerechnet und umgewechselt werden müßten. Dieser Schlußfolgerung ist jedoch ebenfalls nicht zuzustimmen. Es ist nicht einzusehen, weshalb die Beklagte die Einschüsse nicht in der Währung, in der sie geleistet waren, belassen und nach Fertigstellung der Dispache aus ihnen so viel entnehmen konnte, als dem in Mark berechneten Havereibeitrag entsprach.

Zu einem anderen Ergebnis führt endlich auch nicht die Erwägung, daß die Beklagte berechtigt sein sollte, ihre Auslagen schon vor Fertigstellung der Dispache aus den Einschüssen zu decken. Selbst wenn man dies Recht — entgegen dem dargelegten internationalen Brauche — anerkennen wollte, so würde die Beklagte doch noch immer nicht berechtigt sein, wenn sie erheblich zu hohe Einschüsse eingefordert hat, mit den die Beitragspflicht übersteigenden Beträgen zu ihrem Nutzen, aber zum Schaden der Ladungsbeteiligten zu verfahren.

Muß somit dem Berufungsurteil dem Grunde nach zugestimmt werden, so ergeben sich hinsichtlich der Höhe der zugesprochenen Beträge Bedenken. Die Klägerin soll den ganzen Einschuß zurückerhalten und nur den Betrag zurückvergüten, den die Beklagte ihr überwiesen hatte. Dann würde also die Beklagte überhaupt keinen Beitrag erhalten, soweit wenigstens aus dem beigebrachten Material ersichtlich ist. Der Sachlage wird es entsprechen, wenn der als Beitrag geschuldete Markbetrag gemäß dem Kurse, nach dem die Umrechnung in der Dispache vorgenommen ist, in £ umgerechnet und von dem in £ geleisteten Einschusse abgezogen wird.

---

91. Kann mit einem Entmündigungsantrage wegen Geisteskrankheit oder Geistesschwäche ein solcher wegen Verschwendung innerhalb desselben Verfahrens verbunden werden?

IV. Zivilsenat. Urt. v. 16. Juni 1924 i. S. Ehefrau P. (Bekl.) w. Ehemann P. (Kl.). IV 650/23.

I. Landgericht Allenstein. — II. Oberlandesgericht Königsberg.

Die Parteien sind Eheleute. Die Frau beantragte bei dem Amtsgericht, den Mann „wegen Geistesstörung" zu entmündigen. Im Laufe des daraufhin eingeleiteten Verfahrens richtete sie den Antrag auf Entmündigung „wegen Geistesschwäche oder Verschwendung." Das Amtsgericht sprach die Entmündigung wegen Verschwendung aus. Die hiergegen vom Manne gegenüber der Frau erhobene Anfechtungsklage wurde vom Landgericht als unbegründet abgewiesen. Auf die Berufung des Klägers änderte das Oberlandesgericht dieses Urteil dahin ab, daß die Entmündigung wegen Verschwendung aufgehoben werde. Die Revision der Beklagten hatte Erfolg.

Aus den Gründen:

Das Berufungsurteil beruht auf den folgenden Erwägungen: Das Entmündigungsverfahren wegen Geisteskrankheit oder Geistesschwäche einerseits, wegen Verschwendung oder Trunksucht anderseits sei in den §§ 645—679 und 680—687 ZPO. verschieden geregelt. Eine Verbindung, Änderung, Erweiterung des Antrags, auch ein Eventualantrag sei deshalb nicht zulässig, soweit ein Übergreifen von der einen Gruppe von Entmündigungsgründen auf die andere stattfinde. Das Amtsgericht sei daher, nachdem einmal das Entmündigungsverfahren wegen Geisteskrankheit oder Geistesschwäche eingeleitet gewesen sei, bei der Unzulässigkeit des später noch kumulativ gestellten Antrags auf Entmündigung wegen Verschwendung nicht befugt gewesen, die Entmündigung wegen Verschwendung auszusprechen.

Das Berufungsgericht hat sich damit ausgesprochenermaßen der in den Kommentaren zur Zivilprozeßordnung von Gaupp-Stein, Seuffert und Petersen-Anger sowie in einem Beschlusse des Oberlandesgerichts in Rostock (OLG. Bd. 12 S. 1) vertretenen Meinung angeschlossen. Überall ist als einziger Grund für die Unzulässigkeit des Übergreifens von der einen Gruppe der Entmündigungsgründe auf die andere angeführt, daß das Verfahren für beide Gruppen verschieden sei. Das Entmündigungsverfahren wegen Geistesstörung (Geisteskrankheit oder Geistesschwäche) einerseits und wegen Verschwendung oder Trunksucht anderseits ist indessen in seinen Grundzügen gleichmäßig gestaltet. Diese Einheitlichkeit der Grundzüge ermöglicht es trotz der Verschiedenheiten, die zwischen den beiden Verfahrensarten im einzelnen bestehen, daß mit einem Entmündigungsantrage wegen Geistesstörung ein solcher wegen Verschwendung oder Trunksucht innerhalb desselben Verfahrens verbunden wird. Zunächst schließt der Umstand, daß einerseits der Staatsanwalt zwar nach § 646 Abs. 2 ZPO. die Entmündigung wegen Geistesstörung, dagegen nicht wegen Verschwendung oder Trunksucht, anderseits ein gemäß § 680 Abs. 5 nach Landesrecht antragsberechtigter Verband zwar die Entmündigung wegen Verschwendung oder Trunksucht, dagegen nicht wegen Geistesstörung beantragen kann, die Möglichkeit nicht aus, daß eine gemäß § 646 Abs. 1, § 680 Abs. 3 nach beiden Richtungen antragsberechtigte Person, wie der Ehegatte des zu Entmündigenden, das Antragsrecht gleichzeitig nach beiden Richtungen ausübt. Die hauptsächliche Besonderheit des die Entmündigung wegen Geistesstörung betreffenden Beschlußverfahrens besteht darin, daß der Staatsanwalt, auch wenn er nicht Antragsteller ist, gemäß §§ 652, 656, 659, 663 zur Mitwirkung berufen ist, während in dem die Entmündigung wegen Verschwendung oder Trunksucht betreffenden Beschlußverfahren eine Mitwirkung der Staatsanwaltschaft nach § 680 Abs. 4 nicht stattfindet. Es steht aber nichts im Wege, daß der Staatsanwalt an einem Entmündigungsgründe beider Art umfassenden Verfahren teilnimmt, soweit es sich um Geistesstörung handelt, dagegen außer Betracht bleibt, soweit es sich um Verschwendung oder Trunksucht handelt. Auch sonst können die für die verfahrensrechtliche Behandlung der einen und der andern Gruppe von Entmündigungsgründen geltenden Besonderheiten ohne Schwierigkeit in einem Verfahren nebeneinander beobachtet werden. Für die Zulassung der danach nicht durch Besonderheiten des Verfahrens gehinderten Verbindung von Entmündigungsanträgen aus den beiden Gruppen spricht entscheidend das Rechtsschutzbedürfnis der Antragsteller, denen es in vielen Fällen zweifelhaft sein kann, ob der Hang des zu Entmündigenden zur Verschwendung nicht auf Geistesstörung beruht oder ob Trunksucht nicht bereits zu einer Geistesstörung geführt hat. Die Zulässigkeit der Verbindung hat auch in der Rechtsprechung und im Schrifttum schon Anerkennung gefunden.[1]

Ob der Entmündigungsantrag wegen Verschwendung, wenn die Entmündigung, wie hier, „wegen Geistesschwäche oder Verschwendung" beantragt wird (mit Planck und Skonietzki-Gelpcke a. a. O. u. a.), nur als eventuell gestellt anzusehen ist, kann auf sich beruhen. Denn die in dem vorliegenden amtsgerichtlichen Beschluß enthaltene Ablehnung des Antrags auf Entmündigung wegen Geistesschwäche hätte nur der Antragstellerin und dem Staatsanwalt Grund zu der in § 663 ZPO. vorgesehenen sofortigen Beschwerde geben können. Der Kläger wird durch diese Ablehnung nicht beschwert und hat aus ihr keinen Grund für seine Anfechtungsklage herleiten können und hergeleitet. . . .

Aus diesen Gründen unterliegt das Berufungsurteil der Aufhebung. Der Rechtsstreit ist zur Entscheidung darüber, ob zur Zeit

---

[1] OLG. Kolmar in ZZP. Bd. 43 S. 401; Friedländer, Arch. Ziv. Prax. Bd. 86 S. 461; Levis, Entmündigung Geisteskranker S. 177 flg.; Waldow, DJZ. 1906 Sp. 1090; Planck, BGB. 4. Aufl. § 6 Bem. 5c; Hellwig, System des Zivilprozeßrechts Bd. 3 S. 42; Förster-Kann, ZPO. 3. Aufl. Bem. 1 vor § 645; Skonietzki-Gelpcke, ZPO. § 647 Bem. 8 a. E. D. E.

des Entmündigungsbeschlusses die sachlich-rechtlichen Voraussetzungen für die Entmündigung wegen Verschwendung gegeben waren, an das Berufungsgericht zurückzuverweisen.

---

92. Liegt auch dann eine zur Schadenshaftung des Flugzeughalters führende Betriebsgefahr vor, wenn die dem Betriebe innewohnende, bisher praktisch kaum in Rechnung zu stellende Gefahr durch Hinzutritt neuer, von anderer Seite verursachter Umstände verwirklicht zu werden droht?

III. Zivilsenat. Urt. v. 17. Juni 1924 i. S. Deutsches Reich (Bekl.) w. B. (Kl.). III 541/23.

I. Landgericht Hamburg. — II. Oberlandesgericht daselbst.

Die Deutsche Seewarte, eine Behörde des Deutschen Reichs unterhält seit 1920 in A. eine sogenannte Drachenwarte, die Kastendrachen mit Meßapparaten aufsteigen läßt. Im Jahre 1921 wurde durch ihren Bereich hindurch die Hochspannleitung einer Überlandzentrale gelegt. Die Drachenwarte machte auf die etwa möglichen Gefahren aufmerksam und regte Schutzmaßregeln an. Das zuständige Landratsamt hat indessen solche nicht für erforderlich erachtet und sich darauf beschränkt, die Bevölkerung vor dem Berühren etwa herabgefallener Drähte zu warnen. Am 16. Mai 1922 ist nun der Draht eines von der Warte aufgelassenen Drachen gerissen, der Drache ist abgetrieben worden und der an ihm hängende Draht hat sich über die Hochspannleitung gelegt und mit dem herabhängenden Ende eine auf der Weide befindliche Kuh des Klägers berührt. Der durch den Draht auf die Kuh gelenkte Strom der Leitung hat die Kuh getötet. Der Kläger verlangt Schadensersatz vom Reich. Beide Vorinstanzen haben seinen Anspruch dem Grunde nach für gerechtfertigt erklärt. Die Revision des Reichs ist zurückgewiesen worden.

Gründe:

In beiden Vorinstanzen ist der ordentliche Rechtsweg stillschweigend für zulässig erachtet worden. Das zu beanstanden liegt kein Anlaß vor (RGZ. Bd. 54 S. 159, Bd. 78 S. 328). Mit Recht ist auch davon abgesehen worden, das Luftverkehrsgesetz vom 1. August 1922 (RGBl. I S. 681, §§ 1 Abs. 2, 19 flg.) anzuwenden, denn der fragliche Vorfall hat sich am 16. Mai 1922, also noch vor dem Inkrafttreten der einschlägigen Bestimmungen (a. a. O. § 34) ereignet.

Auf den von ihm festgestellten Sachverhalt hat das Berufungsgericht zutreffend diejenigen Rechtsgrundsätze angewendet, welche Rechtslehre und Rechtsprechung in ständiger Übung entwickelt haben. Hiernach haftet bei Betrieben vorliegender Art der Halter des Flugzeugs (RGZ. Bd. 93 S. 223), hier des Drachen, also das Reich, dem in seinem Eigentum Geschädigten auch ohne den Nachweis eines Verschuldens (RGZ. Bd. 100 S. 72).

Die Revision wendet sich weniger gegen die Beachtlichkeit dieses Rechtsgrundsatzes als dagegen, daß das Berufungsgericht einen Fall für vorliegend erachtet hat, auf den er Anwendung finden könnte. Insbesondere rügt sie, daß eine dem Betriebe der Drachenwarte eigentümliche Gefahr, eine sogenannte typische Betriebsgefahr, angenommen worden sei. Was sie hiergegen vorbringt, ist jedoch nicht schlüssig.

Die Ausführung der Revision, daß nach der Urteilsschilderung die der Umwelt durch den fraglichen Betrieb drohende Gefahr nur gering und lediglich als in Ausnahmefällen eintretend angesehen werden könne, läßt die Annahme des Berufungsgerichts, daß dennoch eine dem fraglichen Betriebe innewohnende und ihm eigentümliche Gefahr vorliege, nicht rechtsirrtümlich erscheinen. Die Gefahr mag nicht groß und ihr Auftreten nicht häufig zu gewärtigen sein, immerhin besteht sie nach den vorliegenden Feststellungen. Rechtlich ist es daher nicht zu beanstanden, wenn sie als vorhanden anerkannt worden ist. Darauf, ob Beklagter sie gekannt, aber nicht beachtet habe, kommt es nach der oben wiedergegebenen Rechtsprechung zunächst nicht an.

Auch der Hinweis darauf kann zu einer andern rechtlichen Beurteilung nicht führen, daß hier nur durch das Vorhandensein der Hochspannleitung und die Berührung mit dieser die Gefahr eingetreten sei. Vielmehr hat der Beklagte gerade dadurch, daß er trotz Anlage der Überlandzentrale die Drachenaufstiege fortsetzte, die Betriebsgefahr erhöht und eine Verwirklichung derselben herbeigeführt. Er selbst hat nach der Urteilsfeststellung das erkannt und deshalb die im Tatbestande wiedergegebenen Schritte getan. Er hat also bei der Fortsetzung der Drachenaufstiege die von ihm selbst als solche erkannte Betriebsgefahr als ein Risiko in Rechnung gestellt. — ohne daß ihm übrigens deshalb schon der Vorwurf einer Fahrlässigkeit gemacht werden dürfte (RGSt. Bd. 57 S. 173). Die Behauptung der Revision, ein ursächlicher Zusammenhang zwischen dem Betriebe des Beklagten und dem Schaden des Klägers bestehe überhaupt nicht, trifft demnach nicht zu; nur das ist anzuerkennen, daß ohne den Bestand und Betrieb der Hochspannleitung gerade der vorliegende Unfall wohl nicht eingetreten sein würde. Mit einem Ereignisse nach Art des vorliegenden Falles war war jedoch nach der Beweisannahme des Berufungsgerichts im fraglichen Betriebe des Beklagten zu rechnen. Ohne Rechtsirrtum konnte er daher verantwortlich gemacht werden (RGZ. Bd. 72 S. 326, Bd. 78 S. 272, Bd. 81 S. 360, 361).

93. Darf ein Grundstückskäufer, der in dem Kaufvertrage die Verpflichtung übernommen hat, den Verkäufer während einer Reihe von Jahren gegen eine bestimmte Jahresvergütung in dem Grundstück wohnen zu lassen, nach dem Inkrafttreten des Reichsmietengesetzes vom 24. März 1922 die gesetzliche Miete fordern?

III. Zivilsenat. Urt. v. 20. Juni 1924 i. S. F. (Kl.) w. K. (Bekl.). III 550/23.

I. Landgericht Braunschweig. — II. Oberlandesgericht daselbst.

Durch notariellen Vertrag vom 5. März 1920 verkaufte die Beklagte ihr Haus, dessen zweiten Stock sie bewohnte, um 100000 ℳ an den Kläger. Nach § 4 des Vertrags sollte die Beklagte mit ihrer Familie als Mieterin gegen einen Jahreszins von 1400 ℳ einschließlich der Nebenabgaben im zweiten Stockwerk bis zum 1. April 1925 unkündbar wohnen bleiben. Die Auflassung ist erfolgt. Nach Erlaß des Reichsmietengesetzes vom 24. März 1922 (RMG.) verlangte der Kläger schriftlich Zahlung der gesetzlichen Miete und klagte, da die Beklagte sich dessen weigerte, auf Feststellung, daß sie dazu nach Maßgabe einer Grundmiete von 1120 ℳ verpflichtet sei. Das Landgericht und das Oberlandesgericht wiesen die Klage ab. Die Revision des Klägers hatte Erfolg.

Gründe:

Zweifellos steht der Mietvertrag der Parteien in einem engen inneren Zusammenhange mit dem Grundstückskaufvertrage. Dieser wäre ohne jenen kaum geschlossen worden. Man wird daher mit dem Oberlandesgericht sagen dürfen, der Kläger habe als Gegenleistung für Überlassung des Hauses neben der Zahlung einer bestimmten Geldsumme auch die Verpflichtung übernommen, die Beklagte in ihrer bisherigen Wohnung bis zum 1. April 1925 unkündbar gegen einen Jahreszins von 1400 ℳ wohnen zu lassen. Das ändert aber nichts an der Tatsache, daß die Parteien einen Kaufvertrag und einen Mietvertrag geschlossen haben, die beide eben ihres inneren Zusammenhangs halber gleichzeitig in demselben Schriftstücke beurkundet sind. Nun berechtigt aber § 1 Abs. 1 RMG. jeden Vermieter und jeden Mieter, jederzeit dem anderen Vertragsteil anzuzeigen, daß er fortan an Stelle der bisherigen vertraglichen Miete eine Mietberechnung nach Maßgabe des Gesetzes verlange. Das hat zur Folge, daß von dem Zeitpunkte an, für den nach § 565 BGB. eine Kündigung zulässig sein würde, die gesetzliche Miete zu zahlen ist. Das verkennt auch der Berufungsrichter nicht, er will auch grundsätzlich das RMG. auf die Parteien anwenden, gelangt aber trotzdem zur Klagabweisung, weil der Kläger die ihm an sich gebührende gesetzliche Miete nicht behalten dürfe, soweit sie die vertragliche überschreite, sondern den Überschuß als Schadensersatz an die Beklagte zurückgeben müsse. Das folge aus der Nichterfüllung seiner Kaufvertragsverpflichtung, die Beklagte bis zum 1. April 1925 gegen ein Jahresentgelt von 1400 ℳ in ihrer Wohnung zu belassen. Diese Auffassung ist rechtsirrig. Jede Verpflichtung zum Schadensersatz setzt ein Verschulden voraus. Macht aber ein Vermieter von seinem Rechte aus § 1 RMG., auf welches nach § 19 das. wirksam nicht verzichtet werden kann, Gebrauch, so handelt er nicht schuldhaft, und die Geltendmachung eines ihm durch das RMG. gewährleisteten, durch keinerlei Vertragsabreden zu beseitigenden Anspruchs kann auch nicht auf dem Umwege über den Kaufvertrag eine Schadensersatzforderung der Mieterin zur Entstehung bringen. Die entgegengesetzte Ansicht würde mit dem Wortlaute, Sinne und Zwecke der §§ 1, 19 RMG. in Widerspruch stehen. Zu ihr lag im gegebenen Falle um so weniger Anlaß vor, als weder behauptet noch aus dem sonstigen Tatbestande ersichtlich ist, daß der Barpreis für das Grundstück mit Rücksicht auf das Mietrecht der Beklagten besonders niedrig bemessen sei.

An sich schließt das RMG. die Befugnis der Parteien, beliebige Vereinbarungen über die Höhe des Mietzinses zu treffen, nicht aus. Diese sind aber nur so lange wirksam, als beide Teile daran festhalten wollen. Will der eine von ihnen, daß das Gesetz an Stelle der Vertragsabreden trete, so muß sich der andere Teil diesem Verlangen fügen. Mit dieser Beschränkung der Vertragsfreiheit und mit diesem Eingriffe in bereits geschlossene Mietverträge bezweckte das Gesetz einmal den Mieter gegen Ausbeutung und Bewucherung zu schützen, anderseits aber auch da, wo es nötig erscheint, dem Vermieter einen Ausgleich für die fortschreitende Geldentwertung und demgemäß einen den Zeit- und Wirtschaftsverhältnissen wenigstens bis zu einem gewissen Grade entsprechenden Gegenwert für seine Leistung zu sichern. Daß dieser Ausgleich sich in mäßigen Grenzen gehalten hat, ist allbekannt und bedarf keiner Ausführung. Auch von diesen Gesichtspunkten aus gelangt man zu einer dem Kläger günstigen Entscheidung. Zur Zeit des Vertragsschlusses waren, — davon ist mangels entgegenstehender Anhaltspunkte auszugehen, — 1400 ℳ eine angemessene, zum mindesten eine nach dem Willen der Vertragsteile angemessene Jahresvergütung für die Wohnung. Damals wurden für 1 G.-M. etwa 23 P.-M., Anfang Oktober 1922 aber etwa das Zwanzigfache davon gezahlt, d. h. die deutsche Papiermark war in der Zwischenzeit um das Zwanzigfache entwertet, hatte um das Zwanzigfache an Kaufkraft verloren. Seitdem ist bis zum Erlasse des Berufungsurteils das Mißverhältnis zwischen Papier- und Goldmark noch viel größer geworden. Würde die Beklagte daher bis zum 1. April 1925 für einen

Jahreszins von 1400 P.-M. wohnen bleiben dürfen, so würde sie auf diese Weise für ihr Haus eine Gegenleistung erhalten, welche die von den Parteien beabsichtigte und vereinbarte weit übersteigt. Umgekehrt würde der Kläger gezwungen sein, die Wohnung für einen Jahresbetrag herzugeben, der fast überhaupt keinen Wert, geschweige denn den von den Parteien bei dem Vertragsschlusse gewollten darstellt. Will die Beklagte die Wohnung weiter behalten, so wäre sie nach den Grundsätzen von Treu und Glauben auch ohne die Vorschriften des RMG. verpflichtet, den 1400 *M* — Mietzins entsprechend aufzuwerten. Denn da die katastrophale Geldentwertung, die in den Jahren 1922 und 1923 eingetreten ist, am 5. März 1920 nicht voraussehbar war und auf vom Willen und Tun der Parteien unabhängige Umstände, denen gegenüber sie wehrlos waren, zurückzuführen ist, würde es in hohem Grade unbillig sein und wider Treu und Glauben verstoßen, wenn die Beklagte die wirtschaftlichen Folgen der Währungsverschlechterung auf den Kläger allein abwälzen und sich so auf dessen Kosten bereichern wollte. Während bei vielen anderen synallagmatischen Verträgen der Richter das Maß der Aufwertung der Geldleistung zu bestimmen und einen billigen und gerechten Ausgleich der Interessen von Sach- und Geldschuldner herbeizuführen hat, hat bei Mietverhältnissen der Gesetzgeber selbst eingegriffen und den Umfang der Mietzinsaufwertung durch Einführung der gesetzlichen Miete bestimmt. Daß dabei gerade die Interessen des Mieters besonders berücksichtigt sind, ist schon hervorgehoben. Daher hat nicht der Kläger durch sein Verlangen, den entwerteten Papiermarkmietzins dem Gesetze entsprechend aufzuwerten, sondern die Beklagte durch die Weigerung, diesem Verlangen nachzukommen, den § 242 BGB. verletzt. Einer solchen Weigerung darf der Richter keinen Rechtsschutz angedeihen lassen.

---

94. Werden die Angehörigen einer Beamtengruppe dadurch, daß diese nicht ebenso wie die ihr im Diensteinkommen bisher gleichgestellte Gruppe im Gehalt aufgestuft wird, in ihren wohlerworbenen Rechten im Sinne von Art. 129 Abs. 1 Satz 3 RV. verletzt?

III. Zivilsenat. Urt. v. 24. Juni 1924 i. S. M. u. Gen. (Kl.) w. Deutsches Reich (Bekl.). III 585/23.

I. Landgericht I Berlin. — II. Kammergericht daselbst.

Die Kläger waren früher im preußischen Kriegsministerium als Geheime Kanzleisekretäre tätig. Als im Jahre 1919 aus den einzelstaatlichen Kriegsministerien das Reichswehrministerium gebildet wurde, wurden sie in dieses als Ministerialkanzlei-Sekretäre übernommen. Bei der Neuregelung der Gehälter der Reichsbeamten durch das Gesetz vom 30. April 1920 wurden sie in die Gruppe VI der Besoldungsordnung eingereiht. Sie glauben jedoch Anspruch auf die Dienstbezüge der Gruppe VII zu haben und machen zur Rechtfertigung dieses Standpunkts geltend, sie seien früher den der Gruppe VII zugeteilten Bureaubeamten 1. Klasse der Provinzialbehörden im Rang- und Diensteinkommen gleichgestellt gewesen. Nun bedeute die Eingliederung in die Besoldungsordnung zugleich eine Rangabstufung der Beamten. Da sie durch die Hebung der ihnen vormals gleichstehenden Beamten aus dem Zusammenhang mit diesen herausgerissen und durch die Zuteilung zur Gruppe VI aus der Klasse der mittleren Beamten in die Klasse der Unterbeamten herabgedrückt seien, so sei ihr Rang beeinträchtigt. Die einmal erlangte Rangstellung gehöre jedoch zu den wohlerworbenen Rechten der Beamten, so daß das Gleiche auch von der durch sie bedingten Besoldung gelten müsse. Das Reich sei daher verpflichtet, ihnen vom 1. April 1920, dem Tage des Inkrafttretens des vorbezeichneten Gesetzes an, die Unterschiedsbeträge zwischen der Gruppe VI und der Gruppe VII zu gewähren. Auf die Zahlung dieser Beträge für die Zeit von dem genannten Tage bis zum 31. März 1922 nebst Zinsen richtet sich die Klage, die nach Erwirkung eines den Antragstellern ungünstigen Vorbescheids des Reichswehrministers fristgemäß erhoben worden ist. Die Klage wurde abgewiesen. Die Berufung der Kläger wurde zurückgewiesen. Ebenso ihre Revision aus folgenden

Gründen:

Die Kläger glauben die Dienstbezüge der Besoldungsgruppe VII in Anspruch nehmen zu können, weil sie als Geheime Kanzleisekretäre im früheren preußischen Kriegsministerium nach Rang und Diensteinkommen mit den in jene Gruppe eingereihten Bureaubeamten 1. Klasse der Provinzialbehörden gleichgestellt gewesen und in den hierdurch erlangten wohlerworbenen Rechten durch die Einstufung in die Gruppe VI verletzt worden seien. Das Reich hält ihnen u. a. entgegen, daß sie früher preußische Beamte gewesen, durch die Übernahme in das Reichswehrministerium aber unmittelbare Reichsbeamte geworden seien, und daß schon mit Rücksicht auf diese Änderung ihrer staatsrechtlichen Stellung ihr Standpunkt unhaltbar sei. Es bedarf keiner Erörterung, ob diese Rechtsansicht zutrifft. Auch wenn ihr nicht beizupflichten ist, erscheinen die Ansprüche der Kläger ungerechtfertigt. Daraus, daß zwei Beamtengattungen vor dem Inkrafttreten der Reichsverfassung gleiche oder annähernd gleiche Dienstbezüge erhielten, ist ein Recht der Beamten, die schon zur Zeit des Bestehens dieses Zustandes zu ihnen zählten, auf Aufrechterhaltung der Gleichstellung nicht abzuleiten. Die Hebung der einen Beamtengruppe in der Besoldung hat auch keine Schlechterstellung der Angehörigen der anderen Gruppe zur Folge; diese bleibt auf ihrer bisherigen Besoldungsstufe stehen. Für die gegenteilige Auffassung bietet die Vorschrift in § 34 des Besoldungsgesetzes vom 30. April 1920/26. Oktober 1922 keine Stütze. Der Gesetzgeber hat hier allerdings als einen der Fälle, die nach seiner Meinung an sich ein verfassungsänderndes Gesetz (Art. 76 RV.) erfordern, und deren Regelung im Wege der einfachen Gesetzgebung ermöglicht werden soll, die Änderung der Einreihung der Beamten in die Besoldungsgruppen ins Auge gefaßt. Eine solche Änderung der Einreihung widerfährt jedoch nicht den Angehörigen einer Beamtenklasse durch die Höherstufung einer anderen mit ihr bisher derselben Besoldungsgruppe zugeteilten Beamtengattung.

Ebensowenig würden die Kläger Anspruch auf die Sätze der Gruppe VII erheben können, wenn mit ihnen entgegen der Begründung zum Entwurf des Besoldungsgesetzes unter IX (S. 15) davon auszugehen wäre, daß die gruppenmäßige Abstufung der Beamten in der Besoldungsordnung zugleich eine Rangordnung der Ämter darstelle. Zwar ist, wie der erkennende Senat mit Rücksicht auf die Entstehungsgeschichte des Art. 129 Abs. 2 RV. angenommen hat, die Versetzung eines Beamten in ein Amt von geringerem Rang unzulässig (RGZ. Bd. 105 S. 24). Allein selbst wenn der Rechtsgedanke, auf dem dieser Grundsatz beruht, zu der Annahme nötigte, daß die Herabsetzung eines Amts im Rang den es bisher verwaltenden Beamten gegenüber unwirksam sei, so würde dies der Klage nicht zum Erfolg verhelfen können. Wie nach dem Dargelegten die Aufstufung einer Beamtenklasse im Gehalt für die mit ihr im Diensteinkommen vorher gleichgestellte Beamtengruppe keine Schlechterstellung bedeutet, so würde auch die Hebung der einen Gruppe im Rang für die andere noch keine Rangminderung in sich schließen; diese würde ihre bisherige Rangstufe beibehalten.

---

95. Nach welchen Grundsätzen haftet der Verkäufer von Banknoten dem Käufer, wenn sich nachträglich herausstellt, daß die Noten verfälscht sind?

I. Zivilsenat. Urt. v. 25. Juni 1924 i. S. Allg. Deutsche Creditanstalt (Bekl.) w. Gebr. St. (Kl.). I 7/24.

I. Landgericht Zwickau, Kammer f. Handelss. — II. Oberlandesgericht Dresden.

Die Klägerin kaufte im Herbst 1919 von der Beklagten tschechoslowakische Kronennoten im Gesamtbetrage von 87000 Kronen. Die

Lieferung erfolgte in Tausendkronennoten des österreichischen Kaiserstaats, auf denen sich ein besonderer Stempelaufdruck befand, aus dem ihre Gültigkeit in der Tschechoslowakei hervorgehen sollte. Die Klägerin behauptet, daß sich hierunter 76 Noten befunden hätten, die mit einem gefälschten Stempelaufdruck versehen und deshalb ungültig seien. Sie hat von der Beklagten Ersatzlieferung verlangt.

Das Landgericht gab der Klage statt. Das Oberlandesgericht wies die Berufung der Beklagten bezüglich 75000 Kronen zurück. Die Revision der Beklagten blieb erfolglos.

Gründe:

Wie das Reichsgericht bereits oftmals ausgesprochen hat, ist ein Inhaberpapier, wie beispielsweise eine von einer Staatsbank ausgegebene Note oder ein vom Staate als Ersatz für Metallgeld in Umlauf gesetzter Geldschein, im Rechtsleben ein Gebilde von doppelter Art. Einmal erscheint es als Sache mit rein körperlichen Eigenschaften; zum anderen ist es Träger des in ihm verbrieften Rechts (RGZ. Bd. 59 S. 241, Urt. v. 23. September 1922 I 408/21 Recht 1923 Nr. 220, ferner das Urt. v. 28. Mai 1924 I 432/23 S. 279 dieses Bandes). Beim Verkauf eines derartigen Wertpapiers kann daher eine Haftung des Verkäufers ebensowohl deshalb eintreten, weil das Papier als körperliche Sache nicht die bedungenen Eigenschaften besitzt, wie deshalb, weil das in dem Papier verkörperte Recht nicht in dem vorausgesetzten Umfange besteht.

Im vorliegenden Falle haben beide Vorinstanzen die Haftbarkeit der Beklagten als Verkäuferin der durch unechten Stempelaufdruck verfälschten Kronennoten nur von dem Standpunkte aus beurteilt, daß körperliche Sachen, nämlich tschechoslowakische Kronennoten über insgesamt 87000 Kronen, den Gegenstand des Kaufgeschäfts gebildet hätten. Insbesondere hat das Berufungsgericht, das die Fälschung der Abstempelung auf 75 Tausendkronennoten als erwiesen ansieht, ausgeführt, daß die Klägerin eine ganz andere als die bedungene Ware, nämlich falsch abgestempelte Noten statt echter Noten mit echter Abstempelung, empfangen habe und daher nicht die Vorschriften über Gewährleistung wegen Sachmängel Platz griffen, sondern der Erfüllungsanspruch der Klägerin, der nur der dreißigjährigen Verjährungsfrist unterliege, unverändert bestehen geblieben sei.

Hiergegen wendet sich die Revision mit der Rüge, daß das Berufungsgericht die rechtliche Bedeutung der in Rede stehenden Noten verkannt habe. Die Noten seien echtes Geld und nur die Frage, ob sie durch richtige Abstempelung auch für die Tschechoslowakei weiterhin als Geldzeichen anerkannt worden seien, sei streitig geworden; der Mangel ordnungsmäßiger Abstempelung stelle sich aber lediglich als ein Sachmangel des im übrigen vertragsmäßigen Kaufgegenstandes dar.

Es kann dahinstehen, ob diese Rüge begründet ist und ob der Annahme des Vorderrichters, daß eine ganz andere Ware, als die bedungene, geliefert worden sei, beigepflichtet werden kann. Jedenfalls haftet die Beklagte nach § 437 BGB. in vollem Umfang dafür, daß das Recht, das nach dem Willen der Parteien in den gelieferten Kronennoten verbrieft sein sollte, tatsächlich zu Recht bestand. Der Zweck des Kaufgeschäfts der Parteien war unstreitig darauf gerichtet, daß die Klägerin Kronennoten erhalten sollte, die sie in der Tschechoslowakei als Zahlungsmittel verwenden konnte. Hierzu waren die österreichischen Kronennoten nur dann geeignet, wenn sie von der tschechoslowakischen Regierung durch Aufdruck eines echten Stempels als gültige Zahlungsmittel anerkannt waren. Demgemäß hatte die Beklagte der Klägerin für die Echtheit des Stempelaufdrucks der gelieferten Noten zu haften, da sie nur auf diese Weise ihrer Verpflichtung, für den rechtlichen Bestand der Noten als tschechoslowakischer Zahlungsmittel einzustehen, gerecht werden konnte. Diese Haftpflicht hat zur Folge, daß die Beklagte der Klägerin für diejenigen Stücke, die sich infolge falschen Stempelaufdrucks in der Tschechoslowakei als unbrauchbare Zahlungsmittel erwiesen, Ersatz leisten muß, und zwar hat dies nach §§ 440, 320 flg. BGB. in der Weise zu geschehen, daß die Beklagte der Klägerin andere Zahlungsmittel liefert, die in der Tschechoslowakei als richtiges Geld oder richtiger Geldersatz anerkannt werden.

Eine Verjährung des klägerischen Ersatzanspruchs kommt nicht in Betracht, da die kurzen Verjährungsfristen des § 477 BGB. sich nur auf Gewährleistungsansprüche wegen körperlicher Mängel von Sachen beziehen, den Anspruch des Käufers gegen den Verkäufer auf Haftung für den Bestand des verkauften Rechts (§ 437 BGB.) aber unberührt lassen. Auf einen solchen Anspruch findet nur die regelmäßige dreißigjährige Verjährungsfrist Anwendung (§ 195 BGB.). . . .

---

96. 1. In welcher Weise, insbesondere mit welcher Genauigkeit ist die gepfändete Forderung im Pfändungsbeschluß zu bezeichnen? 2. Umfang des Pfandrechts, das der Gläubiger an einer im Arrestverfahren gepfändeten Forderung erwirbt.

I. Zivilsenat. Urt. v. 25. Juni 1924 i. S. Sp. (Kl.) w. Bank f. Handel u. Industrie (Bekl.). I 282/23.

I. Landgericht München I. — II. Oberlandesgericht daselbst.

Der Kläger erwirkte wegen einer Darlehnsforderung von 100 000 *M* den Beschluß des Landgerichts München I vom 17. Januar 1921, durch den der dingliche Arrest in das Vermögen des Kaufmanns Kl. angeordnet und dessen Rechte und Ansprüche gegen die Beklagte „aus Bankgeschäften, insbesondere auf Auszahlung von hinterlegten Geldern oder Wertpapieren" gepfändet wurden. Der Beklagten wurde verboten, die genannten Rechte und Ansprüche an den Schuldner zu erfüllen, diesem dagegen geboten, sich jeder Verfügung über die gepfändeten Rechte und Ansprüche, insbesondere der Einziehung zu enthalten. Der Arrest- und Pfändungsbeschluß wurde der Beklagten am 20. Januar und dem Schuldner Kl. am 24. Januar 1921 zugestellt. Bei Zustellung des Beschlusses hatte Beklagte in ihrem Depot Aktien des Kl. im Nennbetrage 11000 *M*. Hiervon verkaufte sie, ohne den Kläger zu benachrichtigen, einen Teil am 22. Januar 1921 und die Mehrzahl der übrigen Aktien am 19. März 1921. Den Erlös schrieb sie dem Konto des Kl. gut und verwendete ihn dann dazu, um für ihre Forderungen an Kl. Befriedigung zu erlangen. Am 9. Juli 1921 erwirkte der Kläger gegen Kl. das rechtskräftig gewordene Urteil des Landgerichts München I auf Zahlung von 93000 *M* nebst Zinsen. Nunmehr ließ er sich durch Beschluß des Vollstreckungsgerichts vom 3. Oktober 1921 die arrestweise gepfändeten Ansprüche in Höhe der Urteilsbeträge zur Einziehung überweisen. Auf Grund dieser Überweisung forderte er von der Beklagten die Herausgabe der in ihrem Depot befindlichen Wertpapiere des Kl. Da die Beklagte sich hierzu wegen des Verkaufs der Aktien außerstande erklärte, erhob er auf Herausgabe der Aktien oder Lieferung anderer Aktien gleicher Gattung und gleicher Nennwerte an einen Gerichtsvollzieher, sowie auf Feststellung der Schadensersatzpflicht des Beklagten Klage.

Beide Vorinstanzen wiesen die Klage ab. Die Revision des Klägers hatte Erfolg.

Aus den Gründen:

Gegen die Rechtswirksamkeit und Ordnungsmäßigkeit des im Arrestverfahren ergangenen Pfändungsbeschlusses bestehen keine Bedenken. Hinfällig erscheint insbesondere der von der Beklagten erhobene Vorwurf, daß der gepfändete Anspruch nicht mit genügender Bestimmtheit bezeichnet worden sei. Zwar kann ein rechtsgültiges Pfändungspfandrecht an Forderungen nur dann entstehen, wenn diese im Pfändungsbeschluß so genau angegeben sind, daß jeder Zweifel an dem Gegenstande des Pfandrechts ausgeschlossen wird (Warneyer 1920, Nr. 164); es ist aber nicht erforderlich, daß die Forderung im Beschluß in allen ihren Einzelheiten gekennzeichnet wird, sondern es genügt eine, wenn auch allgemein gehaltene, Angabe, aus der der Schuldner und der Drittschuldner zweifelsfrei zu erkennen vermögen, auf welche Forderung die Pfändung nach dem Willen des Gläubigers gerichtet sein soll. An einer derartigen Bezeichnung der gepfändeten Ansprüche fehlt es im vorliegenden Falle nicht. Die Angabe, daß die Ansprüche des Kl. gegen die Beklagte aus „Bankgeschäften, insbesondere auf Auszahlung von hinterlegten Geldern oder Wertpapieren" gepfändet sein sollen, läßt klar erkennen, daß die Pfändung sich auf alle Forderungen erstreckte, die zur Zeit der Zustellung des Pfändungsbeschlusses an die Beklagte (§ 829 Abs. 3 ZPO.) dem Kl. gegen sie aus dem gesamten bankmäßigen Geschäftsverkehr und besonders aus dem Depotverkehr zustanden, gleichviel ob es sich dabei um Darlehnsgeschäfte oder um Anschaffung oder Aufbewahrung von Wertpapieren handelte. Eine derartige Forderung war zweifellos auch der in Rede stehende Anspruch aus dem Verwahrungsvertrag über die dem Kl. gehörigen Aktien.

Durch die Pfändung dieses Anspruchs erlangte der Kläger daran gemäß § 804 Abs. 1 ZPO. ein Pfandrecht, das zwar in erster Reihe nach den Vorschriften der Zivilprozeßordnung, soweit deren Bestimmungen aber nicht entgegenstehen, nach den pfandrechtlichen Vorschriften des bürgerlichen Rechts zu beurteilen ist (RGZ. Bd. 97 S. 40, Warneyer 1912 Nr. 294). Aus §§ 829 Abs. 1, 846 ZPO. ergibt sich für den vorliegenden Fall, daß die Beklagte als Drittschuldnerin, wie ihr auch im Pfändungsbeschluß ausdrücklich zur Pflicht gemacht wurde, den Anspruch nicht durch Erfüllung an den Schuldner Kl. ganz oder teilweise zum Erlöschen bringen durfte und daß Kl. sich jeder Verfügung über den Anspruch, insbesondere der Einforderung, zu enthalten hatte. Anderseits schreibt der § 1281 BGB., dessen Maßgeblichkeit für arrestweise erlassene Pfändungsbeschlüsse in der Rechtsprechung des Reichsgerichts anerkannt ist (RGZ. Bd. 104 S. 35, Warneyer 1912 Nr. 294), vor, daß der Drittschuldner nur an seinen Gläubiger und den Pfandgläubiger gemeinschaftlich leisten kann. Aus diesen Vorschriften folgt, daß die Beklagte, nachdem durch die Zustellung des Pfändungsbeschlusses an sie — am 20. Januar 1921 — die Pfändung wirksam geworden war, sich mit dem Schuldner Kl. allein in Verhandlungen, die den Bestand des gepfändeten Anspruchs betrafen, nicht einlassen durfte, vielmehr zu jeder rechtsgeschäftlichen Erklärung des Kl., durch die das Pfandrecht des Klägers irgendwie beeinflußt werden konnte, die Zustimmung des letzteren einholen mußte (RGZ. Bd. 77 S. 254). Hiergegen hat die Beklagte verstoßen, als sie zufolge der ihr von Kl. allein erteilten Aufträge ohne Zustimmung des Klägers, ja selbst ohne dessen Benachrichtigung, am 22. Januar und 19. März 1921 die obengenannten Aktien aus dem Depot des Kl. verkaufte. Denn sie griff dadurch in das Pfandrecht des Klägers ein, der durch die Pfändung nach § 1281 BGB. das Recht erlangt hatte, daß die Aktien nur zur gemeinschaftlichen Verfügung des Klägers und des Kl. herausgegeben werden durften. Rechtsirrig ist es, wenn das

Berufungsgericht in dem Auftrag zum Verkauf der Aktien nicht eine Verfügung über den gepfändeten Anspruch, sondern lediglich eine von der Pfändung nicht betroffene Maßnahme zur ordnungsmäßigen Verwaltung des Depots erblickt, für welche der Schuldner Kl. allein zuständig geblieben sei. Eine schärfere Verfügung über den gepfändeten Anspruch des Kl. auf Herausgabe der Wertpapiere konnte wohl kaum stattfinden, als durch die Veräußerung der Wertpapiere, die auf diese Weise dem Vermögen des Kl. und damit auch dem Zugriff des Klägers als Pfandgläubigers gänzlich entzogen wurden. Hierüber konnten auch die gesetzlichen Vertreter der Beklagten bei pflichtmäßiger Überlegung nicht den geringsten Zweifel hegen, und sie handelten zum mindesten fahrlässig (§ 276 BGB.), als sie ungeachtet des Pfandrechts des Klägers auf Grund des Auftrags des Kl. die Veräußerung der Aktien geschehen ließen. Durch diesen Eingriff in das Pfandrecht des Klägers hat die Beklagte, da sich ihr Vorgehen ebensowohl als fahrlässig wie als widerrechtlich darstellt, sich dem Kläger gegenüber nach § 823 Abs. 1 BGB. schadensersatzpflichtig gemacht.

Nicht geklärt und weiterer tatsächlicher Erörterungen bedürftig ist aber die Frage, ob dem Kläger durch den Verkauf der Aktien wirklich ein Schaden entstanden ist, und gegebenenfalls, in welcher Weise er zu ersetzen ist. Unstreitig ist der Verkauf der Aktien durch die Beklagte freiwillig im Auftrage des Kl. als Depotberechtigten erfolgt. Unstreitig ist aber auch, daß die Beklagte eine Geldforderung an Kl. hatte. Für die Revisionsinstanz ist ferner zu unterstellen, daß für den Geschäftsverkehr zwischen Kl. und der Beklagten deren allgemeine Geschäftsbedingungen maßgebend waren, die ihr das Recht gewährten, die im Depot befindlichen Wertpapiere zu beliebiger Zeit gemäß §§ 1221, 1235 BGB. zwecks ihrer Befriedigung zu verkaufen. Waren diese Bestimmungen dem Geschäftsverkehr zwischen der Beklagten und Kl. zugrunde gelegt, so blieben sie auch durch die Pfändung des Herausgabeanspruchs unberührt. Die Beklagte durfte also ungeachtet der Pfändung von den ihr nach den Geschäftsbedingungen zustehenden Schutzmaßnahmen Gebrauch machen. Ein derartiger Gebrauch hat nicht stattgefunden, da die Beklagte im Auftrage des Kl. zum freiwilligen Verkauf der Aktien geschritten ist. Es bleibt aber unter Berücksichtigung aller tatsächlichen Verhältnisse zu erwägen, ob nicht die Beklagte, wenn der Verkaufsauftrag des Kl. ausgeblieben wäre, sich zur eigenen Sicherheit veranlaßt gesehen hätte, die Verbindung mit Kl. zu lösen, ihn in Verzug zu setzen und den Pfandverkauf der Aktien zu betreiben, ob in diesem Falle ein für den Kläger günstigeres Ergebnis erzielt worden wäre, als durch den freiwilligen Verkauf der Aktien, und welche Mittel alsdann zur Befriedigung des Klägers übrig geblieben wären. Selbstverständlich durfte die Beklagte bei einem solchen Vorgehen in erster Reihe auf die Wahrung ihres eigenen Vorteils bedacht sein und hatte auf die Belange des Klägers als Pfandgläubigers nur insoweit Bedacht zu nehmen, als es Treu und Glauben geboten. Insbesondere brauchte sie bei fortschreitender Entwertung ihrer Geldforderung mit dem Pfandverkauf nicht so lange zu warten, bis der Kläger seinen Rechtsstreit wegen seiner Hauptforderung gegen Kl. durchgeführt und auf Grund eines vollstreckbaren Urteils die Überweisung der gepfändeten Forderung zur Einziehung erlangt haben würde. . . .

---

97. 1. Muß, wenn als Gegenstand der Tagesordnung der Generalversammlung einer Aktiengesellschaft eine Kapitalerhöhung unter Ausschluß des gesetzlichen Bezugsrechts der Aktionäre angekündigt wird, gleichzeitig kundgegeben werden, daß die Zuteilung junger Aktien an den Vorstand und den Aufsichtsrat beabsichtigt wird?

2. Kennzeichnet sich die von der Generalversammlung beschlossene Zuteilung von jungen Aktien an Vorstand und Aufsichtsrat als ein mit deren Mitgliedern vorgenommenes Rechtsgeschäft?

3. Verstößt die Zuteilung von Vorzugsaktien mit mehrfachem Stimmrecht an Vorstand und Aufsichtsrat und die dadurch bewirkte Machterweiterung dieser Organe gegen das Gesetz oder die guten Sitten?

4. Wann ist die dem Aufsichtsrat durch Zuteilung junger Aktien gewährte Vergütung übermäßig und unzulässig?

II. Zivilsenat. Urt. v. 24. Juni 1924 i. S. Dr. D. (Kl.) w. Leipziger Buchbinderei-Aktiengesellschaft vorm. Gustav Fritzsche (Bekl.). II 915/23.

I. Landgericht Leipzig, Kammer f. Handelssachen. — II. Oberlandesgericht Dresden.

Am 25. Januar 1923 fand eine außerordentliche Generalversammlung der beklagten Gesellschaft statt, zu der unter Ankündigung der folgenden Tagesordnung eingeladen worden war:

„Erhöhung des Aktienkapitals bis zu 20000000 *M* durch Ausgabe von 7000 auf den Inhaber lautenden Stammaktien zu je *M* 1000 und 1000 Vorzugsaktien, auf Inhaber lautend, zu je *M* 1000 unter Ausschluß des Bezugsrechts der Aktionäre.

Beschlußfassung über die näheren Einzelheiten der Ausgabe der neuen Aktien und über die den Vorzugsaktien einzuräumenden Vorzüge, erhöhtes Stimmrecht und teilweise bevorzugte Dividende bis zu 10% bei den Vorzugsaktien.

Beschlußfassung über die hiermit zusammenhängenden Satzungsänderungen."

In der Generalversammlung wurde im ganzen über die folgenden Anträge der Verwaltung abgestimmt:

1. Das Grundkapital der Gesellschaft, das zurzeit aus 12000 auf den Inhaber lautenden Aktien von je 1000 ℳ besteht, wird bis zum Betrage von 20 Millionen erhöht

a) durch Ausgabe von 1000 auf den Inhaber lautenden Vorzugsaktien von je 1000 ℳ,

b) durch Ausgabe von 7000 auf den Inhaber lautenden Stammaktien zu je 1000 ℳ.

2. Die Vorzugsaktien haben den Vorzug vor den alten und vor den neu auszugebenden Stammaktien in der Weise, daß auf sie vor den Stammaktien ein Anteil von 6% des an die Aktionäre gelangenden Reingewinnes entfallen soll. Nach diesen 6% erhalten die Inhaber der Stammaktien ebenfalls 6%. Der dann noch zur Verteilung gelangende Rest des Reingewinnes entfällt auf die Vorzugs- und Stammaktien gleichmäßig im Verhältnisse ihres Nennbetrages, jedoch nur bis zu weiteren 4%. Was, nachdem Vorzugs- und Stammaktionäre 10% Gewinnanteil erhalten haben, noch weiter an Gewinn zur Verteilung kommt, wird nur an die Stammaktionäre verteilt.

Ein Vorrang der Vorzugsaktien bei Ausschüttung des Vermögens der Gesellschaft besteht nicht. Dagegen hat jede Vorzugsaktie ein 15-faches Stimmrecht, indes nur für folgende Fälle: Besetzung des Aufsichtsrats, Änderung der Satzung, Auflösung der Gesellschaft. Die Vorzugsaktien werden zu pari ausgegeben an die Mitglieder des Aufsichtsrats und des Vorstands. Die Aktien werden bei der Allgemeinen Deutschen Credit-Anstalt als Treuhänderin bis zum 31. Januar 1933 hinterlegt. Bis dahin ist eine Veräußerung nur an Mitglieder der Verwaltung zulässig. Nach dem 31. Januar 1933 kann die Gesellschaft die Aktien zu 120% zurückkaufen. Die Vorzüge können schon vorher erlöschen oder verändert werden, wenn dies von der Generalversammlung und in gesonderter Abstimmung von den Vorzugsaktionären mit einer Mehrheit von je ¾ des vertretenen Aktienkapitals beschlossen wird.

3. Die jungen Stammaktien werden den alten Stammaktien in jeder Beziehung gleichgestellt.

4. Die Vorzugsaktien und die jungen Stammaktien nehmen für das seit dem 1. Februar 1922 laufende Geschäftsjahr voll an den Erträgnissen teil.

5. Die Ausgabe der Stammaktien soll zum Kurse von 400% erfolgen.

6. Das Bezugsrecht der Aktionäre wird bezüglich aller neuen Stammaktien und der Vorzugsaktien ausgeschlossen.

7. Der Aufsichtsrat wird ermächtigt, die 7000 jungen Stammaktien einem Bankkonsortium zu dem oben genannten Ausgabekurse mit der Verpflichtung zu überlassen, diese Stammaktien den alten Aktionären zum Kurse von 475% im Verhältnis von 2 zu 1 — auf zwei alte Aktien eine neue — und die restlichen 1000 Stammaktien den Mitgliedern des Aufsichtsrats und des Vorstands zu 1000% anzubieten, letztere mit der Bedingung, daß eine Veräußerung bis zum 31. Januar 1924 unzulässig ist.

8. 9. ...

10. Der Aufsichtsrat wird ferner ermächtigt, alle sonst noch notwendigen einzelnen Verfügungen bezüglich der Ausgabe der Aktien zu treffen und weiter die durch vorstehende Beschlüsse erforderlich werdenden Abänderungen der Satzungen zu beschließen. —

Diese Anträge nebst den entsprechenden Satzungsänderungen wurden mit 5936 Stimmen gegen 1879 Stimmen des Klägers angenommen. Dieser erhob sofort Widerspruch gegen die Gültigkeit der Beschlüsse zum notariellen Protokolle. Nach der Generalversammlung fand eine Sitzung des Aufsichtsrats statt, worin die folgende Verteilung beschlossen wurde: Von den Vorzugsaktien sollten die beiden Vorstandsmitglieder je 82 Stück, der Vorsitzende des Aufsichtsrats 82 Stück, ein Aufsichtsratsmitglied 251 Stück, die übrigen 5 Aufsichtsratsmitglieder je 83 Stück, sowie die 4 ältesten Beamten und die 2 dem Aufsichtsrat angehörenden Betriebsratsmitglieder je 4 Stück erhalten. Von den 1000 Stammaktien wurden je 123 Stück den beiden Vorstandsmitgliedern, je 95 Stück den 7 Aufsichtsratsmitgliedern, je 14 Stück den 4 ältesten Beamten und den beiden Betriebsratsmitgliedern des Aufsichtsrats und die restlichen 5 Stück einem weiteren Beamten der Beklagten zugeteilt.

Die am 25. Januar 1923 beschlossenen Satzungsänderungen sind in das Handelsregister eingetragen und die neuen Aktien durch ein Bankkonsortium übernommen und begeben worden. Der Kläger hat die ihm nach dem Beschluß zukommenden Aktien bezogen.

Fristgemäß hat sodann der Kläger gemäß § 271 HGB. obige Beschlüsse wegen Gesetzesverletzung und Verstoßes gegen die guten Sitten angefochten mit folgender Begründung:

Entgegen der Vorschrift des § 256 HGB. sei nicht als Gegenstand der Tagesordnung die Zuteilung von jungen Aktien an den Vorstand und Aufsichtsrat angegeben worden. Unzulässigerweise hätten sich sogenannte Legitimationsaktionäre an der Abstimmung beteiligt, wodurch gegen § 252 Abs. 1 und 2 HGB. verstoßen sei. Die von der Generalversammlung beschlossene Zuteilung von jungen Aktien an den Vorstand und Aufsichtsrat kennzeichne sich als ein mit deren Mitgliedern vorgenommenes Rechtsgeschäft. Es hätten sich daher gemäß

§ 252 Abs. 3 Satz 2 HGB. die Mitglieder der Verwaltung der Abstimmung enthalten müssen, was nicht geschehen sei. Die Zuteilung von 1000 Vorzugsaktien zu pari und von 1000 Stammaktien an Aufsichtsrat und Vorstand stelle sich als eine übermäßige, satzungs- und sittenwidrige Begünstigung dieser Organe zum Nachteil der Aktionäre dar; auch verschaffe die Gewährung des 15-fachen Stimmrechts der Verwaltung ein die Interessenverhältnisse in der Gesellschaft völlig verschiebendes und die Minderheit dem Willen der Mehrheit in unzulässigem Maße unterwerfendes Übergewicht.

Das Landgericht gab der Klage statt, das Oberlandesgericht dagegen wies sie ab. Die Revision des Klägers blieb erfolglos.

Gründe:

Mit Recht hat das Berufungsgericht angenommen, daß die von der Verwaltung vorgenommene Veröffentlichung der Tagesordnung für die einzuberufende außerordentliche Generalversammlung den Vorschriften der §§ 256, 274 Abs. 2 HGB. genüge. Die Absicht, die Vorzugsaktien und einen Teil der Stammaktien den Mitgliedern der Verwaltung zuzuteilen, brauchte nicht angekündigt zu werden. Es war bekannt gegeben worden, daß die Kapitalerhöhung unter Ausschluß des Bezugsrechts der Aktionäre stattfinden solle; damit mußte nach der neuzeitlichen Entwicklung des Aktienwesens jeder geschäftskundige Aktionär auf eine Zuteilung von jungen Aktien an ein Bankkonsortium oder an die Verwaltung gefaßt sein. Überdies war in der Veröffentlichung bemerkt worden, daß über die näheren Einzelheiten der Ausgabe der Aktien Beschluß zu fassen sei. Damit war auch insoweit Zweck und Gegenstand der Beschlußfassung ausreichend gekennzeichnet. Alle Einzelheiten der geplanten Ausführung anzukündigen war die Verwaltung nicht verpflichtet. Wünschte ein Aktionär noch genauere Auskunft, so stand es ihm frei, die Erteilung einer Abschrift der Anträge zu verlangen, HGB. § 256 Abs. 1 Satz 2. Es muß übrigens befremden, daß gerade der Kläger seine Anfechtung auf Verletzung der Vorschrift des § 256 HGB. stützt. Hat er doch unstreitig vor der Generalversammlung mit der Verwaltung in dem Sinne verhandelt, daß er einen Widerspruch gegen den zu fassenden Beschluß unterlassen werde, falls man ihm und seinem Anhang eine Beteiligung an den der Verwaltung zugedachten Aktien gewähre. Der Kläger für seine Person war also über den Gegenstand der bevorstehenden Beschlußfassung vollständig unterrichtet.

Die Frage, ob der Kläger den Beschluß der Generalversammlung wegen Zulassung sogenannter Legitimationsaktionäre zur Abstimmung anfechten kann, bedarf keiner Erörterung, weil nach einwandfreier Feststellung des Berufungsgerichts deren Teilnahme an der Abstimmung das Ergebnis zuungunsten des Klägers nicht beeinflußt hat. Insoweit sind auch von der Revision keine Angriffe erhoben worden.

Der Ansicht des Berufungsrichters, daß die Mitglieder der Verwaltung von der Abstimmung nicht ausgeschlossen gewesen seien, weil die Beschlußfassung nicht die Vornahme eines Rechtsgeschäfts mit ihnen betroffen habe, kann — soweit die Vorzugsaktien in Frage kommen — nicht beigetreten werden. Unter Nr. 7 des Beschlusses wird zwar der Aufsichtsrat nur ermächtigt, 6000 Stammaktien einem Bankkonsortium zu überlassen und die restlichen 1000 Stück den Mitgliedern des Aufsichtsrats und des Vorstands zu je 1000 % anzubieten. Eine Bindung des Aufsichtsrats war somit auch hinsichtlich dieser 1000 jungen Stammaktien nicht ausgesprochen, und er hatte — jedenfalls theoretisch — das Recht, auch in anderer Weise über die Aktien zu verfügen. Anders stand es aber nach Nr. 2 mit den 1000 Vorzugsaktien. Hier heißt es wörtlich: „Die Vorzugsaktien werden zu pari ausgegeben an die Mitglieder des Aufsichtsrats und des Vorstands." Das war nicht eine bloße Ermächtigung des Aufsichtsrats, die Vorzugsaktien — nach freiem Belieben — an die Mitglieder der Verwaltung abzugeben, sondern eine unmittelbare Abgabe der Vorzugsaktien an diese. Die Mitglieder der Verwaltung wurden durch die Beschlußfassung berechtigt, und es hätte einem jeden freigestanden, in Vollmacht der übrigen die Zuteilung an beide Organe gemeinsam zu verlangen. Richtig ist, daß die Generalversammlung über die Art der Verteilung der Aktien unter die einzelnen Mitglieder nichts beschlossen hat. Das ändert aber nichts daran, daß die Zuteilung selbst durch den Beschluß erfolgt ist. Dabei kann es keine Rolle spielen, ob in der Generalversammlung zur Sprache gebracht worden ist, es solle der Aufsichtsrat auch bezüglich der Vorzugsaktien zur Zuteilung an Aufsichtsrat und Vorstand nur ermächtigt werden, und daß tatsächlich nach Schluß der Generalversammlung auf Grund der vom Aufsichtsrat vorgenommenen Verteilung auch Beamten der Gesellschaft Vorzugsaktien angeboten wurden. Maßgeblich bleibt allein der Wortlaut des Beschlusses, wie er zur Eintragung gelangt. Erläuterungen, die in der Generalversammlung vorgenommen worden sind, können, falls sie mit dem klaren Wortlaut im Widerspruch stehen, nicht beachtet werden. Tatsächlich ist der Unterschied in der Fassung der Nr. 2 und 7 des Beschlusses um so weniger zu verstehen, als die Leitung der Generalversammlung in den Händen eines erfahrenen Rechtskundigen lag.

Im übrigen muß aber auch hier in Übereinstimmung mit dem Berufungsgericht der Anfechtung der Erfolg versagt werden, weil klar zutage liegt, daß der Beschluß nicht auf der Verletzung des § 252 Abs. 3 Satz 2 beruhen kann. Allerdings schafft schon die Möglichkeit ursächlicher Verknüpfung der Klage Raum und liegt grundsätzlich der

Gesellschaft die Last des Beweises ob, daß die Gesetzesverletzung ohne Einfluß auf das Ergebnis geblieben sei. Aber damit ist der Kläger nicht jeder Darlegungspflicht enthoben.

(Es wird sodann ausgeführt, daß der Kläger es an der erforderlichen Darlegung und Beweisantretung habe fehlen lassen.)

Als Hauptanfechtungsgrund bleibt die angeblich gesetz-, satzungs- und sittenwidrige Zuteilung soviel junger Aktien, d. h. also der 1000 Vorzugsaktien zu pari mit 15-fachem Stimmrecht und der 1000 Stammaktien zu 1000%, an die Mitglieder der Verwaltung. Dabei kommen zwei Gesichtspunkte in Betracht: die Machtverschiebung zuungunsten der Minderheit der Aktionäre und die finanzielle Begünstigung der Verwaltung auf Kosten der Aktionäre. In ersterer Beziehung hat das Berufungsgericht ausgeführt, daß die Generalversammlung Herr ihres Willens sei, und daß man sie gewähren lassen müsse, solange sie nicht als Verwaltungspartei oder Mehrheit das Wohl der Gesellschaft aus eigensüchtigen Beweggründen gefährde; das treffe hier nicht zu; die Vorzugsaktien und Stammaktien seien der Verwaltung lediglich zu dem Zwecke überantwortet worden, um die Gesellschaft vor Überfremdung und vor dem Eindringen eines Wettbewerbsunternehmens zu bewahren. Diese Beurteilung entspricht in rechtlicher Hinsicht der ständigen Rechtsprechung des Reichsgerichts. Die Schaffung von Vorzugsaktien mit mehrfachem Stimmrecht und deren Zuteilung an die Mitglieder der Verwaltung ist an sich gesetzlich zulässig — vgl. §§ 185, 282 HGB. Sie ist in der Inflationszeit vielfach zur wirtschaftlichen Notwendigkeit geworden, weil angesichts der herrschenden Geldverhältnisse und der leichten Veräußerlichkeit der Aktien erhebliche Gefahr der äußeren und inneren Überfremdung, d. h. der Entstehung eines unerwünschten Einflusses ausländischer Käufer oder inländischen Wettbewerbs bestand. Wenn die Mehrheit der Aktionäre in der Generalversammlung der Verwaltung das Vertrauen schenkt, daß sie von dem ihr durch Zuteilung derartiger Vorzugsaktien gewährten Machtzuwachs zum Wohle der Gesellschaft und insbesondere zur Verhütung der Überfremdung Gebrauch machen werde, so darf ihre dieses Ziel verfolgende Beschlußfassung nicht als dem Geiste des Aktienrechts zuwiderlaufend oder gar als sittenwidrig angesprochen werden. Natürlich kann unter Umständen eine solche Beschlußfassung die Wirkung haben, die übrigen Stammaktionäre für einen längeren Zeitraum zu einer mehr oder minder fühlbaren Einflußlosigkeit zu zwingen. Aber diese Wirkung war voraussehbar, und die Mehrheit hat sie freiwillig auf sich genommen. Ob eine solche Beurteilung auch dann am Platze ist, wenn Vorzugsaktien und Stimmrecht in einem Umfange verliehen werden, der das Maß des zur Erreichung berechtigter Ziele Notwendigen übersteigt, braucht nicht entschieden zu werden, denn ein solcher Fall liegt hier nicht vor. Gegenüber den der Verwaltung durch Zuteilung der je 1000 Vorzugs- und Stammaktien verschafften 16000 Stimmen standen immerhin 18000 Stimmen der Stammaktionäre. Im übrigen hat die neuere Gesetzgebung die Zulässigkeit der Mehrstimmaktien insofern anerkannt, als das Kapitalverkehrssteuergesetz vom 8. April 1922 (RGBl. I S. 354) in § 15 sie einer besonderen Besteuerung unterwirft und die 2. Durchführungsverordnung zur Goldbilanzverordnung vom 28. März 1924 (RGBl. I S. 385) in § 29 ihre Rechte bei der Umstellung der Gesellschaften auf Goldmark regelt.

In tatsächlicher Beziehung beruht die Beurteilung des Berufungsgerichts auf unstreitiger Grundlage. Der Kläger hat nichts vorgebracht, was die Beschlußfassung als gesetz- und sittenwidrig erscheinen lassen könnte. Dem Gericht ist nicht einmal von Interessenkämpfen innerhalb der Gesellschaft Mitteilung gemacht worden. Nichts anderes steht fest, als daß der Kläger für sich und seine Freunde besondere Vorteile herausschlagen wollte und dafür seine Zustimmung zu den Anträgen der Verwaltung in Aussicht stellte. Daß gerade ein solches Verfahren zu dem Vorwurfe gesetz- und sittenwidriger Handlungsweise berechtigt, wird man füglich nicht behaupten können.

Der Kläger meint aber auch, es sei der Verwaltung mit der Zuteilung von 1000 Vorzugsaktien zu pari und 1000 Stammaktien zu 1000% ein übermäßiges Geschenk auf Kosten der Aktionäre gemacht worden. Auch in dieser Beziehung ist den Ausführungen des Berufungsgerichts beizutreten. Dem Aufsichtsrate kamen nach § 19 der Satzungen 5000 ℳ für jedes Mitglied und 10000 ℳ für seinen Vorsitzenden zu. Wenn man an diesen Beträgen festhielt, so bekamen die Aufsichtsratsmitglieder infolge der Geldentwertung so gut wie nichts, wobei noch besonders in Betracht kommt, daß sie bereits in den letzten Jahren keine Vergütung für ihre Tätigkeit erhalten hatten. Der Kläger selbst hat anerkannt, daß ihnen ein angemessener Ersatz gewährt werden mußte. Nach dieser Richtung können nun zunächst die Vorzugsaktien überhaupt nicht in Frage kommen. Daß die Zuteilung dieser Aktien nicht als geldlicher Vorteil in Betracht kommen sollte und konnte, liegt auf der Hand. Zwar erhielt sie die Verwaltung für ein Nichts; aber die Dividende war auf 10% beschränkt, was angesichts der damaligen Wirtschafts- und Geldverhältnisse — für das laufende Geschäftsjahr wurden 50% Dividende und 50% Bonus verteilt — ein höchst geringfügiger Vorteil war. Zudem war eine 10-jährige Sperre über die Vorzugsaktien verhängt. Nach Ablauf der Sperre waren die Aktien zwar zu 120% rückkaufbar; aber mit welchem Gelde der Rückkauf geschehen werde, stand völlig dahin. Alles in allem war damals wohl niemand der Ansicht, daß der Verwaltung durch Zuweisung dieser Vorzugsaktien ein irgendwie ins Gewicht fallender finanzieller Vorteil zuteil werde. Viel anders stand es aber auch mit den 1000 jungen Stammaktien nicht. Abgesehen davon, daß sie gleichfalls einer (wenn auch nur einjährigen) Sperrzeit unterworfen waren, bestand die Zuwendung an die einzelnen Aufsichtsratsmitglieder (je 95 Aktien) in einer auf ℳ 2400000 zu bewertenden Vergütung, also in einem Betrag, der, in Goldmark umgerechnet, die in der Satzung für die Aufsichtsratsmitglieder ausgeworfene Vergütung noch nicht annähernd erreichte. Allerdings kam noch die in den Aktien steckende Gewinnaussicht in Betracht; aber diese war nicht besser als bei einer etwaigen Zuwendung im Sinne des § 19 der Satzung. Wenn man nun auch im Januar 1923 nicht damit rechnete, daß Geld und Aktien bald gleichmäßig wertlos werden würden, so braucht man sich doch auf der anderen Seite auch nicht bewußt gewesen zu sein, daß man der Verwaltung mit der Zuteilung der Aktien einen das übliche oder angemessene Maß übersteigenden finanziellen Vorteil zuwandte.

---

98. 1. Kann der Grundstücksverkäufer die auf Grund eines formungültigen Kaufvertrags abgegebene Auflassungserklärung bis zur Eintragung des Eigentumsüberganges kondizieren?
2. Kann der Käufer gegenüber dem Kondiktionsanspruch ein Zurückbehaltungsrecht wegen des von ihm entrichteten Kaufpreises geltend machen?

V. Zivilsenat. Urt. v. 30. Juni 1924 i. S. R. (Bekl.) w. R. (Kl.). V 648/23.

I. Landgericht II Berlin. — II. Kammergericht daselbst.

Die Klägerin hat durch notariellen Vertrag vom 3. Juni 1922 ihr Hausgrundstück an den Beklagten verkauft. In dem Vertrage ist der Kaufpreis unrichtig angegeben. Am 4. August 1922 haben die Parteien die Auflassung des Grundstücks an den Beklagten beurkunden lassen. Die Eintragung des Eigentumsübergangs auf den Beklagten ist bisher im Grundbuch nicht erfolgt.

Die Klägerin hat im Einverständnis ihres Ehemanns Klage erhoben mit dem Antrage,

1. den Kaufvertrag für nichtig zu erklären,
2. hilfsweise den Beklagten zu verurteilen, nicht die Umschreibung des Eigentums beim Grundbuchamt zu beantragen,
3. hilfsweise den Beklagten zu verurteilen, zu erklären, daß er damit einverstanden sei, daß das Eigentum an dem streitigen Grundstück der Klägerin verbleibe.

Die Klägerin stützt die behauptete Nichtigkeit des Kaufvertrags auf die Unrichtigkeit der Preisangabe, außerdem hat sie die Auflassungserklärung im Hinblick auf die Nichtigkeit des Kaufvertrags kondiziert. Das Landgericht hat den notariellen Kaufvertrag vom 3. Juni 1922 für nichtig erklärt und den Beklagten verurteilt, in die Rückauflassung des Grundstücks an die Klägerin einzuwilligen. Der Beklagte behauptete in der Berufungsinstanz gegenüber dem vom Landgericht für begründet erachteten Kondiktionsanspruch der Klägerin, daß die Klägerin die Auflassung in Kenntnis der Nichtigkeit des Kaufvertrags erklärt habe. Hilfsweise machte er ein Zurückbehaltungsrecht wegen der von ihm auf das Kaufgeld bezahlten Beträge geltend, deren Erstattung unter einer der Geldentwertung entsprechenden Aufwertung er beanspruchte.

Die Berufung des Beklagten wurde zurückgewiesen. Die Revision hatte Erfolg.

Gründe:

Das Berufungsgericht geht zutreffend davon aus, daß der von den Parteien in Wahrheit gewollte, durch die unrichtige Beurkundung vom 3. Juni 1922 verdeckte Kaufvertrag mangels Beobachtung der im § 313 BGB. vorgeschriebenen Form gemäß § 125 Satz 1 BGB. nichtig ist, daß diese Nichtigkeit nach § 313 Satz 2 BGB. dadurch geheilt werden kann, daß die Auflassung und die Eintragung des Eigentumsübergangs im Grundbuch erfolgt, daß aber eine Heilung der Nichtigkeit auf diesem Wege bisher noch nicht eingetreten ist, weil zwar die Auflassung stattgefunden hat, die Eintragung des Beklagten als Eigentümer im Grundbuch jedoch noch nicht geschehen ist. Demnach sei die Klägerin noch Eigentümerin des Grundstücks und dem Beklagten stehe ein Anspruch darauf, Eigentümer zu werden, nicht zu. Bei dieser Rechtslage erachtet das Berufungsgericht einen Anspruch der Klägerin auf Rückauflassung des Grundstücks auf Grund des § 1004 BGB. für begründet. Es erwägt: Die formgültige Auflassungserklärung der Klägerin, die der Beklagte in Händen habe, setze ihn in den Stand, durch Herbeiführung seiner Eintragung als Eigentümer die Klägerin ihres Eigentums zu entsetzen, und er sei auch, wie sein Verhalten zeige, zur Benutzung dieser Möglichkeit entschlossen. Hieraus ergebe sich eine in der Person des Beklagten gegebene Gefährdung des Eigentums der Klägerin, die eine Beeinträchtigung im Sinne des § 1004 BGB. darstelle. Diese Beeinträchtigung erfordere nicht schon einen Anfang der Ausführung der Verletzung des Eigentums, es genügten auch Vorbereitungshandlungen, welche die Gefahr der Beeinträchtigung so dringlich erscheinen ließen, daß der Zustand schon als eine gegenwärtige Beeinträchtigung des Eigentums erscheine; dies sei hier der Fall. Die Nichtigkeit des Kaufvertrags komme nur insofern in Betracht, als dadurch eine auf § 1004 Abs. 2 BGB. gestützte Verteidigung des Beklagten ausgeschlossen werde.

Diese Ausführungen sind nicht zu billigen. Der negatorische Anspruch aus § 1004 BGB. setzt voraus, daß das Eigentum von einem anderen in anderer Weise als durch Entziehung oder Vorenthaltung des Besitzes beeinträchtigt wird, und zwar widerrechtlich. Es muß also ein dem Eigentum des Klägers in tatsächlicher oder rechtlicher Beziehung widersprechender Zustand bestehen, der von dem Beklagten ohne ein ihm zur Seite stehendes Recht aufrechterhalten wird. Das Berufungsgericht findet einen derartigen das Eigentum der Klägerin beeinträchtigenden Zustand darin, daß der Beklagte auf Grund der Auflassung des Grundstücks der Klägerin an ihn in die Lage versetzt worden ist, durch Stellung des Eintragungsantrags beim Grundbuchamt seine Eintragung als Eigentümer und damit den Verlust des Eigentums der Klägerin herbeizuführen, ohne daß ihm bisher ein Rechtsgrund für den Erwerb des Eigentums zur Seite steht. Allein diese Erwägung läßt die gemäß § 873 Abs. 2 BGB. eingetretene Bindung der Klägerin an die zwischen ihr und dem Beklagten in notarieller Form zustande gekommene Einigung über den Eigentumsübergang an dem Grundstück auf den Beklagten außer Betracht. Die Klägerin hat mit der Auflassung ihr Einverständnis damit erklärt, daß das Eigentum an ihrem Grundstück auf den Beklagten übergehen soll, und ist nach § 873 Abs. 2 BGB. an diese Erklärung gebunden. Solange aber ihr Einverständnis mit dem Eigentumsübergang besteht, kann in der Stellung des Eintragungsantrags durch den Beklagten, zu der er auf Grund der Erklärung der Klägerin nach den §§ 13 Abs. 2, 20 GBO. berechtigt ist, keine rechtswidrige Beeinträchtigung des Eigentums der Klägerin gefunden werden. Der Umstand, daß zufolge der Formungültigkeit des Kaufvertrags keine rechtliche Verpflichtung zur Abgabe der Auflassungserklärung bestanden hat, steht der Wirksamkeit dieser Erklärung und der Bindung der Klägerin daran nicht entgegen.

Sind hiernach die Voraussetzungen des § 1004 BGB. nicht gegeben, so kann es sich nur fragen, ob die Klägerin im Wege der Kondiktion ihre Auflassungserklärung zurückfordern und auf diese Weise den Übergang des Eigentums ihres Grundstücks auf den Beklagten verhindern kann. Grundsätzliche Bedenken gegen die Möglichkeit einer Kondiktion einer Auflassungserklärung bestehen nicht. Die Abgabe der Auflassungserklärung begründet keine schuldrechtliche Verpflichtung des Erklärenden, sondern stellt sich als die auf die Übertragung des Eigentums abzielende Leistung des bisherigen Eigentümers dar, die dem Auflassungsempfänger die rechtliche Möglichkeit gewährt, sich durch Stellung des Eintragungsantrags bei dem Grundbuchamt und die darauf erfolgende Eintragung in das Grundbuch das Eigentum am Grundstück zu verschaffen. Wenn also durch die in der Auflassungserklärung liegende Leistung des bisherigen Eigentümers noch keine Rechtsänderung bewirkt wird, so wird dadurch doch für den Empfänger der Auflassungserklärung eine Rechtslage geschaffen, die ihn in den Stand setzt, die zur Vollendung des Eigentumsübergangs noch erforderliche Tätigkeit des Grundbuchamts herbeizuführen. Daß die Erlangung vorteilhafter Rechtsstellungen, auch wenn damit noch kein Rechtserwerb verbunden ist, als ein Vermögensvorteil im Sinne des § 812 BGB. anzusehen ist, ist in der Rechtsprechung des Reichsgerichts bereits mehrfach anerkannt worden (RGZ. Bd. 51 S. 422; JW. 1917 S. 34 Nr. 2; Urt. v. 16. Februar 1924 V 508/23). Daß diese Auffassung dem Willen des Gesetzes entspricht, wird durch die Verhandlungen der II. Kommission, die zur Aufnahme der Vorschrift des § 812 Abs. 2 BGB. geführt haben, bestätigt. Dort wurde hervorgehoben, daß ein dringendes praktisches Bedürfnis zu Sondervorschriften für die Kondiktion eines Anerkenntnisses nicht bestehe, die Rechtsprechung vielmehr auch ohne solche in geeigneten Fällen zur Anwendung der Grundsätze der condictio indebiti gelangen werde, wie dies auch in der gemeinrechtlichen Theorie ohne unmittelbare gesetzliche Grundlage geschehen sei. Dabei wurde noch auf den Gesichtspunkt hingewiesen, daß die Sicherung einer Schuld durch Anerkenntnis gegenüber der Zahlung derselben als ein minus gegenüber dem maius erscheine und daß, wenn in letzterem Falle die Kondiktion zugelassen werde, dies um so mehr in ersterem zutreffen müsse (Mugdan Mat. Bd. 2 S. 1179). Hieraus ergibt sich, daß durch die Vorschrift des § 812 Abs. 2 die Kondiktion nicht nur für einen Sonderfall über die ihr im übrigen gezogene Grenze des Eintritts einer Rechtsänderung hinaus hat zugelassen werden sollen, sondern daß im Gegenteil die Vorschrift des § 812 Abs. 2 als Ausfluß der Auffassung anzusehen ist, daß die Kondiktion den bereits erfolgten Eintritt einer Rechtsänderung nicht unbedingt voraussetze. Auch für die Auflassung trifft der Gesichtspunkt zu, daß die dadurch für den Empfänger geschaffene Rechtslage sich als ein minus gegenüber dem durch das Hinzutreten der Eintragung sich vollziehenden Eigentumsübergang darstellt. Auch die Entscheidungen des Reichsgerichts bei Gruchot Bd. 51 S. 926 und Bd. 57 S. 947 stehen der Zulassung einer Kondiktion der Auflassungserklärung nicht entgegen. Zunächst beziehen sich diese Entscheidungen lediglich auf den Fall, in welchem das Kausalgeschäft wegen Formmangels unwirksam war, nicht aber auf Fälle der unheilbaren Nichtigkeit des Grundgeschäfts aus anderen Gründen. Aber auch für den in den genannten Entscheidungen vorausgesetzten Fall ist aus den dort gegebenen Entscheidungsgründen nichts gegen die grundsätzliche Zulässigkeit einer Kondiktion der Auflassungserklärung zu entnehmen. Bei beiden Entscheidungen handelte es sich um die Frage, ob die Absicht der Parteien, an den formgültigen Abreden festzuhalten, nur im Zeitpunkt der Auflassung oder auch noch in dem der Eintragung bestehen müsse, wenn die Heilung der Formungültigkeit des Vertrags eintreten solle. Das Reichsgericht hat diese Frage in dem erstgedachten Sinne entschieden und diese Ansicht damit begründet, daß in den Auflassungserklärungen ein mittelbares Bekenntnis der Beteiligten zu dem ganzen Inhalte des obligatorischen Grundgeschäfts, das sie durch die Auflassung gerade zur Ausführung bringen wollten, zu finden und nicht anzunehmen sei, daß das Gesetz den Widerruf nach der dinglichen Seite habe ausschließen, ihn aber nach der obligatorischen Seite noch bis zur Eintragung im Grundbuche habe gestatten wollen, zumal durch die Unwirksamkeit des obligatorischen Geschäfts auch der gesicherte Bestand des dinglichen Geschäfts in Frage gestellt werden könne. Diese Ausführungen berühren die Frage nach der Zulässigkeit der Kondiktion überhaupt nicht, erklären es vielmehr nur als unstatthaft, daß ein Beteiligter in der Zwischenzeit zwischen Auflassung und Eintragung durch einseitigen Widerruf die mit der Eintragung eintretende Vollendung der Heilung der Unwirksamkeit des Vertrags hindern kann. Einseitiger Widerruf ist aber nicht gleichbedeutend mit Kondiktion, sondern unterscheidet sich von ihr dadurch, daß er nur bei nicht vorhandener Bindung an die Erklärung möglich ist, während die Kondiktion gerade die Rückgängigmachung einer bindenden und deshalb nicht mehr widerruflichen Erklärung zum Gegenstande hat (vgl. Fuchs in JW. 1923 S. 42, 276, 316, 743; Oertmann im Zentralbl. für freiw. Ger. Bd. 16 S. 600).

Ist hiernach davon auszugehen, daß grundsätzlich die Kondiktion der Auflassungserklärung vor der Eintragung des Eigentumsübergangs zulässig ist, so ist kein Grund ersichtlich, der für den Fall, daß die Auflassung auf Grund eines wegen Formmangels unwirksamen Vertrags erklärt worden ist, eine abweichende Beurteilung rechtfertigen könnte. Tatsächlich wird allerdings in derartigen Fällen eine Kondiktion nur dann Erfolg haben können, wenn der die Auflassungserklärung abgebende Eigentümer dabei keine Kenntnis von der Unwirksamkeit des ihr zugrunde liegenden Geschäfts gehabt hat. Denn hat er gewußt, daß er rechtlich zur Erteilung der Auflassung nicht verpflichtet war, so kann er nach § 814 BGB. die zur Erfüllung dieser nichtbestehenden Verbindlichkeit abgegebene Auflassungserklärung nicht kondizieren. Auch unter dem von Fuchs (JW. 1923 S. 277) angegebenen Gesichtspunkt der condictio causa data causa non secuta wird der Kondiktionsanspruch in den hier vorausgesetzten Fällen der Formungültigkeit des Grundgeschäfts nicht durchdringen können. Zwar wird in den Fällen, in denen die Beteiligten die Formungültigkeit und die daraus folgende Unwirksamkeit des schuldrechtlichen Vertrags kennen, vielfach die Annahme gerechtfertigt sein, daß die Beteiligten die Auflassung in der Absicht vorgenommen haben, auf diesem Wege die Heilung der Unwirksamkeit des Grundgeschäfts herbeizuführen. In diesem Falle handelt der die Auflassung erklärende Eigentümer nicht in der Absicht, sich des Eigentums an dem Grundstück endgültig ohne Rücksicht auf eine Gegenleistung zu begeben, sondern in der erkennbaren Erwartung und Absicht, daß dadurch ein Vermögensaustausch unter den in dem formungültigen Vertrage vereinbarten Bedingungen in rechtlich wirksamer Weise werde zustande gebracht werden (vgl. RGZ. Bd. 98 S. 237). Zwar kann die Auflassung für sich allein diesen Erfolg noch nicht haben, sie kann aber die Grundlage für die Eintragung des Eigentumsübergangs und die damit eintretende Heilung der Formungültigkeit des Grundgeschäfts bilden. Ist also die Auflassung in der Erwartung des Eintritts dieses Erfolges vorgenommen, so würden, wenn dieser bezweckte Erfolg nicht eintritt, die Voraussetzungen der condictio causa data causa non secuta gemäß § 812 Abs. 1 Satz 2 BGB. gegeben sein. Das ist aber nicht schon in der Zwischenzeit zwischen Auflassung und Eintragung der Fall, sondern erst von dem Zeitpunkt an, in dem sich herausgestellt hat, daß die Auflassung nicht zur Eintragung oder trotz dieser nicht zur Heilung der Nichtigkeit des Grundgeschäfts, weil sie z. B. noch auf anderen als Formmängeln beruht, führen wird. Der Nachweis des Fehlschlagens des mit der Auflassung bezweckten Erfolges bildet daher eine Voraussetzung des Kondiktionsanspruchs aus § 812 Abs. 1 S. 2. An dieser Voraussetzung fehlt es, wenn durch die Erhebung des Kondiktionsanspruchs erst der Eintritt des bezweckten Erfolges vereitelt, also durch das erstrebte Urteil in Wahrheit der Kondiktionsgrund erst geschaffen werden soll.

Im gegenwärtigen Falle kann hiernach eine Kondiktion der Auflassungserklärung der Klägerin unter dem Gesichtspunkt des Nichteintritts des bezweckten Erfolges nicht in Frage kommen. Denn es ist kein Grund ersichtlich, weshalb die Auflassung nicht zur Eintragung des Beklagten als Grundstückseigentümers und zur Heilung der Formungültigkeit des zwischen den Parteien geschlossenen Kaufvertrags führen könnte; die Klägerin will vielmehr die Auflassungserklärung zu dem Zwecke kondizieren, um die von ihr befürchtete Eintragung des Eigentumsübergangs in das Grundbuch zu verhindern. Die Klägerin macht allerdings noch geltend, daß der Beklagte versprochen habe, nach der Auflassung ihr und ihrem Ehemanne in seinem Hause in L. K.straße 9 eine Wohnung einzuräumen, die Erfüllung dieses Versprechens aber nachher abgelehnt habe. Wenn aber wirklich vor oder bei der Auflassung ein derartiger Wohnungstausch zwischen den Parteien verabredet sein sollte, so würde es sich dabei nur um eine Gegenleistung des Beklagten handeln, die mündlich zu den übrigen Vertragsleistungen hinzugefügt ist, und nicht um einen neben den Vertragsleistungen stehenden, mit dem Vertrage oder der Auflassung bezweckten Erfolg. Die getäuschte Erwartung der Klägerin, daß der Beklagte eine vertragsmäßig zugesicherte Gegenleistung erfüllen werde, vermag aber keinen Kondiktionsanspruch aus § 812 Abs. 1 Satz 2 BGB. zu begründen.

Ein Kondiktionsanspruch der Klägerin kann hiernach nur auf Grund des § 812 Abs. 1 Satz 1 BGB. in Frage kommen. Nach der Darstellung der Klägerin in erster Instanz hat ihr Ehemann, der in ihrer Vertretung die Verhandlungen mit dem Beklagten führte, noch vor der Auflassung dem Beklagten erklärt, daß der Vertrag ungültig sei, da wesentliche Bestandteile desselben nicht vor dem Notar erwähnt und in die notarielle Vertragsurkunde aufgenommen seien. Danach ist also damals dem Ehemanne der Klägerin die Nichtigkeit des zwischen den Parteien vereinbarten Kaufvertrags bekannt gewesen. Da die Klägerin die Kenntnis ihres in ihrer Vertretung handelnden Ehemanns nach § 166 BGB. gegen sich gelten lassen müßte, würde demnach ihr Kondiktionsanspruch an der Vorschrift des § 814 BGB. scheitern. Die Klägerin hatte aber in zweiter Instanz Beweis dafür angetreten, daß ihr Ehemann von seiner sich auf eine Angabe des Justizrats J. stützenden Ansicht von der Nichtigkeit des Kaufvertrags noch vor der Auflassung auf Grund von Mitteilungen, die ihm die Rechtsanwälte L. und G. über die Rechtsprechung des Reichsgerichts gemacht hätten, abgekommen sei und geglaubt habe, daß der Kaufvertrag vom 3. Juni 1922 trotz der unrichtigen Angabe des Kaufpreises rechtlich verbindlich und die Klägerin auf Grund des Vertrags zur Erteilung der Auflassung verpflichtet sei. Ist diese Behauptung richtig und der Ehemann der Klägerin, als er in deren Vertretung die Auflassung erklärte, in dem irrtümlichen Glauben an die Verbindlichkeit des Kaufvertrags befangen gewesen, so würde dem Kondiktionsanspruch der Klägerin die Vorschrift des § 814 BGB. nicht entgegenstehen. Der Beklagte würde alsdann zur Aufgabe der ihm durch die Auflassung verschafften Rechtsstellung verpflichtet sein. Das rechtfertigt aber nicht seine in den Vorinstanzen ausgesprochene Verurteilung zur Einwilligung in die Rückauflassung des Grundstücks. Unter der Auflassung wird nach § 925 BGB. die zur Übertragung des Eigentums an einem Grundstücke erforderliche Einigung des Veräußerers und des Erwerbers verstanden. Eine Rückauflassung kann hiernach nur in Frage kommen, wenn die Beteiligten das Eigentum auf den Veräußerer zurückübertragen wollen, was nur möglich ist, wenn das Eigentum bereits auf den Erwerber übergegangen ist. Die Klägerin ist aber, da der Beklagte noch nicht als Eigentümer des an ihn verkauften Grundstücks in das Grundbuch eingetragen worden ist, zurzeit noch Eigentümerin des Grundstücks, eine Zurückübertragung des Eigentums auf sie kommt daher einstweilen nicht in Frage. Vielmehr würde die nach § 812 BGB. bestehende Verpflichtung des Beklagten „zur Herausgabe" der in der Auflassungserklärung der Klägerin enthaltenen Leistung nur eine Verurteilung des Beklagten zur Abgabe einer Erklärung rechtfertigen, durch welche die erklärte Einigung der Parteien über den Eigentumsübergang auf den Beklagten rückgängig gemacht wird, also z. B. eine Verurteilung zur Einwilligung in die Aufhebung der Auflassung oder zu einem Verzicht auf die Rechte aus der Auflassung.

Da es sonach weiterer Feststellungen darüber bedarf, ob der Ehemann der Klägerin bei der Vornahme der Auflassung die Unwirksamkeit des derselben zugrunde liegenden Kaufvertrags gekannt hat, muß das Berufungsurteil insoweit, als die Beklagte zur Einwilligung in die Rückauflassung des Grundstücks verurteilt ist, aufgehoben und die Sache in diesem Umfange zur anderweiten Verhandlung und Entscheidung in die Vorinstanz zurückverwiesen werden, wobei dem Berufungsgericht überlassen bleibt, die Klägerin zu veranlassen, ihrem Hilfsantrag eine dem Inhalte des Kondiktionsanspruchs entsprechende Fassung zu geben. Die Aufhebung und Zurückverweisung erweist sich aber auch noch unter einem anderen Gesichtspunkt als erforderlich. Die Klägerin würde, wenn ihr Kondiktionsanspruch durchgreift und somit der zwischen den Parteien geschlossene Kaufvertrag nichtig bleibt, den erhaltenen Kaufpreis, gegebenenfalls unter entsprechender Aufwertung, dem Beklagten erstatten müssen. Der Beklagte hat deswegen dem Kondiktionsanspruch der Klägerin gegenüber ein Zurückbehaltungsrecht geltend gemacht. Die Anwendbarkeit des § 273 BGB. auf den Fall, in dem die auf Grund eines nichtigen Vertrags bewirkten beiderseitigen Leistungen zurückgefordert werden, ist vom Reichsgericht anerkannt worden (Seuff. Arch. Bd. 74 Nr. 68). Daß die Geltendmachung des Zurückbehaltungsrechts des Beklagten unter den obwaltenden Umständen mit Treu und Glauben nicht vereinbar wäre, wie das Berufungsgericht meint, kann nicht zugegeben werden. Es entspricht vielmehr den Anforderungen von Treu und Glauben, daß die Klägerin, wenn sie ihre Auflassungserklärung kondizieren und damit das Zustandekommen des Kaufvertrags unter den vereinbarten Bedingungen verhindern will, die als Erfüllung dieses Vertrags angenommene Leistung des Beklagten gleichzeitig zurückgibt. . . .

99. Kann sich der Wechselschuldner auch in Zeiten der Entwertung der deutschen Mark stets durch Hinterlegung des Markbetrags befreien, der am Verfalltage des Wechsels der in ausländischer Währung ausgedrückten Wechselsumme entsprach?

II. Zivilsenat. Urt. v. 1. Juli 1924 i. S. des Verbandes der Beinwarenfabrikanten, G. m. b. H., (Kl.) w. Firma M. u. B. (Bekl.). II 790/23.

I. Landgericht Zwickau, Kammer f. Handelssachen. — II. Oberlandesgericht Dresden.

Am 4. Mai 1922 kaufte die Beklagte vom Kläger 9790 kg überseeische thighs (Arbeitsknochen) zum Preise von zusammen 3181,75 holländische Gulden. Kurz darauf übersandte sie dem Kläger über diesen Betrag ein am 22. Juni 1922 fälliges Akzept. Mit Telegramm vom 28. und Schreiben vom 29. Juni teilte die Dresdner Bank in Frankfurt a/M. der Beklagten mit, dieses Akzept sei verloren gegangen, sie möge es nicht einlösen und Bescheid geben, ob es schon bezahlt sei. Die Beklagte erwiderte am 11. Juli: das Akzept sei weder bei ihr noch bei ihrer Bankverbindung vorgezeigt worden. Mit Schreiben vom 13. Juli ersuchte sodann die Dresdner Bank die Beklagte, den Markbetrag unter Zugrundelegung des amtlichen Kurses vom 22. Juni bei dem Chemnitzer Bankverein Zweigstelle Schönheide einzuzahlen, was die Beklagte ablehnte. Der Wechsel wurde auch in der Folge nicht vorgelegt.

Der Kläger erhob darauf Klage aus dem Kaufvertrage mit dem Antrag, die Beklagte zur Zahlung von 3181,75 holländischen Gulden nebst 5% Zinsen seit dem 22. Juni 1922 zu verurteilen. Er behauptet, er habe den Wechsel an einen Holländer giriert und mit Rücksicht auf § 1 des Kapitalfluchtgesetzes vom 8. September 1919 (RGBl. S. 1540) die Dresdner Bank mit der Übersendung beauftragt; diese habe das Papier in einem eingeschriebenen Brief verschlossen einem Lehrling zur Beförderung nach der Post übergeben; der Lehrling, der Wertpapiere darin vermutete, habe den Brief erbrochen und den vorgefundenen, für ihn unbrauchbaren Wechsel vernichtet. Bevor hierüber Beweis erhoben wurde, hinterlegte die Beklagte am 12. März 1923 bei dem sächsischen Amtsgericht Eibenstock unter Ausschließung der Rücknahme 396367 *M*.

Das Berufungsgericht bestätigte das erstinstanzliche Urteil, wodurch die Klage abgewiesen worden war. Die Revision ermäßigte den Klagantrag dahin, daß die Zahlung der Wechselsumme nebst Zinsen nur gegen Aushändigung des Wechsels oder eines Ausschlußurteils sowie gegen Einwilligung in die Auszahlung des hinterlegten Betrags an die Beklagte verlangt wurde. Das Reichsgericht gab der Revision statt und verurteilte die Beklagte, dem Kläger gegen Aushändigung des Wechsels oder eines ihn für kraftlos erklärenden Ausschlußurteils sowie gegen Einwilligung des Klägers in Rückzahlung der am 12. März 1923 hinterlegten Summe an die Beklagte, 3181,75 holländische Gulden zu zahlen.

Gründe:

Der Wechsel, den der Kläger über die Kaufpreisforderung von 3181,75 holländischen Gulden mit Fälligkeit vom 22. Juni 1922 auf die Beklagte gezogen und den sie angenommen hatte, lautete nicht effektiv auf ausländische Währung. Art. 37 WO. gestattete der Beklagten, den Wert dieser Währung zur Verfallzeit in der Landesmünze zu zahlen; mangels Vorlegung des Wechsels gab ihr Art. 40 ferner das Recht, die Wechselsumme auf Gefahr des Inhabers zu hinterlegen. Nach dem Kurse des Verfalltags waren 3181,75 holländische Gulden so viel wie 396367 *M*. Hieraus schließt das Berufungsgericht, daß die Beklagte durch die am 12. März 1923 erfolgte Hinterlegung des genannten Markbetrags ihrer Pflicht genügt habe.

Die Bedenken gegen diese Entscheidung liegen auf der Hand. Allerdings stand der Kläger, wenn er sich von der Beklagten ein Akzept geben ließ und das Papier verlor, nicht mehr so günstig da, wie wenn er den Kaufpreis einfach bis zum 22. Juni 1922 gestundet hätte. Um sich gegen die Gefahr einer nochmaligen Inanspruchnahme durch den unbekannten Inhaber des Wechsels zu schützen, durfte die Beklagte hinterlegen und es dem Kläger überlassen, das Geld von der Hinterlegungsstelle abzuheben. Aber die 396367 *M*, die sie hinterlegt hat und die am Verfalltage der Wechselsumme gleichgekommen waren, machten schon zur Zeit der Hinterlegung nur noch 48 holländische Gulden aus. Durch das Abhandenkommen des Wechsels oder durch die bloße Tatsache, daß er zur Zahlung nicht vorgelegt wurde, hätte also die Käuferin die Befugnis erlangt, sich mit einer weit hinter dem Kaufpreis zurückbleibenden Aufwendung von ihrer Schuld zu befreien. Und dies, obgleich die Schuld auf einen bestimmten Betrag holländischer Gulden lautete und die Möglichkeit, statt dessen Mark zu wählen, grundsätzlich nur die Form der Zahlung betraf, ohne an dem Inhalt der Verpflichtung etwas zu ändern (vgl. RGZ. Bd. 101 S. 313). Die Revision hat Recht, wenn sie ein solches Ergebnis unerträglich findet. Ihre eigenen Ausführungen können freilich ebenfalls nicht befriedigen. Es ist nicht richtig, daß die Hinterlegung, sofern sie in Landeswährung geschehen sollte, alsbald nach Verfall hätte vorgenommen werden müssen. Nach dem zweifellosen Sinn und Wortlaut des Gesetzes war hierfür so lange Zeit, bis der Wechsel oder ein ihn ersetzendes Ausschlußurteil (vgl. Art. 73 WO.) zur Zahlung vorgelegt wurde.

Der gemeinsame Irrtum des Berufungsgerichts wie der Revision besteht darin, daß sie glauben, den Wert der 3181 holländischen Gulden vom 22. Juni 1922 ohne weiteres mit 396397 ℳ wiedergeben zu können. Das wäre nur dann angängig, wenn sich nach dem Verfalltage nur der Wert des holländischen Guldens, nicht auch der der deutschen Reichsmark geändert hätte. In Wirklichkeit aber war der Wert der Mark, solange die Inflation dauerte, unaufhaltsam gesunken. Um daher den Verfalltagswert der Wechselsumme auch für die spätere Zeit erkennbar zu bestimmen, bedarf es der Heranziehung einer stabileren Währung, am besten des nordamerikanischen Dollars. Die Summe, die die Beklagte zahlen oder hinterlegen mußte, wenn sie sich der Papiermark bedienen wollte, konnte nur mit Hilfe einer doppelten Berechnung gefunden werden, indem man zunächst die 3181,75 holländischen Gulden nach ihrem Wert am Verfalltage in die beständige Währung und alsdann den so gewonnenen Betrag nach dem Wert des Zahlungs- oder Hinterlegungstages in Papiermark umrechnete. M. a. W.: da die 3181,75 holländischen Gulden am 22. Juni 1922 1212,55 $ gegolten hatten, war dieser letztere Betrag auch für den 12. März 1923 zugrunde zu legen, als der Dollar von 328 auf 20815 ℳ gestiegen war; die Hinterlegungssumme belief sich also auf (1212,55 mal 20815 =) 25239227 ℳ.

Natürlich haben die Verfasser der deutschen Wechselordnung an eine solche doppelte Umrechnung nicht gedacht. Ebenso wie die ausländischen Wechselgesetzgeber, die bei einer nicht ausschließlichen Geldsortenschuld die Zahlung in der heimischen Währung zulassen und als Stichtag den Tag des Verfalls oder den Tag nennen, an welchem Zahlung gefordert werden kann (Meyer, Weltwechselrecht Bd. 1 S. 288 flg.; vgl. auch den Entwurf der Haager Einheitlichen WO. von 1912 Art. 40), haben sie die Stabilität der Landeswährung als selbstverständlich vorausgesetzt. Daraus ist aber nichts gegen die Richtigkeit der hier vertretenen Ansicht herzuleiten. Im Gegenteil zeigt dann, wenn die Voraussetzung der Stabilität entfällt, gerade die doppelte Umrechnung den Weg, dem Sinne des Gesetzes gerecht zu werden. Indem der Senat diesen Weg betritt, zieht er die Folgerung aus der Tatsache, daß die Mark vom 22. Juni 1922 und die vom 12. März 1923 verschiedene Werte darstellten. Dabei befindet er sich in Einklang mit der Rechtsprechung des Reichsgerichts, die in immer steigendem Maße dazu gelangt ist, die Papiermark nur als Zahlungsmittel festzuhalten, als Wertmesser aber zu verwerfen. Nähere Verwandtschaft mit dem jetzt streitigen Fall bieten die Ansprüche auf Ersatz des Wertes einer Sache, bei denen sich der Wert nach einem in der Vergangenheit liegenden Zeitpunkt bestimmt. Nur die spätere Sachwertänderung muß hier außer Betracht bleiben, wogegen einer Änderung des Geldwerts Rechnung zu tragen ist. So ist die Beachtung der Geldentwertung z. B. für den Wertersatzanspruch des Bereicherungsgläubigers (§ 818 Abs. 2 BGB.) als notwendig anerkannt (vgl. RGZ. Bd. 107 S. 180, Bd. 108 S. 120), und von dem Anspruch des Enteigneten nach § 8 preuß. EnteignG. heißt es in RGZ. Bd. 107 S. 228, die Maßgeblichkeit der Zeit der Zustellung des Entschädigungsfestsetzungsbeschlusses für den Wert der enteigneten Sache habe nicht die Bedeutung, daß dieser Wert auch in der Ziffer auszudrücken sei, in der er nach dem Geldstande von damals zum Ausdruck kam. Der gleiche Grundsatz ist anzuwenden, wenn es sich nicht um eine Leistungs-, sondern um eine Anrechnungspflicht handelt, wie bei der Erbenausgleichung (§ 2055 Abs. 2 BGB.) und der Anrechnung auf den Pflichtteil (§ 2315 Abs. 2). Im Unterschied von diesen Fällen steht in dem des Art. 37 WO. der Wert einer fremden Währung in Frage. Das hat zur Folge, daß die Berücksichtigung besonderer Umstände des Einzelfalls durch sogenannte Aufwertung ausgeschlossen ist und die innere Kaufkraft der Mark keine Rolle spielt, vielmehr der Wert der fremden Währung durch Vergleich mit einer anderen an Hand der Börsenkurse ermittelt werden muß. Nur der Vergleich mit einer beständigen Währung aber ist imstande, diese Aufgabe zu lösen. Die deutsche Papiermark hatte die Eigenschaft, Wertmesser zu sein, eingebüßt, denn diese beruht auf dem durch keine Gesetzgebung zu beseitigenden Erfordernis der Stabilität.

Hätte nun die Beklagte am 12. März 1923 25239228 *M* hinterlegt, so brauchte sie für alles weitere nicht aufzukommen. Freilich hätte der Kläger die Auszahlung des Geldes von der Hinterlegungsstelle nur gegen Vorweisung des Ausschlußurteils fordern können, das er nach Angabe seines Prozeßbevollmächtigten in der Revisionsinstanz erst am 27. Juni 1923, als 1 holländischer Gulden = 60000 *M* galt, erwirkt hat. Bis dahin wären die 25239228 *M* infolge des fortdauernden Sinkens der deutschen Währung auf 420,65 holländische Gulden zusammengeschmolzen. Aber da die Hinterlegung auf seine Gefahr geschehen wäre, würde dieser Verlust die Beklagte selbst dann nicht berührt haben, wenn sie einen Verzicht auf Rücknahme nicht ausgesprochen hätte (vgl. Art. 40 WO., § 379 Abs. 2 BGB.). Vielmehr müßte der Kläger, wenn der Wechsel auf die von ihm behauptete Weise verloren gegangen und das Aufgebotsverfahren ohne unnützes Zögern betrieben worden ist, für den erwähnten Schaden bei der Dresdner Bank Ersatz suchen. Nach § 278 BGB. war die Bank für ihren Lehrling verantwortlich.

Auf der andern Seite wurde durch die viel zu niedrige Hinterlegung die Schuld der Beklagten auch nicht teilweise getilgt. Wenn nach Art 38 WO. der Inhaber des Wechsels eine Teilzahlung des Akzeptanten nicht zurückweisen darf, so folgt doch daraus nicht, daß der Akzeptant durch Hinterlegung eines Teilbetrags zum Teil befreit würde. Auch der Einwand der Beklagten aus § 254 BGB., der Kläger habe den Verlust des Wechsels zu vertreten, hat keinen verständlichen Sinn. Abgesehen davon, daß er diesen Verlust, wenn seine Behauptungen zutreffen, ganz offensichtlich nicht zu vertreten hat, ist die Beklagte dadurch auch nicht geschädigt. Sie konnte sich jederzeit durch Hinterlegung befreien und brauchte nie mehr zu hinterlegen als die Wechselsumme oder ihren Wert bei Verfall.

---

100. In welcher Weise hat die Ablieferung von Eisenbahnfrachtgut auf einer nicht mit Bahnangestellten besetzten Haltestelle zu geschehen?

I. Zivilsenat. Urt. v. 5. Juli 1924 i. S. v. A. (Kl.) w. den Kreis Pr. (Bekl.). I 547/23.

I. Landgericht Prenzlau. — II. Kammergericht Berlin.

Laut Frachtbrief vom 30. März 1920 sandte der Landwirtschaftliche Ein- und Verkaufsverein in Pr. mit der vom Beklagten betriebenen Kreisbahn eine Anzahl elektrischer Motoren von Pr. nach L. an den Kläger. In L. ist eine nicht mit Beamten besetzte Haltestelle der Kreisbahn. Dort befindet sich ein verschließbarer Bahnschuppen. Der Wagen, in welchem die für den Kläger bestimmten Maschinen waren, traf am 1. April 1920 (Gründonnerstag) um 11 Uhr vormittags ein. Er wurde hier abgehängt und blieb plombiert auf dem Gleise stehen, während der Zug weiterfuhr. Aus dem Wagen ist in der Zeit bis zum 3. April (Ostersonnabend), ein Teil der Maschinen entwendet worden; die übrigen Maschinen sind am 6. April 1920 vom Kläger abgeholt worden. Der Kläger fordert vom Beklagten als dem Eigentümer der Kreisbahn Ersatz des Werts der in Verlust geratenen Maschinen.

Das Landgericht gab der Klage zum Teil statt. Das Oberlandesgericht wies sie ganz ab. Die Revision des Klägers hatte Erfolg.

Gründe:

Nach den Feststellungen des Berufungsgerichts ist die Entwendung des Frachtguts in der Zeit von seiner Annahme seitens der Eisenbahn bis zur Ablieferung erfolgt. Die Ausführungen des Berufungsgerichts zeigen ferner, daß seiner Ansicht nach die Güter vollzählig am 1. April 1920 auf der Station L. angekommen und erst dort teilweise entwendet worden sind. Für die danach maßgebliche Frage, ob der

Verlust des Guts durch ein Verschulden des Verfügungsberechtigten im Sinne von § 456 HGB., § 84 EVO., als welcher unbestritten der Kläger gemäß §§ 435, 434 HGB. zu gelten hat, verursacht worden ist, kommt in Betracht, in welcher Weise seitens der dem Beklagten gehörigen Kreisbahn in Fällen der fraglichen Art grundsätzlich eine gehörige Ablieferung derartiger Frachtgüter zu erfolgen hatte. An sich ist die dem Frachtführer obliegende Ablieferung des Frachtguts ein zweiseitiger Akt, der ein Zusammenwirken des Abliefernden und des Empfängers voraussetzt, so daß weder die bloße Aufgabe des Gewahrsams seitens des Frachtführers noch die Benachrichtigung des Empfängers von der Ankunft des Guts am Bestimmungsort und die Aufforderung zur Abholung des Guts oder dergleichen genügt. Daran ändert im vorliegenden Falle nichts der Umstand, daß die Empfangsstation L. eine nicht mit Beamten der Kreisbahn besetzte Haltestelle war. Es kann dahingestellt bleiben, wie sich die von der Revision in Bezug genommene Vorschrift im Deutschen Eisenbahngütertarif Teil I Abteilung B § 41 (2):

„Für das Auf- und Abladen von Gegenständen, die einzeln mehr als 500 kg wiegen, werden die im Nebengebührentarif festgesetzten Gebühren erhoben. Die Eisenbahn kann verlangen, daß solche Gegenstände ... von dem Empfänger abgeladen werden", zu der vom Berufungsgericht angewendeten Vorschrift des für die Kreisbahn aufgestellten Tarifs vom 1. Juli 1910 verhält:

„Auf den nicht mit Beamten oder Agenten besetzten Stationen beschränkt sich die Annahme und Auslieferung von Stückgütern auf solche Gegenstände, deren Ver- und Entladung am Zuge ohne besondere Vorrichtungen erfolgen kann. Andere Stückgüter werden nach und von solchen Stationen nur auf Grund besonderer Vereinbarungen übernommen."

Selbst wenn auf Grund dieser Vorschriften eine Entladung der fraglichen Güter — von denen ein Motor angeblich ein Gewicht von 115 kg hatte, während das Gewicht der nicht abhanden gekommenen Gegenstände nicht festgestellt ist — auf der Station L. seitens der Kreisbahn nicht zu den Obliegenheiten derselben gehört haben sollte, wie dies das Berufungsgericht annimmt, würde dadurch die von der Bahn zu vollziehende Ablieferung des Frachtguts in ihrem Charakter als ein das Zusammenwirken der Bahn und des Empfängers erfordernder zweiseitiger Akt nicht berührt sein. Denn auch wenn die Entladung der Güter von dem Empfänger allein zu vollziehen war, blieb die aus dem Frachtvertrag folgende grundsätzliche Verpflichtung der Bahn, die ihr zur Beförderung anvertrauten Güter am Bestimmungsort an den Empfänger abzuliefern, bestehen derart, daß an sich bis zu dieser Ablieferung die Obhuts- und Haftpflicht der Bahn andauerte.

Nur für die Form der Ablieferung bestand solchenfalls die Besonderheit, daß die Bahn das Frachtgut dem zur Abholung bereiten Empfänger in dem Bahnwagen anwies und zur Entladung übergab. Dagegen konnte die Ablieferung nicht ohne weiteres dadurch ersetzt werden, daß die Bahn den das Frachtgut enthaltenden Eisenbahnwagen auf der Station L. entladungsbereit stellte, ohne daß der Kläger oder seine Leute anwesend und zur sofortigen Übernahme des Guts bereit und imstande waren.

Hinsichtlich dieser Sach- und Rechtslage tritt eine gewisse Verschiebung ein, wenn zwischen der Bahn und der Gutsverwaltung des Klägers für diesen rechtsverbindlich vereinbart sein sollte, daß der Kläger für die rechtzeitige Empfangnahme und Abrollung des streitigen Frachtguts auf der Station L. Sorge zu tragen habe. Allerdings ist es auch hier unerheblich, ob es sich um eine Vereinbarung im Sinne des obenerwähnten Kreisbahntarifs vom 1. Juli 1910 handelt, betreffend Stückgüter, deren Entladung am Zuge nicht ohne „besondere Vorrichtungen" erfolgen konnte, oder ob solches nicht anzunehmen ist. Denn in beiden Fällen berechtigt die Nichterfüllung der klägerischerseits übernommenen Verpflichtung zur rechtzeitigen Empfangnahme des Guts auf der Station L. die Bahn nicht, den ihr anvertrauten Gewahrsam an den Sachen einseitig aufzugeben. Vielmehr mußte die Bahn alsdann auf Grund von § 242 BGB. für die einstweilige Aufbewahrung des Frachtguts in gehöriger und zweckentsprechender Weise Sorge tragen. Diese Aufbewahrung ging jedoch im Hinblick auf die vom Kläger übernommene, aber nicht erfüllte Verpflichtung einer rechtzeitigen Empfangnahme der Güter bei ihrer Ankunft auf der Station L. insofern für Rechnung und Gefahr des Klägers, als die Bahn trotz der noch nicht vollzogenen Ablieferung des Frachtguts nunmehr nur noch für sorgfältige und verkehrsübliche Aufbewahrung einzustehen hatte und die dadurch etwa erwachsenden besonderen Kosten dem Kläger zur Last fielen. Es kann dahingestellt bleiben, ob für eine solche ordnungsmäßige Aufbewahrung das Belassen der Güter in einem auf der Station L. verbleibenden, gehörig verschlossenen Eisenbahnwagen genügte, oder ob dazu die Verbringung der Sachen in den auf der genannten Station befindlichen, verschließbaren Schuppen oder gar nach einer mit Eisenbahnpersonal versehenen Nachbarstation erforderlich war. Denn die Annahme des Berufungsgerichts, daß der am 1. April 1920 mit den Sachen auf der Station L. zurückgelassene Eisenbahnwagen verschlossen gewesen sei, findet — wenn darunter ein wirklicher Verschluß und nicht bloß ein Zuschieben und Plombieren der Wagentüren zu verstehen ist — in dem maßgeblichen Aktenmaterial, wie die Revision zutreffend anführt, keine Stütze und ist mit den Grundsätzen von § 286 ZPO. nicht zu vereinbaren. (Wird näher ausgeführt.)

Ist aber der Wagen mit den Gütern am 1. April 1920 nur plombiert, im übrigen aber unverschlossen und ohne jede Aufsicht in L. zurückgelassen worden, so ist hierin grundsätzlich ein grobes Verschulden der betreffenden Bahnangestellten zu erblicken, für welches — soweit es für den Schaden ursächlich war, — der Beklagte gemäß § 457 Abs. 3 HGB. dem Kläger aufzukommen hat. Und zwar ist dies auch dann der Fall, wenn die betreffenden Eisenbahnangestellten damit rechnen durften, daß die Leute des Klägers alsbald zur Abholung der Güter auf der Haltestelle L. erscheinen würden, da irgendein sicherer Anhaltspunkt hierfür nach den Feststellungen des Berufungsgerichts nicht gegeben war und gerade damals — Anfang April 1920 — besonders unruhige und unsichere Zeiten waren, welche die Bahn zu erhöhter Vorsicht hinsichtlich der ihrer Obhut anvertrauten Güter verpflichteten. Anderseits ist die Feststellung des Berufungsgerichts, daß ein für den Verlust der Güter ursächliches Verschulden auf klägerischer Seite vorliege, insofern rechtlich nicht zu beanstanden, als es sich um die Nichterfüllung der Vereinbarung betreffend die rechtzeitige Empfangnahme des Frachtguts auf der Haltestelle L. handelt. Denn nach den Feststellungen des Berufungsgerichts würde bei einer sofortigen Empfangnahme der Güter durch den Kläger gleich bei Eintreffen des Zuges auf der Station L. der Schade nicht eingetreten sein und bedeutet das Unterlassen dieser sofortigen Empfangnahme eine vom Kläger zu vertretende, bei gehöriger Sorgfalt vermeidbare Vertragsverletzung dem Beklagten gegenüber (Abnahmeverzug). Dagegen kann die darüber hinausgehende Verzögerung der Abholung der Güter von der genannten Station seitens der Leute des Klägers als ein diesem zur Last fallendes, für den Schaden ursächliches Verschulden nicht erachtet werden. Denn grundsätzlich durften der Kläger und seine Leute davon ausgehen, daß die Bahn die Güter mangels einer sofortigen Abholung bei Eintreffen des Zuges auf der Station L. nicht etwa in einem unverschlossenen und nur plombierten Wagen aufsichtslos zurücklassen, sondern gehörig unter Verschluß und in Verwahrung nehmen würde. Bei einer solchen gehörigen Verwahrung war aber auf klägerischer Seite für eine besondere Beschleunigung der Abholung der Güter wegen Verlustgefahr kein Anlaß, zumal die Abholenden an die so verwahrten Güter nicht beliebig, sondern nur unter Mitwirkung der Bahn hätten gelangen können. Danach stand an sich dem groben Verschulden der Bahn ein einfaches Verschulden auf klägerischer Seite gegenüber. Eine Abwägung des beiderseitigen ursächlichen Verschuldens wird gegebenenfalls Sache des Tatrichters sein.

101. 1. Sind die ordentlichen Gerichte in einem Rechtsstreit über die Ansprüche eines im Dienststrafverfahren zur Dienstentlassung verurteilten Kommunalbeamten in Preußen an die Entscheidung des Disziplinargerichts gebunden?

2. Ist die Verordnung des Reichspräsidenten über die Vereidigung der Beamten vom 14. August 1919 rechtsgültig?

III. Zivilsenat. Urt. v. 8. Juli 1924 i. S. Fr. (Kl.) w. Stadtgem. D. (Bekl.). III 109/24.

I. Landgericht Duisburg. — II. Oberlandesgericht Düsseldorf.

Der Kläger war als Oberlehrer am städtischen Realgymnasium in D. (Rheinprovinz) angestellt. Er verweigerte die Leistung des in Art. 176 RV. vorgeschriebenen Beamteneides in der Fassung der Verordnung des Reichspräsidenten vom 14. August 1919 und wurde deshalb im Dienststrafverfahren vom Provinzialkollegium in K. zur Dienstentlassung unter Zubilligung von drei Vierteilen des gesetzlichen Ruhegehalts verurteilt. Seine Berufung wurde vom Disziplinarhof für die nicht richterlichen Beamten in Berlin verworfen. Der Kläger vertritt den Standpunkt, daß die Norm des Beamteneides insofern über Art. 176 RV. hinausgehe, als sie das Gelöbnis „Treue der Verfassung“ enthalte. Er bestreitet daher, daß seine Weigerung, den Eid in dieser Form zu leisten, ein Dienstvergehen enthalte, und behauptet, daß er zu Unrecht entlassen sei. Da nach seiner Ansicht die Entscheidungen der Disziplinarbehörden die ordentlichen Gerichte nicht binden, hält er sich für berechtigt, den Unterschied zwischen den Dienstbezügen, die ihm im Falle der Nichtentlassung zustehen würden, und den Ruhegehaltsbeträgen, die er gezahlt erhält, von der Stadtgemeinde D. zu fordern. Seine Klage wurde jedoch vom Landgericht abgewiesen. Seine Berufung blieb ohne Erfolg. Auch seine Revision wurde zurückgewiesen.

Aus den Gründen:

... Der Vorderrichter hat es mit Recht abgelehnt, in die vom Kläger begehrte Prüfung der Rechtmäßigkeit der Dienstentlassung einzutreten. Zwar erleidet der § 5 des Gesetzes betreffend die Erweiterung des Rechtswegs vom 24. Mai 1861 mit Rücksicht auf die Eigenschaft des Klägers als Kommunalbeamten keine Anwendung (RGZ. Bd. 97 S. 312, JW. 1920 S. 786 Nr. 14 und 1913 S. 106 Nr. 22). Die Maßgeblichkeit der disziplinargerichtlichen Entscheidung für den Zivilrichter ergibt sich aber ohne weiteres aus deren rechtlicher Wirkung. Sie bringt, wenn sie auf Entfernung aus dem Amte lautet, mit dem Eintritt der Rechtskraft die Beamteneigenschaft des Verurteilten zum Erlöschen. Diese Veränderung der staatsrechtlichen Stellung haben die Gerichte als eine vollendete Tatsache hinzunehmen und ihrer Entscheidung über die aus dem Dienstverhältnis abgeleiteten vermögensrechtlichen Ansprüche des Beamten zugrunde zu legen. Die Verfassung bietet keinen Anhalt dafür, daß mit der Gewährleistung des Rechtswegs für diese Ansprüche zugleich die Befugnis der Gerichte hat begründet werden sollen, im Rahmen der von ihnen zu treffenden Entscheidungen die Rechtmäßigkeit der Dienstentlassung selbständig und unabhängig von der Entscheidung der Disziplinarbehörden zu beurteilen. Die Entstehungsgeschichte des Art. 129 Abs. 1 Satz 4 läßt dies nicht erkennen. Insbesondere ist der Wille einer solchen Ausdehnung der richterlichen Aufgaben auch nicht daraus zu entnehmen, daß die Reichsverfassung anders als das preuß. Gesetz vom 24. Mai 1861 (vgl. §§ 1 und 5) und anders als das RBG. (vgl. §§ 149 und 150) den Grundsatz der Zulässigkeit des Rechtswegs für die bezeichneten Ansprüche nicht durch eine Vorschrift ergänzt hat, welche die Bindung der Gerichte an die vorausgegangenen Entscheidungen des Disziplinarrichters ausspricht. Bei der dargelegten Tragweite dieser Entscheidungen bedurfte es einer solchen ausdrücklichen Bestimmung nicht. Es hätte im Gegenteil, wenn den Gerichten das zur Erörterung stehende weitgehende Prüfungsrecht hätte eingeräumt werden sollen, diese Absicht des Gesetzgebers in einem besonderen Rechtssatz zum Ausdruck gebracht werden müssen. Aus dem Mangel einer solchen Bestimmung darf um so mehr auf das Fehlen jener Absicht geschlossen werden, als die Erweiterung der richterlichen Machtbefugnisse nach der bezeichneten Richtung angesichts des im Reich und in Preußen bestehenden Rechtszustands (RGZ. Bd. 12 S. 70) einen Bruch mit der Rechtsentwicklung bedeutet hätte. Wären die Gerichte in der Lage, bei der Beurteilung der Gehaltsansprüche eines mit Entfernung aus dem Amte bestraften Beamten die Rechtmäßigkeit dieser Maßnahme zu verneinen und ihm Gehalt zuzusprechen, so würde sich hieraus auch ein unerträglicher Widerspruch zwischen ihrer und der im Dienststrafverfahren ergangenen rechtskräftigen Entscheidung in allen den Fällen ergeben, in welchen das Disziplinargericht angeordnet hat, daß dem verurteilten Beamten ein Teil des gesetzlichen Ruhegehalts zu belassen sei.

Mit Recht hat das Berufungsgericht auch den Versuch des Klägers zurückgewiesen, der Klage unter dem Gesichtspunkt des Schadensersatzanspruchs mit Hilfe der Behauptung zum Erfolg zu verhelfen, daß der in der Verordnung des Reichspräsidenten vom 14. August 1919 geregelte Inhalt und Wortlaut des Beamteneids gegen Art. 176 RV. verstoße, soweit das Gelöbnis der Treue gegen die Verfassung aufgenommen sei, und daß deshalb die Veranlassung des Dienststrafverfahrens sich als eine mißbräuchliche Ausübung der öffentlichen Gewalt kennzeichne. Diese Begründung, welche auf die Haftung der beklagten Stadtgemeinde gemäß § 4 des Gesetzes vom 1. August 1909 abzielt, scheitert, von anderen schwerwiegenden Bedenken abgesehen, daran, daß die Rechtsgültigkeit der bezeichneten Verordnung auf Grund der Erwägungen in dem Urteile des Reichsdisziplinarhofs vom 5. Dezember 1921 in der Sache F. 77/21 — abgedruckt LZ. 1922 S. 201 — zu bejahen ist.

---

102. Ist die sofortige Beschwerde an das Reichsgericht zulässig gegen den Beschluß eines Oberlandesgerichts, der die Wiedereinsetzung in den vorigen Stand gegen die Versäumung der Frist zur Zahlung der Prozeßgebühr für die Berufungsinstanz ablehnt?

I. Zivilsenat. Beschl. v. 9. Juli 1924 i. S. B. (Bekl.) w. G. (Kl.). I B. 2/24.

Die Frage wurde bejaht aus folgenden

Gründen:

Gegen das Urteil des Landgerichts in Elberfeld vom 4. März 1924 hat der Beklagte am 14. April 1924 Berufung eingelegt. Durch ein am 19. April zugestelltes Schreiben wurde er aufgefordert, bis zum 18. Mai 1924 einschließlich die Entrichtung der nach dem Werte von 3700 Goldmark berechneten Prozeßgebühr nachzuweisen. Die Frist verstrich, ohne daß dieser Nachweis erbracht wurde. Darauf wurde durch Beschluß des Oberlandesgerichts vom 23. Mai 1924 die Berufung nach § 520 Abs. 3 ZPO. als unzulässig verworfen; der Beschluß ist dem Beklagten am 27. Mai zugestellt worden.

Gegen die Versäumung der Frist zum Nachweise der Zahlung der Prozeßgebühr beantragte der Beklagte am 7. Juni Wiedereinsetzung in den vorigen Stand. Das Oberlandesgericht lehnte durch Beschluß vom 17. Juni 1924 (zugestellt am 24. Juni) den Antrag ab, weil der Beklagte nicht durch unabwendbaren Zufall verhindert gewesen sei, innerhalb der ihm bestimmten Frist die Zahlung der Prozeßgebühr nachzuweisen.

Wider die Zurückweisung des Wiedereinsetzungsgesuchs richtet sich die am 1. Juli 1924 beim Oberlandesgericht eingegangene sofortige Beschwerde des Beklagten, deren Antrag dahin geht, daß der angefochtene Beschluß aufgehoben und die Berufung für zulässig erklärt werde.

Die vorliegende sofortige Beschwerde ist zulässig. Die für dieses Rechtsmittel vorgeschriebene zweiwöchige Notfrist (§ 577 Abs. 2 ZPO.) ist gewahrt.

Auf die Anfechtung der über die Zulässigkeit eines Wiedereinsetzungsantrags ergangenen Entscheidung sind die Vorschriften anzuwenden, welche für die Anfechtung des Spruchs über die nachgeholte Prozeßhandlung, hier also die Berufung, gelten (§ 238 Abs. 2 Satz 1 ZPO.). Demnach findet, wenn ein Wiedereinsetzungsgesuch, wie im gegenwärtigen Falle, durch Beschluß abgelehnt wurde, gegen diesen Beschluß sofortige Beschwerde statt. Denn sie ist das Rechtsmittel gegen Beschlüsse, welche die Berufung ohne mündliche Verhandlung als unzulässig verwerfen (§ 519b Abs. 2).

Die gegenwärtige Regelung ist allerdings erst mit Anfang Juni 1924 eingeführt worden (VO. über das Verfahren in bürgerlichen Rechtsstreitigkeiten, vom 13. Februar 1924, RGBl. I S. 135, Art. II Nr. 72, Art. VII Abs. 1). Die Zulässigkeit eines Rechtsmittels gegen die vor dem Inkrafttreten dieser neuen Vorschriften verkündeten Entscheidungen richtet sich nach den früheren Vorschriften (Art. VII Abs. 4). Diese aber schlossen nach der damaligen allgemeinen Regel, daß gegen Entscheidungen der Oberlandesgerichte keine Beschwerde zulässig sei, die unmittelbare Anfechtung des Beschlusses vom 23. Mai 1924 im Beschwerdeverfahren aus (§ 567 Abs. 3 ZPO. in der bis Ende Mai 1924 geltenden Fassung). Nicht ausgeschlossen ist jedoch, daß ein nach dem 31. Mai 1924 ergangener Beschluß, der einen Wiedereinsetzungsantrag zurückweist, mit Erfolg angefochten und auf diese Weise mittelbar auch jener Beschluß, welcher die Berufung als unzulässig verwarf, beseitigt werde, obwohl er, der Zeit vor dem 1. Juni 1924 angehörig, nicht unmittelbar hätte mit Beschwerde angegriffen werden können.

Die im § 238 Abs. 2 ZPO. enthaltene Verweisung bezieht sich seit dem 1. Juni 1924 ohne weiteres auf die neu eingefügten, vom genannten Tage an geltenden Vorschriften, welche die Anfechtung der über die Berufung ergehenden Entscheidung regeln. Erfolgt diese, wie es § 519b Abs. 2 zuläßt, ohne mündliche Verhandlung durch Beschluß, so steht sofortige Beschwerde dagegen offen (§ 519b Abs. 2 Halbsatz 2). Allerdings bezeichnet § 567 Abs. 3 ZPO. als Ausnahme von der Regel (Satz 1), daß gegen Entscheidungen der Oberlandesgerichte keine Beschwerde zulässig ist, lediglich (im Satz 2) „Beschlüsse, durch die eine Berufung nach § 519b als unzulässig verworfen wird." Es erscheint jedoch nicht angebracht, diese Vorschrift rein buchstäblich dahin auszulegen, daß schlechterdings nur solche Beschlüsse von Oberlandesgerichten mit Beschwerde anfechtbar sind, deren verfügender Teil auf Verwerfung einer Berufung als unzulässig lautet. Auch der Hinweis auf das Bestreben vieler anderer Gesetzesvorschriften, die Gerichte zu entlasten und um dieses Zweckes willen die Rechtsmittel einzuschränken, kann dergleichen enge Auslegung nicht rechtfertigen. Denn gerade der neu hinzugefügte Satz 2 im Abs. 3 des § 567 gibt Beschwerde in Fällen, wo sie früher versagt war. Es besteht kein ausreichender Grund dafür, ihm einen Sinn beizulegen, durch den die

Verweisung im § 238 Abs. 2 gegenüber ihrer Wortbedeutung und ihrem grundsätzlichen Zweck wesentlich eingeschränkt würde.

Die sofortige Beschwerde gegen den Beschluß vom 17. Juni 1924 ist danach zulässig.

---

103. Wann werden die im Art. I § 2 der Verordnung zur Entlastung des Reichsgerichts vom 15. Januar 1924 bezeichneten Urteile der Oberlandesgerichte rechtskräftig? Bedarf der Gerichtsschreiber des Oberlandesgerichts zur Ausstellung des Rechtskraftzeugnisses eines Zeugnisses des Gerichtsschreibers des Reichsgerichts, daß innerhalb der Notfrist eine Revisionsschrift nicht eingereicht sei?

IV. Zivilsenat. Beschl. v. 10. Juli 1924 i. S. Ehem. B. (Kl.) w. Ehefr. B. (Bekl.). IV TB. Nr. 168/24.

Durch Urteil des Oberlandesgerichts in Hamburg ist die Ehe der Parteien aus Verschulden der Beklagten geschieden, ihre Scheidungswiderklage ist abgewiesen worden. In dem Urteil ist ausgesprochen, daß ein Anlaß, die Revision gemäß der Verordnung zur Entlastung des Reichsgerichts vom 15. Januar 1924 für zulässig zu erklären, nicht vorliege. Nachdem dieses Urteil am 17. April 1924 zugestellt war, hat die Beklagte bei dem Gerichtsschreiber des Oberlandesgerichts im Juni 1924 die Ausstellung des Rechtskraftzeugnisses beantragt. Der Gerichtsschreiber hat die Ausstellung mit dem Bemerken abgelehnt, daß nach einer Entscheidung des Oberlandesgerichts in Hamburg zunächst das Notfristattest des Gerichtsschreibers des Reichsgerichts beizubringen sei. Die Beklagte hat sich darauf an den Gerichtsschreiber des Reichsgerichts mit der Bitte um Erteilung dieses Zeugnisses gewandt. Dieser hat sich geweigert, das Zeugnis zu erteilen. Er vertritt den Standpunkt, daß das Urteil des Oberlandesgerichts rechtskräftig geworden sei, weil das Oberlandesgericht die Revision nicht für zulässig erklärt habe.

Die Ansicht des Gerichtsschreibers des Reichsgerichts ist zu billigen.

Nach Art. I der Verordnung vom 15. Januar 1924 ist das Rechtsmittel der Revision nach Maßgabe der weiteren Vorschriften dieser Verordnung beschränkt worden. Nach § 2 findet die Revision in einem Rechtsstreit, der die Scheidung oder Anfechtung einer Ehe oder die Herstellung des ehelichen Lebens zum Gegenstande hat, nur statt, wenn sie in dem Urteil für zulässig erklärt wurde. Damit ist die Entscheidung, ob in einer bestimmten Ehesache die Revision zulässig ist, in die Hand der Oberlandesgerichte gegeben, also eine Ausnahme von der Regel aufgestellt, daß nur das Revisionsgericht selbst über die Zulässigkeit der Revision entscheiden kann (§ 554a ZPO.). Dasselbe ergibt sich mit voller Deutlichkeit aus der Übergangsvorschrift des Art. II Abs. 4 der Verordnung. Denn dort ist gesagt, daß, wenn das Oberlandesgericht es ablehne, die Revision für zulässig zu erklären, das Urteil mit der Zustellung dieses Beschlusses rechtskräftig werde.

Daraus, daß über die Frage, ob nach § 546 ZPO. die Revisionssumme gegeben ist, das Reichsgericht zu entscheiden hat, können hiernach für die hier zu entscheidende Frage Folgerungen nicht gezogen werden, wie es das Oberlandesgericht in Hamburg in dem vom Gerichtsschreiber des Oberlandesgerichts in Bezug genommenen Beschlusse vom 18. Mai 1924 I Bf. 8/23 getan hat. Ist also die Revision nicht zulässig, wenn sie nicht vom Oberlandesgericht für zulässig erklärt wurde, so ergibt sich ferner, daß seine Entscheidung über die Frage der Zulässigkeit der Nachprüfung des Reichsgerichts entzogen ist. Das wird bestätigt durch den ausgesprochenen Zweck des Gesetzes, der auf die Entlastung des Reichsgerichts gerichtet ist. Denn wenn man die gegenteilige Ansicht des Oberlandesgerichts Hamburg in dem erwähnten Beschluß vom 18. Mai 1924 billigen wollte, so würden nach wie vor alle Urteile der Oberlandesgerichte, die die Scheidung oder Anfechtung einer Ehe oder die Herstellung des ehelichen Lebens zum Gegenstande haben, der Revision unterliegen. Eine irgendwie ins Gewicht fallende Verminderung der Arbeit des Reichsgerichts würde dann durch die Verordnung nicht herbeigeführt sein.

Das Ergebnis ist, daß das Urteil rechtskräftig wird, wenn die Zulässigkeit der Revision vom Oberlandesgericht ausdrücklich oder stillschweigend verneint wird. Für die Anwendung des § 706 Abs. 2 ZPO. ist daher kein Raum. . . .

---

104. Kann dem Eintritt des Grundstückserwerbers in den vom Vorbesitzer geführten Rechtsstreit vom Gegner unter Bezugnahme auf § 266 Abs. 2 ZPO. mit Erfolg widersprochen werden?

V. Zivilsenat. Urt. v. 10. Juli 1924 i. S. Gebr. Ba. u. Bl. (Bekl.) w. Aach.-Berl.-Gr.-Ges. u. Gen. (Kl.). V 11/24.

I. Landgericht II Berlin. — II. Kammergericht daselbst.

Der Architekt K. hat gegen die Beklagten auf Einwilligung in die Löschung eines für sie auf seinem Grundstück für alle Verkaufsfälle bis zum 31. Dezember 1921 eingetragenen dinglichen Vorkaufsrechts Klage erhoben. Nachdem er das Grundstück sodann an die A. B. Gr.-Gesellschaft verkauft hatte und diese Gesellschaft im Grundbuch als Eigentümerin eingetragen worden war, erhoben die Beklagten mit Bezugnahme hierauf in der Berufungsinstanz den Einwand der mangelnden Klagebefugnis des K. Darauf erklärte die A. B. Gr.-Gesellschaft, daß sie den Rechtsstreit an Stelle des bisherigen Klägers K. übernehme. Die Beklagten widersprachen dem Eintritt der Gesellschaft in den Rechtsstreit. Das Berufungsgericht ließ die Übernahme des Rechtsstreits durch die Gesellschaft zu und verurteilte die Beklagten nach dem Klagantrage. Die Revision der Beklagten blieb ohne Erfolg.

Aus den Gründen:

Die Revision hat die Frage, ob die Zulassung der Übernahme des Rechtsstreits durch die A. B. Gr.-Gesellschaft an Stelle des ursprünglichen Klägers K. zu Recht erfolgt sei, zur Nachprüfung gestellt, soweit diese Frage nach § 270 ZPO. überhaupt einer Nachprüfung unterliege. Nach § 270 ZPO. findet eine Anfechtung der Entscheidung, daß eine Änderung der Klage nicht vorliege oder daß die Änderung zuzulassen sei, nicht statt. Als Klagänderung ist nach feststehender Rechtsprechung auch der Eintritt einer neuen Person als Partei in den Rechtsstreit, sei es an Stelle des ursprünglichen Klägers oder Beklagten, sei es neben diesen, angesehen worden (RGZ. Bd. 19 S. 185; Bd. 49 S. 376; Bd. 58 S. 248; Bd. 66 S. 244, 417). Es könnte sich daher fragen, ob die Entscheidung des Berufungsgerichts, daß die A. B. Gr.-Gesellschaft nach § 266 ZPO. zur Übernahme des Rechtsstreits an Stelle des K. berechtigt sei, als eine Entscheidung im Sinne des § 270 ZPO. über das Nichtvorliegen oder über die Zulassung einer Klagänderung aufzufassen ist. Das ist indessen zu verneinen. Die ZPO. hat für einige besondere Fälle die Frage der Zulässigkeit des Eintritts einer neuen Partei in einen anhängigen Rechtsstreit zum Gegenstand einer besonderen Regelung gemacht (vgl. §§ 76, 77, 239, 240, 265, 266, 856). Dabei ist die Zulässigkeit des Eintritts einer neuen Partei von dem Vorhandensein besonderer Voraussetzungen abhängig gemacht und nicht unter dem Gesichtspunkt einer Klagänderung, sondern im Hinblick auf die materielle Rechtslage geregelt worden. Bei der Entscheidung über die Zulässigkeit eines solchen Eintritts handelt es sich daher nicht um die Frage, ob eine Klagänderung vorliege oder zuzulassen sei, die auf Grund der §§ 264, 268 ZPO. zu entscheiden ist, sondern darum, ob die besonderen vom Gesetz aufgestellten Voraussetzungen für die Übernahme des Rechtsstreits durch eine bisher daran nicht beteiligte Person als gegeben anzusehen sind. Wird auf Grund dieser Vorschriften der Eintritt einer Person als Partei zugelassen, so stellt sich diese Entscheidung nicht als eine solche im Sinne des § 270 ZPO. dar, daß eine Änderung der Klage nicht vorliege oder daß die Änderung zuzulassen sei. Die

Vorschrift des § 270 ZPO. kann vielmehr nur auf Entscheidungen bezogen werden, die den Einwand der unzulässigen Klageänderung auf Grund der dafür gegebenen allgemeinen Vorschriften der §§ 264, 268, 269, ZPO. als unbegründet erklären.

Demnach steht § 270 ZPO. der Nachprüfung nicht entgegen, ob das Berufungsgericht die Übernahme des Rechtsstreits durch die A.-B. Gr.-Gesellschaft trotz des Widerspruchs der Beklagten mit Recht zugelassen hat. Diese Nachprüfung ergibt, daß zwar der Auslegung, die das Berufungsgericht dem § 266 Abs. 2 ZPO. gegeben hat, nicht beizustimmen ist, die Entscheidung des Berufungsgerichts sich aber im Ergebnis als zutreffend erweist.

Nach § 265 ZPO. schließt die Rechtshängigkeit das Recht der einen oder anderen Partei nicht aus, die in Streit befangene Sache zu veräußern oder den geltend gemachten Anspruch abzutreten (Abs. 1). Die Veräußerung oder Abtretung hat auf den Prozeß keinen Einfluß und der Rechtsnachfolger ist nicht berechtigt, ohne Zustimmung des Gegners den Prozeß als Hauptpartei an Stelle des Rechtsvorgängers zu übernehmen (Abs. 2). Hat der Kläger veräußert oder abgetreten, so kann ihm, sofern das Urteil nach § 325 gegen den Rechtsnachfolger nicht wirksam sein würde, der Einwand entgegengesetzt werden, daß er zur Geltendmachung des Anspruchs nicht mehr befugt sei (Abs. 3). Von diesen Vorschriften enthält § 266 ZPO. eine Ausnahme. Es soll nämlich, wenn über das Bestehen oder Nichtbestehen eines Rechts, welches für ein Grundstück in Anspruch genommen wird, oder einer Verpflichtung, welche auf einem Grundstücke ruhen soll, zwischen dem Besitzer und einem Dritten ein Rechtsstreit anhängig ist, im Falle der Veräußerung des Grundstücks der Rechtsnachfolger berechtigt und auf Antrag des Gegners verpflichtet sein, den Rechtsstreit in der Lage, in welcher er sich befindet, als Hauptpartei zu übernehmen (Abs. 1). Diese Bestimmung soll jedoch insoweit nicht zur Anwendung kommen, als ihr Vorschriften des bürgerlichen Rechts zugunsten derjenigen entgegenstehen, welche Rechte von einem Nichtberechtigten herleiten; in einem solchen Falle soll, wenn der Kläger veräußert hat, die Vorschrift des § 265 Abs. 3 Anwendung finden.

Die Voraussetzungen des § 266 Abs. 1 sind gegenwärtig insofern gegeben, als der Architekt K., der auf Löschung des auf seinem Grundstück für die Beklagten eingetragenen dinglichen Vorkaufsrechts geklagt hat, nach der Klagerhebung das belastete Grundstück an die A.-B. Gr.-Gesellschaft veräußert hat, die zurzeit als Eigentümerin im Grundbuch eingetragen steht. Die Parteien streiten nur darüber, ob die Voraussetzungen des § 266 Abs. 2 vorliegen und deshalb die genannte Gesellschaft durch den Widerspruch der Beklagten an der Übernahme des Rechtsstreits an Stelle des Veräußerers K. gehindert wurde, die Klage des K. vielmehr auf den von den Beklagten erhobenen Einwand der mangelnden Klagebefugnis hin abzuweisen war.

Das Berufungsgericht erachtet die Übernahme des Rechtsstreits durch die Grundstückserwerberin für zulässig, indem es im Anschluß an die von Hellmann (Komm. z. ZPO. Bd. 2 S. 37) und Hellwig (System des Deutschen Zivilprozeßrechts Bd. 1 S. 370) vertretene Ansicht im Gegensatz zur herrschenden Meinung die Vorschrift des § 266 Abs. 2 nur auf die im Abs. 1 vorgeschriebene Übernahmepflicht, nicht auch auf das dort bestimmte Übernahmerecht des Grundstückserwerbers beziehen will. Das Berufungsgericht begründet diese Ansicht folgendermaßen:

Dem § 266 ZPO. liege der Gedanke zugrunde, daß das Grundstück selbst als das berechtigte oder verpflichtete Rechtssubjekt und der jeweilige Eigentümer nur als dessen Vertreter anzusehen sei. Daher trete durch die Veräußerung des Grundstücks eigentlich kein Wechsel in der Rolle des berechtigten oder verpflichteten Rechtssubjekts ein und deshalb solle der jeweilige Eigentümer das Recht und die Pflicht zur Übernahme des Rechtsstreits haben, insoweit dem nicht Vorschriften zum Schutze des gutgläubigen Erwerbers entgegenständen. Solche Schutzvorschriften könnten aber nur einer Verpflichtung zur Übernahme des Rechtsstreits, nicht auch der Übernahmebefugnis, die sich gewissermaßen als ein mit dem Eigentum am Grundstück verbundenes Recht darstelle, „entgegenstehen". Vorschriften, welche den Schutz einer bestimmten Person bezweckten, könnten nicht dazu führen, dieser Person Rechte zu nehmen.

Dieser Auffassung von der Bedeutung der Vorschrift des § 266 Abs. 2 ZPO. kann nicht beigetreten werden. Weder der Wortlaut noch die Entstehungsgeschichte der Vorschrift rechtfertigen eine derartige einschränkende Auslegung, daß damit nur hinsichtlich der Pflicht, nicht auch hinsichtlich des Rechts zur Übernahme des Rechtsstreits eine Ausnahme hat zugelassen, also lediglich zugunsten des Rechtsnachfolgers der veräußernden Partei ohne Rücksicht auf die Interessen des Gegners eine Einschränkung hat gemacht werden sollen. Nach dem Wortlaut „diese Bestimmung kommt insoweit nicht zur Anwendung" muß angenommen werden, daß darunter die gesamte Vorschrift des Absatzes 1, also auch die dort bestimmte Befugnis zur Übernahme des Rechtsstreits hat verstanden werden sollen. Die Vorschrift des § 266 ist durch die Novelle von 1898 an die Stelle der §§ 237, 238 der alten Fassung gesetzt worden, wobei keine sachliche Änderung beabsichtigt gewesen ist (Hahn, Mat. z. d. Reichsjustizgesetzen Bd. 8 S. 101). Maßgebend für die dem § 266 Abs. 1 ZPO. entsprechende Vorschrift des § 237 der alten Fassung war die Erwägung, daß in den hier bezeichneten Fällen das Bedürfnis des Rechtsverkehrs gebieterisch eine Vorschrift über Recht und Pflicht zur Sukzession des Rechtsnachfolgers in das Prozeßverhältnis erfordere, weil es in hohem Grade zweifelhaft sei, ob ohne eine solche Vorschrift der anhängige Rechtsstreit zu Ende geführt werden, beziehungsweise zu einem den Veräußerer bindenden Ergebnisse gelangen könne, wobei auf die Übereinstimmung der Vorschrift mit der schon im römischen Recht zum Ausdruck gebrachten Anschauung hingewiesen wurde, daß das Grundstück als das berechtigte oder verpflichtete Subjekt und der Besitzer als dessen Vertreter anzusehen sei (Hahn, Mat. Bd. 2 S. 262). Die Vorschrift des § 238 der alten Fassung, die dem § 266 Abs. 2 ZPO. entspricht, wurde als Einschränkung von der im § 236 Abs. 3 aufgestellten Regel, daß die Entscheidung in Ansehung der Sache selbst auch gegen den Rechtsnachfolger wirksam und vollstreckbar sei, aus Rücksicht auf Vorschriften des bürgerlichen Rechts für erforderlich erachtet und zur Vermeidung von Kollisionen mit den Vorschriften über den Erwerb auf Grund des Grund- und Hypothekenbuchs und über den Erwerb in gutem Glauben auch auf die Vorschrift des § 237 ausgedehnt (Hahn, a. a. O. S. 262). Bestimmend war dabei die Erwägung, daß insoweit, als es nach den Vorschriften des bürgerlichen Rechts für den rechtsgültigen, wirksamen Erwerb beweglicher oder unbeweglicher Sachen auf einen Mangel in dem Rechte des Auktors nicht ankomme, dem Erwerber auch der Umstand nicht entgegenstehen könne, daß der veräußerte Gegenstand im Streit befangen gewesen sei, daß also insoweit einer Wirksamkeit und Vollstreckbarkeit der Prozeßentscheidung gegen den Erwerber die Vorschriften des bürgerlichen Rechts entgegenständen. Nach den Vorschriften der §§ 236 bis 238 alter Fassung war hiernach der Rechtszustand derart geregelt, daß grundsätzlich das Urteil in Ansehung einer im Streit befangenen Sache oder eines streitigen Rechts auch gegenüber demjenigen, der die Sache oder das Recht während der Rechtshängigkeit erworben hatte, wirksam und vollstreckbar sein, daß daher bei einem Streit über ein für ein Grundstück in Anspruch genommenes Recht oder über eine auf einem Grundstück ruhende Verpflichtung bei einer Veräußerung des Grundstücks dessen Erwerber aus Verkehrsrücksichten zum Eintritt in den Rechtsstreit an Stelle des Veräußerers berechtigt und verpflichtet sein solle, daß aber diese Vorschriften dann nicht gelten sollten, wenn die Wirksamkeit und Vollstreckbarkeit des Urteils gegenüber dem Erwerber mit Vorschriften des bürgerlichen Rechts über den Erwerb an Sachen und Rechten in Widerstreit treten würde. Da die Novelle vom Jahre 1898 in Ansehung dieses Rechtszustandes nichts hat ändern wollen, so ergibt sich daraus für die Auslegung des § 266 Abs. 2 ZPO., daß in allen Fällen, in denen bei Durchführung des Rechtsstreits zwischen den ursprünglichen Prozeßparteien das Urteil im Hinblick auf Vorschriften des bürgerlichen Rechtes über den Rechtserwerb von einem Nichtberechtigten dem Grundstückserwerber gegenüber nicht wirksam sein würde, mangels eines Bedürfnisses für seinen Eintritt in den Rechtsstreit die Vorschrift des § 266 Abs. 1 nicht zur Anwendung kommen, es vielmehr bei der Regelvorschrift des § 265 Abs. 2 verbleiben soll, daß der Eintritt des Erwerbers nur mit seinem und des Gegners Einverständnis statthaft ist. Es ist rechtsirrig, wenn das Berufungsgericht annimmt, daß § 266 Abs. 2 ZPO. eine lediglich im Interesse des Grundstückserwerbers gegebene Vorschrift enthalten solle. Die Regelung der Übernahme des Rechtsstreits durch den Grundstückserwerber ist vielmehr unter Berücksichtigung der Interessen sowohl des Erwerbers als auch des Gegners getroffen. Wirkt das gegen den Veräußerer ergehende Urteil gegen den Erwerber, so ist aus Zweckmäßigkeitsgründen diesem gestattet, durch Eintritt in den Rechtsstreit an Stelle des Veräußerers selbst die Führung des Rechtsstreits zu übernehmen, und anderseits auch dem Gegner die Befugnis zugesprochen, die Übernahme durch den Erwerber zu verlangen. Ist das Urteil dem Erwerber gegenüber nicht wirksam, so fehlt es an einem hinreichenden Grunde nicht nur für eine dem Erwerber aufzuerlegende Verpflichtung, sondern auch für eine ihm zuzugestehende Befugnis, den Rechtsstreit an Stelle des Veräußerers zu übernehmen, die gerade in diesem Falle eine wesentliche Beeinträchtigung der Rechtslage des Gegners bedeuten würde, indem sie für diesen zum Verlust des dem Veräußerer gegenüber aussichtsvollen Rechtsstreits führen könnte, ohne daß dieses Ergebnis durch ein Interesse des Erwerbers innerlich zu rechtfertigen wäre, da ihn die gegen den Veräußerer ergehende Entscheidung nicht berührt. Mit Recht betont Wilmowski u. Levy (Anm. 1 Abs. 2 zu § 238 ZPO. a. F.) gegenüber der von Hellmann vertretenen Ansicht, daß die zivilrechtlichen Vorschriften dem Nachfolger kein Recht geben, zu verlangen, daß der Gegner seine ganz begründeten Ansprüche gegen die bisherige Partei aufgeben oder beschränken oder zum nochmaligen besonderen Prozeß vertagen solle und dafür einen Gegner als „Hauptpartei" annehmen müßte, der, wenngleich den Prozeß in seiner damaligen Lage übernehmend, dennoch darin zur Partei geworden seine eigenen Rechte geltend machen könnte. Die Vorschrift des § 266 Abs. 1 beruht nicht, wie das Berufungsgericht annimmt, auf der Erwägung, daß das Grundstück selbst als das berechtigte oder verpflichtete Rechtssubjekt und der jeweilige Eigentümer nur als dessen Vertreter anzusehen sei. Vielmehr war für sie ausweislich der oben mitgeteilten Begründung zu § 237 der alten Fassung lediglich das Bedürfnis des Rechtsverkehrs maßgebend und es wurde nur zur Rechtfertigung des Erlasses einer derartigen Vorschrift darauf hingewiesen, daß sie mit der im römischen Recht zum Ausdruck gelangten Auffassung des Grundstücks als des berechtigten oder verpflichteten Subjekts übereinstimme. Aus diesem Hinweis ist daher ebensowenig wie aus den Vorschriften des bürgerlichen Rechts eine die Prozeßlage des Gegners einseitig beeinträchtigende einschränkende Auslegung des § 266 Abs. 2 im Sinne des Berufungsgerichts zu rechtfertigen.

Es muß daher untersucht werden, ob im gegenwärtigen Falle die Voraussetzungen des § 266 Abs. 2 ZPO. gegeben sind, die eine Übernahme des Rechtsstreits durch die A.-B. Gr.-Gesellschaft gegen den Willen der Beklagten ausschließen würden. Diese Prüfung führt nicht zu einem der Revision günstigen Ergebnis. Es handelt sich um ein für die Beklagte eingetragenes dingliches Vorkaufsrecht, das ausweislich der im Eintragungsvermerk in zulässiger Weise in Bezug genommenen Eintragungsbewilligung (§ 874 BGB.) für die Zeit bis zum 31. Dezember 1921 für alle Verkaufsfälle eingeräumt ist. Dieses Recht hat nach § 1098 Abs. 2 BGB. Dritten gegenüber die Wirkung einer Vormerkung zur Sicherung des durch die Ausübung des Rechts entstehenden Anspruchs auf Übertragung des Eigentums. Soweit daher die Beklagten das ihnen eingeräumte und durch die Eintragung gesicherte zeitlich begrenzte Vorkaufsrecht in wirksamer Weise dem damaligen Eigentümer K. gegenüber ausgeübt haben, ist ihnen gegenüber die von K. erfolgte Übereignung des Grundstücks an die A.-B. Gr.-Gesellschaft unwirksam und diese Gesellschaft verpflichtet, die Zustimmung zur Eintragung der Beklagten als Eigentümer des Grundstücks auf Grund der von K. zu erteilenden Auflassung zu erklären (§§ 883 Abs. 2, 888 BGB.; JW. 1922 S. 576 Nr. 2; Seuff. Arch. Bd. 66 Nr. 205). Die Beklagten sind daher zur Einwilligung in die Löschung des Vorkaufsrechts nur verpflichtet, wenn ihnen kein Anspruch auf Auflassung des Grundstücks dem K. gegenüber zusteht. Besteht aber ein derartiger Anspruch der Beklagten, so ist derselbe infolge der Eintragung des Vorkaufsrechts der Grundstückserwerberin gegenüber in gleicher Weise wirksam wie dem Veräußerer K. gegenüber....

---

105. 1. Hat das Reichsgericht über eine ihm vorgelegte weitere Beschwerde in einer Grundbuchsache auch dann zu entscheiden, wenn es die unter den Oberlandesgerichten streitige Rechtsfrage nicht als wesentlich für die Entscheidung über die Beschwerde erachtet? § 79 Abs. 2 und 3 GBO.

2. Inwieweit hat sich das preußische Gesetz vom 10. Februar 1923 über den Verkehr mit Grundstücken rückwirkende Kraft beigelegt?

3. Bedarf der Vater, welcher für ein seiner elterlichen Gewalt unterworfenes Kind ein Grundstück erwirbt und daran zur Sicherung des Erwerbspreises eine Hypothek bestellt, hierzu nach § 1821 Nr. 1 in Verbindung mit § 1643 BGB. der Genehmigung des Vormundschaftsgerichts?

V. Zivilsenat. Beschl. v. 1. Juli 1924 in der Grundbuchsache T. V B. 2/24.

I. Grundbuchamt Magdeburg-Neustadt — II. Landgericht Magdeburg.

Die erste Frage ist bejaht, die dritte verneint und zu 2 eine beschränkte Rückwirkung angenommen.

Gründe:

Durch notariellen Vertrag vom 25. Januar 1923 kaufte die minderjährige Ida D. mit Genehmigung ihres miterschienenen Vaters Heinrich D. von der Witwe T. ein Grundstück in Magdeburg-Neustadt für 400000 *M*, zahlte 300000 *M* an, übernahm als Selbstschuldnerin 38100 *M* eingetragene Hypotheken und verpflichtete sich, das gestundete Restkaufgeld von 61900 *M* ab 1. Februar mit 6 v. H. zu verzinsen und zugunsten des Arbeiters G., an welchen die Verkäuferin diese Forderung abgetreten hat, eine Hypothek am verkauften Grundstück zu bestellen. Im § 2 des Vertrags war zugleich die Eintragung der Hypothek bewilligt und beantragt. Im § 3 ist die Auflassung erklärt und die Eintragung der Eigentumsänderung im Grundbuche beantragt; der Vater D. hat die Erklärungen seiner Tochter genehmigt. Das Amtsgericht lehnte mit Verfügung vom 3. Mai 1923 die beantragten Eintragungen in das Grundbuch ab, weil die zu der Hypothekbestellung nach den §§ 1643, 1821 Nr. 1 BGB. erforderliche Genehmigung des Vormundschaftsgerichts nicht erteilt sei und außerdem auf Grund des inzwischen in Kraft getretenen preußischen Gesetzes über den Verkehr mit Grundstücken vom 10. Februar 1923 der Magistrat von Magdeburg die Genehmigung zur Veräußerung des Grundstücks durch Entscheidung vom 23. April 1923 versagt habe. Auf die Beschwerde des Heinrich D. hob das Landgericht am 1. Juni 1923 den Beschluß des Amtsgerichts auf und wies dieses an, die Eigentumsänderung einzutragen und wegen der Eintragung der Hypothek nach Maßgabe des § 18 GBO. eine Zwischenverfügung zu erlassen. Das Amtsgericht setzte dem Antragsteller eine Frist zur Beschaffung der vormundschaftsgerichtlichen Genehmigung und lehnte nach deren Ablauf unterm 2. Januar 1924 die Eintragung der Hypothek ab, indem es gleichzeitig die Eintragung der Ida D. als Eigentümerin im Grundbuche anordnete. Nunmehr legte die Verkäuferin weitere Beschwerde gegen den Beschluß des Landgerichts vom 1. Juni 1923 mit dem

Antrag ein, das Grundbuchamt anzuweisen, zu ihren Gunsten gegen die Eintragung der Ida D. als Eigentümerin nach § 54 GBO. einen Widerspruch einzutragen. Sie macht geltend, das preußische Gesetz vom 10. Februar 1923 müsse nach dessen § 15 Satz 2 Anwendung finden, weil der Kaufvertrag nicht vor dem Jahre 1923 abgeschlossen und die Eintragung im Grundbuche nach Inkrafttreten des Gesetzes erfolgt sei. Auch widerspreche die Eintragung nur des Eigentümerwechsels ohne gleichzeitige Eintragung der Restkaufgeldhypothek dem Vertragswillen der Parteien. Das Kammergericht hat durch einstweilige Anordnung gemäß § 76 GBO. das Amtsgericht angewiesen, gegen die Eintragung des Eigentums der minderjährigen Ida D. einen Widerspruch wegen Fehlens der vormundschaftsgerichtlichen Genehmigung zu der mit der Eigentumsänderung im Zusammenhang stehenden Bestellung der Restkaufgeldhypothek von 61900 *M* zugunsten der Beschwerdeführerin einzutragen.

In der Sache selbst möchte das Kammergericht die weitere Beschwerde zurückweisen, weil es abweichend von seiner früheren Entscheidung KGJ. 32 A 232 die Genehmigung des Vormundschaftsgerichts zu der Hypothekbestellung für entbehrlich hält, sieht sich aber daran gehindert, durch die gegenteiligen Beschlüsse des bayerischen Obersten Landesgerichts vom 28. September 1900 (Bayr. OLG. Bd. 1 S. 737) und des Oberlandesgerichts Darmstadt vom 3. August 1904 und 8. September 1909 (Hess. Rechtspr. Bd. 5 S. 108, Seuff. Arch. Bd. 65 Nr. 12). Das Kammergericht hat demnach die weitere Beschwerde dem Reichsgericht zur Entscheidung vorgelegt.

Die Voraussetzungen des § 79 Abs. 2 GBO. sind gegeben. Allerdings hat es die frühere Rechtsprechung des Reichsgerichts, insbesondere zu der entsprechenden Vorschrift des § 28 FGG., als ein Erfordernis für die Zulässigkeit einer Entscheidung über eine weitere Beschwerde durch das Reichsgericht aufgestellt, daß die Frage, über welche die Oberlandesgerichte verschiedener Ansicht sind, für die Entscheidung über die weitere Beschwerde von Bedeutung sei, wenn die Entscheidung auch nicht ausschließlich auf ihr beruhen müsse (RGZ. Bd. 76 S. 171; Schlegelberger Anm. 11 zu § 28 FGG.). Diese Auffassung würde folgerichtig dahin führen, in den Fällen, in denen die unter den Oberlandesgerichten streitige Rechtsfrage nach der Ansicht des Reichsgerichts für die Entscheidung über die weitere Beschwerde bedeutungslos ist (was, wie später zu erörtern, hier der Fall ist), die Entscheidung durch das Reichsgericht abzulehnen und die Sache an das Oberlandesgericht, welches die weitere Beschwerde dem Reichsgericht vorgelegt hat, zurückzuverweisen. Der Senat hält jedoch diese Auffassung, jedenfalls für den Fall des § 79 GBO., nicht für zutreffend; er ist ihr bereits in dem Beschlusse vom 15. Mai 1912, V B. 1/12 (Warneyer 1912 Nr. 399) nicht gefolgt. Der Wortlaut des § 79 GBO. zwingt auch nicht zu ihr. Abs. 2 Satz 1 das. setzt nur voraus, daß das Oberlandesgericht, dem eine weitere Beschwerde in einer Grundbuchsache vorliegt, bei der Auslegung einer das Grundbuchrecht betreffenden reichsgesetzlichen Vorschrift von der auf weitere Beschwerde ergangenen Entscheidung eines anderen Oberlandesgerichts oder des Reichsgerichts abweichen will. Ausschlaggebend ist also, ob das Oberlandesgericht eine solche Abweichung nach seiner rechtlichen Würdigung des Streitfalls für geboten erachtet; ist dies der Fall und hat es daher die weitere Beschwerde dem Reichsgericht vorgelegt, so hat dieses nach Abs. 3 das. über die weitere Beschwerde zu entscheiden, ohne daß das Gesetz unterscheidet, ob auch das Reichsgericht die strittige Frage für wesentlich zur Entscheidung über die weitere Beschwerde erachtet. Die Prüfung des Reichsgerichts hat sich also nur darauf zu erstrecken, ob eine von der kundgetanen Rechtsauffassung des vorlegenden Gerichts abweichende, auf weitere Beschwerde ergangene Entscheidung eines anderen Oberlandesgerichts oder des Reichsgerichts wirklich vorliegt und die Auslegung einer das Grundbuchrecht betreffenden reichsgesetzlichen Vorschrift in Frage steht. Da diese Voraussetzung hier vorliegt, das Kammergericht die Eintragung der Restkaufgeldhypothek auch ohne Genehmigung des Vormundschaftsgerichts, und zwar abweichend von den in seinem Beschlusse erwähnten, auf weitere Beschwerde ergangenen Entscheidungen anderer Oberlandesgerichte, für zulässig erklären will, so hat das Reichsgericht über die weitere Beschwerde zu entscheiden, und zwar selbständig, ohne an die Auffassung des Kammergerichts über die Notwendigkeit der Entscheidung der streitigen Rechtsfrage gebunden zu sein.

1. Dabei ergab sich, daß das Rechtsmittel schon deshalb begründet ist, weil die Eintragung der Ida D. als neuer Eigentümerin unter Verletzung von Vorschriften des preußischen Gesetzes vom 10. Februar 1923 über den Verkehr mit Grundstücken erfolgt und durch sie das Grundbuch unrichtig geworden ist. Denn die vom Landgericht verneinte, vom Kammergericht im Beschlusse vom 20. März 1924 nicht ausdrücklich entschiedene Frage, ob das bezeichnete preußische Gesetz auf den zugleich die Auflassung enthaltenden notariellen Kaufvertrag vom 25. Januar 1923 Anwendung findet, ist zu bejahen. Die von den Vorinstanzen stillschweigend unterstellte Rechtsgültigkeit des bezeichneten Gesetzes unterliegt keinen Bedenken. Durch Art. 119 Ziff. 1, Art. 3 EG. z. BGB. sind Landesgesetze, welche die Veräußerung eines Grundstücks beschränken, zugelassen. Das preußische Gesetz vom 10. Februar 1923 will aus sachlichen, insbesondere wirtschaftspolitischen Gründen dem überhandnehmenden Grundstückshandel aus Spekulationszwecken namentlich zur Aufrechterhaltung der Wohnungsfürsorge entgegenwirken (Amtliche Begründung des Entwurfs bei Bergbohm

und Wagemann S. 95/96). Die im § 1 namentlich für die Veräußerung und die Auflassung von Grundstücken vorgeschriebene Genehmigung der zuständigen Behörde (§ 2) darf nur versagt werden aus den im § 4 bezeichneten Gründen, welche auf volkswirtschaftlichen Erwägungen beruhen und die Förderung des Allgemeinwohls zum Ziele haben. Daß der Vorbehalt des Art. 119 Ziff. 1 EG. z. BGB. landesgesetzliche Veräußerungsbeschränkungen sachlicher Art, die also nicht an die Person des Veräußerers oder Erwerbers geknüpft sind, deckt, wird allgemein anerkannt (Staudinger Bem. 2 A; Planck Bem. 1 zu Art. 119 EG. z. BGB.; Hagelberg und Friedländer Komm. z. Grundstücks-Verkehrsgesetz S. 13 flg). Da das Gesetz auf Einheimische in gleichem Maße Anwendung findet, wie auf Ortsfremde, so verstößt es nicht gegen Art. 111 Satz 3 der Reichsverfassung. Dies hat der erkennende Senat bereits ausgesprochen in der Entscheidung vom 17. Oktober 1923, durch welche das ähnliche Bestimmungen enthaltende sächsische Gesetz über den Verkehr mit Grundstücken vom 20. November 1920 für gültig erklärt ist (RGZ. Bd. 107 S. 261, 264, vgl. auch Beschluß des Kammergerichts vom 26. April 1923 D. Not.-Ver.-Z. S. 115).

Umstritten ist die Frage der zeitlichen Herrschaft des preußischen Grundstücks-Verkehrsgesetzes namentlich in der Richtung, ob es Anwendung findet, wenn der schuldrechtliche Vertrag und die Auflassung in den Zeitraum zwischen dem 1. Januar 1923 und dem Inkrafttreten des Gesetzes fallen, die Eintragung im Grundbuch aber erst nach dem letzteren Zeitpunkte geschehen soll. Nach § 10 des Gesetzes darf der Grundbuchrichter einem Antrag auf Eintragung einer Rechtsänderung nur stattgeben: 1. wenn offenkundig ist, daß eine Genehmigung nicht erforderlich ist, 2. wenn ihm die Genehmigung nachgewiesen wird; die unter Ziffer 3 und 4 weiter getroffenen Bestimmungen sind für die hier zu entscheidende Frage ohne Belang. Nun liegt es nahe, anzunehmen, daß unter Nummer 1 solche Rechtsgeschäfte verstanden werden, welche in keinem Falle genehmigungspflichtig sind (vgl. z. B. § 1 Abs. 2, § 3). Wäre im Gesetze nur der erste Satz des § 15 enthalten, so würde aus dieser Bestimmung in Verbindung mit der Vorschrift des § 10 Ziff. 2 die Auffassung hergeleitet werden können oder mindestens für den Zweifel Raum sein, ob nicht der Grundbuchrichter vor jeder Eintragung nach dem Inkrafttreten des Gesetzes den Nachweis der im § 1 vorgeschriebenen Genehmigung verlangen müßte. Diese Auffassung hat anscheinend der Berichterstatter Haas des Landtagsausschusses am Schlusse seines mündlichen Berichts in der Vollsitzung vom 23. Januar 1923 (Landtagsverh. 1. Wahlperiode, 1. Tagung 1921/23 S. 14361/63) zum Ausdruck gebracht, indem er zu der Übergangsvorschrift (§ 15 Satz 2) äußerte: „Sie sehen in der Vorlage, daß es nunmehr heißt, daß alle Rechtsgeschäfte, die vor dem 1. Januar abgeschlossen sind, nicht mehr getroffen werden sollen. Dagegen sah die Regierungsvorlage — welche besondere Übergangsvorschriften nicht enthielt — vor, daß alle Fälle, in denen der Grundstücksverkauf im Grundbuch noch nicht eingetragen ist, noch unter das Gesetz fallen sollen, ganz gleich, zu welcher Zeit der Verkauf getätigt wurde." Jedenfalls enthält aber Satz 2 eine Erläuterung zu Satz 1 des § 15. Es ist bestimmt, daß das Gesetz keine Anwendung findet auf alle diejenigen Rechtsvorgänge (Auflassung, Eintragung im Grundbuche), welche in Erfüllung eines vor dem 1. Januar 1923 abgeschlossenen gültigen Rechtsgeschäfts erfolgen. Darin liegt einerseits eine Hinausschiebung des Inkrafttretens, insofern eine nach dem 16. Februar 1923 vorgenommene Auflassung nicht der Genehmigung unterliegen soll, wenn das schuldrechtliche Veräußerungsgeschäft vor dem 1. Januar 1923 abgeschlossen war. Anderseits ist aus dem Zusammenhang, besonders aus den Worten „**Rechtsvorgänge** (Auflassung, **Eintragung** im **Grundbuche**") ferner zu entnehmen, daß das Gesetz Platz greifen soll, wenn die genehmigungspflichtigen Rechtsgeschäfte (§ 1) nach dem 1. Januar 1923, sei es auch vor dem Inkrafttreten des Gesetzes erfolgt sind, sofern nicht auch die Eintragung im Grundbuche vor dem 16. Februar 1923 geschehen ist. Eine derartige beschränkte Rückwirkung in Gestalt einer Übergangsvorschrift ist nicht ungewöhnlich. Sie hat nicht nur den Wortlaut für sich, sondern entspricht auch dem Zwecke des Gesetzes. Denn es kam darauf an, die nach dem Bekanntwerden des Entwurfs in besonders großer Zahl geschlossenen Spekulationsgeschäfte zu treffen (**Bergbohm** und **Wagemann** S. 8 und Bemerkung 2 zu § 15). Die gegenteilige Meinung wird dem Wortlaute des Gesetzes nicht gerecht. So muß **Haase** (D. Not.-Ver.-Z. 1923 S. 58), um seine Ansicht mit dem Gesetze in Einklang zu bringen, den Zusatz „Eintragung im Grundbuche" als überflüssig bezeichnen und das Kammergericht in D. Not.-Ver.-Z. 1923, S. 115, 118 dieselben Worte im Sinne einer Bewilligung der Eintragung verstehen. Ebensowenig kann die Berufung auf die Verkehrssicherheit (Komm. von **Hagelberg** und **Friedländer** Bem. 3 zu § 15 S. 154) ausreichen, um solchen Personen Schutz zu gewähren, welche angesichts des drohenden Sperrgesetzes von diesem mißbilligte Spekulationsgeschäfte (§ 4 des Ges.) noch rasch unter Dach und Fach zu bringen sich bemühten. Überwiegende Gründe zwingen daher zu der Auslegung, daß das Gesetz sich bis zum 1. Januar 1923 die oben gezeigte rückwirkende Kraft beigelegt hat (wie hier, **Ricks** D. Not.-Ver.-Z. 1923 S. 61, **Baumert** JW. 1923 S. 724). Daher hätte nach § 1 Abs. 1 S. 3 des Gesetzes die Auflassung einer Genehmigung bedurft. Da es an einer solchen fehlt, die Genehmigung vielmehr durch Entscheidung des Magdeburger

Magistrats vom 23. April 1923 versagt ist, so ermangelt die eingetragene Eigentumsänderung einer rechtsgültigen Auflassung und ist deshalb nichtig (RGZ. Bd. 70 S. 356). Demnach ist das Grundbuch durch die unter Verletzung gesetzlicher Vorschriften erfolgte Eintragung der Ida D. als Eigentümerin unrichtig geworden. Der weiteren Beschwerde war daher nach § 71 Abs. 2 Satz 2, § 80 Abs. 3 GBO. dahin stattzugeben, daß das Grundbuchamt angewiesen wurde, gemäß § 54 GBO. einen Widerspruch des aus der Formel ersichtlichen Inhalts einzutragen.

2. Einer Stellungnahme zu der Zweifelsfrage, ob zur Bestellung der Restkaufgeldhypothek die Genehmigung des Vormundschaftsgerichts erforderlich war, bedurfte es nach alledem für die Entscheidung über die weitere Beschwerde selbst nicht. Wohl aber war auf sie einzugehen, weil das Kammergericht gemäß § 76 Abs. 1, § 80 Abs. 3 GBO. durch eine einstweilige Anordnung dem Grundbuchamt aufgegeben hatte, wegen Fehlens dieser Genehmigung einen Widerspruch einzutragen, und daher weiter zu entscheiden war, ob dieser Widerspruch aufrecht zu erhalten, abzuändern oder zu beseitigen war. Denn ein Fall des § 76 Abs. 2, § 80 Abs. 3 GBO., in dem der Widerspruch von Amts wegen zu löschen wäre, liegt nicht vor, weil die weitere Beschwerde weder zurückgewiesen noch zurückgenommen ist. So, wie er angeordnet ist, würde der Widerspruch der gesetzlichen Grundlage entbehren, wenn, wie das Kammergericht annimmt, der Vater zur Bestellung der Restkaufgeldhypothek der Genehmigung des Vormundschaftsgerichts nicht bedurfte. Zweifelhaft könnte erscheinen, ob das Kammergericht von dieser Auffassung aus etwa beabsichtigt hat, die Eintragung eines Widerspruchs dagegen anzuordnen, daß der Eigentumswechsel ohne gleichzeitige Eintragung der Restkaufgeldhypothek im Grundbuche eingetragen ist. Dies kann aber dahingestellt bleiben. Denn nach der zu 1 getroffenen Entscheidung sind die Auflassung und der Kaufvertrag wegen Versagens der Genehmigung durch den Stadtmagistrat rechtsunwirksam, die Eintragung des Restkaufgelds kommt daher nicht mehr in Frage und es kann sich deshalb nicht um die Abänderung, sondern nur noch um die Entfernung des Widerspruchs aus dem Grundbuche handeln.

Die Frage, ob der Vater, welcher für ein seiner elterlichen Gewalt unterworfenes Kind ein Grundstück erwirbt und daran zur Sicherung des Erwerbspreises eine Hypothek bestellt, hierzu nach § 1821 Nr. 1 in Verbindung mit § 1643 BGB. der Genehmigung des Vormundschaftsgerichts bedarf, ist lebhaft umstritten. Der erkennende Senat hat in dem Beschlusse vom 8. Juli 1908 (RGZ. Bd. 69 S. 177) ausgesprochen, daß der mit seiner Ehefrau in Errungenschaftsgemeinschaft lebende Ehemann bei Erwerb eines Grundstücks zum Gesamtgut an diesem ohne Zustimmung der Frau für den Erwerbspreis eine Hypothek bestellen kann. Dem Oberlandesgericht Darmstadt (Beschluß vom 8. September 1909, Seuff. Arch. Bd. 65 Nr. 12, auch Rechtspr. d. OLG. Bd. 21 S. 286) ist zuzugeben, daß die Gründe jener Reichsgerichtsentscheidung nicht ohne weiteres auf den gegenwärtigen Rechtsfall Anwendung finden können, weil die Rechtsstellung des gütergemeinschaftlichen Ehemanns zum Gesamtgut nicht die gleiche ist, wie diejenige, welche der Vater in bezug auf das Vermögen seiner minderjährigen Kinder einnimmt, und namentlich die gesetzlichen Vorschriften hinsichtlich der Begrenzung der Verfügungsgewalt in beiden Fällen nicht übereinstimmen. Im Ergebnis ist jedoch der jetzigen Auffassung des Kammergerichts beizutreten.

Auszugehen ist von den Bestimmungen des § 1821 BGB. Danach bedarf der Vormund der Genehmigung des Vormundschaftsgerichts bei der Verfügung über ein Grundstück oder über ein Recht an einem solchen (Nr. 1) sowie über eine Forderung, die auf die Übertragung des Eigentums an einem Grundstücke gerichtet ist, und über die weiteren in Nr. 2 angeführten Ansprüche. Um die Durchführung dieser Bestimmungen zu sichern, ist in Nr. 3 des § 1821 weiter vorgeschrieben, daß auch zur Eingehung der Verpflichtung zu einer Verfügung der in Nr. 1 und 2 gedachten Art die gleiche Genehmigung erfordert wird. Endlich wird laut Nr. 4 die vormundschaftsgerichtliche Genehmigung verlangt zu einem Vertrage, der auf den entgeltlichen Erwerb eines Grundstücks oder eines Rechts an einem Grundstücke gerichtet ist. Unter der Verfügung im Sinne der Nr. 1 ist nicht nur die Übereignung, sondern auch die Belastung des Grundstücks mit einem dinglichen Rechte, insbesondere einer Hypothek, zu verstehen. Hat der Vormund ein Grundstück für den Mündel erworben und die Bestellung einer Hypothek an dem gekauften Grundstücke zur Sicherung des Restkaufgelds übernommen, so setzt die Einräumung der Hypothek, auch wenn sie gleichzeitig mit der Umschreibung des Grundstücks bewilligt, beantragt und vom Grundbuchamt ausgeführt wird, doch begrifflich das Eigentum des Mündels am Grundstücke voraus. Die Ansicht, daß die Belastung eines für den Mündel neu erworbenen Grundstücks mit einer Hypothek zur Deckung des Erwerbspreises unter Nr. 1 des § 1821 fällt, läßt sich deshalb mit dem Wortlaut dieser Vorschrift vereinbaren. Allein der Zweck des Gesetzes und der Zusammenhang seiner Einzelvorschriften stehen dieser Auffassung entgegen. Den Bestimmungen in § 1821 Nr. 1 bis 3 liegt der Gedanke zugrunde, daß der vorhandene Grundbesitz, als eine besonders wertvolle Art des Vermögens, dem Mündel regelmäßig ungeschmälert zu erhalten ist und deshalb nur unter erschwerenden Umständen soll veräußert und belastet werden können (Motive zum I. Entw. BGB. Bd. 4 S. 1136 flg.). Dagegen ist der entgeltliche Erwerb von Grundstücken für den Mündel in Ziffer 4 deshalb der vormundschaftsgerichtlichen Genehmigung unterworfen, weil es sich um ein nur ausnahmsweise vorkommendes Geschäft von besonderer Wichtigkeit handelt (Motive Bd. 4 S. 1140 zu 5). Die Nummern 1 bis 3 des § 1821 treffen also die Verminderung des Grundvermögens, während sich Nr. 4 auf die Vermehrung des Grundbesitzes bezieht. Daraus ist zu folgern, daß die Entgegennahme der Auflassung eines erworbenen Grundstücks, obwohl darin eine Verfügung über die Forderung auf Übertragung des Eigentums zu finden ist, doch nicht unter Nr. 2 des § 1821 fällt. Denn diese Bestimmung will nur eine solche Verfügung über den Übereignungsanspruch ohne Mitwirkung des Vormundschaftsgerichts verhindern, durch welche der Mündel (z. B. durch Abtretung des Anspruchs) einen Rechtsverlust erleidet, der den Grundstückserwerb vereitelt oder erschwert. Das ist aber gerade nicht der Fall, wenn der Mündel in Erfüllung des Anspruchs durch Auflassung und Umschreibung endgültig das Eigentum am Grundstücke erlangt (vgl. Planck Anm. II 2 zu § 1643; Predari GBO. S. 330; Arnheim GBO. S. 415; K. v. RGR. Bem. 1 zu § 1643; a. A. namentlich Staudinger Anm. II b zu § 1821, Anm. II 2 zu § 1643). Eben weil es sich um den Erwerb eines Grundstücks handelt, bedingt die Bestellung einer Hypothek zur Deckung des Erwerbspreises nicht die Anwendung der Ziffer 1 des § 1821. Das wirtschaftliche Ergebnis, das mit dem Abschlusse des Grundstückserwerbsvertrags von vornherein erstrebt und durch dessen Erfüllung erreicht wird, ist, daß ein wenn auch belastetes Grundstück neu in das Vermögen des Mündels eintritt. Hierdurch wird aber das Grundvermögen des Mündels vermehrt. Diese nach der Verkehrsauffassung wesentliche Tatsache, nicht die Betrachtung, daß sich das Rechtsgeschäft aus dem Erwerb des Eigentums und der Begründung der Hypothek zusammensetzt, ist für die Nichtanwendung der Nr. 1 des § 1821 maßgebend, da diese Vorschrift lediglich die Erhaltung des vorhandenen Grundbesitzes zum Ziele hat und dessen Verminderung von der Genehmigung des Vormundschaftsgerichts abhängig macht (vgl. RGZ. Bd. 69 S. 179/180). Als Wille des Gesetzes ist demnach anzunehmen, daß die Nr. 1 bis 3 des § 1821 lediglich die Veräußerung und Belastung des vorhandenen Grundbesitzes und der ihm gleichgestellten Ansprüche betreffen, bei dem Erwerb eines Grundstücks aber allein die Nr. 4 Platz greift, wobei gleichgültig ist, in welcher Art der Erwerbspreis beglichen wird. In den ersteren Fällen bedarf sowohl die dingliche Verfügung, wie die auf ihre Herbeiführung gerichtete schuldrechtliche Verpflichtung der vormundschaftlichen Genehmigung, welche selbstverständlich in einer Verfügung erteilt werden kann, während bei dem Grundstückserwerbsvertrage nur die schuldrechtlichen Vereinbarungen der Genehmigung unterliegen.

Kraft der elterlichen Gewalt hat der Vater das Recht und die Pflicht, auch für das Vermögen seiner minderjährigen Kinder zu sorgen (§§ 1626, 1627 BGB.). Darin liegt grundsätzlich die Befugnis, das ganze Kindesvermögen zu verwalten (§ 1638) und die Vertretung des Kindes in allen vermögensrechtlichen Angelegenheiten § 1630). Hieraus folgt, daß der Vater über das Kindesvermögen insoweit frei verfügen kann, als das Gesetz ihm nicht besondere Beschränkungen auferlegt. In dieser Hinsicht schreibt § 1643 BGB. vor, daß der Vater zu gewissen Rechtsgeschäften der Genehmigung des Vormundschaftsgerichts in gleichem Maße bedarf, wie der Vormund, in anderen Fällen aber freier gestellt ist. Namentlich ist diese Genehmigung nicht erforderlich zu einem Vertrage, der auf den entgeltlichen Erwerb eines Grundstücks gerichtet ist, weil § 1821 Abs. 1 Nr. 4 im § 1643 nicht angezogen ist. Danach ist der Vater in der Ausgestaltung des schuldrechtlichen Grundstückserwerbsvertrags völlig frei und er ist deshalb ohne Zustimmung des Vormundschaftsgerichts befugt, das Kind zur Bestellung einer Hypothek für den gestundeten Teil des Erwerbspreises zu verpflichten. Aus dem Umstande, daß der die rechtliche und wirtschaftliche Grundlage für die Erfüllungshandlungen bildende schuldrechtliche Vertrag frei ist, rechtfertigt sich der Schluß, daß auch die dinglichen Verfügungen, welche der Erfüllung dienen, der Fürsorge des Vormundschaftsgerichts entzogen sind. Es würde sonst nicht nur die dem Vater vom Gesetze gewährte Bewegungsfreiheit stark verkümmert, sondern auch die Verkehrssicherheit gefährdet werden. Für den Käufer besteht regelmäßig kein Zwang zum Erwerb eines Grundstücks und deshalb, von seltenen, einer besonderen Berücksichtigung im Gesetze nicht bedürfenden, Ausnahmefällen abgesehen, auch nicht die Gefahr, daß der Vater in Ausübung seiner väterlichen Fürsorge einen zu hohen Erwerbspreis vereinbart (RGZ. Bd. 69 S. 179/180). Aus ähnlichen Erwägungen hat das Gesetz zwar den Verkauf eines Grundstücks durch die Formvorschrift des § 313 BGB. schützen zu müssen geglaubt, aber die Verpflichtung zum entgeltlichen Erwerb eines Grundstücks dieser Formvorschrift nicht unterworfen (wie hier Güthe GBO.[3] II S. 1660; Arnheim GBO.[2] S. 415; Dernburg, Bürgerliches Recht Bd. 4 § 78; a. A. namentlich RGR. Komm. Anm. 1 zu § 1643 BGB.; Planck Anm. IIIa zu § 1643 BGB.; Staudinger Anm. II 1 zu § 1643, vgl. auch Staudinger zu § 1445 Anm. IIa β; OLG. München 30. November 1903 Samml. 4 S. 945 u. a.). Hiernach bedurfte die Bestellung der Restkaufgeldhypothek nicht der Genehmigung des Vormundschaftsgerichts; der vom Kammergericht wegen deren Fehlens einstweilen angeordnete Widerspruch entbehrte daher der gesetzlichen Grundlage.

106. Handelt ein Schutzmann, der bei der Verfolgung eines Verdächtigen einen Unbeteiligten umrennt, diesem gegenüber in Ausübung der ihm anvertrauten öffentlichen Gewalt oder nur in Veranlassung oder bei Gelegenheit dieser Ausübung?

III. Zivilsenat. Urt. v. 4. Juli 1924 i. S. Preuß. Staat (Bekl.) w. K. (Kl.). III 924/24.

I. Landgericht I Berlin. — II. Kammergericht daselbst.

Die Klägerin stürzte am 19. September 1919 abends gegen 10 Uhr auf dem Bürgersteige des Vorplatzes zum Potsdamer Bahnhof in Berlin und erlitt einen Bruch des rechten Oberschenkels. Sie führte den Fall auf eine fahrlässige Amtspflichtverletzung des Schutzmanns B. zurück, der, einen jugendlichen Straßenhändler verfolgend, sie umgerannt habe, und verlangte vom beklagten preußischen Staat Schadensersatz durch Bezahlung bestimmter Beträge für Auslagen und Schmerzensgeld, sowie Gewährung einer Unterhaltsrente für Beeinträchtigung der Erwerbsfähigkeit, ferner Feststellung der Ersatzpflicht für weiteren Schaden. Die erste Instanz gab der Klage im wesentlichen statt. Das Berufungsgericht wies die Berufung des Beklagten zurück und erklärte den Zahlungsanspruch und den Rentenanspruch der Klägerin dem Grunde nach für gerechtfertigt. Die Revision des Beklagten wurde zurückgewiesen.

Aus den Gründen:

... In der Sache selbst stellt das Berufungsgericht fest, daß nicht der verfolgte Straßenhändler, sondern der ihn verfolgende Schutzmann die Klägerin umgerannt und so den Schaden verursacht habe. Die schuldhafte Amtspflichtverletzung des Schutzmanns aber, für die der Beklagte gemäß Art. 131 RVerf. in Verbindung mit dem preußischen Staatshaftungsgesetze vom 1. August 1909 einzustehen hat, findet das Berufungsgericht darin, daß er bei der Verfolgung des Händlers nicht oder doch zu wenig auf die entgegenkommende Klägerin geachtet und seine Bewegungen nicht so eingerichtet habe, daß ein Zusammenstoß vermieden wurde. Auch hiergegen sind rechtliche Bedenken nicht zu erheben. Unbegründet ist vor allem der Standpunkt der Revision, daß nicht der Schutzmann, sondern die Klägerin die Schuld an dem Zusammenstoß trage. Der Schutzmann mußte, wie jeder, der es für nötig hält, auf einem verkehrsreichen Platze in Eile sich zu bewegen, dabei auf das Publikum gebührend Rücksicht nehmen. Daß er sich im Dienste befand und die Ausübung des Dienstes ihn zur Eile veranlaßte, konnte ihn von jener Rücksicht nicht entbinden. Da er es war, der durch die Verfolgung des Händlers den regelmäßigen Gang des Verkehrs störte, lag auch in erster Linie ihm, nicht der Klägerin und den übrigen dort verkehrenden Personen, die Pflicht ob, die Gefahren des Verkehrs zu beachten und einen Zusammenstoß zu vermeiden. Daß ihm dies bei Anwendung der gebotenen Sorgfalt möglich war, nimmt das Berufungsgericht ersichtlich an, und der feststehende Sachverhalt bietet keinen Anhaltspunkt für das Gegenteil. Selbst wenn die Klägerin, wofür übrigens nichts vorliegt, gegenüber dem unerwarteten Vorgange sich ungeschickt benommen hätte, würde ein darin liegendes Verschulden gegenüber demjenigen des in erster Linie verantwortlichen Schutzmanns doch so zurücktreten, daß ihm selbst unter dem Gesichtspunkt des § 254 BGB. ein erhebliches Gewicht nicht beizumessen wäre. Unbegründet ist aber auch die Behauptung der Revision, daß der Schutzmann, wenn überhaupt schuldhaft, jedenfalls nicht in Ausübung der ihm anvertrauten öffentlichen Gewalt, sondern nur in Veranlassung, d. h. nur bei Gelegenheit dieser Ausübung, die Klägerin verletzt habe. Eine Amtspflicht zu sorgfältigem Vorgehen lag dem Schutzmanne nicht nur gegenüber dem Verfolgten, sondern auch gegenüber allen Unbeteiligten ob, deren Weg er bei seiner Amtshandlung, der Verfolgung des Händlers, berührte. Auch der unbeteiligte Dritte muß gegen unberechtigte Wirkungen von Amtshandlungen geschützt werden. Neben die Amtspflicht der Sorgfalt gegenüber demjenigen, gegen den sich die Amtshandlung nach dem Willen des Beamten richtet, tritt als Amtspflicht die Fürsorge gegenüber Dritten der Art, daß sie nicht durch die gegen andere Personen gerichtete Amtshandlung verletzt werden. Die Meinung, daß es nur auf die Willensrichtung des Beamten ankomme, von einer die Staatshaftung begründenden Amtspflichtverletzung also nur gegenüber den Personen die Rede sein könne, gegen die sich die Amtshandlung mit dem Willen des Beamten richte (vgl. Coester, Jahrbuch des öffentlichen Rechts der Gegenwart Bd. V 1911 S. 314 Anm. 2; ebenso Simon, Haftung der Verbände des öffentlichen Rechts usw. 1913 S. 43; Reimer, Amtshaftung 1919 S. 30), legt dem Willen des Beamten eine ungebührlich ausgedehnte Bedeutung bei und steht auch nicht im Einklange mit den in der Rechtsprechung des Senats anerkannten Grundsätzen (vgl. RGZ. Bd. 91 S. 381, 384). Sache freier Willensentschließung des Schutzmanns war es, ob er den Händler verfolgen, also eine Amtshandlung vornehmen wollte. Die mit dieser Amtshandlung verbundenen Pflichten aber konnten nicht durch den Willen des Beamten auf die Person desjenigen beschränkt werden, gegen den sich die Amtshandlung richtete.

107. Zur Auslegung des § 21 der Telegraphenordnung.

III. Zivilsenat. Urt. v. 4. Juli 1924 i. S. M.-J.-G. m. b. H. (Kl.) w. Deutsches Reich (Bekl.). III 596/23.

I. Landgericht Hamburg. — II. Oberlandesgericht daselbst.

Die Klägerin gab am 3. Juni 1922 beim Postamt 5 in Hamburg ein Telegramm zur Beförderung nach Schweden auf. Das Postamt nahm das Telegramm nebst der Bezahlung für dessen Beförderung an und leitete es auch ans Telegraphenamt weiter. Dort aber geriet das Telegramm in Verlust, und seine Absendung unterblieb. Für den ihr hierdurch entstandenen Schaden von 300 schwedischen Kronen machte die Klägerin das Deutsche Reich verantwortlich. Mit ihrer Klage in beiden Vorinstanzen abgewiesen, legte sie Revision ein. Diese wurde zurückgewiesen.

Gründe:

Nach den Urteilsfeststellungen ist das den Schaden verursachende Ereignis, nämlich der Verlust des Telegramms, im Bereich der Telegraphenverwaltung eingetreten. Für die Rechtsbeziehungen zwischen ihr und der Klägerin ist § 21 I Telegraphenordnung vom 16. Juni 1904 in der Fassung vom 22. Dezember 1921 (RGBl. S. 1600 Nr. 10) maßgebend (vgl. § 2 Ges. v. 8. September 1919/6. Mai 1920 RGBl. S. 1522/894 Verhandlungen der Nationalversammlung Anlagen Bd. 338/342 Drucksache Nr. 811/2673 S. 4/6). Diese Bestimmung bildet die Unterlage des zwischen der Klägerin und der genannten Verwaltung durch Aufgabe und Entgegennahme des Telegramms geschlossenen Beförderungsvertrags (RGZ. Bd. 91 S. 64, Bd. 107 S. 275). Nach ihr leistet die Telegraphenverwaltung für die richtige „Überkunft" der Telegramme keine Gewähr und hat Nachteile, die durch Verlust, Entstellung oder Verspätung derselben entstehen, nicht zu vertreten. Sie hat daher auch, wie die beiden Vorinstanzen zutreffend angenommen haben, für den hier etwa entstandenen Schaden nicht zu haften. Die Anführung der Revision, daß ein Telegramm im Sinne jener Bestimmung erst dann vorliege, wenn die aufgegebene „Depesche" wirklich abtelegraphiert worden sei, ist als zutreffend nicht anzuerkennen. Telegramm im Sinne der gesamten Telegraphenordnung ist jedes zur Beförderung durch den Telegraphen vorgelegte Schriftstück, selbst dann, wenn dessen Beförderung abgelehnt worden oder sogar ausgeschlossen ist. Dafür, daß gerade in § 21 I dem Worte ein anderer Sinn beigelegt sein soll, fehlen äußere und innere Gründe.

Die Revision behauptet, der Beklagte habe selbst anerkannt, daß die Ablehnung seiner Haftung erst mit der Beförderung beginne; er habe nämlich angeführt, der Verlust des fraglichen Telegramms sei nach der Aufgabe während der Beförderung eingetreten, als Beförderung gelte aber schon die Übermittelung vom Postamt an das Telegraphenamt zwecks Weiterbeförderung; letzteres sei allerdings rechtsirrig, denn erst mit der Übertragung der Depesche auf den Apparat beginne die Leistung des Telegraphenamts. Weder ist dieser Rechtsauffassung der Klägerin beizupflichten, noch mußte aus jener Anführung des Beklagten ein Zugeständnis entnommen werden. Schon aus § 4 der Telegraphenordnung ergibt sich, daß die Leistung des Telegraphenamts bereits mit der Annahme des Telegramms beginnen kann und in jedem Falle beginnt sie sogleich dann, wenn das Amt mit dem aufgegebenen Telegramm dienstlich befaßt wird. Für jede in diesen Bereich fallende, an sich demnach von der Telegraphenverwaltung zu vertretende Tätigkeit oder Unterlassung, auch wenn sie, wie hier, die Überkunft oder Zustellung des Telegramms geradezu vereitelt, ist die Haftung der Telegraphenverwaltung durch § 21 I der Telegraphenordnung ausgeschlossen.

Daraus, daß bei der letzten, jetzt geltenden Fassung des § 21 I die Bestimmung eingefügt worden ist, daß auch die Nachteile nicht zu vertreten sind, die durch Auflieferung und Zustellung der Telegramme durch Fernsprecher oder Nebentelegraphen entstehen, ist Gegenteiliges nicht herzuleiten. Diese Bestimmung dehnt die Haftungsbefreiung auf Fälle aus, deren Einbeziehung unter den § 21 I in seiner bisherigen Fassung zweifelhaft sein konnte. Daraus ist aber nicht zu folgern, daß die Haftung nicht bisher schon bei solchen Vorkommnissen ausgeschlossen gewesen sei, die sich wie der vorliegende Fall auch im altüberkommenen Betriebe ereignen konnten. Einer Heranziehung der Postordnung und des Art. 8 des internationalen Telegraphenvertrags bedarf es hiernach nicht.

---

108. Begründet die Überlassung von Bahnhofsräumen zum Betriebe eines Wechselgeschäfts Miete oder ein gemischtes Vertragsverhältnis?

III. Zivilsenat. Urt. v. 11. Juli 1924 i. S. W. & Co. (Bekl.) w. Deutsche Reichsbahn (Kl.). III 610/23.

I. Landgericht München I. — II. Oberlandesgericht daselbst.

Auf Grund eines „Pachtvertrags" vom 3. April 1902, wiederholt, zuletzt am 21. Juni 1920, verlängert und ergänzt, hatte die Klägerin der Beklagten den Betrieb einer Wechselstube im M.er Hauptbahnhof übertragen und zu diesem Zweck einen Raum im Mittelbau des alten Betriebshauptgebäudes überwiesen und die Ausstattung nach dem Hausinventar überlassen; die übrigen zur Ausübung ihres Gewerbes erforderlichen Gegenstände hatte die Beklagte selbst zu beschaffen. Die Verträge enthielten außerdem Bestimmungen darüber, zu welchen Stunden die Wechselstube offengehalten werden mußte, ferner über die Sorgfaltspflicht der Beklagten bei Auswahl des Geschäftsführers — eine sich als ungeeignet erweisende Persönlichkeit hatte die Beklagte auf Verlangen der Klägerin sofort zu entfernen —, endlich dahin, daß der Beklagten alle anderen Geschäfte als der Geldwechsel untersagt waren. Die Klägerin kündigte den Vertrag für den 1. Januar 1923. Die Beklagte erachtete die Kündigung für wirkungslos, weil das Mieteinigungsamt die Genehmigung nicht erteilt habe. Mit der Klage verlangte die Klägerin die Verurteilung der Beklagten, daß diese ihren bankgeschäftlichen Betrieb im Hauptbahnhof M. einzustellen und die dort von ihr benutzten Räumlichkeiten zu räumen habe. Das Landgericht wies die Klage ab. Das Berufungsgericht verurteilte die Beklagte nach dem Klagantrag. Ihre Revision wurde zurückgewiesen.

Aus den Gründen:

Die Beklagte hält den Vertrag für einen Mietvertrag und daher die Kündigung, in Ermangelung der Zustimmung des Mieteinigungsamts, für unwirksam. Der Berufungsrichter hat diesen Einwand ohne Rechtsverstoß zurückgewiesen.

Das im Eigentum der Klägerin stehende und ihrer Verfügungs- und Verwaltungsbefugnis unterliegende Bahnhofgebäude ist von Hause aus nicht dazu bestimmt, privaten Gewerbetreibenden die Ausübung ihres Geschäftsbetriebs zu ermöglichen. Es dient vielmehr öffentlichen Interessen, nämlich der Abwickelung des Reiseverkehrs und der Güterbeförderung. Im Interesse dieses öffentlichen Verkehrs hat die Klägerin zu prüfen und zu entscheiden, ob und welche Hilfsbetriebe neben dem Eisenbahnverkehr selbst in einem Gebäude von dem Umfang und der Bedeutung des Hauptbahnhofs M. zuzulassen sind. Die Klägerin hat die Eingliederung einer Wechselstube für geboten erachtet, und zu dem Ende der Beklagten den Betrieb des Bankgewerbes in der ausdrücklichen Beschränkung auf das Geldwechselgeschäft gestattet, zugleich aber die Beklagte ihren Weisungen unterworfen, und zwar nicht etwa bloß hausordnungsmäßigen Beschränkungen, wie sie sonst auch bei unzweifelhaften Mietverhältnissen vorkommen, sondern auch Beschränkungen in rein gewerblicher Hinsicht. Namentlich mußte die Beklagte das Geschäft zu ganz bestimmten Zeiten offenhalten; sie durfte den Betrieb mithin überhaupt nicht willkürlich oder einseitig in ihrem Interesse schließen oder aufgeben, war vielmehr zur Führung des Geschäfts der Klägerin gegenüber verpflichtet. Selbst so einschneidende Eingriffe in die Geschäftsführung wie das Verlangen nach Entfernung eines ungeeigneten

Geschäftsführers hat die Klägerin sich vertragsmäßig vorbehalten. Wie der Berufungsrichter angesichts dieses Sachverhalts zutreffend hervorhebt, war das Wesentliche an dem Vertragsverhältnis die Gestattung des Gewerbebetriebs, mit welcher Befugnis die Pflicht der Beklagten zur Führung des Betriebs Hand in Hand ging; die Überlassung eines geeigneten Raumes für diesen Betrieb war nur die nebenhergehende, selbstverständliche Folge. Wenn der Berufungsrichter weiter es abgelehnt hat, den Vertrag der Parteien als ein reines, in Ansehung einer Kündigung der Zustimmung des Mieteinigungsamts bedürftiges Mietverhältnis anzusehen, so ist ihm auch hierin beizutreten.

Zwar ist die bloße Raumüberlassung an und für sich nicht als Pacht zu beurteilen. Nach den Feststellungen des Berufungsrichters hat die Klägerin der Beklagten nur die hausordnungsmäßige Einrichtung des Raumes mit überlassen; es darf unbedenklich unterstellt werden, daß die überlassenen Gegenstände nicht eben dem Betrieb des Geldwechselgeschäfts dienten. Auch die bloße günstige Geschäftslage genügt nicht, um den Raum als zur Fruchtziehung geeignet erscheinen zu lassen. Aber der Berufungsrichter hat hervorgehoben, daß die Raumüberlassung im vorliegenden Fall überhaupt nicht das Entscheidende war. Diese Annahme läßt, wie bereits erwähnt, einen Rechtsirrtum auch insoweit nicht ersehen, als sie nicht, weil auf dem Gebiet tatsächlicher Würdigung liegend, ohnehin den Angriffen der Revision entzogen ist. Entscheidend ist die Gestattung der Ausübung des Geschäftsbetriebs; dies ist, weil auf Gestattung der Ausübung eines Rechts gerichtet, ein Element des Pachtvertrags. Daneben tritt in der Bindung, der sich die Beklagte der Klägerin gegenüber in der Ausübung des Geschäftsbetriebs unterworfen hat, ein Element des Dienstvertrags; und endlich ist in der bloßen Raumüberlassung eine dem Mietvertrag entsprechende Gestaltung zu erblicken. Ohne Rechtsirrtum hat nach alledem der Berufungsrichter den Vertrag als einen gemischten Vertrag gekennzeichnet, in welchem keinesfalls das Element der Miete dergestalt überwiegt, daß darum das Rechtsverhältnis im ganzen den Rechtsregeln von der Miete zu unterstellen wäre. Darauf, wie die Parteien das Rechtsverhältnis bezeichnet haben, kommt es, wie der Berufungsrichter richtig bemerkt, nicht an.

---

109. Ist das Reich befugt, auf Grund des Art. 15 der Personalabbauverordnung vom 27. Oktober 1923 (RGBl. I 999 flg.) Angestellte, die Mitglieder einer Betriebsvertretung sind, ohne deren Zustimmung zu entlassen?

III. Zivilsenat. Urt. v. 11. Juli 1924 i. S. Deutsches Reich (Bekl.) w. B. (Kl.). III 229/24.

I. Landgericht Kiel. — II. Oberlandesgericht daselbst.

Der Kläger war durch Privatdienstvertrag bei dem Landesfinanzamt in K. angestellt. Er war Vorsitzender des Angestelltenrates und des Betriebsrats des Landesfinanzamts und außerdem Vorsitzender des Bezirksbetriebsrats für die Provinz Schl.-H. Ihm wurde auf Grund des Art. 15 der Personalabbauverordnung (PAV.) vom 27. Oktober 1923 rechtzeitig zum 31. Dezember 1923 gekündigt. Die Genehmigung der Betriebsvertretung war nicht eingeholt worden. Der Kläger hielt deshalb die Kündigung auf Grund der §§ 95, 96 des Betriebsrätegesetzes vom 4. Februar 1920 (BRG.) für unwirksam und begehrte die Feststellung ihrer Ungültigkeit. Das Landgericht wies die Klage ab, das Oberlandesgericht gab ihr statt. Auf die Revision des Beklagten wurde das landgerichtliche Urteil wiederhergestellt.

Gründe:

Die Entscheidung des Rechtsstreits hängt davon ab, ob durch Art. 15 § 1 Nr. 1 PAV. für den Beklagten eine gesetzliche Pflicht zur Entlassung des Klägers i. S. des § 96 Abs. 2 Nr. 1 BRG. begründet worden ist oder nicht. Das Oberlandesgericht verneint es, weil Satz 2 des Art. 15 § 1 Nr. 1 den im Satze 1 enthaltenen Gesetzesbefehl wieder einschränke und dem Ermessen des Arbeitgebers Spielraum lasse, welchen Angestellten er kündigen wolle. Dieser Auffassung ist nicht beizupflichten. Sie berücksichtigt in einseitiger Weise lediglich an sich berechtigte Interessen der Arbeitnehmer, wird aber dem Sinne und Zwecke der Personalabbauverordnung und den von ihr zu schützenden und geschützten Interessen des Reiches nicht gerecht.

Anlaß zur Personalabbauverordnung gaben der völlige Währungsverfall und die Finanznot des Reiches. Das Reich hatte nur die Wahl zwischen finanziellem Zusammenbruch und harten Eingriffen in die Rechte Dritter, insbesondere in die seiner Beamten und Angestellten. Die Personalabbauverordnung ist ein gegen diese gerichtetes Ausnahmegesetz, das nur in den damaligen Bedrängnissen des Vaterlandes seine Rechtfertigung findet. Sollte dem Reiche geholfen werden, so mußte schnell gehandelt werden. Deshalb erging das Gesetz vom 13. Oktober 1923, das die Reichsregierung ermächtigte, die von ihr für dringend notwendig erachteten Maßnahmen auf finanziellem, wirtschaftlichem und sozialem Gebiete — notfalls sogar unter Abweichung von den Grundrechten der Reichsverfassung — ohne Mitwirkung der verfassungsmäßigen Gesetzgebungsorgane zu treffen. Eine dieser Maßnahmen war die Personalabbauverordnung vom 27. Oktober 1923. Sie sollte dem Reiche durch Entlassung von Beamten und Angestellten bedeutende Ersparnisse an Gehältern und Löhnen bringen und konnte ihren Zweck um so nachhaltiger erfüllen, je schneller sie durchgeführt wurde. Ein schneller Abbau wäre aber kaum möglich gewesen, wenn bei ihm die Organe, welche von der sozialen Gesetzgebung zur Verhinderung von Härten und Unbilligkeiten bei Entlassungen von Arbeitnehmern geschaffen waren, den von den Behörden ausgesprochenen Kündigungen hätten entgegentreten dürfen. Hätte die Entlassung von Angestellten bei Widerspruch des Angestelltenrates oder des Schlichtungsausschusses nicht oder nur unter Geldopfern (§§ 84, 87 BRG.) erfolgen können und hätte Betriebsratsmitgliedern nur mit Genehmigung der Betriebsvertretung (§ 96 Abs. 1 BRG.) gekündigt werden dürfen, so wären Meinungsverschiedenheiten und Reibungen zwischen den Behörden und den Arbeitnehmerorganen unvermeidbar und auf eine glatte und erfolgreiche Durchführung des Abbaues nicht zu hoffen gewesen. Es war somit die Gefahr nicht von der Hand zu weisen, daß durch die Mitwirkung von Arbeitnehmerorganen bei dem Abbau, ganz abgesehen von dem Aufwande an Zeit, Mühe und Kosten, den sie notgedrungen mit sich brachte, die Ziele und Zwecke der Personalabbauverordnung mehr oder weniger vereitelt wurden. Wollte die Regierung das verhüten, so lag es nicht nur nahe, sondern erschien geradezu geboten, die Hindernisse, welche die §§ 84, 86, 87 und 96 Abs. 1 BRG. einer zweckentsprechenden Abwicklung des Abbaues bereiten konnten, zu beseitigen. Das hat die Regierung als Gesetzgeber auch getan. Sie hat den ihr durch die §§ 85 Abs. 2 Nr. 1 und 96 Abs. 2 Nr. 1 BRG. gewiesenen Weg betreten und den Reichsbehörden die Entlassung sämtlicher Angestellten zur gesetzlichen Pflicht gemacht. Das ist in Art. 15 § 1 Nr. 1 Satz 1 PAV. klar und deutlich ausgesprochen. Das Reich als Arbeitgeber hat grundsätzlich alle Angestellten zu entlassen. Ausnahmen sind nur da zulässig, wo zwingende dienstliche Rücksichten der Entlassung entgegenstehen. Nicht in das Belieben, nicht in das freie oder billige Ermessen eines Vorgesetzten ist es gestellt, lediglich das objektive dienstliche Interesse entscheidet, ob und welche Ausnahmen von dem Entlassungsbefehl zu machen seien. Darüber aber, ob und wo ein solches dienstliches Interesse vorliegt, haben nach allgemeinen staatsrechtlichen Grundsätzen nur die Behörden als öffentlich-rechtliche Organe des Reiches zu befinden, sie sind auch der Natur der Sache nach allein in der Lage dazu. Die Entscheidung über zwingende Dienst- und Staatsnotwendigkeiten kann unmöglich einem Angestellten- oder Betriebsrat oder einem Schlichtungsausschusse überlassen werden. Das würde aber tatsächlich geschehen, wenn die §§ 84 und 96 Abs. 1 BRG. der Personalabbauverordnung gegenüber Geltung behalten hätten.

Daß die eben gegebene Auslegung des Art. 15 PAV. auch wirklich dem Willen des Gesetzgebers entspricht, erhellt aus Art. 16 das., durch den er das Reich von den Kündigungsbeschränkungen der Demobilmachungsverordnung vom 12. Februar 1920 (RGBl. S. 218) und des Gesetzes vom 17. Juli 1923 (RGBl. S. 648) befreit hat. Das Reich mußte und sollte bei den Entlassungen völlig freie Hand haben.

Auch aus dem Umstande, daß Art. 16 PAV. die Anwendung des § 84 Nr. 4 BRG., dessen Nichtanwendbarkeit für die in Art. 15 PAV. genannten Angestellten sich schon aus § 85 Abs. 2 Nr. 1 BRG. in Verbindung mit Art. 15 § 1 Satz 1 PAV. ergibt, nochmals ausdrücklich ausschließt, kann der Kläger nichts für sich herleiten. Denn der Personenkreis, den Art. 16 im Auge hat, ist ein weiterer als der des Art. 15. Während dieser nur von Angestellten spricht, werden im Art. 16 auch Arbeiter als abbaufähig angeführt. Hinsichtlich der Arbeiter besteht aber kein gesetzlicher Entlassungszwang für das Reich. Für sie hat die Ausschaltung des § 84 Nr. 4 BRG. daher eine selbständige Bedeutung und einen guten Sinn. Für die Arbeiter behält es im Gegensatze zu den Angestellten des Art. 15 PAV. bei der Fortgeltung des § 84 Abs. 2 Nr. 1—3 sein Bewenden. Bei dieser Sachlage bedarf es keiner Erörterung, ob unter Art. 16 PAV., wie die Ausführungsbestimmungen 1 dazu vom 27. Februar 1924 (RGes.-Bl. Nr. 11) unter XII anzudeuten scheinen, auch Angestellte fallen, „die ihre Dienstbezüge aus öffentlichen Mitteln erhalten", ohne von dem Entlassungsbefehl des Art. 5 § 1 PAV. betroffen zu werden.

Daß durch diese Entlassungsregelung die durch § 84 und § 96 BRG. geschützten Arbeitnehmerinteressen verletzt werden, ist zuzugeben. Darüber dürfen sich aber die Angestellten des Reiches nicht beschweren. Ihre Interessen müssen hinter die des Reiches zurücktreten. Auch sie müssen auf wirtschaftlichem und sozialem Gebiete Opfer bringen, wie sie das Reich in seiner Not auch von vielen anderen Staatsbürgern zu verlangen gezwungen ist.

---

110. Darf in dem Falle, wenn ein Schiedsgericht über einen Grund des ihm unterbreiteten Klaganspruchs sachlich zuungunsten des Klägers entschieden, wegen eines anderen Klagegrundes aber den Kläger auf den ordentlichen Rechtsweg verwiesen und hierauf gemäß § 1039 ZPO. sein Verfahren abgeschlossen hat, das ordentliche Gericht, bei dem sodann der Kläger seinen Anspruch aus dem anderen Klagegrunde verfolgt, auf die Einrede des Beklagten aus § 274 Nr. 3 ZPO. die Klage mit der Begründung abweisen, das Schiedsgericht habe sich zu Unrecht für unzuständig erklärt?

VI. Zivilsenat. Urt. v. 16. September 1924 i. S. P. (Kl.) w. H.schen Rennverein (Bekl.). VII 765/23.

I. Landgericht Hannover. — II. Oberlandesgericht Celle.

Im Jahre 1920 hat der Beklagte im Wochenrennkalender für seine Bahn in H. unter dem Namen des Lübeck-Travemünder Rennklubs das sogenannte Oktober-Jagdrennen ausgeschrieben und dem Sieger einen ersten Preis und einen Ehrenpreis zugesagt, worauf der Kläger für das Rennen sein Pferd „Rumplertaube II" genannt hat. Am Morgen des Renntages erklärte der Generalsekretär des Beklagten, v. G., dem Trainer des Klägers, das Rennen sei wegen ungenügender Beteiligung zurückgezogen worden. Am Nachmittage erschien jedoch der Trainer mit Pferd und Reiter und bat, diese abzuwiegen und über die Bahn gehen zu lassen. Auf einen Widerspruch v. G.'s stand der Trainer von dem Vorhaben ab, legte aber schriftlichen Protest ein. Sodann erhob der Kläger vor dem Schiedsgericht des Beklagten Anspruch auf den ersten Preis und den Ehrenpreis. Das Schiedsgericht erkannte ihm 6500 ℳ zu und ordnete die Verlosung des Ehrenpreises zwischen ihm und dem Besitzer eines zweiten Pferdes an. Das von beiden Parteien mit der Berufung angegangene Große Schiedsgericht in B. hob den ersten Schiedsspruch auf und wies die Berufung des Klägers zurück. Es beurteilte den Anspruch P.s nach der Rennordnung als unbegründet, da dieser nicht sämtliche Bedingungen des Rennens wirklich erfüllt habe, und bemerkte, der aus der Erklärung v. G.'s „sich eventuell ergebende Regreßanspruch würde auf dem ordentlichen Rechtswege zu verfolgen sein". Der Kläger verlangte nunmehr mit der gerichtlichen Klage 10000 ℳ nebst Zinsen und den Ehrenpreis. Das Landgericht verwarf durch ein Zwischenurteil gemäß § 303 ZPO. die Einrede des Beklagten, daß die Entscheidung des Rechtsstreites durch Schiedsrichter zu erfolgen habe und die Sache bereits rechtskräftig durch Schiedsspruch entschieden sei, und gab durch Endurteil dem Klagebegehren statt. Auf Berufung des Beklagten wies das Berufungsgericht die Klage ab. Auf Revision des Klägers wurde die Sache an die Vorinstanz zurückverwiesen.

Gründe:

Das Berufungsurteil legt im ersten Teile seiner Begründung dar, daß das im schiedsrichterlichen wie im gerichtlichen Verfahren auf das Verhalten des Generalsekretärs v. G. gestützte Klagebegehren, das im ersten Verfahren als Erfüllungsanspruch, im letzteren Verfahren als Schadensersatzanspruch bezeichnet sei sachlich als Erfüllungsanspruch beurteilt werden müsse, und erwägt insofern im wesentlichen: In dem Verhalten v. G.'s könne der wirksame Erlaß einer Rennbedingung liegen, wonach diese als erfüllt zu unterstellen sei. Wenn das Große (Gr.)

Schiedsgericht dies verneine, so übersehe es, daß die Bestimmungen der Rennordnung, der ein solcher Erlaß fremd sei, der Abänderung durch Parteiwillkür nicht entzogen seien. Sei aber zu unterstellen, daß Rumplertaube II als einziges Pferd über die Bahn gegangen sei, so habe der Kläger den Erfüllungsanspruch aus dem Rennvertrage erworben. Ebensowohl könne das Verhalten v. G.'s als eine Verhinderung der Leistung des Klägers, die Stute über die Bahn gehen zu lassen, aufgefaßt werden. Da der Beklagte das Verhalten seines Erfüllungsgehilfen v. G. vertreten müsse, habe gemäß § 324 BGB. der Kläger seinen Anspruch auf die Gegenleistung behalten und könne auch in diesem Falle die Auszahlung der Preise als Erfüllung des Rennvertrages fordern. In beiden als möglich betrachteten Fällen sei also für einen Schadensersatzanspruch kein Raum. Danach schlage aber die Einrede der rechtskräftig durch Schiedsspruch entschiedenen Sache durch. Denn der Erfüllungsanspruch sei vom Gr. Schiedsgericht sachlich und für das Staatsgericht bindend abgewiesen worden.

In zweiter Reihe geht das Berufungsurteil davon aus, es handle sich um einen Schadensersatzanspruch, und erwägt von diesem Standpunkte aus: Das Schiedsgericht des Beklagten und das Gr. Schiedsgericht seien nach § 131 der preuß. Rennordnung vom 20. April 1920 zur Entscheidung aller Streitfälle zwischen den Parteien zuständig, „die Rennen betreffen". Wenn sich das Gr. Schiedsgericht zur sachlichen Prüfung von Schadensersatzansprüchen für unzuständig erklärt habe, so sei diese Willensäußerung kein Schiedsspruch im Sinne des Gesetzes und entbehre jeder Entscheidungskraft. Es komme auch keine Erledigung eines Schiedsvertrags in Frage. Denn das Gr. Schiedsgericht sei auf Grund der preuß. KabO. v. 5. Oktober 1846 (GS. S. 482), die sich gewohnheitsrechtlich in ganz Preußen durchgesetzt habe, angeordnet (§ 1048 ZPO.). Sodann legt das Urteil den bezeichneten § 131 mit eingehender Begründung dahin aus, daß die Vereinsschiedsgerichte und das Gr. Schiedsgericht über alle Streitfälle zu entscheiden haben, die mit Rennangelegenheiten zu tun haben, und kommt so zu der Annahme, daß, wenn der Klaganspruch ein Schadensersatzanspruch wegen Vereitelung eines Rennsieges wäre, dann die Einrede begründet sein würde, daß die Entscheidung des Rechtsstreits durch Schiedsgerichte zu erfolgen habe. Gegen diese Urteilsbegründung erheben sich Bedenken, die zur Aufhebung der angefochtenen Entscheidung und zur Zurückverweisung der Sache führen müssen.

In den aus dem Schiedsspruche des Gr. Schiedsgerichts zur Deutung seines entscheidenden Teiles heranzuziehenden Gründen ist ausgeführt, der Berufungskläger P. könne mit seinem Anspruche nicht durchdringen, da der Besitzer eines Pferdes nur dadurch Anspruch auf Auszahlung des Preises erhalte, daß er sämtliche Bedingungen des

Rennens auch wirklich erfülle, mit der einzigen Einschränkung, daß der Besitzer eines allein über die Bahn gehenden Pferdes bei Hindernisrennen berechtigt sei, vom Start aus auf beliebigem Wege zum Ziele zu reiten (§ 121 der Rennordnung); ein Erlaß dieser Bedingungen in der Richtung, daß die Erfüllung zu unterstellen sei, sei in der Rennordnung nicht vorgesehen; die Erklärung v. G.'s sei daher für das Gr. Schiedsgericht unbeachtlich; sie würde höchstens von Bedeutung sein, insoweit dadurch der Besitzer von „Rumplertaube II" sich von der Erfüllung des Rennens hätte abbringen lassen; der hieraus sich eventuell ergebende Regreßanspruch würde auf dem ordentlichen Rechtswege zu verfolgen sein, sowohl für den Fall, daß man in der Erklärung die Erteilung eines Rates oder, wie P. geltend mache, einen direkten Befehl erblicke, gegen den er sich nicht habe auflehnen können. Wie hieraus klar ersichtlich ist, hat das Gr. Schiedsgericht nach Prüfung des ihm vom Kläger unterbreiteten Anspruchs sachlich entschieden, daß die Rennordnung vom 20. April 1920 einen solchen Anspruch nicht gewähre, auch einen Erlaß ihrer Rennbedingungen, — die der Kläger tatsächlich nicht erfüllt hat, — nicht zulasse, es hat ferner mit der Möglichkeit gerechnet, daß der Kläger nach anderen Vorschriften, falls er sich durch die ihm gegenüber abgegebene Erklärung v. G.'s vom Rennen hätte abbringen lassen, einen Anspruch verfolgen könnte, aber angenommen, daß hierfür nur der ordentliche Rechtsweg offenstehe. Wenn das Berufungsurteil für den Fall, daß v. G. den Trainer des Klägers verhindert haben sollte, die Stute über die Bahn gehen zu lassen, einen Anspruch des letzteren nach § 324 BGB. als gegeben erachtet und annimmt, dieser Anspruch sei auf Erfüllung des Rennvertrags gerichtet, so ist das nicht zu beanstanden. Fehl geht aber das Urteil in seiner Ansicht, dieser Anspruch sei vom Gr. Schiedsgericht abgewiesen worden. Das Gr. Schiedsgericht rechnete mit einem solchen, nicht aus der Rennordnung herzuleitenden Anspruch als möglich, ist ihm aber sachlich und rechtlich nicht näher getreten, wie es ihn denn auch nicht treffend als Regreßanspruch bezeichnet hat, und es hielt sich zur Entscheidung über Verhältnisse, die nicht in der Rennordnung geregelt sind, nicht für zuständig und verwies daher insofern den Kläger auf den ordentlichen Rechtsweg.

Damit war dem Kläger ein Anspruch nach § 324 BGB. noch offen gehalten, und es kann keinem wesentlichen Bedenken unterliegen, die im vorliegenden Rechtsstreit verfolgte Klageforderung, wenn auch der Kläger dabei an einen Schadensersatzanspruch gedacht haben mag, unter dem rechtlichen Gesichtspunkte des § 324 zu beurteilen. Es müssen dann aber auch insofern die Bedenken nachgeprüft werden, die das Berufungsurteil für den Fall geltend macht, daß es sich um einen im schiedsrichterlichen Verfahren nicht abgesprochenen „Schadensersatzanspruch“ handle. Wäre diesen Bedenken durchgehends zu folgen, so müßte allerdings auf die Einrede aus § 274 Nr. 3 ZPO. die Klage der Abweisung unterliegen. Dies ist aber nicht der Fall. Zunächst darf dahinstehen, ob die Auslegung der Vorinstanz richtig ist, wonach die Schiedsgerichte über alle Streitfälle zu entscheiden haben, die mit Rennangelegenheiten zu tun haben. Mag auch die Frage zu bejahen sein, so hat doch vorliegend durch die Stellungnahme des Gr. Schiedsgerichts die schiedsrichterliche Zuständigkeit derart ihre Erledigung gefunden, daß der seiner Natur nach bürgerlich rechtliche Streitfall lediglich von den auf diesem Gebiet im allgemeinen zuständigen Staatsgerichten zu entscheiden ist.

Die vom Berufungsrichter für seine abweichende Ansicht angezogene KabO. v. 5. Oktober 1846, vgl. auch den Allerh. Erlaß v. 27. Mai 1861 (GS. S. 344), kommt hier nicht in Anwendung. Damals war das Verfahren der Schiedsgerichte in Rennangelegenheiten sondergerichtlich mit dem Ober-Tribunal in Berlin als Spitze geregelt. Gegenwärtig ist die von der Preuß. Staatsregierung am 20. April 1920 erlassene Rennordnung maßgebend, die das hier in Betracht kommende schiedsrichterliche Verfahren in den §§ 131 flg. zwar in Anlehnung an vorhandene Einrichtungen, indes sehr eingehend und auch mit ausdrücklichem Hinweise auf den § 1039 ZPO. (§ 133 RO.) regelt. Schon aus dem auch im Berufungsurteil angeführten § 1048 ZPO. ergibt sich, daß auf die preußischen Schiedsgerichte in Rennangelegenheiten die Bestimmungen des X. Buchs der Zivilprozeßordnung entsprechend anwendbar sind. Die Bestimmungen der Rennordnung vom 20. April 1920 sind aber auch als Bestandteile des Rennvertrags der Parteien anzusehen, und man darf daher geradezu von einem Schiedsabkommen der Parteien ausgehen und annehmen, daß auf die Rechtsbeziehungen der Parteien die §§ 1025 flg. ZPO. und die daraus von der Rechtsprechung entwickelten Rechtsgrundsätze unmittelbar anwendbar sind. Hier wäre unbedenklich eine Fortdauer der schiedsrichterlichen Zuständigkeit anzunehmen, wenn das Gr. Schiedsgericht nur eine Teilentscheidung erlassen hätte. Allein der Fall ist nicht gegeben. Das Gr. Schiedsgericht hat den Anspruch des Klägers auf die Preise geprüft, hat ihn sachlich abgewiesen, soweit die Rennordnung als Grundlage in Frage kam, und sich im übrigen für unzuständig erklärt und den Kläger an die ordentlichen Gerichte verwiesen. Es hat dann den Schiedsspruch den Parteien zustellen lassen, seine Niederlegung bei Gericht herbeigeführt und hiermit unzweideutig kundgegeben, daß das schiedsrichterliche Verfahren endgültig seinen Abschluß gefunden habe (RGZ. Bd. 74 S. 307). Ist die obenerwähnte „Auslegung der Vorinstanz“ als richtig anzuerkennen, so ist doch das Hindernis, das danach der Zuständigkeit der Staatsgerichte, über den Klaganspruch nach § 324 BGB. zu entscheiden, entgegenstand, mit dem vorliegenden Abschluß des schiedsrichterlichen Verfahrens behoben. Die Unzuständigkeitserklärung des Gr. Schiedsgerichts ist zwar kein Schiedsspruch im Sinne des Gesetzes, aber immerhin eine nach Beendigung des schiedsrichterlichen Verfahrens unabänderliche Willensäußerung.

Hätte sich das Gr. Schiedsgericht bei richtiger Auslegung der Rennordnung auch zur Entscheidung über einen aus dem Bürgerlichen Gesetzbuch herzuleitenden Anspruch des Klägers für zuständig erklären sollen, dann ist insofern durch seine gegenteilige Stellungnahme das Schiedsabkommen und ein weiteres schiedsrichterliches Verfahren unausführbar geworden, und daraus folgt notwendig, daß über einen solchen Anspruch der ordentliche Richter zu entscheiden hat. Dementsprechend hat das Gesetz den ähnlichen Fall geregelt, wenn eine im Schiedsvertrage zum Schiedsrichter ernannte Person die Übernahme des Schiedsrichteramts verweigert oder von dem mit ihr geschlossenen Vertrage zurücktritt. Ebenso wie solchenfalls nach § 1033 Nr. 1 ZPO. der Schiedsvertrag erlischt und damit für den ordentlichen Rechtsweg Raum wird, ist auch für die vorliegende Klage die Zuständigkeit des ordentlichen Richters anzunehmen. Anderseits liegt eine vergleichende Heranziehung des Falles nicht fern, wo ein Schiedsspruch gefällt, aber wegen eines Fehlers im Verfahren vom Staatsgericht auf eine Klage aus § 1041 ZPO. aufgehoben ist. Dort und, soweit die Unzuständigkeitserklärung des Gr. Schiedsgerichts reicht, auch hier ist das schiedsrichterliche Verfahren ergebnislos verlaufen. Nach feststehender Rechtsprechung des Reichsgerichts wird aber im Fall der Aufhebung eines Schiedsspruchs durch das Staatsgericht das schiedsrichterliche Verfahren nicht von neuem eröffnet, sondern unterliegt nunmehr der Streit allein der Entscheidung des ordentlichen Richters (vgl. z. B. RGZ. Bd. 41 S. 396, Warn. 1911 Nr. 143).

---

111. Nach welchen Grundsätzen ist die Höhe der Aufwertung eines Kaufpreises zu bemessen, insbesondere wenn aus einem Kaufgeschäft des Großhandels auf Lieferung gegen Zahlung geklagt wird?

I. Zivilsenat. Urt. v. 17. September 1924 i. S. Hamb. Eisenh. G. m. b. H. (Bekl.) und Firma Rh. (Nebenintervenientin) w. B. & Co. (Kl.). I 455/23.

I. Landgericht Hannover, Kammer f. Handelssachen. — II. Oberlandesgericht Celle.

Die Klägerin kaufte von der Beklagten am 15. September 1921 30 Tonnen Stabeisen zum Preise von 2600 *M* für je 1000 kg. Mit der Klage verlangt sie Verurteilung der Beklagten zur Lieferung.

Das Landgericht gab der Klage statt. Das Oberlandesgericht verurteilte die Beklagte zur Lieferung gegen Zahlung von 23400000 *M*. Die Revision der Nebenintervenientin hatte Erfolg.

Gründe:

Das Berufungsgericht hat angenommen, die Beklagte habe bei Fälligkeit der Lieferung in der zweiten Hälfte des März 1922 zu dem bedungenen Vertragspreise liefern müssen. Allerdings seien die Preise damals gegenüber der Zeit des Vertragsschlusses auf das Drei- bis Fünffache gestiegen gewesen; aber die Beklagte habe das Risiko der Preissteigerung auf sich genommen, indem sie im September 1921 auf langen Lieferungstermin zu festen Preisen verkauft habe. Für die Zeit nach März 1922 könne sie dagegen Aufwertung des Kaufpreises verlangen.

Die Revision wendet in erster Reihe ein, die Beklagte sei mit Recht vom Vertrage zurückgetreten, da die Geschäftsgrundlage sich schon im März 1922 grundlegend geändert habe. Diese Revisionsrüge erscheint nicht begründet. Der erkennende Senat hat in ständiger Rechtsprechung — in Übereinstimmung mit dem zweiten Senat (RGZ. Bd. 88 S. 175) — angenommen, daß nicht jede Preissteigerung, auch wenn sie von erheblichem Umfange sein mag, den Verkäufer zum Rücktritte vom Vertrage berechtigt, daß vielmehr eine durchgreifende Änderung der gesamten wirtschaftlichen Lage hinzukommen muß (RGZ. Bd. 101 S. 76). Als eine solche durchgreifende Änderung sind einmal die während des Krieges, insbesondere durch die wirtschaftliche Absperrung Deutschlands eingetretenen wirtschaftlichen Umgestaltungen und sodann die nach Kriegsende durch den Umsturz hervorgerufenen starken Steigerungen der Materialpreise und der Arbeitslöhne angesehen. Dagegen gilt ein gleiches nicht ohne weiteres für die im Laufe der nächsten Jahre in ständiger Entwickelung zutage getretene Wertminderung der deutschen Währung. Insbesondere kann sich die Beklagte nicht darauf berufen, daß sie im Herbst 1921 in Übereinstimmung mit maßgebenden Kreisen auf eine bevorstehende Senkung der Preise gerechnet habe. Hat sie ihre geschäftlichen Maßnahmen danach eingerichtet, so ist das ein Risiko, das sie selbst zu tragen hat. Irgendwelche besonderen Umstände auf seiten der Beklagten, die zu einer abweichenden Auffassung im vorliegenden Falle nötigen müßten, sind aus dem Parteivorbringen nicht zu entnehmen. Es kann deshalb dem Berufungsgerichte nicht entgegengetreten werden, wenn es die Beklagte zum Rücktritt vom Vertrage nicht für berechtigt erachtet hat.

Ebenso ist es anderseits begründet, wenn das Berufungsgericht den vom Käufer zu zahlenden Kaufpreis aufgewertet hat, nachdem der Wert der Papiermark in einer alle derzeitigen Erwartungen stark übersteigenden Weise gefallen ist. Was die Höhe der Aufwertung angeht, so gilt im allgemeinen, daß dies Sache der tatsächlichen Erörterung des einzelnen Falles ist. Es läßt sich aber nicht verkennen, daß die Aufwertung nicht nur nach billigem Ermessen erfolgen kann, sondern daß dabei gewisse rechtliche Grundsätze zu beachten sind. Die richtige Anwendung dieser Grundsätze ist Rechtsfrage, nicht Tatfrage, und ist deshalb in der Revisionsinstanz nachzuprüfen. Das Berufungsgericht hat abgelehnt, den zur Zeit der Urteilsfällung maßgeblichen vollen Tagespreis zugrunde zu legen, hat sich vielmehr nach dem Lebenshaltungsindex, den es um einen geschätzten Betrag verringert, gerichtet.

Die Maßgeblichkeit des Lebenshaltungsindex kann jedoch für Fälle, wie den vorliegenden, aus zwei Gründen nicht anerkannt werden. Wenn man unter Umständen den genannten Index zugrunde gelegt hat, so beruhte das auf der Erwägung, daß eine in vollwertiger Valuta, z. B. in Goldmark, übernommene Schuld zwar nicht in entwerteter Papiermark zurückgezahlt werden dürfe, daß man aber gerechterweise auch nicht Rückzahlung in vollwertiger Goldmark verlangen könne. Vielmehr sei ein mittlerer Weg einzuschlagen; ein gerechter Maßstab ergebe sich aus der Höhe des Volkswohlstandes, denn dieser Maßstab sichere eine angemessene Teilnahme aller Volksgenossen an dem gemeinsamen Schicksal des Volkes, dem Niedergange des Wohlstandes. Einen Maßstab dieser Art biete der Lebenshaltungsindex. Das will also sagen: der Schuldner braucht nicht den ganzen geschuldeten Betrag in Goldmark zu zahlen und der Gläubiger hat nicht einen Anspruch in solcher Höhe, weil das Vermögen des Schuldners sich inzwischen vermindert hat und auch der Gläubiger, wenn er den Betrag seiner Forderung früher erhalten hätte, sich diesen Betrag nicht vollwertig hätte erhalten können. Ein richtiger Ausgleich soll sich auf der Grundlage erzielen lassen, daß der Papiermarkbetrag der Forderung so stark erhöht wird, daß der Gläubiger sich bei Entrichtung der Schuld die gleiche Menge Nahrungsmittel für den Papiermarkbetrag kaufen kann, wie früher. Es mag sein, daß diese Berechnungsart für manche Verhältnisse zutrifft (obgleich sie von vielen Seiten, wie auch vom Berufungsgericht grundsätzlich für übertrieben hoch gehalten wird). Aber für den Großhandel trifft sie nicht zu. Zwar haben auch im Großhandel alle Versuche wertbeständiger Anlage nicht den Erfolg voller Erhaltung der Werte gezeitigt, wie allgemein bekannt ist und keiner weiteren Ausführung bedarf. Trotz solcher Versuche hat sich vielmehr im Durchschnitt das arbeitende Geschäftskapital um einen erheblichen Prozentsatz vermindert und deshalb ist auch für den Großhandel der Regel nach eine Aufwertung nur in einem beschränkten Maße geboten. Aber für die Bemessung der Höhe gibt der Lebenshaltungsindex keinen annehmbaren Maßstab. Denn die Kaufkraft des Geldes ist in vielen Geschäftszweigen eine ganz andere, als für den Kleineinkauf von Lebensmitteln. Gerade die Marktpreise im Eisenhandel haben in ganz anderen Grenzen geschwankt. Dies ist das eine Bedenken, das dagegen spricht, in Fällen, wie dem vorliegenden, von dem Lebenshaltungsindex auszugehen. Noch wichtiger ist ein zweites Bedenken. Es handelt sich hier nicht um eine unberichtigt gebliebene Geldschuld, sondern um die beiderseitige Erfüllung eines Kaufgeschäftes, also um einen Austausch von Ware gegen Geld, der erst jetzt vorgenommen werden soll. Nun hat sich immer mehr die Anschauung Geltung verschafft, daß der Verfall der deutschen Währung, auch bei Verzug des Leistungspflichtigen, seinem Gegner keinen unberechtigten Vorteil bringen soll, wenn auch Schaden von ihm fernzuhalten ist. Diese Anschauung hat dazu geführt und muß dazu führen, dem Marktpreis der zu liefernden Ware am Lieferungstage eine maßgebende Bedeutsamkeit zuzusprechen. Denn, wenn der Käufer aus der allgemeinen Notlage, dem Währungsverfall, keinen Nutzen ziehen soll, so darf man ihm nicht das Recht zugestehen, Ware zu einem billigeren Preise zu verlangen, als dem durch den Währungsverfall beeinflußten Marktpreis. Offenbar aus diesem Grunde haben auch die Verteidiger der Lebenshaltungszahlen diese auf die Aufwertung bei zweiseitigen Verträgen, die erst jetzt beiderseits erfüllt werden sollten, vielfach nicht angewandt. Es ist nicht einzusehen, weshalb, wie das Berufungsgericht meint, der Verkäufer auf solche Weise einseitig begünstigt werde. Das kann schon um deswillen nicht der Fall sein, weil manche Waren des Großhandels stärker, manche weniger stark gestiegen sind als die Kosten der Lebenshaltung. Es muß also vorliegendenfalles dem Marktpreis der zu liefernden Ware eine andere Stellung eingeräumt werden, als das Berufungsgericht getan hat. Das ist aber anderseits nun nicht dahin zu verstehen, daß der Marktpreis zur Zeit der Lieferung allein ausschlaggebende Bedeutung haben soll. Vielmehr sind nicht selten Umstände vorhanden, die dazu zwingen, den aufzuwertenden Kaufpreis auf einen etwas geringeren Betrag als den heutigen Marktpreis festzusetzen. Insbesondere ist das der Fall, wenn dem Käufer durch die verspätete Lieferung ein Schaden in irgendwelcher Richtung erwächst, sei es, daß er sich heute die Mittel zur Zahlung kreditweise mit besonders hohen Unkosten beschaffen muß, sei es, daß er die Ware heute nur mit geringerem Verdienste weiterverkaufen kann als seinerzeit, sei es, daß die Ware heute weniger marktgängig ist oder dergleichen. Alle solche schadenbringenden Umstände des Einzelfalls sind ohne Zweifel zu berücksichtigen. Ebenso kann ein anderer Punkt von Bedeutung sein. Aus der Geldentwertung soll, wie dargelegt, der Käufer keinen Vorteil ziehen. Es ist möglich, daß der heutige Preis nicht allein auf Geldentwertung, sondern auch auf Warenkonjunktur beruht. Ob Warenkonjunktur mitspielt, ist zwar in der Regel nicht leicht festzustellen, immerhin kann die Feststellung durch Heranziehung der begleitenden Umstände (Knappheit oder Überfluß an Ware der gehandelten Art, Vergleich der Preise mit den Weltpreisen usw.) gelingen. Der Vorteil der Warenkonjunktur muß, wie nicht bezweifelt werden kann, allein dem Käufer zugute kommen. Aus diesen und ähnlichen Gründen kann sich eine beschränktere Aufwertung des vereinbarten Kaufpreises notwendig machen.

---

112. Ist Art. I § 2 der Verordnung zur Entlastung des Reichsgerichts vom 15. Januar 1924 (RGBl. I S. 29) entsprechend anwendbar auf einen Beschluß, durch den die Berufung als unzulässig verworfen wurde, und auf einen Beschluß, durch den ein Antrag auf Wiedereinsetzung in den vorigen Stand gegen die Versäumung der Frist des § 519 Abs. 6 ZPO. zurückgewiesen wurde?

IV. Zivilsenat. Beschl. v. 18. September 1924 i. S. A. D. w. K. D. IV B. 6/24.

Die Frage wurde bejaht aus folgenden

Gründen:

Durch Beschluß des Oberlandesgerichts in Bamberg vom 11. Juli 1924 wurde die Berufung der Beklagten gegen das Urteil des Landgerichts in Bamberg vom 21. Mai 1924, durch das die Ehe der Parteien geschieden wurde, als unzulässig verworfen, weil die Beklagte nicht innerhalb der ihr gesetzten Frist den Nachweis erbrachte, daß sie die für die Berufungsinstanz von ihr erforderte Prozeßgebühr gezahlt hat. Nach § 519b Abs. 2 ZPO. unterliegt diese Entscheidung der sofortigen Beschwerde, sofern gegen ein Urteil gleichen Inhalts die Revision zulässig wäre. In § 567 Abs. 3 ZPO. wird gegenüber Beschlüssen der Oberlandesgerichte, durch die eine Berufung nach § 519b als unzulässig verworfen wird, die Beschwerde schlechthin als zulässig erklärt. Es ist nicht anzunehmen, daß die Vorschrift in § 567 Abs. 3 ZPO. sich mit der des § 519b Abs. 2 ZPO. in Widerspruch setzt und die in § 519b Abs. 2 geforderte Voraussetzung der Anfechtbarkeit für die Beschlüsse der Oberlandesgerichte beseitigt. Vielmehr ist § 567 Abs. 3 ZPO. dahin auszulegen, daß auch gegen die nach § 519b ZPO. ergangenen Beschlüsse der Oberlandesgerichte die Beschwerde nur dann zulässig ist, wenn gegen ein entsprechendes Urteil die Revision zulässig wäre. Diese Voraussetzung ist für die Regel auch gegeben, und dies erklärt wohl die Fassung des § 567 Abs. 3 Satz 2 ZPO., da nach § 547 ZPO. ohne Rücksicht auf den Wert des Beschwerdegegenstandes die Revision gegen Urteile, durch die die Berufung als unzulässig verworfen wird, stattfindet. In Ehesachen aber gilt nach Art. I § 2 der Verordnung zur Entlastung des Reichsgerichts vom 15. Januar 1924 (RGBl. I S. 29) etwas anderes. In einem Rechtsstreit, der die Scheidung oder Anfechtung einer Ehe oder die Herstellung des ehelichen Lebens zum Gegenstand hat, ist die Revision nur gegeben, wenn sie in dem Urteil für zulässig erklärt wurde. Da hiernach gegen ein Urteil des gleichen Inhalts, wie der Beschluß vom 11. Juli 1924, die Revision nicht zulässig wäre, so ist es auch gegenüber dem Beschluß nicht die Beschwerde. Daraus folgt nicht, daß in den bezeichneten Ehesachen niemals gegen einen Beschluß nach § 567 Abs. 3 Satz 2 ZPO. die Beschwerde stattfinden kann, sondern daß ihre Zulässigkeit davon abhängt, ob im Beschluß selbst seine Anfechtbarkeit zugelassen wird. Der Beschluß tritt an die Stelle des Urteils. Was Art. I § 2 der genannten Verordnung für dieses bestimmt, muß auch für jenen gelten.

Durch den Beschluß des Oberlandesgerichts vom 24. Juli 1924 wurde der Antrag der Beklagten auf Wiedereinsetzung in den vorigen Stand gegen die Versäumung der für den Nachweis der Zahlung der Prozeßgebühr gesetzten Frist zurückgewiesen. Nach § 238 Abs. 2 ZPO. finden auf die Entscheidung über die Zulässigkeit des Antrages und auf die Anfechtung der Entscheidung die Vorschriften Anwendung, welche in diesen Beziehungen für die nachgeholte Prozeßhandlung gelten. Die nachgeholte Prozeßhandlung ist hier der beigebrachte Nachweis der Zahlung der Prozeßgebühr. Über diese Prozeßhandlung ist aber keine besondere Entscheidung zu fällen, weder dann, wenn der Antrag auf Wiedereinsetzung zurückgewiesen, noch wenn ihm stattgegeben wird. Letzteres hätte ohne weiteres zur Folge, daß der wegen nicht rechtzeitig erbrachten Nachweises erfolgte Beschluß über die Verwerfung der Berufung hinfällig würde. Die Anfechtbarkeit des Beschlusses auf Zurückweisung des Wiedereinsetzungsantrags ist aber aus ihm selbst zu entnehmen. Da er die Wirkung hat, daß der Beschluß, durch den die Berufung als unzulässig verworfen wurde, aufrecht erhalten wird, so muß er wie dieser und unter den gleichen Voraussetzungen anfechtbar sein. Die Zulässigkeit der Beschwerde gegen den Beschluß vom 24. Juli 1924 erfordert hiernach gleichfalls, daß in ihm die Anfechtung ausdrücklich zugelassen worden ist. Wäre statt durch die Beschlüsse vom 11. und 24. Juli durch Urteile entschieden worden, so würde auch gegen das den Antrag auf Wiedereinsetzung in den vorigen Stand zurückweisende Urteil die Entscheidung des Reichsgerichts nur dann angerufen werden können, wenn das in dem Urteil für zulässig erklärt worden wäre.

113. Zur Tragweite der allgemeinen Versicherungsbedingung, daß Schäden, welche eintreten, während das versicherte Kraftfahrzeug durch einen für dessen Wagenklasse nicht behördlich zugelassenen Wagenlenker gesteuert wird, nicht unter den Versicherungsschutz fallen. Trifft die Bedingung auch den Fall, daß ein Unbefugter ohne Verschulden des Versicherten mit dem Wagen eine Fahrt unternommen und ihn fahrlässig beschädigt hat?

VI. Zivilsenat. Urt. v. 19. September 1924 i. S. Agrippina (Bekl.) w. S. (Kl.). VII 717/23.

I. Landgericht I Berlin. — II. Kammergericht daselbst.

Der Kläger hatte seinen Kraftwagen bei der Beklagten versichert. Am 12. Oktober 1920 hat der Sohn des Klägers den Wagen gesteuert. Auf dieser Fahrt wurde letzterer dadurch beschädigt, daß der Führer die Gewalt über den Wagen verlor und dieser gegen einen Baum fuhr. Der Kläger beansprucht von der Beklagten Ersatz des Schadens. Das Landgericht wies die Klage ab, das Kammergericht verurteilte die Beklagte. Auf die Revision der Beklagten wurde das landgerichtliche Urteil wiederhergestellt.

Gründe:

Die allgemeinen Versicherungsbedingungen enthalten über den Umfang der Versicherungshaftung folgende Bestimmungen in § 1: I. Die Versicherung erstreckt sich ... auf alle Schäden, die an dem versicherten Kraftfahrzeug entstehen und verursacht werden 1. durch einen Unfall, d. h. durch ein von außen her plötzlich einwirkendes Ereignis. Als Unfall gilt auch die mut- oder böswillige Beschädigung des Kraftfahrzeuges durch dritte betriebsfremde Personen. 2. ... 3. Ferner deckt die Versicherung den Diebstahl des ganzen Kraftfahrzeugs oder einzelner an demselben durch Schlüssel verwahrter oder durch Schrauben befestigter versicherter Zubehör- oder Ersatzteile desselben. ... III. Die Versicherung erstreckt sich demnach insbesondere nicht: ... 4. auf Schäden, welche eintreten, während das versicherte Kraftfahrzeug durch einen für die Wagenklasse desselben nicht behördlich zugelassenen Wagenlenker gesteuert wird. Es steht nun fest, daß der Sohn des Klägers, als er den Kraftwagen fuhr, keinen behördlichen Führerschein für dessen Wagenklasse besaß. Das Landgericht hat deshalb in Anwendung der Bestimmung III 4 die Klage abgewiesen. Das Berufungsgericht ist dagegen der Ansicht, daß diese Bestimmung nach Sachlage keine Anwendung finden könne, daß vielmehr auf Grund von III 4 der Versicherer nur dann nicht hafte, wenn der Versicherte einem behördlich nicht zugelassenen Wagenlenker die Steuerung des Wagens überlassen habe. Hier habe aber der

Sohn des Klägers ohne dessen Wissen und Willen sich des Wagens bemächtigt und sei damit gefahren. Den Kläger treffe kein Verschulden, weil er nicht nur den Schuppen, in welchem der Wagen untergebracht war, verschlossen, sondern auch noch den Wagenschlüssel, der zum Ankurbeln des Motors dient, abgezogen und an sich genommen habe. Wenn aber die Versicherung den Diebstahl des Wagens und mut- oder böswillige Beschädigungen durch dritte betriebsfremde Personen decke, so könne die Haftung nicht ausgeschlossen sein, wenn eine dritte Person sich zwar nicht das Eigentum, sondern nur den Besitz des Wagens verschafft, und wenn sie den Wagen nicht vorsätzlich, sondern nur aus Unachtsamkeit beschädigt habe. Dieser Auslegung der allgemeinen Versicherungsbedingungen, die nach ständiger Rechtsprechung des Reichsgerichts der Nachprüfung in der Revisionsinstanz unterliegt (vgl. u. a. RGZ. Bd. 81 S. 117), vermag der erkennende Senat sich nicht anzuschließen.

Grundsätzlich hat die Beklagte durch die Bestimmung unter I 1 die Haftung für schädigende Ereignisse übernommen, die von außen her plötzlich auf den versicherten Wagen einwirken, also die Haftung für alle äußeren Betriebsunfälle. Von der Haftung für Betriebsunfälle sind aber nach III 4 ausgenommen die Schäden, welche während des Betriebs des Wagens durch einen für dessen Wagenklasse behördlich nicht zugelassenen Wagenlenker eintreten, und zwar ohne daß unterschieden ist, ob den Versicherten an der Führung des Wagens durch eine solche Person ein Verschulden trifft oder nicht, ob er ihr also die Führung des Wagens überlassen hat, oder ob die Person sich unbefugt und ohne daß den Versicherten ein Verschulden trifft, in den Besitz des Wagens gesetzt hat. Die Einleitung zu den Bestimmungen unter III: „Die Versicherung erstreckt sich demnach insbesondere nicht auf . . ." widerlegt trotz ihres Wortlauts nicht, daß einzelne der Bestimmungen, so auch die unter Nr. 4, Ausnahmebestimmungen von dem unter I 1 genannten Grundsatze sind. Eine offenbare Ausnahmebestimmung enthält nämlich auch III 3, wonach Schäden, die aus Anlaß oder infolge eines Krieges, insbesondere bei Verwendung des versicherten Kraftfahrzeuges zu Zwecken des Krieges entstehen, nicht unter den Versicherungsschutz fallen. Es ist auch die Erwägung des Berufungsgerichts, so sehr sie auf den ersten Blick auch bestechen mag, nicht zu billigen, daß, wenn die vorsätzliche Entziehung des Eigentums (Diebstahl) und die vorsätzliche Beschädigung des Wagens durch dritte betriebsfremde Personen von der Versicherung gedeckt werden, logischerweise die Haftung dann sicherlich eintreten müsse, wenn sich ein Dritter nur den zeitweisen Besitz des Wagens verschafft und diesen fahrlässigerweise beschädigt hat. Dabei ist nämlich nicht hinreichend beachtet worden, daß für den Umfang des Versicherungsschutzes weniger das größere oder geringere Verschulden an der Beschädigung, als vielmehr das Risiko des Versicherers maßgebend zu sein pflegt. Nun ist es eine Erfahrungstatsache, daß die Fälle von Beschädigungen der Kraftwagen durch Personen, die mit der sicheren Führung von solchen nicht hinreichend vertraut sind, weit zahlreicher und auch im Ausmaß der Beschädigung vielfach für den Versicherer weit belastender sind, als mut- oder böswillige Beschädigungen durch dritte Personen und als Diebstähle, die kein allzu großes Risiko für den Versicherer bilden, weil in vielen Fällen die gestohlenen Wagen oder Wagenteile nachher ermittelt und wieder herbeigeschafft werden. Anderseits liegt es in der Macht des Versicherungsnehmers, Beschädigungen durch unbefugte Wagenführung gänzlich zu vermeiden, wenn er von den geeigneten Sicherungsmaßnahmen, wie solche bekanntlich dem Kraftwagenbesitzer zur Verfügung stehen, Gebrauch macht. Demnach rechtfertigt sich die weite Auslegung der Bestimmung unter III 4, daß unter allen Umständen, wenn ein Schaden während der Steuerung des versicherten Wagens durch einen behördlich nicht zugelassenen Wagenlenker eintritt, der Versicherungsschutz ausgeschlossen ist, nicht nur aus ihrem uneingeschränkten Wortlaut, sondern auch nach ihrem Sinne und Zwecke. . .

---

114. Zum Begriffe der Ausübung öffentlicher Gewalt im Sinne von § 1 des Reichshaftungsgesetzes vom 22. Mai 1910.

III. Zivilsenat. Urt. v. 19. September 1924 i. S. Deutsches Reich (Bekl.) w. L. (Kl.). III 611/23.

I. Landgericht Dresden. — II. Oberlandesgericht daselbst.

Am 18. Juli 1919 fuhr der Reichswehrsoldat D., der damals Fahrer bei dem Stabe eines Reichswehr-Artillerieregiments war, mit einem mit zwei Pferden bespannten Wagen durch die Hauptstraße in B., um einem Dienstbefehl gemäß Sägespäne zu holen. Die Klägerin, die nach ihrer Behauptung auf dem Bürgersteig, nach der Darstellung des Beklagten auf dem Fahrdamm stand, wurde durch das Ortscheit des Wagens erfaßt und verletzt. Sie nimmt das Reich nach § 1 Abs. 3 des Reichshaftungsgesetzes vom 22. Mai 1910 auf Schadensersatz in Anspruch. In den Vorinstanzen ist sie mit ihren Anträgen durchgedrungen. Die Revision des Beklagten wurde zurückgewiesen aus folgenden

Gründen:

Die Revision bekämpft die Ausführungen des Berufungsgerichts, welche die Anwendung von § 1 Abs. 3 des Reichshaftungsgesetzes vom

22. Mai 1910 rechtfertigen sollen, insoweit, als angenommen wird, daß die Fahrt, welche den Unfall der Klägerin durch den dabei eingeschlagenen zu scharfen Trab verursacht hat, von dem Soldaten D. in Ausübung ihm anvertrauter öffentlicher Gewalt unternommen worden sei. Der Angriff ist nicht begründet. Der Soldat unterzog sich der Fahrt auf dienstlichen Befehl, um Sägespäne herbeizuschaffen. Nach dem Vorbringen der Parteien ist davon auszugehen, daß die Späne bei der Betätigung der Fürsorge für die militärischen Machtmittel verwendet werden sollten. Ihre Beschaffung stand also in engster Beziehung zur Ausbildung und zur Förderung der militärischen Verwendungsfähigkeit der Truppe. Wegen des nahen Zusammenhanges mit diesen Zwecken, von denen sie bei der Gestaltung des Falles nicht, ohne der Sache Gewalt anzutun, losgelöst werden kann, ist die unfallbringende Diensthandlung den Maßnahmen zuzurechnen, welche der Ausübung des Militärhoheitsrechts und damit der Ausübung der öffentlichen Gewalt dienen.

---

115. Kann bei der offenen Handelsgesellschaft nach dem Tode eines Gesellschafters das Übernahmeverlangen des § 142 HGB. gegenüber dem kraft des Gesellschaftsvertrags an die Stelle des Verstorbenen getretenen Erben auf Verfehlungen des Verstorbenen gestützt werden?

II. Zivilsenat. Urt. v. 19. September 1924 i. S. S. (Bekl.) w. Witwe H. (Kl.). II 704/23.

I. Landgericht Bremen, Kammer f. Handelssachen. — II. Oberlandesgericht Hamburg.

Über obige Frage heißt es in den

Gründen:

Beide Vorderrichter sind, entgegen der Meinung der Revision, ohne Rechtsirrtum der Ansicht, daß der Beklagte auf die angeblichen Verfehlungen des Verstorbenen das jetzt der Klägerin gegenüber erhobene Übernahmeverlangen nicht stützen kann. Nach §§ 142, 140 HGB. setzt dieser Anspruch voraus, daß in der Person des anderen Gesellschafters ein Umstand eintritt, der nach § 133 das Recht begründet, die vorzeitige Auflösung der Gesellschaft zu verlangen, daß also in der Person des anderen Gesellschafters ein „wichtiger Grund" im Sinne des § 133 vorliegt. Diese Voraussetzung fehlt hier, weil die Klägerin selbst sich nichts hat zuschulden kommen lassen. Hieran wird auch nichts durch die Tatsache geändert, daß die Klägerin Erbin desjenigen ist, dem die Verfehlungen zur Last gelegt werden. Denn nach dem klaren Wortlaut des Gesetzes muß der das Übernahmeverlangen rechtfertigende Umstand eben in der Person desjenigen vorhanden sein, dem die Stellung als Gesellschafter entzogen werden soll. Auf die Frage, ob die gegen den Ehemann der Klägerin erhobenen Vorwürfe begründet sind und auf die diesen Punkt betreffenden Ausführungen der Revision kommt es danach nicht an....

---

116. Kann die in einem Wechsel fehlende Bezeichnung des Remittenten noch während des Rechtsstreits nachgeholt werden?

V. Zivilsenat. Urt. v. 20. September 1924 i. S. Eheleute B. (Bekl.) w. Schr. (Kl.) V 400/24.

I. Landgericht Elberfeld — II. Oberlandesgericht Düsseldorf.

Die Beklagten sind Akzeptanten eines Wechsels, die Klägerin ist dessen Indossatarin. Ihre Wechselklage wurde vom Landgericht abgewiesen, weil die Angabe eines Remittenten fehlte. Das Oberlandesgericht hat verurteilt, nachdem die Klägerin im Laufe des Berufungsverfahrens den Wechsel durch die Worte „an die Ordre von mir selbst" vervollständigt hatte. Die Revision der Beklagten hatte nur hinsichtlich eines Teils der Zinsen Erfolg.

Gründe:

Für ihre Behauptung, daß ihr Annahmevermerk auf dem Wechsel durch rechtswidrige Drohungen erpreßt sei, haben die Revisionskläger lediglich Zeugenbeweis angetreten. Dieses Beweismittel ist im Wechselprozesse nach § 595 Abs. 2 ZPO. unzulässig.... In der gegenwärtigen Lage des Rechtsstreits kann somit nur geprüft werden, ob der Wechsel formgültig ist, obwohl die Bezeichnung des Remittenten in ihm erst nachträglich erfolgt ist. Diese Frage ist zu bejahen.

Das Berufungsgericht hat in tatsächlicher Würdigung der Vorgänge bei der Annahme und Übergabe des Wechsels durch die Beschwerdeführer auf Grund ihrer eigenen Darstellung im Schriftsatze vom 3. Januar 1924 festgestellt, daß sie den Wechsel nicht für vollständig, ausgefüllt gehalten haben, sondern ihnen bewußt gewesen ist, daß er noch ausgefüllt werden sollte. Diese Sachwürdigung ist für das Revisionsgericht bindend. Verfahrensrechtliche Bedenken stehen ihr nicht entgegen (wird ausgeführt).

Es handelt sich also vorliegendenfalls hinsichtlich der Bezeichnung des Remittenten (Art. 4 Nr. 3 WO.) um ein Blankoakzept, das die Beschwerdeführer dem Aussteller K. übergeben haben (Staub-Stranz, WO. Anm. 5 und 7 zu Art. 7; auch RGZ. Bd. 57 S. 168). Bei der Begebung eines solchen spricht, wie vom Reichsgericht eingehend in

RGZ. Bd. 32 S. 71 (ferner RGZ. Bd. 8 S. 59, 61, Bd. 14 S. 24, Bd. 33 S. 44; Bd. 65 S. 411) ausgeführt ist, eine der Gewohnheit des Geschäftsverkehrs entsprechende Vermutung dafür, daß der Nehmer berechtigt sein soll, durch Ausfüllung des Formulars nach Maßgabe des der Wechselbegebung zugrunde liegenden Vertrags einen vollständigen Wechsel entweder selbst herzustellen oder diese Herstellung seinen Nachmännern zu übertragen; ebenso ist, wenn der erste Wechselnehmer ein solches Blankett weitergibt, ohne es vollständig ausgefüllt zu haben, zu vermuten, daß er von seiner Befugnis, die ihm erteilte Ermächtigung zur Ausfüllung seinem Nachmann zu übertragen, Gebrauch gemacht und die Weiterausfüllung seinem Nachmann überlassen hat. Die Bedenken der Revision gegen die Zulässigkeit einer Ausfüllung des Blanketts durch einen Blankoindossatar sind sonach unbegründet. Daß aber die Ausfüllung inhaltlich dem Wechselvertrage widerspräche — wofür sie beweispflichtig wären; ROHG. Bd. 6 S. 51 — haben die Beschwerdeführer nicht behauptet.

Ebensowenig kann ein Bedenken gegen die Gültigkeit des Wechsels aus der nachträglichen Ausfüllung des Blanketts hergeleitet werden. Eine Zeitfolge der Wechselerklärungen ist im Gesetze nicht vorgeschrieben (ROHG. Bd. 6 S. 48, 49). Dementsprechend hat das Reichsgericht bereits im Urteil I 141/02 (JW. 1902 S. 399 Nr. 37) es für zulässig erklärt, daß die Ausfüllung des Wechselblanketts erst nach dem Tage der Fälligkeit geschieht. Mangels einer dahingehenden Gesetzesbestimmung kann auch der in der Rechtslehre (Stranz, WO. Anm. 44 zu Art. 82) vertretenen Auffassung nicht beigestimmt werden, daß die Ausfüllung vor der Geltendmachung und Einklagung erfolgen müsse. Dies gilt jedenfalls dann, wenn, wie im vorliegenden Falle, das Wechselrecht gegenüber dem Akzeptanten geltend gemacht wird; insbesondere kann diesem gegenüber, bei dem es nach Art. 44 WO. der Erhebung eines Protestes nicht bedarf, nicht gefordert werden, daß die Ausfüllung schon vor einer etwaigen Protesterhebung erfolgt sein müsse (Staub-Stranz Anm. 13a zu Art. 7 WO.). Ihm gegenüber muß es vielmehr ausreichen, daß zur Zeit der letzten mündlichen Verhandlung, auf Grund deren das Urteil ergeht, die Ausfüllung vorgenommen und damit ein vollständiger Wechsel hergestellt ist. Prozeßrechtliche Bedenken dagegen liegen gleichfalls nicht vor, sofern (wie es hier geschehen ist) eine Abschrift des vervollständigten Wechsels einem vorbereitenden Schriftsatze rechtzeitig (darüber vgl. § 593 Abs. 2 Satz 2 ZPO.) beigefügt ist. Daß dieser Schriftsatz auch noch in der Berufungsinstanz eingereicht werden kann, ist anerkannten Rechtes (RGZ. Bd. 56 S. 306, Bd. 97 S. 164; Stein Anm. II 2; Foerster-Kann, Anm. 2a; Skonietzki-Gelpcke, Anm. 6; Sydow-Busch, Anm. 3 zu § 593 ZPO.). Auch in dem bei Stranz a. a. O. zur

Begründung seiner Ansicht angezogenen Urteil in OLG. Bd. 24 S. 207 war, wie aus der Anführung des § 529 ZPO. zu entnehmen ist, der Wechsel erst im Laufe des zweiten Rechtszuges ausgefüllt und dem Beklagten abermals zugestellt worden. Die kostenrechtlichen Folgen dieser verspäteten Vorlegung eines vollständigen Wechsels (§ 97 Abs. 2 ZPO.) hat das Berufungsurteil hier gezogen....

An diesem Ergebnis kann auch der Hinweis der Revisionsbegründung nichts ändern, daß der Wechsel hier bereits vor seiner Ausfüllung protestiert war. Durch solchen Protest konnte die Umlaufsfähigkeit nach Art. 16 Abs. 2 WO. eingeschränkt (Staub-Stranz Anm. 8 zu Art. 16), nicht aber die Eigenschaft der Urkunde als Wechsel bzw. Blankoakzept beseitigt werden; die aus der Urkunde bereits erwachsenen Rechte, insbesondere die einen Vermögenswert darstellende (RGZ. Bd. 8 S. 59, Bd. 33 S. 44) Befugnis zur Ausfüllung, blieben also trotz des Protestes, jedenfalls den Akzeptanten gegenüber, bestehen.

Die Revision mußte sonach in der Hauptsache als unbegründet zurückgewiesen werden. Erfolg kann sie nur hinsichtlich eines Teiles des Zinsanspruchs haben. Solange der Wechsel nicht ausgefüllt, also ein gültiger Wechsel nicht hergestellt und diese Ausfüllung den Beklagten nicht mitgeteilt war, waren diese zu einer Zahlung aus der Wechselurkunde nicht verpflichtet. Für die Zeit bis zur Zustellung der vervollständigten Wechselabschrift im Schriftsatze vom 9. April 1924 (die als am 11. April 1924 erfolgt nachgewiesen ist) stehen somit der Klägerin Zinsen auf Grund der Wechselurkunde nicht zu. Ob sie solche aus anderen rechtlichen Gesichtspunkten, etwa unter Anwendung des § 140 BGB., beanspruchen darf, kann im Wechselprozesse nicht entschieden werden; der Zinsanspruch für die Zeit vom 27. Dezember 1923 bis zum 11. April 1924 war daher als in der gewählten Prozeßart unstatthaft abzuweisen (§ 527 ZPO.).

---

117. Darf eine Person des öffentlichen Rechts, welche für eine andere Person des öffentlichen Rechts deren öffentlichrechtliche Geschäfte besorgt hat, einen ihr etwa zustehenden Anspruch auf Erstattung von Aufwendungen im ordentlichen Rechtswege verfolgen?

VI. Zivilsenat. Urt. v. 23. September 1924 i. S. Landwirtschaftskammer für die Provinz H. (Kl.) w. die Stadtgemeinde L. (Bekl.). VII 756/23.

I. Landgericht Lüneburg. — II. Oberlandesgericht Celle.

Die Beklagte ist, wie sie nicht leugnet, nach § 18 des Gesetzes über die Landwirtschaftskammern vom 30. Juni 1894 (GS. S. 126) verpflichtet, in ihrem Stadtbezirk die Kammerbeiträge einzuziehen und an die Klägerin abzuführen. Sie beansprucht dafür aber eine Vergütung. Dies Verlangen hält die Klägerin für ungerechtfertigt. Sie klagte auf Feststellung, daß die Beklagte die Kammerbeiträge ohne Vergütung zu erheben und abzuführen habe. Das Landgericht wies die Klage wegen Unzulässigkeit des Rechtswegs ab. In der von ihr beschrittenen Berufungsinstanz beantragte die Klägerin in erster Linie, festzustellen, daß die Beklagte keine Ansprüche auf Vergütung für die ihr obliegende Erhebung und Abführung der Kammerbeiträge habe. In zweiter Linie stellte sie den Klagantrag erster Instanz. Das Oberlandesgericht wies die Berufung zurück. Die Revision hatte Erfolg.

Gründe:

Die Landwirtschaftskammern sind in Preußen nach § 1 des Gesetzes über Landwirtschaftskammern vom 30. Juni 1894 „zum Zweck der korporativen Organisation des landwirtschaftlichen Berufsstandes" errichtet worden. Sie wurden durch Königliche Verordnung, also durch einen öffentlichrechtlichen Akt, geschaffen und sind Korporationen des öffentlichen Rechts. Deshalb sind die von ihnen erhobenen Beiträge den gemeinen öffentlichen Lasten gleichzuachten, deshalb werden Rückstände in derselben Weise wie Gemeindeabgaben eingezogen, § 18 Abs. 3 a. a. O. Die Novelle vom 16. Dezember 1920 (GS. 1921 S. 41) hat hieran nichts geändert. Verblieben ist es auch bei der Vorschrift des § 18 Abs. 1 des Gesetzes, nach welcher die Beiträge von den Gemeinden und Gutsbezirken auf Anweisung des Regierungspräsidenten erhoben und durch Vermittelung der Kreis- (Steuer-)Kassen an die Landwirtschaftskammern abgeführt werden. Den Gemeinden und Gutsbezirken wird also die Pflicht auferlegt, gewisse Geschäfte der Landwirtschaftskammern zu besorgen. Diese Pflicht wurzelt im öffentlichen Recht; auf ihre Erfüllung besteht deshalb kein privatrechtlicher Anspruch, der vor den ordentlichen Gerichten geltend gemacht werden könnte. Danach war der in erster Instanz gestellte Klagantrag vielleicht nicht unbedenklich, denn er forderte die Feststellung, daß die Beklagte verpflichtet sei, die Beiträge ohne Vergütung zu erheben und abzuführen. Es war also formell die Pflicht zum Erheben und Abführen der Beiträge zum Streitgegenstand gemacht worden, indessen der Ton des Antrages lag so unverkennbar auf den Worten „ohne Vergütung", daß ernstliche Zweifel über den Sinn des Antrages nicht wohl aufkommen konnten. Alle etwaigen Bedenken der eben erwähnten Art sind inzwischen durch den in zweiter Instanz neugefaßten Antrag ausgeräumt worden. Er ist zwar nur als Hauptantrag gestellt worden, neben ihm kann aber der formell als Hilfsantrag aufrechterhaltene ursprüngliche Antrag nicht mehr in Betracht kommen.

Gegen den nunmehrigen Hauptantrag hat der Berufungsrichter das Bedenken, daß danach über das Maß der öffentlichrechtlichen Verpflichtung gestritten wird, welche das Gesetz der Beklagten auferlegt hat. Das ist nicht richtig. Die Beklagte hat die ihr obliegende Pflicht in vollem Umfang anerkannt und erfüllt. Das Maß einer Pflicht oder Leistung wird von der Frage nicht berührt, ob der Verpflichtete seinerseits eine Gegenleistung verlangen kann. Man kann auch nicht sagen, daß über die Bedingungen oder die Voraussetzungen gestritten wird, unter denen die Beklagte die ihr obliegende Pflicht zu erfüllen hat. Sie macht ihre Leistung von Bedingungen oder Voraussetzungen nicht abhängig, hat vielmehr vollständig selbständig eine Vergütung für ihre Tätigkeit verlangt. Das Recht auf diese Vergütung soll der Beklagten abgesprochen werden, zu diesem Zweck hat die Klägerin die negative Feststellungsklage angestrengt. Für diese Klage ist der Rechtsweg zulässig, wenn für die entsprechende positive Leistungsklage der Beklagten der Rechtsweg offen stehen würde. Diese Frage aber ist zu bejahen.

In der reichsgerichtlichen Rechtsprechung ist schon vielfach anerkannt worden, daß aus an sich öffentlichrechtlichen Verhältnissen privatrechtliche Ansprüche hervorgehen können. Das ist z. B. angenommen worden bei der Obhutspflicht des Staates über eine zu den Gerichtsakten eingereichte Karte, RGZ. Bd. 51 S. 219 flg., bei der Haftung des Staates für Frachtgüter und Postsendungen, die sich im Zollschuppen befinden, RGZ. Bd. 67 S. 340, Bd. 84 S. 338 flg., Urteil vom 23. Dezember 1919 VII 425/19. Die Grundsätze des bürgerlichen Rechts über den Verwahrungsvertrag sind hier für maßgebend erklärt worden, soweit sie mit der öffentlichrechtlichen Grundlage des ganzen Verhältnisses vereinbar sind. Mit derselben Einschränkung sind auf die Rechtsbeziehungen von Personen des öffentlichen Rechtes die Vorschriften des Bürgerlichen Gesetzbuchs über die Geschäftsbesorgung ohne Auftrag angewendet worden. In diese Richtung weist namentlich der § 679 BGB., wenn er von einer Geschäftsführung spricht, durch welche eine Pflicht des Geschäftsherrn erfüllt wird, deren Erfüllung im öffentlichen Interesse liegt. Solche Pflichten sind vornehmlich die öffentlichrechtlichen Pflichten, und Träger dieser Pflichten sind vorzugsweise die Personen des öffentlichen Rechts. Unter dem Gesichtspunkt der Geschäftsführung ohne Auftrag ist vor dem ordentlichen Richter darüber gestritten worden, ob der Kommunalverband oder der Staat die Kosten der Korrektionsnachhaft zu tragen hat, RGZ. Bd. 64 S. 1, Bd. 79 S. 178, ob gewisse Kosten der Fürsorgeerziehung der Stadt oder der Provinz zur Last fallen, RGZ. Bd. 75 S. 276, ob gewisse Kosten des

Seuchenschutzes die städtische Ortspolizei- oder die staatliche Landespolizei treffen, RGZ. Bd. 77 S. 193, ob die Kosten der polizeilichen Zwangsheilung von geschlechtskranken Frauenspersonen durch die Ortskrankenkassen zu erstatten sind, RGZ. Bd. 92 S. 197, ob die Stadt gewisse Aufwendungen für schleunige Unfallfürsorge von dem Staat als dem Träger der Polizeigewalt ersetzt verlangen darf, JW. 1910 S. 186 Nr. 9, ob der Kreis der Stadt für die Aufwendungen haftet, mit denen die Stadt die dem Kreise obliegende Straßenreinigungspflicht erfüllt hat, JW. 1912 S. 81 Nr. 27, ob die Stadt, welche bei Glatteis die Staatsstraßen mit Sand bestreut hat, Ersatzansprüche gegen den Staat hat, JW. 1923 S. 78 Nr. 6, ob die Kirche sich wegen der Zahlungen, die sie für den Staat an Hinterbliebene von Geistlichen geleistet haben will, an den Staat halten kann, Urteil vom 22. Februar 1924 III 688/23. Sehr ähnlich dem gegenwärtig zu entscheidenden Fall lag endlich der JW. 1899 S. 320 entschiedene Fall. Auf Grund der §§ 33flg. des Einkommensteuergesetzes vom 24. Juni 1891 hatte der preußische Staat das Mitglied eines städtischen Magistrats zum Vorsitzenden der Veranlagungskommission ernannt. Die Stadt stellte dem Vorsitzenden die erforderlichen Bureau-, Kanzlei- und Unterbeamten, leistete auch alle sächlichen Ausgaben. Auf Erstattung der gemachten Aufwendungen verklagte sie den Staat. Auch diese Klage wurde zugelassen, weil keine Entscheidung darüber verlangt werde, ob und unter welchen Voraussetzungen die Stadt oder ihre Organe zur Erledigung der staatlichen Aufträge verpflichtet seien; auch das preußische Recht stehe nicht entgegen; denn § 36 der Verordnung vom 26. Dezember 1808 wegen verbesserter Einrichtung der Provinzial-, Polizei- und Finanzbehörden bestimme nur, daß weder über wirkliche Majestäts- und Hoheitsrechte, noch gegen allgemeine in Gegenständen der Regierungsverwaltung ergangene Verordnungen, noch über die Verbindlichkeit zur Entrichtung allgemeiner Anlagen und Abgaben der Prozeß stattfinde.

Im vorliegenden Fall läßt sich zwar nicht sagen, daß die Beklagte die Geschäfte der Klägerin ohne Auftrag besorgt hat; denn sie hat sie auf Grund gesetzlicher Vorschrift besorgt. Das ist aber nicht entscheidend. Der aus der oben wiedergegebenen Rechtsprechung abzuleitende allgemeine Rechtsgrundsatz geht dahin, daß eine Person des öffentlichen Rechts, welche für eine andere Person des öffentlichen Rechts deren öffentlichrechtliche Geschäfte besorgt hat, einen ihr etwa zustehenden Anspruch auf Erstattung von Aufwendungen im ordentlichen Rechtswege verfolgen darf. Dieser Satz trifft auch auf die von der Beklagten erhobenen Ansprüche zu. Wie sie in dem Schreiben vom 31. März 1922 erklärt hat, fordert sie die begehrte Vergütung wegen der von ihren Beamten für die Klägerin geleisteten Arbeit.

Landesgesetzliche Vorschriften stehen nicht entgegen, auch in der Provinz Hannover gilt § 36 der Verordnung vom 26. Dezember 1808 (vgl. RGZ. Bd. 101 S. 132).

Nach alledem ist der Rechtsweg auch für die von der Klägerin erhobene Feststellungsklage gegeben.

---

118. Zur Frage der Aufwertung von Vorauszahlungen und Vorschüssen, die auf Unfallrenten geleistet sind.

IV. Zivilsenat. Urt. v. 25. September 1924 i. S. Deutsche Reichsbahn (Bekl.) w. H. (Kl.). IV 1/24.

I. Landgericht Magdeburg. — II. Oberlandesgericht Naumburg a. S.

Durch das rechtskräftige Urteil des Oberlandesgerichts in Naumburg vom 13. Februar 1920 ist unter Feststellung der Schadensersatzpflicht der Beklagten aus dem Unfall vom 11. April 1917 der Anspruch der Klägerin auf Zahlung einer Unfallrente dem Grunde nach für gerechtfertigt erklärt worden. In dem Verfahren über die Höhe des Anspruchs hat das Oberlandesgericht die Beklagte verurteilt, an die Klägerin zu zahlen:

1. 368000 *M* zuzüglich des Geldentwertungsschadens seit 18. April 1923, berechnet nach der Reichsrichtzahl am Tage der Zahlung, jedoch abzüglich a) derjenigen Beträge, welche die Firma O. G. der Klägerin seit 1. April 1920 gezahlt hat, b) bis d) der von der Beklagten bis 5. August 1922 gezahlten, ziffermäßig angegebenen Vorschüsse,

2. für die Monate Februar 1923 bis Oktober 1923 einschließlich eine Rente von monatlich 210 000 *M* zuzüglich des Geldentwertungsschadens vom 1. jeden Monats ab bis zum Tage der Zahlung, berechnet nach der Reichsrichtzahl, jedoch abzüglich der vom 8. Mai bis 1. Oktober 1923 geleisteten, einzeln angeführten Vorschüsse,

3. vom 1. November 1923 ab eine Rente von 10 Goldmark wöchentlich in wöchentlichen Vorauszahlungen, die Rückstände sofort, jedoch abzüglich des am 1. November 1923 geleisteten Vorschusses von 5 Millionen Mark.

Das Revisionsgericht ist dieser von der Beklagten angefochtenen Entscheidung im wesentlichen beigetreten, hat aber durch eine andere Fassung seines Urteils zum Ausdruck gebracht, daß auch die geleisteten Vorauszahlungen und Vorschüsse auf den Betrag, der dem Wert jeder Zahlung nach der Reichsrichtzahl am Zahlungstag entspricht, aufzuwerten und in dieser Höhe in Abzug zu bringen sind.

Aus den Gründen:

Keinem Bedenken unterliegt es, bei den Ansprüchen zu I 1 und 2 des Urteils zugunsten der Klägerin den Geldentwertungsschaden in der Weise, wie es seitens des Berufungsrichters geschehen ist, zu berücksichtigen. Der Senat hat bereits in der Entscheidung vom 19. Mai 1924 IV 772/23 anerkannt, daß die Festsetzung der Urteilssumme nach der Reichsrichtzahl im Hinblick auf die im Herbst 1923 in ganz außerordentlichem Maße sprunghaft gesteigerte Geldentwertung schon vor Inkrafttreten des § 26a der Bekanntmachung zur Entlastung der Gerichte in der Fassung der Verordnung vom 22. Dezember 1923 (RGBl. I S. 1239) zulässig und nach den Umständen geboten war. Mit Recht vertritt aber die Revision die Ansicht, daß auch die von der Beklagten geleisteten Vorauszahlungen aufzuwerten und nicht lediglich nach ihrem Papiermarkbetrag in Abzug zu bringen sind. Die Klägerin hatte nach dem Berufungsurteil am 18. April 1923 an rückständigen Renten den Betrag von 368000 *M* zu beanspruchen (Urteilsposten I 1). Darauf hatte die Beklagte durch Leistungen der Firma G. in der Zeit vom 1. April 1920 bis 23. Mai 1921 unwidersprochen 5837,76 *M* und durch eigene Vorschüsse in den Jahren 1921, 1922 10029,86 *M*, insgesamt 15867,62 *M* gezahlt. Zur Zeit dieser Vorauszahlungen war die Mark noch nicht in dem gleichen Maße entwertet, wie es am 18. April 1923 der Fall war; sie sind gegenüber dem Stande der Mark an diesem Tage in besserem Gelde geleistet. Da somit der Wert einer Mark zur Zeit der geleisteten Vorauszahlungen nicht gleichzusetzen ist ihrem Wert am Tage der Fälligkeit (18. April 1923), geht es nicht an, die früher gezahlten 15867,62 *M* in ihrem Nennbetrag von den 368000 *M* in Abzug zu bringen und die verbleibende Restsumme alsdann zugunsten der Klägerin aufzuwerten. Vielmehr müssen auch die Vorauszahlungen der Beklagten nach ihrem Wert, den sie an den jeweiligen Zahlungstagen hatten, aufgewertet und in dieser Höhe von der nach dem Stand vom 18. April 1923 aufzuwertenden Gesamtsumme von 368000 *M* in Abzug gebracht werden. Denn die Klägerin hat in den Jahren 1920 bis 1922 mit den empfangenen Zahlungen nach ihrem damaligen Wert ihren Unterhalt in einem größeren Maße bestreiten können, als es ihr nach dem Stand der Mark am 18. April 1923 möglich gewesen wäre. Sie muß sich also gefallen lassen, daß die Beklagte ihre früheren Zahlungen in dem Umfang, in dem sie nach ihrem damaligen Wert zur Bestreitung des Unterhalts ausreichten, in Abzug bringt. Das entspricht jedenfalls den Grundsätzen von Billigkeit und Treu und Glauben, von denen derartige Rechtsverhältnisse allgemein beherrscht werden und die zugunsten beider Teile Anwendung finden müssen. Für den Urteilsposten I 2 hat entsprechend das gleiche zu gelten. . . .

119. 1. Mängel einer öffentlichen Urkunde.
2. Über die Erfordernisse eines durch Übergabe einer Schrift errichteten öffentlichen Testamentes nach §§ 2238, 2242, 2243 BGB., insbesondere über den Begriff der Mündlichkeit der Erklärung?

IV. Zivilsenat. Urt. v. 25. September 1924 i. S. P. (Kl.) w. G. (Bekl.). IV 25/24.

I. Landgericht Arnsberg. — II. Oberlandesgericht Hamm.

Der am 15. Dezember 1921 auf seinem Gute A. gestorbene Gutsbesitzer Josef Sch. hat ein laut notariellem Protokoll vom 9. Dezember 1921 durch Übergabe einer offenen Schrift errichtetes Testament hinterlassen. In diesem hat er die damals seinem Haushalt vorstehende Beklagte, eine Seitenverwandte, als Alleinerbin eingesetzt. Alleinige gesetzliche Erbin würde eine andere, nähere Seitenverwandte sein. Diese hat alle Ansprüche, die ihr als Erbin auf den Nachlaß zustehen, an den Kläger in notarieller Urkunde abgetreten. Der Kläger macht geltend, daß das Testament wegen Verstoßes gegen die §§ 2238 flg. BGB. nichtig sei. Das Landgericht gab der hierauf gegründeten Klage statt; das Oberlandesgericht wies sie ab.

Die Revision des Klägers hatte keinen Erfolg.

Aus den Gründen:

Die Revision wirft dem Berufungsurteil, in dem die Formgültigkeit des Testaments bejaht ist, vor, daß es 1. die §§ 415, 419 ZPO., 2. die §§ 2238, 2243 BGB. und 3. den § 2242 BGB. verletze.

1. Das über die Testamentserrichtung aufgenommene, von „A. bei F., den 9. Dezember 1921" datierte Protokoll hat den folgenden Wortlaut:

„Auf Ersuchen hatte ich, der Notar P. W. zu F., mich nach A. in die Wohnung des Gutsbesitzers Josef Sch. begeben, um mir eine Verfügung von Todes wegen übergeben zu lassen. Es wurden von mir zu der Verhandlung als Zeugen zugezogen: 1. Fräulein Th. L. in A., 2. der praktische Arzt Dr. med. P. E. in F. In der vorbezeichneten Wohnung traf ich an: den Gutsbesitzer Josef Sch. in A., mir von Person bekannt.

Derselbe übergab hierauf mir, dem Notar, eine offene Schrift und erklärte mündlich, daß diese Schrift seinen letzten Willen enthalte. Ich, der Notar, habe die Schrift angenommen und stelle die erfolgte Übergabe hiermit fest. Herr Sch. erklärte ferner, daß er nicht schreiben könne.

Vorstehendes Protokoll wurde den Erschienenen vorgelesen, von dem Erblasser genehmigt und von den Zeugen eigenhändig unterschrieben."

Darauf folgen die Unterschriften der beiden Zeugen und des Notars.

Diese notarielle Urkunde begründet nach den §§ 415, 418 ZPO. vollen Beweis der darin beurkundeten, die Formerfordernisse der §§ 2238 flg. BGB. erfüllenden Vorgänge; es fragt sich daher nur, ob der Kläger den in § 415 Abs. 2, § 418 Abs. 2 ZPO. zugelassenen Gegenbeweis geführt hat, daß ein Vorgang unrichtig beurkundet sei. Die Revision will diesen Satz um deswillen nicht gelten lassen, weil die notarielle Urkunde an einem inneren Mangel leide, der den in § 419 ZPO. angeführten äußeren Mängeln gleichzustellen sei. Der § 419 betrifft die Beeinträchtigung der Beweiskraft einer Urkunde durch Durchstreichungen, Radierungen, Einschaltungen oder sonstige äußere Mängel. Er setzt für solche Fälle die durch die Ausnahmebestimmungen der §§ 415—418 eingeschränkte allgemeine Vorschrift des § 286 Abs. 1 ZPO., die Regel der freien Beweiswürdigung, wieder in Kraft. Es kann dahingestellt bleiben, ob es innere Mängel, denen dieselbe Bedeutung wie jenen äußeren Mängeln zukommt, überhaupt gibt. Das, was die Revision als inneren Mangel angesehen wissen will, kommt jedenfalls nur als eine Beweisanzeige für unrichtige Beurkundung in Betracht. Die Revision weist nämlich darauf hin, daß der Notar zunächst in einem Protokollentwurf seine Überzeugung davon niedergeschrieben habe, daß der Erblasser am Sprechen verhindert sei, dann aber, als sich die Verwendung dieses (auf die Testamentsform des § 2243 BGB. abgestellten) Protokollentwurfs als unmöglich herausgestellt habe, weil der rechtsseitig gelähmte Erblasser auch mit der linken Hand nicht habe schreiben können, in dem endgültigen Protokoll die Fähigkeit des Erblassers, zur Übergabe der Testamentsschrift eine mündliche Erklärung abzugeben, also das Gegenteil des vorher Niedergeschriebenen bezeugt habe. Diese Umstände haben im Berufungsurteil unter dem zutreffenden Gesichtspunkt ihrer etwaigen Geeignetheit zur Erbringung eines Gegenbeweises gegen die vorliegende Urkunde eine rechtlich einwandfreie Beurteilung gefunden.

2. Im Gegensatz zum Landgericht, das für erwiesen erachtet hat, daß der Erblasser zur Zeit der Testamentserrichtung nicht mehr habe sprechen können, sieht das Berufungsgericht diesen Beweis, auf Grund einer abweichenden Würdigung der im zweiten Rechtszug ergänzten Beweisaufnahme, nicht als geführt an. Es geht dabei mit Recht davon aus, daß die Umstände, unter denen die bei der Testamentserrichtung übergebene Schrift zustande gekommen ist, für die hier in Rede stehende Frage der Wahrung der Testamentsform des § 2238 BGB. nicht unmittelbar rechtserheblich, aber wegen des zeitlichen Zusammenhangs der Aufsetzung jener Schrift mit der Testamentsaufnahme allerdings als eine Beweisanzeige von Bedeutung sind. Für die von der Revision gewollte Nachprüfung, ob der Erblasser in

der Schrift alles habe zum Ausdruck bringen können, was er letztwillig zu bestimmen beabsichtigt habe, ist nach dem Gesetze kein Raum. Wenn ein Erblasser, der Geschriebenes zu lesen vermag (§ 2238 Abs. 2), zur Testamentsverhandlung eine Schrift mit der mündlichen Erklärung übergibt, daß sie seinen letzten Willen enthalte, so gilt das in der Schrift Enthaltene ebenso als maßgebender und mithin auch vollständiger Ausdruck des letzten Willens, wie wenn es bei der Testamentserrichtung mündlich erklärt worden wäre (§ 2238 Abs. 1). Daß der Erblasser überhaupt lesenskundig war und auch zur Zeit der Testamentserrichtung trotz seiner teilweisen Lähmung noch Geschriebenes zu lesen vermochte, ist ... nicht zu bezweifeln....

Hinsichtlich des Sprechvermögens stellt das Berufungsgericht fest: Bei der Aufsetzung des letzten Willens durch den Notar habe der Erblasser sich infolge des wenige Stunden vorher erlittenen Schlaganfalls nicht in zusammenhängender Rede äußern können. Die Verständigung mit ihm sei hierbei darauf beschränkt gewesen, daß er ihm vorgelegte Fragen mit Ja oder Nein oder durch Kopfnicken oder Kopfschütteln oder durch sein Mienenspiel oder durch Ja oder Nein in Verbindung mit Kopfnicken oder Kopfschütteln oder Mienenspiel beantwortet habe. Nur auf diese Weise habe sein in den vier Bestimmungen der Testamentsschrift niedergelegter Wille ermittelt werden können. Der Notar, der der Meinung gewesen sei, daß der Erblasser den Satz: „Das ist mein Testament" oder einen ähnlichen Satz bei der Testamentsverhandlung entweder sprechen, oder, wenn er daran verhindert sei, schreiben müsse, habe zunächst den zweiten Weg für sicherer gehalten, um einer späteren Anfechtung des Testaments vorzubeugen. Als die Bemühungen des Erblassers, einen solchen Satz mit der linken Hand zu Papier zu bringen, vergeblich gewesen seien, habe der Notar ihm die Worte „Das ist mein Testament" einzeln vorgesprochen und der Erblasser habe sie nachgesprochen. Er habe hierbei Laute, und zwar Vokale und Konsonanten, herausgebracht, die allerdings die Worte, die er habe aussprechen wollen, nicht mit solcher Deutlichkeit zur Darstellung gebracht hätten, wie dies einem Menschen möglich sei, der sich im ungestörten Besitze seines Sprechorgans befinde. Seine Laute seien aber verständlich gewesen und von dem Testamentszeugen Dr. E. und dem Notar verstanden worden. Eine Äußerung, die die Testamentszeugin L. gleich nach der Übergabeerklärung gemacht habe, lege die Annahme nahe, daß auch sie die Laute des Sch. verstanden, in ihnen die nachzusprechenden Worte wiedererkannt und mit Rücksicht hierauf das Protokoll unterschrieben habe. Die nach der Übergabeerklärung an den Erblasser gerichtete Frage, ob er nicht schreiben könne, habe er mit „Nein", die spätere Frage, ob das Protokoll richtig sei, mit „Ja" beantwortet. Er möge zur weiteren Verdeutlichung das Nein mit einem Kopfschütteln, das Ja mit einem Kopfnicken begleitet haben. Selbst wenn seine Worte „Ja" und „Nein", so wird im Anschluß hieran erwogen, nur deshalb, weil er sie mit einem Kopfnicken und Kopfschütteln begleitete, als Ja und Nein erkannt worden sein sollten, würde dies der Annahme, daß er mündliche Erklärungen abgegeben habe, nicht entgegenstehen. Durch bloße Gebärden, durch bloße Zeichen könne allerdings das Mündlichkeitsgebot des § 2238 BGB. nicht erfüllt werden. Sch. habe aber seinen Willen zum mindesten durch Laute in Verbindung mit Gebärden und Zeichen zum Ausdruck gebracht, und zwar durch differenzierte Laute.

Die Revision nimmt den zuletzt wiedergegebenen Satz zum Ausgangspunkt für ihren Angriff, daß das Berufungsgericht den Begriff der mündlichen Erklärung im Sinne des § 2238 BGB. verkannt habe. Jener Satz enthält aber nur eine Hilfserwägung, von der mit Rücksicht auf die vorher wiedergegebenen Beweisannahmen des Berufungsgerichts ganz abgesehen werden kann. Dies zeigt die folgende Betrachtung:

Die in § 2238 vorgesehene mündliche Erklärung des Erblassers, daß die von ihm übergebene Schrift seinen letzten Willen enthalte, erfordert eine durch Sprechen, also durch lautliche Wortbildung abgegebene Erklärung. Das erhellt schon aus dieser Vorschrift selbst und wird durch den § 2243 bestätigt, der für eine am Sprechen verhinderte Person eine besondere Form der Testamentserrichtung aufstellt. Das Aussprechen gerade der im Gesetz gebrauchten Worte oder überhaupt eines Satzes ist aber nicht erforderlich. Die mündliche Erklärung kann vielmehr auch in der Weise geschehen, daß der Erblasser die Frage des Testamentsbeamten, ob die übergebene Schrift seinen letzten Willen enthalte, mit „Ja" beantwortet (vgl. RG. bei Gruchot Bd. 50 S. 119 und 1013, Bd. 65 S. 99; RGZ. Bd. 63 S. 87). Das ist die einfachste, aber nicht die einzige Art, auf die die mündliche Erklärung des Erblassers durch das Mittel von Rede und Gegenrede, Frage und Antwort zwischen dem mit der Aufnahme des Testaments betrauten Beamten und dem Erblasser zustande kommen kann. Das Mittel von Rede und Gegenrede kann auch in der Weise angewendet werden, daß der Testamentsbeamte dem Erblasser etwa erklärt, wenn er wolle, daß die Schrift als sein Testament gelten solle, so müsse er ihm die Worte „Das ist mein Testament" nachsprechen, und daß der Erblasser darauf die vier ihm einzeln vorgesprochenen Worte einzeln nachspricht. Die Selbständigkeit der vom Erblasser abzugebenden mündlichen Erklärung wird durch ein derartiges, von dem Notar im vorliegenden Falle eingeschlagenes Verfahren nicht beeinträchtigt. Auch durch das Nachsprechen der Worte wird, wie durch die Antwort „Ja" auf eine entsprechende Frage, ein auf eigenem Willensentschluß beruhendes Bekenntnis zum Inhalt der Schrift als letztem Willen kundgegeben. Die nachgesprochenen Worte müssen allerdings als Worte des bestimmten Inhalts von dem Notar und den beiden gemäß §§ 2233, 2239 BGB. zugezogenen Zeugen haben verstanden werden können. Es würde nicht genügen, daß der Notar und der eine Testamentszeuge, Dr. E., die sich schon vor Beginn der förmlichen Testamentsverhandlung längere Zeit mit dem Erblasser bei der Ermittelung seines letzten Willens und der Aufsetzung der von ihm später als Testament übergebenen Schrift beschäftigt und dabei die Art seiner Lautbildung kennen gelernt hatten, seine Laute als die in Rede stehenden Worte verstanden haben. Vielmehr müssen diese Laute so beschaffen gewesen sein, daß sie auch von der erst seit Beginn der förmlichen Verhandlung anwesenden Testamentszeugin L. bei gehöriger Aufmerksamkeit als die Worte „Das ist mein Testament" verstanden werden konnten. Das folgt aus der Aufgabe der Testamentszeugen, die Vorgänge bei der Testamentserrichtung zu überwachen, also auch darüber zu wachen, daß eine als mündlich abgegeben beurkundete Erklärung auch wirklich mündlich abgegeben ist (vgl. Mot. zu dem den §§ 2233, 2239 des Gesetzes entsprechenden § 1915 des 1. Entwurfs, Bd. 5 S. 263 und RG. a. a. O. sowie bei Gruchot Bd. 50 S. 117). Nach der tatsächlichen Feststellung des Berufungsgerichts hat der Erblasser nicht nur irgendwelche „differenzierten Laute", sondern durch Selbst- und Mitlaute (Vokale und Konsonanten) Worte hervorgebracht, die als solche verständlich gewesen und von dem Notar und Dr. E. verstanden worden sind. Daß auch die Zeugin L. die Worte verstanden habe, wird im Berufungsurteil zwar nicht festgestellt, aber doch als naheliegend angesehen. Es wird nicht als erwiesen angesehen, daß diese Zeugin die Worte nicht habe verstehen können. Diese Annahmen des Tatrichters sind für das Revisionsgericht maßgebend. Ihnen zufolge ist dem Kläger der von ihm gegen das notarielle Protokoll angetretene Beweis, daß der Erblasser die darin beurkundete mündliche Erklärung nicht abgegeben habe, mißlungen. Es kommt hierbei gar nicht darauf an, ob etwa auch in dem „Ja", mit dem der Erblasser laut der Feststellung des Berufungsgerichts die Frage nach der Richtigkeit des Protokolls beantwortet hat, neben der von § 2242 erforderten Genehmigung des Protokolls zugleich die Übergabeerklärung des § 2238 gefunden werden könnte (vgl. einerseits das Urteil des III. Zivilsenats RGZ. Bd. 92 S. 27 = JW. 1918 S. 386 Nr. 7, anderseits die Urteile des IV. Zivilsenats RGZ. Bd. 85 S. 121, JW. 1920 S. 641 Nr. 7, Gruchot Bd. 65 S. 99 sowie Herzfelder, JW. 1918 S. 368 zu Nr. 7, 1920 S. 641 zu Nr. 7).

Die Revision erhebt in diesem Zusammenhang auch die Rüge der Verletzung des § 2243 BGB. Sie vertritt die Meinung: nachdem sich herausgestellt habe, daß der Notar in dem oben (unter Nr. 1) erwähnten Protokollentwurf seine Überzeugung von der Verhinderung des Erblassers am Sprechen kundgegeben habe, habe das Berufungsgericht die Möglichkeit einer anderen Testamentsform als derjenigen des § 2243 überhaupt nicht mehr erwägen dürfen. Hierfür wird die Bem. 1 zu § 2243 im Komm. v. RGR. angeführt, daß darüber, wer am Sprechen verhindert sei, lediglich die pflichtmäßige, nach freier Prüfung gewonnene Überzeugung des beurkundenden Beamten entscheide. Diese Bemerkung trifft zu, paßt aber nicht hierher. Würde der Notar das Testament in der Form des § 2243 aufgenommen und demgemäß im Protokoll seine Überzeugung davon festgestellt haben, daß der Erblasser am Sprechen verhindert sei, so hätte das Testament nicht mit der Behauptung angefochten werden können, daß der Erblasser habe sprechen können. Das Testament hätte höchstens durch den gemäß § 418 Abs. 2 ZPO. zulässigen Beweis entkräftet werden können, daß der Notar jene Überzeugung nicht gehabt habe. Darum handelt es sich hier aber nicht. Folgt man dem vom Berufungsgericht festgestellten Sachverhalt, so hatte sich der Notar, beeinflußt von der unzutreffenden Rechtsansicht, daß die Testamentsform des § 2238 das Aussprechen eines Satzes erfordere, auf Grund seiner Erfahrungen bei der Aufsetzung der den letzten Willen enthaltenden Schrift zunächst die Überzeugung gebildet, daß der Erblasser in jenem Sinne am Sprechen verhindert sei. Er hat später aber die Erfahrung gemacht, daß der Erblasser die ihm vorgesprochenen Worte des mehrerwähnten Satzes doch hat herausbringen können. Seine zunächst gewonnene, in dem unvollendet gebliebenen Protokollentwurf niedergelegte Überzeugung war dadurch bedeutungslos geworden.

3. Die Revisionsrüge einer Verletzung des § 2242 BGB. knüpft sich an die vom Berufungsgericht auf Grund der Beweisaufnahme getroffene Feststellung, daß die Vorlesung des Protokolls in zwei Abschnitten stattgefunden hat, von denen der erste nur die einleitenden Angaben (in der obigen Wiedergabe den ersten Absatz), der zweite den Rest des Protokolls umfaßte, und daß erst zwischen der Vorlesung des ersten und des zweiten Teils die Übergabe der Testamentsschrift und die dazu vom Erblasser abgegebene mündliche Erklärung (sowie seine die Schreibfähigkeit verneinende Erklärung) erfolgt und im Protokoll festgestellt sind. Die Revision macht geltend, daß danach das Protokoll im Sinne des § 2242, nämlich ein den Erfordernissen des § 2241 entsprechendes Protokoll, nach der Errichtung des Testaments nicht vorgelesen worden sei, deshalb vom Erblasser auch gar nicht habe genehmigt werden können. Daran ist richtig, daß nach dem Vorgange, den der § 2238 als Errichtung des Testaments bezeichnet, nämlich nach der Übergabe der Schrift und der dazu gehörigen münd-

lichen Erklärung des Erblassers, nur eine solche Vorlesung stattgefunden hat, welche für sich allein dem Gesetz nicht genügen würde. Wie sich aus dem Zusammenhang des § 2242 Abs. 1 mit dem § 2241 ergibt, muß sich die Vorlesung auf alle nach dem § 2241 Nr. 1—3 wesentlichen Bestandteile des Protokolls erstrecken, also nicht nur auf die Angaben über den nach § 2238 erforderlichen Errichtungsvorgang, sondern auch auf die Angaben über Ort und Tag der Verhandlung und auf die Bezeichnung des Erblassers und der bei der Verhandlung mitwirkenden Personen (RGZ. Bd. 50 S. 215; JW. 1911 S. 804 Nr. 5). Im vorliegenden Fall aber ist nach dem Errichtungsvorgang der den Ort und den Tag der Verhandlung und die Bezeichnung des Erblassers und der mitwirkenden Personen enthaltende erste Teil des Protokolls nicht mehr vorgelesen worden. Das ist indessen unschädlich, da jener erste Teil bereits vorher vorgelesen worden war. Eine solche Gliederung der Vorlesung in zwei Abschnitte, die zusammen das Protokoll mit allen seinen nach § 2241 wesentlichen Bestandteilen umfassen, widerspricht unter den gegebenen Umständen weder dem Wortlaute noch dem Sinne des Gesetzes. Die Vorlesung ist dazu bestimmt, dem Erblasser und den Zeugen verständlich zu machen, was als bereits geschehen beurkundet werden soll, und muß sie in den Stand setzen, sich davon zu überzeugen, daß die Beurkundung mit dem unmittelbar vorher Geschehenen vollkommen übereinstimmt (RGZ. Bd. 62 S. 5, Bd. 85 S. 127). Dieser Zweck der Vorlesung wird auch dann erreicht, wenn so verfahren wird, wie es hier geschehen ist. Denn sowohl der einleitende Vorgang, daß sich der Notar an dem bestimmten Tage an den bestimmten Ort begeben hat, um sich von dem namhaft gemachten Erblasser eine Verfügung von Todes wegen übergeben zu lassen, daß er den Erblasser dort angetroffen und die benannten beiden Personen als Zeugen zugezogen hat, als auch der eigentliche Errichtungsvorgang kommt klar und leicht verständlich zu Gehör, wenn beides nacheinander, getrennt durch den Errichtungsvorgang selbst, aus dem in fortschreitender Vollendung begriffenen Protokoll vorgelesen wird. Die Genehmigung des ganzen Protokolls ist, gemäß der Feststellung des Berufungsgerichts, dadurch erfolgt, daß der Erblasser die nach der Vorlesung auch des zweiten Teils des Protokolls an ihn gerichtete Frage nach der Richtigkeit des Protokolls bejaht hat. Ob dieses „Ja" für sich allein oder nur infolge seiner etwaigen Verbindung mit einem Kopfnicken verständlich gewesen ist, ist unerheblich. Denn für diese Erklärung ist im Gesetz, § 2242 Abs. 1, Mündlichkeit ebensowenig vorgeschrieben, wie in dem § 2242 Abs. 2 für die Verneinung der Schreibfähigkeit. Beide Erklärungen hätten daher auch stillschweigend durch bloßes Kopfnicken oder Kopfschütteln erfolgen können und konnten demgemäß erst recht durch einen auf Ja oder Nein hindeutenden Laut in Verbindung mit einer solchen Kopfbewegung erfolgen (vgl. gegen die abweichende beiläufige Bemerkung in RGZ. Bd. 92 S. 29 Komm. v. RGR., 5. Aufl., Erl. 1 und 4a zu § 2242 BGB.; Planck, BGB. 3. Aufl., § 2242, Erl. 2b). Die notarielle Beurkundung, daß „das vorstehende Protokoll" den Erschienenen vorgelesen und von dem Erblasser genehmigt worden sei, ist demnach durch die vom Berufungsgericht angenommenen Ergebnisse der Beweisaufnahme nicht nur nicht widerlegt, sondern bestätigt. . . .

---

120. Kann der bereits erworbene Anspruch auf ein bestimmtes Ruhegehalt durch eine spätere Änderung der Beamtenorganisation beschränkt werden?

III. Zivilsenat. Urt. v. 26. September 1924 i. S. Land Preußen (Bekl.) w. M. (Kl.). III 137/25.

I. Landgericht Hannover. — II. Oberlandesgericht Celle.

Der Kläger war Distriktsoffizier der preußischen Gendarmerie, wurde im Herbst 1917 verabschiedet und erhielt die Ruhegehaltsbezüge der Besoldungsgruppe X. Mit der Klage verlangte er unter Berufung auf die Bezüge der Reichswehroffiziere Ruhegehalt aus Gruppe XI. Die Vorinstanzen entschieden zu seinen Gunsten. Die Revision des Beklagten wurde zurückgewiesen.

Gründe:

Die Revision rügt, daß Art. 129 RV. zu Unrecht angewendet worden sei, nnd trägt weiterhin vor, der Anspruch auf Einreihung in eine höhere Gruppe der Besoldungsordnung könne im Rechtswege nicht geltend gemacht werden; zudem habe weder der einzelne Beamte noch eine Beamtengruppe ein Recht darauf, in demselben Rang- und Gehaltsverhältnis wie andere Beamten bzw. Gruppen zu bleiben. Den preußischen Gendarmerieoffizieren, die bis dahin, soweit hier beachtlich, gemäß § 4 Satz 2 der preuß. V. vom 10. März 1919 betr. die Rechtsstellung der Landgendarmerie (GS. S. 37) in Verbindung mit § 4 preuß. Pensionsges. vom 27. März 1872 den Offizieren des Reichsheeres — der Reichswehr — gleichgestellt gewesen seien, sei diese Gleichstellung für die Folgezeit durch § 34f preuß. Beamten-Diensteinkommens-Ges. vom 17. Dezember 1920 (GS. 1921 S. 152) versagt und so allerdings eine Hebung der Reichswehroffiziere ihnen gegenüber herbeigeführt worden. Daß wenn dem Klagantrag nicht stattgeben werde, eine Aufwertung des dem Kläger zugebilligten Ruhegehaltes eintreten müsse, wie das Berufungsgericht hilfsweise angenommen habe, sei ebenfalls rechtsirrig.

Ob der letztangeführten Erwägung des Berufungsgerichts zugestimmt werden könnte, braucht hier nicht entschieden zu werden, da die angefochtene Entscheidung nicht auf ihr beruht. Dagegen ist der Revision darin beizupflichten, daß auf dem Klagewege eine höhere Eingruppierung nicht verfolgt werden kann (RGZ. Bd. 107 S. 328), und daß, wie der Senat in der RGZ. Bd. 108 S. 314 abgedruckten Entscheidung vom 24. Juni 1924 III 585/23 bereits ausgesprochen hat, auch kein klagbares Recht darauf besteht, daß ein Beamter oder eine Beamtengruppe gewissen anderen stets gleichgestellt bleibe. Daraus folgt aber keineswegs, daß, wenn ein Beamter ein Recht auf bestimmte Bezüge bereits erworben hat, diese ihm durch eine spätere Veränderung der Beamtenorganisation entzogen werden könnten; sie werden ihm vielmehr ungeachtet einer solchen Organisationsänderung zu belassen sein. Das Berufungsgericht hat nun angenommen, daß die im § 4 des Gesetzes vom 27. März 1872 ausgesprochene Gleichstellung mit den denselben Dienstgrad bekleidenden Offizieren des Reichsheeres — der Reichswehr — ein Sonderrecht und eine Vergünstigung in vermögensrechtlicher Hinsicht im Sinne des § 4 Abs. 2 der Verordnung vom 10. März 1919 sei. Dem ist lediglich beizupflichten. Ferner hat es angenommen, diese Gleichstellung sei ein Recht, das der Kläger nach Maßgabe des Gesetzes vom 27. März 1872 erworben habe; das Recht sei also ein wohlerworbenes im Sinne des Art. 129 RV. Auch dagegen ist rechtlich nichts einzuwenden. Gerade das Recht auf Ruhegehalt, das dem Beamten nach einer gewissen Dienstzeit entsprechend der einschlägigen Gesetzgebung erwachsen ist, wird allgemein und ohne daß sich begründete Bedenken dagegen erheben lassen, als ein wohlerworbenes im Sinne des Art. 129 RV. angesehen. Daraus folgt, daß dem Kläger sein Recht auf Berechnung seines Ruhegehalts unter Zugrundelegung des Reichswehrsatzes durch das Gesetz vom 17. Dezember 1920 nicht entzogen werden konnte. Der Kläger hat vielmehr nach wie vor Anspruch auf dasjenige Ruhegehalt, das ein gleichzeitig mit ihm verabschiedeter, denselben Dienstrang bekleidender Reichswehroffizier erhalten würde.

---

121. Kann ein Unterbevollmächtigter im Namen des Machtgebers mit dem Bevollmächtigten, von dem er die Untervollmacht erhalten hat, wirksam ein Rechtsgeschäft abschließen?

V. Zivilsenat. Urt. v. 27. September 1924 i. S. W. u. Gen. (Bekl.) w. Baugenossenschaft B. (Kl.). V 367/23.

I. Landgericht I Berlin. — II. Kammergericht daselbst.

Die Beklagten waren früher Vorstandsmitglieder der Klägerin und hatten als solche im November 1919 den H. zum Abschluß von Kaufverträgen für die Klägerin bevollmächtigt. Im Dezember 1920 schloß jeder von ihnen mit H. als dem Vertreter der Klägerin einen Grundstückskaufvertrag. Die Klägerin verlangt Feststellung der Nichtigkeit der Verträge. Das Landgericht wies die Klage ab, das Kammergericht gab ihr statt. Die Revision führte zur Wiederherstellung des landgerichtlichen Urteils.

Aus den Gründen:

... Das Kammergericht hat geprüft, ob der Gültigkeit der Kaufverträge Bedenken aus dem Grunde entgegenstehen, daß H. sie namens der Klägerin mit den Beklagten, die damals ihre Vorstandsmitglieder waren und seine Vollmacht ausgestellt hatten, abgeschlossen hat. Ein solches Bedenken entnimmt es nicht unmittelbar aus § 39 des GenGes., da nach diesem zwar der Aufsichtsrat ermächtigt ist, die Genossenschaft bei Abschließung von Verträgen mit dem Vorstande zu vertreten, das Gesetz aber nicht bestimmt, daß ausschließlich der Aufsichtsrat zu dieser Vertretung befugt ist, vielmehr in solchen Fällen die Vertretung der Genossenschaft auch durch andere Bevollmächtigte geschehen kann. Hiergegen ist rechtlich nichts einzuwenden (vgl. Parisius-Crüger, GenGes. Anm. 5 und 8 zu § 39).

Maßgebend für die Entscheidung des Rechtsstreits ist also die Frage, ob die Gültigkeit der Verträge — wie das Kammergericht annimmt — deshalb in Zweifel gezogen werden kann, weil H. auf Grund einer von den Beklagten ihm erteilten Vollmacht mit diesen die Verträge geschlossen hat, insbesondere ob deshalb die Verträge nach § 181 BGB., wenn auch nicht nichtig, so doch genehmigungsbedürftig (RGZ. Bd. 56 S. 107, Bd. 67 S. 54, Bd. 68 S. 40, Bd. 89 S. 375, Bd. 93 S. 337) sind.

Die Frage, ob ein Unterbevollmächtigter im Namen des Machtgebers mit dem Bevollmächtigten ein Rechtsgeschäft abschließen kann, ist in der Rechtslehre bestritten. Sie wird bejaht u. a. von Planck, Oertmann, Enneccerus, Biermann, Kohler, verneint u. a. von Staudinger, Endemann, Hellwig, auch RGR. Komm. Anm. 1 zu § 181; vgl. die Zusammenstellung des Schrifttums bei Planck[4] Anm. 1 d zu § 181 BGB. und bei Staub Anhang zu § 58 HGB. Anm. 34. In der Rechtsprechung der Oberlandesgerichte wird sie ganz überwiegend bejaht, so vom Kammergericht (KGJ. Bd. 26 S. A. 100, Bd. 30 S. A. 158, Bd. 37 S. A. 241, 242; Rechtspr. der OLG. Bd. 7 S. 6, Bd. 11 S. 395, Bd. 12 S. 23, Bd. 22 S. 179), vom bayerischen Obersten Landesgericht (Entsch. in Zivils. Bd. 8 S. 42 = Seufferts Arch. Bd. 62 Nr. 115; D. Jur.Ztg. 1908 S. 543) und vom

Oberlandesgericht Colmar (unter Aufgabe seiner früheren Auffassung in der D. Jur.Ztg. 1903 S. 204) in D. Jur.Ztg. 1909 S. 1336.

Dem Ergebnisse dieser Rechtsprechung ist zuzustimmen. Auch in der Rechtsprechung des Reichsgerichts ist bereits der Grundsatz anerkannt, daß § 181 BGB. nur auf die Art des Zustandekommens der Rechtsgeschäfte, nicht auf die zugrunde liegenden Interessen bezogen werden kann (RGZ. Bd. 103 S. 417, 418 und die dort angeführten früheren Entscheidungen, die allerdings etwas anders geartete Fälle betrafen). Nicht das Vorhandensein solcher widerstreitenden Interessen hindert nach § 181 BGB. die volle Wirksamkeit des Vertrags, sondern lediglich der Umstand, daß verschiedene und einander entgegenstehende Interessen der Vertragschließenden bei dem Vertragsschlusse einen und denselben Vertreter gefunden haben. Nach § 164 BGB. wirkt eine Willenserklärung, die jemand innerhalb der ihm zustehenden Vertretungsmacht im Namen des Vertretenen abgibt, unmittelbar für und gegen den Vertretenen. Ein Vertreter kann nun in zweifacher Art Untervollmacht erteilen; einmal dahin, daß er einen Dritten zu seinem eigenen Vertreter bestellt, anderseits aber auch dahin, daß er kraft der ihm eingeräumten Vertretungsmacht im Namen seines Machtgebers einen Dritten zu dessen Vertretung ermächtigt. Im letzteren Falle wirkt die im Namen des Machtgebers erteilte Untervollmacht unmittelbar für diesen, der Unterbevollmächtigte wird dessen unmittelbarer Vertreter, seine Handlungen wirken unmittelbar nur für diesen, nicht für den (Haupt-)Bevollmächtigten; die von ihm mit dem letzteren in dessen eigenen Namen vorgenommenen Rechtsgeschäfte unterfallen dem § 181 nicht.

Vorliegendenfalls ist eine Untervollmacht der zweiten Art gegeben. Wie das Berufungsgericht feststellt und insbesondere der Eingang der beiden notariellen Verträge ergibt, war H. bevollmächtigt, rechtsverbindliche Erklärungen für die Klägerin abzugeben; er war also deren Vertreter, nicht zu einem solchen der Beklagten bestellt; seine Erklärungen wirkten unmittelbar für die Klägerin. Auf der anderen Seite haben die Beklagten beim Vertragsschluß lediglich in ihrem eigenen Namen, nicht namens der Klägerin gehandelt. Ein Fall der im § 181 BGB. gedachten Art liegt somit nicht vor (vgl. RGZ. Bd. 89 S. 374).

Es kann sich vielmehr, wie in RGZ. Bd. 103 S. 418 dargelegt ist, nur fragen, ob andere Gründe als § 181 BGB. dazu nötigen können, die Untervollmacht und damit die Verträge für unwirksam zu erklären. Das könnte der Fall sein, wenn das Verhalten der Beteiligten darauf hinausging, die Vorschrift des § 181 zu umgehen, oder wenn die Beklagten mit H. zusammen (etwa unter Benutzung desselben als einer Mittelsperson, RGZ. Bd. 56 S. 106) oder sonst in einer gegen die guten Sitten verstoßenden Weise unter Mißbrauch ihrer Vertretungsmacht dahin gewirkt haben, um durch den Abschluß der Verträge der Klägerin Schaden zuzufügen. Dann würde ihnen allerdings nach den Grundsätzen von Treu und Glauben sowie des § 826 BGB. das Recht abzusprechen sein, Rechte aus den Verträgen, die sie mit dem von ihnen bestellten Untervertreter geschlossen haben, der Klägerin gegenüber herzuleiten; ferner könnte angenommen werden, daß auch eine dahingehende Feststellung im Sinne des Klagantrags liegen würde. Derartige Umstände sind aber hier nach den Feststellungen des Kammergerichts nicht vorgebracht; in Betracht kommt namentlich, daß die Vollmacht auf H. bereits mehr als 13 Monate vor den streitigen Verträgen ausgestellt war; daß damals bereits ein Kontrahieren des H. mit den Beklagten beabsichtigt gewesen wäre oder sonst widersprechende Interessen vorgelegen hätten, ist aus den Feststellungen des Berufungsurteils nicht zu entnehmen...

---

122. 1. Über die Voraussetzungen, unter denen Frachtzuschläge nach § 60 Abs. 1 EVO. erhoben werden können.
2. Zur Haftung des Absenders für Verschulden bei Abschluß des Frachtvertrags.

I. Zivilsenat. Urt. v. 27. September 1924 i. S. H. (Bekl.) und A. B. u. M. (Streitgeh.) w. Deutsche Reichsbahn (Kl.). I 537/23.

I. Landgericht Hannover. — II. Oberlandesgericht Celle.

Am 12. Mai 1921 versandte die Streitgehilfin im Auftrage der Beklagten, ihrer Käuferin, eine Wagenladung unter der Bezeichnung „Altpappe" von Schwarmstedt nach Lübben und gab im Frachtbrief die Beklagte als Versenderin an. Unterwegs auf dem Bahnhof Braunschweig-Ost geriet der Wagen in Brand. Die Ladung wurde zum Teil vernichtet und mußte umgeladen werden, der Eisenbahnwagen wurde beschädigt. Die Klägerin führt den Brand darauf zurück, daß sich unter der Pappe mit chemischen Stoffen getränkte Papphülsen für Munition, Leuchtpatronen und nicht abgeschossene Gewehrpatronen befunden hätten, und verlangt deshalb von der Beklagten Zahlung der in § 60 EVO. Abs. 1 a und b vorgesehenen Frachtzuschläge, des Frachtunterschiedes und Ersatz ihres Schadens in bezifferten Beträgen. Das Landgericht wies die Klage ab. Das Oberlandesgericht verurteilte die Beklagte, der Klägerin die Summe zu zahlen, die sich ergibt, wenn man die Zahl 7800 mit der Meßzahl der allgemeinen Lebenshaltung am Tage der Zahlung vervielfältigt. Die Revision der Beklagten hatte zum Teil Erfolg.

Aus den Gründen:

1. Das Oberlandesgericht sieht als erwiesen an, daß die Beschaffenheit der Ladung den Brand verursacht habe, weil in der Pappe explosionsgefährliche Gegenstände zurückgeblieben seien, wie der Umstand zeige, daß man darin drei Messingpatronenhülsen gefunden habe, sei es von Feuerwaffen oder von Signalmunition. Darüber, wie die Explosion zustande gekommen sein soll, ob durch Stoß, Reibung, Erwärmung, chemische Zersetzung oder wie sonst, läßt es sich nicht aus. Das war aber auch nicht erforderlich. Es ist unmöglich, die wahre Ursache aufzuklären, und es muß genügen, daß solche Möglichkeiten bestehen, auch bei mit Pulver gefüllten Patronen für Waffen oder zum Zeichengeben, auch wenn das Pulver entfernt und nur noch die Zündmasse vorhanden ist. Der Angriff, den die Revision in dieser Beziehung erhebt, erscheint nicht begründet. Auch der Vorwurf einer unzureichenden Würdigung des Beweisergebnisses trifft das Oberlandesgericht nicht. Aus dem von einigen Zeugen gehörten Zischen läßt sich nicht darauf schließen, daß der Herd des Brandes sich außerhalb der Patronen befunden und später erst diese ergriffen hat.

2. Das Oberlandesgericht nimmt ferner an, daß der Inhalt der Sendung unrichtig angegeben sei und daß außerdem die Sicherheitsvorschriften in Anlage C außer acht gelassen worden seien. Deshalb billigt es der Klägerin entsprechend der von ihr aufgestellten Berechnung neben den Kosten der Wiederherstellung des Wagens und den Portoauslagen den Frachtunterschied (§ 60 EVO. Abs. 2), einen Frachtzuschlag nach § 60 EVO. Abs. 1a und einen ferneren Frachtzuschlag nach § 60 EVO. Abs. 1b zu. Dagegen wendet sich die Revision mit Recht. Wenn auch in § 60 EVO. Verschulden nicht vorausgesetzt wird, so reichen die getroffenen Feststellungen doch nicht aus, um die Anwendung dieser Vorschrift zu rechtfertigen. Die dort vorgesehenen Frachtzuschläge haben die Natur von Vertragsstrafen (RGZ. Bd. 96 S. 281); von einer Vertragsverletzung durch unrichtige Angabe des Inhalts der Sendung kann aber nicht gesprochen werden, wenn trotz der geübten strengen Aufsicht einer Wagenladung Pappe drei Patronenhülsen versehentlich beigemengt worden sind. Mehr hat das Oberlandesgericht nicht festgestellt, wenn schon es an einer Stelle der Urteilsgründe davon spricht, daß die Pappe durch Verunreinigung mit Munitionsresten explosionsgefährlich gewesen sei. Auch von einer Außerachtlassung der Sicherheitsvorschriften in Anlage C kann dann nicht die Rede sein. Danach erweist sich der Anspruch auf Zahlung der Frachtzuschläge und des Frachtunterschiedes als unbegründet.

3. Anders ist die Rechtslage bei dem erhobenen Schadensersatzanspruch. Ob er, wie das Oberlandesgericht annimmt, seine Rechtfertigung durch § 57 EVO. findet, weil die Angaben des Frachtbriefs im Sinne dieser Bestimmung ungenau oder ungenügend waren, kann dahinstehen. Wenn man das aber auch nicht annimmt, so folgt die Schadensersatzpflicht der Beklagten doch aus allgemeinen Rechtsgrundsätzen. Es bestand bei der Pappe, die Munitionszwecken gedient hatte, die Gefahr, daß trotz sorgfältiger Überwachung Munitionsreste darin zurückgeblieben waren, die zur Entzündung führen konnten. Dieser Umstand, der die Richtigkeit der Angaben über den Inhalt der Sendung nicht beeinträchtigte und in Anlage C nicht vorgesehen ist, war für die Übernahme der Beförderung und die Art ihrer Ausführung von wesentlicher Bedeutung und durfte von der Beklagten bei Übergabe des Gutes zur Beförderung nicht verschwiegen werden. Darin, daß sie es unterlassen hat, die Klägerin auf die Herkunft der Pappe aufmerksam zu machen, ist ohne Rechtsirrtum ein zum Schadensersatz verpflichtendes Verschulden der Streitgehilfin bei Abschluß des Frachtvertrags gefunden worden, für das die Beklagte nach § 278 BGB. einzustehen hat (RGZ. Bd. 95 S. 58, Bd. 97 S. 327, Bd. 103 S. 50). Die Beklagte ist danach zur Erstattung der Wiederherstellungskosten und der Portoauslagen verpflichtet.

---

123. 1. Zum Begriff des selbständigen Schuldversprechens im Sinne des § 780 BGB.

2. Welche Einreden können dem Anspruch aus einem selbständigen Schuldversprechen entgegengesetzt und inwieweit kann vom Aussteller des Schuldversprechens auf die Geltendmachung von Einreden im voraus verzichtet werden?

I. Zivilsenat. Urt. v. 29. September 1924 i. S. W. D. & Co. (Bekl.) w. L. & Co. (Kl.). I 609/24.

I. Landgericht Düsseldorf, Kammer f. Handelss. — II. Oberlandesgericht daselbst.

Die Beklagte stand mit der Firma W. B. & Co. in H. derart in Geschäftsverbindung, daß sie von dieser Rohstoffe, wie Hartzink, Zinklegierungen und Zinkabfälle, zur Verschmelzung erhielt und ihr dafür Zink in Blöcken zurücklieferte. Über das zurückzuliefernde Zink stellte sie ihr Bezugsscheine aus, die mit fortlaufenden Nummern versehen waren, die Überschrift „Bezugsschein“ führten und folgenden weiteren Wortlaut hatten:

„Wir stellen hiermit gegen diesen Schein der Firma W. B. & Co. in H. auf Grund unserer allgemeinen Lieferungsbedingungen

10 t Qualitätszink 98 prozentig, handelsüblich mit $^{1}/_{2}\,^{0}/_{0}$ Analysentoleranz, Spezialmarke für Verzinkereien,

frei Waggon Werk zur Verfügung."

Fünf solcher Scheine händigte die Firma W. B. & Co. durch Vermittelung ihres Bankhauses G. H. & Co. der Klägerin aus, welche von ihr am 16. Mai 1922 50 t Zink gekauft und den Kaufpreis bezahlt hatte. Die Beklagte verweigerte jedoch die Lieferung des Zinks. Die Klägerin setzte ihr daher eine Frist zur Lieferung und erhob nach fruchtlosem Ablauf der Frist Klage auf Schadensersatz wegen Nichterfüllung. Die Beklagte beantragte die Abweisung der Klage und wandte ein, daß sie zur Lieferung des Zinks nicht verpflichtet sei, weil die Firma W. B. & Co., die inzwischen zahlungsunfähig geworden und in Konkurs geraten sei, die ihr obliegende Gegenleistung, nämlich die Beschaffung des Rohzinks, bisher unterlassen habe. Das Landgericht erklärte den Klaganspruch dem Grunde nach für gerechtfertigt. Das Oberlandesgericht wies die Berufung der Beklagten zurück. Auch ihre Revision blieb erfolglos.

Gründe:

Das Berufungsgericht hat mit eingehender Begründung dargelegt, daß die von der Beklagten ausgestellten Bezugsscheine sowohl ihrem Inhalte nach als auch mit Rücksicht auf ihren Zweck, durch Vermittlung eines Bankhauses weiter in den Verkehr gesetzt zu werden, als selbständige Schuldversprechen im Sinne des § 780 BGB. angesehen werden müßten. Diese Ansicht erscheint durchaus zutreffend. Die Erklärung der Beklagten, gegen den Schein die darin verbriefte Menge Zink zur Verfügung zu stellen, läßt klar erkennen, daß sie dazu bestimmt sein sollte, die Verpflichtung von ihren wirtschaftlichen und rechtlichen Zusammenhängen loszulösen, dem Gläubiger das Zurückgehen auf den dem Versprechen zugrunde liegenden Schuldgrund zu ersparen und das Versprechen zur selbständigen Unterlage für die Leistungspflicht zu machen (Warn. 1910 Nr. 276, 151; 1923/24 Nr. 10). Dem steht auch der Umstand, daß die Beklagte in den Bezugsscheinen die Lieferung nur auf Grund ihrer allgemeinen Lieferungsbedingungen versprochen hat, keineswegs entgegen. Als Inhalt dieser Bedingungen hat die Beklagte selbst angegeben, daß durch sie die Anlieferung, Verwägung, Verpackung der Ware, der Analysenaustausch, die Erhöhung der Umarbeitungskosten, die Zahlung der Umarbeitungsvergütung und der Gerichtsstand geregelt werden. Derartige Bestimmungen schließen jedoch die Möglichkeit, daß das in den Bezugsscheinen niedergelegte, einseitige Lieferungsversprechen die Leistungspflicht der

Beklagten selbständig begründen sollte, nicht aus. Sie verschafften der Beklagten nur das Recht, sich bei den Lieferungen nach den in den Bedingungen enthaltenen Vorschriften zu richten; dagegen legten sie dem Gläubiger keine Verpflichtung auf, von deren Erfüllung die Lieferungspflicht der Beklagten abhängig gemacht war. Auch bei Bezugnahme auf die allgemeinen Lieferungsbedingungen konnte daher die Beklagte sich, wie es der § 780 BGB. voraussetzt, einseitig verpflichten, die Lieferung auf Grund des in den Bezugsscheinen abgegebenen selbständigen Versprechens auszuführen. Der Umstand, daß der ursprüngliche Schuldgrund seine Wurzel in einem gegenseitigen Vertrage hatte, schließt die Wirksamkeit des Schuldversprechens nicht aus (Warn. 1910 Nr. 277). Unvereinbar ist es allerdings mit dem Begriff eines selbständigen Schuldversprechens, daß dieses von der Übernahme einer Gegenleistung seitens des Gläubigers abhängig gemacht wird (K. v. RGR. Vorbem. 2 vor § 780, Staudinger § 780 III d). In ein solches Abhängigkeitsverhältnis von einer Gegenverpflichtung wird das Versprechen der Beklagten aber durch die in Bezug genommenen allgemeinen Lieferungsbedingungen nicht gesetzt. ...

Einwandfrei hat das Berufungsgericht ferner seine Annahme begründet, daß die Beklagte bei der Ausstellung der Bezugsscheine übereinstimmend mit der Firma W. B. & Co. den Willen gehabt habe, die in den Verkehr gesetzten Scheine anstandslos einzulösen und auf alle Einwendungen zu verzichten, die ihr gegen W. B. & Co. zustehen könnten. Dies folgert der Vorderrichter daraus, daß die Scheine dazu bestimmt waren, der Firma W. B. & Co. die Möglichkeit zur Besorgung des zur Bezahlung von Rohzink benötigten Geldes zu verschaffen und daß die Beklagte die Scheine unmittelbar an das Bankhaus G. H. & Co. einsandte, welches, wie ihr bekannt sein mußte, die Scheine in handelsüblicher Weise zur Weiterbegebung an Käufer des Zinks verwenden wollte. Wenn die Beklagte — so führt das Berufungsurteil weiter aus — unter diesen Umständen und zu diesem Zweck die Scheine in Umlauf gesetzt habe, so könne es nicht zweifelhaft sein, daß sie, zum mindesten stillschweigend, im Vertrauen auf die Redlichkeit der Firma W. B. & Co. allen Einwendungen entsagt habe und deshalb auch die Bereicherungseinrede nicht mehr erheben könne, die bei der Klage aus einem Schuldversprechen grundsätzlich auch einem Zessionar entgegengesetzt werden könne.

Vergeblich greift die Revision diese Ausführungen als rechtsirrtümlich an. Das Berufungsgericht verkennt nicht, daß gegenüber der Klage aus dem selbständigen Schuldversprechen der Schuldner sich mit der Einrede der ungerechtfertigten Bereicherung verteidigen und zur Begründung der Einrede, die sich auch der Zessionar des Gläubigers gefallen lassen muß, auf das Grundgeschäft zurückgreifen, insbesondere den Nichtempfang der bei Abgabe des Versprechens erwarteten Gegenleistung geltend machen darf (RGZ. Bd. 61 S. 321, Bd. 86 S. 304). Es unterliegt aber auch keinem Bedenken, daß der Schuldner gegenüber dem Gläubiger schon bei Ausstellung des Schuldversprechens, sei es auch nur stillschweigend — entsprechend dem für kaufmännische Verpflichtungsscheine geltenden § 364 Abs. 2 HGB. —, auf alle Einwendungen aus dem dem Versprechen zugrunde liegenden Schuldverhältnis verzichten kann, um auf diese Weise die Verkehrsfähigkeit der selbständigen Verpflichtungsübernahme zu verbessern. Einen derartigen Verzicht hat der Vorderrichter unter Würdigung der besonderen Tatumstände des vorliegenden Falls festgestellt. Eine Gesetzesverletzung ist darin nicht zu erkennen.

Des weiteren hat das Berufungsgericht noch ausgeführt, daß die Beklagte auch gegenüber der Klägerin selbst auf jeden Einwand aus ihren Rechtsbeziehungen zu W. B. & Co. verzichtet habe. (Wird näher ausgeführt.)

---

124. Ist § 323 ZPO. anwendbar, wenn eine Rente ursprünglich zugesprochen, dann wegen Fortfalls der Erwerbsbeschränkung durch Abänderungsurteil gemäß § 323 ZPO. aberkannt war und jetzt wegen neu eingetretener Minderung der Erwerbsfähigkeit wieder verlangt wird?

IV. Zivilsenat. Urt. v. 29. September 1924 i. S. Deutsche Reichsbahn (Bekl.) w. M. (Kl.). IV 75/24.

I. Landgericht Saarbrücken. — II. Oberlandesgericht Köln.

Der Kläger hat am 21. Mai 1898 einen Eisenbahnunfall erlitten und am 10. April 1902 gegen die Beklagte auf Grund des Reichshaftpflichtgesetzes die Zahlung einer Geldrente rechtskräftig erstritten. Durch rechtskräftiges Urteil vom 14. Oktober 1912 ist sodann wegen Fortfalls der Erwerbsbeschränkung die Zahlungsverpflichtung der Beklagten ab 15. Mai 1912 aufgehoben worden. Der Kläger verlangt nunmehr mit der am 6. Dezember 1919 erhobenen Klage die Wiedergewährung einer Rente mit der Behauptung, daß sich inzwischen sein Gesundheitszustand wieder verschlimmert habe und seine Erwerbsfähigkeit neuerdings gemindert sei. In den Vorinstanzen wurde die Beklagte zur Zahlung einer wertbeständigen Rente vom 6. Dezember 1919 bis zum 65. Lebensjahr des Klägers verurteilt.

Die Revision der Beklagten wurde zurückgewiesen.

Aus den Gründen:

Das Landgericht faßt die erhobene Klage als neue Schadensersatzklage, das Oberlandesgericht als Umwandlungsklage nach § 323 ZPO. auf. Wäre das erste richtig, so hätte — was nicht geschehen ist — über den Klaggrund in seiner Gesamtheit von neuem verhandelt und entschieden werden müssen, während im zweiten Fall die Feststellungen der früheren Urteile über die grundsätzliche Haftpflicht der Beklagten zugrunde zu legen waren und es nur einer erneuten Entscheidung über das nunmehrige Vorhandensein von Schadensfolgen, namentlich über die Frage bedurfte, ob neuerdings die Erwerbsfähigkeit des Klägers infolge des Unfalls gemindert ist. Es war daher zu prüfen, ob in Fällen der vorliegenden Art — was die Revision bestreitet — die Umwandlungsklage des § 323 ZPO. zulässig ist.

Nach dem Wortlaut des § 323 ZPO. muß eine Verurteilung erfolgt sein. Ist die Klage abgewiesen, weil eine Haftpflicht der beklagten Partei von vornherein nicht besteht, weil z. B. kein Betriebsunfall oder aber eigenes Verschulden des Klägers oder höhere Gewalt vorliegt, so ist die Geltendmachung auch eines später eingetretenen Schadens wegen der Rechtskraft der ergangenen Entscheidung ausgeschlossen. Anders liegt die Sache, wenn die Haftpflicht an und für sich bejaht und die Abweisung nur wegen Fehlens von Schadensfolgen, z. B. der behaupteten Erwerbsbeschränkung ausgesprochen ist. Hier wird von manchen Schriftstellern nach allgemeinen Grundsätzen die Anstellung einer neuen Schadensersatzklage für statthaft und geboten erklärt, während andere die Umwandlungsklage zulassen.[1] Die letztere Ansicht verdient jedenfalls dann den Vorzug, wenn es sich wie hier um die Wiedergewährung einer ursprünglich zugesprochenen, dann wegen Fortfalls der Erwerbsbeschränkung durch Abänderungsurteil aberkannten und jetzt wegen neu eingetretener Minderung der Erwerbsfähigkeit wieder beanspruchten Rente handelt. Nach der einmal erfolgten Verurteilung gestattet das Gesetz die wiederholte Berücksichtigung der veränderten Verhältnisse. Die ursprünglich zuerkannte Rente kann aberkannt, aber auf Umwandlungsklage hin auch wieder zugesprochen werden. Es würde dem Grundsatz der Billigkeit, auf dem die Vorschrift des § 323 ZPO. beruht, widersprechen, wenn der Kläger danach

[1] Skonietzki, A. 8 zu § 323 ZPO.; Eger, Reichshaftpflichtgesetz 7. Aufl. S. 537, 559: Reindl, Reichshaftpflichtgesetz S. 198; Wolf in JW. 1904 S. 571; Jäger, Umwandlungsklage S. 20. Für erstere Ansicht Seuffert, A. 2 zu § 323 ZPO.: Kann, A. 2d, bb daselbst; Hellwig, System S. 810; Örtmann im Arch f. ziv. Praxis Bd. 109 S. 309flg.; Oppermann in der Zeitschr. für ZP. Bd. 38 S. 453, und unter Einschränkung auf einen von dem früheren unabhängigen Klaggrund Stein, A. II2 zu § 323 ZPO.; Seligsohn, Haftpflichtgesetz S. 295/96. D. E.

zwar die Erhöhung einer auf einen ganz geringen Betrag herabgesetzten Rente, nicht aber nach völliger Aberkennung ihre Wiedergewährung verlangen könnte. Sinn und Zweck der Vorschrift gebieten daher ihre Ausdehnung auf Fälle der vorliegenden Art. Ähnlich hat das Reichsgericht in dem Urteil vom 25. November 1886 (RGZ. Bd. 17 S. 23) unter der Geltung des früheren § 7 Abs. 2 RHPflGes. entschieden, der ausdrücklich die Wiedergewährung einer aberkannten Rente vorsah und jetzt durch § 323 ZPO. ersetzt ist. In der gegenteiligen, ebenfalls einen Fall des § 7 Abs. 2 RHPflGes. a. F. betreffenden Entscheidung vom 8. Mai 1888 (Eger, Eisenbahnrechtl. Entscheidungen Bd. 6 S. 296, unvollständig abgedruckt in Seuff. Arch. Bd. 44 Nr. 25) waren nicht eine Rente, sondern verschiedene Kapitalbeträge zuerkannt; auf diesen anders gelagerten Sachverhalt weist das Urteil ausdrücklich hin....

---

125. 1. Was versteht der Erlaß des preußischen Ministers der öffentlichen Arbeiten, betreffend pensionsfähige Dienstzeit der Landmesser, vom 22. Februar 1896 (EisenbahnVOBl. S. 91) unter den „als Landmesser vorgebildeten Beamten"?

2. Zum Erwerbe der Beamteneigenschaft.

III. Zivilsenat. Urt. v. 30. September 1924 i. S. Deutsche Reichsbahn (Bekl.) w. L. (Kl.). III 18/24.

I. Landgericht Hannover. — II. Oberlandesgericht Celle.

Durch Schreiben vom 21. Oktober 1890 eröffnete die preußische Eisenbahn-Direktion in H. dem Kläger auf seine Bewerbung, daß sie geneigt sei, ihn gegen Gewährung von Tagegeld als Techniker zunächst bei dem Bau der Salinen-Anschlußbahn in L. außerhalb des Beamtenverhältnisses zu beschäftigen; die Beschäftigung erfolge unter dem Vorbehalt einer gegenseitigen vierwöchentlichen Kündigungsfrist. Der Kläger stimmte diesem Anerbieten zu und trat am 14. November 1890 seine Stellung an. Am gleichen Tage wurde er durch Handschlag zur Treue und Amtsverschwiegenheit verpflichtet. Am 7. Mai 1891 teilte ihm die Eisenbahn-Direktion mit, daß aus dienstlichen Rücksichten beschlossen sei, ihn unter unveränderten Annahme- und Besoldungsverhältnissen vom 1. Juni 1891 ab bei den Eisenbahn-Vorarbeiten unter Anweisung seines amtlichen Wohnsitzes in H. weiterzubeschäftigen. Im Anschluß an diese Tätigkeit in H. arbeitete der Kläger vom 1. April 1898 bis zum 30. Juni 1902 als technischer Bürogehilfe bei der Bauabteilung in E. Zum 1. Juli 1902 wurde er nach H. zurückversetzt und war dort in der Folgezeit als Bauassistent tätig. Unter Berufung in eine neue planmäßige Stelle wurde er am 1. April 1908 zum technischen Eisenbahnsekretär ernannt. Am 16. April 1908 leistete er den Dienst-eid als Staatsbeamter. Der bei Verleihung der Planstelle zunächst gemachte Kündigungsvorbehalt wurde am 25. Mai 1913 zurückgenommen.

Zum 1. Oktober 1920 wurde der Kläger wegen eingetretener Erblindung in den Ruhestand versetzt. Bei Berechnung des ihm zustehenden Ruhegehalts wurde nur die Zeit seit seiner planmäßigen Anstellung, also seit dem 1. April 1908, zugrunde gelegt.

Mit der Klage verlangte der Kläger, daß auch seine gesamte vor der Verleihung der Planstelle liegende Beschäftigungszeit in das pensionsfähige Dienstalter eingerechnet werde. Die am 14. November 1890 erfolgte Verpflichtung durch Handschlag sei der Leistung des Beamtendiensteides gleichzuachten. Seine Beschäftigung sei stets die eines Beamten gewesen. Seit dem 1. Juni 1891 habe er in dem Vorarbeitenbüro in H. die Obliegenheiten eines Landmessers erfüllt, so daß die für die Landmesser gegebenen Sondervorschriften auf ihn anzuwenden seien. In E. habe er als Verwalter des Oberbaumagazins auch eine öffentlichrechtliche Tätigkeit ausgeübt.

Das ursprünglich verklagte Deutsche Reich trat diesen Ausführungen entgegen.

Das Landgericht wies die Klage ab. Auf die Berufung des Klägers stellte das Oberlandesgericht unter Abweisung des weitergehenden Klaganspruchs fest, daß für die Bemessung des Ruhegehalts des Klägers die Zeit vom 1. Juni 1891 bis zum 31. März 1908 als ruhegehaltsfähig in Anrechnung zu bringen sei. Die Revision der Deutschen Reichsbahn, die infolge der Verordnung vom 12. Februar 1924 (RGBl. I S. 57) als Beklagte an die Stelle des Deutschen Reichs getreten ist, führte zur Aufhebung des angefochtenen Urteils, soweit es der Klage entsprochen hat.

Gründe:

I. Seine Ansicht, daß dem Kläger die Zeit vom 1. Juni 1891 bis zum 31. März 1908 als ruhegehaltsfähig anzurechnen sei, stützt das Oberlandesgericht auf den Erlaß des Ministers der öffentlichen Arbeiten vom 22. Februar 1896. (EisenbahnVOBl. S. 91; vgl. auch RGZ. Bd. 81 S. 227.) Es führt aus, daß der Kläger als Landmesser vorgebildet sei, indem er sich zunächst auf der Baugewerbeschule die theoretischen Grundbegriffe der Landmeßkunde angeeignet und dann im Dienste die nötigen praktischen Erfahrungen gesammelt habe. Während seiner Beschäftigung im Vorarbeitenbüro bei der Eisenbahn-

Direktion H. habe er alle Arbeiten eines Landmessers verrichtet. Damit habe er die Bedingungen erfüllt, unter denen nach dem Erlasse den als Landmesser vorgebildeten Beamten der Staatseisenbahnverwaltung gewisse Beschäftigungszeiten anzurechnen seien.

Demgegenüber macht die Revision mit Recht geltend, daß der Erlaß vom 22. Februar 1896 auf den Kläger nicht anwendbar sei. Zwar trifft es nicht zu, daß der Erlaß nur für solche Beamte gilt, die die Landmesserprüfung bestanden haben. In dieser Hinsicht ist lediglich auf das schon vom Berufungsrichter angezogene Urteil des Senats vom 4. Dezember 1914 III 292/14 (Warn. 1915 Nr. 69) zu verweisen. Der Kläger gehört aber nicht zu den als Landmesser vorgebildeten Beamten im Sinne des Erlasses. Hierunter sind, wie bereits in dem ungedruckten Urteil des Senats vom 25. November 1919 III 176/19 dargelegt ist, nur die Beamten zu verstehen, die die Vorbedingungen für die Zulassung zur Landmesserprüfung erfüllt haben. Das ergibt sich aus dem Erlasse des Ministers der öffentlichen Arbeiten vom 17. Februar 1893 (EisenbahnVOBl. S. 132; vgl. auch RGZ. Bd. 81 S. 227), der durch den Erlaß vom 22. Februar 1896 nur in einzelnen Punkten abgeändert ist. Er schreibt nur die Anrechnung derjenigen Zeit vor, während deren die etatsmäßigen Beamten der Staatseisenbahnverwaltung vor ihrer Anstellung als vereidete Landmesser bei Staatsbehörden beschäftigt waren. Er verlangt also, da die Vereidigung der Landmesser nach vorschriftsmäßig bestandener Prüfung erfolgt (§ 1 des Reglements für die öffentlich anzustellenden Feldmesser vom 2. März 1871 GS. S. 101), die Erfüllung der vorgeschriebenen Vorbedingungen für die Zulassung zur Prüfung und ihr Bestehen. Von diesen Voraussetzungen streicht der Erlaß von 1896 nur die zweite, die Prüfung selbst. Das Erfordernis der Vorbildung als Landmesser wird ausdrücklich aufrecht erhalten und kann im Zusammenhange mit dem Erlaß von 1893 nicht anders verstanden werden, als daß die vorgeschriebenen Vorbedingungen für die Zulassung zur Prüfung vorliegen müssen, damit die Landmessertätigkeit des Beamten angerechnet werden kann.

Nach § 5 der Landmesserprüfungsordnung vom 4. September 1892 (InnMinBl. S. 202, Neufassung vom 12. Juni 1893, InnMinBl. S. 140) setzt die Zulassung zur Landmesserprüfung eine gewisse höhere Schulbildung (regelmäßig die Reife für die Prima einer neunstufigen höheren Schule), eine einjährige praktische Beschäftigung und ein zweijähriges Studium an einer landwirtschaftlichen Hochschule voraus. Der Kläger besitzt lediglich Volksschulbildung und hat nur eine Baugewerksschule besucht. Die Vorbedingungen für die Landmesserprüfung hat er damit nicht erfüllt, so daß ihm der Erlaß vom 22. Februar 1896 nicht zugute kommen kann.

II. Bei dieser Sachlage kann die noch streitige Zeit vom 1. Juni 1891 bis zum 3. März 1908 dem Kläger bei Berechnung seines Ruhegehalts nur dann angerechnet werden, wenn er damals nicht in einem privatrechtlichen Verhältnis zur Eisenbahnverwaltung gestanden hat, sondern Staatsbeamter gewesen ist. Der Kläger hat erst am 16. April 1908 anläßlich der Übertragung einer planmäßigen Stelle, also nach Ablauf der hier fraglichen Zeit, den Beamtendiensteid geleistet. Zunächst ist er nur durch Handschlag zur Treue und Amtsverschwiegenheit verpflichtet worden. Diese Verpflichtung durch Handschlag steht, wie der Vorderrichter zutreffend annimmt, der Leistung des Diensteides nicht gleich. Dem Kläger bleibt aber der Nachweis unbenommen, daß er schon vor seiner Vereidigung in den Staatsdienst als Beamter eingetreten ist. Das ist dann der Fall, wenn der Kläger von der Behörde, hier von der Eisenbahn-Direktion H., als Beamter angestellt worden ist. Hat sie nicht den Willen gehabt, ihn als Beamten anzustellen, so würde er nur dann Beamter geworden sein, wenn ihm die Ausübung obrigkeitlicher Befugnisse übertragen worden wäre, mit deren Übertragung nach der ständigen Rechtsprechung des Senats (vgl. die in RGZ. Bd. 106 S. 19 angeführten Urteile) der Erwerb der Beamteneigenschaft stets verknüpft ist.

Die Frage, ob dem Kläger die Wahrnehmung von Staatshoheitsrechten anvertraut worden ist, hat der Berufungsrichter nur für die mit dem 31. Mai 1891 endigende Zeit, während der der Kläger als Bauaufseher bei der Salinenanschlußbahn in L. tätig war, geprüft und sie verneint. Für die streitige Zeit vom 1. Juni 1891 an bedarf sie noch der Untersuchung. Schon zu diesem Zwecke muß die Sache an die Vorinstanz zurückverwiesen werden.

War der Kläger zur Ausübung obrigkeitlicher Gewalt nicht berufen, so hängt seine Beamteneigenschaft davon ab, ob und gegebenenfalls wann die Eisenbahn-Direktion H. ihn als Beamten hat anstellen wollen. Dieser Wille brauchte nicht ausdrücklich hervorgehoben zu werden. Auch aus den Umständen kann er sich ergeben. Nach dem zu den Akten gebrachten Erlaß des Ministers der öffentlichen Arbeiten vom 30. Oktober 1912 kann sogar im allgemeinen die Zeit der Beschäftigung als technischer Gehilfe, wie sie hier in Frage steht, als im Beamtenverhältnis verbracht angesehen werden, wenn nicht bestimmte Merkmale darauf hinweisen, daß die Beschäftigung außerhalb des Beamtenverhältnisses erfolgt ist. Ein solches Merkmal bildet unzweifelhaft die in dem Einberufungsschreiben, das die Eisenbahn-Direktion H. am 21. Oktober 1890 an den Kläger gerichtet hat, enthaltene Bemerkung, daß beabsichtigt werde, ihn außerhalb des Beamtenverhältnisses zu beschäftigen. Es bedarf aber der Prüfung, ob dieser Vorbehalt nach Beendigung der Beschäftigung des Klägers bei dem Bau der Salinenanschlußbahn in L., welche Zeit schon der Vorderrichter, wenngleich aus anderen Gründen, für nicht anrechnungsfähig erklärt hat, von der Eisenbahn-Direktion erkennbar aufrecht erhalten worden ist. Der Tatrichter hat zu entscheiden, ob der Kläger nicht etwa mit seiner zum 1. Juni 1891 erfolgten Überweisung an das Vorarbeitenbüro in H. als Beamter hat angestellt werden sollen. Der in dem Schreiben der Eisenbahn-Direktion vom 7. Mai 1891 enthaltene Hinweis auf die unveränderten Annahme- und Besoldungsverhältnisse ist auf seine Tragweite zu prüfen. Neben ihm kommt es auch auf die dem Kläger in H. tatsächlich eingeräumte Stellung an. Die Art seiner Beschäftigung, die sich von der der Beamten nicht mehr unterschieden zu haben scheint, die Regelung seines Urlaubs, die Fortzahlung seiner Tagegelder in Beurlaubungs- und Krankheitsfällen und ähnliche Umstände mehr können einen Rückschluß auf den Willen der Behörde, ihn nunmehr als Beamten anzustellen, zulassen. Sollte dieser Wille am 1. Juni 1891 noch gefehlt haben, so kann er immer noch bei späteren Veränderungen in der dienstlichen Stellung des Klägers hervorgetreten sein, etwa, als er zum 1. April 1898 als technischer Bürogehilfe zur Bauabteilung in E. versetzt wurde.

In allen diesen Richtungen wird der Vorderrichter den Sachverhalt noch zu prüfen haben.

---

126. 1. Besteht ein vertretbares Unvermögen zur Leistung, wenn dem Verkäufer, der auf Übergabe der verkauften Sache selber nur einen schuldrechtlichen Anspruch gegen einen Dritten hat, von diesem die verkaufte Sache vorenthalten wird, und er seinem Käufer beim Vertragschlusse nicht mitgeteilt hat, daß er noch nicht die Verfügung über die verkaufte Sache hat?

2. Welchen Einfluß hat es auf die Wirkungen der Nachfristsetzung, wenn die Erfüllung dem Schuldner vor dem Ablauf der Nachfrist vertretbar unmöglich wird?

VI. Zivilsenat. Urt. v. 19. September 1924 i. S. S. (Kl.) w. F. (Bekl.). VII 719/23.

I. Landgericht Schneidemühl. — II. Oberlandesgericht Marienwerder.

Die Beklagte hatte im Oktober 1919 von der Oberpostdirektion in B. eine größere Anzahl Masten, die in Schulitz lagerten, gekauft. Durch Vertrag vom 4./6. Dezember 1919 verkaufte sie etwa 4700 dieser Masten an die Klägerin weiter. Als im Auftrage der Klägerin deren Vertreter zur Abnahme der Stangen in Schulitz erschien und bereits 580 Stück der gekauften Masten zur Verladung gebracht hatte, entstanden wegen der weiteren Abnahme Differenzen, weil der Kaufmann L. auf die von der Klägerin gekauften Stangen Anspruch erhob und außerdem auch die Oberpostdirektion der Wegnahme weiterer Masten mit der Behauptung widersprach, daß sie der Beklagten die Masten nur zur eigenen Verwendung verkauft habe. Dies führte zu Verhandlungen zwischen den Parteien, die nach der Behauptung der Beklagten zur Aufhebung des mit der Klägerin geschlossenen Kaufvertrags geführt haben. Unter Berufung auf die Vertragsaufhebung hat die Beklagte die Weiterlieferung an die Klägerin verweigert, sich aber auch deshalb für erfüllungsfrei gehalten, weil ihr die Lieferung zufolge Eingreifens der Oberpostdirektion und der späteren Besetzung von Schulitz durch die Polen unmöglich geworden sei. Die Klägerin hielt die Ablehnung der Erfüllung für unbegründet und setzte der Beklagten durch Schreiben vom 17. Januar 1920 eine Frist zur Erfüllung mit der Androhung, daß sie nach fruchtlosem Ablauf der Frist die Annahme verweigern und Schadensersatz wegen Nichterfüllung fordern werde. Diesen Schadensersatz macht sie im gegenwärtigen Prozesse geltend. Unstreitig hat die Beklagte in einem vor dem Landgericht I in Berlin gegen ihren Verkäufer geführten Prozesse den Widerspruch der Oberpostdirektion gegen die Wegnahme und Verladung der Masten bekämpft und auch rechtskräftig ein obsiegendes Urteil erzielt.

Das Landgericht erklärte den Klaganspruch dem Grunde nach für gerechtfertigt. Das Oberlandesgericht wies die Klage ab, weil die Beklagte wegen des Einspruchs der Oberpostdirektion nicht in der Lage gewesen sei, zu erfüllen. Auf die Revision der Klägerin wurde das landgerichtliche Urteil wiederhergestellt.

Gründe:

Ohne Rechtsirrtum hat das Berufungsgericht angenommen, daß es sich bei der von der Beklagten geschuldeten Leistung aus dem zwischen ihr und der Klägerin geschlossenen Kaufvertrage um keine reine Gattungsschuld gehandelt hat. Die Revision versucht vergeblich, aus dem Briefwechsel der Parteien das Gegenteil zu entnehmen. Denn, wenn in dem Schreiben der Beklagten vom 4. Dezember 1919 auch nur allgemein nach Reichspostvorschrift fertig bearbeitete, ungetränkte Holzmasten ab Lagerplatz der Rütgerswerke in Schulitz angeboten worden sind und so das Angebot von der Klägerin auch angenommen ist, so sind die Parteien doch offenbar darüber einig gewesen, daß die Beklagte mit dem Hinweis auf den Lagerplatz in Schulitz nicht bloß den Lieferungsort hat bezeichnen wollen, sondern das Schuldverhältnis auf Masten aus diesem Lagerplatz beschränkte. Lag nur eine beschränkte Gattungsschuld vor, so ist der Einwand des Unvermögens zur Leistung mit Recht nach den Vorschriften über die Einzelschuld beurteilt worden.

Aber rechtsirrtümlich hat hierbei das Berufungsgericht nur die Vertretungspflicht der Beklagten zur Erörterung gezogen, während es sich zunächst darum handelte, ob überhaupt ein Unvermögen zur Leistung vorlag. Aus dem festgestellten Sachverhältnis läßt sich ein solches nicht entnehmen. Es mag sein, daß der Einspruch der Oberpostdirektion gegen die Wegnahme der Masten aus dem Schulitzer Lager ein Unvermögen der Beklagten zur Leistung an die Klägerin hätte zur Folge haben können, wenn die Oberpostdirektion mit Recht die Wegnahme der Masten gehindert hätte. Aber letzteres hat die Beklagte selbst nicht behauptet. Sie hat vielmehr gegen ihren Verkäufer einen Prozeß geführt, in dem sie den Einspruch der Oberpostdirektion als rechtswidrig bekämpfte und gegen ihren Verkäufer Schadensersatzansprüche und das Recht auf Befreiung von den Schadensersatzansprüchen der Klägerin erstritt. Dieses Urteil macht zwar im Verhältnis zu den jetzigen Parteien keine Rechtskraft, aber so viel legt es fest, daß für die Beklagte nicht ohne Aussicht auf Erfolg die Möglichkeit bestand, den Widerspruch der Oberpostdirektion gegen die Abfuhr der Masten zu beseitigen. Daß sie es nicht sofort oder alsbald konnte, begründete ein Unvermögen zur Leistung nicht. Denn zu diesem gehörte, daß die Beklagte zu der Zeit, als sie erfüllen sollte, dauernd oder der Dauer gleichkommend nicht in der Lage war, den Vertrag mit der Klägerin zu erfüllen. In Wirklichkeit lag aber nur ein, wie sie selbst behauptet, vertragswidriges Verhalten ihres eigenen Verkäufers vor, das ihre Leistung hinderte. Dieses verzögerte zwar ihre Erfüllung, schuf aber keine Lage, die die Beklagte außerstand setzte, überhaupt oder innerhalb einer dem Vertragszweck entsprechenden Zeit zu erfüllen, und sie deshalb von ihren Vertragspflichten frei machte. Daß später infolge der Polenbesetzung die Masten nicht mehr geliefert werden konnten, war lediglich eine Folge dieser Besetzung, berechtigt aber nicht zu dem Schluß, daß von vornherein schon der Widerspruch der Oberpostdirektion gegen die Abfuhr der Masten ein Umstand war, der die Beklagte zur Leistung unvermögend machte.

Bestand ungeachtet des Widerspruchs der Oberpostdirektion die Lieferpflicht der Beklagten weiter, so hat sie auch durch die spätere Besetzung von Schulitz durch die Polen und die damit verbundene Beschlagnahme der Masten keine Befreiung von ihrer Verpflichtung erlangt. Denn als diese erfolgten, war sie im Verzuge und deshalb auch für die durch Zufall eintretende Unmöglichkeit der Leistung verantwortlich (§ 287 BGB.). Auch ihren Verzug hat der Einspruch der Oberpostdirektion nicht aufgehalten. Die Beklagte war zur Zeit der Abnahme der Masten durch die Klägerin selber noch gar nicht verfügungsberechtigte Eigentümerin derselben, sondern hatte lediglich einen schuldrechtlichen Anspruch gegen ihren Verkäufer auf Übergabe. Aus dem Angebot der Beklagten aber mußte nach der Feststellung des Berufungsgerichts entnommen werden, daß sie bereits das unbeschränkte Verfügungsrecht über die Masten habe. Deshalb mußte sie auch dafür einstehen, daß ihr diese Verfügung zustehe. Zum mindesten wollte sie sich so behandeln lassen, als wenn ihr die Masten bereits gehörten. Ihre Streitigkeiten mit der Postverwaltung gingen darum zu ihren Lasten. Daß sie nach der Feststellung des Berufungsgerichts der begründeten Annahme sein konnte, sie könne über die Masten frei und ohne jede Einschränkung verfügen, ist nicht entscheidend. Wollte sie der Klägerin gegenüber gedeckt sein, so hätte sie mindestens zum Ausdruck bringen müssen, daß sie selber vorläufig nur einen schuldrechtlichen Anspruch auf Übergabe besitze und die Masten noch in der Verfügungsgewalt ihres Verkäufers seien. Mit Erfüllungshindernissen, die infolge ihrer unrichtigen oder unvollständigen Angaben die Klägerin nicht hat in Rechnung stellen können, kann sie sich nicht entschuldigen. Aus diesen Gründen, die übrigens das Berufungsgericht auch zur Bejahung der Vertretungspflicht für das vermeintliche Unvermögen zur Leistung hätten führen müssen, ist sie trotz des Widerspruchs der Oberpostdirektion mit ihrer Leistung in Verzug gekommen und darum auch der Klägerin gegenüber schadensersatzpflichtig. Daß die am 17. Januar 1920 bis zum 26. Januar 1920 der Beklagten gestellte Nachfrist möglicherweise erst nach der Besetzung von Schulitz durch die Polen abgelaufen ist und die Beklagte deshalb vor Ablauf der Frist zu der von ihr begehrten Erfüllung unvermögend geworden ist, fällt nicht ins Gewicht, weil sie im Verzuge war und darum das Unvermögen zu vertreten hatte.

---

127. Können die mehreren Erben eines Miteigentümers den Antrag auf Zwangsversteigerung des ganzen im Miteigentum stehenden Grundstücks zum Zwecke der Auseinandersetzung nur gemeinschaftlich stellen oder ist dazu auch ein einzelner Miterbe befugt?

IV. Zivilsenat. Urt. v. 2. Oktober 1924 i. S. Schw. (Bekl.) w. Schw. (Kl.). IV 899/23.

I. Landgericht Guben. — II. Kammergericht Berlin.

Die Beklagte und ihr Ehemann waren Miteigentümer mehrerer Grundstücke. Der Ehemann ist am 14. Juni 1919 verstorben, und da ein von ihm mit seiner Ehefrau errichtetes gemeinschaftliches Testament formungültig war, ist gesetzliche Erbfolge eingetreten, wonach neben der Ehefrau eine Anzahl Seitenverwandter, darunter der Kläger, Erben geworden sind. Zur Herbeiführung der Auseinandersetzung hat zunächst die Witwe die Zwangsversteigerung der Grundstücksanteile ihres verstorbenen Ehemanns beantragt. Einer der Seitenverwandten hat beim Vollstreckungsgericht den Antrag gestellt, es sollten nicht nur die Grundstücksanteile des Ehemanns, sondern die ganzen Grundstücke zur Versteigerung gestellt werden, da nur auf diese Weise dem Interesse der Miterben an der Erzielung eines wertangemessenen Erlöses entsprochen werde. Das Vollstreckungsgericht hat diesem Antrag nicht stattgegeben. Auch ein dann vom Kläger gestellter Antrag auf Zwangsversteigerung der ganzen Grundstücke ist vom Vollstreckungsgericht zurückgewiesen worden. Das Zwangsversteigerungsverfahren ist aber nunmehr auf Grund einer vom Kläger erwirkten einstweiligen Verfügung eingestellt.

Im Prozeß hat der Kläger den Antrag gestellt, die Beklagte zu verurteilen, darin zu willigen, daß die Grundstücke zum Zwecke der Aufhebung der Gemeinschaft öffentlich meistbietend versteigert werden und daß dieser Antrag vom Kläger beim Nachlaß- und Vollstreckungsgericht gestellt wird; die Beklagte hat Abweisung der Klage beantragt. Das Landgericht gab der Klage statt, das Kammergericht wies die Berufung der Beklagten zurück. Die Revision der Beklagten hatte keinen Erfolg.

Gründe:

Das Berufungsurteil beschäftigt sich zunächst mit der Frage, ob der Kläger die Zwangsversteigerung der zum Nachlaß des Ehemanns gehörigen Grundstücksanteile betreiben dürfe. Daß er zu einem nur hierauf gerichteten Antrag auch ohne Einwilligung der Beklagten befugt wäre, ergibt sich ohne weiteres aus §§ 2042 mit 749, 753 BGB. Dafür, daß etwa noch weiteres ungeteiltes Nachlaßvermögen vorhanden wäre und deshalb die angestrebte Auseinandersetzung über die bezeichneten Grundstücksanteile als eine unzulässige Teilauseinandersetzung angesehen werden könnte (JW. 1919 S. 42 Nr. 9), liegt nichts vor. Das Recht zum Betreiben der Versteigerung dieser Grundstückshälften ist dem Kläger von der Beklagten auch gar nicht bestritten worden; sie will diese ja selbst zur Versteigerung bringen.

Streitig ist nur, ob der Kläger die Versteigerung der ganzen Grundstücke, also auch der nicht zum Nachlaß gehörigen Grundstückshälften, zu betreiben befugt ist. In der Rechtslehre wird die Meinung vertreten, daß ein dahin gehendes Recht des einzelnen Miterben eines Miteigentümers nicht anzuerkennen sei, weil in einem solchen Vorgehen eine Verfügung über einen Nachlaßgegenstand oder eine nicht zur ordentlichen Verwaltung erforderliche Verwaltungsmaßnahme zu finden sei, die nach §§ 2038, 2040 BGB. nur von den Erben gemeinschaftlich vorgenommen werden könnte (vgl. z. B. Jäckel-Güthe, Zwangsversteigerungsgesetz A. 6 Abs. 1 a. E. zu § 181). Entscheidungen in diesem Sinne liegen vor vom Kammergericht (OLG. Bd. 25 S. 267) und vom Oberlandesgericht Naumburg (Zeitschrift der Naumburger Anwaltskammer 1921 S. 22).

Das Berufungsgericht sieht dagegen das Vorgehen des Klägers als berechtigt an, indem es ausführt: Dem Erblasser habe gegen die Beklagte ein Anspruch aus § 749 BGB. auf Aufhebung der Gemeinschaft zugestanden; dieser Anspruch sei durch die Erbfolge auf die Erbengemeinschaft übergegangen und damit ein zum Nachlaß gehörender Anspruch geworden. Der Anspruch gehe auf Erklärung der Zustimmung zur Aufhebung der Gemeinschaft; die Erklärung bedeute bei sinngemäßer Auslegung des § 2039 auch eine Leistung. Denn Leistung sei nach ständiger Rechtsprechung jedes positive Tun oder Unterlassen, das ein Rechtsverhältnis zur Grundlage habe. Gefordert werde Leistung an alle Erben, da die verlangte Zustimmung rechtswirksam nur zugunsten der Gesamtheit der Miterben abgegeben werden könne. Die Erklärung dürfe mit Rücksicht auf das ablehnende Verhalten eines andern Miterben nicht verweigert werden; es komme daher auf die Frage, ob alle übrigen Miterben die Zustimmung zur Klagerhebung gegeben hätten, nicht an.

Im gleichen Sinne hatte auch schon der 11. Zivilsenat des Kammergerichts in einem Beschluß vom 24. Februar 1922 erkannt, unter ausdrücklichem Fallenlassen seines in der oben erwähnten Entscheidung OLG. Bd. 25 S. 267 vertretenen Standpunktes. Das Reichsgericht tritt der Anschauung des Berufungsgerichts bei, daß das vom Kläger in Anspruch genommene Recht sich aus § 2039 (mit §§ 749, 753) BGB. ergibt, welcher kein gemeinschaftliches Handeln aller Erben verlangt, sondern das Vorgehen eines einzelnen Erben zuläßt.

Die Revision bestreitet, daß das in § 749 BGB. erwähnte Recht des Teilhabers auf Aufhebung der Gemeinschaft als ein Anspruch im Sinne von § 2039 anzusehen sei; sie meint, ein Anspruch auf Aufhebung der Gemeinschaft bestehe erst, wenn das Verlangen gestellt sei; vorher bestehe das Recht, die Teilung zu verlangen, nur als Inhalt des Anteilsrechts überhaupt. Damit soll wohl gesagt werden, daß zunächst das Verlangen auf Aufhebung der Miteigentumsgemeinschaft von den Miterben gemeinschaftlich gestellt werden müsse und erst auf diese Weise ein von den einzelnen Miterben verfolgbarer Anspruch entstehe. Das kann nicht als richtig anerkannt werden. Das Recht des Gemeinschaftsteilhabers auf Aufhebung der Gemeinschaft stellt von vornherein einen Anspruch, wie in § 194 BGB. bezeichnet, dar; es sind nicht etwa vorherige Verwaltungsmaßnahmen, wie Kündigungserklärungen und ähnliches (vgl. Komm. v. RGR. A. 1 zu § 2039 BGB., RGZ. Bd. 107 S. 238) erforderlich, um den Anspruch zur Entstehung gelangen zu lassen. Das Gesetz selbst (§ 758 BGB.) bezeichnet das Recht des Teilhabers auf Aufhebung der Gemeinschaft, wie es von vornherein besteht, als einen Anspruch. Das ist auch der Standpunkt der Rechtslehre (Staudinger Anm. Ib zu § 749 BGB. mit Anführungen; Hellwig, Anspruch und Klagrecht S. 443/44 und Fußnote 4).

Das Vorbringen der Revision, daß die Klage an dem vom Berufungsgericht unterstellten Mangel der Zustimmung anderer Erbbeteiligter scheitern müsse, erweist sich nach dem oben Gesagten als unbegründet. Der aus § 2039 vorgehende einzelne Erbe ist nicht an die Zustimmung der anderen gebunden; es ist ihm überlassen, in welcher Weise er ein ihm hinderliches Verhalten der einzelnen Miterben beseitigen will.

Auch die Fassung des Klagantrags und des ihm entsprechenden Urteilssatzes ist nicht zu beanstanden; es kommt darin zum Ausdruck, daß die Beklagte nicht berechtigt ist, sich dem Betreiben der Zwangsversteigerung durch den Kläger zu widersetzen.

Anhang:

Entscheidung des Staatsgerichtshofs.

128.

In der Streitsache

des Landes Sachsen gegen das Deutsche Reich

wegen Freifahrt der Sächsischen Synodalen auf der Reichsbahn hat der Staatsgerichtshof für das Deutsche Reich in der Sitzung vom 12. Juli 1924 für Recht erkannt:

Das Reich ist nicht verpflichtet, den Abgeordneten der evangelisch-lutherischen Landessynode des Freistaats Sachsen Freifahrt auf der Reichsbahn zu gewähren.

Aus den Gründen:

Zwischen den Streitteilen besteht eine Meinungsverschiedenheit darüber, ob das Reich verpflichtet ist, den Mitgliedern der Sächsischen Landessynode Freifahrt auf der Reichsbahn zu gewähren.

Nach § 45 Abs. 1 der Kirchenvorstands- und Synodalordnung (KVSO.) vom 30. März 1868 in der Fassung vom 18. Oktober 1913 (Gesetz- und Verordnungsblatt S. 413) werden die Kosten der Synode aus der Staatskasse bestritten. In § 45 Abs. 2 ist bestimmt, daß jeder Abgeordnete zur Synode Vergütung des nötigen Reiseaufwands erhält. Daraufhin wurden zunächst in der Geschäftsordnung für die evangelisch-lutherische Landessynode vom 20. Juni 1871 (GVBl. S. 99) Pauschsätze festgesetzt. Später beantragten die Synodalen, sie wegen Gewährung von Freifahrt den Mitgliedern der Ständeversammlung gleichzustellen. Die Regelung der Angelegenheit wurde jedoch nach einer Entschließung der in Evangelicis beauftragten Minister vom 5. Juni 1891 vorderhand aufgeschoben. Am 19. Oktober 1895 regte das evangelisch-lutherische Landeskonsistorium nochmalige Erwägung der Frage an. Auf diese Eingabe erklärten sich die in Evangelicis beauftragten Minister mit der erbetenen Gewährung von Freifahrt am 5. November 1895 grundsätzlich einverstanden und gaben dem Landeskonsistorium anheim, sich wegen der weiteren Ausführung an den Finanzminister zu wenden. Auch den nachträglichen Antrag, die Freifahrt bereits für die erste Reise zur Synode nach der Einberufung zu bewilligen, genehmigten die genannten Minister am 12. Dezember 1895 unter der Bedingung, daß die Synodalen auf Reisekostenentschädigung nach den bisherigen Sätzen verzichteten. Auf den Antrag des Landeskonsistoriums erließ sodann der Finanzminister am 22. November 1895 wegen der Einzelheiten der Durchführung Anweisung an die Generaldirektion der Sächsischen Staatseisenbahn. Demgemäß wurden die ersten Freifahrtkarten am 11. September 1896 dem Landeskonsistorium zur Verteilung an die Synodalen übersandt. Durch Erlaß vom 5. Oktober 1896 gaben die in Evangelicis beauftragten Minister der Synode anheim, über eine entsprechende Änderung der Geschäftsordnung zu beschließen. Am 13. Oktober 1896 beschloß die Synode die neue Fassung (§ 35 Abs. 5):

„Zum Fortkommen auf den Eisenbahnen wird für die Dauer der Landessynode freie Fahrt zwischen dem Sitze der Synode und dem inländischen Wohnort des Synodalmitglieds gewährt."

Die neue Fassung wurde durch die Bekanntmachung der in Evangelicis beauftragten Minister vom 30. Oktober 1896 (GVBl. S. 218) genehmigt. Seitdem genossen die Synodalmitglieder in diesem Umfange freie Fahrt auf der Sächsischen Staatseisenbahn, und auch noch nach dem Übergange der Staatseisenbahnen auf das Reich wurden ihnen bis zum Juni 1921 Freifahrtkarten gewährt, dann aber vom Reichsverkehrsminister entzogen.

Der Antragsteller beantragt deshalb:

festzustellen, daß das Reich verpflichtet ist, den Abgeordneten der evangelisch-lutherischen Landessynode des Freistaats Sachsen für die Dauer der Landessynode freie Fahrt auf der Deutschen Reichsbahn zwischen dem Sitze der Synode und dem inländischen Wohnort des Synodalmitglieds zu gewähren.

Der Antragsgegner beantragt:

1. Ablehnung des Antrags;
2. hilfsweise bei Annahme der Verpflichtung: ihre Beschränkung auf die Zeit bis zur Ablösung der Staatsleistungen.

Der Antragsteller macht zwei Rechtsgründe geltend.

Erstens stützt er den Anspruch auf das Schlußprotokoll zu § 22 des Staatsvertrags (StV.) über den Übergang der Staatseisenbahnen auf das Reich vom 31. März 1920 (RGBl. S. 791 flg.) in Verbindung mit § 41 Abs. 1 KVSO.

Im Schlußprotokoll zu § 22 StV. ist zwischen dem Reich und den vertragschließenden Ländern, darunter Sachsen, vereinbart:

„Das Reich wird den gesetzgebenden Körperschaften der Länder in dem bisherigen Umfang Freifahrt gewähren";

und in § 41 Abs. 1 KVSO. ist bestimmt, daß der Erlaß von Gesetzen, die den Kultus oder die Kirchenverfassung betreffen, an die Zustimmung der Synode gebunden ist, während bis dahin nach §§ 57, 41 der Verfassungsurkunde vom 4. September 1831 (GS. S. 241) die in Evangelicis beauftragten Minister, als die gesetzlichen Vertreter des Königs in der Ausübung des landesherrlichen Kirchenregiments, die alleinigen Träger der gesetzgebenden Gewalt in der Kirche waren. Bei der Berechtigung der Synode verblieb es auch nach der Staatsumwälzung; an die Stelle der Minister trat dagegen nach dem Gesetz über die einstweilige Führung des evangelisch-lutherischen Kirchenregiments vom 10. Juni 1919 (GVBl. S. 107) das Landeskonsistorium.

Der Antragsteller vertritt die Auffassung, daß die Synode im Hinblick auf § 41 Abs. 1 KVSO. als gesetzgebende Körperschaft im Sinne des Schlußprotokolls zu § 22 StV. anzusehen sei.

Der Antragsgegner führt demgegenüber aus, die Bestimmung des Schlußprotokolls beziehe sich nur auf die gesetzgebenden Körperschaften „der Länder", nicht „in den Ländern". Damit seien lediglich die Volksvertretungen gemeint, die nach den Verfassungsänderungen im Reich und in den Ländern die alleinigen Träger der unmittelbaren Staatsgesetzgebung seien. Körperschaften, die nur an der Kirchengesetzgebung teilnähmen, fielen nicht darunter. Bei den voraufgegangenen Verhandlungen habe Einigkeit darüber geherrscht, daß die in den einzelnen Ländern in verschiedenem Umfange vorhanden gewesenen Freifahrtvergünstigungen allmählich abgebaut werden sollten, und daß nur auf Wunsch der Landtagsabgeordneten an der freien Fahrt der Mitglieder der Volksvertretungen nichts geändert werden sollte.

Für diesen Inhalt der Verhandlungen bietet der Antragsgegner nötigenfalls Zeugenbeweis an, während sich der Antragsteller Gegenbeweis vorbehält und ebenso auch Beweis für die Behauptung, daß von sächsischer Seite von jeher und auch bei den Verhandlungen über den StV. die Synode als gesetzgebende Körperschaft des Landes betrachtet worden sei.

Zweitens gründet der Antragsteller den Anspruch auf § 1 Abs. 2 Satz 1 StV., wonach das Reich das Eisenbahnunternehmen jedes Landes als Ganzes mit allem Zubehör und allen damit verbundenen Rechten und Pflichten übernimmt.

Er führt aus, daß die Freifahrt der Synodalmitglieder in der Geschäftsordnung (GeschO.) „rechtssatzmäßig" festgelegt sei, und er folgert dies einerseits daraus, daß § 42 Abs. 4 KVSO. die Ermächtigung der GeschO. zum Erlaß von Rechtssätzen, eine „Delegation der rechtschaffenden Kraft“ enthalte, anderseits daraus, daß § 37 — im Gegensatz zu den Geschäftsordnungen anderer Körperschaften — für den Regelfall die unverbrüchliche Bindung der Mitglieder ergebe.

Nach der Begründung des Entwurfs zum Gesetz betreffend den Staatsvertrag § 1 Abs. 2 sei Gegenstand der Übereignung der gesamte Eisenbahnbesitz der vertragschließenden Länder, also ein Teil des bisherigen Vermögens dieser Länder mit den darauf haftenden Staatsaufgaben. Zu den auf dem sächsischen Eisenbahnunternehmen haftenden Staatsaufgaben gehöre die rechtssatzmäßig festgelegte Freifahrtberechtigung der Synodalmitglieder als eine auf das Eisenbahnunternehmen bezügliche Verpflichtung des Sächsischen Staates.

Der Antragsgegner erwidert, „rechtssatzungsmäßig“ festgelegt sei lediglich der Anspruch auf Vergütung des Reiseaufwands durch § 45 Abs. 2 KVSO. Ein Rechtsanspruch auf Reiseaufwandsentschädigung gerade in der Form von Freifahrt bestehe dagegen nicht. Die Gewährung von Freifahrt beruhe bloß auf einer entgegenkommenden Verwaltungsanordnung des Finanzministers, die jederzeit hätte zurückgenommen werden können. Ihr gegenüber habe die nachträgliche Änderung der GeschO. nur „deklaratorische“ Bedeutung.

Selbst wenn aber der Sächsische Staat rechtssatzmäßig verpflichtet wäre, so wäre doch diese Verpflichtung nicht nach § 1 StV. auf das Reich übergegangen. Es handle sich nicht um eine Last der Eisenbahn, sondern um eine allgemeine Staatsschuld, die nicht dadurch zu einer dem Eisenbahnunternehmen anhaftenden Verpflichtung geworden sei, daß der Staat, solange er Inhaber der Eisenbahn gewesen sei, sie durch eine Naturalleistung erfüllt habe, statt sie aus den für die Kirche bestimmten Staatsmitteln zu berichtigen.

Wenn die Fortdauer der bisherigen Freifahrtberechtigungen als einer mit dem Eisenbahnunternehmen verbundenen Pflicht schon durch § 1 StV. vorgeschrieben wäre, so hätte es der Bestimmung im Schlußprotokoll zu § 22 nicht mehr bedurft. In Wirklichkeit sei durch sie die Verpflichtung zur Gewährung von Freifahrt abschließend geregelt, so daß darüber hinaus Ansprüche nicht erhoben werden könnten.

Der Antragsteller widerspricht dem und entgegnet, die Bestimmung sei nur „zur Beruhigung“ aufgenommen, um alle Zweifel zu beseitigen. Die Verfügung des Finanzministers stelle sich bloß als „vorläufige Ausführung der neuen Regelung“ dar.

Zum Schluß hat der Vertreter des Antragstellers in der mündlichen Verhandlung noch kurz auf die Möglichkeit hingedeutet, in dem Antrag des Landeskonsistoriums und der darauf ergangenen Anordnung des Finanzministers eine „Vereinbarung“ von Staat und Kirche zu erblicken. . . .

Der Anspruch ist nicht begründet.

I. Unter „gesetzgebenden Körperschaften" schlechtweg ohne weiteren Zusatz pflegen gemeinhin diejenigen Körperschaften verstanden zu werden, von denen die Staatsgesetzgebung ausgeht. Wenn auch bisweilen der Begriff in einem weiteren Sinne gebraucht wird, so stellt dies doch eine Abweichung von der Regel dar. Auch die juristische Fakultät der Universität Leipzig erkennt in ihrem vom Antragsteller überreichten Gutachten an, daß die weitere Bedeutung „weniger naheliegend" sei. Hätte das Schlußprotokoll die Worte in dem weiteren Sinne verstanden wissen wollen, so hätte das besonders zum Ausdruck gebracht werden müssen. Dies ist nicht nur nicht geschehen, sondern es ist im Gegenteil eine nähere Bestimmung hinzugefügt, die gerade darauf hinweist, daß die Worte in der üblichen, engeren Bedeutung gebraucht sind. Nicht allen gesetzgebenden Körperschaften im Reiche wird die Freifahrt gewährt, sondern nur denen „der Länder" der einzelnen Staaten. Das sind aber nur diejenigen, die den Ländern die Gesetze geben, also die Staatsgesetze erlassen. Bei Abschluß des StV. waren dies allein die Volksvertretungen. Auf diese beschränkt sich mithin das Schlußprotokoll, und da sein Inhalt schon hiernach feststeht, bedarf es keiner Beweiserhebung über die Vorverhandlungen.

Zu den gesetzgebenden Körperschaften in diesem Sinne gehören die kirchlichen Synoden nicht. Die Sächsische Synode war niemals eine gesetzgebende Körperschaft „des Landes", des Sächsischen Staates. Sie ist nicht zur Vertretung des Sächsischen Volkes, sondern nach § 33 KVSO. nur zur Vertretung der Gesamtheit der evangelisch-lutherischen Kirchengemeinden berufen. Sie hat nie an der Staatsgesetzgebung teilgenommen, sondern ist ausschließlich auf kirchenrechtlichem Gebiet tätig gewesen. Sollte sie trotzdem von sächsischer Seite als gesetzgebende Körperschaft „des Landes" angesehen worden sein, so würde diese Auffassung auf Rechtsirrtum beruhen und nur dazu geführt haben, daß im Schlußprotokoll eine Willenseinigung zwischen dem Reich und Sachsen über die Freifahrt der Synodalen nicht zustande gekommen wäre. Der Beweis über das Bestehen jener Auffassung ist daher ebenfalls unerheblich.

Aus dem Schlußprotokoll zu § 22 StV. läßt sich mithin der erhobene Anspruch nicht herleiten.

II. Ob diese Bestimmung den Kreis der vom Reich zu übernehmenden Freifahrtsleistungen abschließend regelt, kann unentschieden bleiben, da auch die Berufung des Antragstellers auf § 1 Abs. 2 StV. versagt.

„Rechtssatzmäßig" ist die Freifahrtberechtigung der Synodalen in § 35 Abs. 5 GeschO. nicht festgelegt. Die Voraussetzung, daß § 42 KVSO. die Ermächtigung zum Erlaß von Rechtssätzen gebe, findet in der Vorschrift keine Stütze. Sie behandelt Beratung, Abstimmung und Öffentlichkeit und bestimmt dann in Abs. 4 Satz 1: „Die Geschäftsordnung wird in der ersten Synode festgestellt und tritt nach erfolgter Bestätigung durch die in Evangelicis beauftragten Staatsminister in Kraft."

Damit ist der Synode lediglich die Befugnis verliehen, unter Genehmigung der genannten Minister ihre Geschäfte zu ordnen, d. h. die Grundsätze und Regeln festzusetzen, nach denen sie ihre Geschäfte gemäß § 42 und den sonstigen Vorschriften der KVSO. führen will. Zur selbständigen Aufstellung von Rechtssätzen über den Bereich des Gesetzes hinaus, das selbst keine Bestimmung über die Freifahrtberechtigung der Synodalmitglieder enthält, ist sie dagegen nicht berechtigt. Keinesfalls ermächtigte die KVSO. die Kirchenorgane, über Gegenstände des Staatsvermögens, wie es die Staatseisenbahn war, mit bindender Wirkung gegenüber dem Staate zu verfügen. Über die Staatseisenbahn hatte allein der Staat die Verfügung, in seiner Vertretung hat auch der zuständige Finanzminister die Freifahrt bewilligt, aber die Anweisung an die Generaldirektion der Staatseisenbahn war eine reine Verwaltungsanordnung. Mit dieser anderweitigen Regelung der Form, in der die vom Gesetz zugebilligte Vergütung des Reiseaufwands fortan gewährt werden sollte, ist der § 35 GeschO., der nur zur Ausführung des § 45 KVSO. dient und eine besondere Ausführungsvorschrift ersetzt, hinterher in Einklang gebracht worden, ohne daß dadurch selbständig Rechtswirkungen erzeugt wurden. Auch die folgende ständige Verwaltungsübung vermochte eine rechtliche Bindung des Staates so wenig zu bewirken, wie der Umstand, daß die Sächsische Landesvertretung, als später der § 45 KVSO. neu gefaßt wurde, von einer Änderung der Bestimmung über die Vergütung des Reiseaufwands absah und es insoweit bei der bestehenden Verwaltungsübung einfach beließ. Der Gesichtspunkt einer „Vereinbarung", eines Vertrags zwischen Staat und Kirche, scheidet schon darum aus, weil nichts dafür spricht, daß der Finanzminister überhaupt eine neue Rechtsverpflichtung des Staates, den Synodalmitgliedern Freifahrt auf der Staatseisenbahn zu gewähren, eingehen wollte. „Rechtssatzmäßig" festgelegt ist allein durch § 45 KVSO. die Verpflichtung des Sächsischen Staates, den Synodalen den nötigen Reiseaufwand zu vergüten. Die Erfüllung der Verbindlichkeit durch „Naturalleistung" in Gestalt von Freifahrt beruht dagegen bloß auf einer jederzeit widerruflichen Verwaltungsverfügung des Finanzministers. Sie änderte nichts an Art und Maß der staatlichen Rechtspflichten und schuf insbesondere keine neue Belastung des Staatsunternehmens als solchen.

Deshalb war auch die den Synodalen auf der Sächsischen Staatseisenbahn gewährte Freifahrt keine mit diesem Eisenbahnunternehmen verbundene Pflicht im Sinne des § 1 Abs. 2 StV. „Verbunden" mit dem Unternehmen sind hiernach nur Pflichten, die auf dem Unternehmen selbst ruhen. Es genügt zur Anwendung des § 1 nicht, daß der Staat, weil er — im Rechtssinne zufällig — Eigentümer der Eisenbahn ist, sie als Mittel zur Erfüllung einer allgemeinen Staatsschuld benutzt. Mehr aber steht im vorliegenden Falle nicht fest. Die im § 45 KVSO. festgesetzte Pflicht des Sächsischen Staates ging auf Zahlung aus den im Staatshaushalt für die Zwecke der evangelisch-lutherischen Landeskirche bereitgestellten Staatsmitteln, war also eine allgemeine Staatsschuld und wurde auch nicht dadurch zu einer auf dem Staatsbahnunternehmen ruhenden Last, daß der Staat, statt den Synodalen die von ihnen für die Lösung von Fahrkarten aufgewendeten Beträge zu erstatten, die ihm als Eigentümer der Staatseisenbahn gebotene Möglichkeit benutzte, die Fahrkarten selbst zu liefern. Gleichviel, ob Reiseentschädigung gezahlt oder Freifahrt gewährt wurde, immer bewahrte die auf Erfüllung gerichtete Handlung die Eigenschaft einer allgemeinen Staatsleistung, die nicht unter § 1 Abs. 2 Satz 1 StV. fällt und daher vom Reich nicht mit der Staatseisenbahn übernommen ist.

Hiernach versagt auch der zweite vom Antragsteller geltend gemachte Rechtsgrund. Die von ihm behauptete Verpflichtung des Reichs besteht nicht.

Register.

Die Zahlen bedeuten die Seiten.

A. Sachregister.

A

Aktiengesellschaft; Gründerbezugsrecht und Gratisaktien. Neufassung der Satzungsbestimmung über das Gründerbezugsrecht 29

— Anfechtbarkeit von Kapitalerhöhungsbeschlüssen. Anspruch auf Löschung des mit Erfolg angefochtenen Beschlusses im Handelsregister? 41

— Anfechtungsklage; Ankündigung der Tagesordnung bei Kapitalerhöhung unter Ausschluß des Bezugsrechts der Aktionäre und bei Zuteilung junger Aktien an Vorstand und Aufsichtsrat. Rechtsgeschäft mit Aufsichtsrat durch Zuteilung von Aktien. Kein Verstoß gegen die guten Sitten durch Zuteilung von Aktien mit mehrfachem Stimmrecht an Vorstand und Aufsichtsrat 322

Amtspflichtverletzung des Staatsanwalts durch Unterlassung der Sicherstellung gestohlenen Guts 249

Arglist, allgemeine; Einrede der a. A. 105

Auflassung; Kondiktion der A. 329

B

Beamter; Versetzung in den Ruhestand. Regelung durch Ortssatzung 170

— Verschiedenartige Einstufung bisher gleichgestellter Gehaltsgruppen 314

— Bindung der ordentlichen Gerichte an die auf Dienstentlassung lautende Entscheidung des Disziplinargerichts im Rechtsstreit über Dienstbezüge 345

— Rechtsgültigkeit der Verordnung über die Vereidigung der Beamten 345

— Haftung des Staates auf Grund des preuß. Staatshaftungsgesetzes vom 1. August 1909 für die von einem Schutzmann begangene fahrlässige Körperverletzung; Ausübung der öffentlichen Gewalt 366

— Erwerb der Beamteneigenschaft 415

— Unzulässigkeit des Rechtswegs für Klagen auf Feststellung der Beamteneigenschaft . . . 117

Bereicherung; Aufwertung von Ansprüchen aus ungerechtfertigter B. 120

Beschwerde; sofortige gegen Beschlüsse des Oberlandesgerichts, die die Wiedereinsetzung in den vorigen Stand gegen die Versäumung der Frist zur Zahlung der Prozeßgebühr für die Berufungsinstanz ablehnen . 347

— weitere in Grundbuchsachen; Zuständigkeit des Reichsgerichts, wenn die streitige Rechtsfrage für die Entscheidung unwesentlich ist 356

— sofortige, gegen Beschlüsse des Oberlandesgerichts auf Verwerfung der Berufung oder Ablehnung der Wiedereinsetzung in Ehesachen 383

Betriebsrätegesetz; Selbständiges Prüfungsrecht der ordentlichen Gerichte hinsichtlich der Zulässigkeit einer fristlosen Kündigung 98

— Unzulässigkeit des Rechtswegs für Abwehrklagen gegen die Tätigkeit als Betriebsratsmitglied 189

— Personalabbau und B. . 371

Branntweinmonopolgesetz; Zulässigkeit des Rechtsweges im Entschädigungsverfahren . 194

C

Clausula rebus sic stantibus; s. Geldentwertung.

D

Devisenverordnung; Inlandsgeschäft; Verbot, Zahlung in ausländischer Währung zu fordern 139

Dienstvertrag; Aufwertung der Vergütung bei Vorauszahlung? 156

Drohung; Widerrechtlichkeit. 102

E

Ehesachen. Eintritt der Rechtskraft der Urteile der Oberlandesgerichte, in denen die Revision nicht für zulässig erklärt ist. Rechtskraftzeugnis ohne Notfristattest 349

Ehescheidung wegen böslicher Verlassung; Geschlechtsverkehr der Ehegatten nach Rechtskraft des Herstellungsurteils . 15

Eigentum; Übertragung des Eigentums seitens des Mannes an seine Ehefrau durch Ersatzübergabe 122

Eigentumserwerb an Holz auf dem Stamme. Teilbesitz des Gestattenden 269

Einziehung im Strafverfahren. Rechtsbehelfe des Eigentümers einer Sache gegen unrechtmäßige E. 260

Eisenbahnfracht. Abnahme, Ablieferung, Annahmeverzug des Empfängers 50

— Beförderungszwang; Haftung für Aufruhrschäden . . 276

— Art der Ablieferung von Eisenbahnfrachtgut auf einer nicht mit Bahnangestellten besetzten Haltestelle 341

— Frachtzuschläge nach § 60 EVO. Haftung des Absenders für Verschulden bei Abschluß des Frachtvertrags 408
Entmündigung; Verbindung des Verfahrens wegen Geisteskrankheit und wegen Verschwendung 307
Erbbaurecht; Anwendbarkeit der Vorschriften über Grundstücke; Enteignung 70
Erfüllungsgehilfe; Haftung einer Irrenanstalt für den einem Geisteskranken aus dem Geschlechtsverkehr mit seiner Wärterin entstandenen Vermögensschaden 86
— Lieferant des Verkäufers als Erfüllungsgehilfe. Haftung des Verkäufers für den E. wegen Lieferung einer mangelhaft hergestellten Sache . . . 221
Erfüllungsort; Vereinbarung eines ausländischen E. behufs Umgehung eines Gesetzes . 241
Ersatzübergabe unter Ehegatten 122

F

Feststellungsklage; Verhältnis zur Leistungsklage 201
Fixgeschäft; Rücktritt hat Annahmeverzug des andern Teils nicht zur Voraussetzung. . . . 158
Fluchtliniengesetz, preußisches § 13 Nr. 2 252
Flugzeughalter, s. Luftfahrtschaden.
Fristbestimmung zur Entgegennahme der Auflassung ohne Terminsangabe 68
Fund in öffentlicher Verkehrsanstalt. Gasthaus keine öff. V. . 259

G

Geisteskranker. Mitwirkendes Verschulden des G. . . . 86
Geldentwertung; Erhöhung von Rentenansprüchen im Laufe des Rechtsstreits wegen der G. Einrede der Verjährung . . 38
— Berücksichtigung von Amtswegen in der Revisionsinstanz . 75
— Aufwertung des in einem Testament festgesetzten Übernahmepreises eines Grundstücks durch einen Miterben 83
— Aufwertung von Bereicherungsansprüchen 120
— Aufwertung von zurückzuzahlender Versicherungsentschädigung 110
— Keine Aufwertung bei Vorauszahlung der Vergütung für zu leistende Dienste . . . 156
— Aufwertung der Versicherungssumme bei Glasversicherung 173
— Aufwertung des bei der Wandlung zurückzuerstattenden Kaufpreises 279
— Aufwertung der Geldrente des Leibzüchters. 293
— Grundsätze für die Aufwertung des Kaufpreises im Großhandel 379
— Aufwertung von Vorschüssen auf Unfallrenten . . . 395
— Hinterlegung der in ausländischer Währung ausgedrückten Wechselsumme in entwerteter Mark. 387
Gerichtsverfassungsgesetz. Abweichung von der Entscheidung eines andern Zivilsenats nach dessen Aufhebung ohne Plenarentscheidung 58

Geschäftsgrundlage; Bestehen einer Verpflichtung als Grundlage eines vertragsmäßigen Anerkenntnisses 105

Gesellschaft m. b. H.; Kartell in Form einer G. m. b. H. . 20

Goldmünzklausel; Eintragungsfähigkeit bei einer Hypothek 176

Grundstück; Vereinbarungen über schuldrechtliche Auflassungsansprüche unterliegen nicht der Form des § 313 BGB. . 60

— Preußisches Gesetz über den Verkehr mit G. vom 10. Febr. 1923. Rückwirkende Kraft desselben 356

Gute Sitten; Verstoß gegen g. S. durch mehrfachen Verkauf derselben Sache. Schadensersatz 58

— Vertrag zur Erleichterung der Scheidung 213

Gütergemeinschaft, allgemeine; Einwilligung der Frau in den Verkauf eines Grundstücks; Rechtsstreitigkeiten nach Beendigung der G.G. . . . 281

H

Handlungsvollmacht. Vertretungsbefugnis des Ladenangestellten 48

Hypothek; ungültig eingetragene Kursgarantieklausel. Darlehnshypothek und Darlehnsrealvertrag. Goldhypothek im deutschschweizerischen Abkommen 146

— Eintragungsfähigkeit einer Goldmünzklausel nach dem 31. Juli 1914 176

J

Internationales Privatrecht. Vereinbarung eines ausländischen Erfüllungsorts zur Umgehung eines inländischen Gesetzes 241

Irrtum beider Vertragsteile über die Grundlage eines Anerkennungsvertrags 105

Jagd, Unzulässigkeit des Rechtsweges für die Klage auf Feststellung der Nichtigkeit eines Jagdpachtvertrags . . . 183

Jagdpolizei; örtliche Zuständigkeit der staatlichen Förster in Preußen. Stellung der Privatförster 239

K

Kartell in Form einer G. m. b. H. Verpflichtung zur Ablieferung der Produktion. Kündbarkeit, Konkurs des Mitgliedes, Übergang der Lieferungspflicht auf den Rechtsnachfolger. Auskunftspflicht 20

Kauf; Eigentumserwerb des Käufers an der übersandten, unter Vorbehalt der Untersuchung angenommenen, aber verspätet zur Verfügung gestellten Ware? 25

— Hat der Vollzug der Wandlung dingliche Wirkungen? 26

— Zweimaliger Verkauf derselben Sache. Schadensersatzpflicht des ersten Käufers 58

— Gattungskauf, Individualisierung des Kaufgegenstandes 184

— Umwechseln gefälschter Dollarnoten. Aufwertung des Kaufpreises bei Wandlung . 279

— Haftung für den Verkauf verfälschter Banknoten . . 316

— Haftung des Verkäufers wegen Lieferung einer von ihm schuldhafterweise mangelhaft hergestellten Sache 221
— Grundsätze für Aufwertung des Kaufpreises aus Großhandelsgeschäften 379
Klagänderung bei Eigentumsstörungen 169
Klagerücknahme; ist der Kläger daran noch gebunden, wenn Beklagter die Einwilligung verweigert hat? . . . 135
Kommissionsgeschäft; Selbsteintritt des Kommissionärs beim Auftrag zum Verkauf ausländischer Wertpapiere an der Londoner Börse; Kaufpreis in ausländischer Währung 191
Kondiktion der Auflassung 329
— des Anerkenntnisses einer Schuldverbindlichkeit 105
Konkurs; Anwendbarkeit des § 17 KO. bei Lieferpflicht des Mitgliedes eines als G. m. b. H. gegründeten Kartells? . . 20
Kursgarantieklausel bei Hypotheken 146

L

Landmesser in Preußen; pensionsfähige Dienstzeit . . . 415
Landwirtschaftliche Grundstücke; Sicherung des Auflassungsanspruchs durch Vormerkung vor der behördlichen Genehmigung 91
Lehrerbesoldungsgesetz in Preußen; Rechtsweg für Anspruch auf Dienstbezüge nach günstigem Vorbescheid des Oberpräsidenten. Gilt die Ausschlußfrist von 6 Monaten auch in diesem Fall? 144
Leibzucht. Aufwertung einer Geldrente 293
Leichenbestattung; Umbettung einer Leiche 217
Luftfahrtschaden. Betriebsgefahr, Haftung des Flugzeughalters 310

M

Miete. Gesetzliche Miete, Anwendung auf ein beim Grundstücksverkauf begründetes Mietverhältnis 312
— Miete oder Pacht? Wechselstube im Bahnhofsgebäude 369
Miteigentum; Zwangsversteigerung des ganzen im M. stehenden Grundstücks zum Zweck der Auseinandersetzung. Gemeinschaftlicher Antrag oder Antrag eines einzelnen Miterben? . . 422
Mitwirkendes Verschulden eines Geisteskranken 87

N

Namensschutz; Mißbrauch des Namens der Ehefrau durch den Mann? 280
Nebenintervention; Zustellung des Urteils durch den Nebenintervenienten an den Gegner; Eröffnung der Rechtsmittelfrist 132
Notfristattest in Ehesachen . 349

O

Offene Handelsgesellschaft; Verlangen nach Übernahme des Geschäfts gemäß § 142 HGB. 388

P

Pacht; Zurückbehaltungsrecht des Pächters hinsichtlich des Pachtgrundstücks wegen einer Entschädigungsforderung? . 137
Patente; Zwischenbenutzungsrecht bei verlängerter Schutzdauer trotz vorheriger rechtswidriger Benutzung der Erfindung . 76
Patronat; Abgabenregulierungsplan über Verteilung der Patronatslasten. Genehmigung der geistlichen Oberen . . . 16
Personal-Abbau-Verordnung vom 27. Oktober 1923. Entlassung von Angestellten, die Mitglieder einer Betriebsvertretung sind 371
Pfandrecht des Werkmeisters an einem registrierten Schiff. Untergang durch Herausgabe des Schiffs an einen Dritten? 163
Pfändungspfandrecht; Bezeichnung der gepfändeten Forderung im Pfändungsbeschluß; Pfändung einer Forderung im Arrestverfahren 318

Q

Quittung; Entkräftung einer im voraus ausgestellten Qu. 50

R

Rechtskraft der Urteile der Oberlandesgerichte in Ehesachen 349
Rechtsnachfolger; Eintritt des Grundstückserwerbers in den vom Vorbesitzer geführten Rechtsstreit (§ 266 ZPO.) 350
Rechtsweg; unzulässig für Klagen auf Feststellung der Beamteneigenschaft 117
— unzulässig für Abwehrklagen gegen Anmaßung der Eigenschaft als Betriebsratsmitglied und des Rechts zum Betreten der Betriebsstätte in dieser Eigenschaft 167
— preuß. Gesetz über die Erweiterung des Rechtswegs vom 24. Mai 1861 § 2. Gilt die Ausschlußfrist auch bei günstigem Vorbescheid? 144
— Unzulässigkeit für die Klage gegen die Jagdgenossenschaft auf Feststellung der Nichtigkeit eines Jagdpachtvertrages . . 183
— Zulässigkeit im Entschädigungsverfahren nach dem Branntweinmonopolgesetz 194
— Zulässigkeit für die Rückforderung einer an die Stelle von sichergestelltem Militärgut geleisteten Sicherheit . . . 244
— zulässig nach § 705 Reichsversicherungsordnung . . 286
— zulässig für Ansprüche öffentlichrechtlicher Körperschaften auf Erstattung von Aufwendungen aus Besorgung öffentlichrechtlicher Geschäfte . . . 391
Reeder; seine Rechte an einer Sicherheit für Beiträge zur großen Haverei 304
Reichsabgabenordnung. Steuerarreste. Unanwendbarkeit des § 945 ZPO. 253
Reichsbahn; Übergang der Schadensersatzverpflichtungen auf das Reich beim Erwerb der Staatseisenbahnen 151
— keine Freifahrt der sächsischen Synodalen 426
— Staatsvertrag über den Übergang der Staatseisenbahnen auf das Reich vom 31. März 1920 § 1 426

Reichshaftungsgesetz; öffentliche Gewalt 387

Reichssiedlungsgesetz; § 7. Mitteilung des Vertragsinhalts; Auskunftspflicht 66

— Mitteilung des Vertragsinhalts 91

— § 9 in Ausübung des Vorkaufsrechts 91

— § 4. Abtretbarkeit der durch Ausübung des Vorkaufsrechts erwachsenen Ansprüche . 118

— § 20. Wiederkaufsrecht des Siedlungsunternehmens bei bedingter Veräußerung . . 226

Reichsverfassung; Art. 129 Abs. 2. Rechtsvorschrift oder Richtlinie? Gesetzliche oder ortsstatutarische Regelung der Voraussetzungen für Versetzung in den Ruhestand 170

— Art. 129 Abs. 1 Satz 3 keine Verletzung wohlerworbener Rechte durch Aufstufung einer bisher gleichgestellten Gehaltsgruppe 314

— Art. 129, keine Beschränkung des Ruhegehaltsanspruchs durch Änderung der Beamtenorganisation 404

Reichsversorgungsgesetz. Schadensersatzanspruch neben dem Versorgungsanspruch bei Dienstbeschädigungen 151

Revision; Änderung der Gesetzgebung nach Erlaß des Berufungsurteils 139

— Zurückverweisung in die Vorinstanz bei Aufhebung eines Versäumnisurteils des Berufungsgerichts 257

— Unzulässigkeit der R. gegen ein Urteil, das die Sache an das zuständige Gericht verweist 263

S

Schadensersatz; bei mehrfachem Verkauf derselben Sache . . 58

— Haftung der Irrenanstalt für Unterhaltsverpflichtungen eines Geisteskranken aus dem Geschlechtsverkehr mit seiner Wärterin 86

Schiedsspruch; Nachprüfung im Fall des § 1041 Nr. 2 ZPO. 139

— Außerkrafttreten des Schiedsvertrages bei Wegfall des Dritten, der den Schiedsrichter ernennen soll 246

— Zuständigkeit des ordentlichen Gerichts nach Unzuständigkeitserklärung des Schiedsgerichts 374

Schuldanerkenntnis in gegenseitigem Vertrag. Beiderseitiger Irrtum über die Grundlage des Geschäfts 105

Schuldversprechen, selbständiges; Einreden und Verzicht auf Einreden gegenüber einem solchen 410

Schutzgebiete; Haftung des Reichs für ihre privatrechtlichen Verbindlichkeiten 298

Seeversicherung; Höchstbetragsklausel, Deklaration in ausländischer Währung. Höhe der Entschädigung beim Sinken der deutschen Währung . . 153

Staatshaftungsgesetz, preußisches, vom 1. August 1909. Haftung

des Staates für Körperverletzungen Dritter durch Schutzleute . 366
Stempelsteuer; preußischer Landesstempel, Tarifstelle 48 I Abs. 1 u. 2 204
— Tarifstelle 58 I 1. Übernahme neuer Stammeinlagen bei Erhöhung des Stammkapitals einer G. m. b. H. 233
Synode; Sächsische Landessynode keine gesetzgebende Körperschaft; keine Freifahrt der Synodalen auf der Reichsbahn . . 426

T

Telegraphenordnung; Auslegung des § 21 368
Testament; Errichtung durch Übergabe einer Schrift. Mündlichkeit der Erklärung 397
Testamentsvollstrecker; freihändiger Verkauf eines Nachlaßgrundstücks oder Zwangsversteigerung 289
Tumultschaden; Zeitpunkt des Inkrafttretens des Reichstumultschadengesetzes in Oberschlesien 235

U

Umwandlungsklage § 323 ZPO Wiederverlangen einer gemäß § 323 ZPO. aberkannten Rente 418
Unfallfürsorge für Beamte; Kosten des Heilverfahrens, Badereise 225
Ungerechtfertigte Bereicherung; Aufwertung von Ansprüchen aus u. B. 120
Unlauterer Wettbewerb; Anpreisung als patentiert bei nur teilweiser Patentierung . . 129
— Verwechselungsgefahr nach § 16 UWG. Verwechselungsfälle auf der Post 272
Unmöglichkeit. Verlangen des Gläubigers auf Abtretung eines dem Schuldner zustehenden Ersatzanspruchs. Rückgriff auf den Schadensersatzanspruch . 184
— Einfluß des Eintritts vertretbarer Unmöglichkeit der Erfüllung vor Ablauf der Nachfrist 419
Unvermögen zur Leistung vom Verkäufer zu vertreten bei Vorenthaltung der Kaufsache seitens eines Dritten, von dem er selber sie gekauft hat 419
Urheberrecht an Werken der Photographie, Eigentum und sonstige Rechte an photographischen Platten 44
— an einem Schriftwerk. Selbständige Schöpfung und bloße Gehilfentätigkeit. Vervielfältigungsrecht 62

V

Verein; Satzung, Austritt eines Mitgliedes während eines gegen dasselbe anhängigen ehrengerichtlichen Verfahrens . . . 160
Verjährung von Rentenansprüchen, die im Laufe des Rechtsstreits wegen Geldentwertung erhöht sind 38
Versailler Vertrag. Art. 304 b Abs. 2. Zuständigkeit deutscher Gerichte 50

— Liquidation einer ausländischen Zweigniederlassung durch den feindlichen Liquidator. Erlöschen des Anspruchs eines Gläubigers, dessen Forderung dabei liquidiert ist 265

Versicherungsvertrag. Wiedererlangung der gestohlenen Sachen nach Zahlung der Entschädigung. Aufwertung der zurückzuzahlenden Versicherungssumme . . 110

— Auslegung der Allgemeinen Bedingungen bei der Glasversicherung. Aufwertung der Entschädigung 173

— Begriff der bürgerlichen Unruhen 188

— Kraftfahrzeugversicherung; Ausschluß der Haftung des Versicherers bei Lenkung des Fahrzeugs durch behördlich nicht zugelassenen Wagenlenker . 385

Versicherungsvertragsgesetz; § 94 201

Vertrag, gemischter, bei Überlassung von Bahnhofsräumen als Wechselstube 369

Verzug in Entgegennahme der Auflassung; Fristbestimmung ohne Terminsangabe 68

Vollmacht; kein Schutz des Dritten, wenn aus der privatschriftlichen Vollmachtsurkunde die Unwiderruflichkeit der Vollmacht zum Grundstücksverkauf hervorgeht 125

— Abschluß von Rechtsgeschäften zwischen dem Bevollmächtigten und Unterbevollmächtigten 405

Vormerkung des Rechtes auf Auflassung auch vor behördlicher Genehmigung des Grundstückskaufs eintragungsfähig . 91

Vormundschaftsgericht; Genehmigung unnötig für Grundstückserwerb mit Hypothekbestellung für Restkaufgeld seitens des Vaters namens des Kindes 357

W

Währung. Kaufpreisforderung des deutschen Kommittenten an den deutschen Kommissionär aus dem Verkauf ausländischer Wertpapiere an der Londoner Börse im Fall des Selbsteintritts 191

— Verbot des Forderns der Zahlung in ausländischer W. 139

— Deklaration in ausländischer W. bei Seeversicherung . . 153

Warenzeichen; Motivschutz. Verpflichtung zur Auskunft über den durch Verletzung des Zeichenrechts erzielten Gewinn . 1

— Umbildung des eingetragenen Wortzeichens zum freien Warennamen 8

— Umfang des Zeichenschutzes; Defensivzeichen; Vorratszeichen; Firmenmarke. Löschungsklage und Ausstattungsschutz . . 34

Wechsel; nachträgliche Verfälschung des Wechselinhalts; Fortbestand früherer echter Wechselverpflichtungen 78

— Hinterlegung der in ausländischer Währung ausgedrückten Wechselsumme in entwerteter deutscher Mark. Berechnung des hierzu erforderlichen Markbetrags 337

— Nachholung der Bezeichnung des Remittenten im Wechsel 389

Z

Zugehen der Willenserklärung, Vereinbarung darüber . . . 91

Zurückbehaltungsrecht gegenüber der Kondiktion der Auflassung 329, 386

— Kein Z. des Pächters wegen Entschädigungsansprüche . 187

Zuwachssteuergesetz § 8. Veräußerungspreis bei Verkauf von Grundstück und Geschäft . 78

Zweigniederlassung; Überweisung eines Guthabens von einer ausländischen an eine inländische Z. Auszahlungsanspruch des Gläubigers 210

— Liquidation einer im feindlichen Auslande befindlichen Z. einer deutschen Handelsgesellschaft durch den feindlichen Liquidator. Erlöschen des Anspruchs eines Gläubigers 265

Zwischenurteil aus § 304 ZPO.; kann die Feststellung des Beginns des Verzugs dem Verfahren über den Betrag vorbehalten werden? 201

B. Gesetzesregister.

1. Reichsgesetze.

a. Bürgerliches Gesetzbuch.

§ 12 . 230—233
§ 39 . 161—163
§ 100 . . . 121
§ 104 . . . 90
§ 115 . . . 133
§ 119 108,109,284
§ 123 . 102—105
§ 125 . . . 330
§ 130 . . 91—98
§ 134 . . . 243
§ 138 179,180,214, 217, 243
§ 139 . 150, 214
§ 140 . 149, 391
§ 143 . . . 285
§ 164 . . . 407
§ 166 . . . 335
§ 167 . . . 126
§ 170 . . . 127
§ 171 . . 127, 128
§ 172 . . 127, 128
§ 173 . . . 127
§ 181 126,406,407
§ 182 . . . 283
§ 187 . . . 95
§ 188 . . . 95
§ 189 . . . 95
§ 194 . . . 424
§ 195 . . . 318
§ 209 . . 39, 41
§ 211 . . . 41
§ 242 . 75, 85, 112, 157, 181, 281, 294, 343
§ 245 177,179,181
§ 249 . . 58—60
§§ 249 flg. . . 40
§ 254 87—90, 279, 341, 367
§ 259 . . . 7
§ 260 . . . 6, 7
§ 269 . . . 193
§ 273 . 138, 386
§ 275 . 179, 181
§ 276 . . 89, 321
§ 278 88,223,224, 340, 410
§ 281 . 184—188
§ 284 . 159, 281
§ 287 . . . 421
§ 294 . . . 160
§ 295 . . . 57
§ 300 . . . 57
§ 306 . . 179,180
§ 313 60–62, 126–129, 330, 365
§ 319 248, 249
§ 320 138,280,318
§ 323 Abs. 2 184–188
§ 324 376,377,379
§ 325 Abs. 1 184–188
§ 326 . . . 69
§ 346 . . 27, 281
§ 368 . . 55, 56
§ 379 . . . 340
§ 397 . . . 107
§ 399 . . . 114
§ 400 . . . 114
§ 433 . . . 223
§ 437 . . . 318
§§ 437 flg. . . 280
§ 440 . . . 318
§ 444 . . . 68
§ 447 . . . 28
§ 456 . 278, 279
§§ 459 flg. . . 280
§ 465 . . . 27
§ 467 . . 27, 281
§ 477 . . . 318
§§ 497 flg. . . 228
§ 505 68, 84, 228,
§ 506 . 226—230
§ 510 66–68, 91–98
§ 514 . . . 114
§ 536 . . . 205
§ 556 . 138, 139
§ 565 . . . 312
§ 580 . . . 138
§ 581 . . . 138
§ 607 . 150, 299

§ 610 . . . 150
§ 618 . . . 89
§ 647 . 163—167
§ 667 . . . 7
§ 679 . . . 393
§ 681 . . . 7
§ 687 . . . 5—7
§ 700 . . . 299
§ 723 . . . 23
§ 738 . . . 61
§ 740 . . . 121
§§ 741 flg. . . 64
§ 749 . 423—425
§§ 750 flg. . . 290
§§ 752 flg. . . 290
§ 753 290, 423, 424
§ 758 . 290, 425
§ 780 . 410—413
§ 781 . . . 107
§ 812 . 106—108, 112, 269, 332–336
§ 814 269, 333, 335
§ 818 121, 150, 340
§ 823 198, 233, 239, 321
§ 826 2, 5, 58—60, 233, 408
§ 827 . . 89, 90
§ 828 . . . 89
§ 830 . . . 27
§ 839 250, 261, 263
§ 854 . . . 123
§ 861 . . . 259
§ 865 . 269—272
§ 873 . 148, 331
§ 874 . 295, 356
§ 883 . 93, 94, 356
§ 888 . . . 356
§§ 891 flg. . . 271
§ 894 . 283, 286
§ 899 . . . 286
§ 905 . . . 206
§ 925 71, 72, 148, 335
§ 927 . . 71, 72
§ 928 . . 71, 72
§ 929 27, 123, 124
§ 930 . 122—125
§ 931 . . . 111
§§ 932 flg. . 271, 272
§ 956 . 269—272
§ 957 . 269—272
§ 978 . 259, 260
§ 985 . . . 261
§§ 989 flg . 263
§ 1004 10, 167–169, 330, 331
§ 1006 . . . 271
§ 1017 . . . 71
§ 1032 . . . 271
§ 1095 . . . 296
§ 1098 . . 84, 356
§ 1106 . . . 296
§ 1108 . 292—298
§ 1113 . . . 148
§ 1115 . 147, 148, 179, 180, 182, 296
§ 1119 . . . 183
§ 1190 . . . 296
§ 1199 . . . 296
§§ 1205 flg. . 165
§ 1221 . . . 321
§ 1235 . . . 321
§§ 1249 flg. . 166
§ 1253 . 164—166
§ 1256 . . . 166
§ 1257 . 164, 165
§§ 1259 flg. . 165
§§ 1260 flg. . 166
§ 1266 . 164, 165
§ 1269 . . . 165
§ 1281 . . . 320
§ 1353 16, 214, 230, 231
§ 1355 . . . 230
§ 1361 . . . 214
§ 1368 . . . 125
§ 1373 . . 122, 124
§ 1438 . . . 286
§ 1445 . 283, 284
§ 1459 . . . 286
§ 1472 . . . 285
§ 1567 . . 15, 16
§ 1568 . . . 233
§ 1570 . . . 15
§ 1577 . . . 231
§ 1578 . . . 215
§ 1579 . . . 215
§ 1626 . . . 365
§ 1627 . . . 365
§ 1630 . . . 365
§ 1638 . . . 365
§ 1643 . 356—365
§ 1821 . 356—365
§ 1939 . . . 84
§ 1968 . . . 220
§ 2038 . . . 424
§ 2039 . 424, 425
§ 2040 . . . 424
§ 2042 . . . 423
§§ 2042 flg 290, 291
§ 2048 . . . 84
§ 2049 . . . 84
§ 2055 . . . 340
§ 2056 . . . 290
§ 2150 . . . 84
§ 2174 . . . 86
§ 2204 . 290, 291
§ 2205 . . . 291
§§ 2238 flg. 397–404
§ 2239 . . . 401
§ 2241 . 402, 403
§ 2242 . 397—404
§ 2243 . 397—404
§ 2315 . . . 340

b. Einführungsgesetz z. Bürgerlichen Gesetzbuche.

Art. 3 . . . 359

Art. 30 . . . 244
Art. 119 359, 360
Art. 133 . . 219

c. Allg. Deutsches Handelsgesetzbuch (a. F.).

Art. 50 . . . 49
Art. 215a Abs. 4 31
Art. 357 . . 159

d. Handelsgesetzbuch von 1897.

§ 14 . . . 44
§ 56 . . 48, 49
§ 133 . . . 388
§ 140 . . . 388
§ 142 . 388, 389
§ 185 . . . 327
§ 226 Abs. 2 . 43
§ 229 Abs. 3 . 288
§ 252 . 324—326
§ 256 . 324, 325
§ 271 30, 32, 33, 42, 324
§ 273 . . . 44
§ 274 . . . 325
§ 282 . . 43, 327
§ 283 Abs. 2 . 31
§ 286 . . . 283
§ 364 Abs. 2 . 413
§ 376 . 158, 159
§ 377 . . 25—28
§ 382 . . . 28
§ 383 . . . 192
§ 434 . . . 342
§ 435 . . . 342
§ 438 . . . 55
§ 453 . . . 277
§ 456 . . 54, 342
§ 457 . . . 344
§ 731 . . . 306
§ 754 . . . 166
§ 755 . . . 166

e. Gerichtsverfassungsgesetz.

§ 13 195, 198, 199
§ 137 53, 58—60

f. Zivilprozeßordnung.

§ 61 . 132, 134
§ 62 . 133, 134
§ 66 . . . 133
§ 67 . 133, 134
§ 69 . 132—135
§ 76 . . . 351
§ 77 . . . 351
§ 97 Abs. 2 . 391
§ 236 . . . 354
§ 237 . 353—355
§ 238 348, 349, 353, 354, 384
§ 239 . . . 351
§ 240 . . . 351
§ 264 . . . 351
§ 265 24, 351, 352, 355
§ 266 . 350—356
§ 268 41, 351, 352
§ 269 . . . 352
§ 270 . 351, 352
§ 271 Abs. 2 . 136
§ 274 54, 197, 198, 374—379
§ 286 36, 343, 398
§ 287 . . . 7, 8
§ 302 Abs. 4 . 256
§ 303 . . . 375
§ 323 39, 413—415
§ 325 . . . 352
§§ 415 flg. . 397, 398
§ 418 . . . 398
§ 419 . 397, 398
§ 505 . 263—265
§ 516 . . . 133
§ 519 Abs. 6 . 383
§ 519b . 348, 383
§ 520 Abs. 3 . 347
§ 527 . . 169, 391
§ 528 . . 54, 197
§ 529 . 169, 391
§ 538 Nr. 2 . 102
§ 542 . . . 258
§ 546 . . . 350
§ 547 . . . 384
§ 549 . . . 143
§ 550 . . . 143
§ 551 Nr. 4 51, 54
§ 554a . . . 349
§ 567 348, 383, 384
§ 577 Abs. 2 . 347
§ 593 Abs. 2 . 390
§ 595 Abs. 2 . 389
§§ 645 flg. . . 308
§ 646 . . 308, 309
§ 652 . . . 309
§ 656 . . . 309
§ 659 . . . 309
§ 663 . . . 309
§ 666 . 132, 135
§ 679 . . . 308
§§ 680 flg. 308, 309
§ 687 . . . 308
§ 706 Abs. 2 . 350
§ 717 Abs. 2 . 256
§ 740 . . . 285
§ 743 . . . 286
§ 766 . . . 252
§ 767 . . . 152
§ 771 . . . 262
§ 804 Abs 1 . 320
§ 829 . . . 320
§ 846 . . . 320
§ 856 . . 134, 351
§ 894 . . 283, 285
§ 929 . . . 255

§§ 930 flg. . 254, 255
§ 932 . . . 254
§§ 933 flg. . 254, 255
§§ 935 flg. . . 255
§ 944 . . . 255
§ 945 . 253—257
§ 1025 . . 198, 378
§ 1029 . 246—249
§ 1033 . 246—249, 379
§ 1039 . 374—379
§ 1041 . 139—144, 379
§ 1042 . . . 140
§ 1048 198, 376, 378

g. Einführungsgesetz zur Zivilprozeßordnung.

§ 12 . . . 198

h. Konkursordnung.

§ 17 . . 20—25
§ 25 . . . 23

i. Gesetz über die Angelegenheiten der freiwilligen Gerichtsbarkeit.

§ 28 . . . 358
§ 176 . . . 95
§ 182 . . . 95

k. Grundbuchordnung.

§ 13 Abs. 2 . 331
§ 14 . 283, 285
§ 18 . . . 357
§ 20 . . . 331
§ 28 179, 183, 296
§ 52 . . . 182
§ 54 177, 182, 358, 362
§ 71 Abs. 2 . 362
§ 76 . . 358, 362
§ 79 Abs. 2 u. 3 178, 356—365
§ 80 . . . 362
§ 102 . . . 179

l. Wechselordnung in der Fassung der Bekanntmachung vom 3. Juni 1908 (RGBl. S. 327).

Art. 4 . . 79, 389
Art. 5 . . . 83
Art. 16 Abs. 2 391
Art. 21 Abs. 4 82
Art. 36 . . . 83
Art. 37 . . . 338
Art. 38 . . . 340
Art. 40 . . 338, 340
Art. 44 . . 82, 390
Art. 55 . . . 83
Art. 73 . . . 338

m. Strafgesetzbuch.

§ 295 . . . 262

n. Strafprozeßordnung.

§ 111 . . 251, 252
§ 153 . . . 258
§ 495 . . . 261

Einzelne Gesetze und Verordnungen.

1867. Allgemeine Seeversicherungsbedingungen auf Grund des Allgem. deutschen Handelsgesetzbuchs.
§ 97 Abs. 7 155

1871. 7. Juni/1896. 18. August Reichshaftpflichtgesetz (RGBl. 1871 S. 207; 1896 S. 616) 152, 153
§ 7 Abs. 2 415
§ 8 39

1871. 21. Dezember. Gesetz, betr. die Beschränkungen des Grundeigentums in der Umgebung von Festungen (RGBl. S. 459).
§ 34 256

1873. 13. Juni. Kriegsleistungsgesetz (RGBl. S. 129) 256

1891. 7. April / 1911. 6. Juni

Patentgesetz (RGBl. 1891 S. 79, 1911 S. 243).
§ 5 Abs. 1 78
§ 35 180
§ 40 6

1891. 1. Juni. Ges., betr. den Schutz von Gebrauchsmustern (RGBl. S. 290)
§ 9 6

1892. 30. März. Ges. ü. d. Einnahmen und Ausgaben der Schutzgebiete (RGBl. S. 369).
§ 5 . . . . . . 299, 300

1894. 12. Mai. Ges. zum Schutze der Warenbezeichnungen (RGBl. S. 441).
§ 1 36
§ 2 36
§ 4 Nr. 1 11
§ 9 . . . . 34—38
§ 12 . . . . . 4, 5, 9, 10
§ 13 10
§ 14 . . . . 5, 6
§ 15 . . . . 6, 36
§ 20 . . . . 3, 9

1898. 20. Mai. Gesetz, betr. die Entschädigung der im Wiederaufnahmeverfahren freigesprochenen Personen (RGBl. S. 345, 256

1898. 20. Mai. Ges., betr. die Erwerbs- und Wirtschaftsgenossenschaften (RGBl. S. 810)
§ 39 406

1898. 20. Mai. (1892. 20. April). Gesetz, betr. die Gesellschaften mit beschränkt. Haftung (RGBl. 1898 S. 846; 1892 S. 477).
§ 1 274
§§ 8 flg. 275
§ 14 274
§ 16 . . . . . 272—276
§ 17 274
§ 20 274
§ 55 Abs. 1 235
§ 60 22
§ 61 . . . . 22, 23

1901. 19. Juni. Gesetz über das Verlagsrecht (RGBl. S. 217).
§ 1 66

1901. 19. Juni. Gesetz, betr. das Urheberrecht an Werken der Literatur und der Tonkunst (RGBl. S. 227).
§ 1 Nr. 1 . . . . . 64, 65
§ 6 64

1902. 7. Juli. Ausführungsbest. zum Süßstoffgesetze (RZBl. 1903 S. 103).
§ 2 11

1904. 16. Juni / 1921. 22. Dezember. Telegraphenordnung (RZBl. S. 229; RGBl. 1921 S. 1600).
§ 4 369
§ 21 . . . . . . 368, 369

1904. 14. Juli. Gesetz, betr. die Entschädigung für unschuldig erlittene Untersuchungshaft (RGBl. S. 321) . . 256

1906. 31. Mai. Ges. üb. die Versorgung der Unterklassen des Reichsheeres, der Kaiserl. Marine und der Kaiserl. Schutztruppen — „Mannschafts-

versorgungsgesetz" — (RGBl. S. 593) . . . 151—153
§ 41 152

1907. 9. Januar. Ges, betr. das Urheberrecht an Werken der bildenden Künste und der Photographie (RGBl. S. 7).
§ 10 45
§ 15 . . . . 45, 46

1907. 18. Mai. Reichsbeamtengesetz (RGBl. S. 245).
§ 149 346
§ 150 346

1908. 30. Mai. Gesetz über den Versicherungsvertrag (RGBl S. 263).
§ 67 . . . . . 111, 112
§ 94 . . . . . 201—204

1908. 23. Dezember. Eisenbahn-Verkehrsordnung (RGBl. 1909 S. 93).
§ 3 Abs. 1 u. 2 277
§ 57 410
§ 60 . . . . . 408—410
§ 76 Abs. 1 . . . 50—58
§ 81 Abs. 1 57
§ 84 . . . . . . 54, 342
§ 97 Abs. 1 . . . 50—58

1909. 7. Juni. Ges. gegen den unlauteren Wettbewerb (RGBl. S. 499).
§ 1 . . . . 2, 5, 36
§ 3 . . . 25, 129—132
§ 14 24
§ 16 36

1909. 26. Juni. Viehseuchengesetz (RGBl. S. 519).
§ 66 256

1910. 22. Mai. Gesetz über die Haftung des Reichs für seine Beamten (RGBl. S. 798)
§ 1 . . . . . . 387, 388

1911. 14. Februar. Zuwachssteuergesetz (RGBl. S. 33).
§ 1 Abs. 1 74
§ 8 . . . . 73—75

1911. 19. Juli. Reichsversicherungsordnung (RGBl. S. 509).
§ 693 Abs. 2 288
§ 705 . . . . . 286—289

1913. 3. Juli. (1909. 15. Juli.) Reichsstempelgesetz (RGBl. 1913 S. 544; 1909 S. 833).
§ 7 234

1914. 4. August. Gesetz, betr. Änderung des Münzgesetzes (RGBl. S. 326) . . 178

1914. 4. August. Gesetz, betr. die Reichskassenscheine und die Banknoten (RGBl. S. 347) 178

1914. 28. September. Bekanntm., über die Unverbindlichkeit gewisser Zahlungsvereinbarungen (RGBl. S. 417) . 177, 178, 182

1915. 9. Sept. Bekanntm., zur Entlastung d. Gerichte (RGBl. S. 562).
§ 27 . . . . . 263—265

1915. 13. November. Bekanntm, betr. Verbot der Ausfuhr und Durchfuhr von Gold (RGBl. S. 763) 180

1918. 15 März. Bekanntm., über den Verkehr mit landwirtschaftl. Grundstücken (RGBl. S. 123) . . . . 91—98

1918. 26. Juli. Gesetz, über das Branntweinmonopol (RGBl. S. 887).
§ 139 . . . . 195—200
§ 214 197
§§ 214 flg. . . . 194, 200
§ 215 . . . . 194—201
§ 216 . . . . 194, 200
§ 217 . 194—196, 198, 200
§ 239 200
§ 240 . . . . 196, 200
§ 241 . 194—197, 199, 200

1918. 23. Sept. Bekanntm., über Maßnahmen gegen Wohnungsmangel (RGBl. S. 1143).
§ 2 252

1919 4./24. Januar/3. Septemb. VO., über d. Einstellung, Entlassung und Entlohnung von Arbeitern und Angestellten während der Zeit der wirtschaftlichen Demobilmachung (RGBl. S. 8, 99, 1500).
§ 10 99
§ 14 99
§ 20 99

1919. 15. Januar. VO., über d. Erbbaurecht (RGBl. S. 72).
§ 11 . . . . . . 71, 72
§ 35 71

1919. 23. Mai. VO., betr. die Verwertung von Militärgut (RGBl. S. 477).
§ 2 245
§ 3 . . . . . 245, 246
§ 4 . . . . . 245, 246

1919. 28. Juni. Der Friedensvertrag (RGBl. S. 700).
Art. 88 Anl. §§ 1 u. 3 236, 238
Art. 119, 120 300
Art. 257 300
Art. 297 Anl. § 1, 3 u. 14 267, 268
Art. 297d 268
Art. 297 flg. 194
Art. 304b Abs. 2 . . 50—58

1919. 16. Juli. Gesetz, über den Friedensschluß zwischen Deutschland und den alliierten und assoziierten Mächten (RGBl. S. 687) 238

1919. 9. August. Ausführungsbestimmungen zum Gesetz ü. das Branntweinmonopol — Grundbestimmungen — (RZBl. S. 194).
§ 88 . . . . . 195—200
§ 89 . . . . . 195—198
Anl. 11 — Entschädigungsordnung — (RZBl. S. 801).
§ 18 197
§ 24 . . . . 195, 196, 200

1919. 11. August. Die Verfassung des Deutschen Reiches (RGBl. S. 1383).
Art. 70 238
Art. 71 238
Art. 76 316
Art. 111. 360
Art. 129. 118, 146, 170—173, 314—316, 346, 404, 405
Art. 130. 263
Art. 131. 250, 256, 257, 366
Art. 153 Abs. 2 195, 198, 199
Art. 176. . . . 345, 346

1919. 11. August. Reichssiedlungsgesetz (RGBl. S. 1429).
§ 3 115
§ 4 . . . . 94, 113—117

§§ 4—10 92
§ 6 . . . . . 227, 229
§ 7 . 66—68, 91—98, 229
§ 8 . . . 68, 92, 114, 229
§ 9 . . . . 91—98, 116
§ 11 118
§ 14 . . . . 92, 114, 115
§ 15 115
§ 20 . . . . . 226—230
§ 21 116

1919. 14. August. VO., über d. Vereidigung der öffentlichen Beamten (RGBl. S. 1419). 345—347

1919. 8. September / 1920. 6. Mai. Ges., betr. Telegraphen- und Fernsprechgebühren (RGBl. 1919 S. 1522, 1920 S. 894).
§ 2 368

1919. 8. Sept. Ges., gegen die Kapitalflucht (RGBl. S. 1540)
§ 1 337

1919. 10. Sept. Ges., über eine Kriegsabgabe vom Vermögenszuwachs (RGBl. S. 1579). 253, 254

1919. 9. Dezember. VO., zur Behebung der dringendsten Wohnungsnot (RGBl. S. 1968).
§ 3 . . . . 70—73
§ 5 72

1919. 18. Dez. Reichsabgabenordnung (RGBl. S. 1993).
§ 351 . . . . 253—257
§ 352 . . . . . 255, 256

1920. 4. Februar. Betriebsrätegesetz (RGBl. S. 147).
§ 35 168
§ 84 . . 99, 100, 373, 374
§ 85 . . . . . . 373, 374
§ 86 . . . . 99, 100, 373
§ 87 . . . . 99—101, 373
§ 93 168
§ 95 372
§ 96 . . . . . . 372—374

1920. 12. Februar. VO, ü. d. Einstellung u. Entlassung von Arbeitern und Angestellten während der Zeit der wirtschaftlichen Demobilmachung (RGBl. S. 218) . . 374

1920. 30. März. Landessteuergesetz (RGBl. S. 402) 284
§ 2 285

1920. 31. März/30. April Staatsvertrag über den Übergang der Staatseisenbahnen auf d. Reich (RGBl S. 774, 791).
§ 1 152, 428, 429, 430, 432
§ 22 (Schlußprotokoll) 427—430

1920. 27. April. Gesetz, betr. eine verlängerte Schutzdauer bei Patenten u. Gebrauchsmustern sowie die Wiedereinsetzung in den vorigen Stand im Verfahren vor dem Reichspatentamt (RGBl. S. 675).
§ 7 . . . . 76—78

1920. 30. April / 1922. 26. Okt. Besoldungsgesetz (RGBl. 1920 S. 805, 1922, I S. 811) 315
§ 34 316

1920. 10. Mai. Reichsheimstättengesetz (RGBl. S. 962).
§ 26 72

1920. 12. Mai. Gesetz ü. d. durch innere Unruhen verursachten Schäden (RGBl. S. 941).
§§ 1 flg. 236
§ 6 . . . . . 236, 237
§ 11 . . . . . 236—238
§ 14 238
§ 15 238
§ 18 237
§ 19 . . . . . 236, 238

1920. 12. Mai. Gesetz ü. d. Versorgung der Militärpersonen und ihrer Hinterbliebenen bei Dienstbeschädigung (Reichsversorgungsgesetz) (RGBl. S. 989). 151—153
§ 86 152
§ 92 152

1920. 6. Dezember. Abkommen zwischen dem Deutschen Reiche und der Schweizerischen Eidgenossenschaft, betr. schweiz. Goldhypotheken in Deutschland u. gewisse Arten von Frankenforderungen an deutsche Schuldner (RGBl. S. 2024) 146—151

1922. 24. März. Reichsmietengesetz (RGBl. I S. 273). 312—314
§ 1 Abs. 1 . . . 312, 313
§ 19 313

1922. 8. April. Kapitalverkehrssteuergesetz (RGBl. S. 354).
§ 3 c 234
§ 5 . . . . . . 234, 235
§ 6 a 234
§ 15 328
§ 34 235
§ 39 234

1922. 1. August. Luftverkehrsgesetz (RGBl. I S. 681).
§ 1 Abs. 2 310
§§ 19 flg. 310
§ 34 310

1922. 12. Oktober. VO. gegen die Spekulation in ausländischen Zahlungsmitteln (RGBl. S. 795).
§ 1 . . . . . 139—144

1922. 27. Oktober. Zweite VO. zur Ausführung der VO. gegen die Spekulation in ausländischen Zahlungsmitteln (RGBl. S. 809).
§ 2 142

1923. 31. März. Gesetz ü. die Verwertung v. Militärgut (RGBl. S. 243).
§§ 3, 4 246

1923. 8. Mai. VO. auf Grund des Notgesetzes — Maßnahmen gegen die Valutaspekulation — (RGBl. S. 275).
§ 2 . . . . . . 139—144

1923. 8. Mai. VO. betr. Außerkraftsetzung d. VO. gegen die Spekulation in ausländischen Zahlungsmitteln (RGBl. S. 279) 141

1923. 22. Juni. Gesetz zur Abänderung des Reichsversorgungsgesetzes und anderer Versorgungsges. (RGBl. S. 513).
§ 86 153

1923. 23. Juni. Gesetz ü. wertbeständige Hypotheken (RGBl. I S. 407) 297

1923. 23. Juni. Gesetz ü. d. Abkommen vom 6. Dezember 1920 zwischen dem deutschen Reiche und der Schweizerischen Eidgenossenschaft, betr. schweizerische Goldhypotheken in Deutschland und gewisse Arten von Frankenforderungen an deutsche Schuldner (RGBl. II S. 284).

§ 4 151
§ 14 150

1923. 17. Juli. Ges. ü. Wiedereinstellung u. Kündigung in Teilen d. Reichsgebiets (RGBl. I S. 648) 374

1923. 18. August. Ges. ü. d. anderweitige Festsetzung von Geldbezügen aus Altenteilsverträgen (RGBl. I S. 815) . 297

1923. 13. Oktober. Ermächtigungsgesetz (RGBl. I S. 943) 372

1923. 24. Oktober. VO. ü. d. Erweiterung des Abgeltungsverfahrens für Ansprüche gegen das Reich (RGBl. I S. 1010) 299

1923. 27. Oktober. VO. zur Herabminderung der Personalausgaben des Reichs — Personal-Abbau-Verordnung — (RGBl. I S. 999).

Art. 5 § 1 374
Art. 15 . . . . 371—374
Art. 15 § 1 Nr. 1 372, 374
Art. 16 374

1923. 21. Dezember. VO. ü. Annahme ausländischer Zahlungsmittel im Inlandsverkehre (RGBl. S. 1251).

§ 1 . . . . . 139—144

1923. 22. Dezember. VO. zur Beschleunigung des Verfahrens in bürgerlichen Rechtsstreitigkeiten (RGBl. I S. 1239).

§ 26a 396

1924. 15. Januar. VO. zur Entlastung des Reichsgerichts (RGBl. I S. 29).

Art. I § 2 349, 350, 383, 384
Art. II 350

1924. 6. Februar. VO. ü. Annahme ausländischer Zahlungsmittel im Inlandsverkehre (RGBl. S. 50) 142

1924. 12. Februar. VO. ü. die Schaffung eines Unternehmens „Deutsche Reichsbahn" (RGBl. I S. 57) 416

1924 13. Februar. VO. ü. d Verfahren in bürgerlichen Rechtsstreitigkeiten (RGBl. I S. 135).

Art. II Nr. 72 348
Art. VII Abs. 1 u. 4 . . 348

1924. 14. Februar. Dritte Steuernotverordnung (RGBl. I S. 74).

§ 1 . . . . . . 151, 179
§ 2 . . . . . . 151, 182
§ 3 . . . 150, 179, 182
§ 9 182
§ 12 . . . . . 182, 297
§ 13 182
§ 15 150

1924. 27. Februar. Ausführungs-Bestimmungen I zur Personal-Abbau-Verordnung (RBesBl. S. 45).
XII 374

1924. 28. März. Zweite VO. zur Durchführung d. VO. ü. Goldbilanzen (RGBl. I S. 385).
§ 29 328

2. Landesrecht.

Lippe-Detmold.

1923. 19. Oktober. VO., betr. d. anderweitige Festsetzung von Geldbezügen aus Altenteilsverträgen (LGS. S. 348) 298

Preußen.

a. Allgemeines Landrecht.

Teil II Titel 11 §§ 580, 610 17—19

b. Einzelne Gesetze und Verordnungen.

1808. 26. Dezember. VO. wegen verbesserter Einrichtung der Provinzial-, Polizei- u. Finanzbehörden (GS. S. 464).
§ 36 394

1817. 23. Oktober. Instruktion zur Geschäftsführung der Regierungen in den Königl. Preuß. Staaten (GS. S. 248)
§ 2 Nr. 4 19
§ 5 18

1825. 31. Dezember. KabOrd., betr. eine Abänderung in der bisherigen Organisation der Provinzial-Verwaltungsbehörden (GS. 1826 S. 5) . 18, 19

1845. 3. Januar/1850. 24. Febr. Gesetz, betr. die Zerteilung von Grundstücken und die Gründung neuer Ansiedelungen (GS 1845 S. 25, 1850 S. 68) 16—20
§ 2 (Ges. v. 24. Febr. 1850) 18
§ 7 Nr. 1 18
§§ 8 flg. 18
§ 9 19
§ 18 19
§ 19 . . . . 18, 19
§ 22 18
§§ 23, 24 19

1845. 27. Juni. VO., betr. die Ressortverhältnisse der Provinzialbehörden für das evangelische Kirchenwesen (GS. S. 440).
§ 3 Nr. 5 19

1846. 5. Oktober/1861. 27. Mai KabOrd., betr. die Einrichtung eines oberen Schiedsgerichts in Berlin zur Entscheidung aller

Streitigkeiten in Rennangelegenheiten in zweiter und letzter Instanz (GS. 1846 S. 482, 1861 S. 341) 376, 378

1850. 11. März. Gesetz, betr. die Verpflichtung der Gemeinden zum Ersatz des bei öffentlichen Aufläufen verursachten Schadens (GS. S. 199).

§ 5 236

1850. 14. März. Zirk.-Verf. der Landw.-Min. an sämtl. Königl. Regierungen, betr. die Ausführung des unter dem 7. März 1850 erlassenen Jagdpolizeigesetzes (MBl. f. d. i. V. S. 107) 240

1858. 24. Mai. Deklaration der §§ 74 u. 97 des Ges., betr. die Ablösung der Reallasten und die Regulierung der gutsherrlichen und bäuerlichen Verhältnisse vom 2. März 1850 (GS. S. 240) . . . 18

1860. 21. August. Zirk.-Erl. an die Königl. Regierungen der sechs östlichen Provinzen, die Regulierung der Patronats-Verhältnisse bei Dismembrationen betr. (MBl. f. d. i. Verw. S. 193) . . 19

1861. 24. Mai. Ges., betr. d. Erweiterung des Rechtswegs (GS. S. 241).

§ 1 346
§ 2 . . . . . . 144—146
§ 5 . . . . . . 345, 346

1868. 23. Oktober. Dienst-Instruktion f. d. Königl. Preuß. Förster (MBl. f. d. i. V. 1869 S. 95).

§ 37 240
§ 40 Abs. 3 240

1871. 2. März. Reglement für die öffentlich anzustellenden Feldmesser (GS. S. 101).

§ 1 417

1872. 27. März. Gesetz, betr. die Pensionierung der unmittelbaren Staatsbeamten, sowie der Lehrer u. Beamten an den höheren Unterrichtsanstalten mit Ausschluß der Universitäten (GS. S. 268).

§ 4 . . . . . . 404, 405

1874. 11. Juni. Ges. ü. die Enteignung von Grundeigentum (GS. S. 221).

§ 8 340

1875. 2. Juli. Ges., betr. die Anlegung und Veränderung von Straßen u. Plätzen in Städten u. ländlichen Ortschaften (GS. S. 561).

§ 13 Nr. 2 . . . 252, 253

1876. 25. August. Ges., betr. die Verteilung der öffentlichen Lasten bei Grundstücksteilungen und die Gründung neuer Ansiedelungen in den Provinzen Preußen, Brandenburg, Pommern, Posen, Schlesien, Sachsen und Westfalen (GS. S. 405) 18

§ 9 18

1878. 15. April / 1920. 14. Dezember. Ges., betr. d. Forstdiebstahl (GS. 1878 S. 222; 1921 S. 103).
§ 24 239

1882. 4. Sept. / 1893. 12. Juni. Landmesser-Prüfungs-Ordnung (InnMinBl. 1882 S. 202; 1893 S. 140).
§ 5 417

1891. 24. Juni. Einkommensteuergesetz (GS. S. 175).
§§ 33 flg. 394

1893. 17. Februar. Erl. d. Min. d. öffentl. Arbeiten betr. Berechnung der Staatspensionen (EisenbVOBl. S. 132) 417

1894. 30. Juni / 1920. 16. Dezember. Ges. über die Landwirtschaftskammer (GS. 1894 S. 126; 1921 S. 96).
§ 1 392
§ 18 392

1896. 22. Februar. Erl. d. Min. d. öffentl. Arbeiten betr. pensionsfähige Dienstzeit der Landmesser (EisenbVOBl. S. 91) 415—419

1897. 3. März. Ges., betr. das Diensteinkommen der Lehrer und Lehrerinnen an den öffentlichen Volksschulen (GS. S. 25).
§ 37 . . . . . 144—146

1900. 12. Januar. MinVerfg., betr. die Dienstinstruktion der Königl. Förster (MBl. f. d. i. V. S. 128) 240

1900 24. Februar. MinVerfg., betr. die Handhabung des Jagdschutzes (MBl. f d. i. V. S. 101) 240

1902. 2. Juni. Ges., betr. die Fürsorge für Beamte infolge von Betriebsunfällen (GS. S. 153).
§ 1 . . . . . 225, 226

1905. 4. Juli. Gesetz, betr. die Verwaltung gemeinschaftlicher Jagdbezirke (GS. S. 271).
§§ 4—7 184

1907. 15. Juli. Jagdordnung (GS. S. 207).
§§ 21—28 . . . 183, 184

1909. 30. Juni / 1895. 31. Juli. Stempelsteuergesetz (GS. 1895 S. 413; 1909 S. 535).
Tarifst. 48 I Abs. 1 u. 2 204–209
„ 48 I „ 8 flg. . . 204
„ 58 I „ 1 . 233—235

1909. 1. August. Ges. ü. d. Haftung des Staats und anderer Verbände für Amtspflichtverletzungen von Beamten bei Ausübung der öffentlichen Gewalt (GS. S. 691) . 366
§ 4 346

1919. 10. März. VO., betr. die Rechtsstellung der Landgendarmerie (GS. S. 87).
§ 4 . . . . . . 404, 405

1919. 15. Dezember. Ausführungsges. zum Reichssiedelungsges. v. 11. August 1919 — RGBl. S. 1429 —. (GS. 1920 S. 31)

§ 1 Abs. 1 116
§ 11 . . . . . 115, 116
§ 14 92

1920. 29. Januar, 3./7. Februar. Ausführungsanweis. II, III u. IV des Minist. f. Landw., Domänen u. Forsten zu den Siedlungsgesetzen (LandwMBl. S. 45, 48, 51).

II 3b 115
III 3b u. c 115
IV 3d 115

1920. 20. April. Preuß. Rennordnung.

§ 121 377
§ 131 . . . . 376, 378
§ 133 378

1920. 17. Dezember. Ges., betr. das Diensteinkommen der Lehrer u. Lehrerinnen an den öffentlichen Volksschulen — Volksschullehrer-Diensteinkommengesetz — (GS. S. 623).

§ 33 . . . . . . 144—146

1920. 17. Dezember. Ges., ü d. Diensteinkommen der unmittelbaren Staatsbeamten — Beamten-Diensteinkommengesetz —(GS. S. 135).

§ 34f 404, 405

1921. 14. Januar. Ges., über d. Besoldung der Lehrer und Lehrerinnen a. d. öffentlichen mittleren Schulen — Mittelschullehrer-Diensteinkommengesetz — (GS. S. 325).

§ 15 Abs. 1 119
§ 16 Abs. 3a 119

1923 10. Februar. Ges., über d. Verkehr mit Grundstücken (GS. S. 25).

§ 1 . . . . . . 360, 361
§ 2 360
§ 4 . . . . . . 360, 361
§ 10 360
§ 15 . . . . . 360, 361
§ 17 358

Sachsen.

1831. 4. September. Verfassungsurkunde d. Königreichs Sachsen (GS. S. 241).

§§ 41, 57 428

1868. 30. März / 1913. 18. Oktober. Kirchenvorstands- und Synodalordnung für die evangelisch-lutherische Kirche des Königreichs Sachsen (G.- und VOBl 1868 I S. 204; 1913 S. 413).

§ 33 430
§ 41 . . . . . 427, 428
§ 42 . . . 428, 430, 431
§ 45 . . 426, 429, 431, 432

1871. 20. Juni / 1896. 30. Oktober. Geschäftsordnung für die Landessynode der evan-

gelisch-lutherischen Kirche des Königreichs Sachsen (G.- u. VOBl. 1871 S. 99; 1896 S. 218).
§ 35 . . . 427, 430, 431
§ 37 429
1919. 10. Juni. Kirchengesetz, die einstweilige Führung des evangelisch-lutherischen Kirchenregiments betr. (G.- u. VOBl. S. 107) 428
1920. 20. November. Ges. ü. d. Verkehr mit Grundstücken (G.- u. VOBl. S. 464) 360
§ 8 Abs. 4 68

3. Ausländisches Recht.

Rußland.

Dekrete Nr. 69 u. 709 der russischen Sowjetrepublik . . . 242

Vereinigte Staaten von Amerika.

1913. 23. Dezember. Bankgesetz 279

C. Zusammenstellung der Entscheidungen nach der Zeitfolge.

						Seite
1923.	Urt.	v.	9.	April	VI 434/22	194
„	„	„	10.	„	VII 105/22	201
„	„	„	4.	Mai	II 310/22	1
„	„	„	29.	„	VII 290/22	183
„	„	„	5.	Juni	II 323/22	185
„	„	„	8.	„	VII 622/22	188
„	„	„	19.	„	II 92/23	8
„	„	„	19.	„	VII 807/22	204
„	„	„	30.	„	I 667/22	210
„	„	„	5.	Juli	IV 507/22	213
„	„	„	5.	„	VI 1308/22	217
„	„	„	11.	„	I 467/22	191
„	„	„	21.	September	III 569/22	221
„	„	„	21.	„	III 829/22	225
„	„	„	21.	„	III 871/22	226
„	„	„	27.	„	IV 91/23	230
„	„	„	27.	„	IV 692/22	15
„	„	„	28.	„	VII 264/23	233
„	„	„	1.	Oktober	VI 994/22	235
„	„	„	2.	„	VII 72/23	239
„	„	„	3.	„	V 886/22	241

						Seite
1923.	Urt.	v.	9.	Oktober	III 890/22	244
„	„	„	9.	„	VII 771/22	246
„	„	„	11.	„	IV 763/22	16
„	„	„	16.	„	III 33/23	249
„	„	„	16.	„	VII 374/23	252
„	„	„	30.	„	II 898/22	20
„	„	„	2.	November	II 529/22	25
„	„	„	6.	„	III 344/23	253
„	„	„	20.	„	VII 702/22	257
„	„	„	4.	Dezember	II 162/23	29
„	„	„	14.	„	VII 169/23	260
„	„	„	14.	„	VII 256/23	259
1924.	„	„	15.	Januar	II 269/23	34
„	„	„	17.	„	IV 897/22	38
„	„	„	18.	„	II 263/23	41
„	„	„	22.	„	III 217/23	263
„	„	„	23.	„	I 180/23	44
„	„	„	23.	„	I 207/23	48
„	„	„	25.	„	II 286/23	58
„	„	„	29.	„	II 19/23	60
„	„	„	30.	„	I 239/23	62
„	„	„	2.	Februar	V 175/23	66
„	„	„	2.	„	V 150/23	68
„	„	„	6.	„	V 185/23	70
„	„	„	8.	„	VII 334/23	73
„	„	„	13.	„	V 29/23	289
„	„	„	15.	„	VII 778/23	75
„	„	„	16.	„	I 226/23	76
„	„	„	16.	„	V 316/23	78
„	„	„	21.	„	IV 274/23	83
„	„	„	22.	„	III 259/23	86

						Seite
1924.	Urt. v.	28.	Februar	V 400/23	. . . .	91
„	„ „	26.	„	III 287/23	. . . .	98
„	„ „	29.	„	II 287/23	. . . .	102
„	„ „	3.	März	IV 101/23	. . . .	292
„	„ „	3.	„	IV 386/23	. . . .	105
„	„ „	4.	„	VII 348/23	. . . .	110
„	„ „	5.	„	V 179/23	. . . .	113
„	„ „	11.	„	III 282/23	. . . .	117
„	„ „	12.	„	I 294/23	. . . .	120
„	„ „	17.	„	IV 377/23	. . . .	122
„	„ „	19.	„	V 427/22	. . . .	125
„	„ „	22.	„	I 471/23	. . . .	129
„	„ „	22	„	IV 566/23	. . . .	132
„	„ „	25.	„	III 349/23	. . . .	135
„	„ „	26.	„	III 314/23	. . . .	137
„	„ „	28.	„	VII 455/23	. . . .	139
„	„ „	1.	April	III 354/23	. . . .	144
„	„ „	5.	„	V 267/23	. . . .	146
„	„ „	12.	„	IV 381/23	. . . .	151
„	„ „	16.	„	I 216/23	. . . .	50
„	„ „	16.	„	I 250/23	. . . .	153
„	„ „	29.	„	III 563/23	. . . .	156
„	„ „	30.	„	I 540/23	. . . .	158
„	„ „	2.	Mai	III 304/23	. . . .	265
„	„ „	5.	„	IV 467/23	. . . .	160
„	„ „	6.	„	VII 286/23	. . . .	163
„	„ „	13.	„	III 429/23	. . . .	167
„	„ „	16.	„	III 449/23	. . . .	170
„	„ „	16.	„	VII 582/23	. . . .	269
„	„ „	23.	„	VII 397/23	. . . .	173
„	Beschl. v.	24.	„	IV B. 1/24	. . . .	176

						Seite
1924.	Urt.	v.	27.	Mai	II 332/23	272
"	"	"	28.	"	I 396/23	276
"	"	"	28.	"	I 432/23	279
"	"	"	2.	Juni	V 509/23	281
"	"	"	3.	"	III 383/23	293
"	"	"	3.	"	III 525/23	286
"	"	"	4.	"	I 422/23	304
"	"	"	16.	"	IV 650/23	307
"	"	"	17.	"	III 541/23	310
"	"	"	20.	"	III 550/23	312
"	"	"	24.	"	II 915/23	322
"	"	"	24.	"	III 585/23	314
"	"	"	25.	"	I 282/23	318
"	"	"	25.	"	I 7/24	316
"	"	"	30.	"	V 648/23	329
"	"	"	1.	Juli	II 790/23	337
"	Beschl.	"	1.	"	V B. 2/24	356
"	Urt.	"	4.	"	III 596/23	368
"	"	"	4.	"	III 924/23	366
"	"	"	5.	"	I 547/23	341
"	"	"	8.	"	III 109/24	345
"	Beschl.	"	9.	"	I B. 2/24	347
"	"	"	10.	"	IV T. B. 168/24	349
"	Urt.	"	10.	"	V 11/24	350
"	"	"	11.	"	III 610/23	369
"	"	"	11.	"	III 229/24	371
"	"	"	16.	September	VII 765/23	374
"	"	"	17.	"	I 455/23	379
"	Beschl	"	18.	"	IV B. 6/24	383
"	Urt.	"	19.	"	II 704/23	388
"	"	"	19.	"	III 611/23	387

					Seite
1924.	Urt. v.	19. September	VII 717/23	. . . .	385
„	„ „	19. „	VII 719/23	. . . .	419
„	„ „	20. „	V 400/24	. . . .	389
„	„ „	23. „	VII 756/23	. . . .	391
„	„ „	25. „	IV 1/24	. . . .	395
„	„ „	25. „	IV 25/24	. . . .	397
„	„ „	26. „	III 137/24	. . . .	404
„	„ „	27. „	II 537/23	. . . .	408
„	„ „	27. „	V 367/23	. . . .	405
„	„ „	29. „	I 609/23	. . . .	410
„	„ „	29. „	IV 75/24	. . . .	413
„	„ „	30. „	III 18/24	. . . .	415
„	„ „	2. Oktober	IV 899/23	. . . .	422

Entscheidung des Staatsgerichtshofs.

1924 v. 12. Juli 426

Zusammenstellung

der

im 108. Bande

mitgeteilten Entscheidungen

nach

Oberlandesgerichtsbezirken.

(Die Zahlen bezeichnen die Nummern der Entscheidungen.)

Bamberg . . . 37.
Berlin . . . . . 2. 3. 11. 14. 26. 30. 31. 39. 45. 57. 64. 66. 67. 70. 71. 72. 74. 76. 77. 82. 89. 94. 98. 100. 104. 106. 113. 121. 127.
Braunschweig . 33. 93.
Breslau . . . . 23. 68. 69. 86.
Celle . . . . . . 10. 12. 25. 35. 51. 78. 88. 110. 111. 117. 120. 122. 125.
Darmstadt . . . 38.
Dresden . . . . 7. 24. 34. 49. 95. 97. 99. 114.
Düsseldorf . . . 5. 8. 9. 32. 46. 59. 83. 101. 116. 123.
Frankfurt a. M. 36. 63.
Hamburg . . . . 6. 28. 40. 44. 48. 54. 55. 56. 58. 60. 62. 84. 90. 92. 107. 115.
Hamm . . . . . . 1. 29. 43. 53. 119.
Jena . . . . . . 21. 22.
Karlsruhe . . . 42. 50.
Kassel . . . . . . 20. 75.
Kiel . . . . 73. 109.
Köln . . . . 13. 80. 124.
Königsberg . 41. 85. 87. 91.
Marienwerder 61. 126.
München . . . . 15. 96. 103.
Naumburg a. S. 16. 27. 47. 79. 118.
Oldenburg . . . 17. 19. 81.
Rostock . . . . . 65.
Stettin . . . . . 4. 18.

Reichsgericht unmittelbar . . . . 52. 102. 108. 105. 112.

Staatsgerichtshof . . . . 128.

Berichtigungen.

Hundertundachter Band.

S. 104 Z. 17 v. u. statt „RGZ. Bd. 107" lies „RGZ. Bd. 104".
„ 104 „ 3 v. u. statt „JW. 1923 S. 167 Nr. 1" lies „JW. 1923 S. 367 Nr. 1".
„ 183 „ 13 v. u. statt „I. Landgericht I Berlin. — II. Kammergericht daselbst" lies „I. Landgericht Hagen. — II. Oberlandesgericht Hamm".

FSC
www.fsc.org
MIX
Papier | Fördert gute Waldnutzung
FSC® C083411

Kolibri 360 GmbH
Ferdinand-Jühlke-Straße 7
99095 Erfurt, Deutschland
produktsicherheit@kolibri360.de